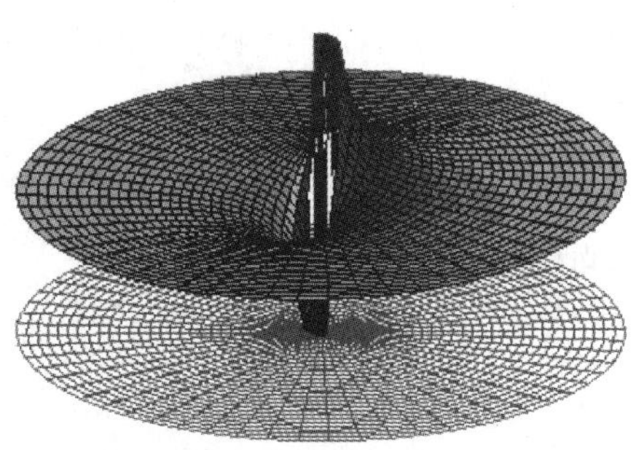

MATLAB R2016a
在电子信息工程中的仿真案例分析

◎ 杨发权　编著

清華大學出版社
北京

内 容 简 介

本书以 MATLAB R2016a 为平台，在讲解各实现方法的过程中给出相应的实例，使得本书应用性更强，实用价值更高。

全书共 25 章，主要介绍控制系统设计应用、神经网络设计应用、数字图像处理算法分析及其应用、通信系统的实际应用和数字信号处理技术等内容。MATLAB 以其独特的魅力，成为电子信息工程领域强有力工具。

本书主要作为控制工程、通信工程、电子信息工程领域广大科研人员、学者、工程技术人员的参考用书，也可作为高等院校的教师、在读理工科学生用书。

图书在版编目(CIP)数据

MATLAB R2016a 在电子信息工程中的仿真案例分析/杨发权编著. —北京：清华大学出版社，2017
(精通 MATLAB)
ISBN 978-7-302-47251-3

Ⅰ. ①M… Ⅱ. ①杨… Ⅲ. ①电子信息－计算机仿真－Matlab 软件 Ⅳ. ①G203-39

中国版本图书馆 CIP 数据核字(2017)第 125955 号

责任编辑： 刘 星 梅栾芳
封面设计： 刘 键
责任校对： 时翠兰
责任印制： 刘海龙

出版发行： 清华大学出版社
网 址： http://www.tup.com.cn，http://www.wqbook.com
地 址： 北京清华大学学研大厦 A 座 **邮 编：** 100084
社 总 机： 010-62770175 **邮 购：** 010-62786544
投稿与读者服务： 010-62776969，c-service@tup.tsinghua.edu.cn
质量反馈： 010-62772015，zhiliang@tup.tsinghua.edu.cn
课件下载： http://www.tup.com.cn，010-62795954
印 装 者： 北京泽宇印刷有限公司
经 销： 全国新华书店
开 本： 185mm×260mm **印 张：** 29 **字 数：** 690 千字
版 次： 2017 年 6 月第 1 版 **印 次：** 2017 年 6 月第 1 次印刷
印 数： 1～2000
定 价： 69.00 元

产品编号：074831-01

前言

MATLAB由一系列工具组成。这些工具方便用户使用MATLAB的函数和文件，其中许多工具采用的是图形用户界面，包括MATLAB桌面和命令窗口、历史命令窗口、编辑器和调试器、路径搜索和用户浏览帮助、工作空间、文件的浏览器。随着MATLAB的商业化以及软件本身的不断升级，MATLAB的用户界面也越来越精致，更加接近Windows的标准界面，人机交互性更强，操作更简单。MATLAB提供了完整的联机查询、帮助系统，极大地方便了用户的使用。

新版本的MATLAB可以利用MATLAB编译器和C/C++数学库与图形库，将自己的MATLAB程序自动转换为独立于MATLAB运行的C和C++代码，并允许用户编写可以和MATLAB进行交互的C或C++语言程序。另外，MATLAB网页服务程序还允许在Web应用中使用自己的MATLAB数学和图形程序。MATLAB的一个重要特色就是具有一套程序扩展系统和一组称之为工具箱的特殊应用子程序。MATLAB的应用范围非常广，包括信号和图像处理、通信系统调制与解调、控制系统设计、测试和测量、财务建模和分析以及计算生物学等众多应用领域。附加的工具箱(单独提供的专用MATLAB函数集)扩展了MATLAB环境，以解决这些应用领域内特定类型的问题。

本书具有以下特点：

(1) 结构紧凑，分析全面。本书介绍MATLAB的使用，深入介绍利用MATLAB解决实际问题，根据读者的学习习惯和内容的梯度合理安排，更加适合读者学习。

(2) 内容翔实，实用性强。书中每介绍一个概念或函数都给出相应的用法及实例进行说明，使读者能快速掌握MATLAB及其在实际中的应用。

(3) 图文并茂。对于程序的运行结果，本书给出了大量的图形。本书不仅注重基础知识，而且非常注重实践，让读者迅速掌握MATLAB的应用技能。

通过本书的学习，读者不仅可以全面掌握MATLAB编程和开发技术，还可以提高快速分析和解决实际问题的能力，从而能够在最短的时间内，以最好的效率解决实际建模中遇到的问题，提升工作效率。

本书主要由杨发权编写，数字图像处理部分由栾颖编写，参加编写的还有周品、曾虹雁、邓俊辉、陈添威、邓耀隆、高永崇、李嘉乐、李锦涛、梁朗星、梁志成、梁恩庆、梁仲轩、杨平和许兴杰。

本书主要作为控制工程、通信工程、电子信息工程领域广大科研人员、学者、工程技术人员的参考用书，也可作为高等院校的教师、在读理工科学生用书。

本书力求内容丰富、图文并茂、文字流畅，使之成为一本学习和使用MATLAB分析解决理论与工程应用方面有价值的参考书。

由于作者水平有限，错误或疏漏之处在所难免，敬请读者批评指正。

作　者

2017年1月

目录

目录

目录

目录

目录

目录

目录

第1章 最优的FIR滤波器设计

1.1 频率取样的 FIR 滤波器设计

工程上，常给定频域上的技术指标，所以采用频域设计更直接。

1.1.1 约束条件

为了设计线性相位的 FIR 滤波器，采样值 $H(k)$要满足一定的约束条件。

具有线性相位的 FIR 滤波器，其单位采样响应 $h(n)$是实序列，且满足 $h(n)=\pm h(N-1-n)$，由此得到的幅频和相频特性，就是对 $H(k)$的约束。

例如，要设计第一类线性相位 FIR 滤波器，即 N 为奇数，$h(n)$偶对称，则

$$H(e^{j\omega}) = H(\omega)e^{-j\omega\left(\frac{N-1}{2}\right)} \tag{1-1}$$

幅度函数 $H(\omega)$应具有偶对称性：

$$H(\omega) = H(2\pi-\omega) \tag{1-2}$$

则 $H_k=-H_{N-k}$(满足对称性)。

同样，若要设计第二种线性相位 FIR 滤波器，N 为偶数，$h(n)$偶对称，相位关系同上，由于幅度特性是奇对称的，有

$$H(\omega) =- H(2\pi-\omega) \tag{1-3}$$

因此，H_k 也必须满足对称要求：

$$H_k =- H_{N-k} \tag{1-4}$$

其他两种线性相位 FIR 数字滤波器的设计，同样也要满足幅度与相位的约束条件。

1.1.2 设计误差

设计步骤：$\theta_k, H_k \Rightarrow H(k) \Rightarrow H(e^{j\omega})$

推导如下：

因

$$H(z)=\sum_{n=0}^{N-1}h(z)z^{-n}=\sum_{n=0}^{N-1}\left[\frac{1}{N}\sum_{k=0}^{N-1}H(k)\mathrm{e}^{\mathrm{j}2\pi k/N}\right]z^{-n}$$

$$=\frac{1}{N}\sum_{k=0}^{N-1}H(k)\left[\sum_{k=0}^{N-1}\mathrm{e}^{\mathrm{j}2\pi k/N}z^{-n}\right]=\frac{1}{N}\sum_{k=0}^{N-1}H(k)\frac{1-z^{-N}}{1-\mathrm{e}^{\mathrm{j}2\pi k/N}z^{-1}} \tag{1-5}$$

令 $W=\mathrm{e}^{\mathrm{j}2\pi k/N}$，则

$$H(z)=\frac{1-z^{-N}}{N}\sum_{k=0}^{N-1}\frac{H(k)}{1-w^{-k}z^{-1}} \tag{1-6}$$

单位圆上的频响为

$$H(\mathrm{e}^{\mathrm{j}\omega})=\frac{1-\mathrm{e}^{-\mathrm{j}\omega N}}{N}\sum_{k=0}^{N-1}\frac{H(k)}{1-\mathrm{e}^{\mathrm{j}2\pi k/N}\mathrm{e}^{-\mathrm{j}\omega}}$$

$$=\frac{1}{N}\sum_{k=0}^{N-1}\frac{H(k)\sin(\omega N/2)}{\sin[(\omega-2\pi kN)/2]}\mathrm{e}^{-\mathrm{j}\left(\frac{N-1}{2}\omega+\frac{k\pi}{N}\right)}=\sum_{k=0}^{N-1}H(k)\phi_k(\mathrm{e}^{\mathrm{j}\omega}) \tag{1-7}$$

这是一个内插公式，式中

$$\phi_k(\mathrm{e}^{\mathrm{j}\omega})=\frac{1}{N}\frac{\sin(\omega N/2)}{\sin[(\omega-2\pi kN)/2]}\mathrm{e}^{-\mathrm{j}\left(\frac{N-1}{2}\omega+\frac{k\pi}{N}\right)} \tag{1-8}$$

为内插函数。

令

$$\omega=\frac{2\pi}{N}i\quad(i=0,1,\cdots,N-1) \tag{1-9}$$

则

$$\phi_k(\mathrm{e}^{\mathrm{j}\frac{2\pi}{N}i})=\begin{cases}1, & k=i\\ 0, & k\neq i\end{cases}\quad(i=1,2,\cdots,N-1) \tag{1-10}$$

【例 1-1】 频率采样技术：低通，最优法 T1 & T2。

其实现的 MATLAB 程序代码如下：

```
>> clear all;
wp = 0.2 * pi; ws = 0.3 * pi;
Rp = 0.25; Rs = 50;
T1 = 0.5925;    Ts = 0.1099;
M = 60;  alpha = (M - 1)/2;  l = 0:M - 1; w1 = (2 * pi/M) * l;
Hrs = [ones(1,7),T1,0.11,zeros(1,43),0.11,T1,ones(1,6)];
Hdr = [1 1 0 0];wdl = [0 0.2 0.3 1];
k1 = 0:floor((M - 1)/2);k2 = floor((M - 1)/2) + 1:M - 1;
angH = [ - alpha * (2 * pi)/M * k1,alpha * (2 * pi)/M * (M - k2)];
H = Hrs. * exp(j * angH);
h = real(ifft(H,M));
[db,mag,pha,grd,w] = freqz_m(h,1);
[Hr,ww,a,L] = hr_type2(h);
subplot(2,2,1);plot(w1(1:31)/pi,Hrs(1:31),'o',wdl,Hdr);
axis([0,1, - 0.1,1.1]);title('低通:M = 60, T1 = 0.59, T2 = 0.109');
xlabel(''); ylabel('Hr(k)');
set(gca,'XTickMode','manual','XTick',[0,0.2,0.3,1]);
set(gca,'YTickMode','manual','YTick',[0,0.059,0.109,1]);
```

```
grid on;
subplot(2,2,2);stem(l,h);axis([ - 1,M, - 0.1,0.3]);
title('脉冲响应');ylabel('h(n)');text(M + 1, - 0.1,'n');
subplot(2,2,3);plot(ww/pi,Hr,w1(1:31)/pi,Hrs(1:31),'o');
axis([0,1, - 0.1,1.1]);title('振幅响应');
xlabel('频率/pi');ylabel('Hr(w)');
set(gca,'XTickMode','manual','XTick',[0,0.2,0.3,1]);
set(gca,'YTickMode','manual','YTick',[0,0.059,0.109,1]);
grid on;
subplot(2,2,4);plot(w/pi,db);
axis([0 1  - 100 10]);
grid on;title('幅度响应');
xlabel('频率/pi');ylabel('分贝数');
set(gca,'XTickMode','manual','XTick',[0,0.2,0.3,1]);
set(gca,'YTickMode','manual','YTick',[ - 63;0]);
set(gca,'YTickLabelMode','manual','YTickLabels',['63';' 0']);
```

运行程序,效果如图 1-1 所示。

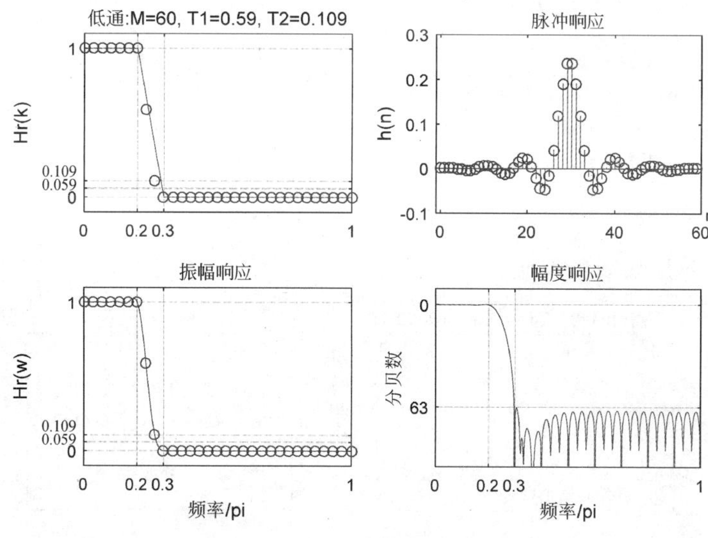

图 1-1　例 1-1 运行效果图

【例 1-2】 频率采样技术:高通,最优法 T1。

其实现的 MATLAB 程序代码如下:

```
>> clear all;
wp = 0.8 * pi; ws = 0.6 * pi;
Rp = 1; As = 50;
T1 = 0.1095;    T2 = 0.598;
M = 33;   alpha = (M - 1)/2;   l = 0:M - 1; w1 = (2 * pi/M) * l;
Hrs = [zeros(1,11),T1,T2,ones(1,8),T2,T1,zeros(1,10)];
Hdr = [0 0 1 1];wdl = [0 0.6 0.8 1];
k1 = 0:floor((M - 1)/2);k2 = floor((M - 1)/2) + 1:M - 1;
angH = [ - alpha * (2 * pi)/M * k1,alpha * (2 * pi)/M * (M - k2)];
H = Hrs. * exp(j * angH);
h = real(ifft(H,M));
[db,mag,pha,grd,w] = freqz_m(h,1);
```

```
[Hr,ww,a,L] = hr_type1(h);
subplot(1,1,1)
subplot(2,2,1);plot(w1(1:17)/pi,Hrs(1:17),'o',wdl,Hdr);
axis([0,1, - 0.1,1.1]);title('高通:M = 33, T1 = 0.1095, T2 = 0.598');
xlabel(''); ylabel('Hr(k)');
set(gca,'XTickMode','manual','XTick',[0;.6;.8;1]);
set(gca,'XTickLabelMode','manual','XTickLabels',['0';'.6';'.8';'1']);
set(gca,'YTickMode','manual','YTick',[0,0.109,0.59,1]);
grid on;
subplot(2,2,2);stem(l,h);axis([ - 1,M, - 0.4,0.4]);
title('脉冲响应');ylabel('h(n)');text(M + 1, - 0.4,'n');
subplot(2,2,3);plot(ww/pi,Hr,w1(1:17)/pi,Hrs(1:17),'o');
axis([0,1, - 0.1,1.1]);title('振幅响应');
xlabel('频率/pi');ylabel('Hr(w)');
set(gca,'XTickMode','manual','XTick',[0,.6,.8,1]);
set(gca,'XTickLabelMode','manual','XTickLabels',['0';'.6';'.8';'1']);
set(gca,'YTickMode','manual','YTick',[0,0.109,0.59,1]);
grid on;
subplot(2,2,4);plot(w/pi,db);
axis([0 1 - 100 10]);
grid on;title('幅度响应');
xlabel('频率/pi');ylabel('分贝数');
set(gca,'XTickMode','manual','XTick',[0;.6;.8;1]);
set(gca,'XTickLabelMode','manual','XTickLabels',['0';'.6';'.8';'1']);
set(gca,'YTickMode','manual','YTick',[ - 50;0]);
set(gca,'YTickLabelMode','manual','YTickLabels',['50';'0']);
```

运行程序,效果如图 1-2 所示。

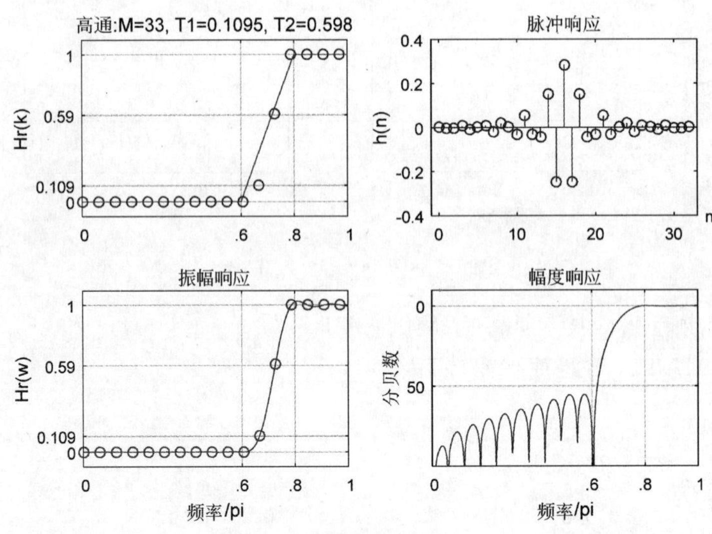

图 1-2　例 1-2 运行效果图

【例 1-3】 频率采样技术:带通,最优法 T1&T2。

其实现的 MATLAB 程序代码如下:

```
>> clear all;
wp1 = 0.35 * pi; ws1 = 0.2 * pi;
```

```
wp2 = 0.65 * pi; ws2 = 0.8 * pi;
Rp = 1;  Rs = 60;
T1 = 0.109021;  T2 = 0.59417456;
M = 40;  alpha = (M - 1)/2;  l = 0:M - 1; w1 = (2 * pi/M) * l;
Hrs = [ones(1,5),T1,T2,zeros(1,7),T2,T1,ones(1,9),T1,T2,ones(1,7),T2,T1,zeros(1,4)];
Hdr = [0 0 1 1 0 0];wdl = [0 0.2 0.35 0.65 0.8 1];
k1 = 0:floor((M - 1)/2);k2 = floor((M - 1)/2) + 1:M - 1;
angH = [ - alpha * (2 * pi)/M * k1,alpha * (2 * pi)/M * (M - k2)];
H = Hrs. * exp(j * angH);
h = real(ifft(H,M));
[db,mag,pha,grd,w] = freqz_m(h,1);
[Hr,ww,a,L] = hr_type2(h);
subplot(2,2,1);plot(w1(1:21)/pi,Hrs(1:21),'o',wdl,Hdr);
axis([0,1, - 0.1,1.1]);title('低通:M = 40, T1 = 0.5941, T2 = 0.109');
xlabel(''); ylabel('Hr(k)');
set(gca,'XTickMode','manual','XTick',[0,0.2,0.35,0.65,0.8,1]);
set(gca,'YTickMode','manual','YTick',[0,0.059,0.109,1]);
grid on;
subplot(2,2,2);stem(l,h);axis([ - 1,M, - 0.4,0.4]);
title('脉冲响应');ylabel('h(n)');text(M + 1, - 0.4,'n');
subplot(2,2,3);plot(ww/pi,Hr,w1(1:21)/pi,Hrs(1:21),'o');
axis([0,1, - 0.1,1.1]);title('振幅响应');
xlabel('频率/pi');ylabel('Hr(w)');
set(gca,'XTickMode','manual','XTick',[0,0.2,0.35,0.65,0.8,1]);
set(gca,'YTickMode','manual','YTick',[0,0.059,0.109,1]);
grid on;
subplot(2,2,4);plot(w/pi,db);
axis([0 1 - 100 10]);
grid on;title('幅度响应');
xlabel('频率/pi');ylabel('分贝数');
set(gca,'XTickMode','manual','XTick',[0,0.2,0.35,0.65,0.8,1]);
set(gca,'YTickMode','manual','YTick',[ - 60;0]);
set(gca,'YTickLabelMode','manual','YTickLabels',['60';' 0']);
```

运行程序，输出如图 1-3 所示。

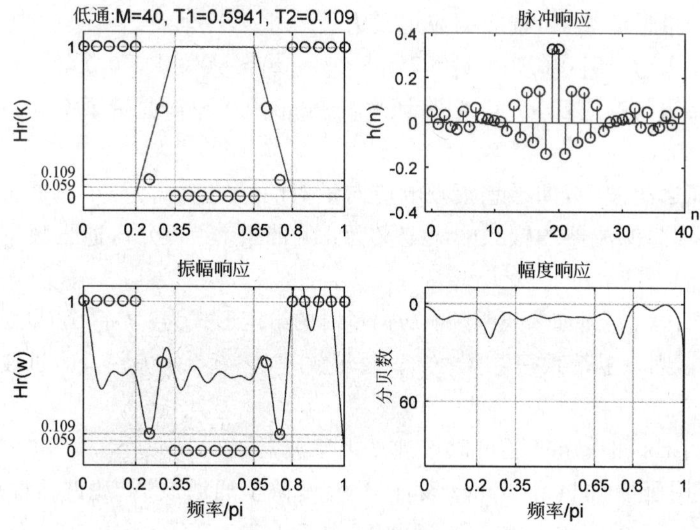

图 1-3 例 1-3 运行效果图

1.2 最优的FIR滤波器设计

MATLAB信号处理工具箱提供了比基于窗函数法FIR滤波器设计工具箱函数fir1和fir2更为通用的函数：firl和remez。它们采用不同的优化方法设计最优的标准多频带FIR数字滤波器。

函数remez实现Park-McClellan算法，这种算法利用Remez交换算法和Chebyshev近似理论来设计滤波器，使实际频率响应拟合期望频率响应达到最优。从实际和理想频响之间最大误差最小化的观点来看，函数remez设计的滤波器是最优的，因此，又称为最优滤波器。在频率域内，滤波器呈现等波纹特点，因此又称为等波纹器。Park-McClellan滤波器设计方法是FIR滤波器设计中最流行的、应用最广的设计方法。

函数firls和remez的调用格式相同，只是优化算法不同。

1.2.1 一般最优滤波器

firls和remez的基本调用格式如下：

```
hd = firls(d)
b = remez(n, f, a)
```

式中，n为滤波器阶数；f为滤波器期望频率特性归一化频率向量，范围为0～1，为递增向量，允许定义重复频率点；a为滤波器期望频率特性的幅值向量，向量a和f必须为同长度，且为偶数；b为返回滤波器系数，长度为n＋1，且具有偶对称的关系，即b(k)＝b(n＋2－k)。若滤波器的阶数为奇数，则在Nyquist频率处(对应于归一化频率1)，幅频响应必须为0。滤波器的阶数为偶数则无此限制。

函数firls和remez可用于设计低通、高通、带通和带阻等一般类型的滤波器，这可由函数中给定的理想幅频响应的频率向量f和幅值向量确定。

如设计一个带通滤波器，幅频响应定义为

$$\boldsymbol{f}=[0\ 0.3\ 0.4\ 0.7\ 0.8\ 1],\quad \boldsymbol{a}=[0\ 0\ 1\ 1\ 0\ 0]$$

则该理想滤波器幅频响应定义为：阻带频率0～0.3，0.8～1，通带频率0.4～0.7，过渡带0.3～0.4，0.7～0.8。

设计一个高通滤波器，如果想幅频响应向量对的给定形式为：$\boldsymbol{f}=[0\ 0.7\ 0.8\ 1]$，$\boldsymbol{a}=[0\ 0\ 1\ 1]$，则该理想滤波器的幅频响应定义为：阻带频率0～0.7，通带频率0.8～1.0，过渡带0.7～0.8。

设计一个带阻滤波器，如果想幅频响应向量对的给定形式为：$\boldsymbol{f}=[0\ 0.3\ 0.4\ 0.5\ 0.6\ 1]$，$\boldsymbol{a}=[1\ 1\ 0\ 0\ 1\ 1]$，则该阻带频率0.4～0.5，通带频率0～0.3，0.6～1.0，过渡带0.3～0.4，0.5～0.6。

此外，函数firls和remez还可以设计多带滤波器。

【例1-4】 用函数firls和remez设计一个50阶多通滤波器，滤波器理想频率响应对为：$\boldsymbol{f}=[0\ 0.1\ 0.15\ 0.25\ 0.3\ 0.4\ 0.45\ 0.55\ 0.6\ 0.7\ 0.75\ 0.85\ 0.9\ 1]$，$\boldsymbol{a}=[1\ 1\ 0\ 0\ 1\ 1$

0 0 1 1 0 0 1 1]。将设计的滤波器的幅频响应和理想滤波器幅频响应进行比较，绘制 remez 函数设计滤波器的脉冲响应。

其实现的 MATLAB 程序代码如下：

```
>> clear all;
n = 50;                                                        % 滤波器的阶数
f = [0 0.1 0.15 0.25 0.3 0.4 0.45 0.55 0.6 0.7 0.75 0.85 0.9 1];  % 频率向量
a = [1 1 0 0 1 1 0 0 1 1 0 0 1 1];                            % 振幅向量
b = firls(n,f,a);                                              % 采用 firls 设计滤波器
[h,w1] = freqz(b);                                             % 计算滤波器的频率响应
bb = remez(n,f,a);                                             % 采用 remez 设计滤波器
[hh,w2] = freqz(bb);                                           % 计算滤波器的频率响应
figure;
plot(w1/pi,abs(h),'r.',w2/pi,abs(hh),'b-.',f,a,'ms');
% 绘制滤波器幅频响应
xlabel('归一化频率');ylabel('振幅');
legend('firls 设计滤波器','remez 设计滤波器','理想特性');
figure;
impz(bb,1),title('脉冲响应');                                   % 给出滤波器的脉冲响应
xlabel('样本数');ylabel('幅度');
```

运行程序，效果如图 1-4 和图 1-5 所示。

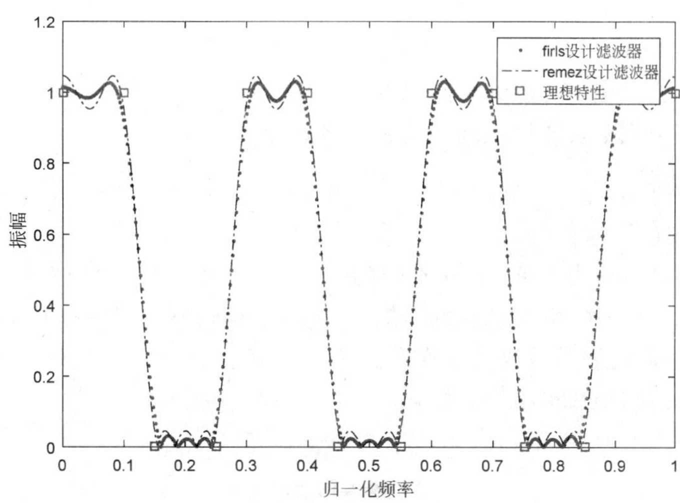

图 1-4　设计滤波器的幅频响应与理想滤波器幅频响应的比较

由图 1-4 可以看出，firls 所设计的滤波器的通带和阻带具有较小的波纹，但在整个频带内不一致。而 remez 函数设计的滤波器具有较大的通带和阻带波纹，但在整个频带内较为一致。图 1-5 给出了 remez 函数设计滤波器的脉冲响应，且具有偶对称的关系，即 $b(k)=b(n+2-k)$。大家还可以观察 firls 函数设计滤波器的脉冲响应是否具有偶对称关系。

函数 firls 和 remez 还能设计具有任意线性过渡带连接阻带和通带，使过渡带具有更广阔平滑的过渡区间。如理想幅频响应按如下频响对给出：$\boldsymbol{f}$=[0 0.4 0.42 0.48 0.5 1]，$\boldsymbol{a}$=[1 1 0.8 0.2 0 0]，这里过渡带 0.4～0.5 给出多个响应值设计出的具有线性过渡带 FIR 滤波器的频率响应。

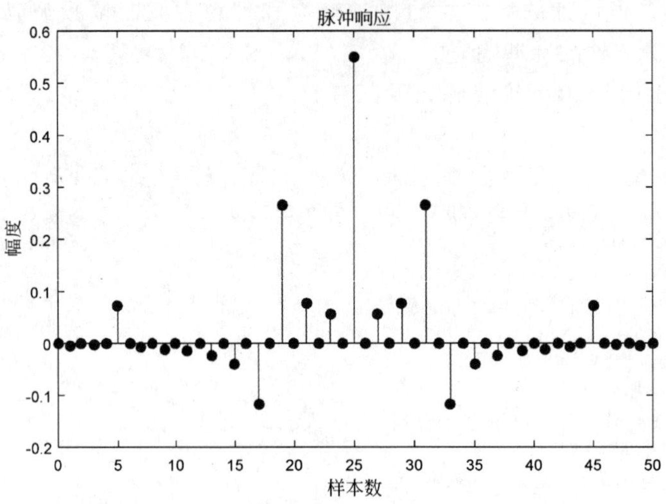

图 1-5 设计滤波器的脉冲响应

1.2.2 加权最优滤波器

函数 firls 和 remez 还可以增加输入参数设置权向量 w。在不同频段设置不同权值，使不同频段的误差值最小化得到不同程度的重视。具有权向量输入的函数 firls 和 remez 实现滤波器的每个频率段加权处理。其调用格式为

```
b = firls(n,f,a,w)
b = remez(n,f,a,w)
```

式中，w 为权向量，为 f 和 a 向量长度的一半，一个频带必须对应一个权值。

【例 1-5】 设计一个 30 阶的低通等波纹的滤波器，通常边界频率 0.4，阻带边界频率 0.5，均为归一化频率，阻带波纹约为通带波纹的 1/10。

其实现的 MATLAB 程序代码如下：

```
>> clear all;
n = 30;                                  %滤波器的阶数
f = [0 0.4 0.5 1];                       %频率向量
a = [1 1 0 0];                           %振幅向量
w = [1 10];
b = firls(n,f,a,w);                      %采用 firls 设计滤波器
[h,w1] = freqz(b);                       %计算滤波器的频率响应
bb = remez(n,f,a,w);                     %采用 remez 设计滤波器
[hh,w2] = freqz(bb);                     %计算滤波器的频率响应
figure;
plot(w1/pi,abs(h),'r.',w2/pi,abs(hh),'b-.',f,a,'ms');
%绘制滤波器幅频响应
xlabel('归一化频率');ylabel('振幅');
```

运行程序，效果如图 1-6 所示。

由图 1-6 可看出，该滤波器对阻带和通带波纹进行了控制，得到了符合要求的滤波

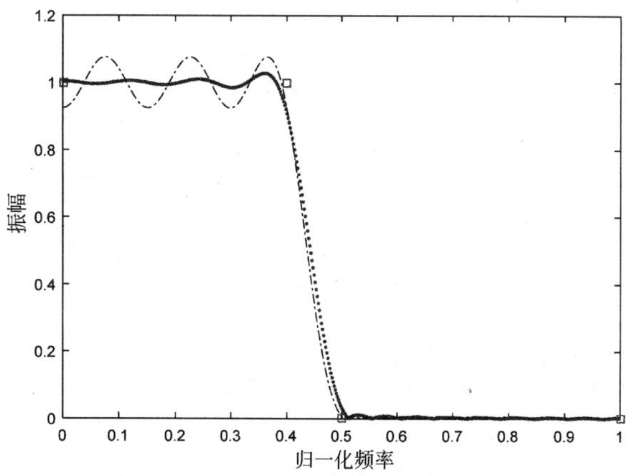

图 1-6　设计滤波器的幅频响应

器。由于 remez 要求等波纹的特点，因此，其在通带内的振动振幅较大，在阻带内的振动振幅确实较小，约为通带内振动振幅的 1/10，符合设计要求。如果滤波器的阶数足够高，则可以获得更为理想的幅频响应。

1.2.3　反对称 FIR 滤波器

利用函数 firls 和 remez 可设计滤波器系数为奇对称的滤波器，即

$$b(n) = -b(N-1-n) \tag{1-11}$$

这类滤波器要求滤波器的零频响应为 0，若滤波器阶数为偶数，则还要求 Nyquist 频率（归一频率为 1）处的频率响应为零。该滤波器除了能对信号保持线性相位滤波外，还能实现信号的赫尔伯特（Hilbert）变换，故又称赫尔伯特变换器。所谓赫尔伯特变换，就是使信号通过赫尔伯特变换后负频率作 +90°的相移，正频率作 −90°的相移，而振幅不发生改变。在地震学研究中，地震射线通过焦散而后会发生 90°相移的畸变，通常采用赫尔伯特变换进行校正来正确识别地震震相。

函数调用格式为

```
b = firls(n ,f, a, 'h')
b = filrs(n, f, a, w, 'h')
```

或

```
b = remez(n, f, a, 'h')
b = remez(n, f, a, w, 'h')
```

式中，'h'为选择项，表示设计的滤波器是奇对称线性相位滤波器。

【例 1-6】　利用函数 remez 和 firls 设计一个高通反对称线性相位滤波器，并绘制其频率特征图。设计一个采样频率为 50Hz、频率为 5Hz 的振动作为输入信号，实验对应的数据点是否满足相位相差 90°的特点。

其实现的 MATLAB 程序代码如下：

```
>> clear all;
```

```
n = 21;                                      % 滤波器的阶数
f = [0 0.1 0.2 1];                           % 频率向量
a = [0 0 1 1];                               % 振幅向量
b = firls(n,f,a,'h');                        % 采用 firls 设计奇对称系数滤波器
[h,w1] = freqz(b,1,512);                     % 计算滤波器的频率响应
bb = remez(n,f,a,'h');                       % 采用 remez 设计奇对称系数滤波器
[hh,w2] = freqz(bb,1,512);                   % 计算滤波器的频率响应
figure;
plot(w1/pi,abs(h),'r.',w2/pi,abs(hh),'b-.',f,a,'ms');
%绘制滤波器幅频响应
xlabel('归一化频率');ylabel('振幅');
legend('firls 设计滤波器','remez 设计滤波器','理想特性');
t = 0:1/50:3;                                % 时间序列
x = sin(2 * pi * 5 * t);                     % 输入信号
figure;
subplot(2,1,1);plot(t(1:100),x(1:100));
%绘制输入信号的前 100 个样本
title('输入信号');
y1 = filter(b,1,x);                          % 运用 firls 设计的滤波器进行滤波
y2 = filter(bb,1,x);                         % 运用 remez 设计的滤波器进行滤波
subplot(2,1,2);plot(t([1:100] + 20/2),y1([1:100] + 20/2),t([1:100] + 20/2),y2([1:100] +
20/2),'r:');
%绘制与输入信号对应的输出信号,考虑了延迟效应
legend('firls 滤波器','remez 滤波器');
xlabel('时间/s');title('输出信号');
```

运行程序,输出如图 1-7 和图 1-8 所示。

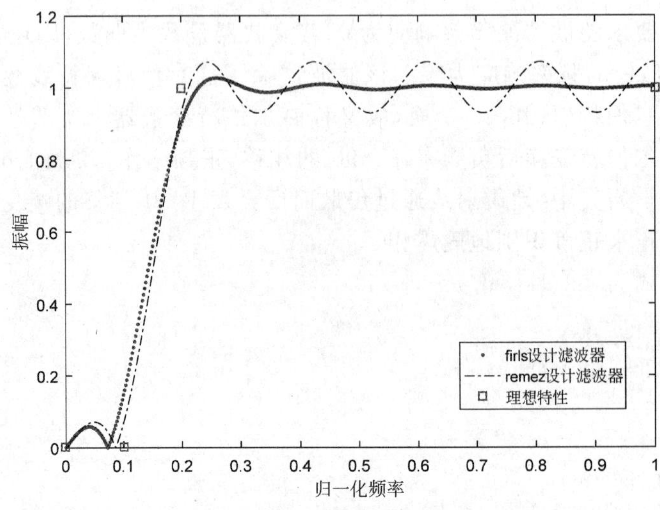

图 1-7 设计滤波器的幅频响应

由图 1-7 和图 1-8 可看出,该滤波器对阻带和通带波纹进行了控制,得到了符合要求的滤波器。由于两种滤波器的幅频响应非常一致,因此采用两种滤波器的输出信号的振幅也很接近。但是跟输入信号比较可知,输出信号比输入信号前移了 90°的相位,这正是赫尔伯特变换的结果。如果将输入信号改为 −5Hz,可以看到输出的信号后移 90°的相位。读者可以动手修改程序,比较其结果。

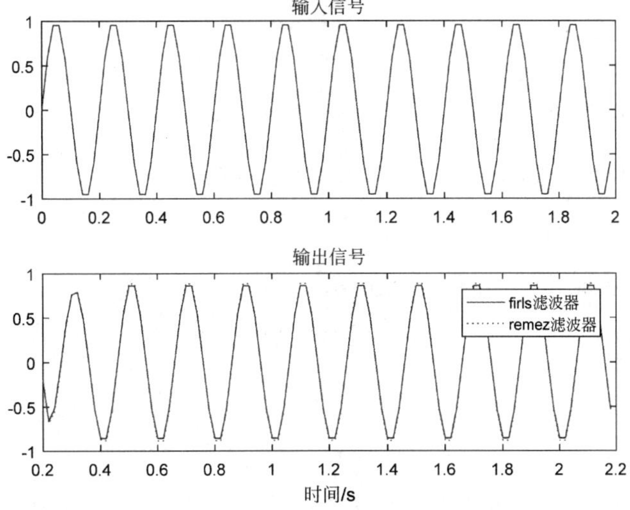

图 1-8 设计滤波器的输入信号及输出信号

1.2.4 微分 FIR 滤波器

对信号时间域的微分等价于信号的傅里叶变换和一个虚数单位斜坡函数的乘积。也就是说，信号的微分相当于让该信号通过一个频率响应为 ω 的滤波器。函数 firls 和 remez 可用于设计这种具有微分作用的 FIR 滤波器，调用格式如下：

```
b = firls(n, f, a, 'd')
b = remez(n, f, a, 'd')
```

式中，'d'是选项，表示设计的滤波器是具有微分器的作用。

【例 1-7】 利用 remez 和 firls 设计一个 FIR 微分器，频率在 0～0.9 范围内，绘制其频率特性图。

其实现的 MATLAB 程序代码如下：

```
>> clear all;
n = 30;                                    % 滤波器的阶数
f = [0 0.9];                               % 频率向量
a = [0 0.9];                               % 振幅向量
b = firls(n,f,a,'d');                      % 采用 firls 设计滤波器
[h,w1] = freqz(b);                         % 计算滤波器的频率响应
bb = remez(n,f,a,'d');                     % 采用 remez 设计滤波器
[hh,w2] = freqz(bb);                       % 计算滤波器的频率响应
figure;
plot(w1/pi,abs(h),'r.',w2/pi,abs(hh),'b-.',f,a,'ms');
% 绘制滤波器幅频响应
xlabel('归一化频率');ylabel('振幅');
legend('firls 设计滤波器','remez 设计滤波器','理想特性',4);
% 绘制图例,4 表示图例的位置在右下角
grid on;
f1 = 5;                                    % 输入信号频率
```

```
t = 0:1/1000:1;                        % 时间序列
x = sin(2 * pi * f1 * t);              % 输入信号
y = fftfilt(bb,x);                     % 滤波
figure;
subplot(2,1,1);plot(t,x);              % 绘制输入信号
title('输入信号');
subplot(2,1,2);plot(t,y);              % 绘制输出信号
ylim([ - 0.01 0.01]);
xlabel('时间/s');title('输出信号');
```

运行程序,效果如图 1-9 和图 1-10 所示。

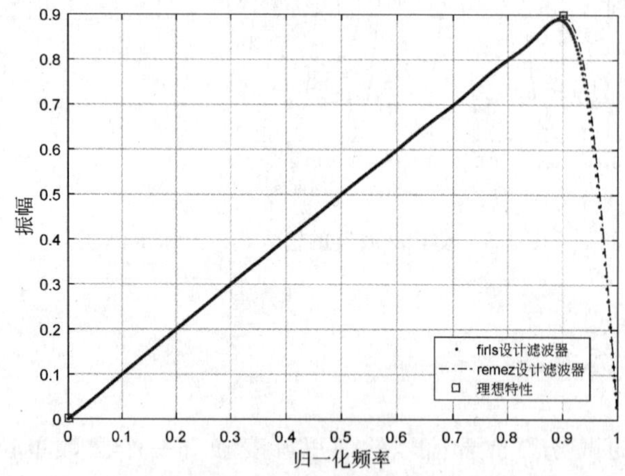

图 1-9　设计滤波器的频率响应

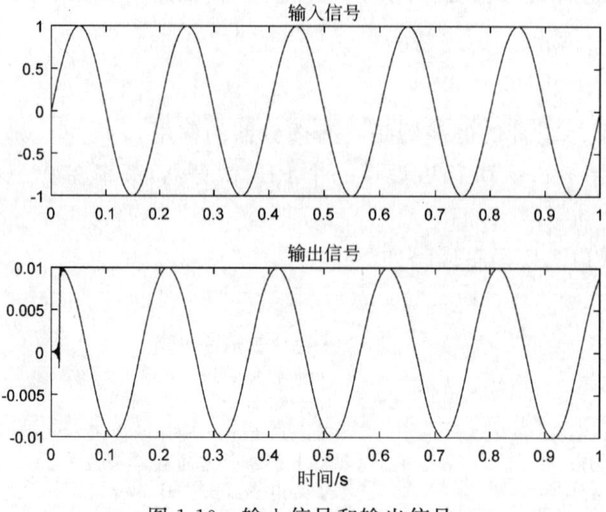

图 1-10　输入信号和输出信号

1.3　IIR 与 FIR 数字滤波器的比较

从性能上讲,IIR 滤波器传递函数的极点可位于单位圆内的任何地方,因此可以用较低的滤波器阶数获得高的选择性,所以存储单元少,经济且效率高。但是,IIR 滤波器是

以相位的非线性为代价的，滤波器选择性越好，则相位非线性越严重。

相反，FIR 滤波器可以得到严格的线性相位。然而，FIR 滤波器传递函数的极点固定在原点，只能用较高的阶数才能使滤波器达到高的选择性。在相同的性能指标下，FIR 滤波器的阶数要比 IIR 高 5～10 倍，这会造成硬件实现成本高、信号延时较大等问题；如果从相同的选择性和相同的线性要求来说，则 IIR 滤波器就必须加全通网络进行相位矫正，这同样加大了滤波器的阶数和复杂性。

从结构上看，IIR 滤波器必须采用递归结构，为保证系统的稳定性，极点必须位于单位圆内。实际硬件实现时，这种结构须对序列进行舍入处理，从而会导致寄生振荡。相反，FIR 滤波器采用非递归结构，不存在不稳定问题，误差也小。此外，FIR 滤波器还可以采用快速傅里叶变换算法，使运算速度加快。

另外，IIR 滤波器虽然设计简单，但主要是用于设计具有片段常数特性的滤波器，如低通、高通、带通和带阻等滤波器。而 FIR 滤波器则灵活得多，尤其是能适应某些特殊应用。例如，某些情况下，需要求三角形振幅响应或者更复杂的幅频响应，因而应用空间广阔。

总之，FIR 和 IIR 滤波器各有所长，在实际应用中应从多方面加以考虑选择。

第2章 基于神经网络的案例分析与实现

2.1 农作物虫情预测

农作物中的害虫常年对作物造成严重危害，使农业经济遭受严重损失。根据害虫的发生、发展规律，以及作物的物候和气象预报等资料进行全面分析，做出其未来的发生期、发生量和危害程度等估计，预测害虫的未来发展动态，这项工作称为农作物虫情预测。虫情预测工作是进行害虫综合防治的必要前提，只有对害虫发生危害的预测做得及时准确，才可以正确地拟定综合防治计划，及时采取必要的措施，经济有效地压低害虫的发生数量，保证农作物的高产和稳产。

按照预测内容来划分，虫情预测可以分为发生期预测、发生量预测、迁飞害虫预测和灾害程度预测，以及操作估计4种；按照预测时间长短划分，可以分为短期预测、中期预测和长期预测3种情况。

我国关于虫情预测问题的研究，起步较早，目前主要采用以下3种方法。

(1) 统计法

根据多年的积累资料探讨某种因素（如气候因素和物候现象等）与害虫某一虫态的发生期和发生量之间的关系，或害虫种群本身前后不同的发生期和发生量之间的相关关系，进行相关回归分析或数理统计计算，构建各种不同的预测模型。

(2) 实验法

应用生物学方法，主要求出各虫态的发育速率和有效积温，然后应用气象资料预测其发生期。另一方面，利用实验方法探讨营养、气候和天敌等因素对害虫生存和繁殖能力的影响，为害虫发生量的预测提供依据。

(3) 观察法

直接观察害虫的发生和作物物候的变化，明确虫口密度、生活史与作物生育期的关系。应用物候现象、发育进程、虫口密度和虫态历期等观察资料进行预测，是我国目前最通用的预测方法。该方法主要可以预测发生期、发生量和灾害程度。

2.1.1 基于神经网络的虫情预测原理

众所周知，虫害的发生和自然因素之间有着密切的联系，它同时受气温、日照和降雨量等因素的影响。影响虫害发生量的各因子之间存在复杂的相互作用。由于自身的缺点，利用传统方法很难建立起一个精确和完善的预测模型。而BP神经网络具有对非线性复杂系统预测的良好特性，可以有效地描述其本身具有的不确定、多输入等复杂的非线性特性。

从影响虫害发生量的气候因子角度来说，虫害发生量主要受以下3种因素制约。

（1）温度

昆虫是变温动物，体温基本上是随着外界温度的变化而变化的。而外界温度的变化直接影响着昆虫代谢率的高低，从而直接影响昆虫生长发育、繁殖和生存等生命活动行为。昆虫对外界温度的变化适应不是无限的，而是有一定的适应范围。每种昆虫都有一定的温度适应范围，超过这一温度范围，昆虫的繁殖就会停止甚至死亡。了解每种害虫对温度的适应范围，对于分析和预测害虫的发生期和发生量有着重要的意义。

（2）湿度和降雨

湿度和降雨可以直接影响昆虫的生长发育和生存。外界环境的湿度和降雨都是通过影响昆虫体内的含水量而产生作用的。所以，当外界环境的影响使得虫体内的水分调节失去平衡时，便可引起昆虫生长发育和繁殖等方面的反常表现。

（3）光

对于昆虫来说，光并不是一种生存条件，但外界光因素与昆虫的趋向性、活动行为和生活方式等都有着直接或间接的联系。

自然界中的各个气候因素是相互影响、综合作用于昆虫的。在进行虫情预测时，不能够只根据某一项单个指标，而是要注意综合作用影响。

2.1.2 BP网络设计

本实例的预测对象是我国某地的田间水稻。水稻螟虫是水稻的重要害虫之一，尤其是二化螟。从温度上说，二化螟的产生、发展和温度的变化关系十分密切，二化螟的抗低温能力较强，抗高温能力较弱，适宜温度在16～30℃之间，35℃以上的高温就容易使二化螟死亡。从降雨量角度讲，一方面，大量的降雨会导致气温下降，有利于二化螟的生存；另一方面，充沛的降雨会淹死大量的幼虫。因此，降雨对二化螟的影响是比较复杂的，需要综合考虑。

BP网络的输入和输出层的神经元数目，是由输入和输出向量的维数确定的。输入向量的维数也就是影响因素的个数，这里综合考虑了影响虫情的各种因素，选取了平均气温、最低气温、日照时间和降雨量4个因素，所以输入层的神经元个数为4。为了细化虫害的等级，这里将虫害发生量分为4级，目标输出模式为(0 0 0 1)、(0 0 1 0)、(0 1 0 0)和(1 0 0 0)，分别对应1级、2级、3级和4级。因此，输出层神经元的个数也为4。由于输出向量的元素为0-1值，因此，输出层神经元的传递函数为可选用S型对数函数

logsig。

实践表明，隐含层数目的增加可以提高 BP 网络的非线性映射能力，但是隐含层数目超过一定值，网络性能反而会降低。而单隐层的 BP 网络可以逼近一个任意的连续非线性函数。因此，这里采用单隐层的 BP 网络。隐含层的神经元个数直接影响着网络的非线性预测性能。这里根据 Kolmogorve 定理，设定网络的隐含层神经元个数为 9。按照一般的设计原则，隐含层神经元的传递函数为 S 型正切函数 tansig。

网络结构确定后，需要利用样本数据通过一定的学习规则进行训练，提高网络的适应能力。学习速率是训练过程的重要因子，它决定每一次循环中的权值变化量。在一般情况下，倾向于选择较小的学习速率保证学习的稳定性，这里取学习速率为 0.05。

本实例所使用的数据为该地区的田间水稻 1996—2003 年间的 5～10 月的虫害发生程度及相应的气象数据。本来应该取 1996—2002 年之间的数据作为网络的学习训练样本，2003 年的数据作为预测样本，但这里限于篇幅原因，在利用神经网络工具箱进行编程时，只利用 2000—2002 年的数据作为训练样本，2003 年的数据作为预测样本。这样做的直接后果会导致网络预测精度下降，但这里我们更关心的是演示利用神经网络工具箱进行虫情预测的全过程。归一化后的样本数据如表 2-1 所示。

表 2-1　归一化后的样本数据

年份	月	平均气温	最低气温	日照时间	降雨量	虫害程度
2000	5	−0.0909	−0.1408	−0.2500	−0.2984	0 0 0 1
	6	0.4825	0.3844	0.1250	0.3037	0 0 0 1
	7	0.9580	0.9718	0.9688	−0.7801	1 0 0 0
	8	0.6643	0.7183	0.5000	0.0419	1 0 0 0
	9	0.0350	0.0423	0.0000	−0.3665	0 0 0 1
	10	−0.6224	−0.6620	−0.0625	−0.8796	0 0 0 1
2001	5	−0.2727	−0.7324	0.5625	−0.7277	0 0 0 1
	6	−0.9090	0.0000	0.8125	−0.6073	0 1 0 0
	7	0.9580	1.0000	0.6875	0.0733	1 0 0 0
	8	0.8601	0.9296	0.2812	−0.3979	1 0 0 0
	9	0.0909	0.0141	0.1563	−0.4660	1 0 0 0
	10	−0.9860	−1.0000	−0.5625	−0.4241	0 0 0 1
2002	5	0.1189	−0.1127	0.6250	−0.6021	0 0 0 1
	6	0.3706	0.3521	0.0313	−0.6073	0 0 0 1
	7	0.6923	0.7324	−0.3125	0.2670	0 0 1 0
	8	0.6643	0.7324	−0.0625	0.1361	1 0 0 0
	9	−0.0350	0.0423	−0.5313	−0.8482	1 0 0 0
	10	−0.4266	−0.5070	−0.125	−0.8586	0 1 0 0
2003	5	0.0490	0.0000	−0.0937	−0.0995	0 0 0 1
	6	0.2587	0.3662	−0.5313	1.0000	0 0 1 0
	7	0.7203	0.8028	−0.1875	0.4346	0 0 1 0
	8	0.9301	0.9014	0.9688	−0.8691	1 0 0 0
	9	0.3287	0.3239	0.2813	−0.6702	0 0 0 1
	10	−0.6084	−0.5211	−0.2813	−0.4346	0 0 0 1

在 M 文件编辑器中输入以下命令：

```
%构建训练样本中的输入向量P
p1=[-0.0909 0.4825 0.9580 0.6643 0.0350 -0.6224;
    -0.1408 0.3844 0.9718 0.7183 0.0423 -0.6620;
    -0.2500 0.1250 0.9688 0.5000 0.0000 -0.0625;
    -0.2984 0.3037 -0.7801 0.0419 -0.3665 -0.8796];
p2=[-0.2727 -0.909 0.9580 0.8601 0.0909 -0.9860;
    -0.7324 0.0000 1.0000 0.9296 0.0141 -1.0000;
     0.5625 0.8125 0.6875 0.2812 0.1563 -0.5625;
    -0.7277 -0.6073 0.0733 -0.3979 -0.4660 -0.4241];
p3=[ 0.1189 0.3706 0.6923 0.6643 -0.0350 -0.4266;
    -0.1127 0.3521 0.7324 0.7324 0.0423 -0.5070;
     0.6250 0.0313 -0.3125 -0.0625 -0.5313 -0.125;
    -0.6021 -0.6073 0.2670 0.1361 -0.8482 -0.8586];
P=[p1 p2 p3];
%构建训练样本中的目标向量t
t1=[0 0 1 1 0 0
    0 0 0 0 0 0;
    0 0 0 0 0 0;
    1 1 0 0 1 1];
t2=[0 0 1 1 1 0;
    0 1 0 0 0 0;
    0 0 0 0 0 0;
    1 0 0 0 0 1];
t3=[0 0 0 1 1 0;
    0 0 0 0 0 1;
    0 0 1 0 0 0;
    1 1 0 0 0 0];
t=[t1 t2 t3];
%创建一个BP网络,隐含层有9个神经元,传递函数为tansig
%中间层有4个神经元,传递函数为logsig,训练函数为trainlm
net=newff(minmax(P),[9,4],{'tansig','logsig'},'trainlm');
%训练步数为50
%目标误差为0.01
net.trainParam.epochs=50;
net.trainParam.goal=0.01;
net=train(net,P,t);
%预测2003年的虫情
P_test=[ 0.0490 0.2587 0.7203 0.9301 0.3287 -0.6084;
         0.0000 0.3662 0.8028 0.9014 0.3239 -0.5211;
        -0.0937 -0.5313 -0.1875 0.9688 0.2813 -0.2813;
        -0.0995 1.0000 0.4346 -0.8691 -0.6702 -0.4346];
y=sim(net,P_test)
```

运行以上代码,可以得到网络的训练结果为

```
TRAINLM, Epoch 0/50, MSE 0.481656/0.01, Gradient 3.50181/1e-010
TRAINLM, Epoch 25/50, MSE 0.0787749/0.01, Gradient 0.0154624/1e-010
TRAINLM, Epoch 50/50, MSE 0.0276335/0.01, Gradient 0.0148411/1e-010
TRAINLM, Maximum epoch reached, performance goal was not met.
```

可见网络经过 50 次训练后即可达到误差要求,结果如图 2-1 所示。网络的输出结果为

```
y =
    0.0000    0.0000    0.0001    0.9963    0.0004    0.0000
    0.0000    0.0000    0.0000    0.0014    0.0000    0.0627
    0.0000    0.7220    0.0032    0.0000    0.0000    0.0000
    1.0000    0.0001    0.0000    0.0000    0.9963    1.0000
```

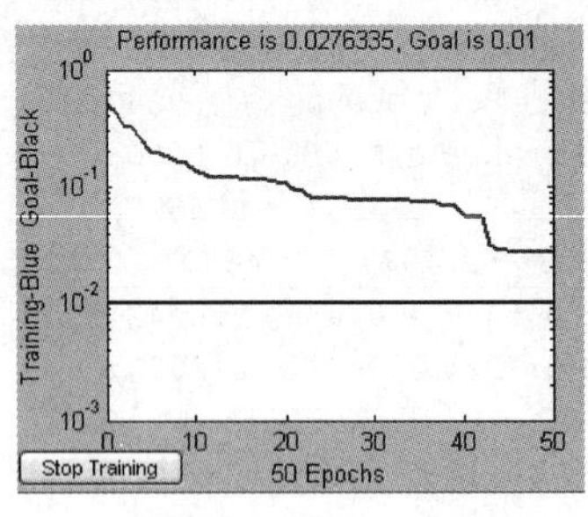

图 2-1　训练结果

2.2 模型参考控制

2.2.1 模型参考控制概念

神经网络模型参考控制系统包含一个控制器网络和一个系统模型网络，如图 2-2 所示。应首先对系统模型进行辨识，然后训练控制器，使得系统输出能够跟随参考模型输出。

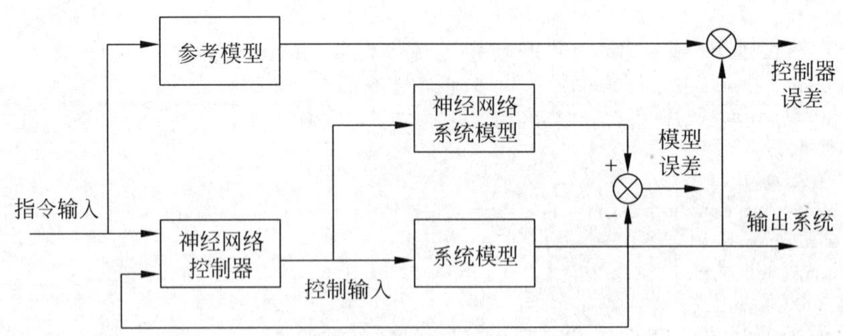

图 2-2　神经网络模型参考控制器示意图

网络是一个两层神经网络，隐层神经元的数目可以自行定义。其中，控制器的输入包含三种信号：延迟参考输入、延迟控制器输出和延迟系统输出。

神经网络系统模型的输入包含两种信号：延迟控制器输出和延迟系统输出。

输入信号的延迟与系统的阶数有关，通常随着系统阶数增加，延迟增大。

2.2.2 模型参考控制实例分析

MATLAB 神经网络工具箱提供了模型参考控制器在机械臂控制中的具体实现。下面结合所提供的示例程序，介绍神经网络模型参考控制器的训练仿真过程。

1. 问题提出

图 2-3 显示了一个简单的单连接机械臂。

建立臂杆的运动方程：

$$\frac{\mathrm{d}^2\phi}{\mathrm{d}t^2}=-10\sin\phi-2\frac{\mathrm{d}\phi}{\mathrm{d}t}+u$$

其中，ϕ 为机械臂与参考线之间的夹角；u 为直流电机的转矩(驱动输入)。

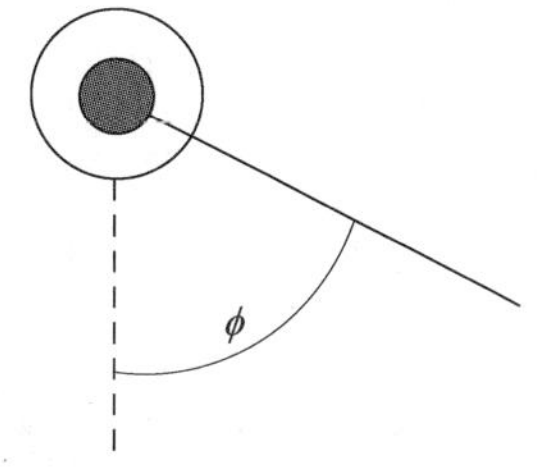

图 2-3 简单的单连接机械臂示意图

最终目的是训练控制器，使得机械臂能够跟踪参考模型：

$$\frac{\mathrm{d}^2 y_r}{\mathrm{d}t^2}=-9y_r-6\frac{\mathrm{d}y_r}{\mathrm{d}t}+9r$$

其中，y_r 为参考模型的输出；r 为参考输入信号。

2. 模型的建立

在 MATLAB 神经网络工具箱中，演示程序的神经网络控制器采用的是 5-13-1 结构，即 5 个输入端，隐层有 13 个节点，输出层有 1 个节点。控制器的输入包含了 2 个延迟参考输入、2 个延迟系统输出和 1 个延迟控制器输出。采样间隔为 0.05s。

用户只需在 MATLAB 工作空间中输入 mrefrobotarm，就会自动调用 Simulink，并且产生如图 2-4 所示的模型窗口。

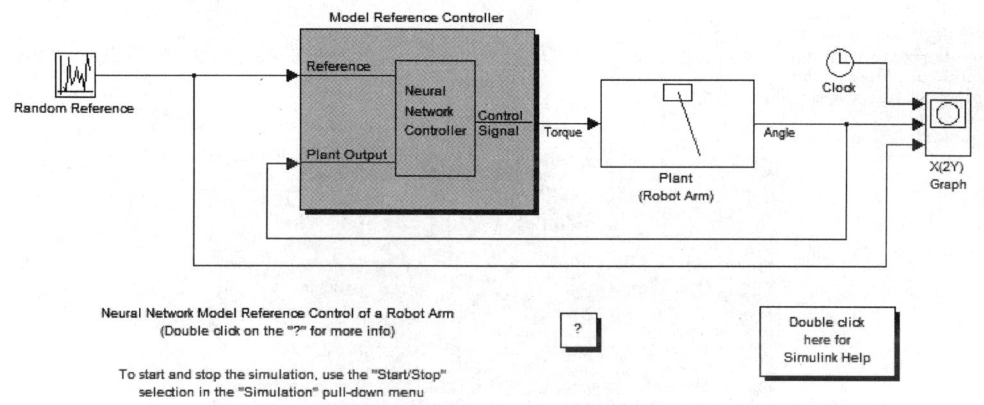

图 2-4 mrefrobotarm 模型窗口

图 2-4 中的机械臂系统模块(Plant)即是应用机械臂运动方程编制的 Simulink 模块。双击该模块，可以看到模型的详细结构，如图 2-5 所示。

在图 2-4 所示的窗口中，还有一个模型参考控制器模块，该模块是在神经网络工具箱中生成并复制过来的。用户可以右击鼠标，在弹出的快捷对话框中选择 Look under mask 选项来查看该模块未封装的具体实现，如图 2-6 所示。

关于机械臂模型以及模型参考控制器的 Simulink 模型，其建立过程并不是本书的重点，故此处只是加以引用，并不进行更深入的探讨与学习，有兴趣的读者可以参考 MATLAB 控制系统 Simulink 设计的相关书籍。

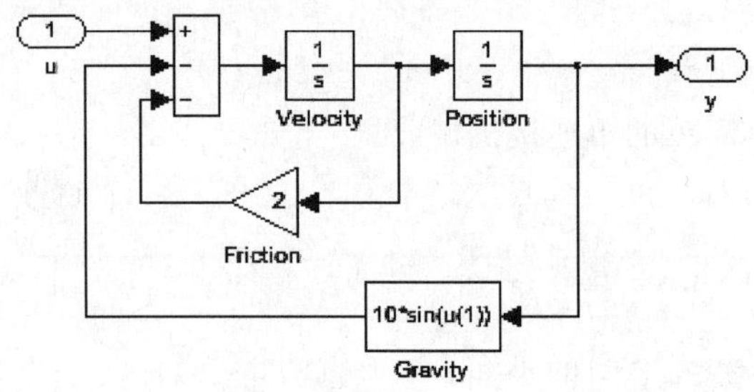

图 2-5　mrefrobotarm/Plant 模型窗口

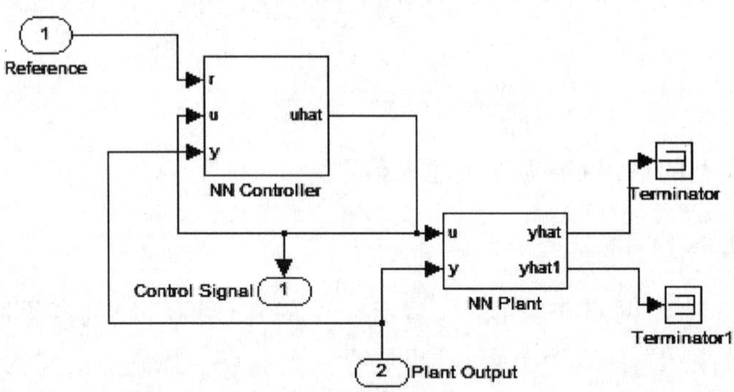

图 2-6　Model Reference Controller 模块

3. 系统辨识

双击 Model Reference Controller 模块，将会弹出一个新的窗口，如图 2-7 所示，该窗口用于训练 NARMA-L2 模型。

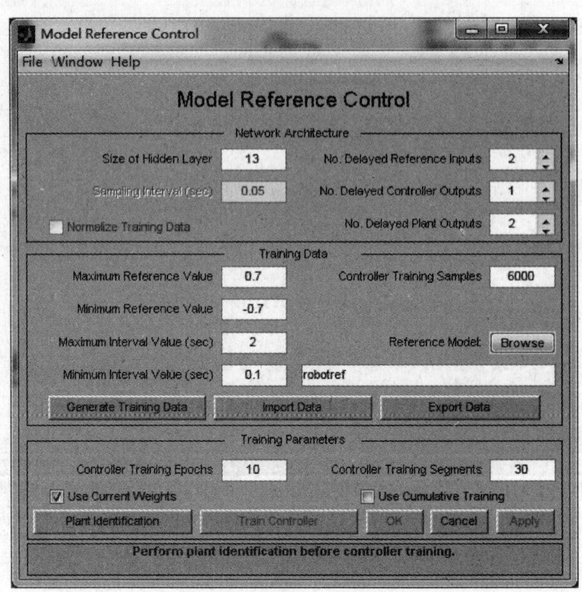

图 2-7　Model Reference Control 窗口

在图 2-7 所示的窗口中单击 Plant Identification 按钮,将会弹出系统辨识窗口。

单击 Generate Training Data 按钮,程序开始产生控制器需要的数据。在数据产生结束后,将会出现如图 2-8 所示的数据窗口。

单击 Accept Data 按钮,返回到 Model Reference Control 窗口。单击 Train Controller 按钮,开始训练。程序将一段数据输入网络,并且对网络进行指定次数的迭代。直到所有的训练数据都输入了网络,这个过程才停止。控制器训练需要的时间比系统模型训练需要的时间长得多。这是因为控制器必须使用动态反向传播算法。

训练结束后,闭环系统的响应结果如图 2-9 所示。图 2-9 中上部分表示适用于训练的随机参考信号,下部分表示参考模型的响应信号,以及闭环系统的响应信号。系统的响应信号应该跟踪参考模型的信号。

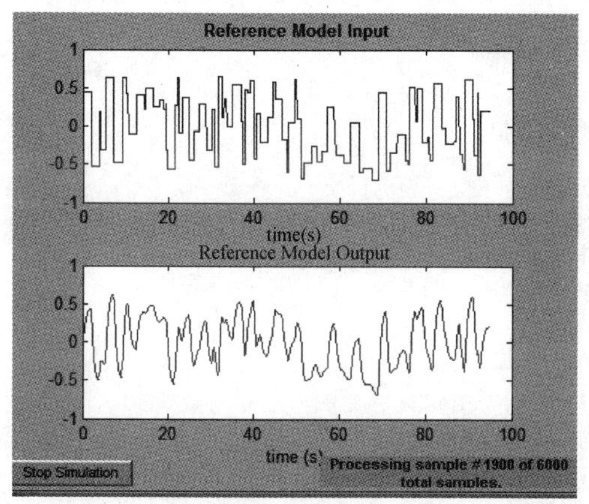

图 2-8 参考输入/输出曲线

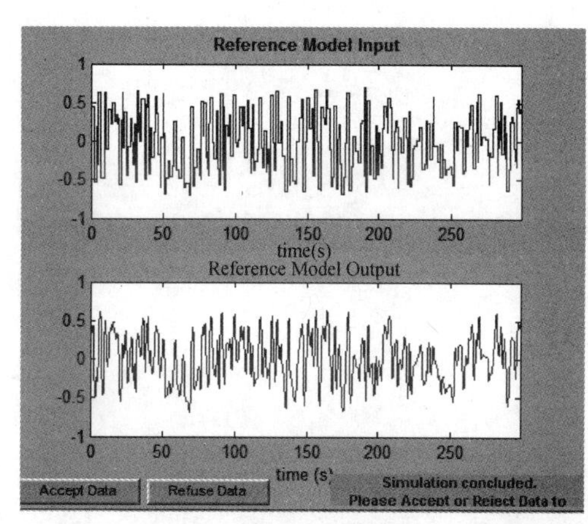

图 2-9 闭环响应曲线

返回到 Model Reference Control 窗口,如果控制器的性能不准确,那么,可以再次单击 Train Controller 按钮,这样就会继续使用同样的数据对控制进行训练。如果需要使用新的数据继续训练,可单击 Train Controller 按钮之前单击 Generate Training Data 按钮或者 Import Data 按钮(注意,要确认 Use Current Weights 被选中)。另外,如果系统模型不够准确,也会影响控制器的训练。

4. 系统仿真

在系统辨识窗口中单击 OK 按钮,将训练好的神经网络控制器权值导入 Simulink 模型中。返回到 mrefrobotarm 模型窗口,单击 Simulink 菜单下的 Start 选项开始仿真。当仿真结束时,将会显示出系统的输出和参考信号,如图 2-10 所示。

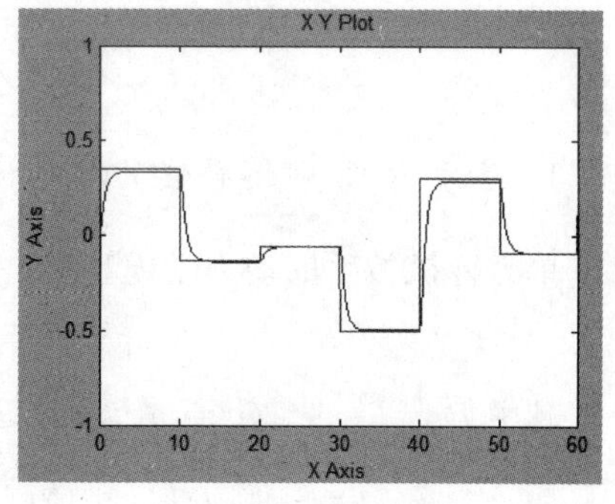

图 2-10 仿真结果

2.3 神经网络控制的应用

2.3.1 机器人神经网络数字控制

数字控制系统结构如图 2-11 所示，其中控制器为数字控制算法，被控对象的输入/输出为模拟信号，通过 D/A、A/D 与数字信号相连接。数字控制算法的程序框图如图 2-12 所示。

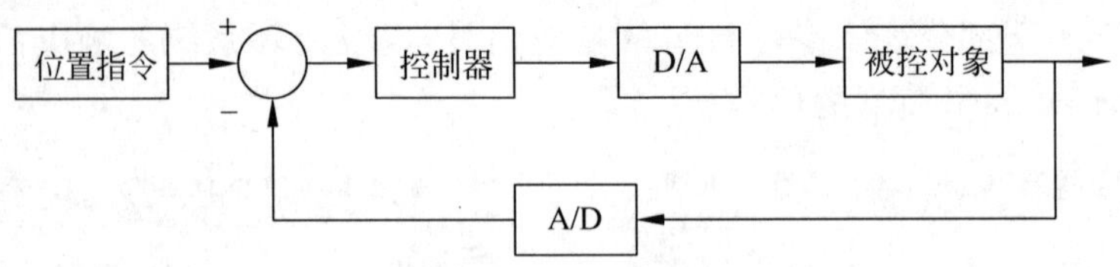

图 2-11 数字控制系统结构

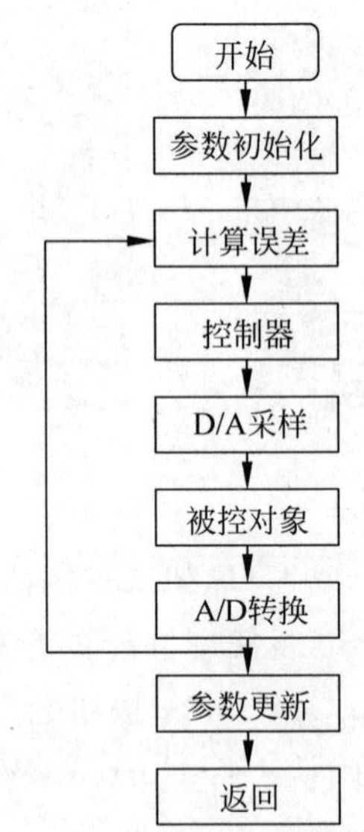

图 2-12 数字控制算法程序框图

1. 基于 RBF 网络补偿的单机械力臂自适应数字控制

单力臂机械手的动力学模型为

$$D\ddot{q}+C\dot{q}+G=\tau+d \tag{2-1}$$

其中 $D_0=\frac{3}{4}ml^2$，$G_0=mgl\cos\theta$，$d=1.3\sin(0.5\pi t)$。

取 $x_1=q$，$x_2=\dot{q}$，则方程(2-1)可转化为动力学方程：

$$\begin{aligned}\dot{x}_1 &= x_2\\ \dot{x}_2 &= D^{-1}(\tau+d-C\dot{q}-G)\end{aligned} \tag{2-2}$$

在 MATLAB 仿真中，每个采样时间用 Runge-Kutta 迭代算法求解微分方程式(2-2)，从而实现连续被控对象的离散求解。仿真中采用了 MATLAB 函数 ode45 积分求解。

取 $m=1, l=1, g=9.8, d=0.5\sin t, \Delta D=0.8D_0, \Delta C=0.8C_0, \Delta G=0.8G_0$。系统的初始状态为 $\boldsymbol{x}=[0,0]$。

取样时间取 $t_s=0.001$，取控制器参数为 $k_p=40, k_v=20, \boldsymbol{Q}=\begin{bmatrix} 2000 & 0 \\ 0 & 2000 \end{bmatrix}$，取自适应规律参数为 $\gamma=5, k_1=0.01$。RBF 网络的隐含层节点数取 10。取 $M=1$，未采用神经网络补偿，仿真结果如图 2-13 及图 2-14 所示。取 $M=2$ 采用神经网络补偿，仿真结果如图 2-15 和图 2-16 所示。

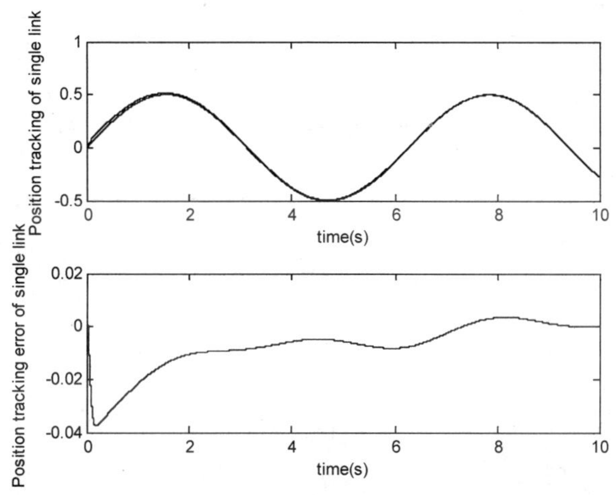

图 2-13　未用神经网络补偿的位置跟踪及其误差($M=1$)

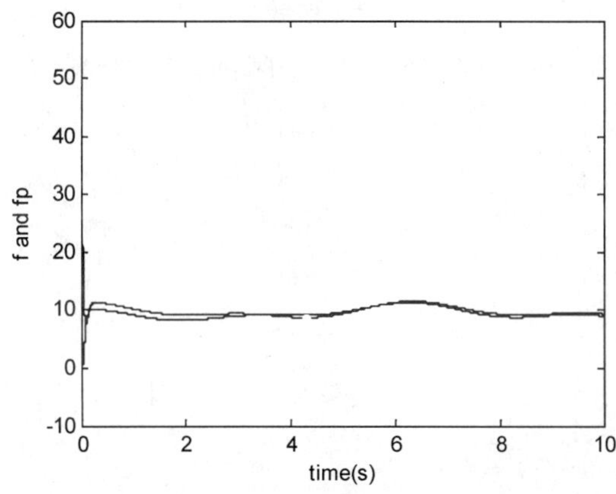

图 2-14　不确定项及其神经网络逼近结果($M=1$)

在 M 文件编辑器中输入以下命令：

```
clear all;
close all;
ts = 0.001;                                % 仿真时间
node = 10;
```

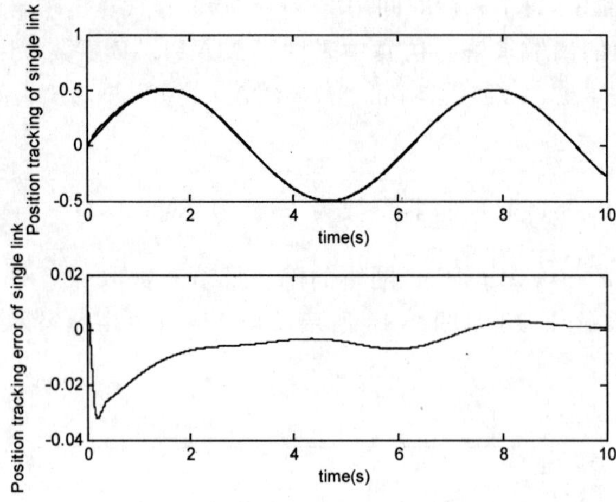

图 2-15　未用神经网络补偿的位置跟踪及其误差($M=2$)

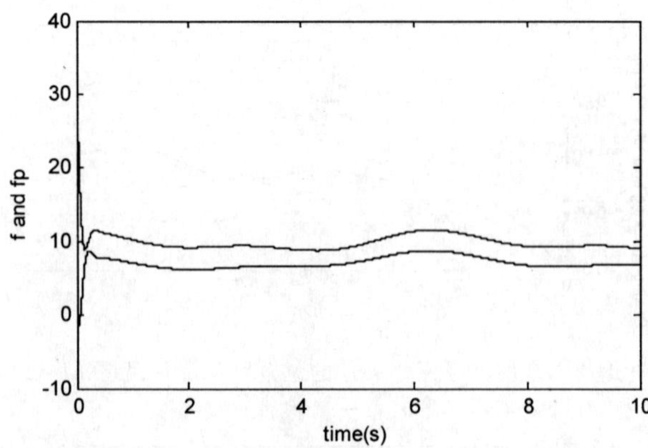

图 2-16　不确定项及其神经网络逼近结果($M=2$)

```
gama = 5;
c = 0;
b = 4;
h = zeros(node,1);
kp = 40;
kv = 20;
q_1 = 0;
dq_1 = 0;
tol_1 = 0;
xk = [0 0];
w_1 = zeros(node,1);
A = [0 1; - kp - kv];
B = [0;1];
Q = [200 0;0 200];
p = lyap(A',Q);
eig(p);
k1 = 0.01;
for k = 1:1:10000
```

```
    time(k) = k * ts;
    qd(k) = 0.5 * sin(k * ts);
    dqd(k) = 0.5 * cos(k * ts);
    ddqd(k) = - 0.5 * sin(k * ts);
    tSpan = [0 ts];
    para = tol_1;               % D/A
    [t,xx] = ode45('li8_6',tSpan,xk,[],para);
    xk = xx(length(xx),:);    % A/D
    q(k) = xk(1);
    dq(k) = (q(k) - q_1)/ts;
    ddq(k) = (dq(k) - dq_1)/ts;
    e(k) = q(k) - qd(k);
    de(k) = dq(k) - dqd(k);
    xi = [e(k);de(k)];
    for j = 1:1:node
        h(j) = exp( - norm(xi - c)^2/(2 * b * b));
    end
    for i = 1:1:node
        w(i,1) = w_1(i,1) + ts * (gama * h(i) * xi' * p * B + k1 * gama * norm(xi) * w_1(i,1));
    end
    g = 9.8; m = 1; l = 1;
    D0 = 3/4 * m * l^2;
    d_D = 0.8 * D0;
    C0 = 2;
    d_C = 0.8 * C0;
    G0(k) = m * g * l * cos(q(k));
    d_G(k) = 0.8 * G0(k);
    d(k) = 0.5 * sin(k * ts);
    f(k) = inv(D0) * (d_D * ddq(k) + d_C * dq(k) + d_G(k) + d(k));
    fp(k) = w' * h;
    M = 2;
    if M == 1
        tol(k) = D0 * (ddqd(k) - kv * de(k) - kp * e(k)) + C0 * dq(k) + G0(k);
    elseif M == 2
        tol(k) = D0 * (ddqd(k) - kv * de(k) - kp * e(k)) + C0 * dq(k) + G0(k) - D0 * fp(k);
    end
    q_1 = q(k);
    dq_1 = dq(k);
    w_1 = w;
    tol_1 = tol(k);
end
figure(1);
subplot(2,1,1);
plot(time,qd,'r',time,q,'b');
xlabel('time(s)');
ylabel('Position tracking of single link');
subplot(2,1,2);
plot(time,qd - q,'r');
xlabel('time(s)');
ylabel('Position tracking error of single link');
figure(2)
```

```
plot(time,tol);
xlabel('time(s)');
ylabel('Control input of single link');
if M == 2
    figure(3)
    plot(time,f,'r',time,fp,'b');
    xlabel('time(s)');
    ylabel('f and fp');
end
```

在主程序中调用的子程序 li8_6.m 的源程序代码如下

```
function dx = li8_6(t,x,flag,para)
dx = zeros(2,1);
g = 9.8;m = 1;l = 1;
D0 = 4/3 * m * l ^2;
d_D = 0.8 * D0;
C0 = 2;
d_C = 0.8 * C0;
G0 = m * g * l * cos(x(1));
d_G = 0.8 * G0;
D = D0 - d_D;
C = C0 - d_C;
G = G0 - d_G;
d = 0.5 * sin(t);
tol = para;
dx(1) = x(2);
dx(2) = inv(D) * (tol + d - C * x(2) - G);
```

2. 基于RGB网络的双机械力臂自适应数字控制

选二关节机器人系统(不考虑摩擦力和干扰),其动力学模型为

$$D(q)\ddot{q} + C(q,\dot{q})\dot{q} + G(q) = \tau \tag{2-3}$$

取 $x_1 = q, x_2 = \dot{q}$,则方程(2-3)可转化为动力学方程:

$$\begin{aligned} \dot{x}_1 &= x_2 \\ \dot{x}_2 &= D^{-1}(x_1)(\tau - C(x_1,x_2)x_2 - G(x_1)) \end{aligned} \tag{2-4}$$

在MATLAB仿真中,每个采样时间用Runge-Kutta迭代算法求解微分方程式(2-4),从而实现连续被控对象的离散求解。仿真中采用了MATLAB函数ode45积分求解。

取样时间取 $t_s = 0.001$,取 $\boldsymbol{q}_0 = [0 \quad 0]^{\mathrm{T}}$,$\dot{\boldsymbol{q}}_0 = [0 \quad 0]^{\mathrm{T}}$。位置指令为 $q_{d1} = q_{d2} = 0.5\sin(2\pi k \cdot t_s)$,取控制律参数为 $\boldsymbol{K}_p = \begin{bmatrix} 20 & 0 \\ 0 & 20 \end{bmatrix}$,$\boldsymbol{K}_i = \begin{bmatrix} 20 & 0 \\ 0 & 20 \end{bmatrix}$,$\boldsymbol{\Lambda} = \begin{bmatrix} 5 & 0 \\ 0 & 5 \end{bmatrix}$,$K_r = 1.5$。自适应律中,神经网络权值调节矩阵 $\boldsymbol{\Gamma}_{Dk}$,$\boldsymbol{\Gamma}_{Ck}$ 和 $\boldsymbol{\Gamma}_{Gk}$ 中的元素值分别取5和10。RBF网络的隐含层节点数取5,用于逼近的 $\hat{D}_{\mathrm{SNN}}(\boldsymbol{q})$,$\hat{C}_{\mathrm{DNN}}(\boldsymbol{q},\dot{\boldsymbol{q}})$,$\hat{G}_{\mathrm{SNN}}(\boldsymbol{q})$ 的高斯参数见控制器主程序 li8_6B.m,仿真结果如图2-17和图2-18所示。

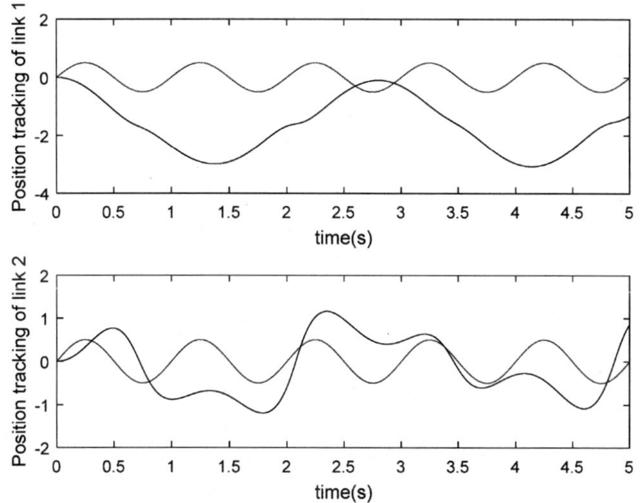

图 2-17 关节 1 和关节 2 的位置跟踪

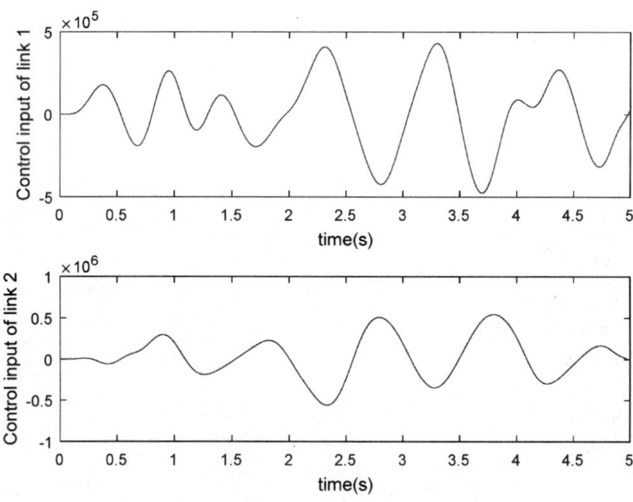

图 2-18 关节 1 和关节 2 的控制输入

在 M 文件编辑器中输入以下命令：

```
clear all; close all;
ts = 0.001;
xk = [0 0 0 0];
tol1_1 = 0;
tol2_1 = 0;
ei = 0;
node = 5;
c_D = [ - 2  - 1 0 1 2; - 1  - 0.5 0 0.5 1];
c_C = [ - 2  - 1 0 1 2; - 1  - 0.5 0 0.5 1; - 2  - 1 0 1 2; - 1  - 0.5 0 0.5 1];
c_G = [ - 2  - 1 0 1 2; - 1  - 0.5 0 0.5 1];
b = 20.0;
W_D11_1 = zeros(node,1);
W_D12_1 = zeros(node,1);
```

```
W_D21_1 = zeros(node,1);
W_D22_1 = zeros(node,1);
W_C11_1 = zeros(node,1);
W_C12_1 = zeros(node,1);
W_C21_1 = zeros(node,1);
W_C22_1 = zeros(node,1);
W_G1_1 = zeros(node,1);
W_G2_1 = zeros(node,1);
Hur = 5 * eye(2);
for k = 1:1:5000
    if mod(k,100) == 1
        k;
    end
    time(k) = k * ts;
    qd1(k) = 0.5 * sin(1 * 2 * pi * k * ts);
    qd2(k) = 0.5 * sin(1 * 2 * pi * k * ts);
    d_qd1(k) = 0.5 * 1 * 2 * pi * cos(1 * 2 * pi * k * ts);
    d_qd2(k) = 0.5 * 1 * 2 * pi * cos(1 * 2 * pi * k * ts);
    dd_qd1(k) = - 0.5 * (1 * 2 * i)^2 * sin(1 * 2 * pi * k * ts);
    dd_qd2(k) = - 0.5 * (1 * 2 * i)^2 * sin(1 * 2 * pi * k * ts);
    para = [tol1_1 tol2_1];                % D/A
    tSpan = [0 ts];
    [t,xx] = ode45('li8_6C',tSpan,xk,[],para);
    dx = li8_6C(tSpan,xk,[],para);         % A/D速度
    xk = xx(length(xx),:);                 % A/D位置
    q1(k) = xk(1);
    q2(k) = xk(3);
    dq1(k) = dx(1);
    dq2(k) = dx(3);
    q = [q1(k);q2(k)];
    z = [q1(k);q2(k);dq1(k);dq2(k)];
    e1(k) = qd1(k) - q1(k);
    d_e1(k) = d_qd1(k) - dq1(k);
    e2(k) = qd2(k) - q2(k);
    d_e2(k) = d_qd2(k) - dq2(k);
    e = [e1(k);e2(k)];
    d_e = [d_e1(k);d_e2(k)];
    S = 2;
    if S == 1                              % PD控制
        tol = 400 * e + 50 * d_e;
        tol1(k) = tol(1);
        tol2(k) = tol(2);
    elseif S == 2                          % RBF控制
        r = d_e + Hur * e;
        d_qd = [d_qd1(k);d_qd2(k)];
        d_qr = d_qd + Hur * e;
        dd_qd = [dd_qd1(k);dd_qd2(k)];
        dd_qr = dd_qd + Hur * d_e;
        for j = 1:1:node
            h_D11(j) = exp( - norm(q - c_D(:,j))^2/(b * b));
            h_D21(j) = exp( - norm(q - c_D(:,j))^2/(b * b));
            h_D12(j) = exp( - norm(q - c_D(:,j))^2/(b * b));
            h_D22(j) = exp( - norm(q - c_D(:,j))^2/(b * b));
        end
        for j = 1:1:node
            h_C11(j) = exp( - norm(z - c_C(:,j))^2/(b * b));
```

```
            h_C12(j) = exp( - norm(z - c_C(:,j))^2/(b * b));
            h_C21(j) = exp( - norm(z - c_C(:,j))^2/(b * b));
            h_C22(j) = exp( - norm(z - c_C(:,j))^2/(b * b));
        end
        for j = 1:1:node
            h_G1(j) = exp( - norm(q - c_G(:,j))^2/(b * b));
            h_G2(j) = exp( - norm(q - c_G(:,j))^2/(b * b));
        end
        T_D11 = 5 * eye(node);
        T_D12 = 5 * eye(node);
        T_D21 = 5 * eye(node);
        T_D22 = 5 * eye(node);
        T_C11 = 5 * eye(node);
        T_C12 = 5 * eye(node);
        T_C21 = 5 * eye(node);
        T_C22 = 5 * eye(node);
        T_G1 = 5 * eye(node);
        T_G2 = 5 * eye(node);
        for i = 1:1:node
            W_D11(i,1) = W_D11_1(i,1) + ts * T_D11(i,i) * h_D11(i) * dd_qr(1) * r(1);
            W_D21(i,1) = W_D21_1(i,1) + ts * T_D21(i,i) * h_D21(i) * dd_qr(1) * r(2);
            W_D12(i,1) = W_D12_1(i,1) + ts * T_D12(i,i) * h_D12(i) * dd_qr(2) * r(1);
            W_D22(i,1) = W_D22_1(i,1) + ts * T_D22(i,i) * h_D22(i) * dd_qr(2) * r(2);
            W_C11(i,1) = W_C11_1(i,1) + ts * T_C11(i,i) * h_C11(i) * dd_qr(1) * r(1);
            W_C21(i,1) = W_C21_1(i,1) + ts * T_C21(i,i) * h_C21(i) * dd_qr(1) * r(2);
            W_C12(i,1) = W_C12_1(i,1) + ts * T_C12(i,i) * h_C12(i) * dd_qr(2) * r(1);
            W_C22(i,1) = W_C22_1(i,1) + ts * T_C22(i,i) * h_C22(i) * dd_qr(2) * r(2);
            W_G1(i,1) = W_G1_1(i,1) + ts * T_G1(i,i) * h_G1(i) * r(1);
            W_G2(i,1) = W_G2_1(i,1) + ts * T_G2(i,i) * h_G2(i) * r(2);
        end
        DSNN_g = [W_D11' * h_D11' W_D12' * h_D12';W_D21' * h_D21' W_D22' * h_D22'];
        GSNN_g = [W_G1' * h_G1';W_G2' * h_G2'];
        CDNN_g = [W_C11' * h_C11' W_C12' * h_C12';W_C21' * h_C21' W_C22' * h_C22'];
        tol_m = DSNN_g * dd_qr + CDNN_g * d_qr + GSNN_g;
        Kp = 20;Ki = 20;Kr = 1.5;
        ei = ei + e * ts;
        tol = tol_m + Kp * r + Kr * sign(r) + Ki * ei;
        tol1(k) = tol(1);
        tol2(k) = tol(2);
        W_D11_1 = W_D11;
        W_D21_1 = W_D21;
        W_D12_1 = W_D12;
        W_D22_1 = W_D22;
        W_C11_1 = W_C11;
        W_C21_1 = W_C21;
        W_C12_1 = W_C12;
        W_C22_1 = W_C22;
        W_G1_1 = W_G1;
        W_G2_1 = W_G2;
    end
    tol1_1 = tol1(k);
    tol2_1 = tol2(k);
end
figure(1)
subplot(2,1,1);
plot(time,qd1,'r',time,q1,'b');
```

```
xlabel('time(s)');
ylabel('Position tracking of link 1');
subplot(2,1,2);
plot(time,qd2,'r',time,q2,'b');
xlabel('time(s)');
ylabel('Position tracking of link 2');
figure(2);
subplot(2,1,1);
plot(time,tol1,'r');
xlabel('time(s)');
ylabel('Control input of link 1');
subplot(2,1,2);
plot(time,tol2,'r');
xlabel('time(s)');
ylabel('Control input of link 2');
```

在运行主程序的过程中调用子程序 li8_6C.m 源程序代码如下：

```
function dx = li8_6C(t,x,flag,para)
dx = zeros(4,1);
p = [2.9 0.76 0.87 3.04 0.87];
g = 9.8;
D0 = [p(1) + p(2) + 2 * p(3) * cos(x(3)) p(2) + p(3) * cos(x(3));p(2) + p(3) * cos(x(3)) p(2)];
C0 = [ - p(3) * x(4) * sin(x(3))  - p(3) * (x(2) + x(4)) * sin(x(3));p(3) * x(2) * sin(x(3)) 0];
G0 = [p(4) * g * cos(x(1)) + p(5) * g * cos(x(1) + x(3));p(5) * g * cos(x(1) + x(3))];
tol = para(1:2);
dq = [x(2);x(4)];
S = inv(D0) * (tol' - C0 * dq - G0);
dx(1) = x(2);
dx(2) = S(1);
dx(3) = x(4);
dx(4) = S(2);
```

2.3.2 神经网络的跟踪迭代学习控制

移动机器人是一种在复杂的环境下工作的具有自规划、自组织、自适应能力的机器人。在移动机器人的相关技术中，控制技术是其核心技术，也是其实现真正的智能化和完全的自主移动的关键技术。移动机器人具有时变、强耦合和非线性的动力学特征，由于测量和建模的不精确，加上负载的变化以及外部扰动的影响，实际上无法得到移动机器人精确、完整的运动模型。

1. 数学基础

定义向量范数为

$$\|\boldsymbol{z}\| = (\boldsymbol{z}^{\mathrm{T}}\boldsymbol{z})^{1/2} \tag{2-5}$$

其中 $z\in\mathbf{R}^n$。

$\boldsymbol{C}\in\mathbf{R}^{p\times m}$ 为 $p\times m$ 阶实数矩阵，定义矩阵范数为

$$\|\boldsymbol{C}\| = \sqrt{\lambda_{\max}(\boldsymbol{C}^{\mathrm{T}}\boldsymbol{C})} \tag{2-6}$$

其中 $\lambda_{\max}(*)$ 为矩阵的最大特征值。

取 $N\in\{1,2,\cdots,n\}$，定义 a 范数为

$$\|\boldsymbol{z}(\cdot)\|_a = \sup_{k\in N}\boldsymbol{z}(k)\left(\frac{1}{a}\right)^k \quad (a\geqslant 1) \tag{2-7}$$

2. 系统描述

图 2-19 为移动机器人运动模型，它在同一根轴上有两个独立的推进轮，机器人在二维空间移动，点 $\boldsymbol{P}(k)$ 代表机器人的当前位置，$\boldsymbol{P}(k)$ 点在广义坐标中定义为 $[x_p(k), y_p(k), \theta_p(k)]$，$x_p(k)$ 和 $y_p(k)$ 为直角坐标系下 $\boldsymbol{P}(k)$ 的坐标，$\theta_p(k)$ 为机器人的方位角。当机器人的标定方向为地理坐标系的横轴正半轴时，$\theta_p(k)$ 定义为 0。移动机器人受不完全约束的影响而只能在驱动轮轴的方向运动，点 $\boldsymbol{P}(k)$ 的线速度和角速度定义为 $\boldsymbol{v}_p(k)$ 和 $\boldsymbol{\omega}_p(k)$。

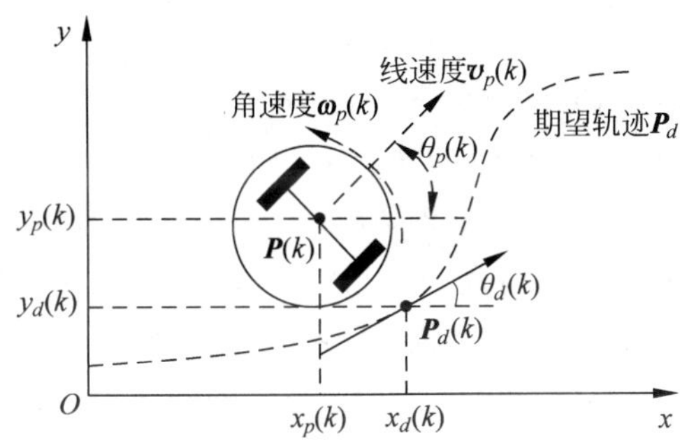

图 2-19 移动机器人运动模型

根据图 2-19，针对 $\boldsymbol{P}(k)$ 点，移动机器人的离散运动学方程可由下式描述：

$$\begin{bmatrix} x_p(k+1) \\ y_p(k+1) \\ \theta_p(k+1) \end{bmatrix} = \begin{bmatrix} x_p(k) \\ y_p(k) \\ \theta_p(k) \end{bmatrix} + \Delta T \begin{bmatrix} \cos\theta_p(k) & 0 \\ \sin\theta_p(k) & 0 \\ 0 & 1 \end{bmatrix} \begin{bmatrix} v_p(k) \\ \omega_p(k) \end{bmatrix} \tag{2-8}$$

其中 ΔT 为采样时间，机器人状态向量 $\boldsymbol{q}(k)=[x_p(k), y_p(k), \theta_p(k)]^{\mathrm{T}}$，速度向量为 $\boldsymbol{u}_p(k)=[\boldsymbol{v}_p(k), \boldsymbol{\omega}_p(k)]^{\mathrm{T}}$。

式(2-8)可写为

$$\boldsymbol{q}(k+1) = \boldsymbol{q}(k) + \boldsymbol{B}(\boldsymbol{q}(k), k)\boldsymbol{u}_p(k) \tag{2-9}$$

其中

$$\boldsymbol{B}(\boldsymbol{q}_p(k), k) = \Delta T \begin{bmatrix} \cos\theta_p(k) & 0 \\ \sin\theta_p(k) & 0 \\ 0 & 1 \end{bmatrix} \tag{2-10}$$

如图 2-19 所示，期望轨迹为 $\boldsymbol{p}_d(k)=[x_d(k), y_d(k), \theta_d(k)](1\leqslant k\leqslant n)$。运动轨迹跟踪的控制问题就是为确定 $\boldsymbol{u}(k)=[\boldsymbol{v}(k), \boldsymbol{\omega}(k)]^{\mathrm{T}}$，使 $\boldsymbol{P}(k)$ 跟踪 $\boldsymbol{P}_d(k)$。

线速度和角速度误差分别为

$$\tilde{v}(k) = \boldsymbol{v}_p(k) - \boldsymbol{v}(k) \tag{2-11}$$

$$\tilde{\omega}(k) = \boldsymbol{\omega}_p(k) - \boldsymbol{\omega}(k) \tag{2-12}$$

移动机器人迭代学习系统结构如图 2-20 所示。

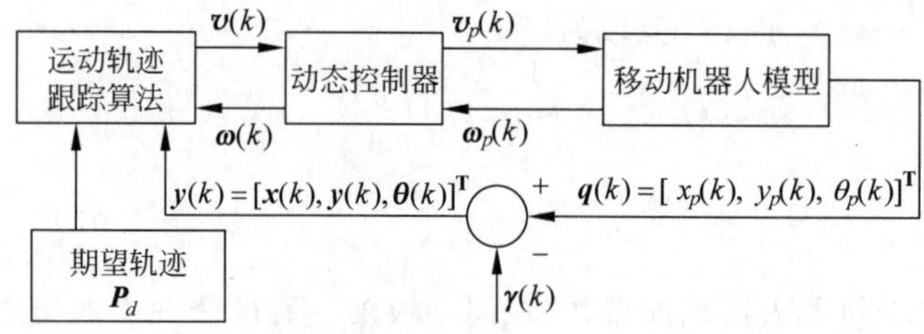

图 2-20　移动机器人迭代学习控制系统结构

移动机器人离散运动学方程可描述如下：

$$\boldsymbol{q}(k+1)=\boldsymbol{q}(k)+\boldsymbol{B}(\boldsymbol{q}(k),k)\boldsymbol{u}(k)+\boldsymbol{\beta}(k) \tag{2-13}$$

$$\boldsymbol{y}(k)=\boldsymbol{q}(k)+\boldsymbol{\gamma}(k) \tag{2-14}$$

其中，$\boldsymbol{\beta}(k)$为状态干扰，$\boldsymbol{\gamma}(k)$为输出测量噪声，$\boldsymbol{y}(k)=[\boldsymbol{x}(k),\boldsymbol{y}(k),\boldsymbol{\theta}(k)]^{\mathrm{T}}$ 为系统输出，$\boldsymbol{u}(k)=[\boldsymbol{v}(k),\boldsymbol{\omega}(k)]^{\mathrm{T}}$。

考虑迭代过程，由式(2-13)和式(2-14)可得

$$\boldsymbol{q}_i(k+1)=\boldsymbol{q}_i(k)+\boldsymbol{B}(\boldsymbol{q}_i(k),k)\boldsymbol{u}_i(k)+\boldsymbol{\beta}_i(k) \tag{2-15}$$

$$\boldsymbol{y}_i(k)=\boldsymbol{q}_i(k)+\boldsymbol{\gamma}_i(k) \tag{2-16}$$

其中 i 为迭代次数，k 为离散时间，$k=1,2,\cdots,n$。$\boldsymbol{q}_i(k)$，$\boldsymbol{u}_i(k)$，$\boldsymbol{y}_i(k)$，$\boldsymbol{\beta}_i(k)$，$\boldsymbol{\gamma}_i(k)$分别代表第 i 次迭代的状态、输入、输出、状态干扰和输出噪声。

3. 仿真示例

针对移动机器人离散系统式(2-15)及式(2-16)，每次迭代被控对象初始值与理想信号初始值相同，即取 $x_{p,i}(0)=x_d(0)$，$y_{p,i}(0)=y_d(0)$，$\theta_{p,i}(0)=\theta_d(0)$，其中，$x_{p,i}(0)$，$y_{p,i}(0)$，$\theta_{p,i}(0)$为第 i 次迭代时的初始状态。

取位置指令为 $x_d(t)=\cos\pi t$，$y_d(t)=\sin\pi t$，$\theta_d(t)=\pi t+\frac{\pi}{2}$。取控制器的增益矩阵为 $\boldsymbol{L}_1(k)=\boldsymbol{L}_2(k)=0.1\begin{bmatrix}\cos\theta(k) & \sin\theta(k) & 0\\ 0 & 0 & 1\end{bmatrix}$，采样时间为 $\Delta T=0.001\mathrm{s}$，取迭代次数为 500 次，每次迭代时间为 2000 次。仿真的结果如图 2-21～图 2-23 所示。

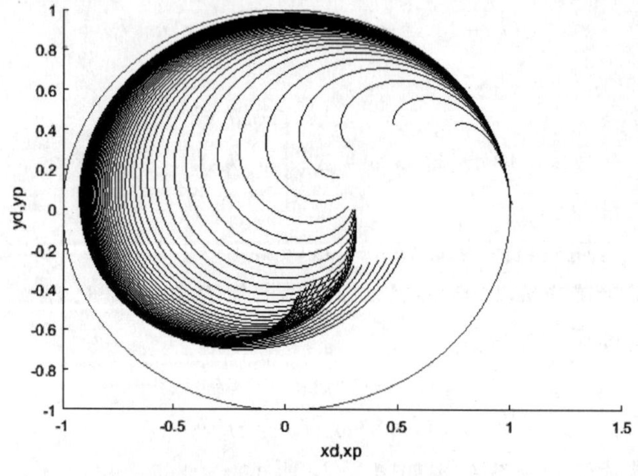

图 2-21　随迭代次数运动轨迹的跟踪过程

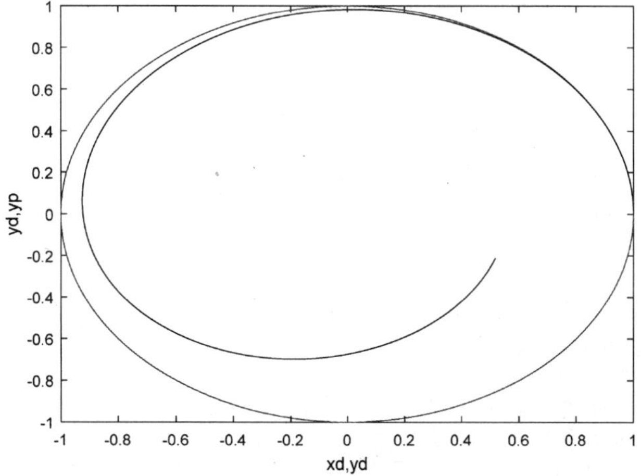

图 2-22 最后一次的位置跟踪

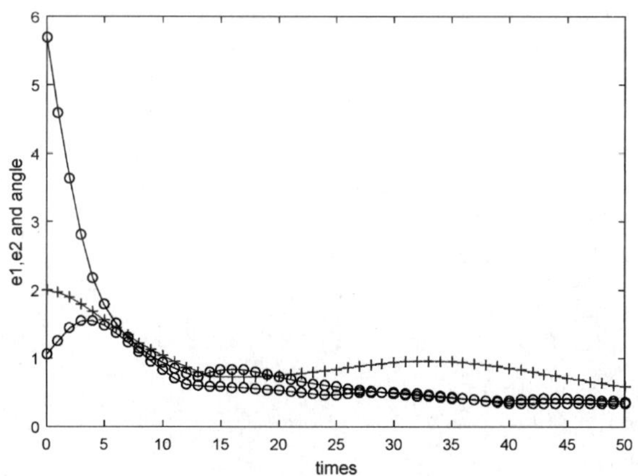

图 2-23 随迭代次数的收敛过程

在 M 文件编辑器中输入以下命令：

```
clear all; close all;
ts = 0.001;                                %取样时间
for k = 1:1:2001
    xd(k) = cos((k - 1) * pi * ts);
    yd(k) = sin((k - 1) * pi * ts);
    thd(k) = ts * pi * (k - 1) + pi/2;
end
for k = 1:1:2001
    u1(k) = 0;
    u2(k) = 0;
    e1(k) = 0;
    e2(k) = 0;
    e3(k) = 0;
end
y0 = [1;0;pi/2];
M = 50;
```

```
for i = 0:1:M
    i;
    pause(0.05);
    for k = 1:1:2001
        if k == 1
            q = y0;
        end
        xp(k) = q(1);
        yp(k) = q(2);
        th(k) = q(3);
        qd = [xd(k);yd(k);thd(k)];
        ce1(k) = qd(1) - q(1);
        ce2(k) = qd(2) - q(2);
        ce3(k) = qd(3) - q(3);
        u = [u1(k);u2(k)];
        B = ts * [cos(q(3)) 0;sin(q(3)) 0;0 1];
        L1 = 0.1 * [cos(q(3)) sin(q(3)) 0;0 0 1];
        L2 = L1;
        cond = norm(eye(2) - L1 * B);
        U = u + L1 * [e1(k);e2(k);e3(k)] + L2 * [ce1(k);ce2(k);ce3(k)];
        u1(k) = U(1);
        u2(k) = U(2);
        u = [u1(k);u2(k)];
        q = q + B * u;
        e1(k) = cos(k * ts * pi) - q(1);
        e2(k) = sin(k * ts * pi) - q(2);
        e3(k) = ts * k * pi + pi/2 - q(3);
    end
    figure(1);
    hold on;
    plot(xd,yd,'r',xp,yp,'b');
    xlabel('xd,xp');
    ylabel('yd,yp');
    j = i + 1;
    times(j) = j - 1;
    e1i(j) = max(abs(ce1));
    e2i(j) = max(abs(ce2));
    e3i(j) = max(abs(ce3));
end
figure(2)
plot(xd,yd,'r',xp,yp,'b');
xlabel('xd,yd');
ylabel('yd,yp');
figure(3)
plot(times,e1i,'+- r',times,e2i,'o - b',times,e3i,'o - k');
xlabel('times');
ylabel('e1,e2 and angle');
```

第3章 通信系统调制与解调分析与实现

3.1 载波提取分析

3.1.1 幅度键控分析

在幅度键控中载波幅度是随着调制信号而变化的。最简单的形式是载波在二进制调制信号1或0的控制下通或断，此种调制方式称为通-断键控（OOK）。其时域表达为

$$S_{\mathrm{OOK}}(t)=a_n A\cos\omega_c t$$

式中，a_n 为二进制数字。

【例3-1】 对二元序列10110010，画出2ASK的波形，其中载频为码元速率的2倍。

载频为码元速率的2倍，即表明在一个符号的时间里载波刚好一个周期。其实现的MATLAB程序代码如下：

```
>> clear all;
t = 0.01:0.01:8;
y = sin(2 * pi * t);          % 载波
% 定义一个与二元序列对应的时间序列
x = [ones(1,100),zeros(1,100),ones(1,100),ones(1,100),...
    zeros(1,100),zeros(1,100),ones(1,100),zeros(1,100)];
z = x. * y;                   % 幅频键控
plot(t,z,'r')
```

运行程序，效果如图3-1所示。

3.1.2 相移键控分析

1. PSK包络绘制

在载波相位调制中，在信道发送的信息调制在载波的相位上，相位通常范围是(0,2)，所以通过数字相位调制数字信号的载波相位是：$\theta_m=2\pi m/M(m=0,1,\cdots,M-1)$。对二进制调制，两个载波的相位分

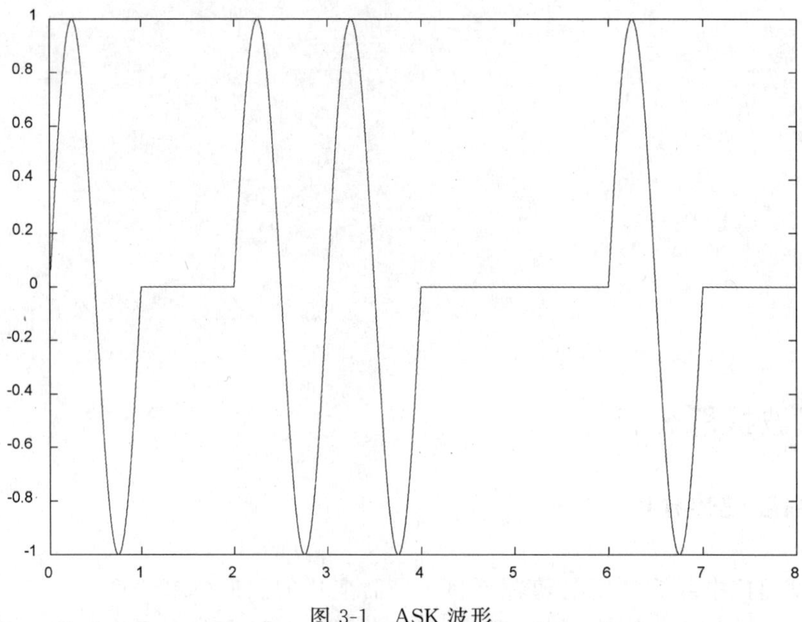

图 3-1　ASK 波形

别是 0，π。对于 M 进制的相位调制，一般 M 个载波调相信号的波形表达式为

$$u_m(t) = Ag_T(t)\cos\left(2\pi f_c t + \frac{2\pi m}{M}\right) \quad (m = 0,1,\cdots,M-1)$$

式中，$g_T(t)$为发射端的滤波脉冲，决定了信号的频谱特征；A 是信号振幅。

相移键控的能量在调制过程中没有改变：

$$\begin{aligned} E_m &= \int_{-\infty}^{+\infty} u_m^2(t)\,\mathrm{d}t \\ &= \int_{-\infty}^{+\infty} A^2 g_T^2(t)\cos^2 c\mathrm{d}t \\ &= \frac{1}{2}\int_{-\infty}^{+\infty} A^2 g_T^2(t)\,\mathrm{d}t + \frac{1}{2}\int_{-\infty}^{+\infty} A^2 g_T^2(t)\cos\left(4\pi f_c t + \frac{4\pi m}{M}\right)\mathrm{d}t \\ &= \frac{A^2}{2}\int_{-\infty}^{+\infty} g_T^2(t)\,\mathrm{d}t = E_s \end{aligned}$$

E_s 表示发送一个符号的能量，通常选用 $g_T(t)$为矩形脉冲，定义为

$$g_T(t) = \sqrt{\frac{2}{T}} \quad (0 \leqslant t \leqslant T)$$

此时发送信号波形在间隔 $0\leqslant t\leqslant T$ 内表示为

$$u_m(t) = \sqrt{\frac{2E_s}{T}}\cos\left(2\pi f_c t + \frac{2\pi m}{M}\right) \quad (m = 0,1,\cdots,M-1)$$

上式给出的发送信号有常数包络，且载波相位在每一个信号间隔的起始位置发生突变。

将 k 比特信息调制到 $M=2^k$ 个可能相位的方法有多种，常用方法是采用格雷码编码，此种编码方式的相邻相位仅相差一个二进制比特。

在 $M=8$ 时，生成常数包络 PSK 信号波形，为了方便，将信号幅度归一化为 1，取载

波频率为 6/T。

【例 3-2】 绘制一个 PSK 包络。

其实现的 MATLAB 程序代码如下：

```
>> clear all;
T = 1;M = 8;
Es = T/2;fc = 6/T;
N = 120;delta_T = T/(N - 1);
t = 0:delta_T:T;
u1 = sqrt(2 * Es/T) * cos(2 * pi * fc * t);          %求出 8 个波形
u2 = sqrt(2 * Es/T) * cos(2 * pi * fc * t + 2 * pi/M);
u3 = sqrt(2 * Es/T) * cos(2 * pi * fc * t + 4 * pi/M);
u4 = sqrt(2 * Es/T) * cos(2 * pi * fc * t + 6 * pi/M);
u5 = sqrt(2 * Es/T) * cos(2 * pi * fc * t + 8 * pi/M);
u6 = sqrt(2 * Es/T) * cos(2 * pi * fc * t + 10 * pi/M);
u7 = sqrt(2 * Es/T) * cos(2 * pi * fc * t + 12 * pi/M);
u8 = sqrt(2 * Es/T) * cos(2 * pi * fc * t + 14 * pi/M);
subplot(8,1,1);plot(t,u1);
subplot(8,1,2);plot(t,u2);
subplot(8,1,3);plot(t,u3);
subplot(8,1,4);plot(t,u4);
subplot(8,1,5);plot(t,u5);
subplot(8,1,6);plot(t,u6);
subplot(8,1,7);plot(t,u7);
subplot(8,1,8);plot(t,u8);
```

运行程序，效果如图 3-2 所示。

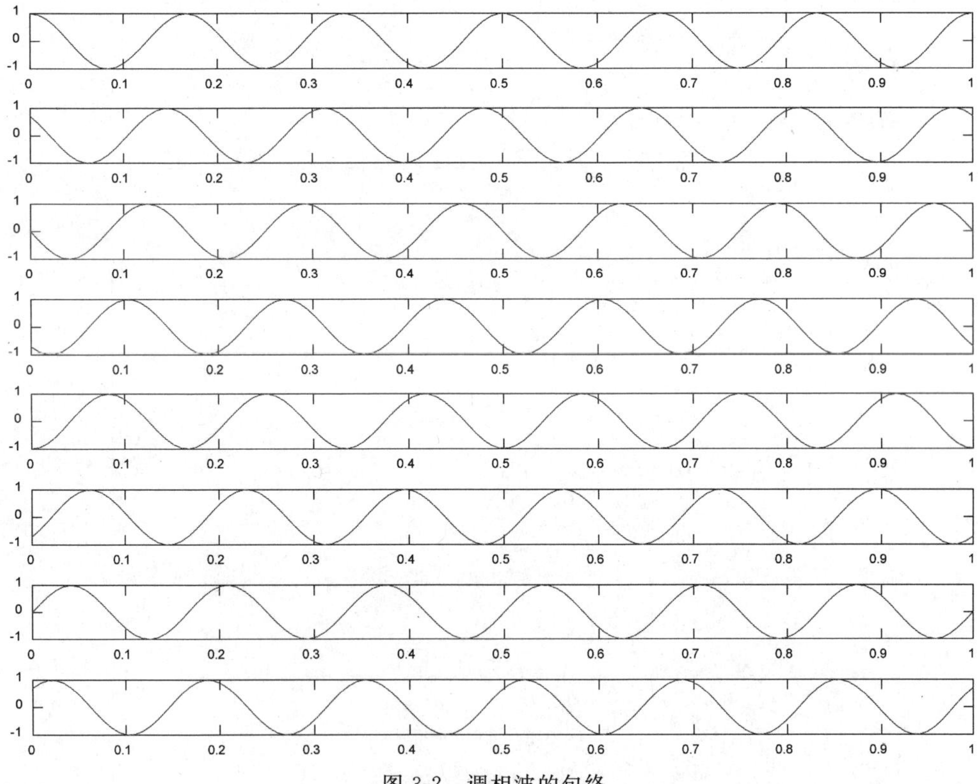

图 3-2 调相波的包络

2. PSK 的误码率计算

在接收端接收到叠加了信道噪声的信号，通常信道为加性高斯白噪声信道，在这个基础上，二进制的 PSK 调制和二进制的 PAM 相同，该误码率为

$$P_2 = Q\left(\sqrt{\frac{2E_b}{N_0}}\right)$$

其中，E_b 表示每比特能量。

3.1.3 频移键控分析

将数字信号调制在载波的频率上的调制方法称为频移键控(FSK)，它也包括二电平频移键控(BFSK)和多电平频移键控(MFSK)。

【例 3-3】 对二元序列 10110010，画出 2FSK 的波形，其中载波频为码元速率的 2 倍。

频移键控的原理与调频类似，只是使用数字信号而已。其实现的 MATLAB 程序代码如下：

```
>> clear all;
t = 0.01:0.01:8;
%定义一个与二元序列对应的时间序列
x = [ones(1,100),zeros(1,100),ones(1,100),ones(1,100),...
    zeros(1,100),zeros(1,100),ones(1,100),zeros(1,100)];
y = sin(2 * pi + 2 * t);          %载波
z = x. * y;                       %幅频键控
plot(t,z,'r')
```

运行程序，效果如图 3-3 所示。

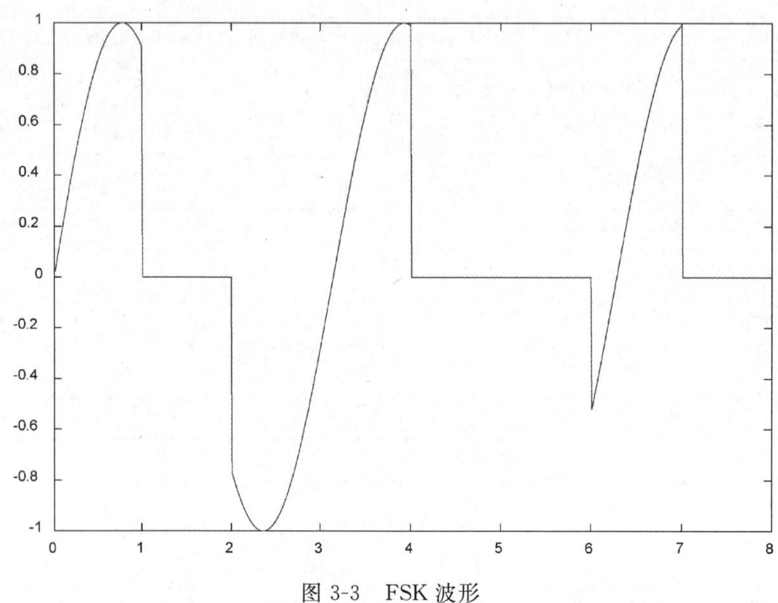

图 3-3 FSK 波形

可以看出，载频有所改变，由于调频同时必然带来了相位的改变，所以有相位的容变。

3.1.4 正交幅度调制

一个正交幅度调制(QAM)信号采用两个正交载波 $\cos 2\pi f_c t$ 和 $\sin 2\pi f_c t$，每一个载波被一个独立的信息比特序列所调制。发送信号的波形为

$$u_m(t)=A_{mc}g_T(t)\cos 2\pi f_c t+A_{ms}g_T(t)\sin 2\pi f_c t \quad (m=0,1,\cdots,M)$$

式中，A_{mc} 和 A_{ms} 是电平集合，这些电平通过将 k 比特序列映射为信号振幅而获得。

QAM 可以看作是振幅调制与相位调制的结合。因此发送的信号也可以表示为

$$u_{mm}(t)=A_{mc}g_T(t)\cos(2\pi f_c t+\theta_n) \quad (m=0,1,\cdots,M)$$

【例 3-4】 对一个使用举行信号星座图的 M=16QAM 通信系统进行蒙特卡洛仿真。系统图如图 3-4 所示(M=16QAM 信号选择器，4b 符号)。

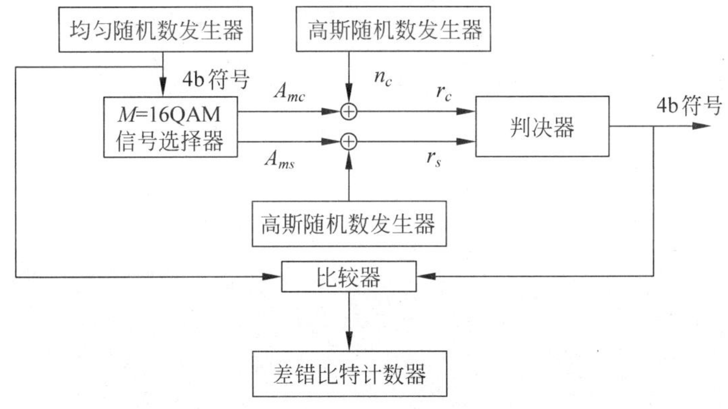

图 3-4 QAM 仿真系统图

用均匀随机数发生器产生一个对应 4 位 $b_1b_2b_3b_4$ 共有 16 种可能的信息符号序列。将符号序列映射为相应的信号点，信号的坐标点为$[A_{mc},A_{ms}]$，用两个高斯噪声发生器产生噪声分量$[n_c,n_s]$。假设信道相移为 0。接收到的信号加噪声分量为$[A_{mc}+n_c,A_{ms}+n_s]$。

判决器的距离量度由下式决定：

$$D(r,s_m)=|r-s_m|^2 \quad (m=1,2,\cdots,M)$$

$$\boldsymbol{r}=[r_1,r_2], \quad r_1=A_{mc}+n_c\cos\phi-n_s\sin\phi, \quad r_2=A_{ms}+n_c\sin\phi-n_s\cos\phi$$

$$\boldsymbol{s}_m=(\sqrt{E_s}A_{mc},\sqrt{E_s}A_{ms}) \quad (m=1,2,\cdots,M)$$

并且选择最接近接收矢量 $\boldsymbol{r}$ 的信号点，计错器记录判断到的序列错误符号数。

其实现的 MATLAB 程序代码如下：

```
>> clear all;
SNRindB1 = 0:2:15;
SNRindB2 = 0:1:15;
M = 16;k = log2(M);
for i = 1:length(SNRindB1)
    s_err_prb(i) = Qmoto(SNRindB1(i));
```

```
end
for i = 1:length(SNRindB2)
    SNR = exp(SNRindB2(i) * log(10)/10);
    t_err_prb(i) = 4 * Qfun(sqrt(3 * k * SNR/(M - 1)));
end
semilogy(SNRindB1,s_err_prb,'rp');    % 用对数坐标作出实际信噪比 - 误比特率的点
hold on;
semilogy(SNRindB2,t_err_prb);         % 用对数坐标作出理论信噪比 - 误比特率曲线
```

运行程序,效果如图 3-5 所示。

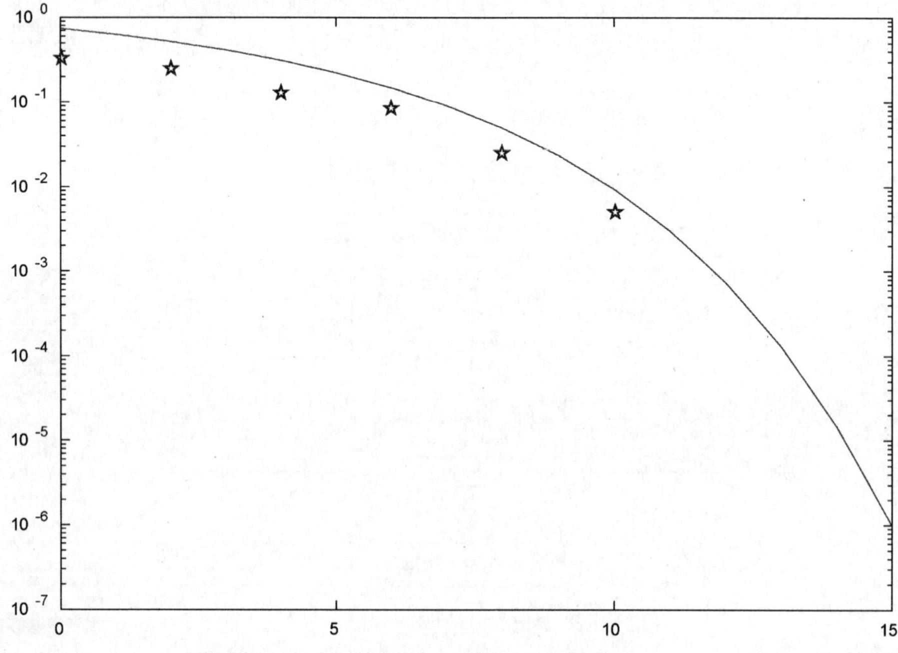

图 3-5　QAM 系统误码率仿真结果

在运行程序中调用到以下用户自定义编写的函数,其源代码如下。

```
function y = Qfun(x)
y = (1/2) * erfc(x/sqrt(2));
function p = Qmoto(s_in_dB)
N = 1000;d = 1;
Eav = 10 * d^2;
snr = 10^(s_in_dB/10);
sgma = sqrt(Eav/(8 * snr));
M = 16;
for i = 1:N
    temp = rand;
    dsource(i) = 1 + floor(M * temp);
end
mapping = [ - 3 * d 3 * d; - d 3 * d;d 3 * d;3 * d 3 * d; - 3 * d d; - d d;d d;3 * d d;...
           - 3 * d - d; - d - d;d - d;3 * d - d; - 3 * d - 3 * d; - d - 3 * d;d - 3 * d;3 * d - 3 * d];
for i = 1:N
    q_sig(i,:) = mapping(dsource(i),:);
```

```
end
for i = 1:N
    n = gngauss(sgma);                       % 产生高斯随机噪声
    r(i,:) = q_sig(i,:) + n;                 % 在信号上叠加噪声
end
numoferr = 0;
for i = 1:N
    for j = 1:M
        metrics(j) = (r(i,1) - mapping(j,1))^2 + (r(i,2) - mapping(j,2))^2;
    end
    [m_metrics decis] = min(metrics);
    if(decis~ = dsource(i))                  % 若出现错误情况,误比特数为 1
        numoferr = numoferr + 1;
    end
end
p = numoferr/(N);
function [g1,g2] = gngauss(m,sgma)
% 输入格式可以为[g1,g2] = gngauss(m,sgma)
% 或[g1,g2] = gngauss(sgma)
% 或[g1,g2] = gngauss
% 函数生成两个统计独立的高斯分布的随机数,以 m 为均值,sgma 为方差
% 默认时 m = 0,sgma = 1
if (nargin == 0),
    m = 0;sgma = 1;
elseif nargin == 1
    sgma = m;m = 0;
end
u = rand;                                    % 产生一个(0,1)间均匀分布的随机数 u
z = sgma * (sqrt(2 * log(1/(1 - u))));       % 利用上面的 u 产生一个瑞利分布随机数
u = rand;                                    % 重新产生(0,1)间均匀分布的随机数 u
g1 = m + z * cos(2 * pi * u);
g2 = m + z * sin(2 * pi * u);
```

3.2 调制与解调的 Simulink 模块

MATLAB 中提供了多个模拟调制解调的模块,下面给予介绍。

3.2.1 DSB-AM 调制解调

1. DSB-AM 调制模块

DSB-AM 调制模块对输入信号进行双边带幅度调制。输出为通带表示的调制信号。输入和输出信号都是基于采样的实数标量信号。

模块中,如果输入一个时间函数 $u(t)$,则输出为$(u(t)+k)\cos(2\pi f_c t+\theta)$。其中,$k$ 为 Input signal offset 参数,f_c 为 Carrier frequency 参数,θ 为 Initial phase 参数。通常设定 k 为输入信号 $u(t)$负值部分最小值的绝对值。

在通常情况下,Carrier frequency 参数项要比输入信号的最高频率高很多。根据 Nyquist 采样理论,模型中采样时间的倒数必须大于 Carrier frequency 参数项的两倍。

DSB-AM 调制模块及其参数设置对话框如图 3-6 所示。

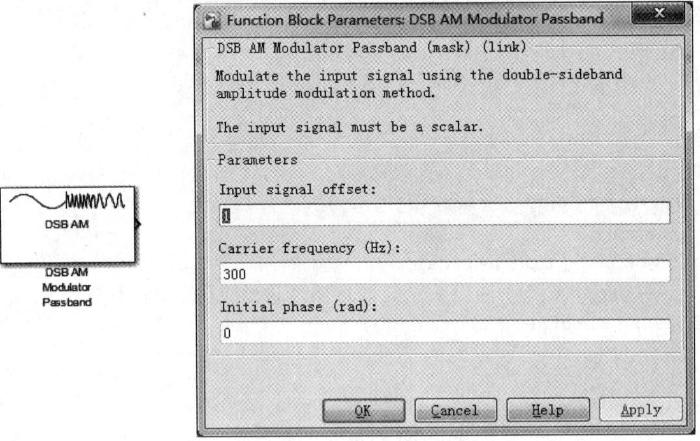

图 3-6　DSB-AM 调制模块及其参数设定项

DSB-AM 调制模块参数设置对话框中包含以下几个参数项，主要含义为

- Input signal offset：设定补偿因子 k，应该大于等于输入信号最小值的绝对值。
- Carrier frequency(Hz)：设定载波频率。
- Initial phase(rad)：设定载波初始相位。

2. DSB-AM 解调模块

DSB-AM 解析模块对双边带幅度调制的信号进行解调。输入信号为通带表示的调制信号，且输入/输出信号均为基于采样的实数标量信号。

在解调过程中，DSB-AM 解调模块使用了低通滤波器。在通常情况下，Carrier frequency 参数项要比输入信号的最高频率高很多。根据 Nyquist 采样理论，模型中采样时间的倒数必须大于 Carrier frequency 参数项的两倍。

DSB-AM 解调模块及其参数设置对话框如图 3-7 所示。

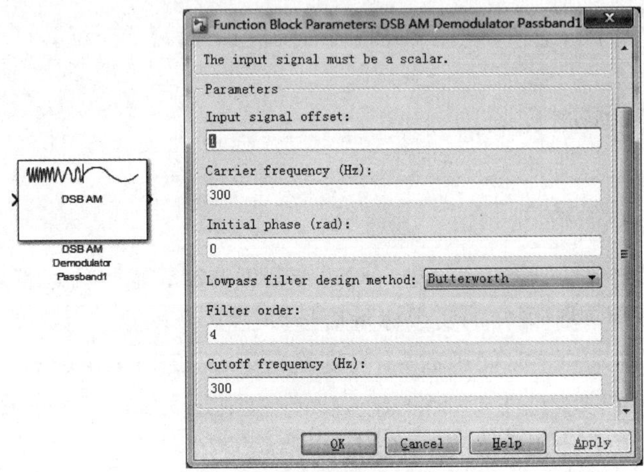

图 3-7　DSB-AM 解调模块及其参数设置对话框

DSB-AM 解调模块参数设置对话框包含几个参数选项，主要为

- Input signal offset：设定输出信号偏移。模块中的所有解调信号都将减去这个偏移量，从而得到输出数据。
- Carrier frequency(Hz)：设定调制信号的载波频率。
- Initial phase(rad)：设定发射载波的初始相位。
- Lowpass filter design method：滤波器的产生方法，包括 Butterworth、Chebyshev type Ⅰ、Chebyshev type Ⅱ、Elliptic 等。
- Filter order：设定 Lowpass filter design method 项的滤波阶数。
- Cutoff frequency(Hz)：设定 Lowpass filter design method 项的低通滤波器的截止频率。
- Passband ripple(dB)：设定通带起伏，为通带中的峰-峰起伏。只有当 Lowpass filter design method 选定为 Chebyshev type Ⅰ和 Elliptic 滤波器时，该项有效。
- Stopband ripple(dB)：设定阻带起伏，为阻带中的峰-峰起伏。只有当 Lowpass filter design method 选定为 Chebyshev type Ⅰ和 Elliptic 滤波器时，该项有效。

3.2.2 SSB-AM 调制解调

1. SSB-AM 调制模块

SSB-AM 调制模块使用希尔伯特滤波器进行单边带幅度调制。输出为通带形式的调制信号。输入和输出均为基于采样的实数标量信号。

模块中，如果输入一个时间函数 $u(t)$，则输出为 $u(t)\cos(f_c t+\theta)\mp\hat{u}(t)\sin(f_c t+\theta)$。其中，$f_c$ 为 Carrier frequency 参数，θ 为 Initial phase 参数。$\hat{u}(t)$表示输入信号的 $u(t)$的希尔伯特转换。式中减号代表上边带，加号代表下边带。

在通常情况下，Carrier frequency 参数项要比输入信号的最高频率高很多。根据 Nyquist 采样理论，模型中采样时间的倒数必须大于 Carrier frequency 参数项的两倍。SSB-AM 调制模块及其参数设置对话框如图 3-8 所示。

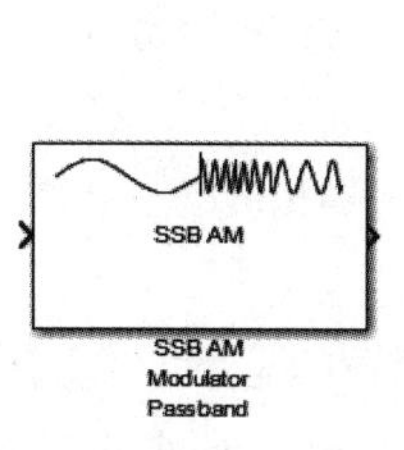

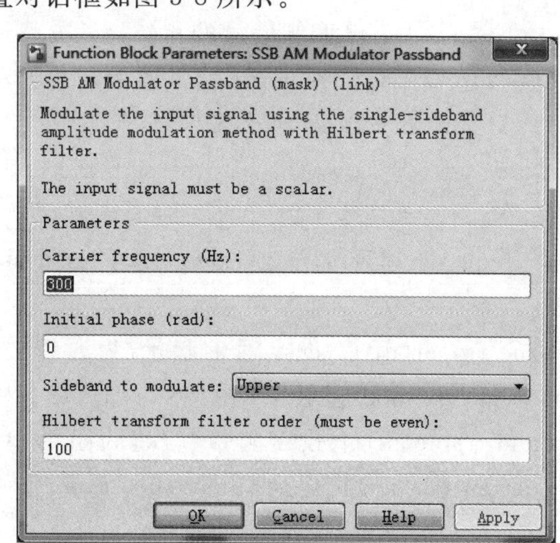

图 3-8 SSB-AM 调制模块及其参数设置对话框

SSB-AM 调制模块参数设置对话框包含以下几个参数项，含义为

- Carrier frequency(Hz)：设定载波频率。
- Initial phase(rad)：已调制信号的相位补偿 θ。
- Sideband to modulate：传输方式设定项。有 upper 和 lower 两种，分别为上边带传输和下边带传输。
- Hilbert Transform filter order：设定用于希尔伯特转化的 FIR 滤波器的长度。

2. SSB-AM 解调模块

SSB-AM 解调模块对单边带幅度调制信号进行解调。输入为通带形式的调制信号。输入和输出均为基于采样的实数标量信号。

SSB-AM 解调模块及其参数设置对话框如图 3-9 所示。

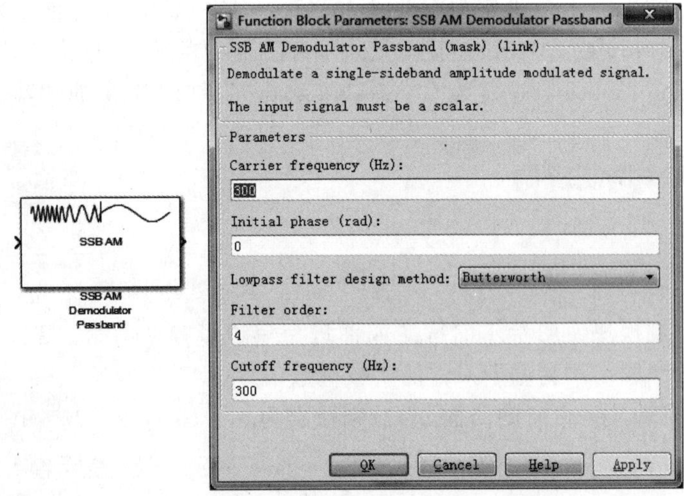

图 3-9　SSB-AM 解调模块及参数设置对话框

SSB-AM 解调模块参数设置对话框包含几个参数项，主要含义为

- Carrier frequency(Hz)：SSB-AM 解调模块中调制信号的载波频率。
- Initial phase(rad)：已调制信号的相位补偿 θ。
- Lowpass filter design method：滤波器的产生方法，包括 Butterworth、Chebyshev type Ⅰ、Chebyshev type Ⅱ及 Elliptic 等。
- Filter order：设定 Lowpass filter design method 项中选定的数字低通滤波器的滤波阶数。
- Cutoff frequency(Hz)：设定 Lowpass filter design method 项的数字低通滤波器的截止频率。
- Passband ripper(dB)：设定通带起伏，为通带中的峰-峰起伏。只有当 Lowpass filter design method 选定为 Chebyshev type Ⅰ和 Elliptic 滤波器时，该项有效。
- Stopband ripple(dB)：设定阻带起伏，为阻带中的峰-峰起伏。只有当 Lowpass filter design method 选定为 Chebyshev type Ⅱ和 Elliptic 滤波器时，该项有效。

3.2.3 DSBSC-AM 调制解调

1. DSBSC-AM 调制模块

DSBSC-AM 调制模块进行双边带一致载波幅度调制。输出信号为通带形式的调制信号。输入和输出均为基于采样的实数标量信号。

模块中，如果输入一个时间函数 $u(t)$，则输出为 $u(t)\cos(f_c t+\theta)$。其中 f_c 为 Carrier frequency 参数，θ 为 Initial phase 参数。

在通常情况下，Carrier frequency 参数项要比输入信号的最高频率高得多。根据 Nyquist 采样理论，模型中采样时间的倒数必须大于 Carrier frequency 参数项的两倍。

DSBSC-AM 调制模块及其参数设置对话框如图 3-10 所示。

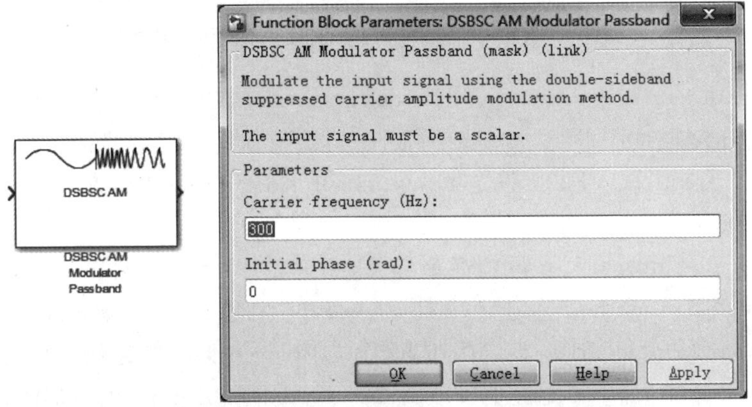

图 3-10 DSBSC-AM 调制模块及设置对话框

DSBSC-AM 调制模块参数设置对话框包含以下两个参数项。

- Carrier frequency(Hz)：设定载波频率。
- Initial phase(rad)：设定初始相位的载波频率。

2. DSBSC-AM 解调模块

DSBSC-AM 解调模块对双边带抑制载波幅度调制信号进行解调。输入信号为通带形式的调制信号。输入和输出均为基于采样的实数标量信号。

在通常情况下，Carrier frequency 参数项要比输入信号的最高频率高得多。根据 Nyquist 采样理论，模型中采样时间的倒数必须大于 Carrier frequency 参数项的两倍。

DSBSC-AM 解调模块及其参数设置对话框如图 3-11 所示。

DSBSC-AM 解调模块参数设置对话框包含几个参数项，主要含义为

- Carrier frequency(Hz)：DSBSC-AM 解调模块中调制信号的载波频率。
- Initial phase(rad)：设定载波初始相位。
- Lowpass filter design method：滤波器的产生方法，包括 Butterworth、Chebyshev type Ⅰ、Chebyshev type Ⅱ 及 Elliptic 等。

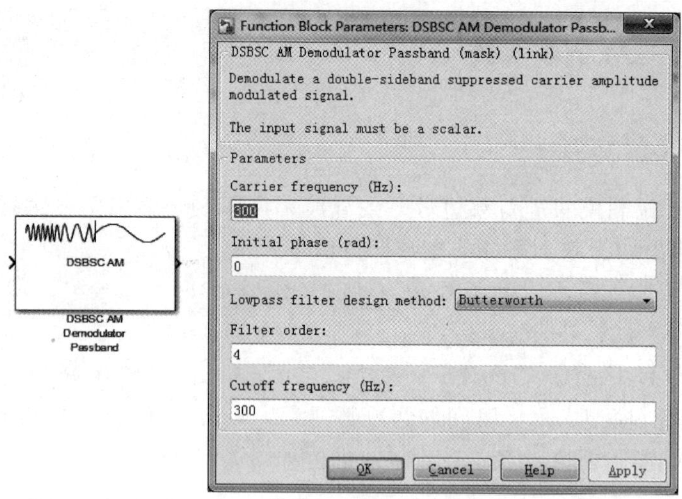

图 3-11　DSBSC-AM 解调模块及参数设置对话框

- Filter order：设定 Lowpass filter design method 项中选定的数字低通滤波器的滤波阶数。
- Cutoff frequency(Hz)：设定 Lowpass filter design method 项的数字低通滤波器的截止频率。
- Passband ripper(dB)：设定通带起伏，为通带中的峰-峰起伏。只有当 Lowpass filter design method 选定为 Chebyshev type Ⅰ和 Elliptic 滤波器时，该项有效。
- Stopband ripple(dB)：设定阻带起伏，为阻带中的峰-峰起伏。只有当 Lowpass filter design method 选定为 Chebyshev type Ⅱ和 Elliptic 滤波器时，该项有效。

3.2.4　FM 调制解调

1. FM 调制模块

FM 调制模块用于频率调制。输出为通带形式的调制信号。输出信号的频率随着输入信号的幅度而变化，输入和输出信号均采用基于采样的实数标量信号。

模块中，如果输入一个时间函数 $u(t)$，则输出为 $\cos\left(2\pi f_c t + 2\pi K_c\int_0^t u(\tau)\mathrm{d}\tau + \theta\right)$。其中 f_c 为 Carrier frequency 参数，θ 为 Initial phase 参数，K_c 为 Modulation constant 参数。

在通常情况下，Carrier frequency 参数项要比输入信号的最高频率高得多。根据 Nyquist 采样理论，模型中采样时间的倒数必须大于 Carrier frequency 参数项的两倍。

FM 调制模块及其参数设置对话框如图 3-12 所示。

FM 调制模块的参数设置对话框包含以下几个参数项。

- Carrier frequency(Hz)：表示调制信号的载波频率。
- Initial phase(rad)：表示发射载波的初始相位。
- Frequency deviation(Hz)：表示载波频率的频率偏移。

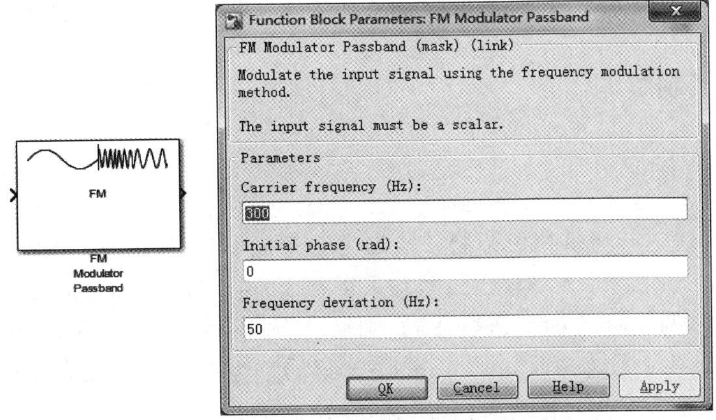

图 3-12　FM 调制模块及其参数设置对话框

2. FM 解调模块

FM 解调模块对频率调制信号进行解调。输入为通带形式的信号,输入和输出信号均采用基于采样的实数标量信号。

在解调过程中,模块要使用一个滤波器。为了执行滤波器的希尔伯特转化,载波频率最好大于输入信号采样时间的 10%。

在通常情况下,Carrier frequency 参数项要比输入信号的最高频率高得多。根据 Nyquist 采样理论,模型中采样时间的倒数必须大于 Carrier frequency 参数项的两倍。

FM 解调模块及其参数设置对话框如图 3-13 所示。

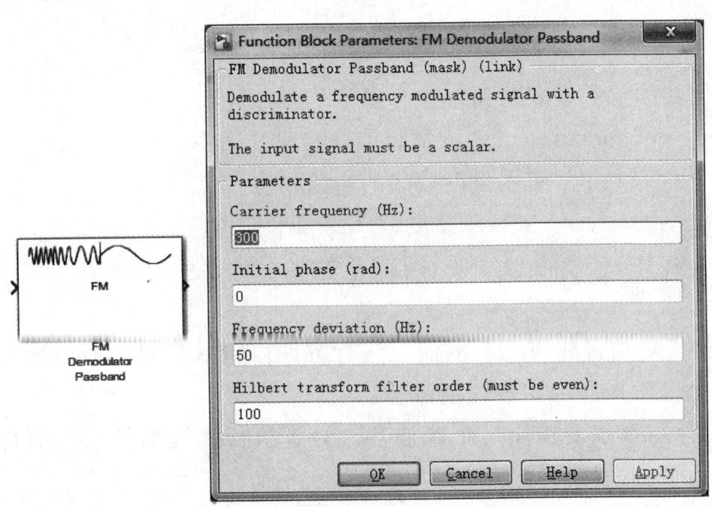

图 3-13　FM 解调模块及参数设置对话框

FM 解调模块的参数设置对话框包含以下几个参数项,含义为

- Carrier frequency(Hz):表示调制信号的载波频率。
- Initial phase(rad):表示发射载波的初始相位。
- Frequency deviation(Hz):表示载波频率的频率偏移。

- Hilbert transform filter order：表示用于希尔伯特转化的 FIR 滤波器的长度。

3.2.5 PM 调制解调

1. PM 调制模块

PM 调制模块进行通带相位调制。输出为通带表示的调制信号，输出信号的频率随输入幅度变化而变化。输入和输出信号均采用基于采样的实数标量信号。

模块中，如果输入一个时间函数 $u(t)$，则输出为 $\cos(2\pi f_c t+2\pi K_c u(t)+\theta)$。其中 f_c 为 Carrier frequency 参数，θ 为 Initial phase 参数，K_c 为 Modulation constant 参数。

PM 调制模块及其参数设置对话框如图 3-14 所示。

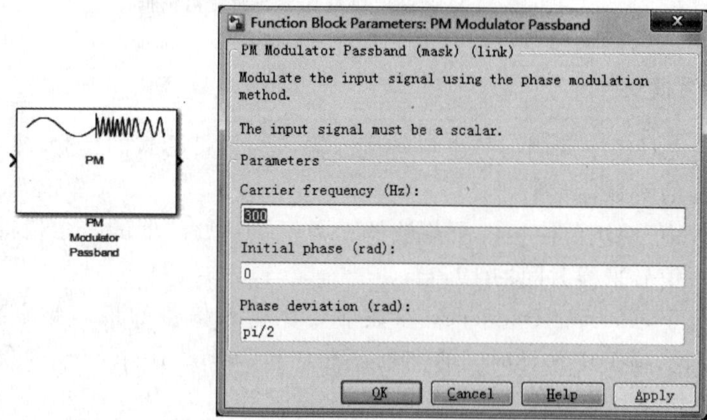

图 3-14　PM 调制模块及参数设置对话框

PM 调制模块的参数设置对话框包含以下几个参数项。

- Carrier frequency(Hz)：表示调制信号的载波频率。
- Initial phase(rad)：表示发射载波的初始相位。
- Phase deviation(rad)：表示载波频率的频率偏移。

2. PM 解调模块

PM 解调模块对通带相位调制的信号进行解调。输入信号为通带形式的已调信号，输入和输出均为基于采样的实数标量信号。

在解调过程中，模块要使用一个滤波器。为了执行滤波器的希尔伯特转化，载波频率最好大于输入信号采样时间的 10%。

在通常情况下，Carrier frequency 参数项要比输入信号的最高频率高得多。根据 Nyquist 采样理论，模型中采样时间的倒数必须大于 Carrier frequency 参数项的两倍。

PM 解调模块及其参数设置对话框如图 3-15 所示。

PM 解调模块参数设置对话框中包含以下几个参数项，含义为

- Carrier frequency(Hz)：表示调制信号的载波频率。
- Initial phase(rad)：表示发射载波的初始相位。

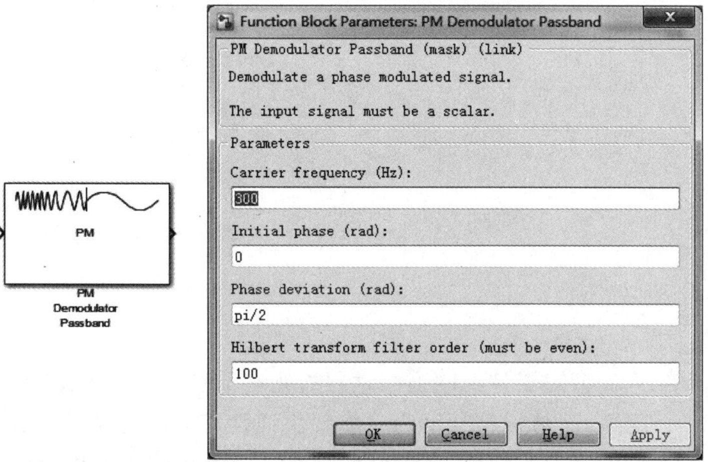

图 3-15　PM 解调模块及参数设置对话框

- Phase deviation(rad)：表示载波频率的相位偏移。
- Hilbert transform filter order：表示用于希尔伯特转化的 FIR 滤波器的长度。

第4章 BP神经网络算法分析与实现

感知器神经网络的学习规则和LMS学习算法只能训练单层神经网络,而单层神经网络只能解决线性可分的分类问题。多层神经网络可以用于非线性分类问题,但需要寻找训练多层网络的学习算法。

1974年P. Werbos在其博士论文中提出了第一个适合多层网络的学习算法,但是该算法并未受到足够的重视及广泛的应用,直到20世纪80年代中期,美国加利福尼亚的PDP(Parallel Distributed Procession)小组在1986年发表了《Parallel Distributed Processing》这本书,将该算法应用于神经网络的研究,才使其成为迄今为止最著名的多层网络学习算法——BP算法,由该算法训练的神经网络,称之为BP神经网络。在人工神经网络的实际应用中,BP网络广泛应用于函数逼近、模式识别与分类、数据压缩等。80%~90%的人工神经网络模型都是采用BP网络或它的变化形式,它也是前馈神经网络的核心部分,充分体现了人工神经网络最精华的部分。

4.1 BP网络模型结构

1. 神经元模型

图4-1给出一个基本的BP神经元模型,它具有R个输入,每个输入都通过一个适当的权值$\boldsymbol{w}$和下一层相连,网络输出可表示为

$$\boldsymbol{a} = f(\boldsymbol{wp} + \boldsymbol{b}) \tag{4-1}$$

f就是表示输入/输出关系的传递函数。

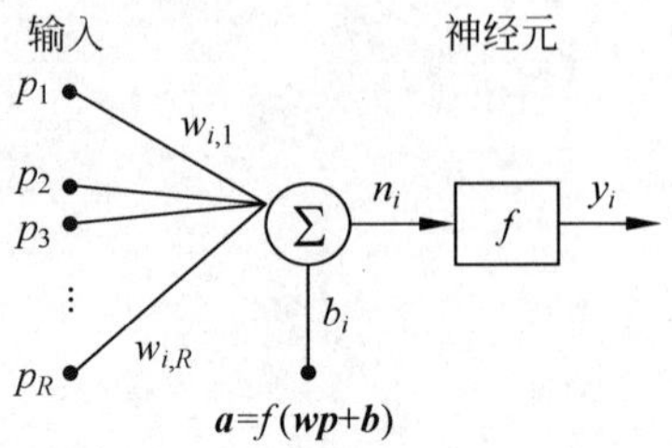

图4-1 BP神经元模型

BP网络中隐层神经元的传递函数通常用log-sigmoid型函数logsig、tansigmoid型函数tansig以及纯线性函数purelin。其传递函数如图4-2所示。

如果BP网络的最后一层是sigomoid型神经元,那么整个网络的输出就限制在一个较小的范围内;如果BP网络的最后一层是purelin型线性神经元,那么整个网络的输出可以取任意值。

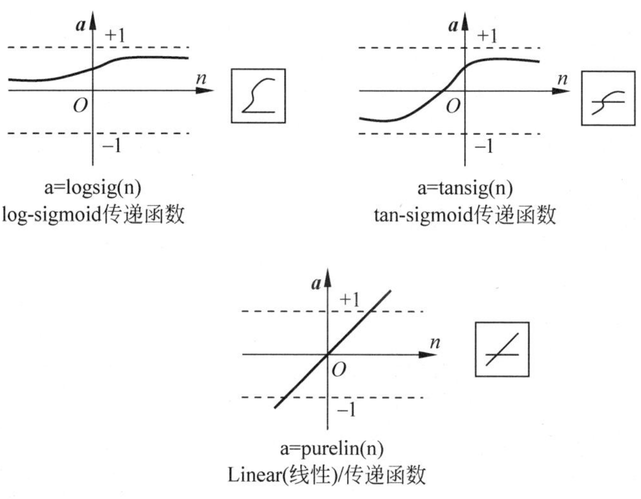

图 4-2　神经元传递函数

BP 网络所采用的传递函数均是可微的单调递增函数。在 BP 网络的训练过程中，计算函数 logsig、tansig、purelin 的导数非常重要，神经网络工具箱提供了这些求导函数，依次为 dlogsig、dtansig、dpurelin。在工作空间输入缀有'deriv'的指令就可以找到相应传递函数的导数函数。例如：

```
tansig('deriv')
ans =
dtansig
```

这些函数都是设计 BP 网络时要经常用到的。如果用户在实际应用中需要用到其他函数，可以自定义。MATLAB 系统提供了丰富的扩展功能。

2. 前馈型神经网络结构

前馈型网络通常有一个或多个隐层，隐层中的神经元均采用 S 型传递函数，输出层的神经采用线性传递函数。如图 4-3 所示就是一个典型的 BP 网络结构，有一个隐层，隐层神经元数目为 S，隐层采用 S 型神经元函数 logsig，具有 R 个输入。

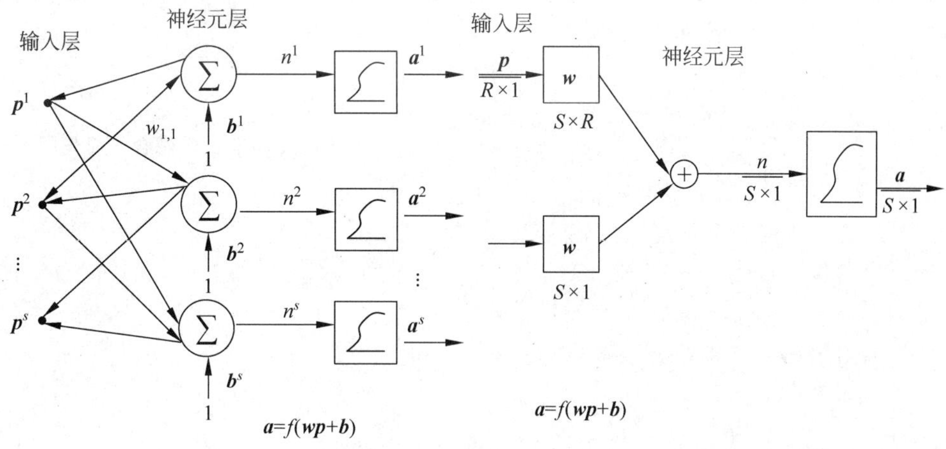

图 4-3　BP 网络结果

隐层的非线性传递函数神经元可以学习输入/输出之间的线性和非线性关系，线性输出层是为了拓宽网络输出。如果需要限定网络输出(例如约束在 0 和 1 之间)，则可以采用 S 型传递函数。

图 4-4 就是一个典型的两层 BP 网络，隐层神经元传递函数为 tansig，输出层神经元传递函数为 purelin。

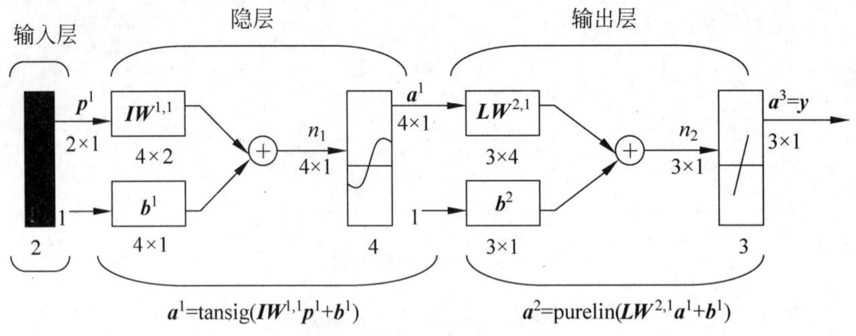

图 4-4　两层 BP 网络结构

4.2　BP 学习规则

BP 网络的产生归功于 BP 算法的获得。BP 算法属于 δ 算法，是一种监督式的学习算法。其主要思想为：对于 q 个输入学习样本：$\boldsymbol{P}^1,\boldsymbol{P}^2,\cdots,\boldsymbol{P}^q$，已知其对应的输出样本为 $\boldsymbol{T}^1,\boldsymbol{T}^2,\cdots,\boldsymbol{T}^q$。学习的目的是用网络的实际输出 $\boldsymbol{A}^1,\boldsymbol{A}^2,\cdots,\boldsymbol{A}^q$ 与目标矢量 $\boldsymbol{T}^1,\boldsymbol{T}^2,\cdots,\boldsymbol{T}^q$之间的误差来修改其权值，使 $\boldsymbol{A}^l(l=1,2,\cdots,q)$与期望的 $\boldsymbol{T}^l$尽可能地接近，即使网络输出层的误差平方和达到最小。它是通过连续不断地在相对于误差函数斜率下降的方向上计算网络权值和偏差的变化而逐渐逼近目标的。每一次权值和偏差的变化都与网络误差的响应成正比，并以反射传播的方式传递到每一层。

BP 算法由两部分组成：信息的正向传播与误差的反向传播。在正向传播过程中，输入信息从输入经过隐含层逐层计算传向输出层，每一层神经元的状态只影响下一层神经元的状态。如果在输出层没有得到期望的输出，则计算输出层的误差变化值，然后转向反向传播，通过网络将误差信号沿原来的连接通路反向回来修改各层神经元的权值直至达到期望目标。

为了明确起见，现以图 4-4 所示的两层网络为例进行 BP 算法推导，其简化图如图 4-5 所示。

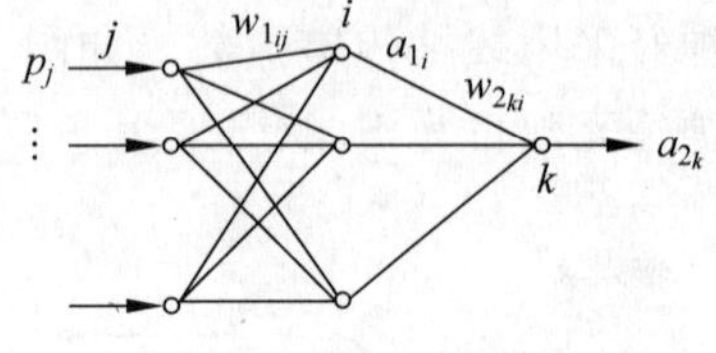

图 4-5　具有一个隐含的简化网络图

1. 信息的正向传播

(1) 隐含层中第 i 个神经元的输出为

$$a_{1_i}=f_1\left(\sum_{j=1}^{r}w_{1_{ij}}p_j+b_{1_i}\right)\quad(i=1,2,\cdots,r)\tag{4-2}$$

(2) 输出层第 k 个神经元的输出为

$$a_{2_k}=f_2\left(\sum_{i=1}^{s_1}w_{2_{ki}}a_{1_i}+b_{2_k}\right)\quad(k=1,2,\cdots,s_2)\tag{4-3}$$

(3) 定义误差函数为

$$E(W,B)=\frac{1}{2}\sum_{k=1}^{s_2}(t_k-a_{2_k})^2 \tag{4-4}$$

2. 利用梯度下降法求权值变化及误差的反向传播

(1) 输出层的权值变化

对从第 i 个输入到第 k 个输出的权值,有

$$\begin{aligned}\Delta w_{2_{ki}}&=-\eta\frac{\partial E}{\partial w_{2_{ki}}}=-\eta\frac{\partial E}{\partial a_{2_k}}\cdot\frac{\partial a_{2_k}}{\partial w_{2_{ki}}}\\&=\eta(t_k-a_{2_k})\cdot f'_2\cdot a_{1_i}=\eta\cdot\delta_{ki}\cdot a_{1_i}\end{aligned} \tag{4-5}$$

其中,

$$\begin{aligned}\delta_{ki}&=(t_k-a_{2_k})\cdot f'_2=e_k\cdot f'_2\\e_k&=t_k-a_{2_k}\end{aligned} \tag{4-6}$$

同理可得

$$\begin{aligned}\Delta b_{2_{ki}}&=-\eta\frac{\partial E}{\partial b_{2_{ki}}}=-\eta\frac{\partial E}{\partial a_{2_k}}\cdot\frac{\partial a_{2_k}}{\partial b_{2_{ki}}}\\&=\eta(t_k-a_{2_k})\cdot f'_2=\eta\cdot\delta_{ki}\end{aligned} \tag{4-7}$$

(2) 隐含层权值变化

对从第 j 个输入到第 i 个输出的权值,有:

$$\begin{aligned}\Delta w_{1_{ij}}&=-\eta\frac{\partial E}{\partial w_{1_{ij}}}=-\eta\frac{\partial E}{\partial a_{2_k}}\cdot\frac{\partial a_{2_k}}{\partial a_{1_i}}\cdot\frac{\partial a_{1_i}}{\partial w_{1_{ij}}}\\&=\eta\sum_{k=1}^{s_2}(t_k-a_{2_k})\cdot f'_2\cdot w_{2_{ki}}\cdot f'_1\cdot p_j\\&=\eta\cdot\delta_{ij}\cdot p_j\end{aligned} \tag{4-8}$$

其中,

$$\delta_{ij}=e_i\cdot f'_1,\quad e_i=\sum_{k=1}^{s_2}\delta_{ki}w_{2_{ki}},\quad \delta_{ki}=e_k\cdot f'_2,\quad e_k=t_k-a_{2_k} \tag{4-9}$$

同理可得

$$\Delta b_{1_i}=\eta_{ij} \tag{4-10}$$

在 MATLAB 工具箱中,上述公式的计算均已被编成函数的形式,通过简单的调用就可以方便地获得结果。

3. 误差反向传播的流程图与图形解释

误差反向传播过程实际上通过计算输出层的误差 e_k,然后将其与输出层激活函数的一阶导数 f'_2 相乘来求得 δ_{ki}。由于隐含层中没有直接给出目标矢量,所以利用输出导的 δ_{ki} 进行误差反向传递来求出隐含层权值的变化量 $\Delta w_{2_{ki}}$。然后计算 $e_k\sum_{k=1}^{s_2}\delta_{ki}\cdot w_{2_{ki}}$,并同样通过将 e_i 与该层激活函数的一阶导数 f'_1 相乘而求得 δ_{ij},以此求出前层权值的变化量

$\Delta w_{1_{ij}}$。如果前面还有隐含层，则沿用上述同样的方法，一直将输出误差 e_k 一层一层地反推算到第一层为止。图 4-6 给出了形象的解释。

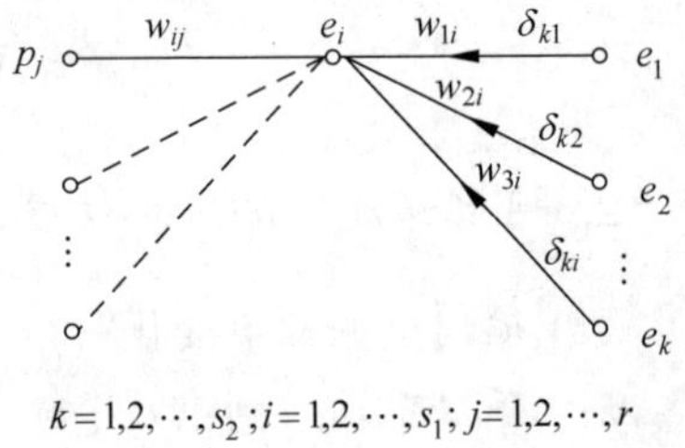

图 4-6 误差反向传播法的图形解释

BP 算法需要用到各层激活函数的一阶导数，所以要求其激活函数处处可微。对于对数 S 型激活函数 $f(n)=\frac{1}{1+e^{-n}}$，其导数为

$$f(n)=\frac{0-e^{-n}(-1)}{(1+e^{-n})^2}=\frac{1}{(1+e^{-n})^2}(1+e^{-n}-1)$$

$$=\frac{1}{1+e^{-n}}\left(1-\frac{1}{1+e^{-n}}\right)=f(n)[1-f(n)]$$

对于线性函数，其导数为

$$f'(n)=n'=1$$

所以对于具有一个 S 型函数的隐含层，输出层为线性函数的网络，有

$$f'_2=1,\quad f'_1=a(1-a)$$

4.3 BP 网络的训练函数

1. BP 网络的创建函数

(1) newcf 函数

功能：该函数用于创建级联前向 BP 网络，其调用格式如下：

```
net = newcf(P,T,[S1 S2 … S(N-1)],{TF1 TF2 … TFN}, BTF,BLF,PF,IPF,OPF,DDF)
```

其中，P，T 即由每组输入元素的最大值和最小值组成的 R×2 维的矩阵；Si 为第 i 层的长度，共计 NI 层；TFi 为第 i 层的传递函数，默认为 tansig；BTF 为 BP 网络的训练函数，默认为 trainlm；BLF 为权值和阈值的 BP 学习算法，默认为 learngdm；PF 为网络的性能函数，默认为 mse；IPF 为行输入的处理单元矩阵，默认为 fixunknowns，removeconstantrows，mapminmax；OPF 为行输出的处理单元矩阵，默认为 removeconstantrows 或 mapminmax；DDF 为函数的定义，默认为 dividerand。

注意：参数 TFi 可以采用任意的可微传递函数，比如 tansig、logsig 和 purelin 等；训练函数可以是任意的 BP 训练函数，如 trainlm、trainbfg、trainrp 和 traingd 等。值得指出的是，BFT 默认采用 trainlm 是因为该函数的速度很快，但该函数的一个重要的缺陷是运行过程会消耗大量的内存资源。如果您的计算机内存不够大，不建议采用 BTF 的默认函数 trainlm，而建议采用训练函数 trainbfg 或 trainrp，虽然这两个函数的运行速度比较慢，但它们的共同特点是内存占用量小，不至于出现训练过程死机的情况。

【例 4-1】 newcf 函数示例。

在 M 文件编辑器中输入以下命令：

```
clear all;
P = [0 1 2 3 4 5 6 7 8 9 10];
T = [0 1 2 3 4 3 2 1 2 3 4];
```

```
net = newcf(P,T,5);
net.trainParam.epochs = 50;
net = train(net,P,T);
Y = sim(net,P);
plot(P,T,P,Y,'o')
```

运行程序,其训练过程记录如图 4-7 所示,其训练结果如图 4-8 所示。

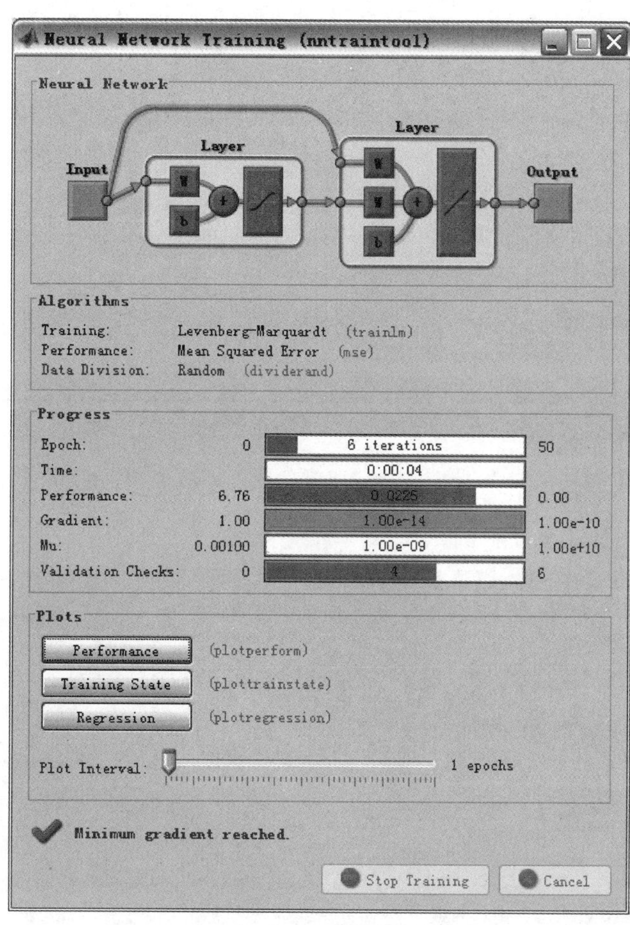

图 4-7　训练过程记录

(2) newff 函数

功能：该函数用于创建一个 BP 网络。其调用格式如下：

```
net = newff(P,T,[S1 S2…S(N-1)],{TF1 TF2…TFNl}, BTF,BLF,PF,IPF,OPF,DDF)
```

其参数含义与 newcf 函数相同。

(3) newfftd 函数

功能：该函数用于创建一个存在输入延迟的前向网络。其调用格式如下：

```
net = newfftd(P,T,ID,[S1 S2…S(N-1)],{TF1 TF2…TFNl}, BTF,BLF,PF,IPF,OPF,DDF)
```

其参数含义与 newcf 函数相同。

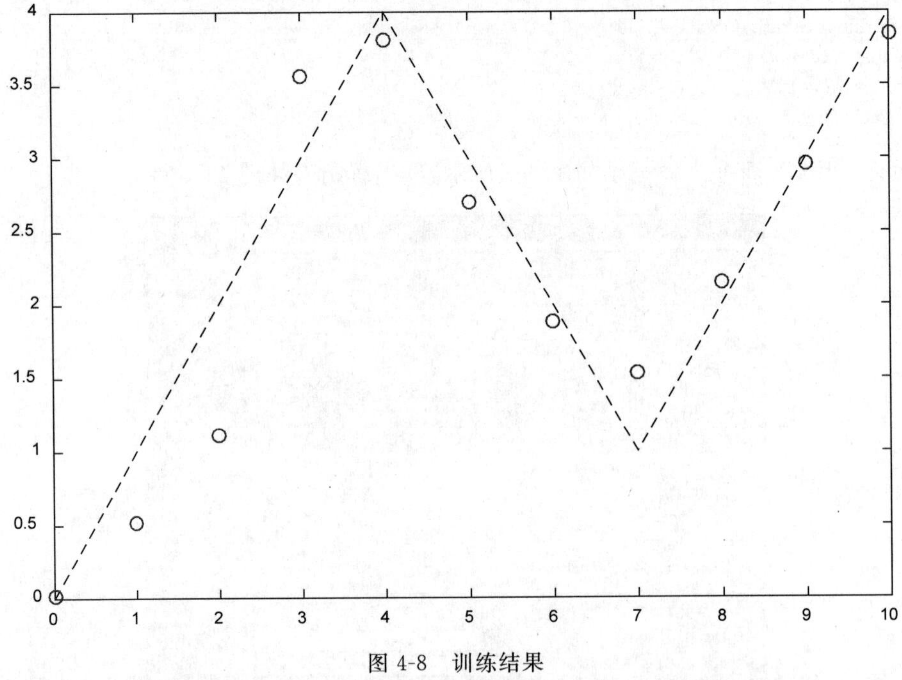

图 4-8 训练结果

【例 4-2】 newfftd 函数示例。

在 M 文件编辑器中输入以下命令：

```
clear all;
P = {1  0 0 1 1  0 1  0 0 0 0 1 1  0 0 1};
T = {1 -1 0 1 0 -1 1 -1 0 0 0 1 0 -1 0 1};
net = newfftd(P,T,[0 1],5);
Y1 = sim(net,P)
net.trainParam.epochs = 50;
net = train(net,P,T);
Y2 = sim(net,P)
```

运行程序，输出如下，其训练记录如图 4-9 所示。

```
Y1 =
 Columns 1 through 6
   [1.8941]   [2.2996]   [1.5047]   [1.8941]   [2.1633]   [2.2996]
 Columns 7 through 12
   [1.8941]   [2.2996]   [1.5047]   [1.5047]   [1.5047]   [1.8941]
 Columns 13 through 16
   [2.1633]   [2.2996]   [1.5047]   [1.8941]
Y 2 =
 Columns 1 through 5
   [1.0000]   [-1.0000]   [9.8588e-014]   [1.0000]   [2.5286e-012]
 Columns 6 through 10
   [-1.0000]   [1.0000]   [-1.0000]   [9.8588e-014]   [9.8588e-014]
 Columns 11 through 16
   [9.8588e-014]   [1.0000]   [2.5286e-012]   [-1.0000]   [9.8588e-014]   [1.0000]
```

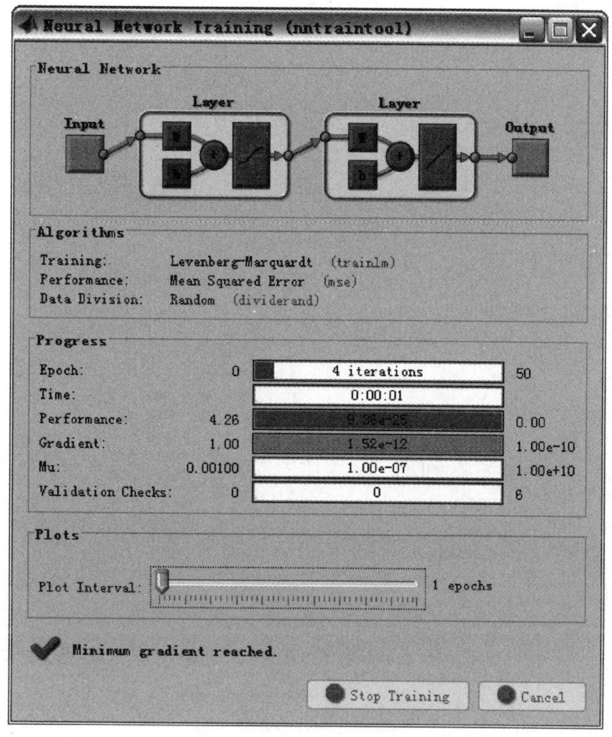

图 4-9　训练过程记录图

2. 神经元上的传递函数

传递函数是 BP 网络的重要组成部分。传递函数又称为激活函数，必须是连续可微的。BP 网络经常采用 S 型的对数或正切函数和线性函数。

(1) logsig 函数

功能：该传递函数为 S 型的对数函数。其调用格式如下：

```
A = logsig(N,FP)
info = logsig(code)
```

其中，N 为 Q 个 S 维的输入列向量；FP 为功能结构参数；A 为函数的返回值，位于区间(0,1)中。

info=logsig(code)：依据 code 值的不同返回如下不同的信息。

- deriv——返回微分函数的名称；
- name——返回函数全称；
- output——返回输出值域；
- active——返回有效的输入区间。

【例 4-3】 产生一个对数 S 型的传递函数。

在 M 文件编辑器中输入以下命令：

```
clear all;
n = -5:0.1:5;
a = logsig(n);
plot(n,a)
```

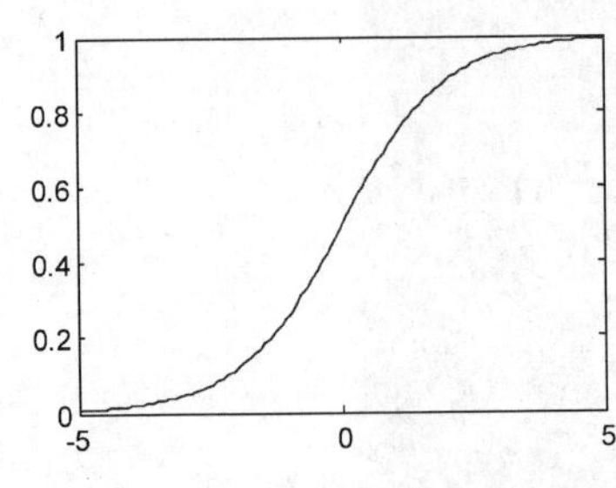

图 4-10 logsig 函数运行效果

运行程序，效果如图 4-10 所示。

由图 4-10 可见，函数 logsig 可将神经元的输入(范围为整个实数集)映射到区间(0,1)中，又由于该函数为可微函数，因此非常适合于利用 BP 算法训练神经网络。

(2) tansig 函数

功能：该函数为双曲正切 S 型传递函数。其调用格式如下：

```
A = tansig(N,FP)
info = tansig(code)
```

其中，N 为 Q 个 S 维的输入列向量；FP 为功能结构参数；A 为函数返回值，位于区间(−1,1)之间。

info＝tansig(code)：依据 code 值的不同返回如下不同的信息。

- deriv——返回微分函数的名称；
- name——返回函数全称；
- output——返回输出值域；
- active——返回有效的输入区间。

【例 4-4】 绘制一个双曲正切 S 型传递函数。

在 M 文件编辑器中输入以下命令：

```
clear all;
n = -5:0.1:5;
a = tansig(n);
plot(n,a)
```

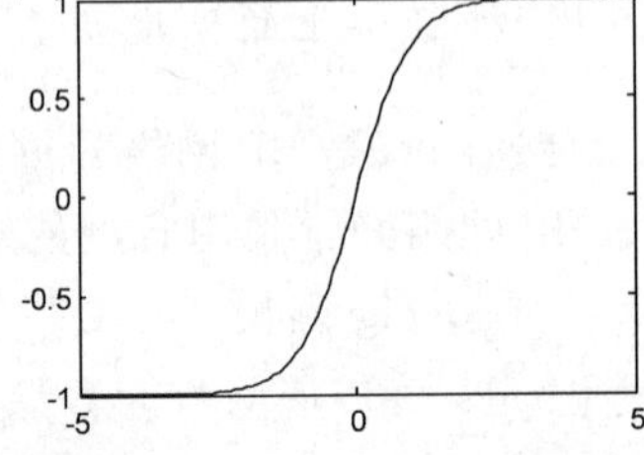

图 4-11 tansig 函数运行效果

运行程序，效果如图 4-11 所示。

(3) purelin 函数

功能：该函数为线性传递函数。其调用格式如下：

```
A = purelin(N,FP)
info = purelin(code)
```

其中，N 为 Q 个 S 维的输入列向量；FP 为功能参数；A 为函数的返回值，A＝N。

info＝purelin (code)：依据 code 值的不同返回如下不同的信息。

- deriv——返回微分函数的名称；
- name——返回函数全称；
- output——返回输出值域；
- active——返回有效的输入区间。

【例 4-5】 产生一个线性 S 型传递函数。

在 M 文件编辑器中输入以下命令：

```
clear all;
n = -5:0.1:5;
```

```
a = purelin(n);
plot(n,a)
```

运行程序,效果如图 4-12 所示。

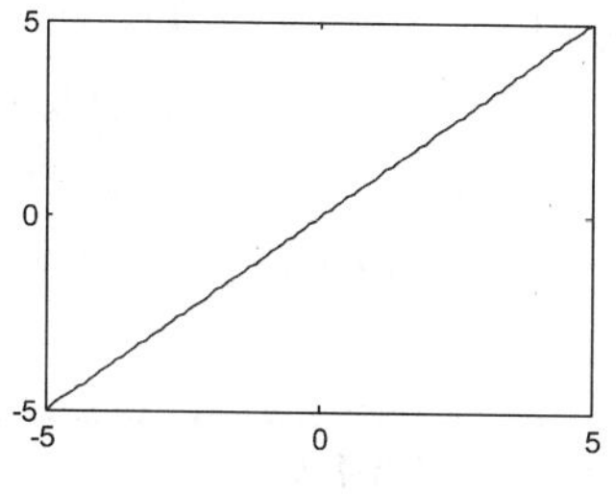

图 4-12　purelin 函数运行效果

3. BP 网络学习函数

(1) learngd 函数

功能:该函数为梯度下降权值/阈值学习函数,它通过神经元的输入和误差,以及权值和阈值的学习速率,来计算权值或阈值的变化率。其调用格式如下:

```
[dW,LS] = learngd(W,P,Z,N,A,T,E,gW,gA,D,LP,LS)
[db,LS] = learngd(b,ones(1,Q),Z,N,A,T,E,gW,gA,D,LP,LS)
info = learngd(code)
```

其中,W 为 S×R 维的权值矩阵;b 为 S 维的阈值向量;P 为 Q 组 R 维的输入向量;ones(1,Q)为产生一个 Q 维的输入向量;Z 为 Q 组 S 维的加权输入向量;N 为 Q 组 S 维的输入向量;A 为 Q 组 S 维的输出向量;T 为 Q 组 S 维的层目标向量;E 为 Q 组 S 维的层误差向量;gW 为与性能相关的 S×R 维梯度;gA 为与性能相关的 S×R 维输出梯度;D 为 S×S 维的神经元距离矩阵;LP 为学习参数,可通过该参数设置学习速率,设置格式为 LP. lr=0.01;LS 为学习状态,初始状态下为空;dW 为 S×R 维的权值或阈值变化率矩阵;db 为 S 维的阈值变化率向量;LS 为新的学习状态。

info=learngd(code):根据不同的 code 值返回如下有关函数的不同信息。

- pnames——返回设置的学习参数;
- pdefaults——返回默认的学习参数;
- needg——如果函数使用了 gW 或 gA,则返回 1。

(2) learngdm 函数

功能:该函数为梯度下降动量学习函数,它利用神经元的输入和误差、权值和阈值的学习速率和动量常数,来计算权值或阈值的变化率。其调用格式如下:

```
[dW,LS] = learngdm(W,P,Z,N,A,T,E,gW,gA,D,LP,LS)
[db,LS] = learngdm(b,ones(1,Q),Z,N,A,T,E,gW,gA,D,LP,LS)
info = learngdm(code)
```

其参数的含义请参见 learngd 函数。

注意:动量常数 mc 是通过学习参数 LP 设置的,格式为 lp. mc=0.8。

4. BP 网络训练函数

(1) trainbfg 函数

功能:该函数为 BFGS 准牛顿 BP 算法函数。除了 BP 网络外,该函数也可以训练任意形式的神经网络,只要它的传递函数对于权值和输入存在导函数即可。其调用格式如下:

```
[net,TR] = trainbfg(NET, Pd,trainV,valV,testV)
info = trainbfg('info')
```

其中,NET 为待训练的神经网络；Pd 为有延迟的输入向量；trainV 为训练向量结构或者为空；valV 为确认向量结构或者为空；testV 为检验向量结构或者为空。net 为训练后的神经网络；TR 为每步训练的有关信息记录,包括：

- pnames——返回设定的训练参数；
- pdefaults——返回默认的训练参数。

在利用该函数进行 BP 网络训练时,MATLAB 已经默认了以下训练参数,如表 4-1 所示。

表 4-1　BP 网络训练参数

参数名称	默认值	属　　性
net. trainParam. epcohs	100	训练次数。100 为训练次数的最大值,人工设定的训练次数不能超过 100
net. trainParam. show	25	两次显示之间的训练步数(无显示时设为 NaN)
net. trainParam. goal	0	训练目标
net. trainParam. time	inf	训练时间,inf 表示训练时间不限
net. trainParam. min_grad	1e-6	最小性能梯度
net. trainParam. max_fail	5	最大确认失败次数
net. trainParam. searchFcn	'srchcha'	所用的线性搜索路径

【例 4-6】 trainbfg 函数示例。

在 M 文件编辑器中输入以下命令：

```
clear all;
P = [0 1 2 3 4 5];
T = [0 0 0 1 1 1];
net = newff(P,T,2,{},'trainbfg');
a1 = sim(net,P)
net = train(net,P,T);
a2 = sim(net,P)
```

运行程序,输出如下,其训练记录如图 4-13 所示。

```
a =
      0.4524    0.2139    0.1632    0.1519    0.1062   - 0.1083
a =
    - 0.2011    0.2273    0.3506    0.4067    0.7725    1.1975
```

(2) traingd 函数

功能：该函数为梯度下降 BP 算法函数。其调用格式如下：

```
[net,TR] = traingd(net,TR,trainV,valV,testV)
info = traingd('info')
```

其参数意义、设置格式和适用范围等请参见 trainbfg。

(3) traingd 函数

功能：该函数为梯度下降 BP 算法函数。其调用格式如下：

```
[net,TR] = traingd(net,TR,trainV,valV,testV)
info = traingd('info')
```

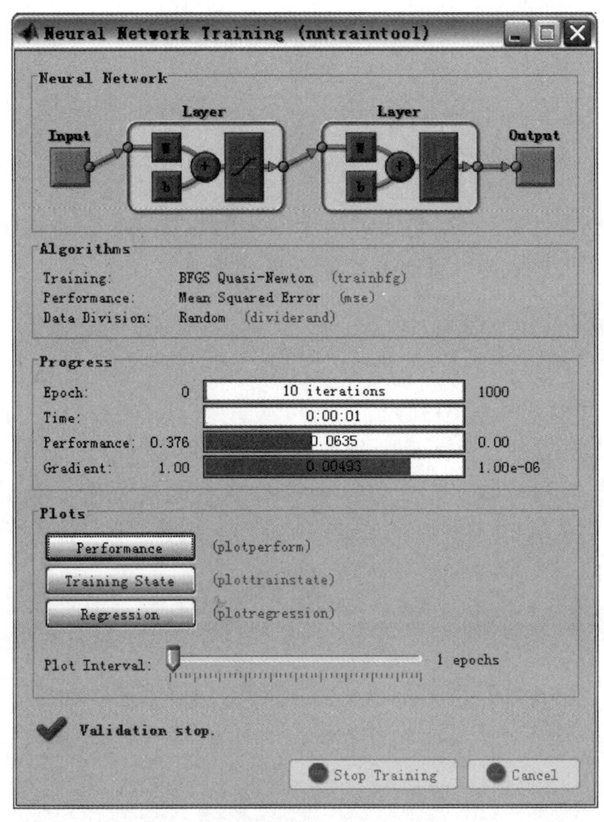

图 4-13 训练记录效果图

其参数意义、设置格式和适用范围等请参见 trainbfg。

5. 性能函数

(1) mse 函数

功能：该函数为均方误差性能函数。其调用格式如下：

```
perf = mse(E,Y,X,FP)
info = mse(code)
```

各参数的含义请参见 mae 函数。

【例 4-7】 mse 函数示例。

在 M 文件编辑器中输入以下命令：

```
p = [-10 -5 0 5 10];
t = [0 0 1 1 1];
y = sim(net,p)
e = t-y
perf = mae(e)
```

运行程序，输出如下：

```
y =
```

```
    -0.4856   -0.4856   -0.2011    1.1975    1.2604
e =
     0.4856    0.4856    1.2011   -0.1975   -0.2604
perf =
     0.5260
```

(2) msereg 函数

功能：该函数也是性能函数，它通过两个因子的加权和来评价网络的性能，这两个因子分别是均方误差、均方权值和阈值。其调用格式如下：

```
perf = msereg(E,Y,X,FP)
info = msereg(code)
```

各参数的含义请参见 mae 函数。

注意：在使用该函数前，需要设定性能参数 FP，格式为 FP. ratio＝0.3，该参数的意义是误差相对于权值和阈值的重要性。这样一来，函数的返回值＝均方误差×FP. ratio＋均方权值和阈值×FP. ratio。

【例 4-8】 创建一个 BP 网络，并评估其性能。

在 M 文件编辑器中输入以下命令：

```
clear all;
%创建一个 BP 网络
net = newff([-2 2],[4 1],{'tansig','purelin'},'trainlm','learngdm','msereg');
p = [-2 -1 0 1 2];
t = [0 1 1 1 0];
y = sim(net,p)
e = t - y                                  %误差向量
net.performParam.ratio = 20/(20 + 1);      %设置性能参数
perf = msereg(e,net)
```

运行程序，输出如下：

```
y =
    -1.7875   -1.8714   -1.2919    0.2727    0.5148
e =
     1.7875    2.8714    2.2919    0.7273   -0.5148
perf =
     3.1476
```

6. 显示函数

(1) plotperf 函数

功能：该函数用于绘制网络的性能。其调用格式如下：

```
plotper(tr,goal,name,epoch)
```

其中，tr 为网络的训练记录；goal 为性能目标，默认为 NaN；name 为训练函数名称，默认为空；epoch 为训练步数，默认为训练记录的长度。

函数除了可以绘制网络的训练性能外，还可以绘制性能目标、确认性能和检验性能。当然，前提条件是它们都存在。

这里有一个输入向量 P 和目标向量 T，分别有 8 个向量。由此导出一组确认样本，在 M 文件编辑器中输入以下命令：

```
P = 1:8; T = sin(P);
```

创建一个 BP 网络，并进行训练，找出 P 与 T 之间的非线性关系，并利用确认样本对网络进行检验。

```
net = newff(P,T,4);
[net,tr] = train(net,P,T);
```

网络的训练误差记录如图 4-14 所示。

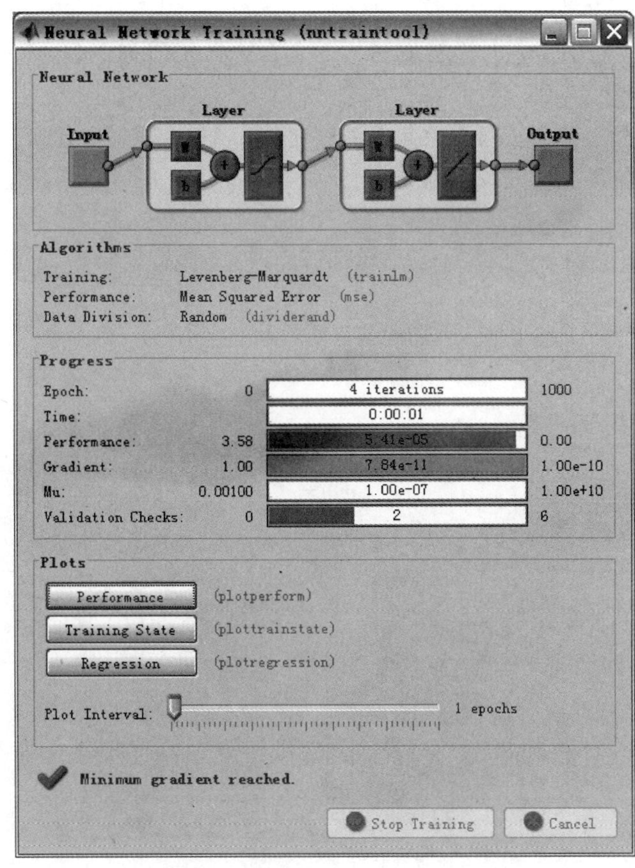

图 4-14　训练误差记录

(2) plotes 函数

功能：该函数用于绘制一个单独神经元的误差曲面。其调用格式如下：

```
plotes(WV,BV,ES,V)
```

其中，WV 为权值的 N 维行向量；BV 为 M 维的阈值行向量；ES 为误差向量组成的 M×N 维矩阵。V 为视角，默认为[−37.5,30]。

函数绘制的误差曲面图是由权值和阈值确定、由函数 errsurf 计算得出的。

(3) plotep 函数

功能：该函数用于绘制权值和阈值在误差曲面上的位置。其调用格式如下：

```
h = plotep(W,B,E)
h = plotep(W,B,E,H)
```

其中,W 为当前权值；B 为当前阈值；E 为当前单输入神经元的误差；H 为权值和阈值在上一时刻的位置信息向量；h 为当前的权值和阈值位置信息向量。

(4) errsurf 函数

功能：此函数用于计算单个神经元的误差曲面。其调用格式如下：

```
errsurf(P,T,WV,BV,F)
```

其中,P 为输入行向量；T 为目标行向量；WV 为权值列向量；BV 为阈值列向量；F 为传递函数的名称。

【例 4-9】 分析一个 BP 网络中某个神经元的误差,并绘制出其误差曲面与轮廓线。

在 M 文件编辑器中输入以下命令：

```
clear all;
P = 1:8; T = sin(P);
net = newff(P,T,4);
[net,tr] = train(net,P,T);
p = [3 2];
t = [0.4 0.8];
wv = -4:0.4:4; bv = wv;
ES = errsurf(p,t,wv,bv,'logsig');
plotes(wv,bv,ES,[60 30])
```

运行程序,输出效果如图 4-15 所示。

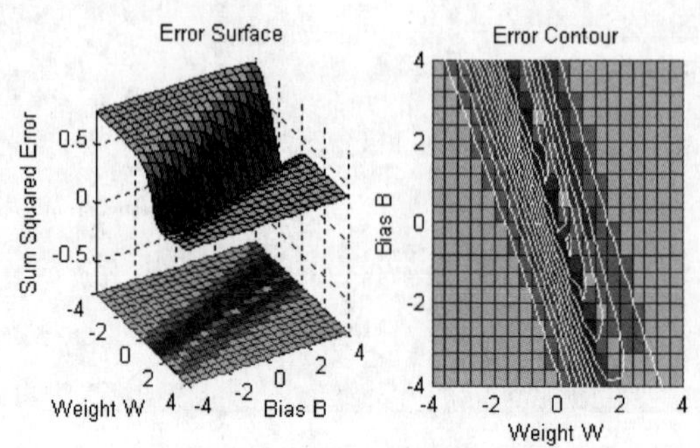

图 4-15 误差曲面和轮廓线

4.4 BP 网络的实现

【例 4-10】 利用一个单隐层的 BP 网络来逼近一个函数。

通过对函数进行采样得到了网络的输入变量 P 和目标变量 T,在 M 文件编辑器中输入以下命令：

```
P = -1:0.1:1;
T = [-0.9602 -0.5770 -0.0729 0.3771 0.6405 0.6600 0.4600 0.1336 -0.2013 -0.4344 -0.5000...
    -0.3930 -0.1647 0.0988 0.3072 0.3960 0.3449 0.1816 -0.0312 -0.2189 -0.3201];
plot(P,T,'.')
```

每组向量都有 21 组数据，可以将输入向量和目标向量绘制在一起，如图 4-16 所示。

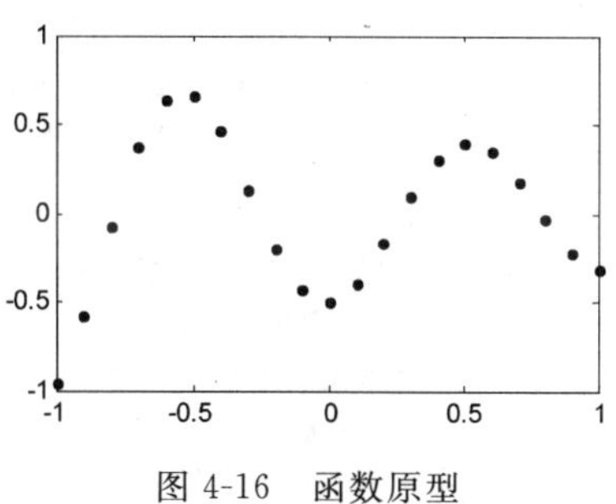

图 4-16　函数原型

该网络的输入层和输出层的神经元个数均为 1，根据以上的隐含层设计经验公式，并考虑本例的实际情况，解决该问题的网络的隐层神经元个数应该在 3～8 之间，因此，下面设计一个隐含层神经元数目可变的 BP 网络，通过误差比，确定最佳的隐含层神经元个数，并检验隐含层神经元个数对网络性能的影响。

在 M 文件编辑器中输入以下命令：

```
s = 3:8;
res = 1:6;
for i = 1:6
    net = newff(minmax(P),[s(i),1],{'tansig','logsig'},'traingdx');
    net.trainParam.epochs = 2000;
    net.trainParam.goal = 0.001;
    net = train(net,P,T)
    y = sim(net,P);
    error = y - T;
    res(i) = norm(error);
end
```

运行程序，输出如下：

```
net =
    Neural Network object:
    architecture:
          numInputs: 1
          numLayers: 2
        biasConnect: [1; 1]
       inputConnect: [1; 0]
       layerConnect: [0 0; 1 0]
      outputConnect: [0 1]
         numOutputs: 1  (read - only)
    numInputDelays: 0  (read - only)
    numLayerDelays: 0  (read - only)

    subobject structures:
              inputs: {1x1 cell} of inputs
              layers: {2x1 cell} of layers
             outputs: {1x2 cell} containing 1 output
              biases: {2x1 cell} containing 2 biases
       inputWeights: {2x1 cell} containing 1 input weight
       layerWeights: {2x2 cell} containing 1 layer weight
```

```
    functions:
          adaptFcn: 'trains'
         divideFcn: (none)
       gradientFcn: 'calcgrad'
           initFcn: 'initlay'
        performFcn: 'mse'
          plotFcns: {'plotperform','plottrainstate','plotregression'}
          trainFcn: 'traingdx'

    parameters:
        adaptParam: .passes
       divideParam: (none)
     gradientParam: (none)
         initParam: (none)
      performParam: (none)
        trainParam: .show, .showWindow, .showCommandLine, .epochs,
                    .time, .goal, .max_fail, .lr,
                    .lr_inc, .lr_dec, .max_perf_inc, .mc,
                    .min_grad

    weight and bias values:
                IW: {2x1 cell} containing 1 input weight matrix
                LW: {2x2 cell} containing 1 layer weight matrix
                 b: {2x1 cell} containing 2 bias vectors
    other:
              name: ''
          userdata: (user information)
res =
    1.9116    1.7998    1.5775    1.4414    1.4413    1.4407
```

由此可见，网络的隐含层神经元的传递函数为 tansig，输出层神经元的传递函数为 logsig，这是因为目标向量的元素都位于区间[－1 1]中，正好满足函数 tansig 的输出要求。

以上结果表明，在经过 2000 次训练后（训练函数采用 traingdx），隐含层神经元为 8 的 BP 网络对函数的逼近效果最好，因为它的误差最小，而且网络经过 27 次训练就达到了目标误差。隐含层为 6 和 9 的网络误差也比较小，但它们所需要的训练时间比较长。考虑到网络性能的训练速度，这里将网络隐含层的神经元数目设定为 8。

当隐含层神经元数目为 8 时，网络的逼近误差为 1.4407。网络的训练过程记录如图 4-17 所示。

通过对训练好的网络进行仿真，可以得到网络对函数的逼近情况，在 M 文件编辑器中输入以下命令：

```
y = sim(net,P);
plot(P,T,'rp');
hold on
plot(P,y,'.');
legend('原始网络','训练后的网络');
```

运行程序，效果如图 4-18 所示。其中，“点”表示网络的输出结果，“星号”表示函数的实际值。

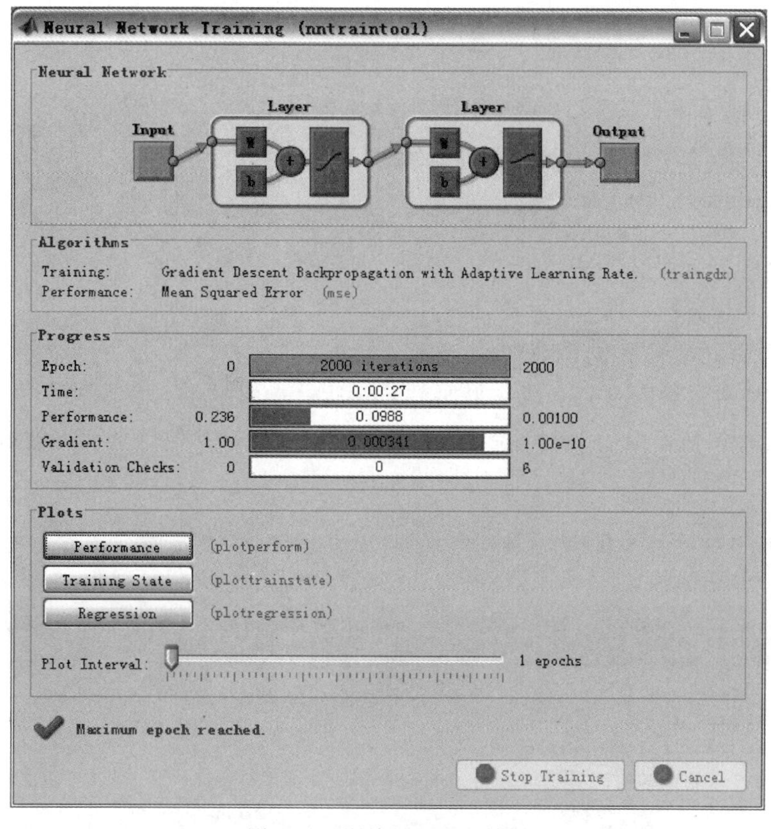

图 4-17 训练过程记录效果

在 M 文件编辑器中输入以下命令绘制网络的误差曲线：

```
plot(1:21,y - T);
```

网络的误差曲线如图 4-19 所示。

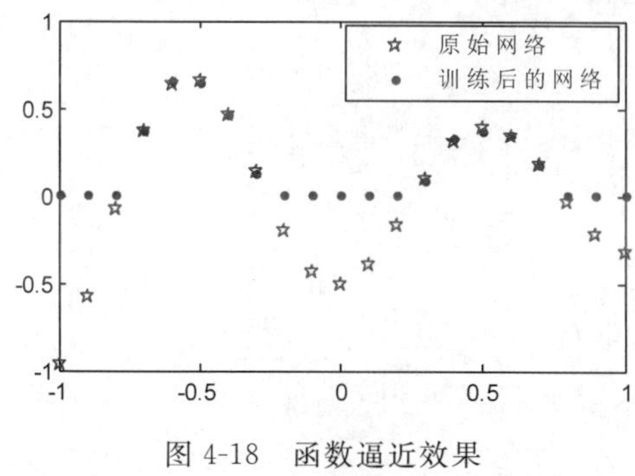

图 4-18 函数逼近效果

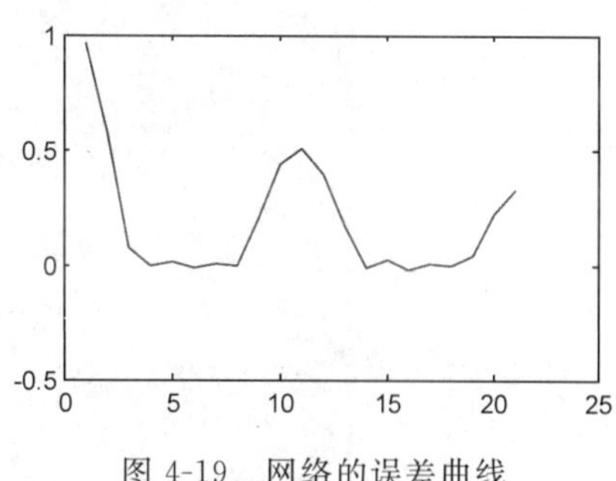

图 4-19 网络的误差曲线

【例 4-11】 利用 BP 神经网络去除噪声问题。

在 MATLAB 神经网络工具箱中，提供了 26 个大写字母的数据矩阵，利用 BP 神经网络，可以进行字符识别处理。

在 M 文件编辑器中输入以下命令：

```
%训练样本数据点
```

```
[AR,TS] = prprob;
A = size(AR,1);
B = size(AR,2);
C2 = size(TS,1);
%测试样本数据点
CM = AR(:,13)
noisyCharM = AR(:,13) + rand(A,1) * 0.3
figure
plotchar(noisyCharM)
```

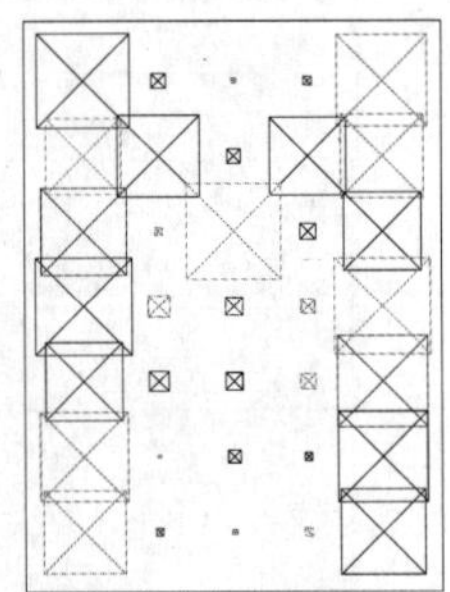

图 4-20 包含噪声的字母 M 图示

BP 网络训练采样全训练样本集，即使用所有 26 个大写字母，测试样本采样包含噪声的字母 M 数据点。字母 M 和对应包含噪声的字母 M 图形如图 4-20 所示。

在 M 文件编辑器中输入以下命令，创建 BP 神经网络，并使用全训练数据点训练 BP 神经网络：

```
%创建 BP 网络,并使用数据点训练网络
P = AR;
T = TS;
%输入层包含 10 个神经元,输出层为 C2 个神经元,输入输出层分别使用 logsig 传递函数
net = newff(minmax(P),[10,C2],{'logsig' 'logsig'},'traingdx');
net.trainParam.show = 50;
net.trainParam.lr = 0.1;
net.trainParam.lr_inc = 1.05;
net.trainParam.epochs = 3000;
net.trainParam.goal = 0.01;
[net,tr] = train(net,P,T);
```

训练过程记录如图 4-21 所示。

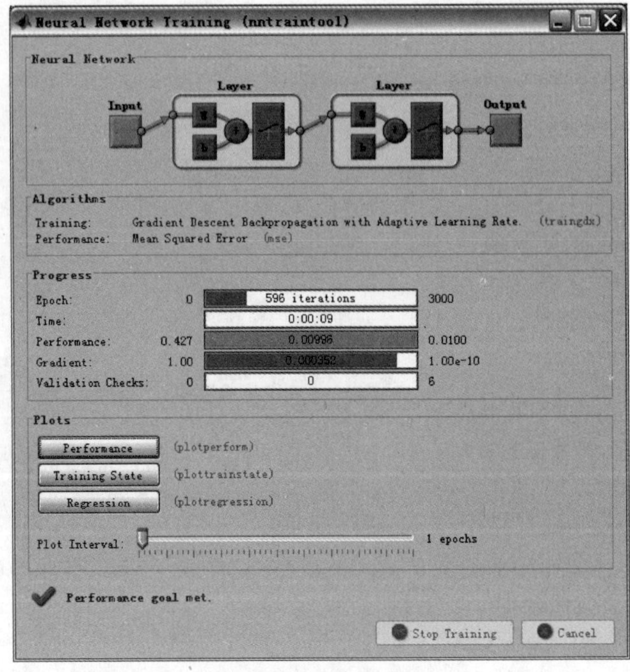

图 4-21 BP 网络训练过程曲线

在 M 文件编辑器中输入以下命令，回代检验和测试样本点的检验：

```
%回代检验
A = sim(net,CM);
%测试样本检验
a = sim(net,noisyCharM);
%找到字母所在位置
pos = find(compet(a) == 1)
figure
%绘制去除噪声后的字母
plotchar(AR(:,pos))
```

包含噪声的字母 M 经过 BP 网络后，输出结果如图 4-22 所示。可看出 BP 网络去除了字母 M 上的随机噪声。

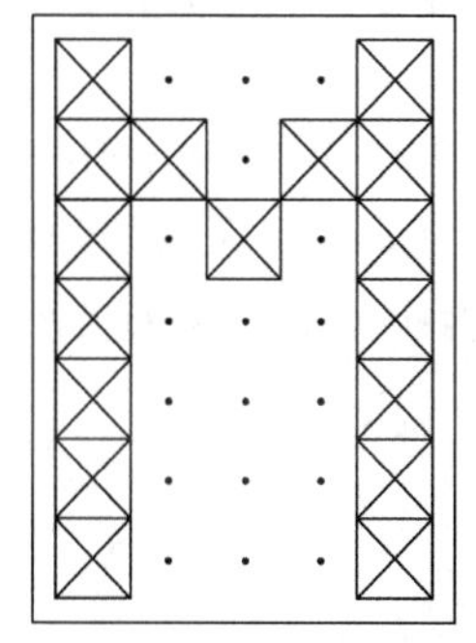

图 4-22　包含噪声的字母 M 经过 BP 网络后输出结果

4.5　BP 网络的限制

在人工神经网络的应用中，绝大部分的神经网络模型采用了 BP 网络及其变化形式，但这并不说明 BP 网络是完美的，其各种算法依然存在一定的局限性。BP 网络的局限性主要有以下几个方面。

(1) 学习率与稳定性的矛盾

梯度算法进行稳定学习要求的学习率较小，所以通常学习过程的收敛速度较慢。附加动量法通常比简单的梯度算法快，因为在保证稳定学习的同时，其可以采用很高的学习率，但对于许多实际应用来说仍然太慢。以上两种方法通常只适用于希望增加训练次数的情况。如果有足够的存储空间，即对于中、小规模的神经网络，通常可采用 Levenberg-Mrquardt 算法；如果存储空间不足够，则可采用其他多种快速算法，如对于大规模神经网络采用 trainscg 或 trainrp 更合适。

(2) 学习率的选择缺乏有效的方法

对于非线性网络，选择学习率也是一个十分困难的事情。对于线性网络，我们知道，学习率选择得太大，会容易导致学习不稳定；反之，如果学习率选择得太小，则可能导致无法忍受的过长学习时间。不同于线性网络，我们还没有找到一个简单易行的方法以解决非线性网络选择学习率的问题。对于快速训练算法，其默认参数值通常有裕量。

(3) 训练过程可能陷于局部最小

从理论上说，多层 BP 网络可以实现任意可实现的线性和非线性函数的映射，从而克服了感知器和线性神经网络的局限性。但是在实际应用中，BP 网络通常在训练过程中也可能找不到某个具体问题的解，例如在训练过程中陷入局部最小的情况。当 BP 网络在训练过程中陷入误差性能函数的局部最小时，可以通过改变其初始值和经过多次训练，以获得全局最小。

(4) 没有确定隐层神经元数的有效方法

确定多层神经网络隐层的神经元数也是一个很重要的问题，太少的隐层神经元会导致网络“欠适配”，太多的隐层神经元即会导致“过适配”。

4.6 BP 方法的改进

由于在人工神经网络中，反向传播法占据了非常重要的地位，所以十几年来，许多研究人员对其做了深入的研究，提出了很多改进的方法。他们的主要目的都是为了加快训练速度，避免陷入局部极小值和改善其他能力。本节只讨论前两种性能的改进方法。

1. 附加动量法

附加动量法使网络在修正其权值时，不仅考虑误差在梯度上的作用，还考虑在误差曲面上变化趋势的影响，其作用如同一个低通滤波器，其允许忽略网络上的微小变化特性。在没有附加动量的作用下，网络可能陷入浅的局部极小值，利用附加动量的作用则有可能滑过这些极小值。

该方法是在反向传播法的基础上，在每一个权值的变化上加上一项正比于前次权值变化量的值，并根据反向传播法来产生新的权值变化。带有附加动量因子的权值调节公式为

$$\begin{aligned}\Delta w_{ij}(k+1) &= (1-mc)\eta\delta_i p_j + mc\Delta w_{ij}(k)\\ \Delta b_i(k+1) &= (1-mc)\eta\delta_i + mc\Delta b_i(k)\end{aligned} \tag{4-11}$$

其中，k 为训练次数；mc 为动量因子，一般取 0.95 左右。

附加动量法的实质是将最后一次权值变化的影响通过一个动量因子来传递。当动量因子取值为零时，权值的变化根据梯度下降法产生；当动量因子取值为 1 时，新的权值变化则设置为最后一次权值的变化，而依梯度法产生的变化部分则被忽略掉了。依此方式，当增加了动量项后，促使权值的调节向着误差曲面底部的平均方向变化，当网络权值进入误差曲面底部的平坦区时，δ_i 将变得很小，于是，$\Delta w_{ij}(k+1)\approx\Delta w_{ij}(k)$，从而防止了 $\Delta w_{ij}(k)=0$ 的出现，有助于使网络从误差曲面局部极小值中跳出。

根据附加动量法的设计原则，当修正的权值在误差中导致太大的增长结果时，新的权值应被取消而不被采用，并使用动量停止下来，以使网络不进入较大误差曲面；当新的误差变化率对其旧值超过一个事先设定的最大误差变化率时，也得取消所计算的权值变化。其最大误差变化率可以是任何大于或等于 1 的值，典型值取 1.04。所以在进行附加动量法的训练程序设计时，必须加进条件判断以正确使用其权值修正公式。

训练程序中对采用动量法的判断条件为

$$mc=\begin{cases}0 & \mathrm{SSE}(k) > \mathrm{SSE}(k-1)\times 1.04\\ 0.95 & \mathrm{SSE}(k) < \mathrm{SSE}(k-1)\\ mc & (\text{其他})\end{cases} \tag{4-12}$$

所有这些判断过程细节均包含在 MATLAB 工具箱的 traingdm 函数中，只要在调用 train 的算法项中选用 traingdm 即可，另外需要对动量因子赋值：

```
net.trainParam.mc = 0.95;
```

如果不赋值，表示用函数的默认值 0.9。其他值不用赋。

为了能够观察附加动量法的作用效果，在此特地选取了一层网络的训练作为例子，

并且令其偏差固定不变。在训练过程中，通过绘出权值与输出误差的函数变化图形显示出每训练一次后网络输出误差的走向，以动态变化的形式形象地让读者感受到附加动量在网络训练过程中所产生的作用。另外，在训练过程中，还可观察任意初始值下的训练过程。在实际网络的设计过程中，除非网络比较简单，而且经验比较丰富，一般情况下是不直接采用网络的训练函数来训练网络的，因为训练函数只有在整个训练完成之后才给出结果。对于复杂网络，在其训练过程中，通常可能会由于一些参数选取不当，如学习速率可能太大等原因，而使得训练不合适，如果设置的训练次数较大，如几千次，那么在这种情况下，即使花很长时间获得的训练结果也可能是无效的。较好的做法是写出训练过程，并且加上监视作用程序，这样可以使设计者在发现由于参数设计不当而进行无用训练时及时中止训练而进行调整与改进。

【例 4-12】 采用附加动量法的反向传播网络的训练。

在 M 文件编辑器中输入以下命令：

```
clear all;
%初始化
P = [ - 6.0  - 6.1  - 4.1  - 4.05 5.0  - 5.1 6.0 6.1];
T = [0 0 0.97 0.99 0.01 0.03 1.0 1.0];
[R,Q] = size(P);
[S,Q] = size(T);
disp('The bias B is fixed at 3.0 and will not learn');
Z1 = menu('Intialize Weight with:',...                    %作菜单
    'W0 = [ - 0.9]; B0 = 3;',...                          %按给定的初始值
    'Pick Values with Mouse/Arrow Keys',...               %用鼠标在图上任一点初始值
    'Random Intial Condition [Default];')                 %随机初始值(默认情况)
disp('');
B0 = 3;
if Z1 == 1
    W0 = [ - 0.9];
elseif Z1 == 3
    W0 = rand(S,R);
end
%作权值 - 误差关系图并标注初始值
%作网络误差曲线图
error1 = [];
net = newcf(minmax(P),[1],{'logsig'});                    %创建非线性单层网络
net.b{1} = B0;
j = [ - 1:0.1:1];
for i = 1:21
    net.iw{1,1} = j(i);
    y = sim(net,P);
    err = sumsqr(y - T);
    error1 = [error1 err]
end
plot(j,error1)                                            %网络误差曲线图
hold on;
Z2 = menu('Use momentiurn constant of:',...               %作菜单
    '0.0',...
    '0.95 [Default]');
if Z1 == 2
    [W0,dummy] = ginput(1);
```

```
end
disp('');
%训练网络
if Z2 == 1
    momentum = 0;
else
    momentum = 0.95;
end
ls = []; error = [];w = [];
max_epoch = 500; err_goal = 0.01;
lp.lr = 0.05;  lp.mc = momentum;                                 %赋初值
err_ratio = 1.04;
W = W0; B = B0;
A = logsig(W0 * P + B0 * ones(1,8));
E = T - A; SSE = sumsqr(E);
for epoch = 1:max_epoch
    if SSE < err_goal
        epoch = epoch - 1;
        break;
    end
    D = A. * (1 - A). * E;
    gW = D * P';
    dw = learngdm([],[],[],[],[],[],[],gW,[],[],lp,ls);  %权值的增量
    ls.dw = dw;                                          %赋学习状态中的权值增量
    TW = W + dw;                                         %变化后的权值
    TA = logsig(TW * P + B * ones(1,8));
    TE = T - TA; TSSE = sumsqr(TE);                      %求输出结果
    if TSSE > SSE * err_ratio                            %判断赋动量因子
        mc = 0;
    elseif TSSE < SSE
        mc = momentum;
    end
    W = TW; A = TA; E = TE; SSE = TSSE;
    error = [error TSSE];                                %记录误差
    w = [w W];                                           %记录权值
end
plot(w,error,'or');                                      %作误差随权值的变化图
hold off;
disp('按任意键继续'); pause;
figure; plot(error);                                     %训练误差图
```

误差曲线如图 4-23 所示。可以看到在误差曲面上有两个误差最小值,一个为局部极小值(在左边),右边的为全局最小值。

如果动量因子 *mc* 取为 0,网络则以纯梯度法进行训练,此训练结果如图 4-24 所示。其误差的变化趋势是以简单的方式“滚到”局部极小值的底部就再也停止不能动了。图 4-25 给出了误差记录。

当采用附加动量法后,网络的训练则可以自动避免陷入这个局部极小值。这个结果如图 4-26 所示。网络的训练误差先落入局部极小值,在附加动量的作用下,继续向前产生一个正向斜率的运动,并跳出较浅的峰值,落入了全局最小值。然后,仍然在附加动量的作用下,达到一定的高度后(即产生一个 SSE>SSE・1.04)自动返回,并像弹子滚动一样来回左右摆动,直至停留在最小值点上。

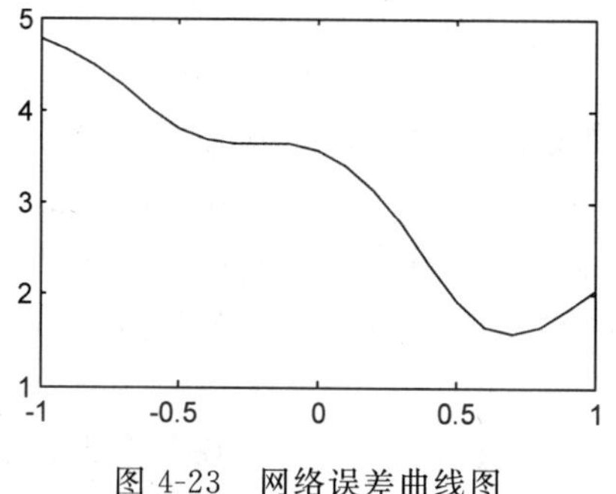

图 4-23 网络误差曲线图

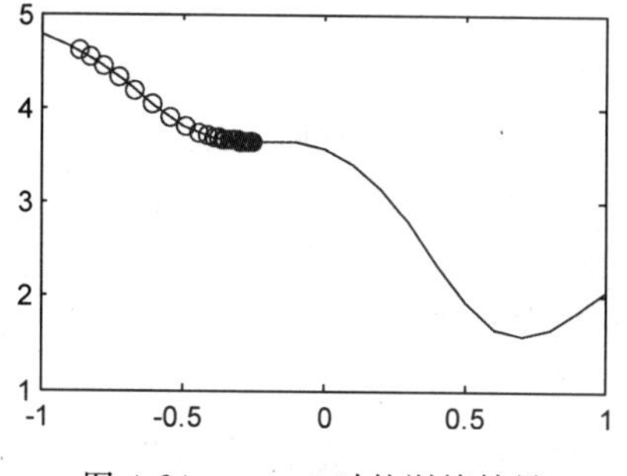

图 4-24 $mc=0$ 时的训练结果

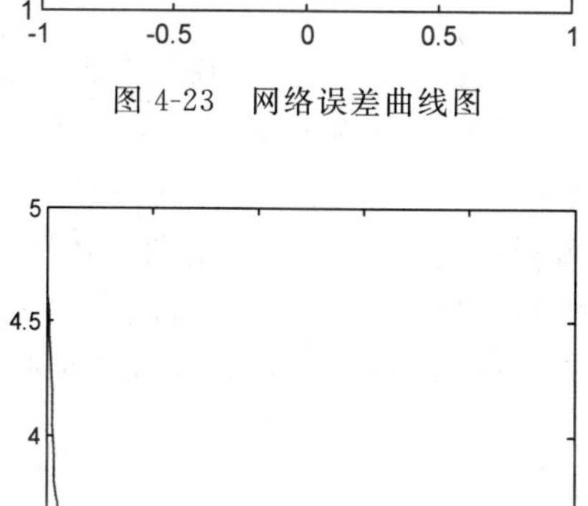

图 4-25 训练误差记录

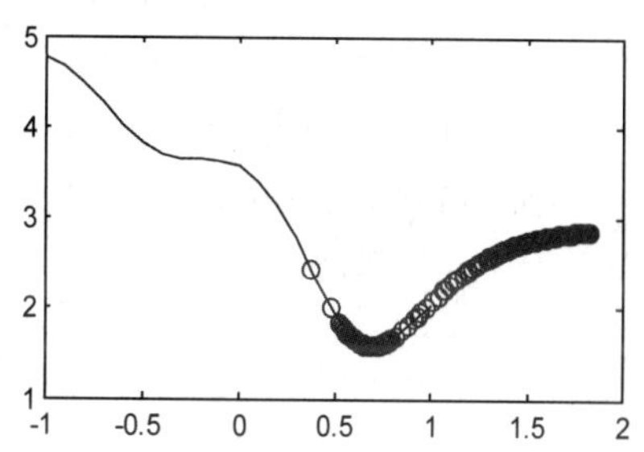

图 4-26 采用附加动量法的训练结果

2. 自适应学习速率

对于一个特定的问题，要选择适当的学习速率不是一件容易的事情。通常是凭经验获取，即使这样，训练初期功效较好的学习速率，不见得对后来的训练也合适。为了解决这一问题，人们自然会想到使网络在训练过程中自动调整学习速率。通常调节学习速率的准则是：检查权值的修正值是否真正降低了误差函数，如果确实如此，则说明所选取的学习速率值小了，可以对其增加一个量；如果不是这样，则产生了过调，那么就应该减小学习速率的值。与采用附加动量法时的判断条件相仿，当新误差超过旧误差一定的倍数时，学习速率将减小；否则其学习速率保持不变；当新误差小于旧误差时，学习速率将被增加。此方法可以保证网络稳定学习，使其误差继续下降，则增加学习速率，使其以更大的学习速率进行学习。一旦学习速率调得过大，而不能保证误差继续减少，即减少学习速率直到使其学习过程稳定为止。下面给出了一种自适应学习速率的调整公式：

$$\eta(k+1)=\begin{cases}1.05\eta(k) & (\mathrm{SSE}(k)<\mathrm{SSE}(k))\\ 0.7\eta(k) & (\mathrm{SSE}(k+1)>1.04\cdot\mathrm{SSE}(k))\\ \eta(k) & (\text{其他})\end{cases}\tag{4-13}$$

初始学习速率 $\eta(0)$ 的选取范围可以有很大的随意性。

实践证明，采用自适应学习速率的网络训练次数只是固定学习速率网络训练次数的几十分之一，所以具有自适应学习速率的网络训练是极有效的训练方法。

3. 弹性 BP 算法

BP 网络通常采用 S 型激活函数的隐含层。S 型函数常被称为“压扁”函数，它将一个无限的输入范围压缩到一个有限的输出范围，其特点是当输入很大时，斜率接近0，这将导致算法中的梯度幅值很小，可能使得对网络权值的修正过程几乎停顿下来。

弹性BP算法只取偏导数的符号，而不考虑偏导数的幅值。偏导数的符号决定权值更新的方向，而权值变化的大小由一个独立的"更新值"确定。如果在两次连续的迭代中，目标函数对某个权值的偏导数的符号不变号，则增大相应的"更新值"（如在前一次"更新值"的基础上乘1.3）；若变号，则减小相应的"更新值"（如在前一次"更新值"的基础上乘0.5）。

在弹性BP算法中，当训练发生振荡时，权值的变化量将会减小；当在几次迭代过程中权值都朝一个方向变化时，权值的变化量将增大。因此，一般来说，弹性BP算法的收敛速度要比前述几种方法快得多。而且算法也不复杂，更不需要消耗更多的内存。以上三种改进算法的存储量要求相差不大，各算法的收敛速度依次加快，其中弹性BP算法的收敛速度远快于前两者。大量实际应用已证明弹性BP算法非常有效。因此，在实际应用的网络训练中，当采用附加动量法乃至可变学习速率的BP算法达不到训练要求时，可以采用弹性BP算法。

第5章 飞机偏航阻尼器性能分析与设计

5.1 飞机偏航阻尼器设计

一般情况下，为了满足飞行品质要求，飞机的纵向运动和侧向运动都需要有能够连续工作的阻尼器，前者称为俯仰阻尼器（Pitch Damper），后者称为偏航阻尼器（Yaw Damper）。示例研究的目的是：通过对某型飞机偏航阻尼的设计过程的介绍，说明运用 MATLAB 的经典控制系统设计工具进行系统设计的方法。

5.2 数学模型及 MATLAB 描述

巡航状态下，某型飞机侧向运动的状态空间模型为

$$\begin{bmatrix}\dot{x}_1(t)\\ \dot{x}_2(t)\\ \dot{x}_3(t)\\ \dot{x}_4(t)\end{bmatrix}=\begin{bmatrix}a_{11} & a_{12} & a_{13} & a_{14}\\ a_{21} & a_{22} & a_{23} & a_{24}\\ a_{31} & a_{32} & a_{33} & a_{34}\\ a_{41} & a_{42} & a_{43} & a_{44}\end{bmatrix}\begin{bmatrix}x_1(t)\\ x_2(t)\\ x_3(t)\\ x_4(t)\end{bmatrix}+\begin{bmatrix}b_{11} & b_{12}\\ b_{12} & b_{22}\\ b_{13} & b_{32}\\ b_{14} & b_{42}\end{bmatrix}\begin{bmatrix}u_1(t)\\ u_2(t)\end{bmatrix}$$

$$\begin{bmatrix}y_1(t)\\ y_2(t)\end{bmatrix}=\begin{bmatrix}c_{11} & c_{12} & c_{13} & c_{14}\\ c_{21} & c_{22} & c_{23} & c_{24}\end{bmatrix}\begin{bmatrix}x_1(t)\\ x_2(t)\\ x_3(t)\\ x_4(t)\end{bmatrix}$$

式中，状态向量分别为：

$x_1(t)$为侧滑角（单位为 rad），$x_2(t)$为偏航角速度（单位为 rad/s），$x_3(t)$为滚转角速度（单位为 rad/s）及 $x_4(t)$为倾斜角（单位为 rad）。

输入向量及输出向量分别为：$u_1(t)$为方向舵（rudder）偏角（单位为 rad），$u_2(t)$为副翼（aileron）偏角（单位为 rad）；$y_1(t)$为偏航角速度（单位为 rad/s）；$y_2(t)$为倾斜角（单位为 rad）。

已知飞机巡航飞行时的速度为 0.8 马赫，高度为 40 000ft，此时模型参数为

$$\boldsymbol{A}=\begin{bmatrix}-0.0558 & -0.9968 & 0.0802 & 0.0415\\ 0.5980 & -0.1150 & -0.0318 & 0.0000\\ -3.0500 & 0.3880 & -0.4650 & 0.0000\\ 0.0000 & 0.0805 & 1.0000 & 0.0000\end{bmatrix}$$

$$\boldsymbol{B}=\begin{bmatrix}0.00729 & 0.00000\\ -0.47500 & 0.00775\\ 0.15300 & 0.14300\\ 0.00000 & 0.00000\end{bmatrix}$$

$$\boldsymbol{C}=\begin{bmatrix}0 & 1 & 0 & 0\\ 0 & 0 & 0 & 1\end{bmatrix}$$

$$\boldsymbol{D}=\begin{bmatrix}0 & 0\\ 0 & 0\end{bmatrix}$$

首先输入飞机状态空间模型参数如下：

```
>> A = [ - 0.0558  - 0.09968 0.0802 0.0415;
     0.5980  - 0.1150  - 0.0318 0.0000;
     - 3.0500 0.3880  - 0.4650 0.0000;
     0.0000 0.0805 1.0000 0.0000];
  B = [0.00729 0.00000; - 0.47500 0.00775;
     0.15300 0.14300;0.00000 0.00000];
  C = [0 1 0 0;0 0 0 1];
  D = [0 0;0 0];
```

然后，定义系统的状态变量、输入变量及输出变量，并建立状态空间模型。其输入代码如下：

```
 % 定义状态变量名称.其中,beta为侧滑角,yaw为偏航角速度
 % roll为滚转角速度,phi为倾斜角
states = {'beta' 'yaw' 'roll' 'phi'};
 % 定义输入变量名称.其中,rudder为方向航偏角,aileron为副翼偏角
inputs = {'rudder' 'aileron'};
 % 定义输出变量名称.其中,yaw rate为偏航角速度,bank angle为倾斜角
outputs = {'yaw rate' 'bank angle'};
sys = ss(A,B,C,D,'statename',states,'inputname',inputs,'outputname',outputs)
```

运行程序输出结果为

```
a =
              beta       yaw       roll      phi
   beta     - 0.0558   - 0.09968   0.0802    0.0415
   yaw        0.598    - 0.115   - 0.0318    0
   roll     - 3.05       0.388   - 0.465     0
   phi        0          0.0805    1         0
b =
              rudder     aileron
   beta       0.00729    0
   yaw      - 0.475      0.00775
   roll       0.153      0.143
   phi        0          0
c =
                 beta   yaw   roll   phi
```

```
    yaw rate       0     1     0     0
    bank angle     0     0     0     1
d =
                 rudder    aileron
    yaw rate       0          0
    bank angle     0          0
Continuous - time model.
```

5.3 校正前系统性能分析

根据前述系统的状态空间模型,首先分析系统性能。

5.3.1 计算开环特征值

在 MATLAB 命令窗口中输入:

```
>> damp(sys)   % 计算开环特征值
```

输出结果为:

```
     Eigenvalue                     Damping          Freq. (rad/s)
 - 2.21e - 002                      1.00e + 000      2.21e - 002
 - 5.01e - 001                      1.00e + 000      5.01e - 001
 - 5.63e - 002  +  5.74e - 001i     9.77e - 002      5.77e - 001
 - 5.63e - 002  -  5.74e - 001i     9.77e - 002      5.77e - 001
```

绘制零极点图。在 MATLAB 命令窗口中输入:

```
>> pzmap(sys)
```

运行后结果如图 5-1 所示。由图可见,此模型含有接近虚轴的一对共轭极点,它们对应飞机的“荷兰滚(Dutch Roll)”模态,此时系统具有较小阻尼,控制系统设计的目的是提高系统的阻尼比,改善荷兰滚模态的阻尼特性。

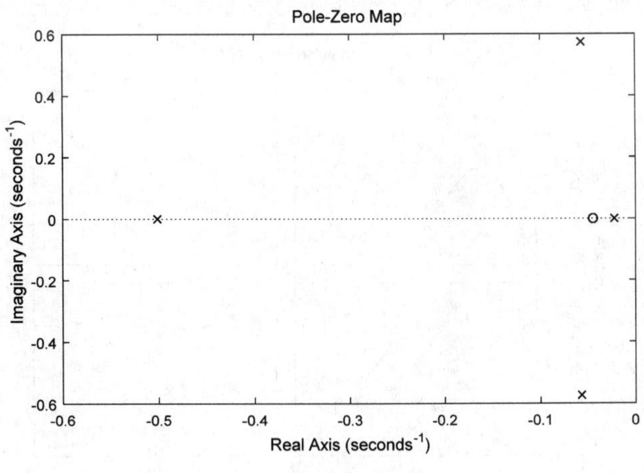

图 5-1　系统的零极点图

5.3.2 求取系统的单位脉冲响应

在 MATLAB 命令窗口中输入：

```
>> impulse(sys)
```

运行后得到的单位脉冲响应曲线如图 5-2 所示。由图可知，系统过渡过程振荡剧烈，飞机确实存在很小的阻尼。图中响应时间较长，而乘客及飞行员关心的只是飞机在最初几秒钟而不是最初几分钟的行为。所以，应再绘制飞机在最初 20s 以内的单位脉冲响应曲线。在 MATLAB 命令窗口中输入：

```
>> impulse(sys,20)
```

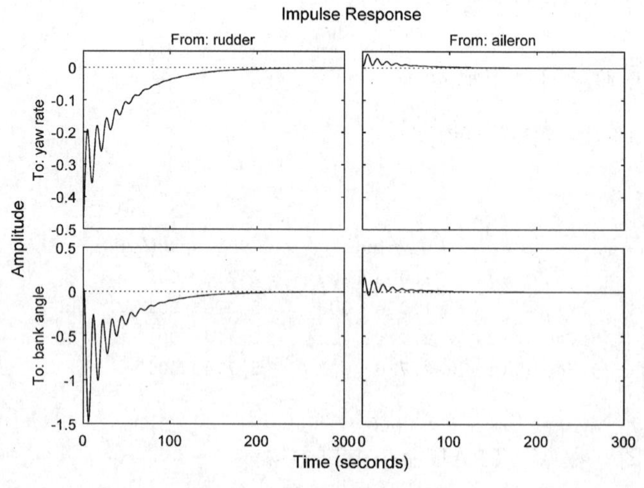

图 5-2 单位脉冲响应曲线

运行后得到的脉冲响应曲线如图 5-3 所示。为了更清楚地观察从副翼偏角(输入 2)到倾斜角(输出 2)的响应，用鼠标右键单击图 5-3，从弹出的菜单(见图 5-4(a))中选择 I/O Selector，打开如图 5-4(b)所示的 I/O Selector 对话框。单击 In(2)，Out(2)选项，得到如图 5-5 所示的曲线。

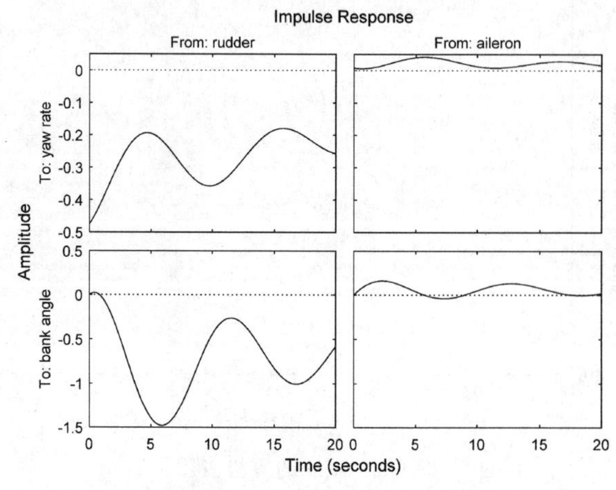

图 5-3 响应时间为 20s 时的单位脉冲响应曲线

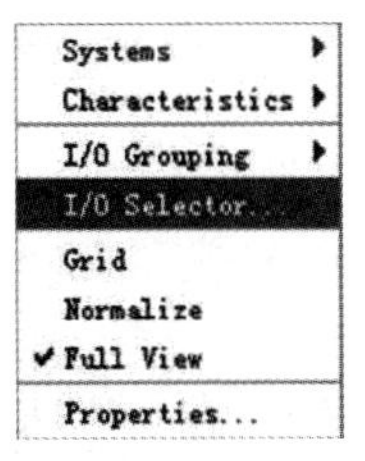

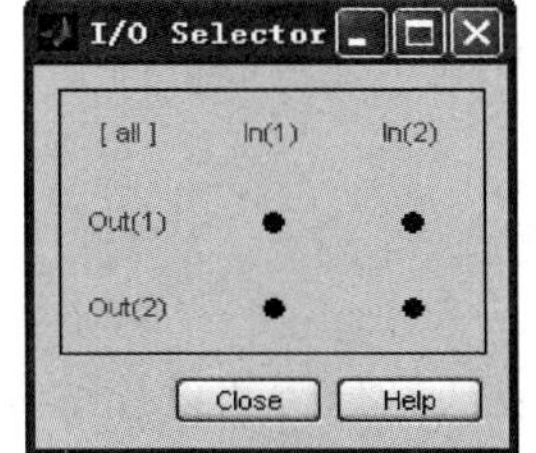

(a) 右击菜单　　(b) I/O Selector选择对话框

图 5-4　显示菜单的选择

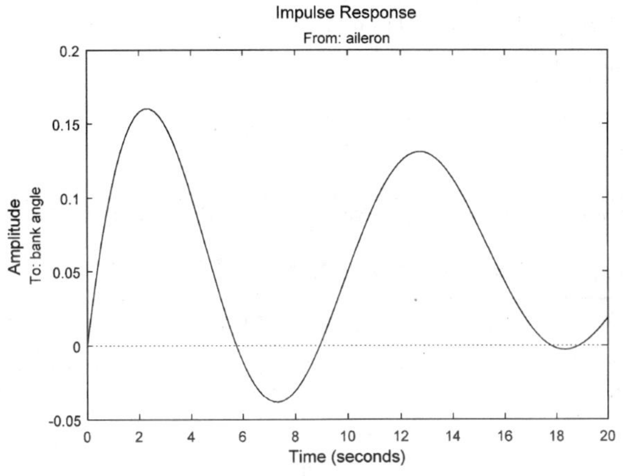

图 5-5　副翼偏角至倾斜角的单位脉冲响应

在典型的偏航阻尼器设计中，使用方向航偏角作为控制输入、偏航角速度作为传感输出，为得到相应的频率响应，在 MATLAB 命令窗口中应输入：

```
>> sys1 = sys('yaw','rudder');    % 选择输入/输出对
>> bode(sys1)
```

运行后得到的 Bode 图如图 5-6 所示。由图可知，方向舵的变化对小阻尼的荷兰滚模态(接近 $\omega=1\text{rad/s}$)具有明显的影响。

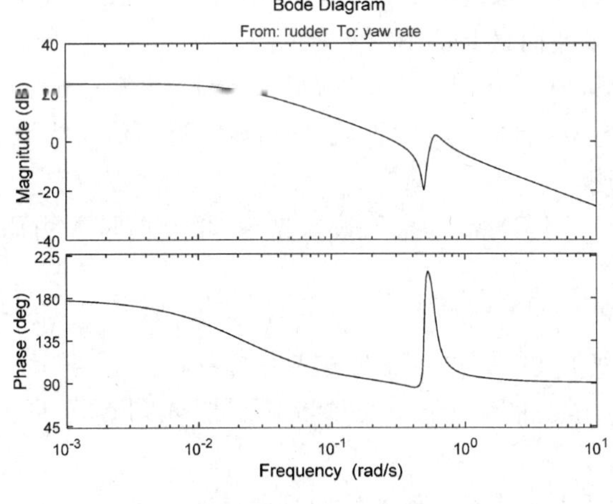

图 5-6　Bode 图

5.4 校正设计

1. 根轨迹概念

根轨迹(Root Locus)法是分析和设计线性定常控制系统的一种图解方法,其使用十分简便。根轨迹简称根迹,是开环系统某一参数(如开环增益)由0变化至+∞时,闭环系统特征方程式的根在S平面上变化的轨迹。

根轨迹与系统性能之间存在比较密切的联系。根轨迹图不仅可以直接给出闭环系统时间响应的全部信息,而且还可以指明开环零点和极点应该怎样变化才能满足给定的闭环系统的性能指标要求。

2. 根轨迹分析方法

MATLAB的控制系统工具箱提供的根轨迹分析方法的相关函数如表5-1所示。

表5-1 系统根轨迹绘制及分析函数

函数名称	功　能	函数名称	功　能
damp	计算自然频率及阻尼比	rlocus	计算并绘制根轨迹
dcgain	计算低频(稳态)增益(DC)	rlocusplot	绘制根轨迹并返回句柄
dsort	离散时间模型排序	rlocfind	计算给定根的根轨迹增益
esort	连续时间模型根据实部排序	roots	计算多项式的根
pole eig	计算线性定常模型的极点	sgrid	在连续系统根轨迹或零极点图中绘制等阻尼比线或等自然频率线
zero	计算线性定常模型的零点	zgrid	在离散系统的根轨迹或零极点图中绘制等阻尼比线或自然频率线
pzmap	绘制线性定常模型的零极点图		

3. rlocus函数

调用格式为

rlocus(sys):绘制开环系统sys的闭环根轨迹。

rlocus(sys,k):增益向量k由用户指定。

rlocus(sys1,sys2,…):在同一个绘图窗口中绘制模型sys1,sys2,…的闭环根轨迹。

[r,k]=rlocus(sys):计算sys的根轨迹数据值,返回值k为增益向量,r为闭环极点向量,但不绘制根轨迹。

r=rlocus(sys,k):计算sys的根轨迹数据值,增益向量k由用户指定,但不绘制根轨迹。

注意:

(1) 系统sys可为图5-7所示负反馈形式中的一种。

(2) 默认情况下,绘制根轨迹时的反馈增益k由MATLAB根据数学模型自动确定,也可以由用户指定。

(3) 此函数同时适用于连续时间系统和离散时间系统。

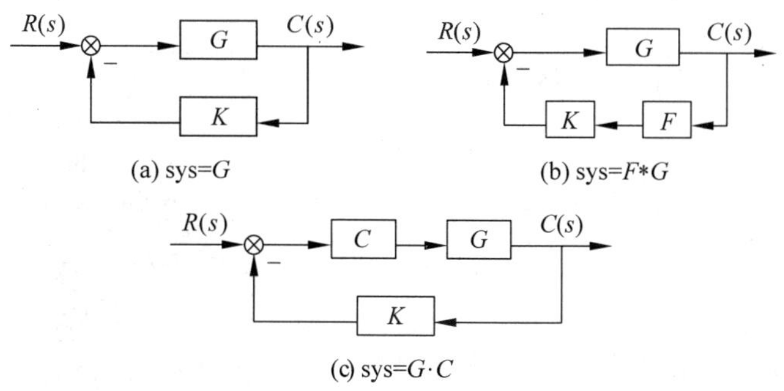

图 5-7　三种反馈形式示意图

5.4.1 根轨迹法设计

如前所述，一种合理的设计目标是确保自然频率 $\omega_n<1\text{rad/s}$ 时，阻尼比 $\xi\geqslant0.3$。最简单的校正是改变校正装置的增益，首先应用根轨迹法确定合适的增益值。

在 MATLAB 命令窗口中输入：

```
>> rlocus(sys1)   % 绘制由方向舵至偏航通道的根轨迹图
```

运行后得到的曲线(如图 5-8 所示)为负反馈的根轨迹图。由图 5-8 可知，采用负反馈连接会使系统立即变得不稳定。为确保系统稳定，应使用正反馈连接。此时在 MATLAB 命令窗口中输入：

```
>> rlocus( - sys1)
>> sgrid
```

运行后得到的正反馈根轨迹图如图 5-9 所示。由图可知，正反馈的结果比负反馈要好得多。这样，仅采用简单的反馈就可以满足 $\xi\geqslant0.3$ 的设计要求。用鼠标左键单击图形上部的曲线，然后移动得到数据标记"■"，显示增益及阻尼比。选取 $\xi\geqslant0.45$，此时系统增益约为 2.53(如图 5-10 所示)。

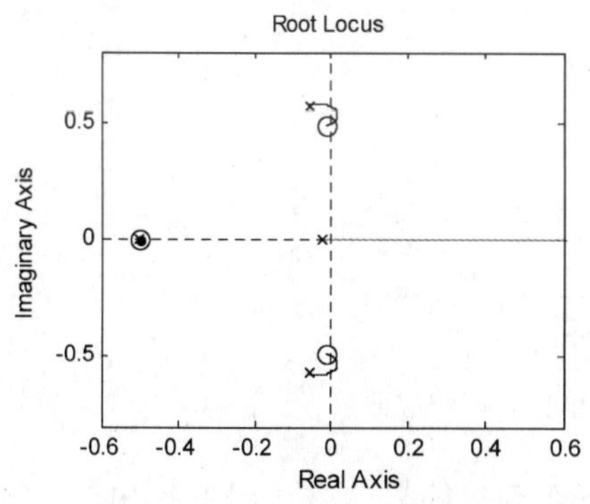

图 5-8　负反馈时的根轨迹曲线

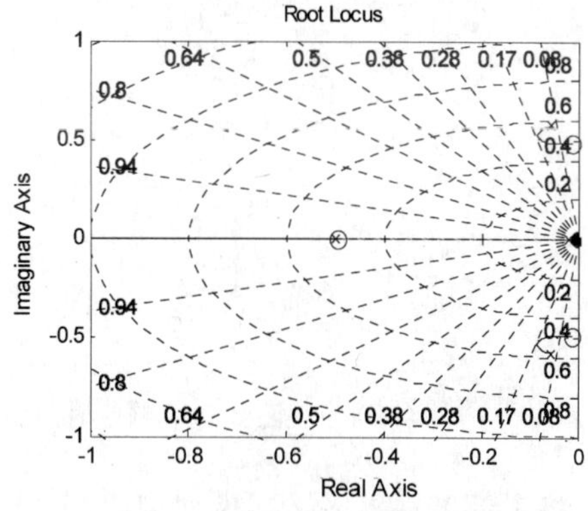

图 5-9　正反馈时的根轨迹曲线

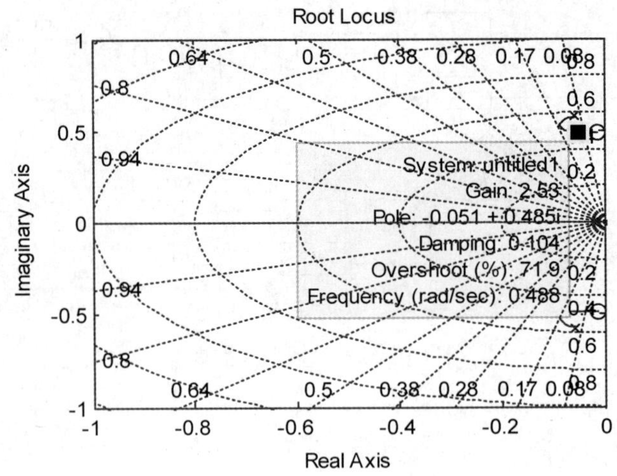

图 5-10　$\xi \geqslant 0.45$ 时的根轨迹图

接着,构成单输入单输出闭环反馈回路,在 MATLAB 命令窗口中输入:

```
>> K = 2.53;
>> cl1 = feedback(sys1, - K);
```

运行后得到负反馈系统 cl1。由下述 MATLAB 命令求取系统响应时间为 20s 的单位脉冲响应,并将其与前述的开环系统单位脉冲响应比较。

```
>> impulse(sys1,cl1,'o - ',20)
```

运行后得到如图 5-11 所示闭环系统单位脉冲响应曲线。由图可知,与开环系统单位脉冲响应相比,闭环响应速度快,并且没有产生很大的振荡。

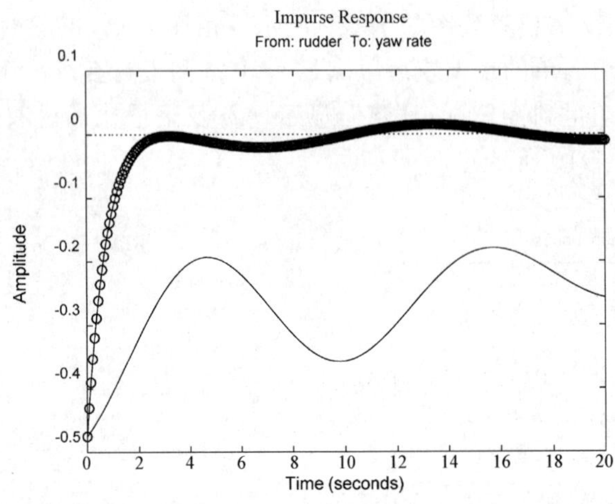

图 5-11　响应时间为 20s 时的单位脉冲响应曲线

将全部多输入多输出模型构成闭合回路,分析在副翼输入信号作用下的响应。将系统由输入 1 连至输出 1,构成反馈回路。在 MATLAB 命令窗口中输入:

```
>> cloop = feedback(sys, - K,1,1);
```

```
>> damp(cloop)  %得到闭环极点
```

运行结果为

```
  Eigenvalue            Damping          Freq. (rad/s)
-5.10e-002 + 4.85e-001i    1.05e-001          4.88e-001
-5.10e-002 - 4.85e-001i    1.05e-001          4.88e-001
-4.96e-001                 1.00e+000          4.96e-001
-1.24e+000                 1.00e+000          1.24e+000
```

接着，绘制多输入多输出模型的脉冲响应曲线。在 MATLAB 命令窗口中输入：

```
>> impulse(sys,':',cloop,20)
```

运行后得到的脉冲响应曲线如图 5-12 所示。由图可知，偏航角速度响应具有很好的阻尼比，但是从副翼（输入 2）到倾斜角（输出 2）通道可见，副翼变化时，系统不再像常规飞机那样连续偏转，而呈现过稳定的螺旋模态。螺旋模态是一种典型的非常慢的模态，它允许飞机滚转和偏转而无需恒定的副翼输入。本设计消除了飞机的螺旋模态，使得它具有很高的频率。

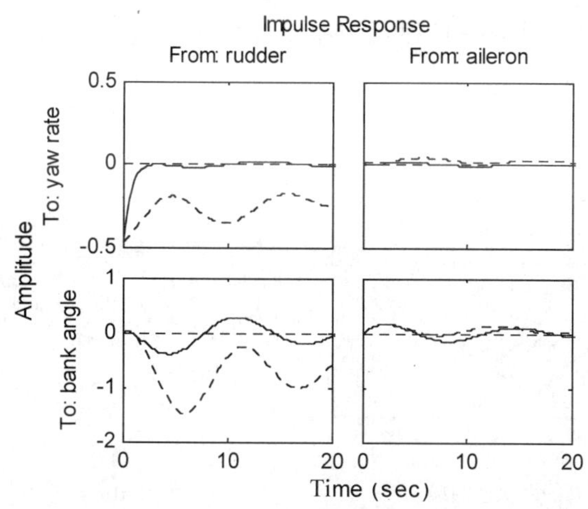

图 5-12　响应时间为 20s 时的闭环单位脉冲响应曲线

5.4.2　下洗滤波器设计

当形成闭环时，要确保螺旋模态不能进一步移动到左半平面。飞机控制设计者解决此问题的一种方法是使用如下的下洗滤波器（Washout Filter）：

$$G_c(s) = \frac{s}{s+\alpha}$$

通过在原点处设置 1 个零点的方式，下洗滤波器将螺旋模态的极点限制在原点附近。本例中，当时间常数为 5s 时，选择 $\alpha=0.2$。首先确定滤波器的固定部分，在 MATLAB 命令窗口中输入：

```
>> Gc = zpk(0,-0.2,1)
```

运行结果为

```
Zero/pole/gain:
    s
  -------
  (s + 0.2)
```

然后将此滤波器与设计模型 sys1 以串联形式连接,得到开环模型。在 MATLAB 命令窗口中输入:

```
>> oloop = Gc * sys1;
```

接下来绘制此开环模型的另外一个根轨迹图并加入网格线。在 MATLAB 命令窗口中输入:

```
>> rlocus( - oloop);
>> sgrid
```

运行后得到开环模型的根轨迹曲线,如图 5-13(a)所示。

采用与前述相同的设计方法,在根轨迹图的上部分支中,确定阻尼比约为 $\xi=0.3$,此时增益约为 1.72,得到此时的开环根轨迹曲线,如图 5-13(b)所示。

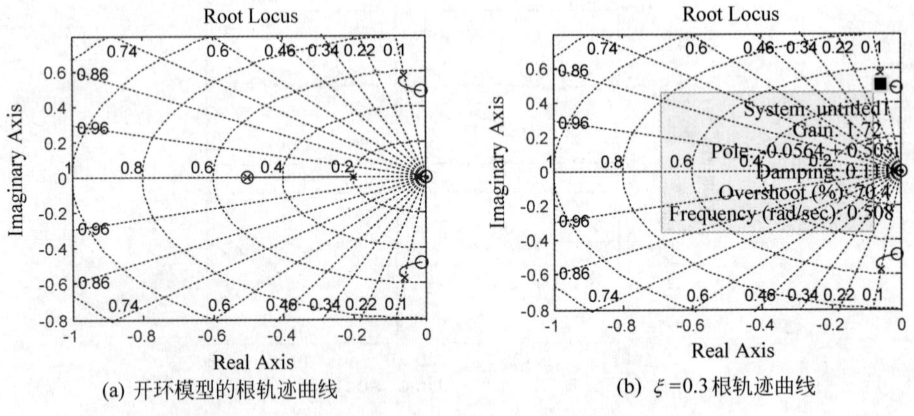

(a) 开环模型的根轨迹曲线　　(b) ξ=0.3根轨迹曲线

图 5-13　根轨迹曲线

5.5　校正后系统性能分析

5.5.1　观察从方向舵到偏航角速度通道的闭环脉冲响应

首先构成闭环回路,在 MATLAB 命令窗口中输入:

```
>> K = 1.72;
>> cl1 = feedback(oloop, - K);
>> impulse(cl1,20)
```

运行后得到单位脉冲响应曲线如图 5-14 所示,由图可知,此时的响应良好,但阻尼比小于前面的设计。

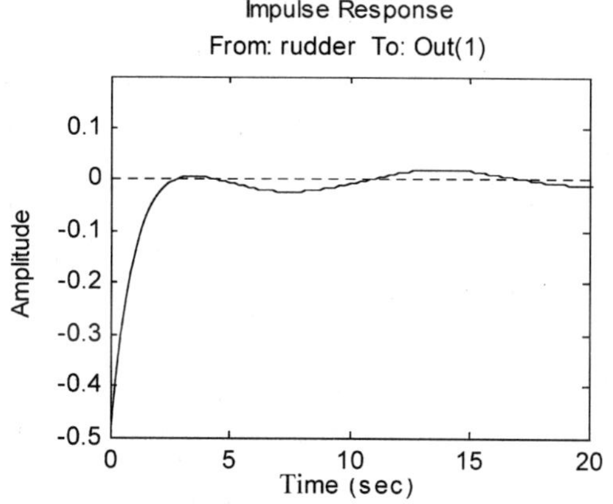

图 5-14 方向舵到偏航角速度通道的单位脉冲响应

5.5.2 验证设计的下洗滤波器固定了飞机的螺旋模态问题

构成完整的下洗滤波器(增益+滤波器)。在 MATLAB 命令窗口中输入:

```
>> WOF = - K * Gc;
```

接着将多输入多输出模型 sys 的第 1 对输入/输出通道闭合并求取其单位脉冲响应。在 MATLAB 命令窗口中输入:

```
>> cloop = feedback(sys,WOF,1,1);
% 系统的开环响应以点线表示,系统的闭环响应以实线表示
>> impulse(sys,':',cloop,20)
```

运行后得到的单位脉冲响应如图 5-15 所示,由图可知,相对于副翼(输入 2)脉冲输入的倾斜角(输出 2)响应在较短时间内具有所期望的几乎不变的特性。为了更清楚地观察系统的响应,在图 5-15(从左往右第二个图)选择(2,2)输入/输出对,得到的单位脉冲响应曲线如图 5-16 所示。

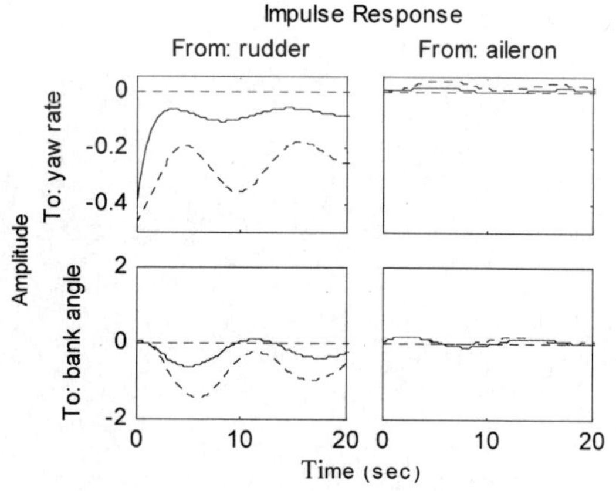

图 5-15 第 1 对输入/输出通道的脉冲响应

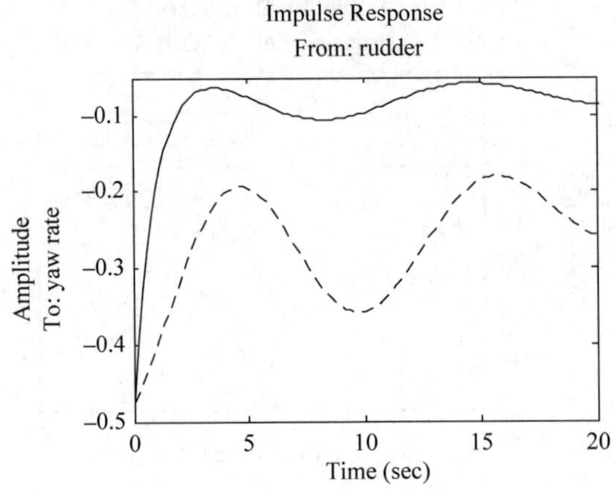

图 5-16 副翼到倾斜角的脉冲响应

尽管并没有完全符合阻尼比要求，但是这里的设计已经充分增加了系统的阻尼比，并使得飞行员能够正常驾驶飞机。

第6章 感知器网络算法分析与实现

感知器是由美国计算机科学家罗森布拉特于 1957 年提出的。感知器可谓是最早的人工神经网络。单层感知器是一个具有一层神经元、采用阈值激活函数的前向网络，通过对网络权值的训练，可以使感知器对一组输入矢量的响应达到元素为 0 或 1 的目标输出，从而实现对输入矢量分类的目的。图 6-1 是单层感知器神经元模型图。

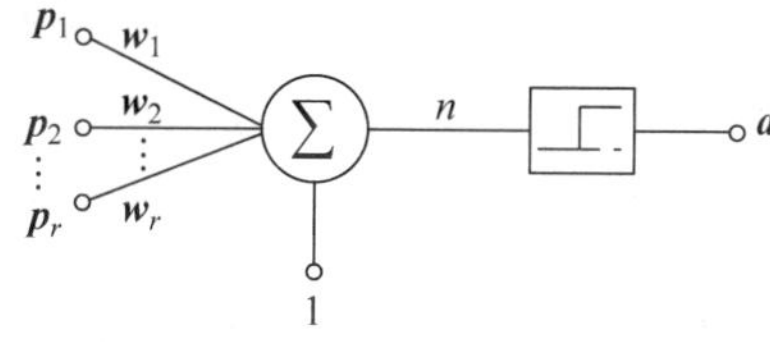

图 6-1　单层感知器神经元模型

图 6-1 中，每一个输入分量 $\boldsymbol{p}_j$($j=1,2,\cdots,r$)通过一个权值分量 $\boldsymbol{w}_j$ 进行加权求和，并作为阈值函数的输入。偏差 $\boldsymbol{b}$ 的加入使得网络多了一个可调参数，为网络输出达到期望的目标矢量提供了方便。感知器特别适合解决简单的模式分类问题。

感知器实际上是在 MP 模型的基础上加上学习功能，使其权值可以调节的产物。罗森布拉特研究了单层的以及具有一个隐含层的感知器。但在当时只能证明单层感知器可以将线性分为输入矢量进行正确划分，所以在此所说的感知器是指单层感知器。多层网络因为要用到后面将要介绍的反向传播法进行权值修正，所以把它们均归类于反向传播网络。

6.1　感知器结构

感知器网络由单层的 s 个感知神经元，通过一组权值$\{w_{ij}\}$($i=1,2,\cdots,s;j=1,2,\cdots,r$)与 r 个输入相连组成。对于具有输入矢量 $\boldsymbol{P}_{r\times q}$ 和目标矢量 $\boldsymbol{T}_{s\times q}$ 的感知器网络，其简化结构如图 6-2 所示。

根据网络结构，可以写出第 i 个($i=1,2,\cdots,s$)输出神经元节点的加权输入和 n_i 及其输出 a_i 为

$$n_i = \sum_{j=1}^{r} w_{ij} p_j + b_i \tag{6-1}$$

$$a_i = f(n_i) \tag{6-2}$$

感知器的输出值是通过测试加权输入和值落在阈值函数的左右来进行分类的,即有

$$a_i = \begin{cases} 1 & (n_i \geqslant 0) \\ 0 & (n_i < 0) \end{cases} \tag{6-3}$$

阈值激活函数如图 6-3 所示。

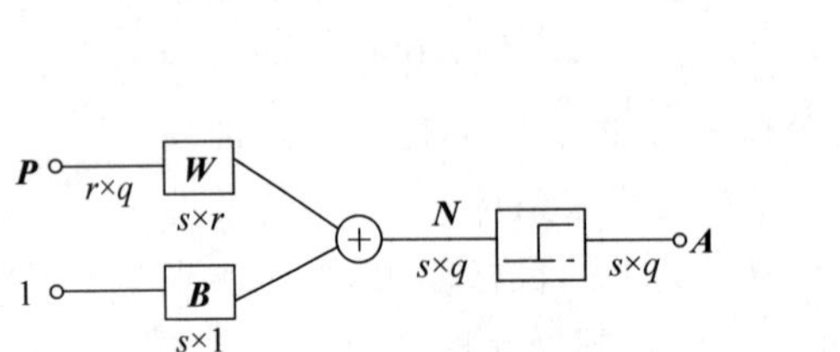

图 6-2　感知器网络简化结构图

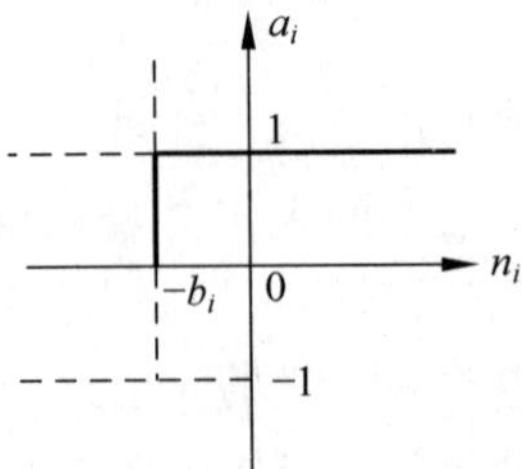

图 6-3　阈值激活函数

由图 6-3 可知,当输入 $\sum_{j=1}^{r} w_{ij} p_j + b_i \geqslant 0$,即 $\sum_{j=1}^{r} w_{ij} p_j \geqslant -b_i$ 时,感知器的输出为 1,否则输出 a_i 为 0。利用偏差 b_i,使其函数可以左右移动,从而增加了一个自由调整变量和实现网络特性的可能性。

6.2　感知器的学习

如果一个单层感知器神经网络可以表示一个具有线性可分性的函数,那么,接下来的问题是如何找到合适的权值和阈值,使感知器输出、输入之间满足这样的函数关系。这个过程往往不是一蹴而就的,而是需要不断地调整权值和阈值,这种调整过程称为"训练",而这个神经网络在训练的过程中,便具有了把输入空间映射到输出空间的能力,称之为神经网络的"学习",调整权值和阈值的算法称之为学习规则或训练算法。

感知器的学习是一种有教师学习方式,其学习规则称之为 δ 规则。若以 $\boldsymbol{t}$ 表示目标输出,$\boldsymbol{a}$ 表示实际输出,则

$$\boldsymbol{e} = \boldsymbol{t} - \boldsymbol{a} \tag{6-4}$$

网络训练的目的就是要使 $\boldsymbol{t} \to \boldsymbol{a}$。

- 当 $\boldsymbol{e}=0$ 时,得到最优的网络权值和阈值;
- 当 $\boldsymbol{e}>0$ 时,说明得到的实际输出小于目标输出,应增加网络权值和阈值;
- 当 $\boldsymbol{e}<0$ 时,说明得到的实际输出大于目标输出,应减小网络权值和阈值。

一般感知器的传输函数为阈值型函数,网络的输出 $\boldsymbol{a}$ 只可能为 0 或 1,所以,只要网络表达的函数是线性可分的,则函数经过有限次迭代后,将收敛到正确的权值和阈值,使 $\boldsymbol{e}=0$。

从 δ 规则中可以看出,感知器神经网络的训练,需要提供训练样本集,每个样本由神经网络的输入向量和输出向量对构成,n 个训练样本构成的训练样本集为

$$\{\boldsymbol{p}_1,\boldsymbol{t}_1\},\{\boldsymbol{p}_2,\boldsymbol{t}_2\},\cdots,\{\boldsymbol{p}_n,\boldsymbol{t}_n\} \tag{6-5}$$

每一步学习过程,对于各层感知器神经元的权值和阈值进行调整的算法可表示为

$$\boldsymbol{W}(k+1)=\boldsymbol{W}(k)+\boldsymbol{e}\boldsymbol{p}^{\mathrm{T}} \tag{6-6}$$

$$\boldsymbol{b}(k+1)=\boldsymbol{b}(k)+\boldsymbol{e} \tag{6-7}$$

式中,$\boldsymbol{e}$ 为误差向量,$\boldsymbol{e}=\boldsymbol{t}-\boldsymbol{a}$;$\boldsymbol{W}$ 为权值向量;$\boldsymbol{b}$ 为阈值向量;$\boldsymbol{p}$ 为输入向量;k 为表示第 k 步学习过程。

如果输入向量的取值范围很大,一些输入的值太大,而一些输入值太小,则按照式(6-6)进行学习的时间将会变得很长。为了解决这一问题,阈值调整仍然按式(6-7)进行,而权值的调整可以采用归一化算法,即

$$\boldsymbol{W}(k+1)=\boldsymbol{W}(k)+\boldsymbol{e}\frac{\boldsymbol{p}^{\mathrm{T}}}{\|\boldsymbol{p}\|} \tag{6-8}$$

$$\|\boldsymbol{p}\|=\sqrt{\sum_{i=1}^{m}\boldsymbol{p}_i^2} \tag{6-9}$$

式中,m 为输入向量元素的个数。

训练是不断学习的过程。单层感知器网络只能解决线性可分的分类问题,所以要求网络的输入模式是线性的、可分的。在这种情况下,上述学习过程反复进行,通过有限的步数后,网络的实际输出与期望输出的误差将减小到零,此时,也就完成了网络的训练过程。训练的结果使网络的训练样本模式分布记忆在权值和阈值中,当给定网络一个输入模式时,网络将根据式(6-5)计算出网络的输出,从而判断这一输入模式属于记忆中的哪一种模式或接近于哪一种模式。

【例 6-1】 试用单个感知器神经元完成下列分类,写出其训练的迭代过程,画出最终的分类示意图。

$$\left\{\boldsymbol{p}_1=\begin{bmatrix}2\\2\end{bmatrix},\boldsymbol{t}_1=0\right\};\quad\left\{\boldsymbol{p}_2=\begin{bmatrix}1\\-2\end{bmatrix},\boldsymbol{t}_2=1\right\};$$

$$\left\{\boldsymbol{p}_3=\begin{bmatrix}-2\\2\end{bmatrix},\boldsymbol{t}_3=0\right\};\quad\left\{\boldsymbol{p}_4=\begin{bmatrix}-1\\0\end{bmatrix},\boldsymbol{t}_4=1\right\}$$

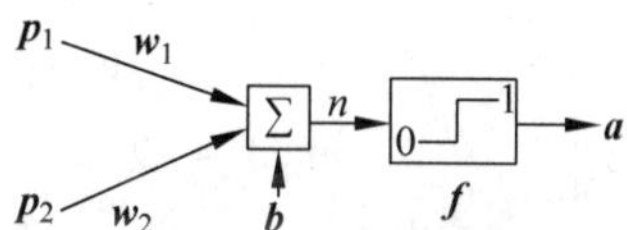

图 6-4 例 6-1 中的感知器神经元

根据题意,神经元有两个输入量,传输函数为阈值型函数。于是以图 6-4 所示感知器神经元完成分类。

(1) 初始化:$\boldsymbol{W}(0)=[0\quad 0]$,$\boldsymbol{b}(0)=0$

(2) 第一次迭代:

$$\boldsymbol{a}=\boldsymbol{f}(n)=\boldsymbol{f}[\boldsymbol{W}(0)\boldsymbol{p}_1+\boldsymbol{b}(0)]=\boldsymbol{f}\left([0\quad 0]\begin{bmatrix}2\\2\end{bmatrix}+0\right)=\boldsymbol{f}(0)=1$$

$$\boldsymbol{e}=t_1-\boldsymbol{a}=0-1=-1$$

因为输出 $\boldsymbol{a}$ 不等于目标值 $\boldsymbol{t}_1$,故需要调整权值和阈值。

(3) 第二次迭代。以第二个输入样本作为输入向量,以调整后的权值和阈值进行计算:

$$\boldsymbol{a}=\boldsymbol{f}(n)=\boldsymbol{f}[\boldsymbol{W}(1)\boldsymbol{p}_2+\boldsymbol{b}(1)]=\boldsymbol{f}\left([-2\quad -2]\begin{bmatrix}1\\-2\end{bmatrix}+(-1)\right)=\boldsymbol{f}(1)=1$$

$$\boldsymbol{e}=\boldsymbol{t}_2-\boldsymbol{a}=1-1=0$$

因为输出 $\boldsymbol{a}$ 等于目标值 $\boldsymbol{t}_2$，所以无需调整权值和阈值：

$$\boldsymbol{W}(2)=\boldsymbol{W}(1)=[-2\quad -2]$$

$$\boldsymbol{b}(2)=\boldsymbol{b}(1)=-1$$

(4) 第三次迭代。以第三个输入样本作为输入向量，以 $\boldsymbol{W}(2)$，$\boldsymbol{b}(2)$进行计算：

$$\boldsymbol{a}=\boldsymbol{f}(n)=\boldsymbol{f}[\boldsymbol{W}(2)\boldsymbol{p}_3+\boldsymbol{b}(2)]=\boldsymbol{f}\left([-2\quad -2]\begin{bmatrix}-2\\2\end{bmatrix}+(-1)\right)=\boldsymbol{f}(-1)=0$$

$$\boldsymbol{e}=\boldsymbol{t}_3-\boldsymbol{a}=0-0=0$$

因为输出 $\boldsymbol{a}$ 等于目标值 $\boldsymbol{t}_3$，所以无需调整权值和阈值：

$$\boldsymbol{W}(3)=\boldsymbol{W}(2)=[-2\quad -2]$$

$$\boldsymbol{b}(3)=\boldsymbol{b}(2)=-1$$

(5) 第四次迭代。以第四个输入样本作为输入向量，以 $\boldsymbol{W}(3)$，$\boldsymbol{b}(3)$进行计算：

$$\boldsymbol{a}=\boldsymbol{f}(n)=\boldsymbol{f}[\boldsymbol{W}(3)\boldsymbol{p}_4+\boldsymbol{b}(3)]=\boldsymbol{f}\left([-2\quad -2]\begin{bmatrix}-1\\0\end{bmatrix}+(-1)\right)=\boldsymbol{f}(1)=1$$

$$\boldsymbol{e}=\boldsymbol{t}_4-\boldsymbol{a}=1-1=0$$

因为输出 $\boldsymbol{a}$ 等于目标值 $\boldsymbol{t}_4$，所以无需调整权值和阈值：

$$\boldsymbol{W}(4)=\boldsymbol{W}(3)=[-2\quad -2]$$

$$\boldsymbol{b}(4)=\boldsymbol{b}(3)=-1$$

(6) 以后各次迭代又从第一个输入样本开始，作为输入向量，以前一次的权值和阈值进行计算，直到调整后的权值和阈值对所有的输入样本，其输出的误差为零为止。进行第五次迭代：

$$\boldsymbol{a}=\boldsymbol{f}(n)=\boldsymbol{f}[\boldsymbol{W}(4)\boldsymbol{p}_5+\boldsymbol{b}(4)]=\boldsymbol{f}\left([-2\quad -2]\begin{bmatrix}2\\2\end{bmatrix}+(-1)\right)=\boldsymbol{f}(9)=0$$

$$\boldsymbol{e}=\boldsymbol{t}_5-\boldsymbol{a}=0-0=0$$

因为输出 $\boldsymbol{a}$ 等于目标值 $\boldsymbol{t}_4$，所以无须调整权值和阈值：

$$\boldsymbol{W}(5)=\boldsymbol{W}(4)=[-2\quad -2]$$

$$\boldsymbol{b}(5)=\boldsymbol{b}(4)=-1$$

可以看出 $\boldsymbol{W}=[-2\quad -2]$，$\boldsymbol{b}=-1$ 对所有的输入样本，其输出误差为零，所以为最终调整后的权值和阈值。

(7) 因为 $n>0$ 时，$\boldsymbol{a}=1$；$n\leqslant 0$ 时，$\boldsymbol{a}=0$，所以以 $n=0$ 作为边界。于是可以根据训练后的结果画出分类示意图，如图 6-5 所示。

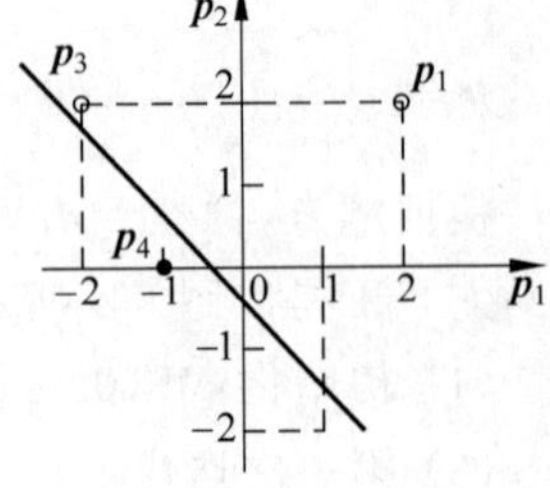

图 6-5　例 6-1 分类示意图

其边界由下列直线方程(边界方程)决定：

$$n=\boldsymbol{W}\boldsymbol{p}+\boldsymbol{b}=[-2\quad -2]\begin{bmatrix}\boldsymbol{p}_1\\\boldsymbol{p}_2\end{bmatrix}+(-1)=-2\boldsymbol{p}_1-2\boldsymbol{p}_2-1=0$$

6.3　感知器的局部性

由于感知器神经网络在结构和学习规则上的局部性，其应用被限制在一定的范围内。一般来说，感知器有以下几点局限性：

(1) 由于感知器的激活函数是强限幅传递函数，故感知器网络的输出值只能取0或者1。

(2) 感知器神经网络只能对线性可分的向量集合进行分类，如果可以用一条直线或者一个平面将输入向量分开，则称输入向量为线性可分的。如果输入向量不是线性可分的，网络学习就无法达到向量分界点。理论上已经证明，只要输入向量是线性可分的，感知器就能够在有限的循环内训练达到期望值。

(3) 当感知器神经网络的所有输入样本中存在奇异样本，即该样本向量同其他样本向量比较起来特别大或特别小时，网络训练所花费的时间将很长，例如输入样本：

```
p=[-0.5 -0.5 0.3 -0.1 -80;-0.5 0.5 -0.5 1.0 100];
t=[1 1 0 0 1]
```

其中，第五组数远远大于其他输入数据，这必然导致训练的困难，解决此问题的方法是采用标准化感知器学习规则。

(1) 标准化感知器学习规则

如果输入向量存在奇异性，即奇异向量远远大于或者远远小于其他输入向量，则会导致网络训练的时间大大加长。因为当增加或者减少输入向量时，为了达到训练精度，就会改变网络的权值和阈值。而如果增加一个很大的样本，则会导致权值和阈值的改变很大，这就需要很长时间。为了解决此问题，提出了一种改进的感知器学习规则——标准化感知器学习规则。

原始的感知器学习规则采用下式进行权值调整：

$$\Delta \boldsymbol{w} = (\boldsymbol{t} - \boldsymbol{a})\boldsymbol{p}^{\mathrm{T}} = \boldsymbol{e}\boldsymbol{p}^{\mathrm{T}}$$

从上式可见，输入向量 $\boldsymbol{p}$ 越大，权值的变化就越大。当存在奇异样本时，相对很小的样本需要花很长的时间才能同奇异样本所对应的权值变化相匹配。因此，标准化感知器学习规则试图使奇异样本和其他样本对权值的变化值的影响均衡，即：

$$\Delta \boldsymbol{w} = (\boldsymbol{t} - \boldsymbol{a})\frac{\boldsymbol{p}^{\mathrm{T}}}{\|\boldsymbol{p}\|} = \boldsymbol{e}\frac{\boldsymbol{p}^{\mathrm{T}}}{\|\boldsymbol{p}\|}$$

在神经网络工具箱中，标准化感知器学习规则是由函数 learnp 实现的。

标准化感知器学习规则相对于原始感知器学习规则来说，网络的训练时间稍长。但是对于含有奇异样本的输入向量，标准化感知器学习规则又是非常有效的。

(2) 多层感知器

为了解决单层感知器网络的局限性，20世纪60年代末期人们致力于该问题的研究，并找到了解决的方法——多层感知器神经网络，即网络中包含一个以上的感知器神经元，这样一些困难的问题就迎刃而解了。例如，假设要将四个向量分成两类，可以画两条线分开它们。如果在网络中设置两个神经元，就有了两条分界线，完全可以将四个输入向量分成两类。这就是多层感知器神经网络。

图6-6就是一个常用的双层感知器神经网络，第一层是随机感知层，第二层为学习感知层。

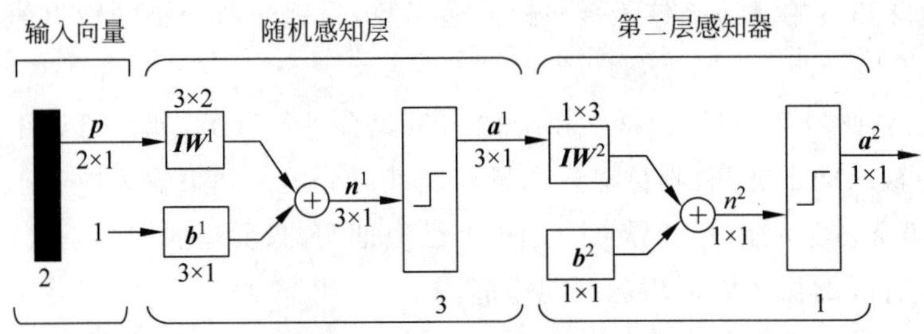

图 6-6　双层感知器神经网络

6.4　感知器的"异域"问题

明斯基等人通过对单层感知器的研究得出结论：单层感知器存在局限性。他的主要论据之一就是感知器不能实现简单的"异或"逻辑功能。

逻辑运算中的"异或"功能就是：当输入两个二进制数(0 或 1)均为 0 或 1 时，输出为 0；当两个输入一个为 1 一个为 0 时，输出为 1。若希望用感知器来实现此功能的操作，其输入应为两个二进制数的四种组合，目标输出 T 为与输入对应的计算结果，即

$$\boldsymbol{P} = [0\ 0\ 1\ 1;0\ 1\ 0\ 1];$$

$$\boldsymbol{T} = [0\ 1\ 1\ 0]。$$

所要求解的是：设计一个单层感知器对输入矢量按期望的输出矢量进行分类。

我们已经知道，当输入为二元素时，其分割界为直线，可以用来进行划分的直线数目与感知器输出神经元的数目相等。"异或"问题则是要求用一条直线将平面上的四个点分成两类。此四点在输入矢量平面上的位置如图 6-7 所示。其中，"×"表示希望将该点分为 1 类；"○"表示希望目标输出为 0 类。

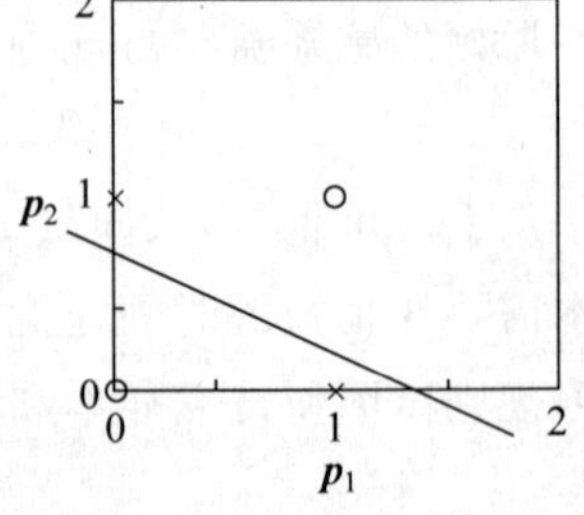

图 6-7　"异或"问题的图形表示

很显然，对于这样的四点位置，想用一条直线把同类期望输入区分开是不可能的。实际上，如果我们把工作做得再详细点，从逻辑运算入手，即列出感知器对所有的四组二元素输入的可能输出的情况，一共可得 16 种情况，可以分别代表"与""或""非""与非""或非""异或""异或非"等逻辑功能。用一条直线将平面分成两部分，分别对 16 种情况进行划分，16 种功能中只有"异或"和"异或非"是线性不可分的，其他 14 种逻辑功能均为线性可分，它们都可以用单层感知器来实现。

输入矢量：

$$\boldsymbol{P} = [0\ 0\ 1\ 1;0\ 1\ 0\ 1]$$

16 种目标矢量：

$$\boldsymbol{T}_1 = [0\ 0\ 0\ 0]$$

$$\boldsymbol{T}_2 = [0\ 0\ 0\ 1]$$

$$\boldsymbol{T}_3 = [0\ 0\ 1\ 0]$$

$$\vdots$$

$$T_6 = [0\ 1\ 0\ 1]$$

$$T_7 = [0\ 1\ 1\ 0] \quad \text{—— 异或}$$

$$\vdots$$

$$T_9 = [1\ 0\ 0\ 0]$$

$$T_{10} = [1\ 0\ 0\ 1] \quad \text{—— 异或非}$$

$$\vdots$$

$$T_{16} = [1\ 1\ 1\ 1]$$

我们不禁要问：在有限的逻辑运算中，哪些是线性可分的呢？

我们再来考察一下最简单的单个元素输入感知器时可能有的所有逻辑功能。此时，输入有两种可能，输出有四种情况，即输入矢量：

$$\boldsymbol{P} = [0\ 1]$$

4 种目标矢量

$$\boldsymbol{T}_1 = [0\ 0]$$

$$\boldsymbol{T}_2 = [0\ 1]$$

$$\boldsymbol{T}_3 = [1\ 0]$$

$$\boldsymbol{T}_4 = [1\ 1]$$

因为只有一个输入，其分割界为以输入 $\boldsymbol{P}$ 为坐标线上的点。四种功能可表示为坐标轴上的 0 和 1 点上的不同功能的组合，如图 6-8 所示。图中我们用"○"表示 0，用"×"表示 1。

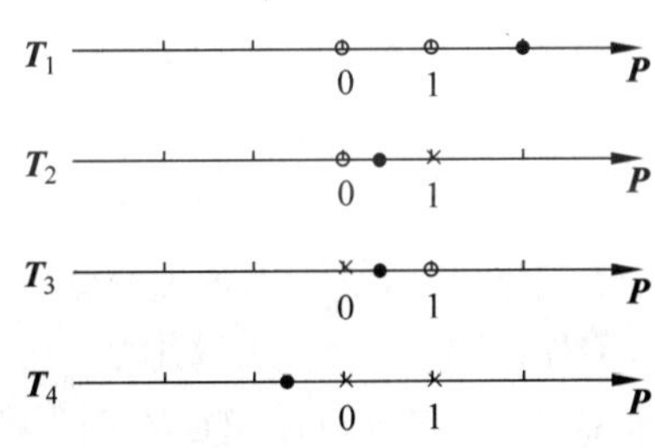

图 6-8 单输入变量的四种分类方案

所要做的是，在 $\boldsymbol{P}$ 坐标上选一点，图中用黑点表示，将每一功能分成两类。这实际上是要分别解四组不同的分类问题。每一次分类中有一个 $\boldsymbol{w}$ 和一个 $\boldsymbol{b}$，通过两个约束不等式来进行调节。所以这是个完全有解的线性代数问题。实际上，从图示中可以很明显地看出，只要调整 $\boldsymbol{w}$ 和 $\boldsymbol{b}$，就能很容易地找到满足目标矢量的分界点。

同理，当输入具有 3 个元素时，可构成 8 种不同组合，此时的期望目标 $\boldsymbol{T}$ 可有 256 种功能。研究表明，其中只有 104 种是线性可分的。

从以上的例子可以得出结论，当网络具有 r 个二进制输入分量时，最大不重复的输入矢量有 2^r 组，其输出矢量所能代表的逻辑功能总数为 2^{2^r}。表 6-1 给出了不同输入 r 时，线性可分的功能数。

表 6-1 不同输入 r 的线性可分的功能数

r	2^{2^r}	线性可分功能数
1	4	4
2	16	14
3	256	104
4	65 536	1882
5	43 000 000 000	94 572
6	18 000 000 000 000 000 000	5 028 134

由表6-1可知，对于给定输入矢量所设计出的单层感知器，只对一部分输出功能是线性可分的。随着r的增加，线性不可分的功能数急剧增加。因此，当给定一个输入/输出矢量对时，首先必须判别该功能是否是线性可分的。遗憾的是，至今为止并没有办法来判定这种线性可分性。尤其当输入矢量增多时，更难以确定。一般只有通过用一定的循环次数对网络进行训练而判定它是否被线性可分。所以，单层神经元感知器只能用于简单的分类问题。

6.5 感知器的神经网络训练函数

MATLAB的神经网络工具箱中提供了大量的感知器函数，下面我们将对这些函数的功能、调用格式、使用方法及注意事项做详细说明。

通过感知器生成函数来创建一个感知器，并且可以对感知器进行初始化、仿真和训练等。

(1) newp 函数

功能：用于创建一个感知器网络。其调用格式如下：

```
net = newp(PR,S,TF,LF)
```

其中，net为函数返回参数，表示生成的感知器网络；PR为一个R×2的矩阵，由R组输入向量的最大值和最小值组成；S为神经元的个数；TF为感知器传递函数，可选参数为hardlim和hardlims，默认为hardlim；LF为感知器的学习函数，可选参数为learnp和learnpn，默认情况下为learnp。

【例6-2】 newp函数用法。

在M文件编辑器中输入以下命令：

```
net = newp([0 1; -2 2],1);
P1 = {[0; 0] [0; 1] [1; 0] [1; 1]};
Y = sim(net,P1)
```

运行程序，输出如下：

```
Y =
    [1]    [1]    [1]    [1]
```

(2) plotpc 函数

功能：该函数用于在感知器向量中绘制分界线，其调用格式如下：

plotpc(W,B)：返回的是对所绘制分界线的控制权。

plotpc(W,B,H)：用于在绘制新线之前检查最新绘制的分界线。

其中，W为S×R维的加权矩阵(R必须小于等于3)；B为S×1维的阈值向量；H为最后画线的控制权。

【例6-3】 plotpc函数用法示例。

在M文件编辑器中输入以下命令：

```
p = [0 0 1 1; 0 1 0 1];
t = [0 0 0 1];
```

```
plotpv(p,t)
```

运行程序,输出效果如图 6-9 所示。

(3) plotpv 函数

功能:该函数用于绘制感知器的输入向量和目标向量。其调用格式如下:

plotpv(P,T):以 T 为标尺,绘制 P 的列向量;

plotpv(P,T,V):在 V 的范围中绘制 P 的列向量。

其中,P 为 Q 组 R 维的输入向量;T 为 Q 组 S 维的双目标向量;v=[x_min,x_max y_min y_max]为图形的最大值,绘制工作必须位于 v 所限定的范围中。

【例 6-4】 plotpv 函数与 plotpc 函数的应用。

在 M 文件编辑器中输入以下命令:

```
p = [0 0 1 1; 0 1 0 1];
t = [0 0 0 1];
plotpv(p,t);
hold on;
net = newp(minmax(p),1);
net.iw{1,1} = [-1.2 -0.5];
net.b{1} = 1;
plotpc(net.iw{1,1},net.b{1})
```

运行程序,输出效果如图 6-10 所示。

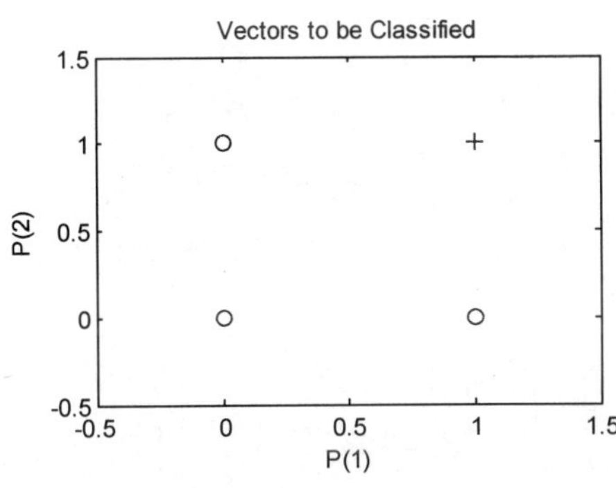

图 6-9 plotpc 函数演示效果

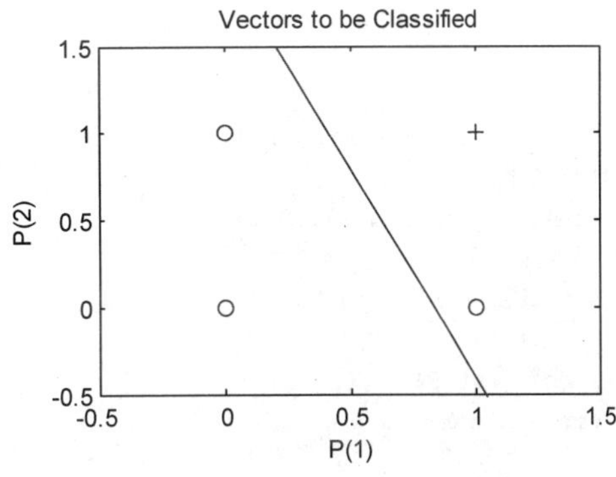

图 6-10 函数 plotpc 与 plotpv 演示效果

其中,minmax 为数学函数。本例中 minmax(p)=[0 1;0 1]。

(4) mae 函数

功能:mae 函数是以平均绝对误差为准则,确定神经网络性能的函数。其调用格式如下:

```
perf = mae(E,Y,X,FP)
info = mae(code)
```

其中,E 为误差向量矩阵(或向量);X 为所有的权值,可忽略;Y 为所有的阈值,可忽略;FP 为性能参数,可忽略;perf 为函数的返回值,为平均绝对误差;mae(code)根据 code 值的不同,返回不同的信息,包括:

- deriv——返回导数函数的名称;

- name——返回函数全称；
- pnames——返回训练参数的名称；
- pdefaults——返回默认的训练参数。

感知器最重要的也是最实用的功能是对输入向量进行分类。

6.6 感知器网络的实现

【例 6-5】 尝试建立一个感知器模型，实现电路中“或”门的功能，从而实现对输入的分类。

“或”门输入/输出如表 6-2 所示，由此可得出网络的输入向量 P 和目标向量 T。其中 P=[0 0 1 1;0 1 0 1]；T=[0 1 1 1]。

表 6-2 “或”门输入/输出

输入	输出
00	0
01	1
10	1
11	1

在 M 文件编辑器中输入以下命令：

```
clear all;
P=[0 0 1 1;0 1 0 1];
T=[0 1 1 1];
net=newp(minmax(P),1);
Y=sim(net,P)
net.trainParam.epochs=20;
net=train(net,P,T);
Y=sim(net,P)
err1=mae(Y-T)
```

运行程序，输出如下：

```
Y =
     1     1     1     1
Y =
     0     1     1     1
err1 =
     0
```

由此可见，感知器在训练以前的输出是不符合要求的，经过 4 次训练后的输出已经和目标一致了，训练过程如图 6-11 所示。

本例创建的感知器只有一个神经元，因此是采用简单的结构。在同样可以完成任务的情况下，尽量采用简单的结构。因为结构简单的神经网络计算负担轻，运行速度一般比较快。感知器的传递函数和学习函数都采用默认值，分别为 hardlim 和 learnp，这是因为网络的输出为 0-1 的二值结构，只有采用 hardlim 才满足要求，输入向量中不存在奇异

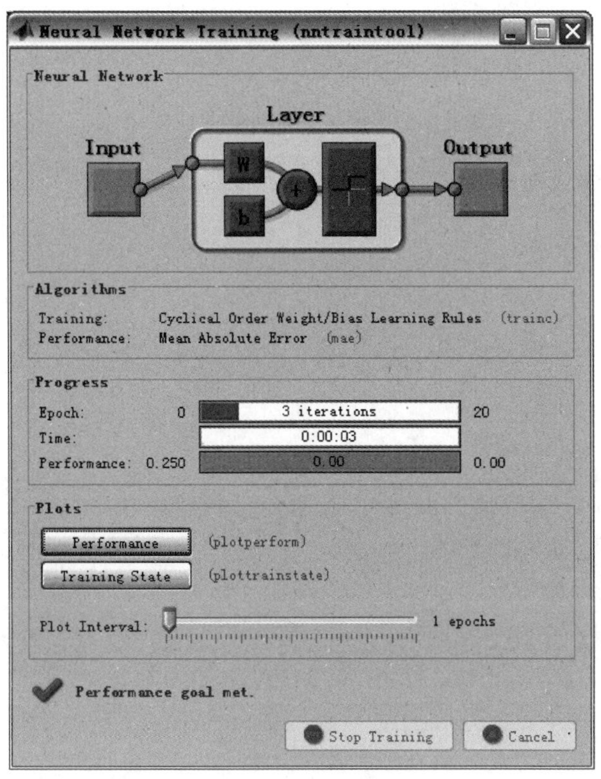

图 6-11 训练过程图

值，元素之间的距离也比较小，因此，采用 learnp 就足够了。

利用 trainc 函数对网络进行训练，训练的结果非常理想，训练后的网络成功实现了"或"功能。利用平均绝对误差函数 mae 计算网络的性能，结果为 0，从另一个方面说明了网络的性能是非常好的。

利用自适应函数 adapt 同样可以达到训练的效果。在 M 文件编辑器中输入以下命令对网络进行训练：

```
while mae(err1)
    [net,Ye] = adapt(net,P,T);
end
Y = sim(net,P)
```

运行程序，网络输出如下：

```
Y =
     0     1     1     1
```

训练过程中采用 mae 函数来得到网络误差，以此作为是否停止训练的标准。此时的网络输出和前面一致，因此，采用这种方式对网络进行训练是很成功的。

【例 6-6】 给定样本输入向量 P、目标向量 T 及需要进行分类的输入向量组 Q，设计一个单层感知器，对其进行分类。

在 M 文件编辑器中输入以下命令：

```
clear all;
```

```
P = [ - 0.6  - 0.7 0.8;0.9 0 1];
T = [1 1 0];
net = newp([ - 1 1; - 1 1],1);
%返回画线的句柄，下一次绘制分类线时将旧的删除
he = plotpc(net.iw{1},net.b{1});
%设置训练次数最大为 15
net.trainParam.epochs = 15;
net = train(net,P,T);
%给定的输入向量
Q = [0.5 0.8  - 0.2; - 0.2  - 0.6 0.6];
Y = sim(net,Q);
figure;
%绘制分类线
plotpv(Q,Y);
he = plotpc(net.iw{1},net.b{1},he)
```

运行结果如图 6-12 所示。由图可见，所设计的感知器对输入模式进行了成功的分类。

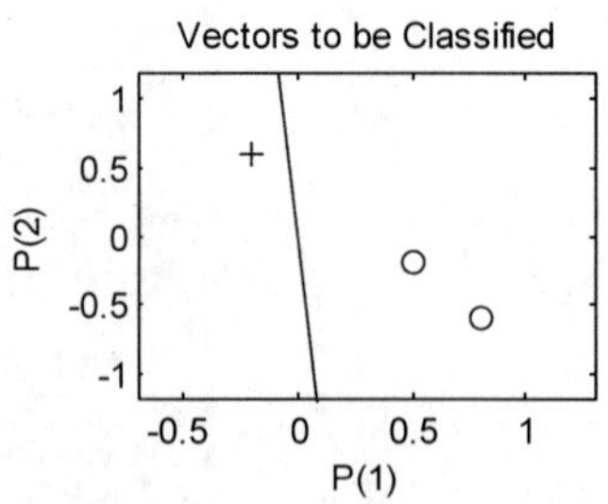

图 6-12　输入向量及分类线

感知器训练结果为：

```
RAINC, Epoch 0/15
TRAINC, Epoch 3/15
TRAINC, Performance goal met.
he =
  154.0012
```

可见，经过两次训练后，网络目标误差达到要求，如图 6-13 所示。

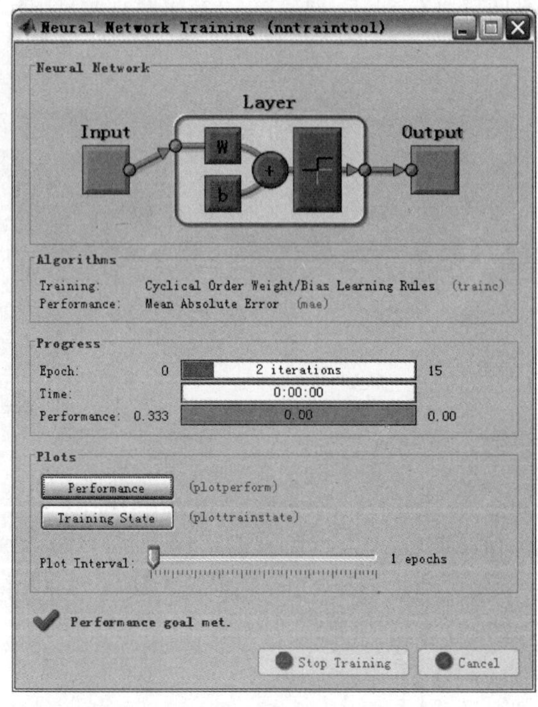

图 6-13　感知器训练过程

下面给出一个线性不可分的例子。给定一个双元素的输入向量组 P，每列都由 5 个元素组成，并给定一个目标向量 T。利用以下的代码将其绘制在一个平面上。

在 M 文件编辑器中输入以下命令：

```
P=[-0.5 -0.5 0.3 -0.1 -0.8;-0.5 0.5 -0.5 1 0];
T=[1 1 0 0 0];
plotpv(P,T)
```

运行结果如图 6-14 所示。

接下来尝试设计一个感知器，该感知器必须对输入向量 P 进行准确的分类。利用函数 newp 创建一个感知器。

在 M 文件编辑器中输入以下命令：

```
net = newp([-35 1;-2 45],1);
```

在利用感知器进行分类之前，首先需要对感知器进行初始化，将其权值设定为 0。这样一来，任何输入都将产生同样的输出，感知器也就不能进行分类了。

感知器必须经过训练才能应用，在这里使用自适应函数 adapt 对其进行训练。自适应的循环次数设定为 4 次，经过 24 次迭代后，训练停止。在 M 文件编辑器中输入以下命令：

```
net.adaptParam.passes = 4;
linehandle = plotpc(net.iw{1},net.b{1});
for a = 1:24
    [net,Y,E] = adapt(net,P,T);
    linehandle = plotpc(net.iw{1},net.b{1},linehandle);
    drawnow;
end;
```

对输入样本的分类结果如图 6-15 所示。由图可见，对于这种线性不可分的模式，利用单层感知器是无法正确分类的。

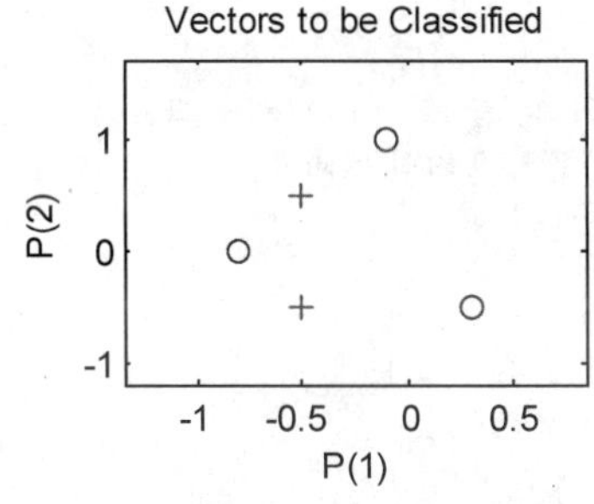

图 6-14　样本点的分布及相应的类别

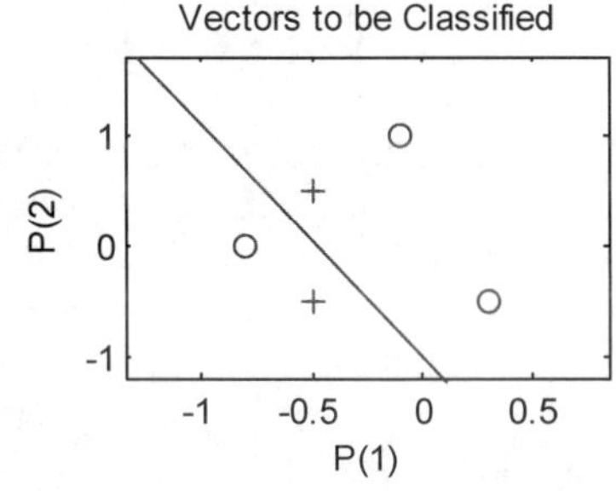

图 6-15　线性不可分样本的分类结果

【例 6-7】 设计一个单层双输出感知器神经网络，进行二值化图像卡片上数字的奇偶分类。

图 6-16 给出了数字 1 和 0 的二值化图像卡片，每一个图像卡片可以分成 5×3 的矩形方块，假设每个小方块有数字的笔画划过(即在小方块内二值图像元素的值至少有一个不为 0)，则记为 1，否则记为 0，那么图像卡片上所有小方块表达了由 0,1 二值组成的一个模式(或向量)，该模式可以作为感知器神经网络的输入向量。

110 010 010 010 111　　111 101 101 101 111

图 6-16　图像数字卡片构成模式(向量)示意图

本例要求用两个输出端表示分类结果，设 $a_1a_2=10$，表示偶数；$a_1a_2=01$ 表示奇数。则 $a_1a_2=00$ 为拒识状态；$a_1a_2=11$ 为错误状态。设计的感知器神经网络结构示意图如图 6-17 所示。

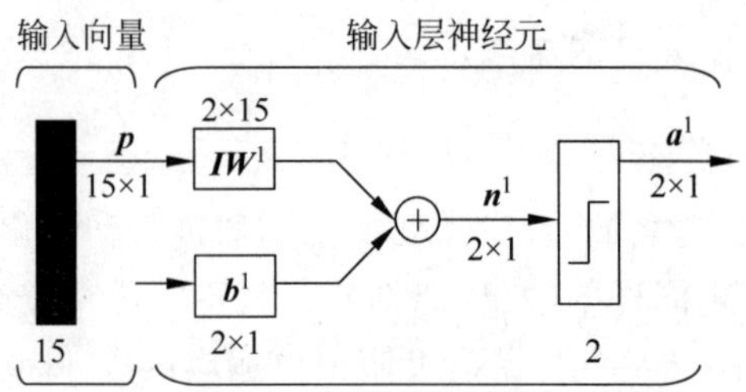

图 6-17　单层感知器神经网络模型

在 M 文件编辑器中输入以下命令：

```
clear all;
%设置输入向量每个元素的值域(最小值和最大值),因为有 15 个输入,所以为 15×2 矩阵向量
pr = [0 1;0 1;0 1;0 1;0 1;0 1;0 1;0 1;0 1;0 1;0 1;0 1;0 1;0 1;0 1];
%训练感知器神经网络
%定义 15×10 的训练样本集输入向量
p = [1 1 1 1 0 1 1 0 1 1 0 1 1 1 1;1 1 0 0 1 0 0 1 1 0 1 0 1 1 1;...
    1 1 1 1 0 1 0 1 1 1 0 1 1 1 1;1 1 1 1 1 1 0 1 1 0 0 1 1 1 1;...
    0 1 0 1 1 0 1 1 0 1 1 1 0 1 0;1 1 1 1 1 0 0 1 1 0 0 1 1 1 1;...
    0 1 1 1 1 0 1 1 1 1 0 1 1 1 1;1 1 1 1 0 1 0 1 0 0 1 0 0 1 0;...
    1 1 1 1 0 1 1 1 1 1 0 1 1 1 1;1 1 1 1 0 1 1 1 1 1 0 1 1 1 0]';
net = newp(pr,2);                   %创建感知器神经网络,有 15 个输入元素,2 个神经元
t = [1 0 1 0 1 0 1 0 1 0;0 1 0 1 0 1 0 1 0 1];   %定义 2×10 的目标向量
[net,tr] = train(net,p,t);          %训练单层感知器神经网络
iw1 = net.IW{1}                     %输出训练后的权值
b1 = net.b{1}                       %输出训练后的阈值
epoch1 = tr.epoch                   %输出训练过程经过的每一步长
perf1 = tr.perf                     %输出每一步训练结果的误差
%存储训练后的神经网络
save netli48 net
```

运行程序，输出如下：

```
iw1 =
 Columns 1 through 12
    -2     0    -1     1    -2    -1     3    -1    -1     6     1     0
     2     0     0    -1     1     1    -3     2     0    -5     1    -1
 Columns 13 through 15
    -1     0     0
     0     0    -1
```

```
b1 =
     0
     0
epoch1 =
     0     1      2     3
perf1 =
     0.5000     0.3000     0.3000       0
```

训练误差效果图如图 6-18 所示。

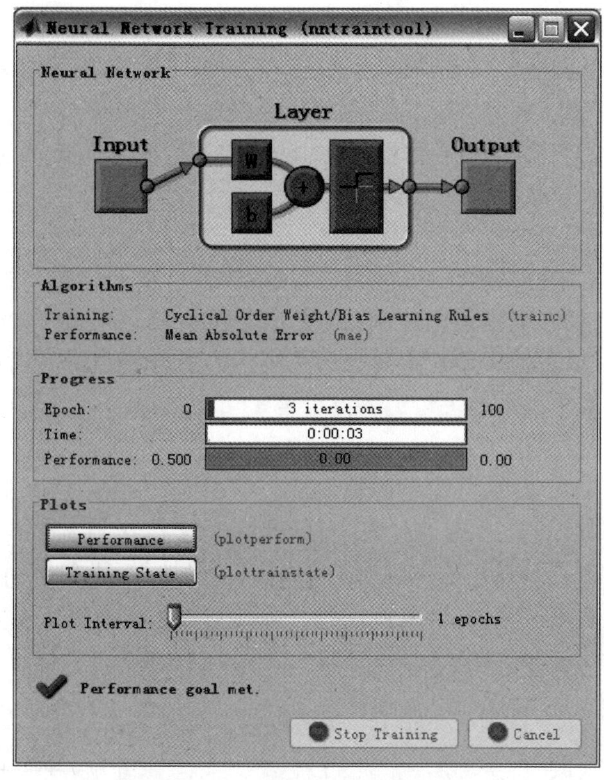

图 6-18　训练误差性能效果图

从运行结果中可以看出，本例所设计的单层双输出神经网络，经过 3 步训练后，就达到误差为 0 的性能指标。

在 M 文件编辑器中输入以下命令实现感知器神经网络仿真：

```
clear all;                                  %清除所有内存变量
load netli48 net                            %加载训练后的神经网络
%对训练后的神经网络进行仿真
ptest = [1 1 1 1 0 1 1 0 1 1 0 1 1 0 1;...  %数字 0,与训练样本不一致
         1 1 0 0 1 0 0 1 1 0 1 0 1 1 1;...  %数字 1,与训练样本一致
         1 1 1 0 1 1 0 1 0 1 1 1 0 0 0;...  %非数字
         1 1 1 1 1 0 1 0 1 0 0 0 1 1 1]';   %非数字
a = sim(net,ptest)                          %输出仿真结果
```

进行仿真的结果如下：

```
a =
```

```
1    0    1    0
0    1    1    0
```

可以看出，对于训练样本及训练样本以外的输入模式可以得到正确的分类结果，具有一定的容错能力。因为两个输出端，还可以表示出拒识（识别结果偶数和奇数都不是）和错识（识别结果同为奇数和偶数）的情况。

6.7 线性分类问题的扩展讨论

我们可以把神经网络的实现功能看成是输入到输出的映射，如果把每一种不同的输入看成是一种输入模式，将其到输出的映射看成是输出响应模式，则输入到输出的映射就变成输入模式空间到输出响应模式空间的映射。这种输入模式到输出模式的映射，就是模式分类问题。

（1）决策函数与决策边界

模式分类的基本内容是确定判决函数与决策边界。对于C类分类问题，按照判决规则可以把特征向量空间（或称模式空间）分成C个决策域。将划分决策域的边界称为决策边界，在数学上可以用解析形式将其表示成决策边界方程。用于表达决策规则的某些函数称判决函数。判决函数与决策边界方程是密切相关的，而且它们都由相应的决策规则所确定。

神经网络用于模式分类，其决策函数为

$$\boldsymbol{f}(n) = \boldsymbol{f}(\boldsymbol{Wp} + \boldsymbol{b})$$

决策边界由相应的决策函数和决策规则所确定。一般地说，当模式 $\boldsymbol{p}$ 为一维时，决策边界为一分界点；当 $\boldsymbol{p}$ 为二维时，决策边界为一直线；当 $\boldsymbol{p}$ 为三维时，决策边界为一平面；当 $\boldsymbol{p}$ 为 $n(n>3)$ 维时，决策边界为一超平面。图 6-19 画出了 $n=1,2,3$ 维的情况。

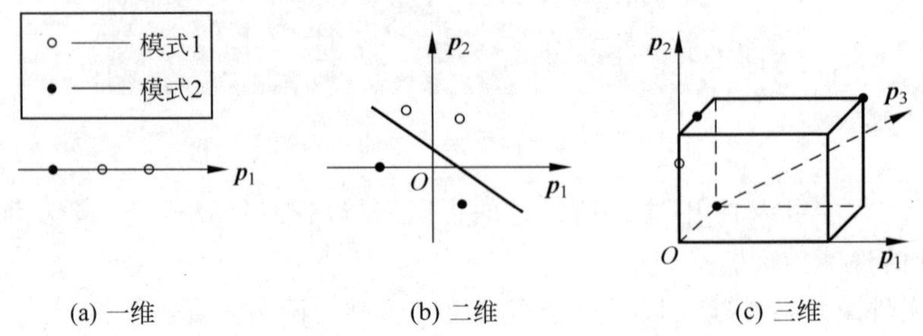

图 6-19　输入维数不同时的决策边界

在MATLAB神经网络工具箱中，可以用plotpc函数绘制 $R\leqslant 3$ 感知器神经网络的分类线。

（2）感知器的决策函数与决策边界

感知器神经元的传输函数为阈值型函数，若传输函数为hardlim函数，则其决策函数为

$$\boldsymbol{f}(\boldsymbol{u}) = \text{hardlim}(\boldsymbol{Wp} + \boldsymbol{b}) = \begin{cases} 0 & (\boldsymbol{Wp} + \boldsymbol{b} \leqslant 0) \\ 1 & (\boldsymbol{Wp} + \boldsymbol{b} \geqslant 0) \end{cases}$$

其值只有 0 和 1 两种情况，所以决策边界由下列边界方程决定：

$$\boldsymbol{Wp} + \boldsymbol{b} = 0$$

单层感知器只有一个边界方程，且为线性方程，所以它只能进行线性分类。

【例 6-8】 设计一个感知器神经网络，完成下列分类，以 MATLAB 编写仿真程序，并画出分类线。已知：

$$\boldsymbol{p}_1 = \begin{bmatrix} 0.5 \\ -1 \end{bmatrix}, t_1 = 0; \quad \boldsymbol{p}_2 = \begin{bmatrix} 1 \\ 0.5 \end{bmatrix}, t_2 = 1; \quad \boldsymbol{p}_3 = \begin{bmatrix} -1 \\ 0.5 \end{bmatrix}, t_3 = 1; \quad \boldsymbol{p}_4 = \begin{bmatrix} -1 \\ -1 \end{bmatrix}, t_4 = 0$$

在 M 文件编辑器中输入以下命令：

```
clear all
%初始化感知器网络
PR = [ - 1 1; - 1 1];
net = newp(PR,1);
% net.layers{1}.transferFcn = 'hardlims';
%训练感知器网络
P = [0.5  - 1;1 0.5; - 1 0.5; - 1  - 1]';
T = [0 1 1 0];
[net,TR] = train(net,P,T);
%神经网络仿真的 MATLAB 程序
%网络仿真
p = [0.5  - 1;1 0.5; - 1 0.5; - 1  - 1]'
A = sim(net,P)
%绘制网络的分类结果及分类线
V = [ - 2 2  - 2 2];
plotpv(p,A,V);
plotpc(net.iw{1},net.b{1});
```

运行程序，输出如下：

```
p =
     0.5000     1.0000    - 1.0000    - 1.0000
   - 1.0000     0.5000     0.5000    - 1.0000
A =
     0          1          1           0
```

分类结果及分类线如图 6-20 所示。

感知器是一种最简单的神经网络模型，它只能用于解决线性可分的问题，但它也是一种具有训练算法的网络。本节通过对感知器的讨论，介绍了神经元、神经网络模型、神经网络训练与学习规则等基本知识，以及神经元和神经网络模型在 MATLAB NNET ToolBox 中的表示方法。用 MATLAB 对感知器神经网络进行仿真，最基本的 3 个函数是网络创建函数、网络训练函数和网络仿真函数。掌握感知器神经网络的基本知识及其仿真程序设计的一般方法，是学习其他神经网络模型的基础。

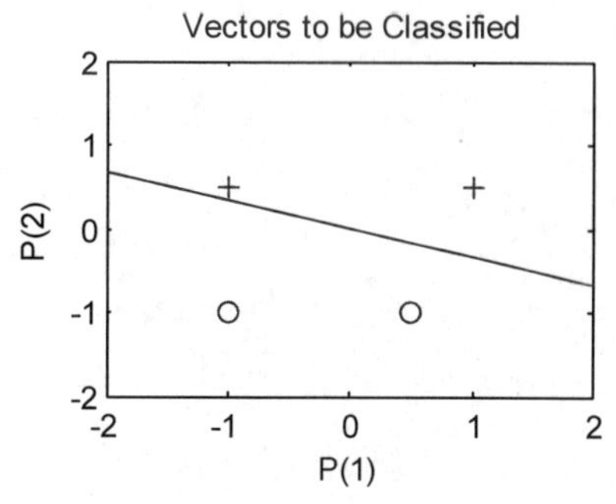

图 6-20 分类结果及分类线

6.8 线性可分限制的解决方法

感知器的线性可分限制是个严重的问题。20 世纪 60 年代末，人们曾致力于该问题的研究，并找到了解决问题的办法，即变单层网络结构为多层网络结构。这实际上是把感知器的概念扩展化了。这样，对“异或”问题，我们可以用两层网络结构，并在隐含层中采用两个神经元，即用两条判决直线 s_1 和 s_2 来解决，如图 6-21 所示。

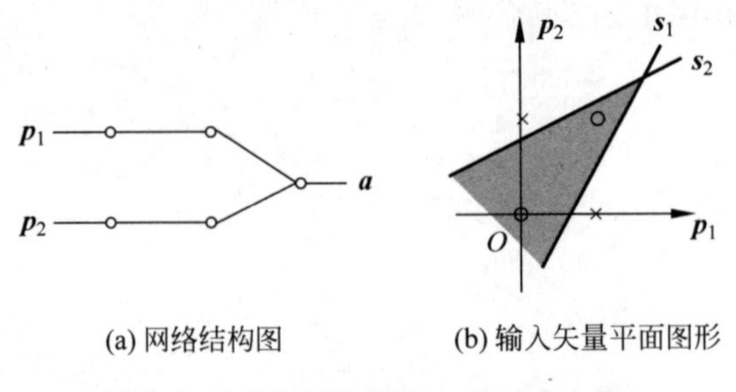

(a) 网络结构图　　(b) 输入矢量平面图形

图 6-21 “异或”问题的一种解决方案

使 s_1 线下部分为 1、线上部分为 0，s_2 线上的部分为 1、线下部分为 0，在输出层中使图 6-21(b)中阴影部分为 0，即可使“异或”功能得以实现，而且其实现的可能有多种。研究表明，两层阈值网络可以实现任意的二值逻辑函数，且输入值不仅限于二进制数，可以是连续数值。

对于多层感知器的权值训练与学习，需要用到误差的反射传播法，即后面将要学习的 BP 算法。

第7章 FIR滤波器结构分析与设计实现

IIR 滤波器的优点是可利用模拟滤波器设计的结果，缺点是相位是非线性的，若需要线性相位，则要用全通网络进行校正。FIR 滤波器的优点是可方便地实现线性相位。

7.1 FIR 滤波器的结构

有限长冲激响应(FIR)滤波器有以下特点：

(1) 系统的单位冲激响应 $h(n)$ 在有限个 n 值处不为零；

(2) 系统函数 $H(z)$ 在 $|z|>0$ 处收敛，极点全部在 $z=0$ 处(稳定系统)；

(3) 结构上主要是非递归结构，没有输出到输入的反馈，但有些结构中(例如频率抽样结构)也包含有反馈的递归部分。

FIR 滤波器实现的基本结构有直接型结构、级联型结构、频率抽样型结构和快速卷积型结构。

7.1.1 直接型结构

设 FIR 滤波器的单位冲激响应 $h(n)$ 为一个长度为 N 的序列，则滤波器系统函数为

$$H(z) = \sum_{n=0}^{N-1} h(n) z^{-n} \tag{7-1}$$

表示这一系统输入/输出关系的差分方程为

$$y(n) = \sum_{n=0}^{N-1} h(m) x(n-m) \tag{7-2}$$

这就是 FIR 滤波器的直接型结构，又称直接型或卷积型结构。

7.1.2 级联型结构

FIR 级联型系统函数表示为

$$H(z) = b_0 \prod_{k=1}^{K} (1 + B_{k,1} z^{-1} + B_{k,2} z^{-2}) \tag{7-3}$$

即级联型 FIR 滤波器可以通过 casfilter 函数实现。但这种形式与 IIR 形式类似，也可以使用 dir2cas 函数，把分母矢量 ***a*** 置为 1，用 cas2dir 函数从级联形式转换为直接形式而获得。

【例 7-1】 FIR 滤波器的系统函数为

$$H(z)=\begin{cases}0.2^n & (0\leqslant n\leqslant 5)\\ 0 & (\text{其他})\end{cases}$$

试分别用直接型和级联型实现。

其实现的 MATLAB 程序代码如下：

```
>> clear all;
n = 0:5;N = 30;
b = 0.2.^n;
delta = impseq(0,0,N);
h = filter(b,1,delta);
x = [ones(1,5),zeros(1,N - 5)];
y = filter(b,1,x);
subplot(2,2,1);stem(h);
title('直接型 h(n)');
subplot(2,2,2);stem(y);
title('直接型 y(n)');
[b0,B,A] = dir2cas(b,1);
h = casfilter(b0,B,A,delta);
y = casfilter(b0,B,A,x);
subplot(2,2,3);stem(h);
title('级联型 h(n)');
subplot(2,2,4);stem(y);
title('级联型 y(n)');
```

运行程序，效果如图 7-1 所示。

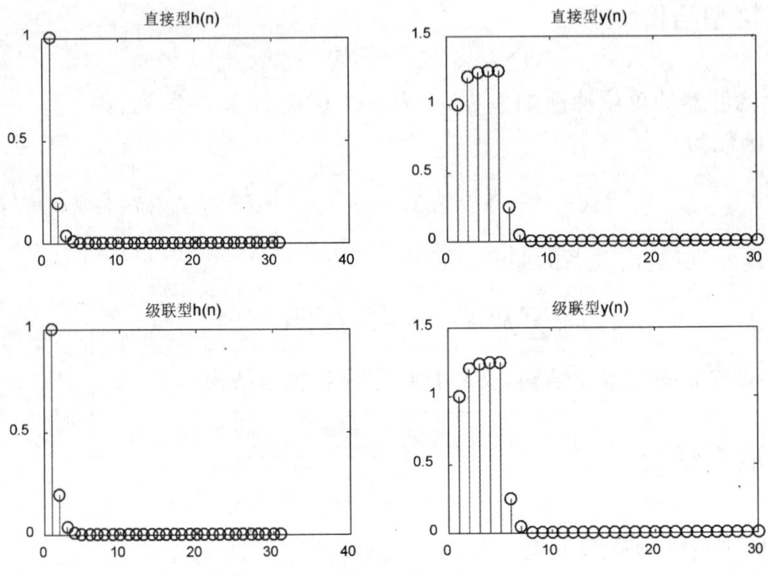

图 7-1 FIR 直接型与级联显示效果

7.1.3 频率抽样型结构

1. 基本原理

若 FIR 滤波器的冲激响应为有限长(N 点)序列 $h(n)$,则有如图 7-2 所示的关系。

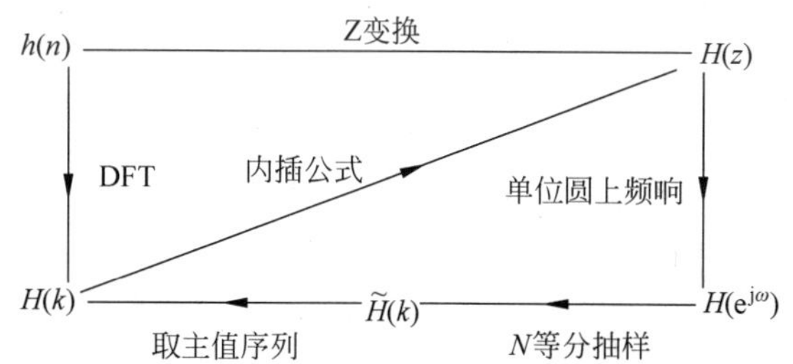

图 7-2 FIR 滤波器的冲激响应序列的关系图

因此,对 $h(n)$可以利用 DFT 得到 $H(k)$,然后利用内插公式

$$H(z) = (1 - z^{-N}) \frac{1}{N} \sum_{k=0}^{N-1} \frac{H(k)}{1 - W_N^{-K} z^{-1}} \tag{7-4}$$

来表示系统函数。这就为 FIR 滤波器提供了另外一种结构:频率抽样结构。这种结构由两部分级联而成:

$$H(z) = \frac{1}{N} H_c(z) \sum_{k=0}^{N-1} H_k(z) \tag{7-5}$$

(1) 级联的第一部分为

$$H_c(z) = 1 - z^{-N} \tag{7-6}$$

这是一个梳状滤波器,它滤掉了频率 $\omega=\frac{2\pi}{N}$及其各次谐波。

(2) 级联的第二部分为 N 个一阶网络并联而成,第 k 个一阶网络为

$$H'_k(z) = \frac{H_k(z)}{1 - W_N^{-K} z^{-1}} \tag{7-7}$$

它在单位圆上有一个极点:$z_k=W_N^{-K}=\mathrm{e}^{\mathrm{j}\frac{2\pi}{N}k}$。

这是一个谐振频率 $\omega=\frac{2\pi}{N}$的无损耗谐振器。这个谐振器的极点正好与梳状滤波器的一个零点($i=k$)相抵消,从而使这个频率上的频率响应等于 $H(k)$。这样,N 个谐振器的 N 个极点就和梳状滤波器的 N 个零点相抵消,从而在 N 个频率抽样点上的频率响应就分别等于 N 个 $H(k)$值。

2. 修正

对 W_N^{-K} 和 $H(k)$是复数的情况,可以将第 k 个与第($N-k$)个谐振器合并为一个实系数的二阶网络,将谐振器的实根、复根以及梳状滤波器合起来得到修正后的频率抽样型总结构。

(1) 当 N 为偶数时的频率取样型表示如下：

$$H(z)=\frac{1-r^N z^{-N}}{N}\left[\frac{H(0)}{1-rz^{-1}}+\frac{H(N/2)}{1-rz^{-1}}+\sum_{k=1}^{N/2-1}\frac{\beta_{0k}+\beta_{1k}z^{-1}}{1-z^{-1}2r\cos\left(\frac{2\pi}{N}k\right)+r^2 z^{-2}}\right]$$

$$=\frac{1-r^N z^{-N}}{N}\left(H_0(z)+H_{N/2}(z)+\sum_{k=1}^{N/2-1}H_k(z)\right) \tag{7-8}$$

其中处于上下两端的是一阶节。

(2) 当 N 为奇数时频率抽样型表示如下：

$$H(z)=\frac{1-r^N z^{-N}}{N}\left[\frac{H(0)}{1-rz^{-1}}+\frac{H(N/2)}{1-rz^{-1}}+\sum_{k=1}^{(N-1)/2-1}\frac{\beta_{0k}+\beta_{1k}z^{-1}}{1-z^{-1}2r\cos\left(\frac{2\pi}{N}k\right)+r^2 z^{-2}}\right]$$

$$=\frac{1-r^N z^{-N}}{N}\left(H_0(z)+\sum_{k=1}^{(N-1)/2-1}H_k(z)\right) \tag{7-9}$$

其中最上端的是一阶节。

【例 7-2】 32 点线性相位 FIR 系统的频率样本定义如下：

$$|H(k)|=\begin{cases}0.5 & (k=0,1,2)\\ 1 & (k=3)\\ 0 & (k=4,5,\cdots,15)\end{cases}$$

求其频率抽样型结构，并比较它与线性相位形式计算的复杂度。

其实现的 MATLAB 程序代码如下：

```
>> clear all;
M = 32;
alpha = (M - 1)/2;
magHk = [1 1 1 0.5 zeros(1,25) 0.5 1 1];
k1 = 0:15;
k2 = 16:M - 1;
angHk = [ - alpha * 2 * pi/M * k1,alpha * 2 * pi/M * (M - k2)];
H = magHk. * exp(j * angHk);
h = real(ifft(H,M));
[C,B,A] = dir2fs(h)
```

运行程序，输出如下：

```
C =
    2.0000
    2.0000
    1.0000
    0.0000
    0.0000
    0.0000
    0.0000
         0
    0.0000
    0.0000
    0.0000
    0.0000
    0.0000
```

```
    0.0000
    0.0000
    1.0000
         0
B =
   -0.9952      0.9952
    0.9808     -0.9808
   -0.9569      0.9569
    0.0000     -0.7071
    0.1644      0.7288
   -0.4472     -0.6552
   -0.9487      0.4952
    1.0000     -0.0000
   -0.7071     -0.8315
    0.4472      0.9975
   -0.4472     -0.9921
    0.0000      0.7071
    0.0000     -0.5556
    0.9363      0.9994
    0.8000      0.6676
A =
   -1.9616      1.0000    1.0000
   -1.8478      1.0000    1.0000
   -1.6629      1.0000    1.0000
   -1.4142      1.0000    1.0000
   -1.1111      1.0000    1.0000
   -0.7654      1.0000    1.0000
   -0.3902      1.0000    1.0000
   -0.0000      1.0000    1.0000
    0.3902      1.0000    1.0000
    0.7654      1.0000    1.0000
    1.1111      1.0000    1.0000
    1.4142      1.0000    1.0000
    1.6629      1.0000    1.0000
    1.8478      1.0000    1.0000
    1.9616      1.0000    1.0000
    1.0000     -1.0000    0
    1.0000      1.0000    0
```

实现32点FIR系统频率抽样型结构时,注意到$H(0)=1$,故一阶子系统不需要乘法运算,而3个二阶子系统中的每个子系统需要3次乘法运算,所以当每个样本经过有的二阶子系统时,共需要9次乘法运算,连同一阶子系统和二阶子系统总共需要13次加法运算。而实现相同点数的线性相位结构时,每个输出样本需要16次乘法和31次加法运算,因此FIR系统的频率抽样结构比线性相位结构复杂度更低,效率更高。

在运行程序过程中调用用户自定义编写实现FIR系统直接型结构转换为频率取样型结构的函数dir2fs,其源代码如下:

```
function [C,B,A] = dir2fs(h)
%直接型到频率采样型的转换
%C为包含各并行部分增益的行向量,B为包含按行排列的分子系数矩阵
%A为包含按行排列的分母系数矩阵,h为FIR滤波器的脉冲响应向量
M = length(h);
```

```
H = fft(h,M);
magH = abs(H); phaH = angle(H)';
if (M == 2 * floor(M/2))
    L = M/2 - 1;              % M 为偶数
    A1 = [1  -1 0;1 1 0];
    C1 = [real(H(1)),real(H(L + 2))];
else
    L = (M - 1)/2;
    C1 = [real(H(1))];
end
k = [1:L]';
% 初始化 B 和 A 数组
B = zeros(L,2);   A = ones(L,3);
% 计算分母系数
A(1:L,1) = - 2 * cos(2 * pi * k/M); A = [A;A1];
% 计算分子系数
B(1:L,1) = cos(phaH(2:L + 1));
B(1:L,2) = - cos(phaH(2:L + 1) - (2 * pi * k/M));
% 计算增益系数
C = [2 * magH(2:L + 1),C1]';
```

7.1.4 快速卷积型结构

若 FIR 滤波器的单位冲激响应 $h(n)$是一个 N_1 点有限长序列，输入 $x(n)$是一个 N_2 点有限长序列，那么输出 $y(n)$是 $h(n)$与 $x(n)$的线性卷积，它是一个 $L=N_1+N_2=1$ 点的有限长序列。

我们知道，将 $x(n)$补上 $L-N_2$ 个零值点，将 $h(n)$补上 $L-N_1$ 个零值点，然后进行 L 点圆周卷积，就可以代替原 $x(n)$与 $h(n)$的线性卷积。

而圆周卷积可以用 DFT 和 IDFT 的方法来计算，这样我们可以得到 FIR 滤波器的快速卷积结构，如图 7-3 所示。

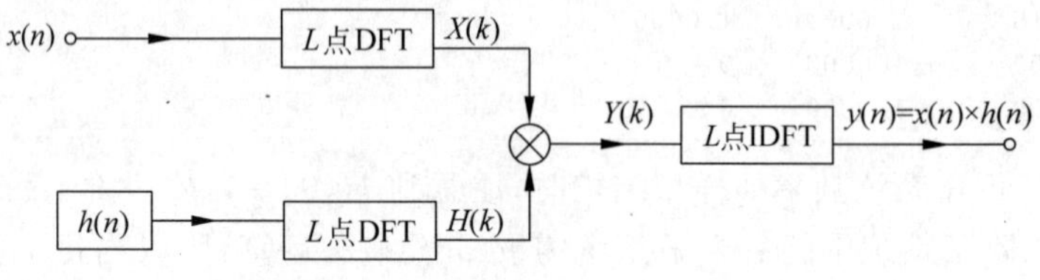

图 7-3　FIR 滤波器快速卷积结构

7.2 线性相位 FIR 数字滤波器的特性

在很多实际应用中，例如语音或音频信号处理中，数字滤波器常常被用来实现选频操作，因此，通常把频域幅度和相位响应作为性能指标，而在通带中，常常希望系统具有线性相位响应。

幅度指标可以按两种方式给出：第 1 种是绝对指标，它提供对幅度响应函数 $|H(e^{j\omega})|$

的要求，这些指标一般应用于 FIR 滤波器的设计，IIR 滤波器设计则以一种不同的方式给出指标。第 2 种指标是相对指标，它以分贝(dB)值的形式提出要求，其值定义为如下形式：

$$\mathrm{dB} = -20\log_{10}\frac{|H(\mathrm{e}^{\mathrm{j}\omega})|}{|H(\mathrm{e}^{\mathrm{j}\omega})|_{\max}} \tag{7-10}$$

7.2.1 线性相位 FIR 滤波器幅度特性

本小节介绍线性相位滤波器的冲激响应和频率响应的形状及其系统函数的零极点的位置。设 $h(n)(0\leqslant n\leqslant M-1)$ 是长度(或持续时间)为 M 的冲激响应，那么系统函数可表示为

$$H(z) = \sum_{n=0}^{M-1} h(n)z^{-n} = z^{-(M-1)}\sum_{n=0}^{M-1} h(n)z^{M-1-n} \tag{7-11}$$

式(7-10)在原点 $z=0$ 处有 $(M-1)$ 重极点和 $(M-1)$ 个位于 z 平面上任意位置的零点。其频率响应为

$$H(\mathrm{e}^{\mathrm{j}\omega}) = \sum_{n=0}^{M-1} h(n)\mathrm{e}^{-\mathrm{j}\omega n} \quad (-\pi<\omega\leqslant\pi) \tag{7-12}$$

1. 冲激响应

给系统加一个线性相位约束，满足

$$\angle H(\mathrm{e}^{\mathrm{j}\omega}) = \beta-\alpha\omega \quad (-\pi<\omega\leqslant\pi) \tag{7-13}$$

冲激响应可根据其对称性分为两类：对称冲激响应和反对称冲激响应。

(1) 对称冲激响应

满足式(7-13)的称为冲激响应，可分为两种。

$$h(n) = h(M-1-n) \quad (\beta=0, 0\leqslant n\leqslant M-1) \tag{7-14}$$

① M 为奇数，在此情况下 $\alpha=(M-1)/2$ 为整数。

② M 为偶数，在此情况下 $\alpha=(M-1)/2$ 不为整数。

(2) 反对称冲激响应

$$h(n) = -h(M-1-n) \quad (\beta=\pm\pi/2, 0\leqslant n\leqslant M-1) \tag{7-15}$$

① M 为奇数，在此情况下 $\alpha=(M-1)/2$ 为整数。

② M 为偶数，在此情况下 $\alpha=(M-1)/2$ 不为整数。

2. 频率响应

把 M 为奇数和偶数的情形与对称和反对称组合在一起，即可以得到 4 种类型的线性相位 FIR 滤波器，如表 7-1 所示。每种情况下的频率响应函数具有特定的表示和形状。为了研究这些响应，把 $H(\mathrm{e}^{\mathrm{j}\omega})$ 改写为

$$H(\mathrm{e}^{\mathrm{j}\omega}) = H_r\mathrm{e}^{\mathrm{j}(\beta-\alpha\omega)},\quad \beta=\pm\frac{\pi}{2},\quad \alpha=\frac{M-1}{2} \tag{7-16}$$

式中：$H(\mathrm{e}^{\mathrm{j}\omega})=H_r(\omega)$ 为振幅响应而不是幅度响应函数。振幅响应函数是实函数，它既可以是正的也可以是负的，而幅度响应则永远是正的，与幅度响应有关的相位响应是一个不连续的函数，而与振幅响应有关的则是一个连续的函数。

表 7-1　线性相位 FIR 滤波器类型

类　型	说　明	条　件
1 型线性相位 FIR 滤波器	对称冲激响应，M 为奇数	$\beta=0, a=(M-1)/2$ 为整数，$h(n)=h(M-1-n)$
2 型线性相位 FIR 滤波器	对称冲激响应，M 为偶数	$\beta=0, a=(M-1)/2$ 不为整数，$h(n)=h(M-1-n)$
3 型线性相位 FIR 滤波器	反对称冲激响应，M 为奇数	$\beta=0, a=(M-1)/2$ 为整数，$h(n)=-h(M-1-n)$
4 型线性相位 FIR 滤波器	反对称冲激响应，M 为偶数	$\beta=0, a=(M-1)/2$ 不为整数，$h(n)=-h(M-1-n)$

为了实现线性相位滤波器振幅响应，用户自定义编写 4 种类型函数来计算线性相位滤波器振幅响应，其源代码如下：

```
%1 型线性相位滤波器振幅响应
function [hr,w,a,L] = hr_type1(h)
%计算 1 型低通滤波器设计的振幅响应 hr(w)
%hr 为振幅响应
%w 为[0,pi]区间计算 hr 的 500 个频率点
%a 为 1 型低通滤波器的系数
%L 为 hr 的阶次
%h 为 1 型低通滤波器的冲激响应
M = length(h);
L = (M - 1)/2;
a = [h(L + 1) 2 * h(L: - 1:1)];
n = [0:1:L];
w = [0:1:500]' * pi/500;
hr = cos(w * n)  * a';

%2 型线性相位滤波器振幅响应
function [hr,w,b,L] =  hr_type2 (h)
%计算 2 型低通滤波器设计的振幅响应 hr(w)
%hr 为振幅响应
%w 为[0,pi]区间计算 hr 的 500 个频率点
%b 为 2 型低通滤波器的系数
%L 为 hr 的阶次
%h 为 2 型低通滤波器的冲激响应
M = length(h);
L = M/2;
b = 2 * h(L: - 1:1);
n = [1:1:L];
n = n - 0.5;
w = [0:1:500]' * pi/500;
hr = cos(w * n) * b';

%3 型线性相位滤波器振幅响应
function [hr,w,c,L] =  hr_type3(h)
%计算 3 型低通滤波器设计的振幅响应 hr(w)
%hr 为振幅响应
%w 为[0,pi]区间计算 hr 的 500 个频率点
%c 为 3 型低通滤波器的系数
```

```
%L为hr的阶次
%h为3型低通滤波器的冲激响应
M = length(h);
L = (M - 1)/2;
c = [2 * h(L + 1: - 1:1)];
n = [0:1:L];
w = [0:1:500]' * pi/500;
hr = sin(w * n) * c';

%4型线性相位滤波器振幅响应
function [hr,w,d,L] =  hr_type4(h)
%计算4型低通滤波器设计的振幅响应hr(w)
%hr为振幅响应
%w为[0,pi]区间计算hr的500个频率点
%d为4型低通滤波器的系数
%L为hr的阶次
%h为4型低通滤波器的冲激响应
M = length(h);
L = M/2;
d = 2 * [h(L: - 1:1)];
n = [1:1:L];
n = n - 0.5;
w = [0:1:500]' * pi/500;
hr = sin(w * n) * d';
```

3. 零点设计

对于线性相位 FIR 滤波器而言，由于 $h(n)$ 具有对称性约束，其零点也具有一定的对称性。由 DSP 理论可知，如果 $H(z)$ 在

$$z = z_1 = r\mathrm{e}^{\mathrm{j}\theta}$$

处有一个零点，则根据线性相位特性，在

$$z = \frac{1}{z_1} = \frac{1}{r}\mathrm{e}^{-\mathrm{j}\theta}$$

处必定有一个零点。对于一个实数滤波器，如果 z_1 为复数，则在 $z_1^* = r\mathrm{e}^{-\mathrm{j}\theta}$ 处有一个共轭零点，这就意味着在 $1/z_1^* = (1/r)\mathrm{e}^{\mathrm{j}\theta}$ 处也有一个零点，因此，一般零点的构造是一个四套件：

$$r\mathrm{e}^{\mathrm{j}\theta},\quad \frac{1}{r}\mathrm{e}^{\mathrm{j}\theta},\quad r\mathrm{e}^{-\mathrm{j}\theta},\quad \frac{1}{r}\mathrm{e}^{\ \mathrm{j}\theta}$$

在此用户先自定义 pzkplot 函数，其功能在于绘制数字滤波器的零极点图，这个函数是用户自己编写的，下面例子将应用到，其源程序如下：

```
function pzkplot(num,den)
%绘制系统函数的零极点图
%pzkplot(num,den)
%num为系统函数分子多项式系数矢量
%den为系统函数分母多项式系数矢量
hold on
axis('square');
%绘制单位元
```

```
x = -1:0.01:1;
y = (1 - x.^2).^0.5;
y1 = -(1 - x.^2).^0.5;
plot(x,y,'b',x,y1,'b');
%求取系统的零极点
num1 = length(num);
den1 = length(den);
if (num1 > 1),
    z = roots(num);
else
    z = 0;
end
if (den1 > 1),
    p = roots(den);
else
    p = 0;
end
%判断绘图范围
if (num > 1 & den1 > 1)
    r_max_z = max(abs(real(z)));
    i_max_z = max(abs(imag(z)));
    a_max_z = max(r_max_z,i_max_z);
    r_max_p = max(abs(real(p)));
    i_max_p = max(abs(imag(p)));
    a_max_p = max(r_max_p,i_max_p);
    a_max = max(a_max_z, a_max_p);
elseif (num1 > 1)
    r_max_z = max(abs(real(z)));
    i_max_z = max(abs(imag(z)));
    a_max = max(r_max_z,i_max_z);
else
     r_max_p = max(abs(real(p)));
     i_max_p = max(abs(imag(p)));
     a_max = max(r_max_p, i_max_p);
end
%确定绘图范围,并绘制出轴线和边框线
axis([-a_max a_max -a_max a_max]);
plot([-a_max a_max],[0 0],'b');
plot([0 0],[-a_max a_max],'b');
plot([-a_max a_max],[a_max a_max],'b');
plot([a_max a_max],[-a_max a_max],'b');
%绘制出零极点
Lz = length(z);
for i = 1:Lz
    plot(real(z(i)),imag(z(i)),'bo');
end
Lp = length(p);
for j = 1:Lp
    plot(real(p(j)),imag(p(j)),'bx');
end
title('The zeros - pole plot');
xlabel('虚部');
ylabel('实部');
```

【例 7-3】 已知滤波器的系统函数为

$$h(n)=\{\overline{-5},2,-3,-1,7,-1,-3,2,-5\}$$

要求求出振幅响应 $H_r(\omega)$以及零点位置。

在 M 文件编辑器中输入以下代码。

```
clear;
h=[-5 2 -3 -1 7 -1 -3 2 -5];
M=length(h);
n=0:M-1;
[hr,w,a,L]=type1(h);
a,L
a_max=max(a)+1;
a_min=min(a)-1;
subplot(221),
stem(n,h);
axis([-1 2*L+1 a_min a_max]);
ylabel('h(n)');
title('冲激响应');
subplot(222),
stem(0:L,a);
axis([-1 2*L+1 a_min a_max]);
ylabel('a(n)');
title('a(n)系数');
subplot(223),
plot(w/pi,hr);
grid on;
xlabel('以 pi 为单位的频率'); ylabel('hr');
title('1 型振幅响应');
subplot(224),
pzkplot(h,1);
```

运行程序输出结果为

```
a =
     7    -2    -6    4    -10
L =
     4
```

同时得到如图 7-4 所示的效果图。

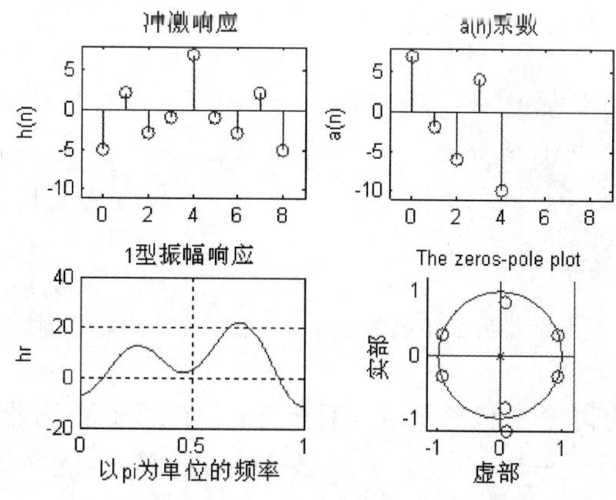

图 7-4 1 型线性相位滤波器的性能

7.2.2 线性相位FIR滤波器零点特性

由于线性相位FIR滤波器的单位冲激响应具有对称性，即

$$h(n) = \pm h(N-1-n) \quad (+,-\text{对应奇偶对称}) \tag{7-17}$$

经 $m=M-1-n$ 置换可得

$$H(z) = \pm z^{-(N-1)} \sum_{n=0}^{M-1} h(n)(z^{-1})^{-n} = \pm z^{-(N-1)} H(z^{-1}) \tag{7-18}$$

由该式可看出，若 $z=z_i$ 是 $H(z)$ 的零点，则 $z=z_i^{-1}$ 也一定是 $H(z)$ 的零点。由于 $h(n)$ 是实数，$H(z)$ 的零点还必须共轭成对，所以 $z=z_i^*$ 及 $z=1/z^*$ 也必是零点。

因此，线性相位滤波器的零点必须是互为倒数的共轭对，即成四对出现，这种共轭对共有四种可能的情况（四种不同的零点结构）。

（1）既不在单位圆上，也不在实轴上，有四个互为倒数的两组共轭对：z_i, z_i^*；$1/z_i$，$1/z_i^*$，如图 7-5 所示。

（2）在单位圆上，但不在实轴上，因倒数等于其共轭，有一对共轭零点：z_i, z_i^*，如图 7-6 所示。

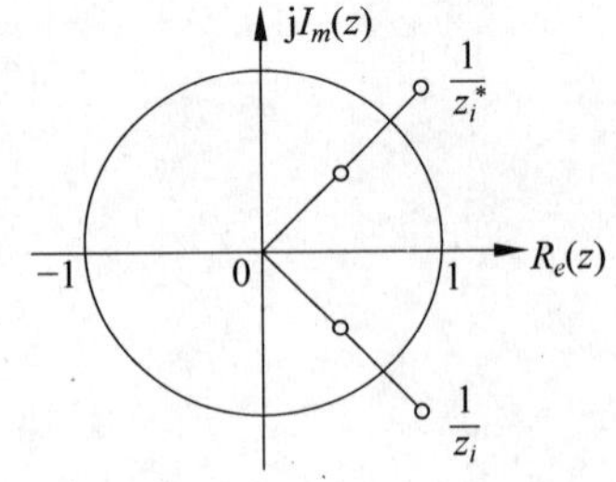

图 7-5 有四个互为倒数的两组共轭对

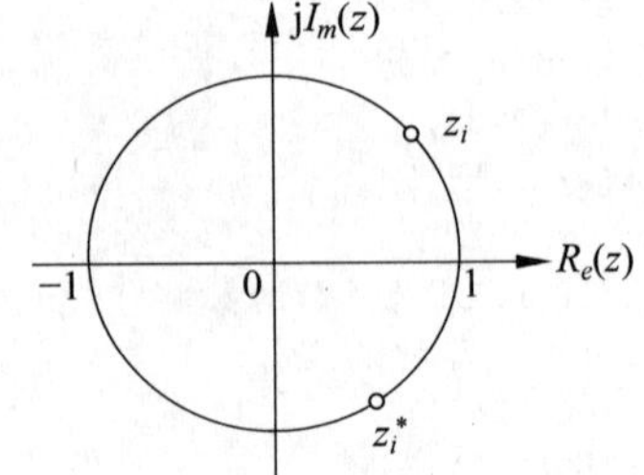

图 7-6 因倒数等于其共轭，有一对共轭零点

（3）不在单位圆上，但在实轴上，共轭是其本身，有一对互为倒数的零点：$z_i, 1/z_i$。如图 7-7 所示。

（4）既在单位圆上，又在实轴上，共轭和倒数都合为一点，所以成单出现，只有两种可能，$z_i=1$ 或 $z_i=-1$，如图 7-8 所示。

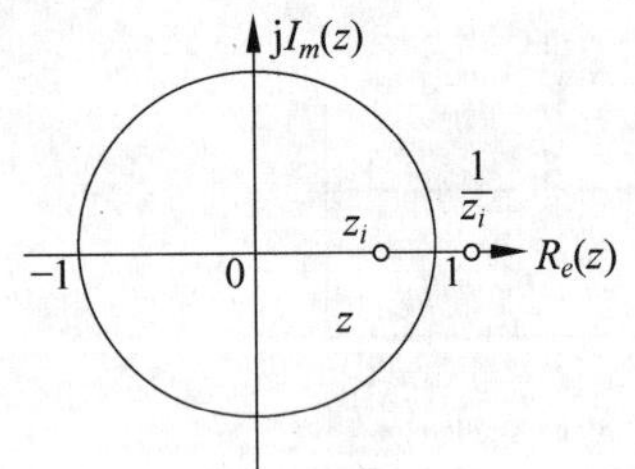

图7-7 共轭是其本身，有一对互为倒数的零点

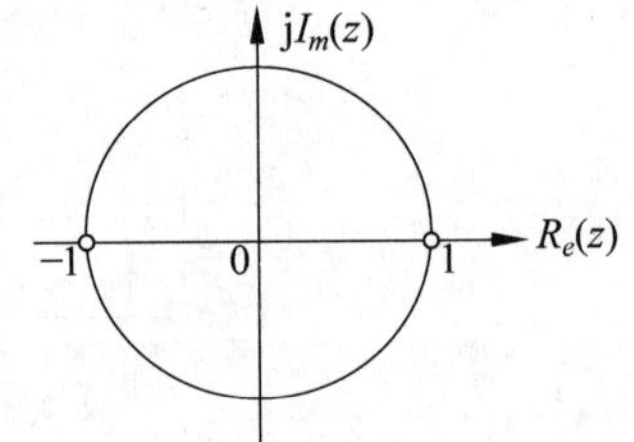

图 7-8 共轭和倒数都合为一点，成单出现

我们从幅度响应的讨论中已经知道，对于第二种 FIR 滤波器（$h(n)$ 偶对称，N 为偶数），$H(\pi)=0$，即 $z=e^{j\pi}=-1$，$z=e^{j\pi}=-1$ 是 $H(\omega)$ 的零点，既在单位圆，又在实轴，所以

必有单根；同样道理，对于第三种 FIR 滤波器，$h(n)$奇对称，N 为奇数，因 $H(0)=0$，$H(\pi)=0$，所以 $z=1$，$z=-1$ 都是 $H(z)$的单根。所以，$h(n)$奇对称→$H(0)=0$，N 为偶数→$H(\pi)=0$。

线性相位滤波器是 FIR 滤波器中最重要的一种，应用最广。实际使用时应根据需要选择其合适类型，并在设计时遵循其约束条件。

7.3 基本窗函数法的 FIR 滤波器设计

7.3.1 窗函数的原理

FIR 滤波器设计的主要任务是根据给定的性能指标确定滤波器的系数 b，即系统单位脉冲序列 $h(n)$，它是一个有限长序列。

FIR 滤波器的理想频率响应，可写成复数形式的 Fourier 级数形式

$$H_d(\mathrm{e}^{\mathrm{j}\omega}) = \sum_{n=-\infty}^{+\infty} h_d(n)\mathrm{e}^{-\mathrm{j}\omega n} \tag{7-19}$$

式中，$h_d(n)$是对应的单位脉冲响应序列。这说明滤波器的频率响应和单位脉冲响应互为 Fourier 变换对。因此其单位脉冲响应可由下式求得

$$h_d(n) = \frac{1}{2\pi}\int_{-\pi}^{\pi} H_d(\mathrm{e}^{\mathrm{j}\omega n})\mathrm{d}\omega \tag{7-20}$$

求得序列 $h_d(n)$后，通过 z 变换，可得到 $H_d(z)$

$$H_d(z) = \sum_{n=-\infty}^{+\infty} h_d(n)z^{-n} \tag{7-21}$$

注意，这里 $h_d(n)$为无限长序列，因此 $H_d(z)$是物理上不可实现的。如何变成物理上可实现呢？一个自然的想法是只取其中的某些项，即只截取 $h_d(n)$中的一部分，例如 $n=0,\cdots,N-1$，N 为正整数。这种处理相当于将 $h_d(n)(n=-\infty\sim+\infty)$与函数 $\omega(n)$相乘，$\omega(n)$具有下列形式：

$$\omega(n) = \begin{cases} 0 & (n<0, n\geqslant N) \\ 1 & (0\leqslant n<N) \end{cases}$$

$\omega(n)$相当于一个矩形，我们称之为矩形窗。即我们可采用矩形窗函数 $\omega(n)$将无限脉冲响应 $h_d(n)$截取一段 $h(n)$来近似为 $h_d(n)$，这种截取在数学上表示为

$$h(n) = h_d(n)\omega(n) \tag{7-22}$$

这里应该强调的是，加窗函数不是可有可无的，而是将设计变为物理可实现所必需的。

截取之后的滤波器传递函数变为

$$H(z) = \sum_{n=0}^{N-1} h(n)z^{-n} \tag{7-23}$$

式中，N 为窗口宽度，$H(z)$是物理可实现系统。

为了获得线性相位，FIR 滤波器 $h(n)$必须满足中心对称条件，序列 $h(n)$的延迟为 $\alpha=(N-1)/2$。

这种方法的基本原理是用一定宽度的矩形窗函数截取无限脉冲响应序列获得有限长的脉冲响应序列，从而得到 FIR 滤波器的脉冲响应，故称为 FIR 滤波器的窗函数设计法。

理想频响也可以写成幅度函数和相位函数的形式：

$$H_d(e^{j\omega}) = H_d(\omega)e^{-j\omega\alpha} \tag{7-24}$$

其中幅度函数为

$$H_d(\omega) = \begin{cases} 1 & (|\omega| \leqslant \omega_c) \\ 0 & (\omega_c \leqslant |\omega| \leqslant \pi) \end{cases} \tag{7-25}$$

两个信号时域乘积对应于频域卷积，所以

$$\begin{aligned} H(e^{j\omega}) = H_d(e^{j\omega}) * W_R(e^{j\omega}) &= \frac{1}{2\pi}\int_{-\pi}^{\pi} H_d(e^{j\omega n})W_R[e^{j(\omega-\theta)}]d\theta \\ &= \frac{1}{2\pi}\int_{-\pi}^{\pi} H_d(e^{j\omega})e^{-j\omega\alpha}W_R(\omega-\theta)e^{-j(\omega-\theta)\alpha}d\theta \\ &= e^{-j\omega\alpha}\left[\frac{1}{2\pi}\int_{-\pi}^{\pi} H_d(e^{j\omega n})W_R(\omega-\theta)d\theta\right] \end{aligned} \tag{7-26}$$

如果也以幅度函数和相位函数来表示 $H(e^{j\omega})$

$$H(e^{j\omega}) = H(\omega)e^{-j\omega\alpha}$$

则实际 FIR 滤波器的幅度函数 $H(\omega)$为

$$H(e^{j\omega}) = \frac{1}{2\pi}\int_{-\pi}^{\pi} H_d(\theta)W_R(\omega-\theta)d\theta$$

正好是理想滤波器幅度函数与窗函数幅度函数的卷积。

加窗对理想频响的影响如下。

(1) 使理想频响不连续边沿加窗，形成过渡带，过渡带的宽度等于 $W_R(\omega)$的主瓣宽度，与 N 成反比。

(2) 过渡带两旁产生肩峰和余振。肩峰和余振的大小取决于 $W_R(\omega)$的副瓣，副瓣多，余振多；副瓣相对值大，余振强。与 N 无关。

$$W_R(\omega) = \frac{\sin(\omega N/2)}{\sin(\omega/2)} = N\frac{\sin(\omega N/2)}{\omega/2} \approx N\frac{\sin x}{x} \tag{7-27}$$

其中 $x=\omega N/2$，所以 N 的改变不影响主瓣与旁瓣的比例关系，最多只能改变 $W_R(\omega)$的绝对值大小和起伏的密度。当 N 增大时，$W_R(\omega)$的幅值变大，频率轴变密，而最大肩峰经计算可知始终为 8.95%，这种现象称为吉布斯(Gibbs)效应。

肩峰值的大小决定了滤波器通带的平稳程度和阻带的衰减，对滤波器的性能有很大的影响。

为了改善滤波器的特性，必须改变窗函数的形状，窗函数要满足以下两点要求：

(1) 窗谱主瓣宽度要窄，以获得较陡的过渡带；

(2) 相对于主瓣幅度，旁瓣要尽可能小，使能量尽量集中在产瓣中，这样就可以减小肩峰和余振，以提高阻带衰减和通带平稳性。

但实际上这两点不能兼得，一般总是通过增加主瓣宽度来换取对旁瓣的抑制。

7.3.2 矩形窗

前面讲解原理时应用的就是矩形窗。

在 MATLAB 中,实现矩形窗的函数为 boxcar 和 rectwin,函数调用格式如下:

```
w = rectwin(L)
```

其中 N 是窗函数的长度,返回值 w 是一个 N 阶的向量,它的元素由窗函数的值组成。其中 w=boxcar 等价于 w=ones(N,1)。

其中 boxcar 函数被 fwind1 函数代替。此函数的调用格式如下:

```
h = fwind1(Hd, win)
h = fwind1(Hd, win1, win2)
h = fwind1(f1, f2, Hd,...)
```

【例 7-4】 矩形窗的实现。

输入以下代码:

```
>> [f1,f2] = freqspace(21,'meshgrid');
Hd = ones(21);
r = sqrt(f1.^2 + f2.^2);
Hd((r<0.1)|(r>0.5)) = 0;
colormap(jet(64))
mesh(f1,f2,Hd)
h = fwind1(Hd,hamming(21));
freqz2(h)
```

运行程序,输出效果如图 7-9 所示。

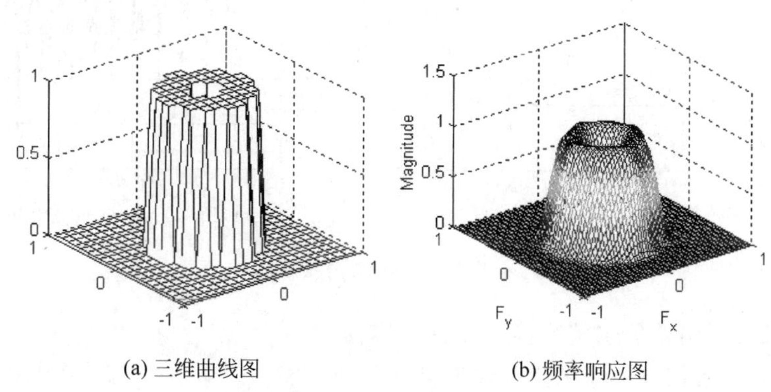

(a) 三维曲线图　　(b) 频率响应图

图 7-9 矩形窗的显示效果

7.3.3 汉宁窗

在 MATLAB 信号处理工具箱中,提供了 hanning 或 barthannwin 函数实现汉宁窗,其调用格式如下:

```
w = hanning(L)
```

```
w = barthannwin(L)
```

Hamming 窗的表达式如下：

$$w(n)=\frac{1}{2}\left[1-\cos\left(\frac{2\pi n}{N-1}\right)\right]R_W(n)=0.5R_N(n)-0.25(\mathrm{e}^{\mathrm{j}\frac{2\pi n}{N-1}}+\mathrm{e}^{-\mathrm{j}\frac{2\pi n}{N-1}})R_N(n) \tag{7-28}$$

利用傅里叶变换的移位特性，汉宁窗频谱的幅度函数 $W(\omega)$ 可用矩形窗的幅度函数表示为

$$W(\omega)=0.5W_R(\omega)-0.25\left[W_R\left(\omega-\frac{2\pi n}{N-1}\right)+W_R\left(\omega+\frac{2\pi n}{N-1}\right)\right] \tag{7-29}$$

三部分矩形窗频谱相加，使旁瓣互相抵消，能量集中在主瓣，旁瓣大小减小，主瓣宽度增加 1 倍。

【例 7-5】 绘制汉宁窗的频响。

在 M 文件编辑器中输入以下代码：

```
>> clear all;
L = 64;
wvtool(barthannwin(L))
```

运行程序，效果如图 7-10 所示。

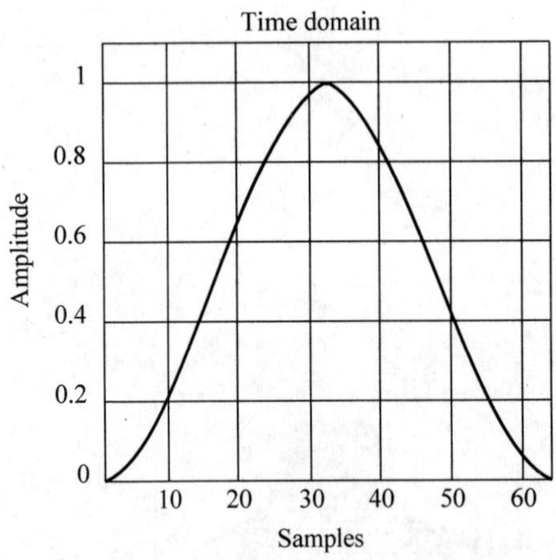

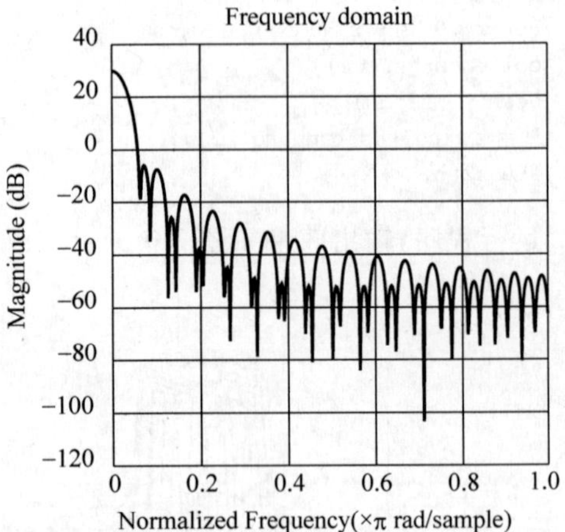

图 7-10 汉宁窗频响

【例 7-6】 利用希伯尔特变换器设计汉宁窗。

其实现的 MATLAB 程序代码如下：

```
>> clear all;
M = 25; alpha = (M - 1)/2;
n = 0:M - 1;
hd = (2/pi) * ((sin((pi/2) * (n - alpha)).^2)./(n - alpha));
hd(alpha + 1) = 0;
w_han = (hanning(M))';
h = hd. * w_han;
[Hr,w,P,L] = hr_type3(h);
subplot(2,2,1);stem(n,hd);
```

```
title('理想脉冲响应');
axis([ - 1 M - 1.2 1.2]);
ylabel('hd(n)'); text(M + 1, - 1.2,'n');
subplot(2,2,2);stem(n,w_han);
title('汉宁窗');
axis([ - 1 M 0 1.2]);
ylabel('w(n)'); text(M + 1, - 1.2,'n');
subplot(2,2,3);stem(n,h);
title('实际脉冲响应');
axis([ - 1 M - 1.2 1.2]);
xlabel('n');ylabel('h(n)');
w = w'; Hr = Hr';
w = [ - fliplr(w),w(2:501)];
Hr = [ - fliplr(Hr),Hr(2:501)];
subplot(2,2,4);plot(w/pi,Hr);
title('振幅响应');
grid on;
xlabel('频率/pi');ylabel('Hr');
axis([ - 1 1 - 1.1 1.1]);
set(gca,'XTickMode','manual','XTick',[ - 1 0 1]);
set(gca,'YTickMode','manual','YTick',[ - 1 0 1]);
```

运行程序,效果如图 7-11 所示。

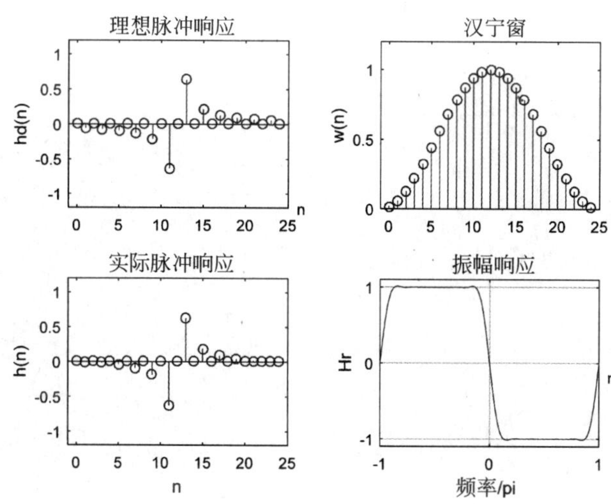

图 7-11　希伯尔特变换器设计的汉宁窗效果

7.3.4　海明窗

在 MATLAB 信号处理工具箱中,提供了 hamming 函数实现海明窗,其调用格式如下:

```
w = hamming(L)
w = hamming(L,'sflag')
```

海明窗的表达式为

$$w(n)=\left[0.54-0.46\cos\left(\frac{2\pi n}{N-1}\right)\right]R_N(n) \tag{7-30}$$

它是对汉宁窗的改进,在产瓣宽度(对应第一零点的宽度)相同的情况下,旁瓣进一步减小,可使99.96%的能量集中在主瓣内。

【例 7-7】 低通滤波器设计海明窗。

其实现的MATLAB程序代码如下:

```
>> clear all;  % 清除 MATLAB 工作空间中内存变量
% 用海明窗设计低通滤波器
wp = 0.25 * pi;
ws = 0.4 * pi;
width = ws - wp;
m = ceil(6.6 * pi/width) + 1;
disp(['滤波器的长度为',num2str(m)]);
n = 0:m - 1;
% 理想 LPF 的截止频率
wc = (ws + wp)/2;
hd = id_lp(wc,m);
w_hm = (hamming(m))';
h = hd. * w_hm;
[db,mag,pha,grd,w] = freqz_m(h,[1]);
de_w = 2 * pi/1000;
% 求出实际通带波动
rp = - (min(db(1:1:wp/de_w + 1)));
disp(['实际通带波动为',num2str(rp)]);
% 求出最小阻带衰减
as = - round(max(db(ws/de_w + 1:1:501)));
disp(['最小阻带衰减为',num2str(as)]);
% 绘图
subplot(221),
stem(n,hd);
title('理想冲激响应');
axis([0 m-1  -0.1 0.3]);
ylabel('hd(n)');
subplot(222),
stem(n,w_hm);
title('海明窗');
axis([0 m-1 0 1.1]);
ylabel('w(n)');
subplot(223),
stem(n,h);
title('实际冲激响应');
axis([0 m-1  -0.1 0.3]);
xlabel('n'); ylabel('h(n)');
subplot(224),
plot(w/pi,db);
title('幅度响应(dB)');
axis([0 1  -100 10]);
grid on;
xlabel('以 pi 为单位的频率'); ylabel('分贝数');
```

运行结果为

```
滤波器的长度为 45
实际通带波动为 291.5264
```

```
最小阻带衰减为 25
```

同时得到如图 7-12 所示的图形结果。从结果可以看出,滤波器的长度为 $M=67$,实际阻带衰减为 25dB,由此结果可以计算出通带波动为 291.5264dB,这显然是不满足要求的。

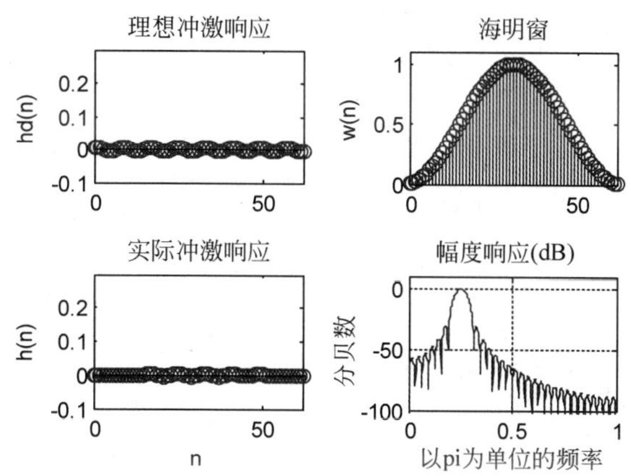

图 7-12 低通滤波器设计图

7.3.5 布莱克曼窗

在 MATLAB 信号处理工具箱中,提供了 bartlett 函数实现布莱克曼窗。其调用格式如下:

```
w = bartlett(L)
```

布莱克曼窗的表达式为

(1) 当 N 为奇数时

$$w(k)=\begin{cases}\dfrac{2(k-1)}{N-1} & \left(1\leqslant k\leqslant \dfrac{N+1}{2}\right)\\ 2-\dfrac{2(k-1)}{N-1} & \left(\dfrac{N+1}{2}\leqslant k\leqslant N\right)\end{cases} \tag{7-31}$$

(2) 当 N 为偶数时

$$w(k)=\begin{cases}\dfrac{2(k-1)}{N-1} & \left(1\leqslant k\leqslant \dfrac{N}{2}\right)\\ 2-\dfrac{2(N-k)}{N-1} & \left(\dfrac{N}{2}\leqslant k\leqslant N\right)\end{cases} \tag{7-32}$$

布莱克曼窗的频谱的幅度函数为

$$W(\omega)=0.42W_R(\omega)+0.25\left[W_R\left(\omega-\frac{2\pi n}{N-1}\right)+W_R\left(\omega+\frac{2\pi n}{N-1}\right)\right]$$
$$+0.04\left[W_R\left(\omega-\frac{4\pi n}{N-1}\right)+W_R\left(\omega+\frac{4\pi n}{N-1}\right)\right] \tag{7-33}$$

【例 7-8】 设计布莱克曼窗。

其实现的 MATLAB 程序代码如下：

```
>> clear all;
Nwin = 20;                          % 数据总数
n = 0:Nwin - 1;                     % 数据序列序号
w = bartlett(Nwin);                 % 布莱克曼窗
subplot(2,2,1);stem(n,w);           % 绘出窗函数
xlabel('n');ylabel('w(n)');
title('布莱克曼窗');
grid on;
Nf = 512;                           % 窗函数复数频率特性的数据点数
Nwin = 20;                          % 窗函数数据长度
[y,f] = freqz(w,1,Nf);
mag = abs(y);                       % 求得窗函数幅频特性
w = bartlett(Nwin);                 % 布莱克曼窗
subplot(2,2,2);plot(f/pi,20 * log10(mag/max(mag)));    % 绘制窗函数的幅频特性
xlabel('归一化频率');ylabel('振幅/dB');
title('bartlett 幅频特性');
grid on;
w = blackman(Nwin);
[y,f] = freqz(w,1,Nf);
mag = abs(y);                       % 求得窗函数幅频特性
subplot(2,2,3);plot(f/pi,20 * log10(mag/max(mag)));    % 绘制窗函数的幅频特性
xlabel('归一化频率');ylabel('振幅/dB');
title('blackman 幅频形状');
grid on;
```

运行程序，效果如图 7-13 所示。

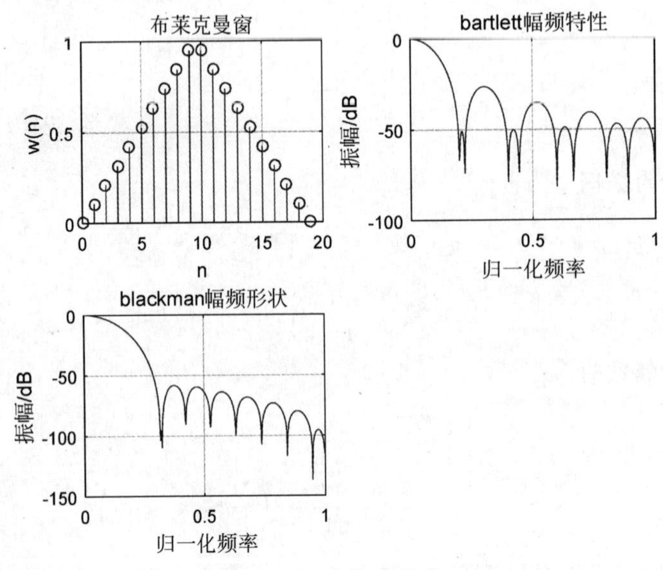

图 7-13 布莱克曼窗

7.3.6 凯赛窗

在 MATLAB 信号处理工具箱中，提供了 kaiser 函数实现凯赛窗，其调用格式如下：

```
w = kaiser(L,beta)
```

其中，beta 是 Kaiser 窗参数，影响窗旁瓣幅值的衰减率。

凯赛窗表达式为

$$w(k)=\frac{I_0\left[\beta\sqrt{1-\left(2-\frac{2k}{N-1}\right)^2}\right]}{I_0[\beta]} \tag{7-34}$$

式中，$I_0[\beta]$是修正过的零阶 Bessel 客函数。

当凯赛窗用于滤波器设计时，若旁瓣幅值为$-\alpha$ dβ，则

$$\beta=\begin{cases}0.1102(\alpha-8.7) & (\alpha>50)\\ 0.5842(\alpha-21)^{0.4}+0.07886(\alpha-21) & (50\geqslant\alpha\geqslant 21)\\ 0 & (\alpha<21)\end{cases} \tag{7-35}$$

【例 7-9】 绘制凯赛窗的频响。

其实现的 MATLAB 程序代码如下：

```
>> clear all;
w = kaiser(200,2.5);
wvtool(w)
```

运行程序，效果如图 7-14 所示。

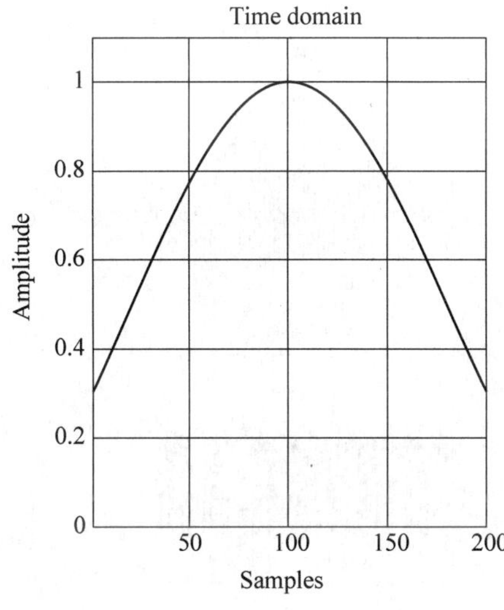

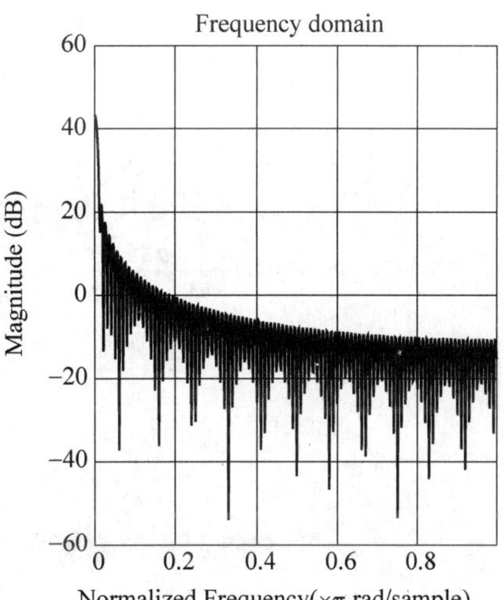

图 7-14 凯赛窗的频响

【例 7-10】 低通滤波器设计凯赛窗。

其实现的 MATLAB 程序代码如下：

```
>> clear all;
wp = 0.2 * pi;   ws = 0.3 * pi; As = 50;
tr_width = ws - wp;
M = ceil((As - 7.95)/(14.36 * tr_width/(2 * pi)) + 1) + 1;
n = [0:1:M - 1];
beta = 0.1102 * (As - 8.7);
wc = (ws + wp)/2;
hd = ideal_lp(wc,M);
w_kai = (kaiser(M,beta))';
h = hd. * w_kai;
```

```
[db,mag,pha,grd,w] = freqz_m(h,[1]);
delta_w = 2 * pi/1000;
As = - round(max(db(ws/delta_w + 1:1:501)));   %最小阻带衰减
subplot(2,2,1);stem(n,hd);
title('理想脉冲响应');
axis([0 M-1 -0.1 0.3]);
ylabel('hd(n)'); text(M+1, -0.1,'n');
subplot(2,2,2);stem(n,w_kai);
title('凯赛窗');
axis([0 M-1 0 1.1]);
ylabel('w(n)'); text(M+1,0,'n');
subplot(2,2,3);stem(n,h);
title('实际脉冲响应');
axis([0 M-1 -0.1 0.3]);
xlabel('n');ylabel('h(n)');
subplot(2,2,4);plot(w/pi,db);
title('振幅响应');
grid on;
xlabel('频率/pi');ylabel('分贝数');
set(gca,'XTickMode','manual','XTick',[0 0.2 0.3 1]);
set(gca,'YTickMode','manual','YTick',[-50 0]);
set(gca,'YTickLabelMode','manual','YTickLabels',['50','0']);
```

运行程序,效果如图 7-15 所示。

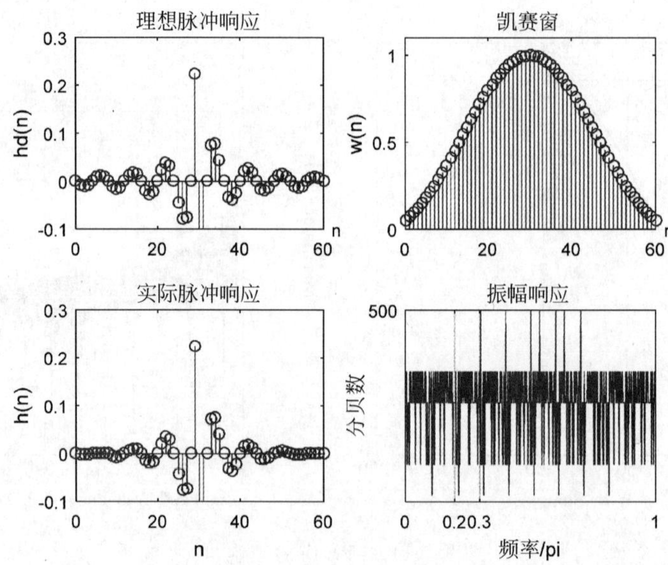

图 7-15　低通滤波器设计凯赛窗

在运行程序过程中,调用了用户自定义编写的 ideal_lp 函数,其源代码如下:

```
function hd = ideal_lp(wc,M)
%理想低通滤波器计算
%hd为0～M-1之间的理想脉冲响应
%wc为截止频率
%M为理想滤波器的长度
alpha = (M-1)/2;
n = 0:M-1;
m = n - alpha + eps;
hd = sin(wc * n)./(pi * m);
```

第8章 图像阈值分割算法分析与应用

图像分割就是把图像分成若干特定的、具有独特性质的区域并提出感兴趣目标的技术和过程。它是由图像处理到图像分析的关键步骤。现有的图像分割方法主要分为以下几类：基于阈值的分割方法、基于区域的分割方法、基于边缘的分割方法以及基于特定理论的分割方法等。

一般的图像处理过程如图 8-1 所示。从图中可以看出，图像分割是从图像预处理到图像识别和分析理解的关键步骤，在图像处理中占据重要的位置。一方面它是目标表达的基础，对特征测量有重要的影响；另一方面，图像分割以及基于分割的目标表达、特征提取和参数测量等将原始图像转化为更为抽象、更为紧凑的形式，使得更高层次的图像识别、分析和理解成为可能。

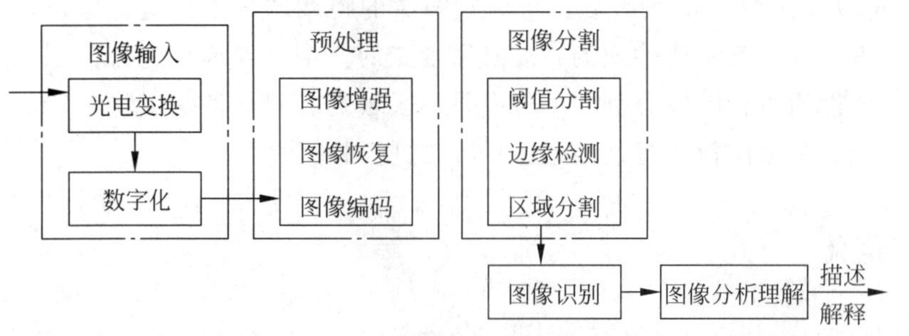

图 8-1　一般的图像处理过程

图像的分割法主要有阈值分割法、区域分割法、边缘分割法、运动分割法等，下面对这几种主要的图像分割法展开介绍。

阈值分割法是一种基于图像分割的技术。其基本原理是通过设定不同的特征阈值，把图像像素点分为若干类。常用的特征包括直接来自原始图像的灰度或彩色特征、由原始灰度或彩色值变换得到的特征。设原始图像为 $f(x,y)$，按照一定的准则在 $f(x,y)$ 中找到若干特征值 $T_1, T_2, \cdots, T_N$，其中 $N \geqslant 1$，将图像分割为几部分。分割后的图像为

$$g(x,y)=\begin{cases}L_N & (f(x,y)\geqslant T_N)\\ L_{N-1} & (T_{N-1}\leqslant f(x,y)<T_N)\\ \vdots & \\ L_1 & (T_1\leqslant f(x,y)<T_2)\\ L_0 & (f(x,y)<T_1)\end{cases}$$

一般意义下，阈值运算可以被看作对图像中某点的灰度、该点的某种局部特性以及该点在图像中的位置的一种函数。这种阈值函数可记作

$$T[x,y,N(x,y),f(x,y)]$$

式中，$f(x,y)$是点(x,y)的灰度值；$N(x,y)$是点(x,y)的局部邻域特性。根据对T的不同约束，可以得到3种不同类型的阈值。

(1) 全局阈值$T=T(f(x,y))$，只与点的灰度值有关。

(2) 局部阈值$T=T[N(x,y),f(x,y)]$，与点的灰度值和该点的局部邻域特征有关。

(3) 动态阈值$T[x,y,N(x,y),f(x,y)]$，与点的位置、该点的灰度值和该点邻域特征有关。

8.1 灰度阈值分割

此处主要讨论利用像素的灰度值，通过取阈值进行分类的过程。这种分类技术基于下列假设：每个区域由许多灰度值相近的像素构成，物体和背景之间或不同物体之间的灰度值有明显的差别，可以通过取阈值来区分。待分割图像的特性越接近于这个假设，用这种方法分割的效果就越好。其主要性质为：根据像素点的灰度不连续性进行分割，边缘微分算子就是利用该性质进行图像分割的；利用同一区域具有的某种灰度特性（或相似的组织特性）进行分割，灰度阈值法就是利用这一特性进行分割的。

8.1.1 灰度图像二值化

灰度阈值法是一种常用，也是最简单的分割方法。只要选取一个适当的灰度级阈值T，然后将每个像素灰度和它进行比较，将灰度点超过阈值T的像素点重新分配以最大灰度（如255），低于阈值的分配以最小灰度（如0），那么就可以组成一个新的二值图像。这样，可把目标从背景中分割开来。

图像阈值化处理的实质是一种图像灰度级的非线性运算。阈值处理可用方程加以描述，并且随阈值的取值不同，可以得到具有不同特征的二值图像。

例如，如果原图像$f(i,j)$的灰度范围为$[r_1,r_2]$，那么在r_1和r_2之间选择一个灰度值T作为阈值，就可以有两种方法定义阈值化后的二值图像。

① 令阈值化的图像为

$$g(i,j)=\begin{cases}255 & (f(i,j)\geqslant T)\\ 0 & (\text{其他})\end{cases}\tag{8-1}$$

② 令阈值化后的图像为

$$g(i,j)=\begin{cases}255 & (f(i,j)\leqslant T)\\ 0 & (\text{其他})\end{cases} \tag{8-2}$$

这两种变换函数的曲线如图 8-2 所示。

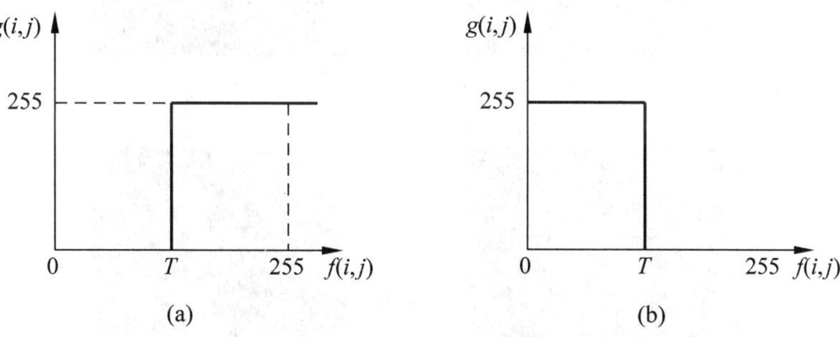

图 8-2 两种变换函数曲线

对于式(8-1)和式(8-2)所定义的基本阈值分割有许多修正。一种是将图像分割为具有一个集合 D 内的灰度的区域而其他作为背景，即

$$g(i,j)=\begin{cases}255 & (f(i,j)\in D)\\ 0 & (\text{其他})\end{cases}$$

还有一种分割，其定义为

$$g(i,j)=\begin{cases}f(i,j) & (f(i,j)\geqslant T)\\ 0 & (\text{其他})\end{cases}$$

这种分割称为半阈值化。这样分割的目的是屏蔽图像背景，留下物体部分的灰度信息。

【例 8-1】 利用图像分割测试图像中的微小结构。

其 MATLAB 程序如下：

```
>> clear all;
I = imread('cell.tif');                 %读入原始图像 I
subplot(221);imshow(I);
title('原始图像');
Ic = imcomplement(I);                   %对图像求反色
BW = im2bw(Ic,graythresh(Ic));          %转换为二值图像进行阈值分割
subplot(222);imshow(BW);
title('阈值截取分割后的图像');
se = strel('disk',7);                   %创建一个半径为 7 像素的圆盘形结构元素
BW2 = imclose(BW,se);                   %闭运算
BW3 = imopen(BW2,se);                   %开运算
subplot(223);imshow(BW3);
title('对小图像进行删除后的图像');
mask = BW & BW3;                        %对两幅图像进行逻辑"与"运算
subplot(224);imshow(mask);
title('检测的结果');
```

运行程序，效果如图 8-3 所示。

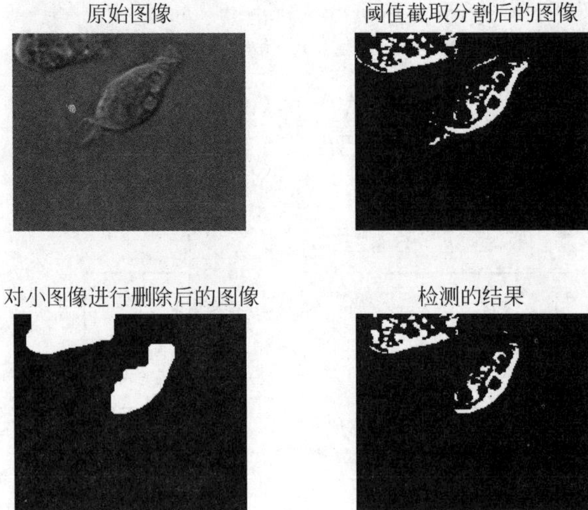

图 8-3 测试图像中的微小结构

8.1.2 灰度图像多区域阈值分割

在灰度图像中分离出有意义区域最基本的方法是设置阈值的分割方法。假设图像中存在背景 S_0 和 n 个不同意义的部分 $S_1,S_2,\cdots,S_n$，如图 8-4 所示。

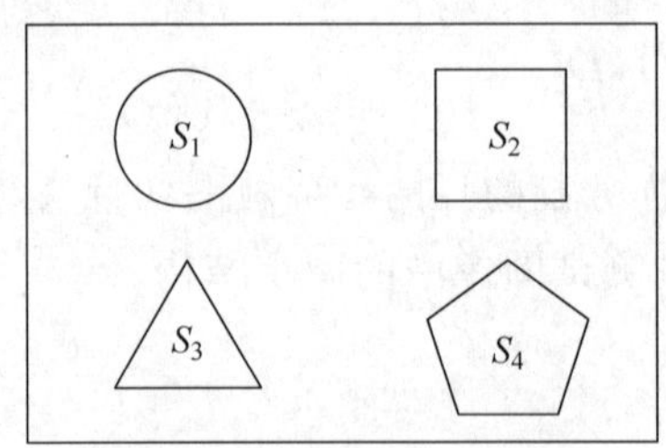

图 8-4 图像中的区域($n=4$)

或者说图像由$(n+1)$个区域组成，各个区域内的灰度值相近，而各区域之间的灰度特性有明显差异，并设背景的灰度值最小，则可根据各区域的灰度差异设置 n 个阈值 T_0，$T_1,T_2,\cdots,T_{n-1}(T_0<T_1<T_2\cdots<T_{n-1})$，并进行如下分割处理：

$$g(i,j)=\begin{cases} g_0 & (f(i,j)\leqslant T_0) \\ g_1 & (T_0<f(i,j)\leqslant T_1) \\ \vdots & \\ g_{n-1} & (T_{n-2}<f(i,j)\leqslant T_{n-1}) \\ g_n & (f(i,j)>T_{n-1}) \end{cases}$$

式中，$f(i,j)$为原图像像素的灰度值；$g(i,j)$为区域分割处理后图像上像素的输出结果；$g_0,g_1,g_2,\cdots,g_n$ 分别为处理后背景 S_0，区域 S_1，区域 S_2，…，区域 S_n 中像素的输出值或某种标记。含有多目标图像的直方图如图 8-5 所示。

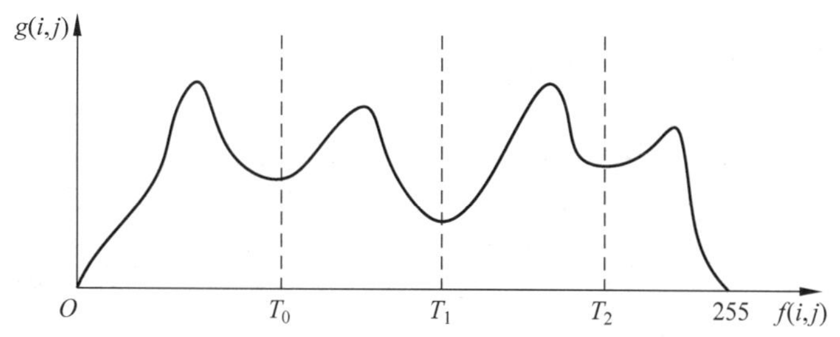

图 8-5 含有多目标图像的直方图

【例 8-2】 利用灰度图像分割法分割图像。

其 MATLAB 程序如下：

```
>> clear all;
I = imread('lean.jpg');
figure,
subplot(131);imshow(I),
title('原始图像');
C = histc(I,0:255);                    %histc 是一个内部函数
n = sum(C');                           %n(k)表示灰度值 = k 的像素数
N = sum(n);                            %求出图像像素总数
t = n/N;                               %t(k)表示第 k 个灰度级出现的概率
subplot(132); bar(0:255,t);
title('直方图 ');
hold off;
axis([0,255,0,0.03]);
%开始利用阈值法分割图像
[p,threshold] = min(t(120:150));
%寻找阈值 threshold = threshold + 120;
tt = find(I > threshold);
I(tt) = 255;
tt = find(I <= threshold);
I(tt) = 0;
subplot(133); imshow(I);
title('阈值分割图像');
```

运行程序,效果如图 8-6 所示。

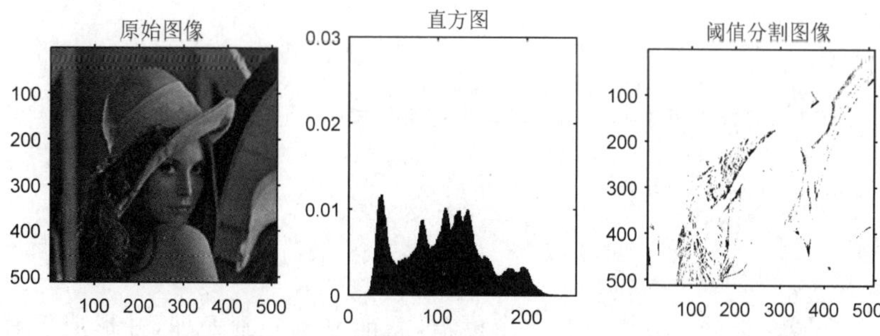

图 8-6 灰度法分割图像

8.2 直方图阈值分割

8.2.1 直方图阈值双峰法

如果灰度图像的灰度级范围为 $i=0,1,\cdots,L-1$，当灰度级为 k 时的像素数为 n_k，则一幅图像的总像素数 N 为

$$N=\sum_{i=0}^{L-1}n_i=n_0+n_1+\cdots+n_{L-1}$$

灰度级 i 出现的概率为

$$p_i=\frac{n_i}{N}=\frac{n_i}{n_0+n_1+\cdots+n_{L-1}}$$

当灰度图像中画面比较简单且对象物的灰度分布比较有规律时，背景和象物在图像的灰度直方图上各自形成一个波峰，由于每两个波峰间形成一个低谷，因而选择双峰间低谷处所对应的灰度值为阈值，可将两个区域分离。

把这种通过选取直方图阈值来分割目标和背景的方法称为直方图阈值双峰法。如图 8-7 所示，在灰度级 t_1 和 t_2 两处有明显的峰值，而在 t 处是一个谷点。

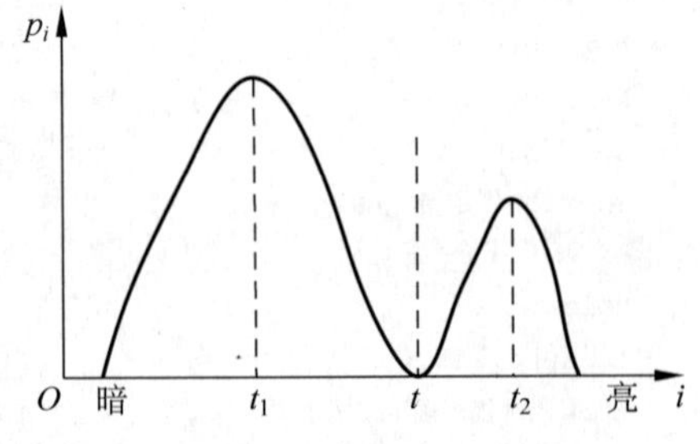

图 8-7 直方图的双峰与阈值

具体实现的方法是先作出图像 $f(x,y)$ 的灰度直方图，如果只出现背景和目标物两区域部分所对应的直方图呈双峰且有明显的谷底，则可以将谷底点所对应的灰度值作为阈值，然后根据该阈值进行分割，就可以将目标从图像中分割出来。这种方法适用于目标和背景的灰度差较大、直方图有明显谷底的情况。

【例 8-3】 用直方图阈值双峰法分割图像。

其 MATLAB 程序如下：

```
>> clear all;
I = imread('pout.tif');
subplot(131);imshow(I);
title('原始图像');
subplot(132);imhist(I);        %显示原始图像的直方图
title('原始图像的直方图');
%根据上面直方图选择阈值 120,划分图像的前景和背景
newI = im2bw(I,120/255);
subplot(133);imshow(newI);
title('双峰法分割图像');
```

运行程序，效果如图 8-8 所示。

由图 8-8 可知，根据直方图设置一个阈值，就能完成分割处理，并形成仅有两种灰度的二值图像。

双峰法比较简单，在可能的情况下常常作为首选的阈值确定方法，但是图像的灰度

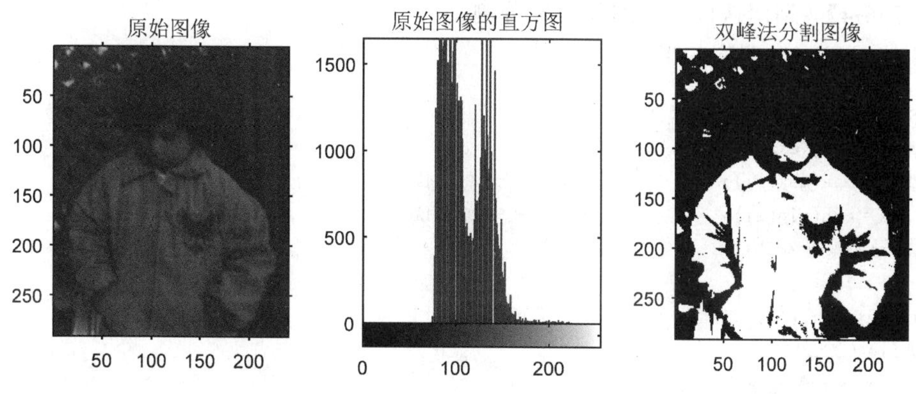

图 8-8　直方图阈值双峰法的图像分割

直方图的形状随着对象、图像输入系统、输入环境等因素的不同而千差万别。当出现波峰间的波谷平坦、各区域直方图的波形重叠等情况时，用直方图阈值法难以确定阈值，必须寻求其他方法来选择适宜的阈值。

8.2.2　动态阈值法

虽然人工法可以选出令人满意的阈值，但是在无人介入的情况下自动选取阈值是大部分应用的基本要求。自动阈值法通常使用灰度直方图来分析图像中灰度值的分布，结合特定的应用领域知识来选取最合适的阈值。

1. 迭代式阈值选择

迭代式阈值选择方法的基本思想是：开始时选择一个阈值作为初始估计值，然后按某种策略不断地改进这一估计值，直到满足给定的准则为止。在迭代过程中，关键之处在于选择什么样的阈值改进策略。好的阈值改进策略应该具备两个特征：一是能够快速收敛；二是在每一个迭代过程中，新产生的阈值优于上一次的阈值。下面介绍一种迭代式阈值选择算法，其具体步骤如下：

① 选择图像灰度中值作为初始阈值 T_0。

② 利用阈值 T 把图像分割成两个区域——R_1 和 R_2，用下式计算区域 R_1 和 R_2 的灰度均值 μ_1 和 μ_2：

$$\mu_1 = \frac{\sum_{i=0}^{T_i} i n_i}{\sum_{i=0}^{T_i} n_i}, \quad \mu_2 = \frac{\sum_{i=T_i}^{L-1} i n_i}{\sum_{i=T_i}^{L-1} n_i}$$

③ 计算出 μ_1、μ_2 后，用下式计算出新的阈值 T_{i+1}：

$$T_{i+1} = \frac{1}{2}(\mu_1 + \mu_2)$$

④ 重复步骤②～③，直到 T_{i+1} 和 T_i 的差小于某个给定值。

【例 8-4】 利用迭代法对图像实现分割。

其 MATLAB 程序如下：

```
>> clear all;
I = imread('eight.tif');
ZMAX = max(max(I));              %取出最大灰度值
ZMIN = min(min(I));              %取出最小灰度值
TK = (ZMAX + ZMIN)/2;
BCal = 1;
iSize = size(I);                 %图像的大小
while (BCal)
    %定义前景和背景数
    iForeground = 0;
    iBackground = 0;
    %定义前景和背景灰度总和
    ForegroundSum = 0;
    BackgroundSum = 0;
    for i = 1:iSize(1)
        for j = 1:iSize(2)
            tmp = I(i,j);
            if(tmp >= TK)
                %前景灰度值
                iForeground = iForeground + 1;
                ForegroundSum = ForegroundSum + double(tmp);
            else
                iBackground = iBackground + 1;
                BackgroundSum = BackgroundSum + double(tmp);
            end
        end
    end
    %计算前景和背景的平均值
    ZO = ForegroundSum/iForeground;
    ZB = BackgroundSum/iBackground;
    TKTmp = uint8((ZO + ZB)/2);
    if(TKTmp == TK)
        BCal = 0;
    else
        TK = TKTmp;
    end
    %当阈值不再变化时,说明迭代结束
end

disp(strcat('迭代后的阈值:',num2str(TK)));
newI = im2bw(I,double(TK)/255);
subplot(1,2,1);imshow(I);
title('原始图像');
subplot(1,2,2);imshow(newI);
title ('迭代法分割效果图');
```

运行程序，输出如下，效果如图 8-9 所示。

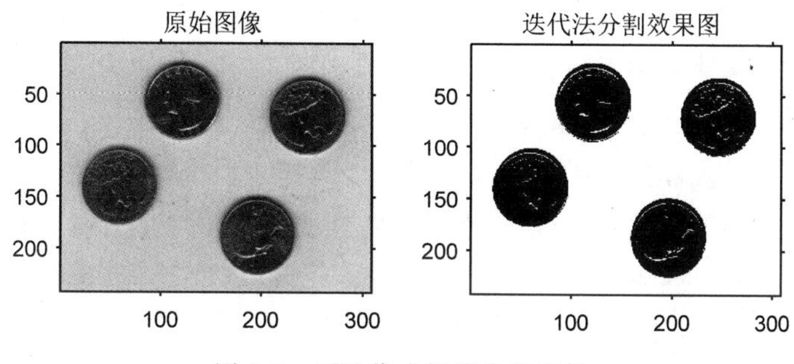

图 8-9 用迭代式阈值分割图像

迭代后的阈值：165。

2. Otsu 法阈值选择

Otsu 法是一种使类间方差最大的自动阈值的方法。该方法具有简单、处理速度快的特点，是一种常用的阈值选取方法。其基本思想如下：设图像像素数为 N，灰度范围为 $[0,L-1]$，对应灰度级 i 的像素数为 N_i，概率为

$$p_i = \frac{n_i}{N} \quad (i = 0,1,2,\cdots,L-1)$$

$$\sum_{i=0}^{L-1} p_i = 1$$

把图像中的像素按灰度值用阈值 T 分成 C_0 和 C_1 两类，C_0 由灰度值在 $[0,T]$ 之间的像素组成，C_1 由灰度值在 $[T+1,L-1]$ 之间的像素组成，对于灰度分布概率，整幅图像的均值为

$$u_T = \sum_{i=0}^{L-1} ip_i$$

则 C_0 和 C_1 的均值为

$$u_T = \sum_{i=0}^{L-1} \frac{ip_i}{\bar{\omega}_0}$$

$$u_T = \sum_{i=T+1}^{L-1} \frac{ip_i}{\bar{\omega}_1}$$

其中，

$$\bar{\omega}_0 = \sum_{i=0}^{T} p_i$$

$$\bar{\omega}_1 = \sum_{i=T+1}^{L-1} p_i = 1 - \bar{\omega}_0$$

由上面的公式可得

$$u_T = \bar{\omega}_0 u_0 + \bar{\omega}_1 u_1$$

类间方差的定义为

$$\sigma_B^2 = \bar{\omega}_0 (u_0 - u_T)^2 + \bar{\omega}_1 (u_1 - u_T)^2$$

$$
\begin{aligned}
&= \bar{\omega}_0(u_0 - u_T)^2 + u_T^2(\bar{\omega}_0 + \bar{\omega}_1) - 2(\bar{\omega}_0 u_0 + \bar{\omega}_1 u_1)u_T \\
&= \bar{\omega}_0 u_0^2 + \bar{\omega}_1 u_1^2 - u_T^2 \\
&= \bar{\omega}_0 u_0^2 + \bar{\omega}_1 u_1^2 - (\bar{\omega}_0 u_0 + \bar{\omega}_1 u_1)^2 \\
&= \bar{\omega}_0 u_0^2(1 - \bar{\omega}_0) + \bar{\omega}_1 u_1^2(1 - \bar{\omega}_1) - 2\bar{\omega}_0\bar{\omega}_1 u_0 u_1 \\
&= \bar{\omega}_1\bar{\omega}_0(u_0 - u_1)^2
\end{aligned}
$$

让 T 在$[0,L-1]$范围依次取值，使 σ_B^2 最大的 T 值即为 Otsu 法的最佳阈值。在 MATLAB 图像处理工具箱中提供了 graythresh 函数求取阈值，采用的就是 Otsu 法。graythresh 函数的调用格式为

level＝graythresh(I)：计算图像 I 的全局阈值 level。level 为标准化灰度值，其范围为[0,1]。

[level EM]＝graythresh(I)：计算图像 I 的全局阈值 level。输出参量 EM 表示有效性度量(表明输入图像 I 的全局阈值的有效性)，其范围为[0,1]。

【例 8-5】 用 Otsu 法进行阈值选择。

其 MATLAB 程序如下：

```
>> clear all;
I = imread('coins.png');
subplot(121), imshow(I)
title('原始图像')
bw = im2bw(I, graythresh(getimage));
subplot(122), imshow(bw)
title ('Otsu方法二值化图像')
bw2 = imfill(bw,'holes');
s= regionprops(bw2, 'centroid');
centroids = cat(1, s.Centroid);
imtool(I)
hold(imgca,'on')
plot(imgca,centroids(:,1), centroids(:,2), 'r+')
hold(imgca,'off')
```

运行程序，效果如图 8-10 及图 8-11 所示。

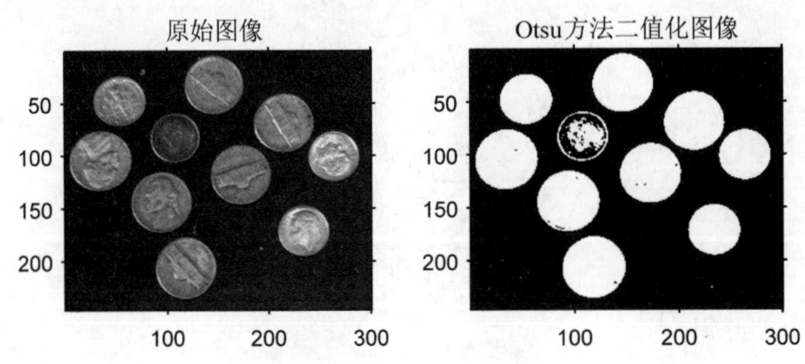

图 8-10　Otsu 法分割图像

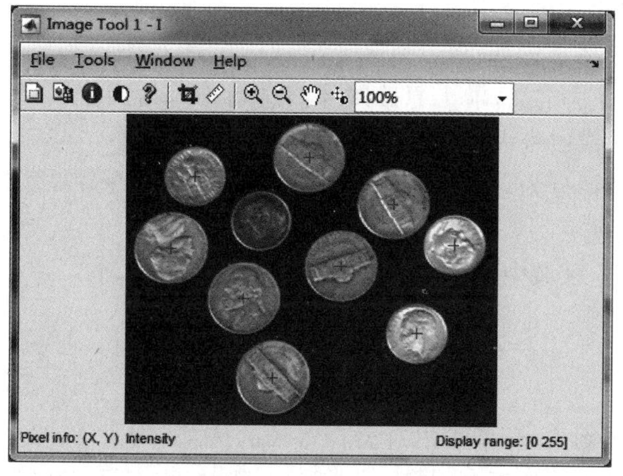

图 8-11　显示图像的重心

8.3　最大熵阈值分割

图像最大熵阈值分割方法是应用信息论中熵的概念与图像阈值化技术，使选择的阈值分割图像目标区域、背景区域两部分灰度统计的信息量为最大。

设分割阈值为 t，P_i 为灰度 i 出现的概率，$i\in\{0,1,2,\cdots,L-1\}$，$\sum_{i=0}^{L-1}P_i=1$。

对数字图像阈值分割的图像灰度直方图如后述例 8-6 中图 8-12 所示。其中，灰度级低于 t 的像素点构成目标区域 O；灰度级高于 t 的像素点构成背景区域 B。由此得到目标区域 O 的概率分布和背景区域 B 的概率分布。

目标区域 O 的概率灰度分布为

$$P_O=P_i/P_t\quad(i=0,1,\cdots,t)$$

背景区域 B 的概率灰度分布为

$$P_B=P_i/(1-P_i)\quad(i=t+1,t+2,\cdots,L-1)$$

其中，

$$P_t=\sum_{i=0}^{t}P_i$$

由此得到数字图像的目标区域和背景区域熵的定义为

$$H_O(t)=-\sum_{i=0}^{t}P_O\log_2P_O\quad(i=0,2,\cdots,t)$$

$$H_B(t)=-\sum_{i=t+1}^{L-1}P_B\log_2P_B\quad(i=t+1,t+2,\cdots,L-1)$$

由目标区域和背景区域熵 $H_O(t)$和 $H_B(t)$得到熵函数 $\phi(t)$定义为

$$\phi(t)=H_O+H_B$$

当熵函数 $\phi(t)$取得最大值时，对应的灰度值 t^* 即为所求的最佳阈值：

$$t^*=\max_{0<t<L-1}[\phi(t)]$$

【例 8-6】 信息熵图像分割设计。

信息熵算法的具体描述如下。

① 根据信息熵算法定义，求出原始图像信息熵 H_0，为阈值 T 选择一个初始估计值阈值 T_0，将其取为图像中最大和最小灰度的中间值。

② 根据 T_0 将图像分为 G_1 和 G_2 两部分，灰度大于 T_0 的像素组成区域 G_1，灰度小于 T_0 的像素组成区域 G_2。

③ 计算 G_1 和 G_2 区域中像素的各自平均灰度值 M_1 和 M_2。

更新的阈值为

$$T_2 = \frac{M_1 + M_2}{2}$$

④ 根据 T_2 分割图像，分别求出对象与背景的信息熵 H_d 和 H_b，比较原始图像信息熵 H_0 与 $H_d + H_b$ 的大小关系，如果 H_0 与 $H_d + H_b$ 相等或相差在规定的范围内，或达到规定的迭代次数，则可将 T_2 作为最终阈值结果，否则将 T_2 赋给 T_0，将 $H_d + H_b$ 赋给 H_0，重复②～④步的操作，直到满足要求为止。

MATLAB 程序如下：

```
>> clear all;
I = imread('cameraman.tif');
subplot(121);imshow(I);
title('原始彩色图像');
if length(size(I)) == 3                     %如果是彩色图像,则转换为灰度图像
    I = rgb2gray(I);                        %RGB 图像转换为灰度图像
end
[X,Y] = size(I);
V_max = max(max(I));
V_min = min(min(I));
T0 = (V_max + V_min)/2;                     %初始分割阈值
h = imhist(I);                              %计算图像的直方图
grayp = imhist(I)/numel(I);                 %求图像像素概率
I = double(I);
H0 = - sum(grayp(find(grayp(1:end)> 0)). * log(grayp(find(grayp(1:end)> 0))));
cout = 100;                                 %设置迭代次数为 100 次
while(cout > 0)
    Tmax = 0;                               %初始化
    grayPd = 0;    grayPb = 0;
    Hd = 0;     Hb = 0;
    T1 = T0;
    A1 = 0;     A2 = 0;
    B1 = 0;     B2 = 0;
    for i = 1:X                             %计算灰度平均值
        for j = 1:Y
            if(I(i,j)< = T1)
                A1 = A1 + 1;
                B1 = B1 + I(i,j);
            else
                A2 = A2 + 1;
                B2 = B2 + I(i,j);
            end
        end
```

```
    end
    M1 = B1/A1;
    M2 = B2/A2;
    T2 = (M1 + M2)/2;
    TT = round(T2);
    grayPd = sum(grayp(1:TT));     % 计算分割区域 G1 的概率和
    if grayPd == 0
        grayPd = eps;
    end
    grayPb = 1 - grayPd;
    if grayPb == 0
        grayPb = eps;
    end
% 计算分割后区域 G1 的信息熵
Hd = - sum((grayp(find(grayp(1:TT)> 0))/grayPd). * log((grayp(find(grayp(1:TT)> 0))/grayPd)));
% 计算分割后区域 G2 的信息熵
Hb = - sum(grayp(TT + (find(grayp(TT + 1:end)> 0)))/grayPb. * log(grayp(TT + (find(grayp(TT + 1:
end)> 0)))/grayPb));
    H1 = Hd + Hb;
    cout = cout - 1;
    if(abs(H0 - H1)< 0.0001)|(cout == 0)
        Tmax = T2;
        break;
    else
        T0 = T2;
        H0 = H1;
    end
end
Tmax
cout
for i = 1:X                             % 根据所求阈值 Tmax 转换图像
    for j = 1:Y
        if(I(i,j)<= Tmax)
            I(i,j) = 0;
        else
            I(i,j) = 1;
        end
    end
end
subplot(122);imshow(I);
title('图像处理分割后的效果');
```

运行程序，输出如下，效果如图 8-12 所示。

```
Tmax =
    88.5388
cout =
    95
```

最大信息熵算法通过编程可以迅速得到计算结果，但对大小不同尺寸的图像，运行速度会受到影响。总体来看，经过最大信息熵图像分割处理后，照片画面清晰，图像信息可得到最大保留。

图 8-12　最大信息熵图像分割效果

8.4　分水岭法

在许多情况下，图像中目标区域与背景区域的灰度或平均灰度是不同的，而目标区域和背景区域内部灰度相关性很强，这时可将灰度的均一性作为依据进行分割。

这里介绍一种最简单的灰度分割方法——灰度门限法。它是基于灰度阈值的分割方法，也是基于区域的分割方法。其实现方法主要是将高于某一灰度的像素划分到一个区域中，低于某一灰度的像素划分到另一个区域中。

灰度阈值选择直接影响分割效果。下面介绍分水岭算法。

分水岭(Watershed)算法是一种借鉴了形态学理论的分割方法。在该方法中，将一幅图像看成一个拓扑地形图。其中，灰度值 $f(x,y)$ 对应地形高度值；高灰度值对应着山峰；低灰度值对应着山谷。水总是朝地势低的地方流动，直到某一局部低洼处才停下来，这个低洼处被称为吸水盆地。最终所有的水会分聚在不同的吸水盆地，吸水盆地之间的山脊被称为分水岭。水从分水岭流下时，它朝不同的吸水盆地流去的可能性是相等的。将这种想法应用于图像分割，就是要在灰度图像中找出不同的吸水盆地和分水岭，由这些不同的吸水盆地和分水岭组成的区域即为所要分割的目标。

分水岭阈值选择算法可以被看成一种自适应的多阈值分割算法，在图像梯度图上进行阈值选择时，经常遇到的问题是如何恰当地选择阈值。阈值若选得太高，则许多边缘会丢失或边缘出现破碎现象；阈值若选得太低，则容易产生虚假边缘，而且边缘变厚导致定位不精确。分水岭阈值选择算法可避免这个缺点。如图 8-13 所示，两个低洼处为吸水盆地，阴影部分为积水，水平面的高度相当于阈值，随着阈值的升高，吸水盆地的水位也跟着上升，当阈值升至 T_3 时，两个吸水盆地的水都升到分水岭处，此时，若再升高阈值，则两个吸水盆地的水会溢出使分水岭合为一体。因此，通过阈值 T_3 可以准确地分割出两个由吸水盆地和分水岭组成的区域。其中，分水岭对应于原始图像中的边缘。

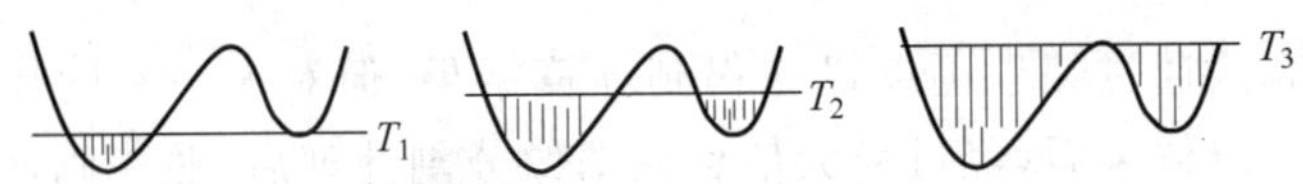

图 8-13　分水岭形成示意图

在 MATLAB 中，提供了 watershed 函数对图像进行分水岭分割。函数的调用格式为

L＝watershed(A)：其中，输入参数 A 为待分割的图像。实际上，watershed 函数不仅适用于图像分割，也可以用于对任意维区域的分割。A 是对这个区域的描述，可以是任意维的数组，每一个元素可以是任意实数。返回参数 A 与 A 维数相同的非负整数矩阵，标记分割结果，矩阵元素值为对应位置上像素点所属的区域编号，0 元素表示该对应像素点是分水岭，不属于任何一个区域。

L＝watershed(A,conn)：指定算法中使用的元素的连通方式。对图像分割问题，conn 有两种取值。当 conn＝4 时，表示为 4 连通；当 conn＝8 时，表示为 8 连通。

分水岭阈值选择算法具有运算简单、性能优良、能够较好提取对象轮廓、准确得到物体边界的优点。但由于分割时需要梯度信息，原始信号中噪声的影响会在梯度图中造成许多虚假的局部极小值，由此产生过分割现象。

【例 8-7】 用改进的 Watershed 算法分割图像。

其 MATLAB 程序如下：

```
>> clear;
I = imread('cameraman.tif');
subplot(221);imshow(I);
title('原始图像')
%计算梯度图
I = double(I);
hv = fspecial('prewitt');
hh = hv.';
gv = abs(imfilter(I,hv,'replicate'));
gh = abs(imfilter(I,hh,'replicate'));
g = sqrt(gv.^2 + gh.^2);
%计算距离函数
df = bwdist(I);
%计算外部约束
L = watershed(df);
em = L == 0;
%计算内部约束
im = imextendedmax(I,20);
subplot(222);imshow(im);
title('标记内约束')
%重构梯度图
g2 = imimposemin(g,im|em);
subplot(223);imshow(g2);
title('重构梯度图')
%watershed 算法分割
L2 = watershed(g2);
wr2 = L2 == 0;
I(wr2) = 255;
subplot(224);imshow(uint8(I));
title('分割结果')
```

运行程序，效果如图 8-14 所示。

图 8-14　图像的分水岭分割

第9章 状态方程求解分析与设计实现

9.1 系统数学模型

(1) 传递函数

传递函数是离散系统(如数字滤波器)的基本 z 域表示形式，它是两个多项式之比。离散系统传递函数的 z 变换形式为

$$Y(z)=\frac{b(1)+b(2)z^{-1}+\cdots+b(nb+1)z^{-nb}}{1+a(2)z^{-1}+\cdots+a(na+1)z^{-na}}X(z) \tag{9-1}$$

式中，$b(i)$与 $a(i)$是系统传递函数的系数；系统阶次是 na 和 nb 中的最大值，系统传递函数的系数分别储存在两个向量(一般是行向量)中。

MATLAB 中用系统传递函数分子和分母的系数构成的两个向量来唯一确定一个系统。

$$\text{num}=[a(1),a(2),\cdots,a(n)]$$
$$\text{den}=[b(1),b(2),\cdots,b(n)]$$

(2) 状态空间

状态方程是描述系统的一种常用方式，这种方式基于系统的不可见的状态变量，所以又称为系统的内部描述方法。

$$\boldsymbol{x}(n+1)=A\boldsymbol{x}(n)+B\boldsymbol{u}(n)$$
$$\boldsymbol{y}(n)=C\boldsymbol{x}(n)+D\boldsymbol{u}(n)$$

式中 $\boldsymbol{u}(n)$是输入向量；$\boldsymbol{x}$ 是状态向量；$\boldsymbol{y}$ 是输出向量。$\boldsymbol{A}$,$\boldsymbol{B}$,$\boldsymbol{C}$ 和 $\boldsymbol{D}$ 分别为常数矩阵，在 MATLAB 中，一般情况下，系统的状态方程可以简记为($\boldsymbol{A}$,$\boldsymbol{B}$,$\boldsymbol{C}$,$\boldsymbol{D}$)，如果 $\boldsymbol{D}=0$，则系统的状态方程模型可以简记为($\boldsymbol{A}$,$\boldsymbol{B}$,$\boldsymbol{C}$)。

(3) 零极点增益

零极点增益实际上是传递函数模型的另一种表现形式，其原理分别是对原系统传递函数的分子和分母进行分解因式处理，以获得系统的零极点表示形式，对单输入单输出系统来说，可以简单地将其零极点模型写成

$$H(z)=\frac{q(z)}{p(z)}=k\,\frac{[z-q(1)][z-q(2)]\cdots[z-q(n)]}{[z-p(1)][z-p(2)]\cdots[z-p(n)]}$$

式中，$q(i)(i=1,2,\cdots,m)$和$p(i)(i=1,2,\cdots,n)$分别称为系统的零点和极点，它们既可以为实数也可以为复数，而k称为系统的增益。在MATLAB中滤波器就可以简记为$[Z,P,K]$。

(4) 二阶分割形式

离散传递函数的二阶分割形式为

$$H(z)=\prod_{k=1}^{L}\frac{b_{0k}+b_{1k}z^{-1}+b_{2k}z^{-2}}{1+a_{1k}z^{-1}+a_{2k}z^{-2}}$$

sos是二阶分割形式的系数$L\times6$sos矩阵：

$$\text{sos}=\begin{bmatrix} b_{01} & b_{11} & b_{21} & 1 & a_{11} & a_{21} \\ b_{02} & b_{12} & b_{22} & 1 & a_{12} & a_{22} \\ \cdots & \cdots & \cdots & \cdots & \cdots & \cdots \\ b_{01} & b_{11} & b_{21} & 1 & a_{11} & a_{21} \end{bmatrix}$$

系统传递函数是二阶分割形式传递函数的增益G次阶，如果G没有给定，则默认为1。

(5) 部分分式形式

每一个传递函数都有对应的部分分式或留数，形式如下：

$$\frac{b(z)}{a(z)}=\frac{r(1)}{1-p(1)z^{-1}}+\cdots+\frac{r(n)}{1-p(n)z^{-1}}$$

给出的$H(z)$没有重极点。此外，n是有理传递函数$b(z)/a(z)$分母多项式的次数。若以r表示S_r的重复次数，则$H(z)$具有如下形式：

$$\frac{r(j)}{1-p(j)z^{-1}}+\frac{r(j+1)}{(1-p(j)z^{-1})^2}+\cdots\frac{r(j+S_r-1)}{(1-p(j)z^{-1})^{S_r}}$$

在MATLAB中提供了相关函数实现以上各系统的模型。

1. conv函数

功能：卷积与多项式乘积。其调用格式如下。

c=conv(a,b)：计算向量A与B的卷积，卷积的长度是length(A)+length(B)−1，如果A与B是多项式的系数，则卷积的结果是它们乘积多项式的系数。conv函数允许进行多级嵌套使用。

【例9-1】 运用conv表示传递函数：

$$G(s)=\frac{25}{(s+6)(s^2+105s+75)(s^3+34s^2+50s+10)}$$

其实现的MATLAB代码如下：

```
>> clear all;
num = [25];
den = conv([1,6],conv([1,105,75],[1,34,50,10]))
```

2. convmtx函数

功能：卷积矩阵。其调用格式如下：

```
A = convmtx(c,n)
```

```
A = convmtx(r,n)
```

返回向量 c 的卷积矩阵,如果 c 是一个行向量,x 是一长度为 n 的行向量,则 convmtx(c,n) * x 等同于 conv(c,x);如果 r 是列向量,x 是一个长度为 c 的行向量,则 x * convmtx(r,n)等同于 conv(r,x)。

【例 9-2】 convmtx 用法。

输入代码如下:

```
>> h = [1 2 3 2 1];
convmtx(h,7)
```

运行程序,输出如下:

```
ans =
     1     2     3     2     1     0     0     0     0     0     0
     0     1     2     3     2     1     0     0     0     0     0
     0     0     1     2     3     2     1     0     0     0     0
     0     0     0     1     2     3     2     1     0     0     0
     0     0     0     0     1     2     3     2     1     0     0
     0     0     0     0     0     1     2     3     2     1     0
     0     0     0     0     0     0     1     2     3     2     1
```

3. latc2tf 函数

功能:将格式滤波器形式转换为传递函数形式。其调用格式如下:

[num,den]=latc2tf(k,v):由 IIR 滤波器的格式系数 k 和梯形系数 v 得到其传递函数的分子系数 num 和分母系数 den。

[num,den]=latc2tf(k,'iiroption'):由全极点 IIR 滤波器形式系数 k 得到其传递函数的分子系数 num 和分母系数。

num=latc2tf(k,'firoption'):由 FIR 滤波器格式系数 k 得到其传递函数分子系数 num。

4. sos2ss 函数

功能:将二阶分割形式转换为状态方程形式。其调用格式如下:

```
[A,B,C,D] = sos2ss(sos)
[A,B,C,D] = sos2ss(sos,g)
```

由二阶形式的增益 g 与 sos 矩阵得到状态方程矩阵 a,b,c 和 d。

【例 9-3】 sos2ss 用法。

输入如下代码:

```
>> sos = [1  1  1  1  0 -1; -2  3  1  1 10  1];
[A,B,C,D] = sos2ss(sos)
```

运行程序,输出如下:

```
A =
   -10     0    10     1
```

```
     1     0     0     0
     0     1     0     0
     0     0     1     0
B =
     1
     0
     0
     0
C =
    21     2   - 16   - 1
D =
   - 2
```

5. sos2tf 函数

功能：将二阶分割形式转换为传递函数形式。其调用格式如下：

```
[b,a] = sos2tf(sos)
[b,a] = sos2tf(sos,g)
```

由二阶分割形式的系数矩阵 sos 与增益 g 得出离散线性系统的传递函数的分子与分母系数 b 和 a。

【例 9-4】 sos2tf 用法。

输入如下代码：

```
>> sos = [1  1  1  1  0 -1; -2  3  1  1 10  1];
[b,a] = sos2tf(sos)
```

运行程序，输出如下：

```
b =
    - 2     1     2     4     1
a =
     1    10     0   - 10    - 1
```

6. sos2zp 函数

功能：将二阶分割形式转换为零极点增益形式。其调用格式如下：

```
[z,p,k] = sos2zp(sos)
[z,p,k] = sos2zp(sos,g)
```

由二阶分割形式给出的增益 g 及矩阵 sos，得出零点 z、极点 p 和增益 k。

【例 9-5】 sos2zp 用法。

输入如下代码：

```
>> sos = [1  1  1  1  0 -1; -2  3  1  1 10  1];
[z,p,k] = sos2zp(sos)
```

运行程序，输出如下：

```
z =
```

```
 -0.5000 + 0.8660i
 -0.5000 - 0.8660i
  1.7808
 -0.2808
p =
   -1.0000
    1.0000
   -9.8990
   -0.1010
k =
   -2
```

7. ss2sos 函数

功能：将状态方程形式转换为二阶分割形式。其调用格式如下：

[sos,g]=ss2sos(A,B,C,D)：由单输入单输出系统的状态方程矩阵 a,b,c 和 d 得到二阶分割形式的增益 g 及矩阵 sos。系统的零极点必须是共轭的，必须处于稳定状态。

[sos,g]=ss2sos(A,B,C,D,iu)：在由多输入单输出系统的状态形式向二阶分割形式转换中使用第 iu 个输入。

二阶分割形式参见 sos2ss。G 代表系统的全增益，如果 g 没有限定，则包含在第一阶当中。第二阶结构表示系统为 H(z)=G * H1(z) * H2(z) * … * HL(z)。

[sos,g]=ss2sos(A,B,C,D,'order')：限定二阶分割形式的排列。当 order 为'up'时，第一列包含最接近于原点的极点，最后一列包含最接近于单位圆的极点；当 order 为'down'时，阶数被按相反顺序排列。第一列包含最接近于原点的极点，最后一列包含最接近于单位圆的极点。零点与最接近于它们的极点配对。默认状态 order 为'up'。

[sos,g]=ss2sos(A,B,C,D,iu,'order')：指定行序列。

[sos,g]=ss2sos(A,B,C,D,iu,'order','scale')：限定预定的增益的缩放比例与二阶分割形式的分子系数。Scale 可以为'none','inf'或'two'，分别代表无、无限及两倍，默认为'none'。当 scale 为'inf',order 为'up'时，排列将最小化溢出的概率，另外，当 scale 为'two',order 为'down'时，排列将最小化峰值的舍入噪声。

【例 9-6】 ss2sos 用法。

输入如下代码：

```
>> [A,B,C,D] = butter(5,0.2);
sos = ss2sos(A,B,C,D)
```

运行程序，输出如下：

```
sos =
    0.0013    0.0013         0    1.0000   -0.5095         0
    1.0000    2.0017    1.0017    1.0000   -1.0966    0.3554
    1.0000    1.9955    0.9955    1.0000   -1.3693    0.6926
```

8. ss2tf 函数

功能：将状态方程形式转换为传递函数形式。其调用格式如下：

[b,a]=ss2tf(A,B,C,D,iu)：将状态方程形式转换为传递函数形式，iu 用于指定变

换所使用的输入数。

9. ss2zp 函数

功能：将状态方程形式转换为零极点增益形式。其调用格式如下：

[z,p,k]=ss2zp(A,B,C,D,i)：将状态方程形式(A,B,C,D)转换为零极点增益形式[z,p,k]，i用于指定变换所使用的输入数。

【例 9-7】 已知状态方程

$$H(z)=\frac{2+3z^{-1}}{1+0.4z^{-1}+z^{-2}}$$

求其传递函数形式。

其实现的MATLAB程序如下：

```
>> b = [2 3 0];
a = [1 0.4 1];
[z,p,k] = tf2zp(b,a)
z =
         0
   - 1.5000
p =
  - 0.2000 + 0.9798i
  - 0.2000 - 0.9798i
k =
     2
>> [A,B,C,D] = tf2ss(b,a);
[z,p,k] = ss2zp(A,B,C,D,1)
z =
   - 1.5000
         0
p =
  - 0.2000 + 0.9798i
  - 0.2000 - 0.9798i
k =
     2
```

10. tf2ss 函数

功能：将传递函数形式转换为状态方程形式。

[A,B,C,D]=tf2ss(b,a)：将单信号输入系统传递函数形式(num,den)转换为状态方程形式[a,b,c,d]。分母系数向量中的分母系数按 s 的降幂排列。系统传递函数分子系数矩阵 num 与系统输出具有一样的列数。[a,b,c,d]按照控制语言的形式返回，计算同样适用于离散系统。在离散系统中为避免冲突，在使用该函数时对分子多项式进行补零以使其分母具有同等长度。

【例 9-8】 已知某传递函数

$$H(s)=\frac{\begin{bmatrix}2s+3\\s^2+2s+1\end{bmatrix}}{s^2+0.4s+1}$$

求其状态方程形式。

其实现的 MATLAB 程序如下：

```
>> b = [0 2 3; 1 2 1];
a = [1 0.4 1];
[A,B,C,D] = tf2ss(b,a)
```

运行程序，输出如下：

```
A =
   -0.4000   -1.0000
    1.0000    0
B =
    1
    0
C =
    2.0000    3.0000
    1.6000         0
D =
    0
    1
```

11. tf2zp 函数

功能：将传递函数形式转换为零极点增益形式。其调用格式如下：

[z,p,k]=tf2zp(b,a)：将系统传递函数形式(b,a)转换为零极点增益形式[z,p,k]。分母系数向量中的分母系数按 s 的降幂排列。系统传递函数分子系数矩阵 num 与系统输出具有一样的列数。[a,b,c,d]按照控制语言的形式返回，计算同样适用于离散系统。在离散系统中为避免冲突，在使用该函数时对分子多项式进行补零以使其与分母具有同等长度。零点被返回于行向量 z，极点被返回于行向量 p，增益返回于向量 k。

【例 9-9】 设计一个切比雪夫 I 型高通滤波器，使其通带截止频率为 80Hz，阻带截止频率为 60Hz，rp=1，rs=40，采样频率为 200Hz，分别表示为传递函数形式、格式滤波器形式、二阶分割形式、零极点增益形式以及状态方程形式。

其实现的 MATLAB 程序如下：

```
>> clear all;
wp = 80;ws = 60;
rp = 1;rs = 40;Fs = 200;
[N,wn] = cheb1ord(wp/(Fs/2),ws/(Fs/2),rp,rs,'z');
[num,den] = cheby1(N,rp,wn,'high')
[k,v] = tf2latc(num,den)
sos = tf2sos(num,den)
[z,p,k] = tf2zp(num,den)
[A,B,C,D] = tf2ss(num,den)
```

运行程序，输出如下：

```
num =
   0.0003   -0.0015    0.0029   -0.0029    0.0015   -0.0003
den =
```

```
    1.0000    3.9634    6.6990    5.9815    2.8111    0.5558
k =
    0.9161
    0.9411
    0.9313
    0.8801
    0.5558
v =
    0.0048
   -0.0161
    0.0186
   -0.0101
    0.0026
   -0.0003
sos =
    0.0003   -0.0003         0    1.0000    0.8280         0
    1.0000   -2.0018    1.0018    1.0000    1.5944    0.7458
    1.0000   -1.9993    0.9993    1.0000    1.5410    0.9000
z =
    1.0009 + 0.0006i
    1.0009 - 0.0006i
    0.9997 + 0.0010i
    0.9997 - 0.0010i
    0.9989
p =
   -0.7705 + 0.5535i
   -0.7705 - 0.5535i
   -0.8280
   -0.7972 + 0.3321i
   -0.7972 - 0.3321i
k =
  2.9206e-004
A =
   -3.9634   -6.6990   -5.9815   -2.8111   -0.5558
    1.0000    0         0         0         0
    0         1.0000    0         0         0
    0         0         1.0000    0         0
    0         0         0         1.0000    0
B =
    1
    0
    0
    0
    0
C =
   -0.0026    0.0010   -0.0047    0.0006   -0.0005
D =
    2.9206e-004
```

12. zp2sos 函数

功能：将零极点增益形式转换为二阶分割形式。其调用格式如下：

[sos,g]=zp2sos(z,p,k,'order')：确定二阶分割形式的排列顺序。如果 order 等于

'up',则第一列将包含最接近于原点的极点,最后一列将包含最接近于单位圆的极点;如果 order 等于'down',则阶数按照相反的顺序进行排列。零点总是与最接近于它的极点相配合。Order 默认为'up'。

[sos,g]=zp2sos(z,p,k,'order','scale'):限定预定的增益缩放比例与二阶分割形式的分子系数。Scale 可以为'none','inf'或'two',分别代表无、无限及两倍,默认为'none'。当 scale 为'inf',order 为'up'时,排列将最小化溢出的概率。另外,当 scale 为'two',order 为'down'时,排列将最小化峰值的舍入噪声。

13. zp2ss 函数

功能:将零极点增益形式转换为状态方程形式。其调用格式如下:

[A,B,C,D]=zp2ss(z,p,k):由零极点增益形式得到状态方程形式。

14. zp2tf 函数

功能:将零极点增益形式转换为传递函数形式。其调用格式如下:

[b,a]=zp2tf(z,p,k):由零极点增益形式得到传递函数形式。

【例 9-10】 设计一个椭圆带阻滤波器,使其通带频率范围为 650~850Hz,阻带频率范围为 700~800Hz,rp=0.1,rs=50,采样频率为 2000Hz,分别表示为传递函数形式、格式滤波器形式、二阶分割形式、零极点增益形式以及状态方程形式。

其实现的 MATLAB 程序如下:

```
>> clear all;
wp1 = 350;wp2 = 850;
ws1 = 700;ws2 = 800;
rp = 0.1;rs = 50;Fs = 2000;
wp = [wp1,wp2];ws = [ws1,ws2];
[N,wn] = ellipord(wp/(Fs/2),ws/(Fs/2),rp,rs,'z');
[z,p,k] = ellip(N,rp,rs,wn,'stop')          %阻带
[sos,g] = zp2sos(z,p,k)
[A,B,C,D] = zp2ss(z,p,k)
[num,den] = zp2tf(z,p,k)
```

运行程序,输出如下:

```
z =
   0.2610 + 0.9653i    0.2610 - 0.9653i    0.1303 + 0.9915i    0.1303 - 0.9915i
  -0.2142 + 0.9768i   -0.2142 - 0.9768i   -0.6166 + 0.7873i   -0.6166 - 0.7873i
  -0.8349 + 0.5503i   -0.8349 - 0.5503i   -0.7887 + 0.6147i   -0.7887 - 0.6147i
p =
   0.4098 + 0.8641i    0.4098 - 0.8641i    0.4178 + 0.7050i    0.4178 - 0.7050i
   0.4129 + 0.3179i    0.4129 - 0.3179i   -0.7414 + 0.1821i   -0.7414 - 0.1821i
  -0.8223 + 0.3819i   -0.8223 - 0.3819i   -0.8643 + 0.4560i   -0.8643 - 0.4560i
k =
    0.0596
sos =
    1.0000    0.4285    1.0000    1.0000   -0.8258    0.2716
    1.0000    1.2331    1.0000    1.0000    1.4828    0.5829
    1.0000   -0.2606    1.0000    1.0000   -0.8356    0.6716
```

```
    1.0000    1.5775    1.0000    1.0000    1.6447    0.8221
    1.0000   -0.5219    1.0000    1.0000   -0.8197    0.9146
    1.0000    1.6699    1.0000    1.0000    1.7285    0.9549
g =
    0.0596
A =
  Columns 1 through 7
   -1.7285   -0.9772         0         0         0         0         0
    0.9772         0         0         0         0         0         0
   -0.0587    0.0461   -1.6447   -0.9067         0         0         0
         0         0    0.9067         0         0         0         0
   -0.0587    0.0461   -0.0672    0.1962   -1.4828   -0.7634         0
         0         0         0         0    0.7634         0         0
   -0.0587    0.0461   -0.0672    0.1962   -0.2497    0.5464    0.8197
         0         0         0         0         0         0    0.9564
   -0.0587    0.0461   -0.0672    0.1962   -0.2497    0.5464    1.2482
         0         0         0         0         0         0         0
   -0.0587    0.0461   -0.0672    0.1962   -0.2497    0.5464    1.2482
         0         0         0         0         0         0         0
  Columns 8 through 12
         0         0         0         0         0
         0         0         0         0         0
         0         0         0         0         0
         0         0         0         0         0
         0         0         0         0         0
         0         0         0         0         0
   -0.9564         0         0         0         0
         0         0         0         0         0
    0.0893    0.8258   -0.5211         0         0
         0    0.5211         0         0         0
    0.0893    0.5652    1.3978    0.8356   -0.8195
         0         0         0    0.8195         0
B =  1   0   1   0   1   0   1   0   1   0   1   0
C =
  Columns 1 through 7
   -0.0035    0.0027   -0.0040    0.0117   -0.0149    0.0326    0.0744
  Columns 8 through 12
    0.0053    0.0337    0.0833    0.0187    0.0239
D =
    0.0596
num =
  Columns 1 through 7
    0.0596    0.2459    0.6466    1.2331    1.9185    2.4544    2.6742
  Columns 8 through 13
    2.4544    1.9185    1.2331    0.6466    0.2459    0.0596
den =
  Columns 1 through 7
    1.0000    2.3750    2.0660    1.8350    3.1549    2.6819    0.8152
  Columns 8 through 13
    0.7752    1.0360    0.2010   -0.1330    0.0896    0.0763
```

9.2 系统的状态变量分析

9.2.1 状态方程与系统函数之间的转换

连续时间系统的状态方程与输出方程用矩阵可表示为

$$\begin{cases}\dot{\boldsymbol{\lambda}}(t)=\boldsymbol{A}\boldsymbol{\lambda}(t)+\boldsymbol{B}\boldsymbol{x}(t)\\ \boldsymbol{y}(t)=\boldsymbol{C}\boldsymbol{\lambda}(t)+\boldsymbol{D}\boldsymbol{x}(t)\end{cases}\tag{9-2}$$

离散时间 LTI 系统的状态方程与输出方程用矩阵可表示为

$$\begin{cases}\boldsymbol{\lambda}(n+1)=\boldsymbol{A}\boldsymbol{\lambda}(n)+\boldsymbol{B}\boldsymbol{x}(n)\\ \boldsymbol{y}(n)=\boldsymbol{C}\boldsymbol{\lambda}(n)+\boldsymbol{D}\boldsymbol{x}(n)\end{cases}\tag{9-3}$$

MATLAB 控制系统工具箱提供了 ss2tf 和 tf2ss 两个函数来实现系统的状态空间(ss)表示法和系统函数(tf)表示法之间的互换。Tf2ss 函数是将一个系统的系统函数转换为状态空间表示法。其用法前面已经介绍过。在此不再展开介绍。

【例 9-11】 已知某连续系统的系统函数为

$$H(s)=\frac{4s+10}{s^3+8s^2+19s+12}$$

试用 MATLAB 命令求系统的状态方程与输出方程。

其实现的 MATLAB 程序如下：

```
>> clear all;
[A,B,C,D] = tf2ss([4,10],[1,8,19,12])
A =
    -8   -19   -12
     1     0     0
     0     1     0
B =
     1
     0
     0
C =
     0     4    10
D =
     0
```

所以，系统状态方程与输出方程分别为

$$\begin{bmatrix}\dot{\lambda}_1(t)\\ \dot{\lambda}_2(t)\\ \dot{\lambda}_3(t)\end{bmatrix}=\begin{bmatrix}-8 & -9 & -10\\ 1 & 0 & 0\\ 0 & 1 & 0\end{bmatrix}\begin{bmatrix}\lambda_1(t)\\ \lambda_2(t)\\ \lambda_3(t)\end{bmatrix}+\begin{bmatrix}1\\ 0\\ 0\end{bmatrix}\boldsymbol{x}(t)$$

$$\boldsymbol{y}(t)=\begin{bmatrix}0 & 4 & 10\end{bmatrix}\begin{bmatrix}\lambda_1(t)\\ \lambda_2(t)\\ \lambda_3(t)\end{bmatrix}$$

ss2tf 函数是将一个系统的状态空间表示法转换为系统函数，其用法前面已经介绍过。

【例 9-12】 已知某离散时间系统的状态方程和输出方程分别为

$$\begin{bmatrix}\lambda_1(n+1)\\ \lambda_2(n+1)\end{bmatrix}=\begin{bmatrix}0 & 1\\ -3 & -4\end{bmatrix}\begin{bmatrix}\lambda_1(n)\\ \lambda_2(n)\end{bmatrix}+\begin{bmatrix}0\\ 2\end{bmatrix}\boldsymbol{x}(n)$$

$$\boldsymbol{y}(n)=\begin{bmatrix}-1 & -2\end{bmatrix}\begin{bmatrix}\lambda_1(n)\\ \lambda_2(n)\end{bmatrix}+\boldsymbol{x}(n)$$

试用 MATLAB 命令求该离散时间系统的系统函数 $H(z)$。

其实现的 MATLAB 程序如下：

```
>> clear all;
A = [0 1; - 3 - 4];
B = [0;2];
C = [ - 1 2];
D = 1;
[num,den] = ss2tf(A,B,C,D)
num =
    1.0000     8.0000     1.0000
den =
    1     4     3
>> Hz = tf(num,den, - 1)    % 写出离散时间系统的函数 H(z)
 Transfer function:
z^2 + 8 z + 1
-------------
z^2 + 4 z + 3
 Sampling time: unspecified
```

即系统函数为 $H(z)=\dfrac{1+8z^{-1}+z^{-2}}{1+4z^{-1}+3z^{-2}}$。

【例 9-13】 一个多输入多输出系统，其状态方程和输出方程分别为

$$\begin{bmatrix}\dot{\lambda}_1(t)\\ \dot{\lambda}_2(t)\end{bmatrix}=\begin{bmatrix}0 & 1\\ -2 & -3\end{bmatrix}\begin{bmatrix}\lambda_1(t)\\ \lambda_2(t)\end{bmatrix}+\begin{bmatrix}1 & 0\\ 1 & 1\end{bmatrix}\begin{bmatrix}x_1(t)\\ x_2(t)\end{bmatrix}$$

$$\begin{bmatrix}y_1(t)\\ y_2(t)\\ y_3(t)\end{bmatrix}=\begin{bmatrix}1 & 0\\ 1 & 1\\ 0 & 2\end{bmatrix}\begin{bmatrix}\lambda_1(t)\\ \lambda_2(t)\end{bmatrix}+\begin{bmatrix}0 & 0\\ 1 & 0\\ 0 & 1\end{bmatrix}\begin{bmatrix}x_1(t)\\ x_2(t)\end{bmatrix}$$

试用 MATLAB 命令求该系统的系统函数。

其实现的 MATLAB 程序如下：

```
>> clear all;
A = [0 1; - 2 - 3];
B = [1 0;1 1];
C = [1 0;1 1;0 2];
D = [0 0;1 0;0 1];
[num1,den1] = ss2tf(A,B,C,D,1)
num1 =
          0    1.0000     4.0000
```

```
    1.0000    5.0000    4.0000
         0    2.0000   -4.0000
den1 =
    1    3    2
>> [num2,den2] = ss2tf(A,B,C,D,2)
num2 =
         0    0.0000    1.0000
         0    1.0000    1.0000
    1.0000    5.0000    2.0000
den2 =
    1    3    2
```

所以，系统函数为 $H(s)=\dfrac{1}{s^2+3s+2}\begin{bmatrix} s+4 & 1 \\ s^2+5s+4 & s+1 \\ 2s-4 & s^2+5s+2 \end{bmatrix}$。

9.2.2 状态方程的变换域符号求解分析

对连续系统而言，状态方程可通过拉普拉斯变换法求解。如果状态方程是一阶微分方程组，求解状态方程时必须知道状态 $t=0_-$ 时刻的状态值。系统状态方程和输出方程可分别表示为

$$\begin{cases}\dot{\boldsymbol{\lambda}}(t)=\boldsymbol{A\lambda}(t)+\boldsymbol{Bx}(t)\\ \boldsymbol{y}(t)=\boldsymbol{C\lambda}(t)+\boldsymbol{Dx}(t)\\ \boldsymbol{\lambda}(0_-)\end{cases} \tag{9-4}$$

对式(9-4)进行拉普拉斯变换(下面章节将展开介绍)，整理得

$$\boldsymbol{\Lambda}(s)=(s\boldsymbol{I}-\boldsymbol{A})^{-1}\boldsymbol{\lambda}(0_-)+(s\boldsymbol{I}-\boldsymbol{A})^{-1}\boldsymbol{BX}(s) \tag{9-5}$$

式中，$\boldsymbol{I}$ 为单位矩阵；$\boldsymbol{\Lambda}(s)$、$\boldsymbol{X}(s)$分别为状态矢量$\boldsymbol{\lambda}(t)$和激励信号矢量 $\boldsymbol{x}(t)$通过拉普拉斯变换所得到的。式(9-5)即为状态方程的拉普拉斯变换解。

将式(9-5)代入经过拉普拉斯变换后的输出方程，得

$$\boldsymbol{Y}(s)=\boldsymbol{C}(s\boldsymbol{I}-\boldsymbol{A})^{-1}\boldsymbol{\lambda}(0_-)+[\boldsymbol{C}(s\boldsymbol{I}-\boldsymbol{A})^{-1}\boldsymbol{B}+\boldsymbol{D}]\boldsymbol{X}(s) \tag{9-6}$$

式中，$\boldsymbol{Y}(s)$为输出信号矢量 $y(t)$的拉普拉斯变换。式(9-6)中的第一项对应系统零输入响应的拉普拉斯变换；第二项对应系统零状态响应的拉普拉斯变换。

定义矩阵

$$\boldsymbol{\Phi}(s)=(s\boldsymbol{I}-\boldsymbol{A})^{-1} \tag{9-7}$$

则系统函数矩阵为

$$\boldsymbol{H}(s)=\boldsymbol{C}(s\boldsymbol{I}-\boldsymbol{A})^{-1}\boldsymbol{B}+\boldsymbol{D}=\boldsymbol{C\Phi}(s)\boldsymbol{B}+\boldsymbol{D} \tag{9-8}$$

利用 MATLAB 强大的矩阵运算功能和符号运算功能，可以方便地求解系统方程。

【例 9-14】 已知连续系统的状态方程和输出方程分别为

$$\begin{bmatrix}\dot{\lambda}_1(t)\\ \dot{\lambda}_2(t)\end{bmatrix}=\begin{bmatrix}-1 & -4\\ 1 & -1\end{bmatrix}\begin{bmatrix}\lambda_1(t)\\ \lambda_2(t)\end{bmatrix}+\begin{bmatrix}0 & 1\\ 1 & 0\end{bmatrix}\begin{bmatrix}x_1(t)\\ x_2(t)\end{bmatrix}$$

$$\begin{bmatrix}y_1(t)\\ y_2(t)\end{bmatrix}=\begin{bmatrix}1 & 1\\ 0 & -1\end{bmatrix}\begin{bmatrix}\lambda_1(t)\\ \lambda_2(t)\end{bmatrix}+\begin{bmatrix}1 & 0\\ 1 & 0\end{bmatrix}\begin{bmatrix}x_1(t)\\ x_2(t)\end{bmatrix}$$

其初始状态和激励信号分别为

$$\begin{bmatrix}\lambda_1(0_-)\\\lambda_2(0_-)\end{bmatrix}=\begin{bmatrix}2\\1\end{bmatrix}$$

$$\begin{bmatrix}x_1(t)\\x_2(t)\end{bmatrix}=\begin{bmatrix}u(t)\\e^{-t}u(t)\end{bmatrix}$$

试用MATLAB命令求系统的状态变量和输出响应。

其MATLAB程序如下：

```
>> clear all;
syms s
A = [ -1  -4;1  -1];
B = [0 1;1 0];
C = [1 1;0  -1];
D = [1 0;1 0];
r0 = [2;1];
X = [1/s;1/(s+1)];                          %激励信号的拉普拉斯变换
phis = inv(s*eye(2) - A);                   %求状态变量的拉普拉斯变换
rs = phis*(r0 + B*X);
rs = simplify(rs)
rs =
              (2*s^2-s-4)/(s^2+2*s+5)/s
 (5*s^2+6*s+s^3+1)/(s^2+2*s+5)/(s+1)/s
>> rt = ilaplace(rs);                       %求状态变量的时域解
rt = simplify(rt)
rt =
            -4/5+14/5*exp(-t)*cos(2*t)-11/10*exp(-t)*sin(2*t)
 1/5+11/20*exp(-t)*cos(2*t)+7/5*exp(-t)*sin(2*t)+1/4*exp(-t)
>> yt = C*phis*r0 + [C*phis*B + D]*X;    %求输出响应的拉普拉斯变换
ys = simplify(yt)
ys =
 (4*s^3+9*s^2+8*s+2)/(s^2+2*s+5)/s/(s+1)
      -(2*s^2-s-4)/(s^2+2*s+5)/s/(s+1)
>> yt = ilaplace(ys);                       %求输出响应的时域解
yt = simplify(yt)
yt =
 2/5+1/4*exp(-t)+67/20*exp(-t)*cos(2*t)+3/10*exp(-t)*sin(2*t)
 4/5-11/20*exp(-t)*cos(2*t)-7/5*exp(-t)*sin(2*t)-1/4*exp(-t)
```

用ilaplace函数求拉普拉斯反变换时假设了信号是因果的，因此状态变量的结果暗含着与单位阶跃信号相乘，即

$$\begin{bmatrix}\lambda_1(t)\\\lambda_2(t)\end{bmatrix}=\begin{bmatrix}-\frac{4}{5}u(t)+\mathrm{e}^{-t}\left(\frac{14}{5}\cos(2t)-\frac{11}{10}\sin(2t)\right)u(t)\\\frac{1}{5}u(t)+\mathrm{e}^{-t}\left(\frac{1}{4}+\frac{11}{20}\cos(2t)+\frac{7}{5}\sin(2t)\right)u(t)\end{bmatrix}$$

输出响应为

$$\begin{bmatrix}y_1(t)\\y_2(t)\end{bmatrix}=\begin{bmatrix}\frac{2}{5}u(t)+\mathrm{e}^{-t}\left(\frac{1}{4}+\frac{67}{20}\cos(2t)+\frac{3}{10}\sin(2t)\right)u(t)\\\frac{4}{5}u(t)-\mathrm{e}^{-t}\left(\frac{1}{4}+\frac{11}{20}\cos(2t)+\frac{7}{5}\sin(2t)\right)u(t)\end{bmatrix}$$

根据所得结果可画出输出响应波形，其 MATLAB 程序如下：

```
>> t = 0:0.01:4;
y1 = 2/5 + 1/4 * exp( - t) + 67/20 * exp( - t). * cos(2 * t) + 3/10 * exp( - t). * sin(2 * t);
y2 = 4/5 - 1/4 * exp( - t) - 11/20 * exp( - t). * cos(2 * t) - 7/5 * exp( - t). * sin(2 * t);
subplot(2,1,1);plot(t,y1);
grid on;
ylabel('y1(t)');xlabel('t');
subplot(2,1,2);plot(t,y2);
grid on;
ylabel('y2(t)');xlabel('t');
```

运行程序，效果如图 9-1 所示。

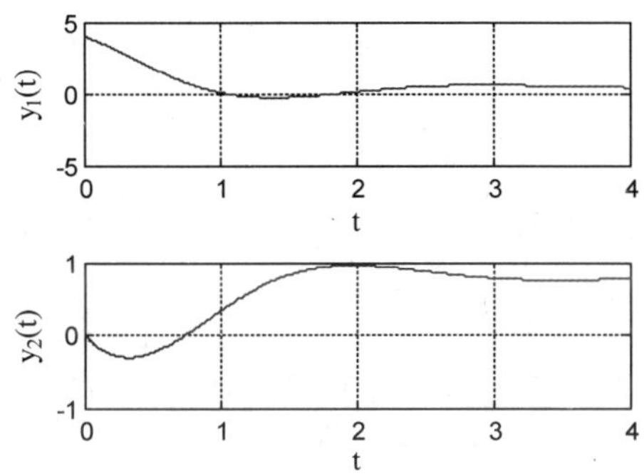

图 9-1 连续系统的输出响应

与连续系统类似，离散系统的状态方程和输出方程可描述为

$$\begin{cases}\boldsymbol{\lambda}(n+1)=\boldsymbol{A\lambda}(n)+\boldsymbol{Bx}(t)\\ \boldsymbol{y}(n)=\boldsymbol{C\lambda}(n)+\boldsymbol{Dx}(n)\\ \boldsymbol{\lambda}(0)\end{cases}\tag{9-9}$$

离散时间系统状态方程可通过 z 变换法求解。对式(9-9)进行 z 变换，整理得

$$\boldsymbol{\Lambda}(z)=(z\boldsymbol{I}-\boldsymbol{A})^{-1}z\boldsymbol{\lambda}(0)+(z\boldsymbol{I}-\boldsymbol{A})^{-1}\boldsymbol{B}\boldsymbol{X}(z)\tag{9-10}$$

式中，$\boldsymbol{I}$ 为单位矩阵；$\boldsymbol{\Lambda}(z)$、$\boldsymbol{X}(z)$分别为状态矢量$\boldsymbol{\lambda}(n)$和激励信号矢量 $\boldsymbol{x}(n)$的 z 变换。式(9-10)即为离散时间系统状态方程的 z 变换解。

将式(9-10)代入经过 z 变换后的输出方程，得

$$\boldsymbol{Y}(z)=\boldsymbol{C}(z\boldsymbol{I}-\boldsymbol{A})^{-1}z\boldsymbol{\lambda}(0)+[\boldsymbol{C}(z\boldsymbol{I}-\boldsymbol{A})^{-1}\boldsymbol{B}+\boldsymbol{D}]\boldsymbol{X}(z)\tag{9-11}$$

式中，$\boldsymbol{Y}(z)$为输出信号矢量 $\boldsymbol{y}(n)$的 z 变换。式(9-11)中的第一项对应系统零输入响应的 z 变换；第二项对应系统零状态响应的 z 变换。所以，系统函数矩阵为

$$\boldsymbol{H}(z)=\boldsymbol{C}(z\boldsymbol{I}-\boldsymbol{A})^{-1}\boldsymbol{B}+\boldsymbol{D}\tag{9-12}$$

【例 9-15】 给定系统状态方程、输出方程、激励信号和系统的初始条件分别为

$$\begin{bmatrix}\lambda_1(n+1)\\ \lambda_2(n+1)\end{bmatrix}=\begin{bmatrix}0 & 1\\ -\dfrac{1}{6} & \dfrac{5}{6}\end{bmatrix}\begin{bmatrix}\lambda_1(n)\\ \lambda_2(n)\end{bmatrix}+\begin{bmatrix}0\\ 1\end{bmatrix}\boldsymbol{x}(n)$$

$$\boldsymbol{y}(n)=[-1\quad 5]\begin{bmatrix}\lambda_1(n)\\ \lambda_2(n)\end{bmatrix}$$

$$x(n)=u(n),\quad \begin{bmatrix}\lambda_1(0)\\ \lambda_2(0)\end{bmatrix}=\begin{bmatrix}2\\ 3\end{bmatrix}$$

试用 MATLAB 命令求输出响应 $y(n)$。

其实现的 MATLAB 程序如下：

```
>> clear all;
syms z
A = [0 1; -1/6,5/6];B = [0;1];
C = [ -1 5];D = 0;
r0 = [2;3];
X = z/(z-1);                                    %激励信号的 z 变换
phiz = inv(z * eye(2) - A);
yz = C * phiz * z * r0 + (C * phiz * B + D) * X;      %求输出响应的 z 变换
yz = simplify(yz)
yz =
      6 * z * (13 * z^2 - 11 * z + 2)/(6 * z^2 - 5 * z + 1)/(z - 1)
>> yn = iztrans(yz)                             %求输出响应的时域解
yn =
        - 2 * (1/3)^n + 3 * (1/2)^n + 12
```

同样，用 iztrans 函数求 z 反变换时假设了信号是因果的，因此求得的结果暗含着与单位阶跃序列相乘，即输出响应为

$$y(n)=\left[3\times\left(\frac{1}{2}\right)^n-2\times\left(\frac{1}{3}\right)^n+12\right]u(n)$$

根据所得结果可画出输出响应序列的波形，其实现的 MATLAB 程序如下：

```
>> n = 0:15;
yn = 3 * (1/2).^n - 2 * (1/3).^n + 12;
stem(n,yn);
grid on;
xlabel('n');ylabel('y(n)');
axis([0 15 11 14]);
```

根据程序运行结果，绘制出 $0\leqslant n\leqslant 15$ 范围内该离散时间系统输出响应序列的波形，如图 9-2 所示。

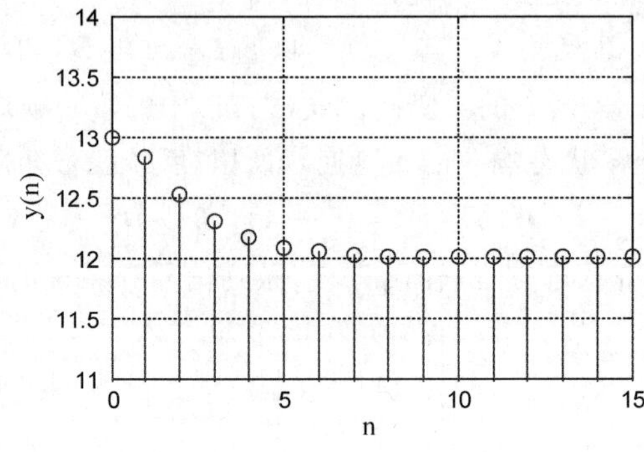

图 9-2　离散系统的输出响应

另外，通过式(9-8)与式(9-11)可方便地由系统方程的矩阵求得系统函数矩阵。其MATLAB源程序为

```
>> clear all;
syms s
A = [0 1; -2 -3];
B = [1 0;1 1];
C = [1 0;1 1;0 2];
D = [0 0;1 0;0 1];
phis = inv(s * eye(2) - A);
Hs = (C * phis * B + D);
Hs = simplify(Hs)
Hs =
[          (s+4)/(s^2+3*s+2),                 1/(s^2+3*s+2)]
[                (s+4)/(s+2),                       1/(s+2)]
[    2*(-2+s)/(s^2+3*s+2), (5*s+s^2+2)/(s^2+3*s+2)]
```

比较例9-13，可知计算结果一样。

9.2.3 状态方程的时域符号求解分析

时域法求解状态方程过程要用到矩阵指数函数 e^{At}，对式(9-4)所描述的连续时间系统，通过推导可得系统状态方程的解为

$$\boldsymbol{\lambda}(t)=e^{\boldsymbol{A}t}\boldsymbol{\lambda}(0_-)+e^{\boldsymbol{A}t}\boldsymbol{B}*\boldsymbol{x}(t) \tag{9-13}$$

式(9-13)的解包含两部分，第一部分 $e^{\boldsymbol{A}t}\boldsymbol{\lambda}(0_-)$ 是系统状态变量的零输入解；第二部分 $e^{\boldsymbol{A}t}\boldsymbol{B}*\boldsymbol{x}(t)$ 是系统状态变量的零起始状态解。

通过进一步推导还可得到系统的完全响应为

$$\boldsymbol{y}(t)=\boldsymbol{C}e^{\boldsymbol{A}t}\boldsymbol{\lambda}(0_-)+[\boldsymbol{C}e^{\boldsymbol{A}t}\boldsymbol{B}+\boldsymbol{D}\boldsymbol{\delta}(t)]*\boldsymbol{x}(t) \tag{9-14}$$

式中，第一项为系统的零输入响应；第二项为系统的零状态响应。

由式(9-14)可知系统的冲激响应为

$$\boldsymbol{h}(t)=\boldsymbol{C}e^{\boldsymbol{A}t}\boldsymbol{B}+\boldsymbol{D}\boldsymbol{\delta}(t) \tag{9-15}$$

根据以上结论，利用MATLAB可以完成时域求解状态方程和输出方程。MATLAB符号工具箱提供了expm函数，可利用它来求矩阵指数函数 e^{At}。

【例9-16】 试用MATLAB时域求解法求例9-14中连续时间系统的状态变量、冲激响应和输出响应。

其实现的MATLAB程序如下：

```
>> clear all;
syms t
A = [-1 -4;1 -1];
B = [0 1;1 0];
C = [1 1;0 -1];
D = [1 0;1 0];
x = [Heaviside(t);exp(-t) * Heaviside(t)];
r0 = [2;1];
E = expm(t * A)                          %求解矩阵指数函数
E =
```

```
[      exp(-t)*cos(2*t),   -2*exp(-t)*sin(2*t)]
[ 1/2*exp(-t)*sin(2*t),      exp(-t)*cos(2*t)]
>> rzi = E*r0;                                %状态方程零输入解
%状态方程零状态解,利用s域乘法的拉普拉斯反变换求时域卷积
>> rzs = ilaplace(laplace(E*B)*laplace(x));
>> rt = simplify(rzi + rzs)                   %状态变量完全解
rt =
              14/5*exp(-t)*cos(2*t) - 11/10*exp(-t)*sin(2*t) - 4/5
 7/5*exp(-t)*sin(2*t) + 11/20*exp(-t)*cos(2*t) + 1/5 + 1/4*exp(-t)
>> ht = C*E*B + D*Dirac(t)                    %求冲激响应
ht =
[-2*exp(-t)*sin(2*t) + exp(-t)*cos(2*t) + dirac(t), exp(-t)*cos(2*t) + 1/2*
exp(-t)*sin(2*t)]
[-exp(-t)*cos(2*t) + dirac(t),                     -1/2*exp(-t)*sin(2*t)]
>> yzi = C*B*r0;                              %输出零输入解
%输出零状态解,利用s域乘法的拉普拉斯反变换求时域卷积
>> yzs = ilaplace(laplace(ht)*laplace(x));
>> yt = simplify(yzi + yzs)                   %输出完全解
yt =
 17/5 + 7/20*exp(-t)*cos(2*t) + 13/10*exp(-t)*sin(2*t) + 1/4*exp(-t)
   -6/5 + 9/20*exp(-t)*cos(2*t) - 2/5*exp(-t)*sin(2*t) - 1/4*exp(-t)
```

比较例9-14和例9-16,不难发现计算结果是相同的。

对于式(9-9)所描述的离散时间系统,也可以推导其状态方程的解,即为

$$\boldsymbol{\lambda}(n)=\boldsymbol{A}^{n}\boldsymbol{\lambda}(0)+\boldsymbol{A}^{n-1}\boldsymbol{u}(n-1)*\boldsymbol{Bx}(n) \tag{9-16}$$

则输出响应序列为

$$\boldsymbol{y}(n)=\boldsymbol{CA}^{n}\boldsymbol{\lambda}(0)+[\boldsymbol{CA}^{n-1}\boldsymbol{Bu}(n-1)+\boldsymbol{D\delta}(n)]*\boldsymbol{x}(n) \tag{9-17}$$

式中,第一项为系统的零输入响应;第二项为系统的零状态响应。系统的单位取样响应为

$$\boldsymbol{h}(n)=\boldsymbol{CA}^{n-1}\boldsymbol{Bu}(n-1)+\boldsymbol{D\delta}(n) \tag{9-18}$$

$\boldsymbol{A}^n$ 的计算要利用式 $\boldsymbol{A}^n=\boldsymbol{Z}^{-1}[(\boldsymbol{I}-\boldsymbol{z}^{-1}\boldsymbol{A})^{-1}]$。由于MATLAB符号工具箱没有提供符号卷积函数,在求状态变量和输出响应序列的零状态解时也要采用z变换法来求解。与离散时间系统状态方程的z变换法相比较,不难发现,在MATLAB中离散时间系统状态方程的时域符号求解与变换域求解是统一的。

9.2.4 系统方程的数值求解分析

当一个系统用状态空间表示法来表示时,可利用MATLAB的lsim函数求解系统的响应。连续时间系统在前面已经介绍过,在此不再展开介绍。

【例9-17】 试用MATLAB数值求解法求例9-14中连续时间系统的输出响应。

其实现的MATLAB程序如下:

```
>> clear all;
t = 0:0.01:4;
A = [-1 -4;1 -1];
B = [0 1;1 0];
C = [1 1;0 -1];
```

```
D = [1 0;1 0];
r0 = [2;1];
f(:,1) = ones(length(t),1);                 % 第一个输入 u(t)在 t 上的样值的列向量
f(:,2) = exp( - t)';                        % 第二个输入 exp( - t)在 t 上的样值的列向量
sys = ss(A,B,C,D);                          % 获取连续系统模型
y = lsim(sys,f,t,r0);                       % 数值求解系统模型
subplot(2,1,1);plot(t,y(:,1));
grid on;
xlabel('t');ylabel('y1(t)');
subplot(2,1,2);plot(t,y(:,2));
grid on;
xlabel('t');ylabel('y2(t)');
```

运行程序，效果如图 9-3 所示，将其与图 9-1 比较，不难发现所得结果是一样的。

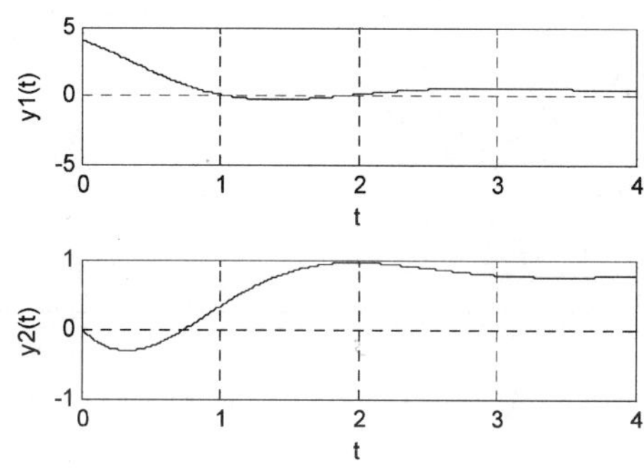

图 9-3　系统的输出响应数值求解

对离散时间系统而言，输入 u 的采样率应与系统本身的采样率相同，因此参数 t 就是冗余的，可以设为[]，即 empty 矩阵，因此 lsim 函数的语句格式为

```
y = lsim(sys,u,[],x0)
```

其中，sys 是由 sys=ss(A,B,C,D,[])获得的状态空间表示法所表示的离散时间系统模型。

【例 9-18】　试用 MATLAB 数值求解法求例 9-15 中连续时间系统的输出响应。

其实现的 MATLAB 程序代码如下：

```
>> clear all;
N = 15;
n = 0:1:N;
A = [0 1; - 1/6,5/6];B = [0;1];
C = [ - 1 5];D = 0;
r0 = [2;3];
u = ones(1,N + 1);                          % 输入序列 u(n)
sys = ss(A,B,C,D,[]);                       % 获取离散时间系统模型
yn = lsim(sys,u,[],r0);
stem(n,yn,'filled');
grid on;
xlabel('t');ylabel('y(n)');
axis([0 15 11 14]);
```

运行程序，结果如图 9-4 所示，将其与图 9-2 比较，不难发现所得结果是一样的。

对于离散时间系统，还可直接利用式(9-9)递归求解系统方程的数值。例如，可由以下的 MATLAB 程序实现例 9-18，注意程序中的输入序列为 u(n)，在 n≥0 时取值为 1。其实现的 MATLAB 程序如下：

```
>> A = [0 1; - 1/6,5/6];B = [0;1];
C = [ - 1 5];D = 0;
r0 = [2;3];
for n = 0:15
    yn = C * r0;
    rnplus1 = A * r0 + B * 1;   % 状态变量递增 1
    r0 = rnplus1;
    stem(n,yn,'filled');
    hold on;
end
grid on;
xlabel('t');ylabel('y(n)');
axis([0 15 11 14]);
hold off;
```

运行程序，效果与图 9-4 一样。

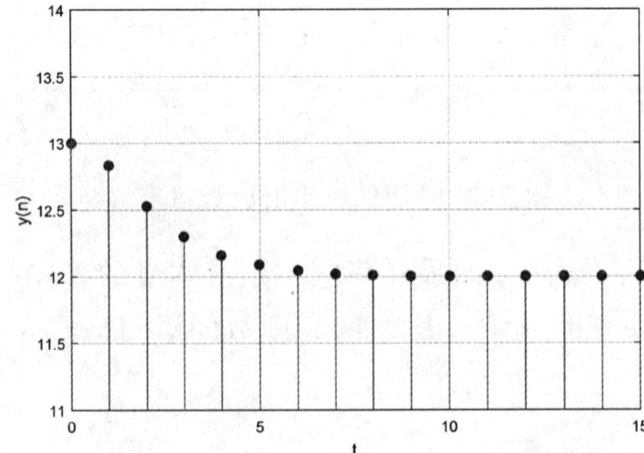

图 9-4　离散时间系统的输出响应

第10章 奈奎斯特稳定性判据及其应用

频域分析法是应用频率特性研究控制系统的一种经典方法，借助奈奎斯特稳定判据，可以根据系统开环频率特性研究闭环系统的稳定性，而不必求出闭环系统的特征根。

10.1 频域分析基本概念

10.1.1 频率特性

频率特性是指系统在正弦信号作用下，稳态输出与输入的比值对频率的关系特性。从频率特性中可以得出带宽、增益、转折频率和闭环稳定性等系统特征。

频率特性函数与传递函数有直接的关系，记为

$$G(\mathrm{j}\omega)=\frac{X_0(\mathrm{j}\omega)}{X_i(\mathrm{j}\omega)}=A(\omega)\mathrm{e}^{\mathrm{j}\varphi(\omega)}$$

式中，$\frac{X_0(\mathrm{j}\omega)}{X_i(\mathrm{j}\omega)}$为幅频特性；$\varphi(\omega)=\varphi_o(\omega)-\varphi_i(\omega)$为相频特性。

10.1.2 频率特性曲线绘制的方法

频域分析法可直观地表达出系统的频率特性。通常，将频率特性用曲线的形式进行表示，包括极坐标频率特性曲线（也称为奈奎斯特曲线）、对数频率特性曲线（也称为 Bode 图）和幅相频率特性曲线（也称为尼柯尔斯曲线）。MATLAB 提供了绘制这几种曲线的函数。

10.1.3 奈奎斯特稳定判据

奈奎斯特稳定判据是根据开环幅相曲线判断闭环系统稳定性的一种准则。用奈奎斯特稳定判据判断反馈系统稳定性时，一般只需绘制 ω 从 $0\sim\infty$时的开环幅相曲线，将开环极坐标频率特性曲线逆时针包围复平面上$(-1,\mathrm{j}0)$点的圈数记作 N（当顺时针包围时的 N 为负

值)，记开环传递函数在右半 s 平面的极点数为 P，$Z=P-2N$ 为闭环系统位于右半 s 平面上的极点个数，则闭环系统稳定的充分必要条件为

$$Z=0$$

如果 Z 不等于零，则系统不稳定，且不稳定闭环极点个数等于 Z。

10.1.4　对数频率稳定判据

对数频率稳定判据开环系统的对数频率特性曲线判断闭环系统的稳定性。对数频率稳定判据可表述为：一个反馈控制系统，其闭环特征方程正实部根个数 Z，可以根据开环传递函数右半 s 平面极点数 P 和开环对数幅频特性为正值的所有频率范围内，对数相频曲线与$-180°$线的正负穿越数之差 $N=N_+-N_-$ 来确定：

$$Z=P-2N$$

当 Z 为零时，闭环系统稳定；否则，不稳定，且不稳定闭环极点个数等于 Z。

10.1.5　开环频域性能指标

幅值裕量是在相角为$-180°$处开环增益的倒数。如果在$-180°$相频处的开环增益为 $A(\mathrm{j}\omega_g)$，则幅值裕量为 $1/A(\mathrm{j}\omega_g)g$，并记此处的频率为$-180°$相角穿越频率 ω_g，若用分贝值表示幅值裕量，则等于

$$L_h=-20\lg A(\mathrm{j}\omega_g)$$

相角裕量是当开环增益为 1.0 时，相应的相角与$-180°$角的和，并记该处的频率为赋值穿越频率 ω_c，即

$$\gamma=\varphi(\omega_c)+180°$$

10.2　Bode 图

MATLAB 中用 bode 函数来计算并显示绘制的 Bode 图。可用于 SISO 或者 MIMO 的连续时间系统或者离散时间系统。

功能：计算频域性能指标。

其调用格式如下：

```
bode(sys)
bode(sys,w)
bode(sys1,sys2,...,sysN)
bode(sys1,sys2,...,sysN,w)
bode(sys1,'PlotStyle1',…,sysN,'PlotStyleN')
[mag,phase,w] = bode(sys)
```

说明：当函数命令为无等式左边输出变量的格式时，函数在当前图形窗口中直接绘制出系统的 Bode 图。sys 对象可以是由函数 tf、zpk、ss 中任何一个建立的开环系统模型。

[mag,phase,w]=bode(sys)或者[mag,phase,w]=bode(sys,w)函数为带有输出变

量引用的函数，可计算系统 Bode 图的输出数据，而不绘制曲线。输出变量 mag 是系统 Bode 图的振幅值；输出变量 phase 为 Bode 图的相应值；输出变量 w 是系统的 Bode 图的频率点。

【例 10-1】 考虑二阶系统传递函数模型：

$$G(s)=\frac{\omega_n^2}{s^2+2\xi\omega_n s+\omega_n^2}$$

试用 MATLAB 绘制出不同和的 Bode 图。

ω_n 为固定值，ξ 变化时，运行以下 MATLAB 程序，得到如图 10-1(a)所示的 Bode 图。

```
>> clear all;
wn = 1;
zet = [0:0.1:1,2,3,5];
hold on;
for i = 1:length(zet)
    num = wn ^ 2;
    den = [1,2 * zet(i) * wn,wn ^ 2];
    bode(num,den);
end
hold off
title('Bode 曲线');
```

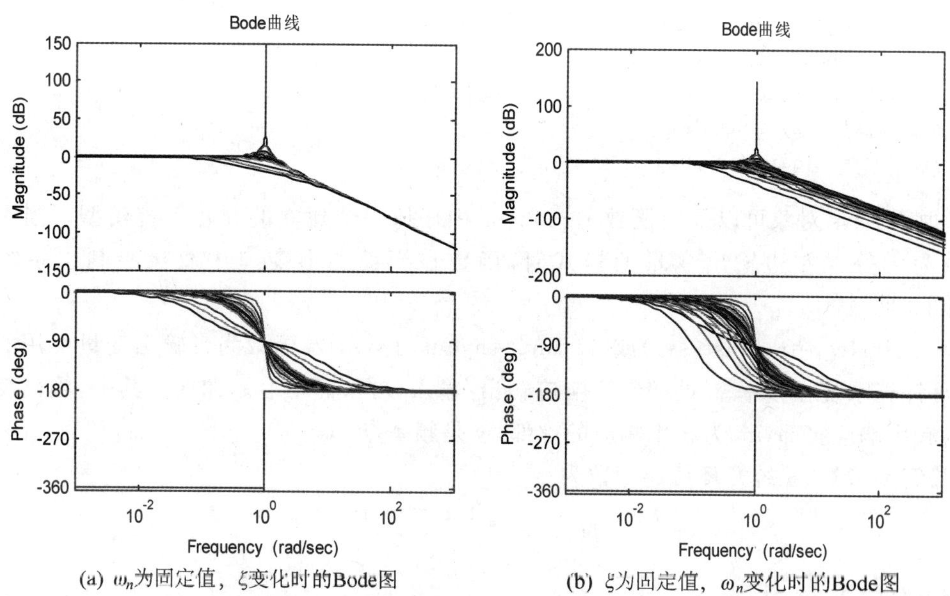

(a) ω_n为固定值，ξ变化时的Bode图　　(b) ξ为固定值，ω_n变化时的Bode图

图 10-1　不同参数下二阶系统的 Bode 图

ξ 为固定值，ω_n 变化时，运行以下 MATLAB 程序，得到如图 10-1(b)所示的 Bode 图。

```
>> clear all;
wn = [0.1:0.1:1];
zet = 0.707;
hold on;
for i = 1:length(wn)
    num = wn(i)^2;
```

```
    den = [1,2 * zet * wn(i),wn(i)^2];
    bode(num,den);
end
hold off
title('Bode 曲线');
```

从图 10-1(a)可以看出，当阻尼比较小时，系统的频域响应在自然频率附近将表现出比较强的振荡，该现象称为谐振。在图 10-1(b)中，当自然频率的值增加时，Bode 图的带宽将增加，该现象使得系统的时频响应速度变快。

10.3 Nyquist 图

nyquist 函数用来计算并绘制系统奈奎斯特曲线，可用于 SISO 或 MIMO 的连续时间系统。

功能：绘制连续 Nyquist 曲线的函数为 nyquist。

其调用格式如下：

```
nyquist(sys)
nyquist(sys,w)
nyquist(sys1,sys2,…,sysN)
nyquist(sys1,sys2,…,sysN,w)
nyquist(sys1,'PlotStyle1',…,sysN,'PlotStyleN')
[re,im,w] = nyquist(sys)
[re,im] = nyquist(sys,w)
```

说明：sys 对象可以是由函数 tf、zpk、ss 中任何一个建立的开环系统模型。当函数命令为无等式左边输出变量的格式时，函数在当前图形窗口中直接绘制出系统的 Nyquist 曲线。

[re,im,w]=nyquist(sys)或[re,im]=nyquist(sys,w)函数为带输出变量引用的函数，可计算系统在频率 w 处的频率响应输出/输入数据，而不绘制曲线。其中，输出变量 re 为频率响应实部，im 为频率响应的虚部，w 是频率点。

【例 10-2】 系统开环传递函数为

$$H(s)=\frac{2s^2+5s+1}{s^2+2s+3}$$

绘制系统的 Nyquist 图。

其实现的 MATLAB 程序如下：

```
>> clear all;
H = tf([2 5 1],[1 2 3])
nyquist(H);
title('Nyquist 图');
grid;
```

运行程序，效果如图 10-2 所示。

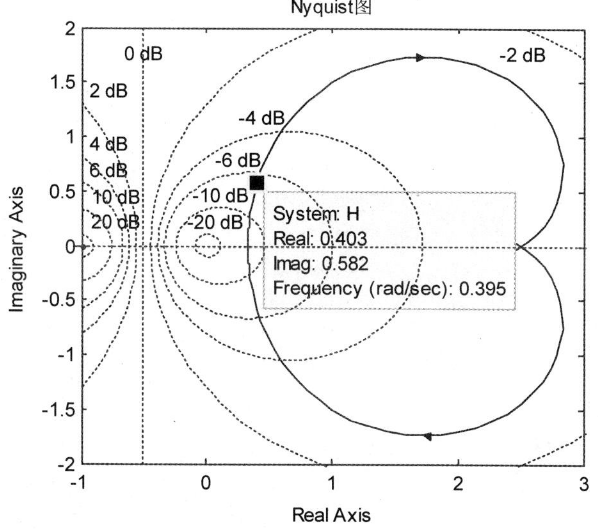

图 10-2 系统的 Nyquist 图

10.4 系统稳定性的判定

10.4.1 用 Bode 图法判断系统稳定性

MATLAB 中求系统幅值裕度和相角裕度的函数为 margin，既可绘制系统 Bode 图，又能够计算频域性能指标。

其调用格式如下：

```
margin
[Gm,Pm,Wg,Wp] = margin(sys)
[Gm,Pm,Wg,Wp] = margin(mag,phase,w)
```

说明：margin 函数可以从频率数据中计算出幅值裕度、相角裕度及其对应的角频率。输入参量 sys 一般是用系统的开环传递函数描述的系统模型，对于开环 SISO 系统，既可以是连续时间系统，也可以是离散时间系统。当不带输出变量引用函数时，margin 可在当前图形窗口中绘制出带有稳定裕度的 Bode 图。

【例 10-3】 已知一高阶系统的开环传递函数为

$$G(s)=\frac{K(0.1678s+1)}{s(0.2s+1)(0.0025s+1)(0.1s+1)}$$

试计算当开环增益 $K=5,400,900,2800$ 时，系统稳定裕量的变化。

其实现的 MATLAB 程序如下：

```
K = [5,400,900,2800];
for i = 1:4
num = K(i) * [0.1678,1];
den = conv(conv([1,0],[0.2,1]),conv([0.0025,1],[0.1,1]));
G = tf(num,den);
```

```
y(i) = allmargin(G);
end;
y(1)
y(2)
y(3)
y(4)
```

运行结果如下：

```
% y(1)
ans =
     GainMargin: 88.0859
    GMFrequency: 60.0819
    PhaseMargin: 61.2585
    PMFrequency: 4.2951
    DelayMargin: 0.2489
    DMFrequency: 4.2951
         Stable: 1
% y(2)
ans =
     GainMargin: 1.1011
    GMFrequency: 60.0819
    PhaseMargin: 0.8108
    PMFrequency: 57.2521
    DelayMargin: 2.4716e-004
    DMFrequency: 57.2521
         Stable: 1
% y(3)
ans =
     GainMargin: 0.4894
    GMFrequency: 60.0819
    PhaseMargin: -6.0695
    PMFrequency: 85.6680
    DelayMargin: 0.0721
    DMFrequency: 85.6680
         Stable: 0
% y(4)
ans =
     GainMargin: 0.1573
    GMFrequency: 60.0819
    PhaseMargin: -16.8497
    PMFrequency: 148.2659
    DelayMargin: 0.0404
    DMFrequency: 148.2659
         Stable: 0
```

由系统运行结果可知，随着开环增益的增大，相角稳定裕度在减小，表明系统的稳定性在变差。当 $K=900$ 或 2800 时，相角稳定裕度变为负值，此时系统不再稳定。

【例 10-4】 已知某系统开环传递函数 $G(s)H(s)=\dfrac{36(0.5s+1)}{s(s^3+15s+88)}$，试用 Bode 图法判断闭环系统的稳定性，并用阶跃响应曲线验证。

用 Bode 图对闭环系统判稳，其实现的 MATLAB 程序如下：

```
>> clear all;
num = 36 * [0 0.5 1];
den = conv([1 0],[1 15 88]);
s = tf(num,den);
[Gm,Pm,Wcg,Wcp] = margin(s)
margin(s)
```

运行程序，输出如下：

```
Gm =    Inf
Pm =    97.7158
Wcg =    Inf
Wcp =     0.4177
```

绘制出的系统 Bode 图如图 10-3 所示，并计算出频域指标：幅值裕度 $L_h=\infty$B；$-\pi$ 穿越频率 $\omega_g=\infty s^{-1}$；相角稳定裕度 $\gamma=97.7158°$；剪切频率 $\omega_c=0.7573s^{-1}$。

这些频域性能指标数据说明系统闭环不仅稳定，而且有很大的稳定裕度。

绘制系统单位阶跃响应曲线验证系统的稳定性，其实现的 MATLAB 程序如下：

```
>> clear all;
num = 36 * [0 0.5 1];
den = conv([1 0],[1 15 88]);
s = tf(num,den);
sys = feedback(s,1);
t = 0:0.01:30;
step(sys,t);
```

程序运行后，绘制出系统的单位阶跃响应曲线，如图 10-4 所示。闭环系统的响应曲线表明，系统不仅稳定，而且单位阶跃响应不超调，并有良好的性能指标。

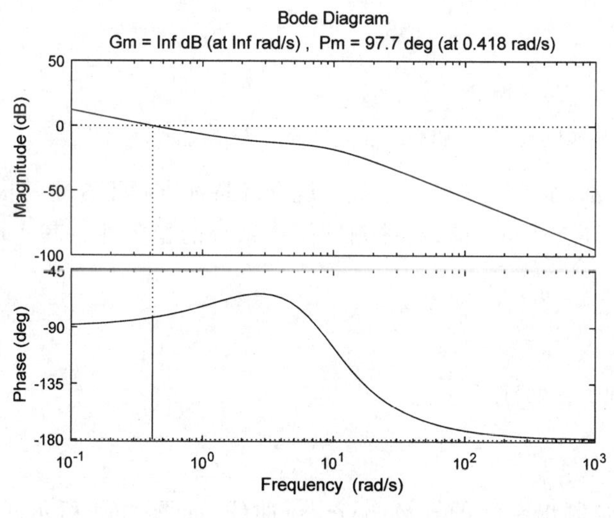

图 10-3 系统 Bode 图

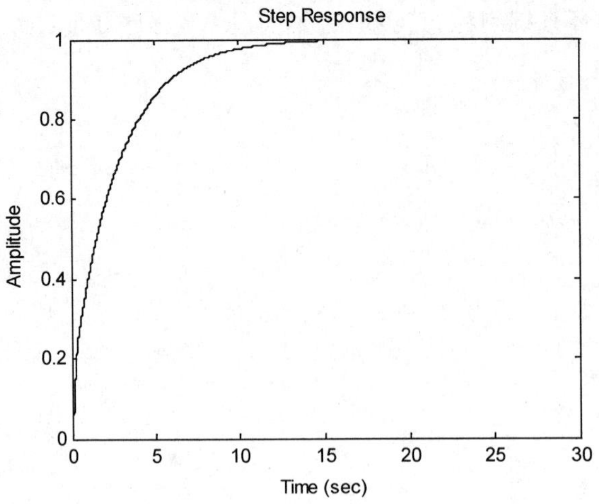

图 10-4　系统的单位阶跃响应曲线

10.4.2　用 Nyquist 曲线法判断系统稳定性

【例 10-5】　已知某系统开环传递函数为 $G(s)H(s)=\dfrac{600}{0.0001s^3+0.3s+15s+200}$，试用 Nyquist 稳定判据判断闭环系统的稳定性，并用阶跃响应曲线验证。

计算系统开环特征方程的根，其实现的 MATLAB 程序如下：

```
>> clear all;
P = [0.0001 0.3 15 200];
roots(P)
```

运行程序，输出如下：

```
ans =
 1.0e + 003 *
 - 2.9494
 - 0.0253 + 0.0061i
 - 0.0253 - 0.0061i
```

即 3 个根均有负实部，都为稳定的根。故系统开环特征方程不稳定的根的个数 $p=0$。

绘制系统的开环 Nyquist 曲线，并判断闭环系统的稳定性。其实现的 MATLAB 程序如下：

```
>> clear all;
num = 600;
den = [0.0001 0.3 15 200];
GH = tf(num,den);
nyquist(GH)
```

运行程序后，绘制出系统的开环 Nyquist 曲线，如图 10-5 所示。由图 10-5 可以看出，系统的 Nyquist 曲线不包围(−1,j0)点，p=0。根据 Nyquist 稳定判据，其闭环系统是稳定的，这也可以用系统的阶跃响应曲线来验证。

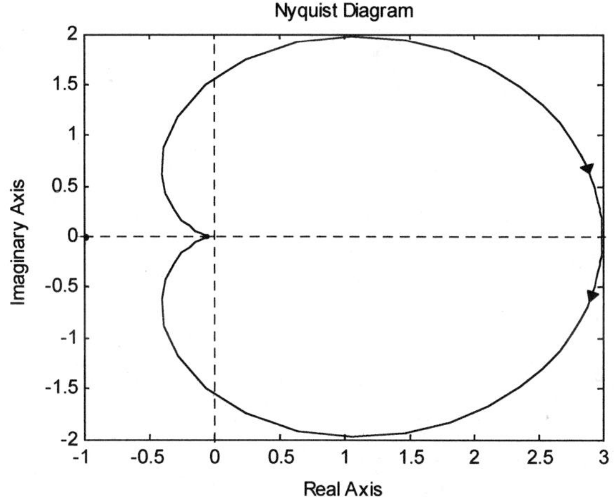

图 10-5　系统的开环 Nyquist 曲线

用阶跃响应曲线验证,其实现的 MATLAB 程序如下:

```
>> syms s GH sys;
GH = 600/(0.0001 * s^3 + 0.3 * s^2 + 15 * s + 200);
sys = factor(GH/(1 + GH))
```

运行程序,输出如果如下:

```
sys =
      6000000/(s^3 + 3000 * s^2 + 150000 * s + 8000000)
```

即 $G(s)H(s)=\dfrac{6\,000\,000}{\mathrm{s}^3+3000\mathrm{s}+150\,000\mathrm{s}+8\,000\,000}$。

还要用以下程序绘制系统单位阶跃响应曲线:

```
>> num = 6000000;
den = [1 3000 150000 8000000];
sys = tf(num,den)
step(sys)
```

运行程序,绘制出系统单位阶跃响应曲线,如图 10-6 所示。由图 10-6 可知,曲线略微超调后迅速衰减响应终了值,对应的系统闭环不仅稳定,而且具有优良的性能指标,这就验证了 Nyquist 稳定判据判断结论的正确性。

【例 10-6】 已知系统的开环传递函数为

$$GH(s)=\frac{99K}{s(s+6)(s+12)}$$

试分别绘制 $K=1.2,8.8,24$ 时系统的极坐标图,并利用 Nyquist 稳定判据判断闭环系统的稳定性。

在 M 文件编辑器中输入以下代码:

```
clear;
Z = [];
P = [0, - 6, - 12];
K = 99 * [1.2,8.8,24];
```

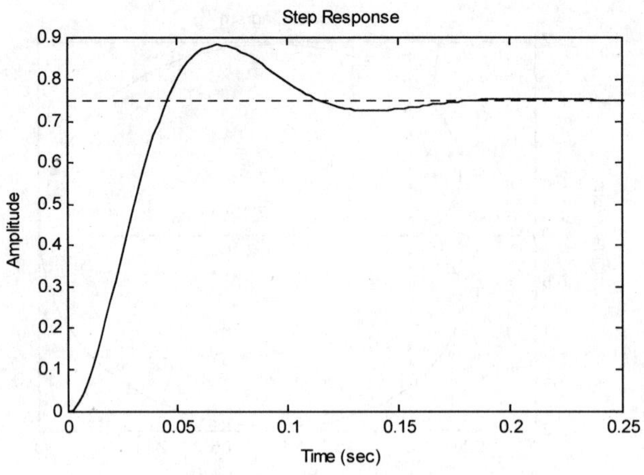

图 10-6　系统单位阶跃响应曲线

```
G = zpk(Z,P,K(1));
[Re1,In1] = nyquist(G);
G = zpk(Z,P,K(2));
[Re2,In2] = nyquist(G);
G = zpk(Z,P,K(3));
[Re3,In3] = nyquist(G);
plot(Re1(:),In1(:),'-.',Re2(:),In2(:),'-',Re3(:),In3(:),':');
axis([-5,2,-5,2]);
grid on;
xlabel('Real Axis');
ylabel('Imaginary Axis');
text(-0.4,-3.6,'K=1.2');
text(-2.7,-2.7,'K=8.8');
text(-4.4,-1.6,'K=20');
```

运行结果如图 10-7 所示。该开环系统没有右半 S 平面的极点($p=0$)，因此开环系统是稳定的。从图 10-7 可以看出，当 $K=1.2$ 时，开环系统的 Nyquist 图不包围(-1,j0)点，根据 Nyquist 稳定判据，系统是稳定的。当 $K=8.8$ 和 $K=24$ 时，开环系统的 Nyquist 图包围(-1,j0)点，根据 Nyquist 稳定判据，系统是不稳定的。

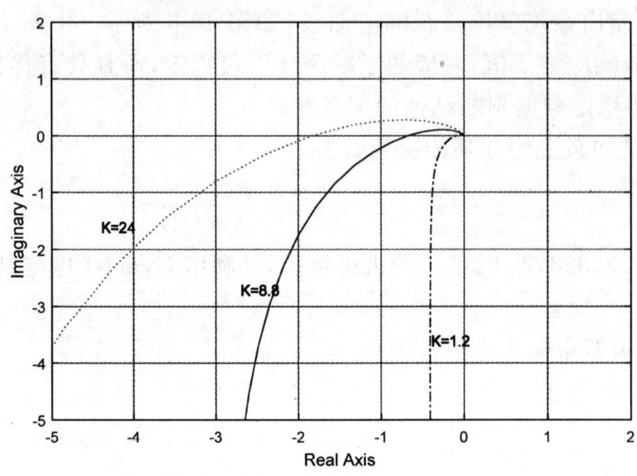

图 10-7　Nyquist 图

第11章 基于频域滤波的图像分析与实现

频率域图像增强首先通过傅里叶变换将图像从空间域转换为频率域，然后在频率域内对图像进行处理，最后通过傅里叶反变换转换到空间域。频率域内的图像增强通常包括有限冲激响应滤波、低通滤波、高通滤波、高斯带阻滤波和同态滤波。

11.1 有限冲激响应滤波

有限冲激响应滤波器的下列特点使其适合在 MATLAB 环境下进行图像处理：

- FIR 滤波器系数容易用矩阵表示。
- 二维 FIR 滤波器是一维 FIR 滤波器的简单扩展。
- FIR 滤波器有很多可靠的设计方法。
- FIR 滤波器容易实现。
- FIR 滤波器可以设计成线性相位，防止图像失真。

11.1.1 频率变换法

频率变换法是指把一个一维的 FIR 滤波器转换成二维的 FIR 滤波器。频率转换方法保留了一维 FIR 滤波器的大部分特性，尤其是变换带宽和波纹特征。该方法使用了变换矩阵，矩阵中的元素定义了频率变换。

在 MATLAB 中，提供了 ftrans2 函数用来实现频率变换法。函数的调用格式为

h=ftrans2(b)：b 为对应的一维 FIR 滤波器，其长度必须为奇数，一般为奇数 fir1，fir2 或 remez 返回值。h 返回的二维 FIR 滤波器。

h=ftrans2(b,t)：t 为转换矩阵，默认值为 t=[1 2 1;2 −4 2;1 2 1]/8。

【例 11-1】 利用 ftran2 函数将一维滤波器转换为二维滤波器。

其 MATLAB 程序如下：

```
>> clear all;
colormap(jet(64))                    %颜色映射表
```

```
b = remez(10,[0 0.05 0.15 0.55 0.65 1],[0 0 1 1 0 0]);     %一维带通滤波器
[H,w] = freqz(b,1,128,'whole');                             %一维带通滤波器的频率响应
subplot(121);plot(w/pi - 1,fftshift(abs(H)));
title('一维带通');
h = ftrans2(b);                                             %二维带通滤波器
subplot(122);freqz2(h);                                     %二维带通滤波器的频率响应
title('二维带通');
```

运行程序，效果如图 11-1 所示。

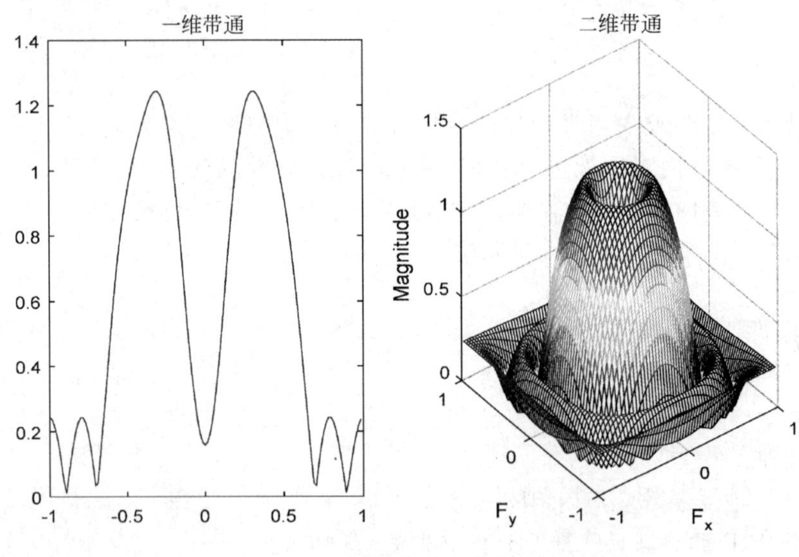

图 11-1　一维和二维带通滤波器的频率响应

11.1.2　频率抽样法

频率抽样法用于创建一个基于所需频率响应的滤波器。给定一个定义频率响应的矩阵，频率抽样法创建一个通过这些点的滤波器，而对给定点之间的频率响应并没有限制。

在 MATLAB 中，提供了 fsamp2 函数用于设计二维 FIR 滤波器。该函数返回一个滤波器，它的频率响应跟给定的频率响应矩阵对应，函数的调用格式为

h=fsamp2(Hd)：参数 HD 为频率响应，h 为返回的频率响应系数。

h=fsamp2(f1,f2,Hd,[m n])：f1,f2 为给定的响应频率，产生一个 $m\times n$ 的 FIR 滤波器。

【例 11-2】 利用 fsamp2 函数设计一个 11×11 的滤波器。

其 MATLAB 程序如下：

```
>> clear all;
[f1,f2] = freqspace(21,'meshgrid');
Hd = ones(21);
r = sqrt(f1.^2 + f2.^2);
Hd((r<0.1)|(r>0.5)) = 0;
colormap(jet(64))
subplot(121);mesh(f1,f2,Hd);
title('所需滤波产生的频率');
h = fsamp2(Hd);
subplot(122);freqz2(h);
title('频率抽样法产生的频率')
```

运行程序,效果如图 11-2 所示。

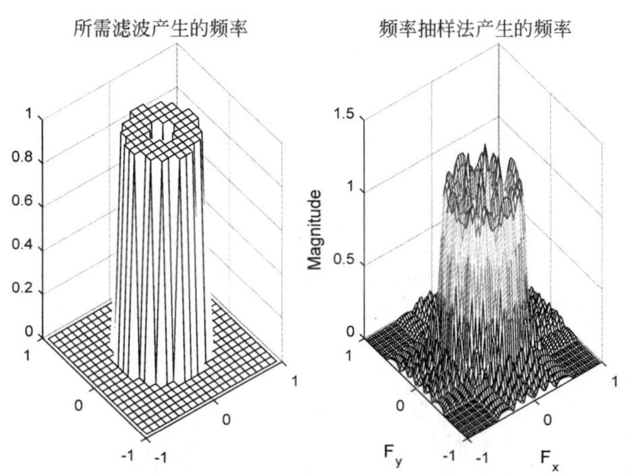

图 11-2 所需滤波器的频率响应和频率抽样法产生的频率响应

由图 11-2 右图可注意到,实际产生的滤波器的频率响应中会产生波纹,这些波纹是频率抽样法设计滤波器固有的问题。

11.1.3 窗函数法

窗函数法通过理想冲激响应和窗函数相乘产生相应的滤波器。与频率抽样法类似,窗函数法产生一个与所需滤波器响应类似的滤波器。但是,窗函数法会产生比频率抽样法效果更好的滤波器。

MATLAB 图像处理工具箱提供了两个函数来设计滤波器 fwind1 和 fwind2:

(1) fwind1 函数通过使用一个或两个一维窗口的二维窗口来设计二维滤波器。

(2) fwind2 函数直接使用指定的二维窗口来设计二维滤波器。

fwind1 函数支持两种不同的方法来创建二维窗口:

(1) 使用类似于旋转的方法,将一个一维窗口转换为一个二维窗口。

(2) 通过计算两个一维窗口的外积来创建一个矩形窗口。

fwind1 函数的调用格式为

h=fwind1(Hd,win):参数 Hd 为所需要的频率响应;win 为一维窗函数;h 为返回的二维滤波器。

h=fwind1(Hd,win1,win2):根据给定的两个一维窗函数 win1,win2,创建一个二维滤波器 h。

h=fwind1(f1,f2,Hd,…):根据给定两个频率 f1,f2,创建一个二维滤波器 h。

【例 11-3】 利用 fwind1 函数产生二维滤波器。

其 MATLAB 程序如下:

```
>> clear all;
[f1,f2] = freqspace(21,'meshgrid');
Hd = ones(21);
r = sqrt(f1.^2 + f2.^2);
```

```
Hd((r<0.1)|(r>0.5)) = 0;
colormap(jet(64))
subplot(121);mesh(f1,f2,Hd);
title('二维频率响应');
h = fwind1(Hd,hamming(21));
subplot(122);freqz2(h);
title('Hamming 窗函数的频率响应');
```

运行程序,效果如图 11-3 所示。

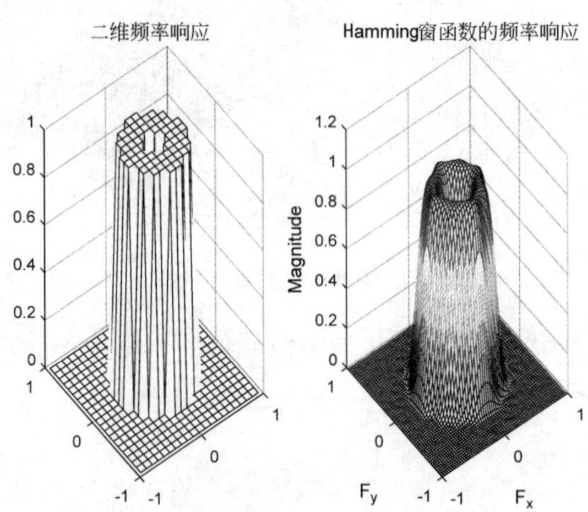

图 11-3　所需二维频率响应和 fwind1 窗函数法产生的频率响应

fwind2 函数与 fwind1 函数的用法类似。fwind2 函数的调用格式为

h=fwind2(Hd,win)：参数 Hd 为所需要的频率响应；win 为一维窗函数；返回参数 h 为二维滤波器。

h=fwind2(f1,f2,Hd,win)：f1 与 f2 为给定的频率。

【例 11-4】 利用 fwind2 函数产生二维滤波器。

其 MATLAB 程序如下：

```
>> clear all;
[f1,f2] = freqspace(21,'meshgrid');
Hd = ones(21);
r = sqrt(f1.^2 + f2.^2);
Hd((r<0.1)|(r>0.5)) = 0;
colormap(jet(64))
subplot(131);mesh(f1,f2,Hd);
title('二维频率响应')
win = fspecial('gaussian',21,2);
win = win ./ max(win(:));
subplot(132);mesh(win);
title('高斯滤波器');
h = fwind2(Hd,win);
subplot(133);freqz2(h);
title('fwind2 窗函数频率响应');
```

运行程序,效果如图 11-4 所示。

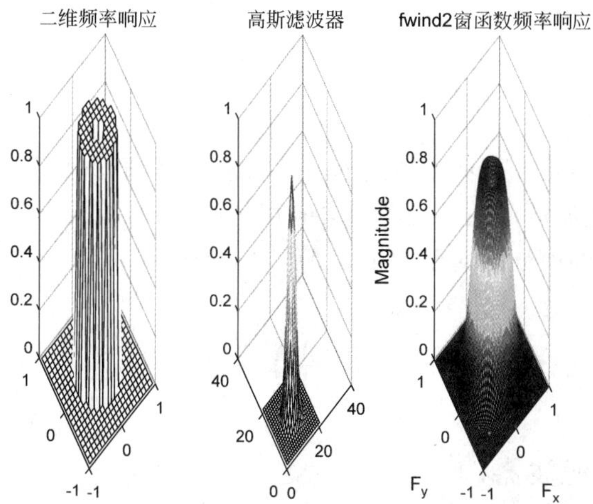

图 11-4 所需二维频率响应、高斯滤波器和 fwind2 窗函数法产生的频率响应

11.1.4 频率响应矩阵

滤波器设计函数 fsamp2、fwind1、fwind2 所设计的滤波器是以幅频响应矩阵为基础的，幅频响应是描述一个滤波器对不同频率响应的函数。因此，可以直接使用 MATLAB 提供的 freqspace 函数来创建所需的频率响应空间，函数的调用格式为

[f1,f2]=freqspace(n)：n 是指频率响应为 n 维的方阵；参数 f1,f2 为返回的二维频率空间。

[f1,f2]=freqspace([m n])：[m n]是指频率响应为 $m\times n$ 的矩阵。

[x1,y1]=freqspace(…,'meshgrid')：利用 meshgrid 函数绘制的三维数据创建频率响应矩阵。

【例 11-5】 利用 freqspace 绘制一个低通圆形滤波器。

其 MATLAB 程序如下：

```
>> clear all;
[f1,f2] = freqspace(25,'meshgrid');                    % 频率响应的频率空间
Hd = zeros(25,25);
d = sqrt(f1.^2 + f2.^2)< 0.5;                          % 低通滤波器的响应
Hd(d) = 1;
mesh(f1,f2,Hd);
```

运行程序，效果如图 11-5 所示。

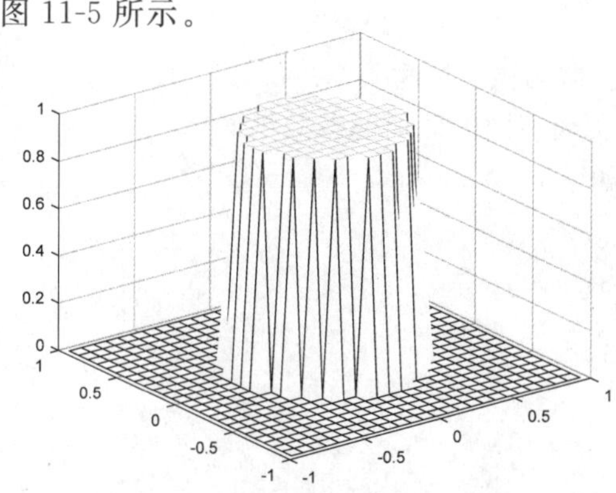

图 11-5 低通滤波器的频率响应

11.2 低通滤波

低通滤波器的功能是让低频率通过而滤掉或衰减高频，其作用是过滤掉包含在高频中的噪声。所以，低通滤波的效果是图像去噪声平滑增强，但同时也抑制了图像的边界，造成图像不同程度上的模糊。对于大小为 $M\times N$ 的图像，频率点 (u,v) 与频域中心的距离为 $D(u,v)$，其表达式为

$$D(u,v)=\left[\left(u-\frac{M}{2}\right)^2+\left(v-\frac{N}{2}\right)^2\right]^{1/2}$$

11.2.1 理想低通滤波器

理想低通滤波器的传递函数为

$$H(u,v)=\begin{cases}1 & (D(u,v)\in D_0)\\0 & (D(u,v)\notin D_0)\end{cases}$$

理论上，在 D_0 区域的频段上无损通过，而区域外的高频信号被滤除；如果在高频信号含有的大量边缘信息也被滤除，将会发生图像模糊现象。

11.2.2 巴特沃斯低通滤波器

巴特沃斯低通滤波器的传递函数（D_0 为截频区域）为

$$H(u,v)=\frac{1}{1+\left[\dfrac{D(u,v)}{D_0}\right]^{2n}}$$

由于在通带与阻带间有个平滑的过渡带存在，高频信号并没有完全滤除，因此它的边缘模糊程度大大降低了。

11.2.3 高斯低通滤波器

高斯低通滤波器的产生公式为

$$H(u,v)=\mathrm{e}^{-D^2(u,v)/2D_0^2}$$

式中，D_0 为高斯低通滤波器的截止频率。

【例 11-6】 对图像实现不同的低通滤波效果。

其 MATLAB 程序如下：

```
>> clear all;
I = imread('liftingbody.png');
I = im2double(I);
M = 2 * size(I,1);
N = 2 * size(I,2);
u =- M/2:(M/2 - 1);
v =- N/2:(N/2 - 1);
```

```
[U,V] = meshgrid(u, v);
D = sqrt(U.^2 + V.^2);
D0 = 80;
H1 = double(D <= D0);
J1 = fftshift(fft2(I, size(H1, 1), size(H1, 2)));        % 时域图像转换为频域图像
K1 = J1. * H1;
L1 = ifft2(ifftshift(K1));                                 % 频域图像转换为时频图像
L1 = L1(1:size(I,1), 1:size(I, 2));
subplot(221);imshow(I);
title('原始图像');
subplot(222);imshow(L1);
title('理想低通滤波器');
n = 6;
H2 = 1./(1 + (D./D0).^(2 * n));
J2 = fftshift(fft2(I, size(H2, 1), size(H2, 2)));        % 时域图像转换为频域图像
K2 = J2. * H2;
L2 = ifft2(ifftshift(K2));                                 % 频域图像转换为时频图像
L2 = L2(1:size(I,1), 1:size(I, 2));
subplot(223);imshow(L2);
title('巴特沃斯低通滤波器');
H3 = exp( - (D.^2)./(2 * (D0.^2)));
J3 = fftshift(fft2(I, size(H3, 1), size(H3, 2)));        % 时域图像转换为频域图像
K3 = J3. * H3;
L3 = ifft2(ifftshift(K3));                                 % 频域图像转换为时频图像
L3 = L3(1:size(I,1), 1:size(I, 2));
subplot(224);imshow(L3);
title('高斯低通滤波器');
```

运行程序,效果如图 11-6 所示。

原始图像

理想低通滤波器

巴特沃斯低通滤波器

高斯低通滤波器

图 11-6　低通滤波效果

11.3　高通滤波

衰减或抑制低频分量让高频分量通过称为高通滤波,其作用是使图像得到锐化处理,突出图像的边界。经理想高频滤波后的图像把信息丰富的低频去掉了,丢失了许多

必要的信息。一般情况下，高通滤波对噪声没有任何抑制作用，如果简单地高通滤波，图像质量可能由于噪声严重而难以达到满意的改善效果。为了既加强图像的细节又抑制噪声，可采用高频加强滤波。这种滤波器实际上是由一个高通滤波器和一个全通滤波器构成的，这样便能在高通滤波的基础上保留低频信息。

11.3.1 理想高通滤波器

理想高通滤波器的传递函数为

$$H(u,v)=\begin{cases}0 & (D(u,v)\leqslant D_0)\\ 1 & (D(u,v)>D_0)\end{cases}$$

式中，D_0 是一个非负整数，即理想高通滤波器的截止频率；$D(u,v)$是从点(u,v)到频域原点的距离。

$$D(u,v)=\sqrt{u^2+v^2}$$

理想高通滤波器的作用与理想低通滤波器相反，它将小于 D_0 的频率（半径为 D_0 的圆内）的所有频率完全截止，而大于 D_0 的频率（圆外的频率）则可以全部无衰减通过。

11.3.2 巴特沃斯高通滤波器

截止频率为 D_0 的 n 阶巴特沃斯高通滤波器的传递函数为

$$H(u,v)=\frac{1}{1+\left[\dfrac{D_0}{D(u,v)}\right]^{2n}}$$

同低通滤波器的情况一样，可以认为巴特沃斯高通滤波器比理想高通滤波器更平滑。巴特沃斯高通滤波器在通过和滤掉的频率之间没有不连续的分界，因此用巴特沃斯高通滤波器得到的输出图像振铃效果不明显。

当 $D(u,v)=D_0$ 时，$H(u,v)=\dfrac{1}{2}$。另一个常用的截止频率是使 $H(u,v)$降低到最大值的$\dfrac{1}{\sqrt{2}}$时的频率。这时，传递函数变为

$$H(u,v)=\frac{1}{1+(\sqrt{2}-1)\left[\dfrac{D_0}{D(u,v)}\right]^{2n}}$$

11.3.3 高斯高通滤波器

高斯高通滤波器的产生公式为

$$H(u,v)=1-\mathrm{e}^{-D^2(u,v)/2D_0^2}D_0$$

式中，D_0 为高斯高通滤波器的截止频率。

【例 11-7】 对图像实现不同的高通滤波效果。

其 MATLAB 程序如下：

```
>> clear all;
I = imread('coins.png');
I = im2double(I);
subplot(221);imshow(I);
title('原始图像');
M = 2 * size(I,1);
N = 2 * size(I,2);
u =- M/2:(M/2 - 1);
v =- N/2:(N/2 - 1);
[U,V] = meshgrid(u, v);
D = sqrt(U.^2 + V.^2);
D0 = 30;
n = 6;                                              %巴特沃斯滤波器的阶数
H2 = 1./(1 + (D0./D).^(2 * n));
J2 = fftshift(fft2(I, size(H2, 1), size(H2, 2)));   %时域图像转换为频域图像
K2 = J2. * H2;
L2 = ifft2(ifftshift(K2));                          %频域图像转换为时频图像
L2 = L2(1:size(I,1), 1:size(I, 2));
subplot(222);imshow(L2);
title('巴特沃斯高通滤波器');
H3 = 1 - exp( - (D.^2)./(2 * (D0.^2)));
J3 = fftshift(fft2(I, size(H3, 1), size(H3, 2)));   %时域图像转换为频域图像
K3 = J3. * H3;
L3 = ifft2(ifftshift(K3));                          %频域图像转换为时频图像
L3 = L3(1:size(I,1), 1:size(I, 2));
subplot(223);imshow(L3);
title('高斯低通滤波器');
```

运行程序，效果如图 11-7 所示。

高斯低通滤波器

图 11-7　高通滤波

11.4　高斯带阻滤波

带阻滤波器是用来抵制距离频域中心一定距离的一个圆环区域的频率，可以用来消除一定频率范围的周期噪声。带阻滤波器包括理想带阻滤波器、巴特沃斯带阻滤波器和高斯带阻滤波器。

11.4.1 理想带阻滤波器

理想带阻滤波器的公式为

$$H(u,v)=\begin{cases}1 & \left(D(u,v)<D_0-\dfrac{W}{2}\right)\\ 0 & \left(D_0-\dfrac{W}{2}\leqslant D(u,v)\leqslant D_0+\dfrac{W}{2}\right)\\ 1 & \left(D(u,v)>D_0+\dfrac{W}{2}\right)\end{cases}$$

式中，D_0 为需要阻止的频率点与频率中心的距离；W 为带阻滤波器的带宽。

11.4.2 巴特沃斯带阻滤波器

巴特沃斯带阻滤波器的公式为

$$H(u,v)=\frac{1}{1+\left[\dfrac{D(u,v)W}{D^2(u,v)-D_0^2}\right]^{2n}}$$

式中，D_0 为需要阻止的频率点与频率中心的距离；W 为带阻滤波器的带宽；n 为巴特沃斯滤波器的阶数。

11.4.3 高斯带阻滤波器

高斯带阻滤波器的公式为

$$H(u,v)=1-\mathrm{e}^{\frac{1}{2}\left[\frac{D^2(u,v)-D_0^2}{D(u,v)W}\right]^2}$$

式中，D_0 为需要阻止的频率点与频率中心的距离；W 为带阻滤波器的带宽。

【例 11-8】 对图像实现不同的带阻滤波效果。

其 MATLAB 程序如下：

```
>> clear all;
I = imread('coins.png');
subplot(221);imshow(I);
title('原始图像');
I = imnoise(I,'gaussian',0,0.015);                    %添加噪声
subplot(222);imshow(I);
title('含有噪声的图像');
I = im2double(I);
M = 2 * size(I,1);
N = 2 * size(I,2);
u =- M/2:(M/2 - 1);
v =- N/2:(N/2 - 1);
[U,V] = meshgrid(u, v);
D = sqrt(U.^2 + V.^2);
D0 = 50;
```

```
W = 30;                                              % 滤波器的带宽
H1 = double(or(D<(D0 - W/2),D > D0 + W/2));
J1 = fftshift(fft2(I, size(H1, 1), size(H1, 2)));    % 时域图像转换为频域图像
K1 = J1. * H1;
L1 = ifft2(ifftshift(K1));                           % 频域图像转换为时频图像
L1 = L1(1:size(I,1), 1:size(I, 2));
subplot(223);imshow(L1);
title('理想带阻滤波器');
n = 6;                                               % 巴特沃斯滤波器的阶数
H2 = 1./((1 + ((D. * W)./(D.^2 - D0.^2)).^(2 * n)));
J2 = fftshift(fft2(I, size(H2, 1), size(H2, 2)));    % 时域图像转换为频域图像
K2 = J2. * H2;
L2 = ifft2(ifftshift(K2));                           % 频域图像转换为时频图像
L2 = L2(1:size(I,1), 1:size(I, 2));
subplot(224);imshow(L2);
title('巴特沃斯高通滤波器');
```

运行程序，效果如图 11-8 所示。

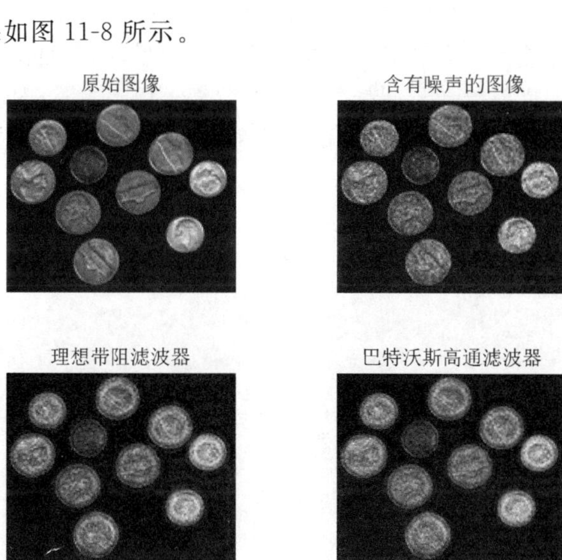

图 11-8　带阻滤波

11.5　同态滤波

同态滤波是一种特殊的滤波技术，可用于压缩灰度的动态范围，且增强对比度。这种处理方法与其说是一种数学技巧，倒不如说是因为人眼视觉系统对图像亮度有类似于对数运算的非线性特性。

一幅图像 $f(x,y)$可以用它的照明分量 $i(x,y)$及反射分量 $r(x,y)$来表示，即

$$f(x,y) = i(x,y) \cdot r(x,y)$$

根据这个模型可用下列方法把两个分量分开分别进行滤波，如图 11-9 所示。

(1) 先对式 $f(x,y)$取对数，$\ln f(x,y)=\ln i(x,y)+\ln r(x,y)$。

(2) 对上式取傅里叶变换，$F(u,v)=I(u,v)+R(u,v)$。

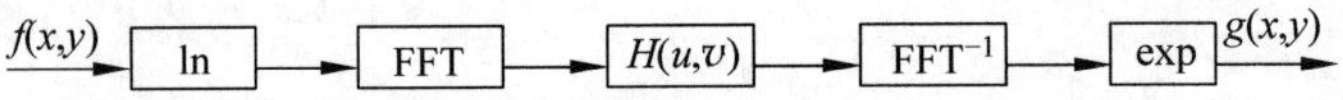

$f(x,y)$ → ln → FFT → $H(u,v)$ → FFT^{-1} → exp → $g(x,y)$

图 11-9　同态滤波器增强流程图

(3) 用一个频域函数 $H(u,v)$ 处理 $F(u,v)$，$H(u,v)F(u,v)=H(u,v)I(u,v)+H(u,v)R(u,v)$。

(4) 反变换到空间域，$h_f(x,y)=h_i(x,y)+h_r(x,y)$。

(5) 将上式两边取指数，$g(x,y)=\exp|h_f(x,y)|=\exp|h_i(x,y)|\cdot\exp|h_r(x,y)|$，令

$$i_0(x,y)=\exp|h_i(x,y)|$$

$$r_0(x,y)=\exp|h_r(x,y)|$$

则

$$g(x,y)=i_0(x,y)\cdot r_0(x,y)$$

式中，$i_0(x,y)$是处理后的照射分量；$r_0(x,y)$是处理后的反射分量。

一幅图像的照射分量一般是在空间缓慢变化的，而反射分量在不同物体的交界处是急剧变化的，这个特征使人们有可能把一幅图像取对数后的傅里叶变换的低频分量和照射分量联系起来，而把反射分量与高频分量联系起来。以上特性表明可以设计一个对傅里叶变换的高频和低频分量影响不同的滤波函数 $H(u,v)$，处理结果会使像素灰度的动态范围或图像对比度得到增强。

【例 11-9】 对图像实现同态滤波处理。

其 MATLAB 程序如下：

```
>> clear all;
I = imread('lean.jpg');
subplot(121);imshow(I);
title('原始图像');
J = double(I);
f = fft2(J);                                        %傅里叶变换
g = fftshift(f);                                    %数据矩阵平衡
[M,N] = size(f);
d0 = 10;
r1 = 0.5;
rh = 2;
c = 4;
n1 = floor(M/2);
n2 = floor(N/2);
for i = 1:M
    for j = 1:N
        d = sqrt((i - n1)^2 + (j - n2)^2);
        h = (rh - r1) * (1 - exp( - c * (d.^2/d0.^2))) + r1;
        g(i,j) = h * g(i,j);
    end
end
g = ifftshift(g);
g = uint8(real(ifft2(g)));
subplot(122);imshow(g);
title('同态滤波器')
```

运行程序，效果如图 11-10 所示。

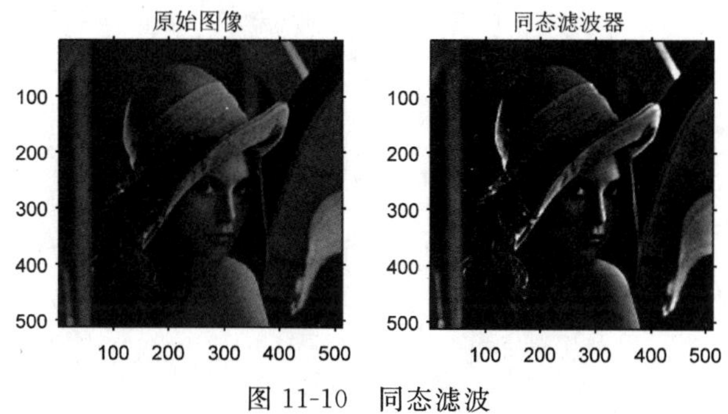

图 11-10　同态滤波

第12章 控制系统数学模型分析与实现

控制系统主要分为连续系统和离散系统。

12.1 连续系统

12.1.1 微分方程

一个连续系统可以表示成高阶微分方程，即

$$\frac{d^n y(t)}{dt^n}+a_1\frac{d^{n-1}y(t)}{dt^{n-1}}+\cdots+a_{n-1}\frac{dy(t)}{dt}+a_n y(t)$$

$$=b_0\frac{d^m u(t)}{dt^m}+\cdots+b_{m-1}\frac{du(t)}{dt}+b_m u(t)\quad (m\leqslant n)\qquad(12\text{-}1)$$

式中，$u(t)$，$y(t)$分别为系统的输入量、输出量；n 为系统的阶次；$a_i(i=1,2,\cdots,n)$为系统的结构参数；$b_j(j=0,1,2,\cdots,m)$为输入函数的结构参数。它们均为实常数。

已知输出变量 $y(t)$及各阶导数的初始值为

$$y(0)=y_0,\frac{dy(0)}{dt}=\dot{y},\cdots,\frac{d^{n-1}y(0)}{dt^{n-1}}=y_0^{(n-1)}$$

12.1.2 传递函数

若系统的初始条件为零，即系统在 $t=0$ 时已处于一个稳定状态，那么对式(12-1)两边取拉普拉斯变换后可得

$$s^nY(s)+a_1s^{n-1}Y(s)+\cdots+a_{n-1}sY(s)+a_nY(s)$$

$$=b_0s^mU(s)+b_1s^{m-1}U(s)+\cdots+b_mU(s)$$

整理后得

$$G(s)=\frac{Y(s)}{U(s)}=\frac{\sum_{j=o}^{m}b_js^{m-j}}{\sum_{i=0}^{n}a_is^{n-i}}\qquad(12\text{-}2)$$

将式(12-2)称为传递函数。

12.1.3 状态空间描述

微分方程和传递函数都只描述了系统输入与输出之间的关系,而没有考虑系统内部状态的动态运动,但仅仅实现系统输入与输出之间的关系是不够的,还必须复现模型的内部变量即状态变量的动态变化规律。

状态空间描述考虑了"输入—状态—输出"这一过程,引进经典控制理论所忽略的中间内部状态,因此状态空间表达式能够完全反映系统的全部独立变量的变化,而且能够方便处理初始条件。

在用状态空间法分析系统时,系统的动态特性是用由状态变量构成的一阶微分方程组来描述。状态空间表达式包括状态方程和输出方程。线性定常系统的状态空间描述为

$$\text{状态方程}\quad \dot{\boldsymbol{X}} = \boldsymbol{AX} + \boldsymbol{BU} \tag{12-3}$$

$$\text{输出方程}\quad \boldsymbol{Y} = \boldsymbol{CX} + \boldsymbol{DU} \tag{12-4}$$

在式(12-3)、式(12-4)中

$$\boldsymbol{A} = \begin{bmatrix} a_{11} & \cdots & a_{1n} \\ \vdots & & \vdots \\ a_{n1} & \cdots & a_{nn} \end{bmatrix} \text{——} n \times n \text{ 维系统矩阵}$$

$$\boldsymbol{B} = \begin{bmatrix} b_{11} & \cdots & b_{1r} \\ \vdots & & \vdots \\ b_{n1} & \cdots & b_{nr} \end{bmatrix} \text{——} n \times r \text{ 维输入矩阵}$$

$$\boldsymbol{C} = \begin{bmatrix} c_{11} & \cdots & c_{1n} \\ \vdots & & \vdots \\ c_{m1} & \cdots & c_{mn} \end{bmatrix} \text{——} m \times n \text{ 维输出矩阵}$$

$$\boldsymbol{D} = \begin{bmatrix} d_{11} & \cdots & d_{1r} \\ \vdots & & \vdots \\ d_{m1} & \cdots & d_{mr} \end{bmatrix} \text{——} m \times r \text{ 维直接传递矩阵}$$

$\boldsymbol{U} = \begin{bmatrix} u_1 \\ u_2 \\ \vdots \\ u_r \end{bmatrix}$为 r 维输入向量,$\boldsymbol{X} = \begin{bmatrix} x_1 \\ x_2 \\ \vdots \\ x_n \end{bmatrix}$为 n 维状态向量,$\boldsymbol{Y} = \begin{bmatrix} y_1 \\ y_2 \\ \vdots \\ y_m \end{bmatrix}$为 m 维输出向量。

对于线性时变系统,系数矩阵 $\boldsymbol{A}$,$\boldsymbol{B}$,$\boldsymbol{C}$,$\boldsymbol{D}$ 均与时间 t 有关,状态空间描述为

$$\begin{cases} \dot{\boldsymbol{X}} = \boldsymbol{A}(t)\boldsymbol{X} + \boldsymbol{B}(t)\boldsymbol{U} \\ \boldsymbol{Y} = \boldsymbol{C}(t)\boldsymbol{X} + \boldsymbol{D}(t)\boldsymbol{U} \end{cases} \tag{12-5}$$

系统的状态空间分析法是时域内的一种矩阵运算方法,不再只局限于输入量、输出量、误差量,为提高系统性能提供了有力工具。状态空间分析法特别适合于用计算机来计算,有利于把工程技术人员从烦琐的计算中解脱出来。

12.2 离散系统

假设系统输入$\{u(kT)\}$、输出$\{y(kT)\}$及内部状态变量$\{x(kT)\}$均是时间序列，其中T为离散时间间隔，为书写简便，用$\{u(k)\}$，$\{y(k)\}$，$\{x(k)\}$表示。

12.2.1 差分方程

设系统差分方程为

$$\begin{aligned}&a_0y(n+k)+a_1y(n+k-1)+\cdots+a_ny(k)\\&=b_1u(n+k-1)+\cdots+b_nu(k)\end{aligned}\tag{12-6}$$

引进后移算子q^{-1}为

$$q^{-1}y(k)=y(k-1)\tag{12-7}$$

由式(12-6)可写为

$$\sum_{j=0}^{n}a_jq^{-j}y(k+n)=\sum_{j=1}^{n}b_jq^{-j}u(k+n)$$

$$\frac{y(k+n)}{u(k+n)}=\frac{\sum\limits_{j=1}^{n}b_jq^{-j}}{\sum\limits_{j=0}^{n}a_jq^{-j}}\tag{12-8}$$

令$A(q^{-1})=\sum\limits_{j=0}^{n}a_jq^{-j}$，$B(q^{-1})=\sum\limits_{j=1}^{n}b_jq^{-j}$，则

$$\frac{y(k+n)}{u(k+n)}=\frac{B(q^{-1})}{A(q^{-1})}\tag{12-9}$$

12.2.2 离散传递函数(Z传递函数)

假设系统的初始条件为零，即$y(k)=u(k)=0(k\leqslant 0)$，则

$$(a_0+a_1z^{-1}+\cdots+a_nz^{-n})Y(z)=(b_1z^{-1}+\cdots+b_nz^{-n})U(z)$$

系统传递函数$H(z)$为

$$H(z)=\frac{\sum\limits_{j=1}^{n}b_jz^{-j}}{\sum\limits_{j=0}^{n}a_jz^{-j}}$$

在初始条件为零时，z^{-1}与q^{-1}等价。

12.2.3 离散状态空间模型

类似于连续系统，从微分方程或传递函数建立状态空间表达式，叫作系统的实现。在离散系统中，由差分方程或脉冲传递函数求取离散状态空间表达式，也是一种实现。

多变量离散状态空间表达式为

$$x(k+1)=Gx(k)+Hu(k)$$
$$y(k)=Cx(k)+Du(k)$$

12.3 数学模型的 MATLAB 相关函数

MATLAB 提供了相关函数用于建立相应的数据模型。

12.3.1 传递模型的函数

用不同向量分别表示分子和分母多项式，就可以利用控制系统工具箱的 tf 函数表示传递函数变量 G：

$$\text{num}=(b_1,b_2,\cdots,b_m,b_{m+1});$$
$$\text{den}=(a_1,a_2,\cdots,a_n,a_{n+1});$$
$$\text{G}=\text{tf(num,den)}$$

tf 函数的调用格式为

sys = tf(num,den)：用于生成连续传递函数(S 传递函数)。

sys = tf(num,den,Ts)：用于生成离散传递函数(Z 传递函数)。

sys = tf(M)：用于生成静态增益 S 传递函数(标量或矩阵)。

sys = tf(num,den,ltisys)：用于生成具有 LTI 模型属性的传递函数。

tfsys = tf(sys)：用于将任意状态空间模型 SS 或零极点增益模型 ZPK 和 LTI 对象 sys 转换成传递函数形式。

tfsys = tf(sys,'inv')：采用转置算法将任意状态空间模型 SS、LTI 对象快速转换成传递函数形式。

其中，sys 为传递函数对象；类型为 LMI object；Ts 为采样时间(单位：s)，当 Ts=0 时，表示生成的传递函数是连续传递函数，而当 Ts=−1 或 Ts=[]时，表示生成的传递函数是离散传递函数，采样时间未指定。

【例 12-1】 已知有一个输入和两个输出的传递函数为

$$\boldsymbol{H}(p)=\begin{bmatrix}\dfrac{p+1}{p^2+2p+2}\\[2mm]\dfrac{1}{p}\end{bmatrix}$$

试用 MATLAB 表示该传递函数，并获取其属性。

其 MATLAB 程序如下：

```
>> clear all;
num = {[1 1] ; 1};
den = {[1 2 2] ; [1 0]};
H = tf(num,den,'inputn','current', …
                              'outputn',{'torque' 'ang. velocity'}, …
                                  'variable','p')
```

运行程序，输出如下：

```
H =
  From input "current" to output...
                 p + 1
   torque:   -------------
             p^2 + 2 p + 2
                   1
   ang. velocity:  -
                   p
Continuous - time transfer function.
```

说明：Laplace 变换是一个重要工具。Laplace 变换能把微分方程转换为代数方程，使微分方程的求解简单而方便。另外，控制系统基本数学模型之一的传递函数也是用 Laplace 变换来定义的，经典控制理论就是在传递函数概念基础上建立起来的。

【例 12-2】 利用 Laplace 算子表示$\frac{s}{s^2+2s+10}$传递函数模型。

其 MATLAB 程序如下：

```
>> clear all;
s = tf('s');
H = s/(s^2 + 2*s + 10);
h = tf([1 0],[1 2 10])
```

运行程序，输出如下：

```
h =
          s
  --------------
  s^2 + 2 s + 10
Continuous - time transfer function.
```

【例 12-3】 已知多输入多输出传递函数 $\boldsymbol{H}(z)=\begin{bmatrix}\frac{1}{z+0.3} & \frac{z}{z+0.3}\\ \frac{-z+2}{z+0.3} & \frac{3}{z+0.3}\end{bmatrix}$，采样时间为 $T_s=2$，求其 MATLAB 输出形式。

其 MATLAB 程序如下：

```
>> clear all;
nums = {1 [1 0];[-1 2] 3};
Ts = 0.2;
H = tf(nums,[1 0.3],Ts)
```

运行程序，输出如下：

```
H =
  From input 1 to output...
          1
   1:  -------
       z + 0.3
       -z + 2
```

```
  2:  -------
        z + 0.3
 From input 2 to output...
           z
  1:  -------
        z + 0.3
           3
  2:  -------
        z + 0.3
Sample time: 0.2 seconds
Discrete - time transfer function.
```

与求系统传递函数相关的函数下面给予介绍。

1. get 函数

MATLAB 提供了 get 函数用于获取传递函数模型的信息。函数的调用格式为

get(sys)：可获得传递函数模型对象 sys 的所有信息。

【例 12-4】 利用 get 函数获取给定传递函数的信息。

其 MATLAB 程序如下：

```
>> clear all;
>> h = tf(1,[1 2],0.1,'inputname','voltage','user','hello') % 给定的传递函数,并设置其属性值
h =
  From input "voltage" to output:
    1
  -----
  z + 2
 Sample time: 0.1 seconds
Discrete - time transfer function.
>> get(h)                                                       % 获取传递函数的信息
              num: {[0 1]}
              den: {[1 2]}
         Variable: 'z'
          ioDelay: 0
       InputDelay: 0
      OutputDelay: 0
               Ts: 0.1000
         TimeUnit: 'seconds'
        InputName: {'voltage'}
        InputUnit: {''}
       InputGroup: [1x1 struct]
       OutputName: {''}
       OutputUnit: {''}
      OutputGroup: [1x1 struct]
             Name: ''
            Notes: {}
         UserData: 'hello'
>> get(h,'ts')
ans =
    0.1000
ans =
     1     2
```

```
>> get(h,'num')
ans =
    [1x2 double]
```

2. set 函数

在 MATLAB 中,提供了 set 函数用于设置或修改传递函数模型的属性。函数的调用格式为

set(sys,'Property',Value):设置系统的一个属性及其属性值。

set(sys,'Property1',Value1,'Property2',Value2,…):设置系统的多个属性及其对应的属性值。

set(sys,'Property'):设置系统的一个属性,属性的属性值为系统默认值。

set(sys):设置系统默认的属性及属性值。

【例 12-5】 利用 set 函数设置系统给定的单输入单输出状态空间模型的属性。

其 MATLAB 程序如下:

```
>> sys = ss(1,2,3,4)                                          %创建状态空间模型
sys =
  a =
       x1
   x1   1
  b =
       u1
   x1   2
  c =
       x1
   y1   3
  d =
       u1
   y1   4
Continuous - time state - space model.
>> set(sys,'inputd',0.1,'inputn','torque','d',0,'user',dcgain(sys))%设置属性值
>> get(sys)                                                   %显示所设置的属性值
                a: 1
                b: 2
                c: 3
                d: 0
                e: []
           Scaled: 0
        StateName: {''}
        StateUnit: {''}
    InternalDelay: [0x1 double]
       InputDelay: 0.1000
      OutputDelay: 0
               Ts: 0
         TimeUnit: 'seconds'
        InputName: {'torque'}
        InputUnit: {''}
       InputGroup: [1x1 struct]
       OutputName: {''}
       OutputUnit: {''}
```

```
OutputGroup: [1x1 struct]
       Name: ''
      Notes: {}
   UserData: -2
```

3. tfdata 函数

MATLAB 提供了 tfdata 函数来快速获取传递函数的分子多项式和分母多项式。函数的调用格式为

[num,den]=tfdata(sys)：获取传递系统 sys 的分子多项式 num 和分母多项式 den。

[num,den,Ts]=tfdata(sys)：同时返回传递系统的采样时间 Ts。

[num,den,Ts,sdnum,sdden]=tfdata(sys)：同时返回分子多项式的下标 sdnum 和分母多项式的下标 sdden。

【例 12-6】 利用 tfdata 函数获取系统 $g(z)=\dfrac{z+1}{z^2+2z+3}$ 的相关系数。

其 MATLAB 程序如下：

```
>> h = tf([1 1],[1 2 3],0.1,'variable','z^-1')
h =
       1 + z^-1
  -------------------
  1 + 2 z^-1 + 3 z^-2
Sample time: 0.1 seconds
Discrete-time transfer function.
>> get(h)                                    %获取传递函数 h 的模型属性
              num: {[1 1 0]}                 %分子
              den: {[1 2 3]}                 %分母
         Variable: 'z^-1'                    %传递函数的变量
          ioDelay: 0                         %输入输出延时
       InputDelay: 0                         %输入延时
      OutputDelay: 0                         %输出延时
               Ts: 0.1000                    %采样时间
         TimeUnit: 'seconds'                 %输入时间
        InputName: {''}                      %输入名称
        InputUnit: {''}                      %输入单位
       InputGroup: [1x1 struct]              %输入组
       OutputName: {''}                      %输出名称
       OutputUnit: {''}                      %输出单位
      OutputGroup: [1x1 struct]              %输出组
             Name: ''                        %名称
            Notes: {}                        %备注
         UserData: []                        %用户数据
>> [num,den,Tsn] = tfdata(h)                 %获取控制系统 h 的相关参数
num =
    [1x3 double]
den =
    [1x3 double]
Tsn =
    0.1000
```

12.3.2 零极点模型函数

在 MATLAB 中，零极点增益模型用(z,p,K)矢量组表示，即

$$\begin{cases} z = [z_1;z_2;\cdots;z_m] \\ p = [p_1;p_2;\cdots;p_n] \\ K = [k] \end{cases}$$

然后调用 zpk 函数即可输入这个零极点模型了。

zpk 函数的调用格式为

sys=zpk(z,p,k)：建立连续系统的零极点增益模型 sys。z,p,k 分别对应零极点系统中的零点向量、极点向量和增益。

sys=zpk(z,p,k,Ts)：建立离散系统的零极点增益模型 sys。

sys=zpk(z,p,k,'Property1',Value1,…,'PropertyN',ValueN)：建立连续系统的零极点增益模型 sys。模型 sys 的属性(Property)及属性值(Value)用'Property',Value 指定。

sys=zpk(z,p,k,Ts,'Property1',Value1,…,'PropertyN',ValueN)：建立离散时间系统的零极点增益模型 sys。

sys=zpk('s')：指定零极点增益模型以拉普拉斯变换算子 s 为自变量。

sys=zpk('z')：指定零极点增益模型以 Z 变换算子为自变量。

zsys=zpk(sys)：将任意线性定常系统模型 sys 转换为零极点增益模型。

【例 12-7】 创建单输入单输出零极点模型 $h(s)=\dfrac{-2s}{(s-1+j)(s-1-j)(s-2)}$。

其 MATLAB 程序如下：

```
>> clear all;
>> h = zpk(0, [1-i 1+i 2], -2)
h =
              -2 s
  --------------------
  (s-2) (s^2 - 2s + 2)
Continuous-time zero/pole/gain model.
```

【例 12-8】 已知有一个输入两个输出的零极点模型 $H(z)=\begin{bmatrix} \dfrac{1}{z-0.3} \\ \dfrac{2(z+0.5)}{(z-0.1+j)(z-0.1-j)} \end{bmatrix}$，求其 MATLAB 输出形式。

其 MATLAB 程序如下：

```
>> clear all;
z = {[] ; -0.5};
p = {0.3 ; [0.1+i 0.1-i]};
k = [1 ; 2];
H = zpk(z,p,k, -1)
H =
```

```
From input to output...
         1
 1:   -------
      (z - 0.3)
           2 (z + 0.5)
 2:   -------------------
      (z ^2  -  0.2z  +  1.01)
Sample time: unspecified
Discrete - time zero/pole/gain model.
```

【例 12-9】 将多输入多输出传递函数 $H(s)=\begin{bmatrix}\dfrac{-1}{s} & \dfrac{3(s+5)}{(s+1)} \\ \dfrac{2(s^2-2s+2)}{(s-1)(s-2)(s-3)} & 0\end{bmatrix}$化为零极点增益模型。

其 MATLAB 程序如下：

```
>> clear all;
Z = {[], - 5;[1 - i 1 + i] []};
P = {0,[ - 1  - 1];[1 2 3],[]};
K = [ - 1 3;2 0];
H = zpk(Z,P,K)
H =
  From input 1 to output...
       - 1
  1:   --
       s
       2 (s ^2  -  2s  +  2)
  2:   -----------------
       (s - 1) (s - 2) (s - 3)
  From input 2 to output...
       3 (s + 5)
  1:   -------
       (s + 1)^2
  2:   0
Continuous - time zero/pole/gain model.
>> get(H)                                        % 获取模型的属性
                z: {2x2 cell}
                p: {2x2 cell}
                k: [2x2 double]
    DisplayFormat: 'roots'
         Variable: 's'
          ioDelay: [2x2 double]
       InputDelay: [2x1 double]
      OutputDelay: [2x1 double]
               Ts: 0
         TimeUnit: 'seconds'
        InputName: {2x1 cell}
        InputUnit: {2x1 cell}
       InputGroup: [1x1 struct]
       OutputName: {2x1 cell}
       OutputUnit: {2x1 cell}
      OutputGroup: [1x1 struct]
```

```
        Name: ''
       Notes: {}
    UserData: []
```

与求系统零极点函数相关的函数下面给予介绍。

1. zpkdata 函数

MATLAB 提供了 zpkdata 函数用于获取系统的零极点和增益。函数的调用格式为

[z,p,k] = zpkdata(sys)：返回系统 sys 的零点 z、极点 p 及增益 k。

[z,p,k,Ts,Td] = zpkdata(sys)：同时返回系统 sys 的样本时间 Ts(Td)。

[z,p,k,Ts,covp,covk] = zpkdata(sys)：同时返回极点的协方差 covp 和增益的协方差 covk。

【例 12-10】 利用 zpkdata 返回所创建零极点模型的零点、极点及增益。

其 MATLAB 程序如下：

```
>> clear alll;
>> H = zpk({[0];[-0.5]},{[0.3];[0.1+i 0.1-i]},[1;2],-1)   %利用 zpk 创建零极点模型
H =
  From input to output...
            z
   1:   -------
        (z-0.3)
             2 (z+0.5)
   2:   -------------------
        (z^2 - 0.2z + 1.01)
Sample time: unspecified
Discrete-time zero/pole/gain model.
>> [z,p,k] = zpkdata(H)                        %利用 zpkdata 函数获取模型的零点、极点及增益
z =
     [        0]
     [-0.5000]
p =
     [    0.3000]
     [2x1 double]
k =
      1
      2
>> z{2,1}                                      %显示零点的具体内容
ans =
    -0.5000
>> p{2,1}                                      %显示极点的具体内容
ans =
   0.1000 + 1.0000i
   0.1000 - 1.0000i
```

2. pzmap 函数

MATLAB 提供了 pzmap 函数用于绘制零极点模型系统分布图。函数的调用格式为

pzmap(sys)：绘制零极点模型 sys 的分布图。

pzmap(sys1,sys2,…,sysN)：绘制多个零极点模型 sys1,sys2,…,sysN 的分布图。

[p,z] = pzmap(sys)：返回零极点系统 sys 的极点 p 及零点 z。

【例 12-11】 已知一系统的传递函数 $G(s)=\dfrac{s^2+5s+12}{(s^2+6s+3)(s^2+2s)}$，绘制系统的零极点分布图。

其 MATLAB 程序如下：

```
>> clear all;
num = [1 5 12];                                % 分子多项式
den = conv([1 6 3],[1 2 0]);                   % 分母多项式
G = tf(num,den)                                % 获取系统传递函数
[z1,p1,k] = zpkdata(G)                         % 获取系统零极点和增益
[p2,z2] = pzmap(G)                             % 获取系统零极点
pzmap(G)                                       % 绘制系统零极点分布图
title('零极点图');xlabel('实轴');ylabel('虚轴');
```

运行程序，输出如下，效果如图 12-1 所示。

```
G =
         s^2 + 5 s + 12
  --------------------------
   s^4 + 8 s^3 + 15 s^2 + 6 s
Continuous - time transfer function.
z1 =
    [2x1 double]
p1 =
    [4x1 double]
k =
     1
p2 =
         0
   - 5.4495
   - 2.0000
   - 0.5505
z2 =
  - 2.5000 + 2.3979i
  - 2.5000 - 2.3979i
```

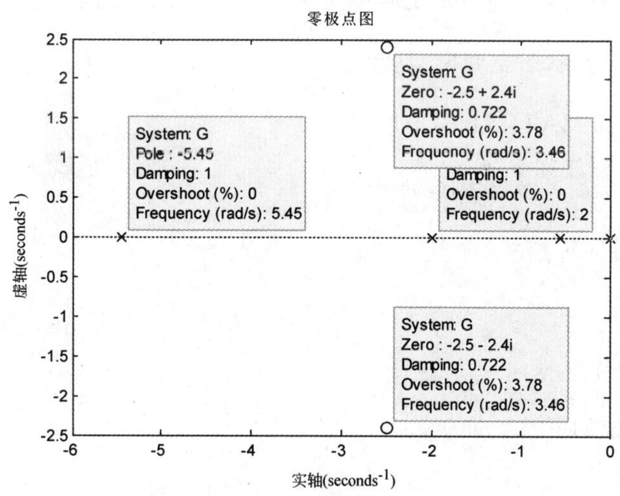

图 12-1 零极点系统的分布图

12.3.3 状态空间模型函数

系统动态信息的集合称为状态，在表征系统信息的所有变量中，能够全部描述系统运行的最少数目的一组独立变量称为系统的状态变量，其取值不唯一。以 n 维状态变量为基所构成的 n 维空间称为 n 维状态空间。系统在任意时刻的状态是状态空间的一个点。描述系统状态的一组向量可以被看成一个列向量，称为状态向量，其中每个状态变量是状态向量的分量，状态向量在状态空间中随时间 t 变化的轨迹，称为状态轨迹。由状态向量所表征的模型便是系统的状态空间模型。

这种方式是基于系统内部状态变量的，所以往往又称为系统的内部描述方法。和传递函数模型不同，状态方程可以描述更广的一类控制系统模型，包括非线性系统。

具有 n 个状态、m 个输入和 p 个输出的线性不变系统，用矩阵符号表示的状态空间模型是：

$$\begin{cases}\dot{\boldsymbol{x}}(t)=\boldsymbol{Ax}(t)+\boldsymbol{Bu}(t)\\ \boldsymbol{y}(t)=\boldsymbol{Cx}(t)+\boldsymbol{Du}(t)\end{cases}$$

式中，状态向量 $\boldsymbol{x}(t)$是 n 维；输入向量 $\boldsymbol{u}(t)$是 m 维；输出向量 $\boldsymbol{y}(t)$是 p 维；状态矩阵 $\boldsymbol{A}$ 是 $n\times n$ 维，输入矩阵 $\boldsymbol{B}$ 是 $n\times m$ 维，输出矩阵 $\boldsymbol{C}$ 是 $p\times n$ 维；前馈矩阵 $\boldsymbol{D}$ 是 $p\times m$ 维；对于一个时不变系统，$\boldsymbol{A}$,$\boldsymbol{B}$,$\boldsymbol{C}$,$\boldsymbol{D}$ 都是常数矩阵。

MATLAB 提供了 ss 函数用于求状态空间模型。函数的调用格式为

sys=ss(a,b,c,d)：生成线性定常连续系统的状态空间模型 sys。

sys=ss(a,b,c,d,'Property1',Value1,…,'PropertyN',ValueN)：生成连续系统的状态空间模型 sys。状态空间模型 sys 的属性(Property)及属性值(Value)用'Property',Value 指定。

sys=ss(a,b,c,d,Ts)：生成离散系统的状态空间模型 sys。

sys=ss(a,b,c,d,Ts,'Property1',Value1,…,'PropertyN',ValueN)：生成离散系统的状态空间模型 sys。

sys_ss=ss(sys)：将任意线性定常系统 sys 转换为状态空间。

【例 12-12】 已知状态空间模型 $\boldsymbol{A}=\begin{bmatrix}0 & 1\\ -5 & -2\end{bmatrix}$,$\boldsymbol{B}=\begin{bmatrix}0\\ 3\end{bmatrix}$,$\boldsymbol{C}=[0\quad 1]$,$\boldsymbol{D}=[0]$，其样本时间为 0.25，求其 MATLAB 输出形式。

其 MATLAB 程序如下：

```
>> clear all;
>> A = [0 1;-5 -2];
B = [0;3];
C = [0 1];
D = 0;
sys = ss(A,B,C,D,0.25)
```

运行程序，输出如下：

```
sys =
```

```
  a =
        x1   x2
   x1    0    1
   x2   -5   -2
  b =
        u1
   x1    0
   x2    3
  c =
        x1   x2
   y1    0    1
  d =
        u1
   y1    0
Sample time: 0.25 seconds
Discrete-time state-space model.
>> sys = ss(A,B,C,D,0.05,'statename',{'position' 'velocity'},...   % 设置属性值
                          'inputname','force',...
                          'notes','Created 01/16/11');
>> get(sys)                                                           % 获取系统的属性
                a: [2x2 double]
                b: [2x1 double]
                c: [0 1]
                d: 0
                e: []
           Scaled: 0
        StateName: {2x1 cell}
        StateUnit: {2x1 cell}
    InternalDelay: [0x1 double]
       InputDelay: 0
      OutputDelay: 0
               Ts: 0.0500
         TimeUnit: 'seconds'
        InputName: {'force'}
        InputUnit: {''}
       InputGroup: [1x1 struct]
       OutputName: {''}
       OutputUnit: {''}
      OutputGroup: [1x1 struct]
             Name: ''
            Notes: {'Created 01/16/11'}
         UserData: []
```

【例 12-13】 将给定的传递函数 $H(s)=\begin{bmatrix}\dfrac{s+1}{s^3+3s^2+3s+2}\\ \dfrac{s^2+3}{s^2+s+1}\end{bmatrix}$转换为状态空间函数模型。

其 MATLAB 程序如下：

```
>> clear all;
H = [tf([1 1],[1 3 3 2]) ; tf([1 0 3],[1 1 1])];
sys = ss(H)
size(sys)
```

运行程序，输出如下：

```
sys =
  a =
         x1     x2     x3     x4     x5
   x1    -3   -1.5     -1      0      0
   x2     2      0      0      0      0
   x3     0      1      0      0      0
   x4     0      0      0     -1     -1
   x5     0      0      0      1      0
 b =
       u1
   x1   1
   x2   0
   x3   0
   x4   2
   x5   0
 c =
         x1     x2     x3     x4     x5
   y1     0    0.5    0.5      0      0
   y2     0      0      0   -0.5      1
  d =
       u1
   y1   0
   y2   1
Continuous-time state-space model.
State-space model with 2 outputs, 1 inputs, and 5 states.
```

同样，MATLAB 提供了 ssdata 函数来获得状态方程对象参数。函数的调用格式为

[a,b,c,d] = ssdata(sys)：获得连续系统的参数。

[a,b,c,d,Ts] = ssdata(sys)：获得离散系统参数。

【例 12-14】 已知系统 $\begin{cases}\dot{\boldsymbol{x}}(t)=\begin{bmatrix}6 & 5 & 4\\1 & 0 & 0\\0 & 1 & 0\end{bmatrix}\boldsymbol{x}(t)+\begin{bmatrix}1\\0\\0\end{bmatrix}\boldsymbol{u}(t)\\\boldsymbol{y}(t)=\begin{bmatrix}0 & 6 & 7\end{bmatrix}\boldsymbol{x}(t)+[0]\boldsymbol{u}(t)\end{cases}$，求系统参数。

其 MATLAB 程序如下：

```
>> clear all;
A=[6 5 4;1 0 0;0 1 0];                    %给状态矩阵A赋值
B=[1 0 0]';                               %给输入矩阵B赋值
C=[0 6 7];                                %给输出矩阵C赋值
D=[0];                                    %给前馈矩阵D赋值
G=ss(A,B,C,D)
G =
  a =
       x1  x2  x3
   x1   6   5   4
   x2   1   0   0
   x3   0   1   0
  b =
       u1
   x1   1
```

```
    x2   0
    x3   0
  c =
        x1   x2   x3
    y1   0    6    7
  d =
        u1
    y1   0
Continuous-time state-space model.
>> [aa,bb,cc,dd] = ssdata(G)                    % 获取系统模型参数
aa =
     6     5     4
     1     0     0
     0     1     0
bb =
     1
     0
     0
cc =
     0     6     7
dd =
     0
>> get(G)                                       % 获取对象 G 的所有参数列表
                a: [3x3 double]
                b: [3x1 double]
                c: [0 6 7]
                d: 0
                e: []
           Scaled: 0
        StateName: {3x1 cell}
        StateUnit: {3x1 cell}
    InternalDelay: [0x1 double]
       InputDelay: 0
      OutputDelay: 0
               Ts: 0
         TimeUnit: 'seconds'
        InputName: {''}
        InputUnit: {''}
       InputGroup: [1x1 struct]
       OutputName: {''}
       OutputUnit: {''}
      OutputGroup: [1x1 struct]
             Name: ''
            Notes: {}
         UserData: []
>> G.a                                          % 求取一个系统模型参数
ans =
     6     5     4
     1     0     0
     0     1     0
```

系统状态空间模型参数可由不同方式得到。与 tf 模型和 zpk 模型相比，其不同点是，状态空间模型参数 A,B,C,D 是矩阵形式，可直接由 G.a 的方式得到，此时无须按照单元数组格式获得其参数。

第13章 径向基网络算法分析与实现

众所周知，BP 网络用于函数逼近时，权值的调节采用的是负梯度下降法。这种调节权值的方法有其局限性，即收敛速度慢和局部极小等。本章主要介绍逼近能力、分类能力和学习速率等方面均优于 BP 网络的另一种网络——径向基函数网络。

13.1 径向基网络模型

径向基函数（Radial Basis Function，RBF）方法是在高维空间进行插值的一种技术。Broomhead 和 Love 在 1998 年率先使用径向基网络技术，提出了神经网络学习的一种新手段。

1. 径向基神经元模型

径向基神经元模型如图 13-1 所示。

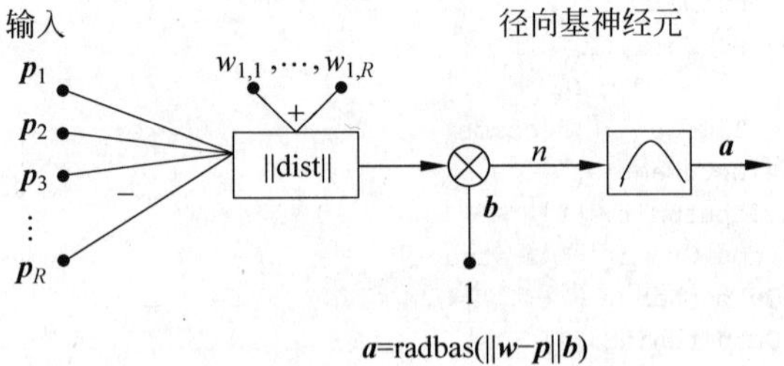

图 13-1 径向基神经元模型

其输出表达式为

$$\boldsymbol{a} = f(\|\boldsymbol{W}-\boldsymbol{p}\| \cdot \boldsymbol{b}) = \text{radbas}(\|\boldsymbol{W}-\boldsymbol{p}\| \cdot \boldsymbol{b}) \tag{13-1}$$

式中，radbas 为径向基函数，一般为高斯函数：

$$\boldsymbol{a}(n) = \text{radbas}(n) = \mathrm{e}^{-n^2} \tag{13-2}$$

其光滑性好，径向对称，形式简单，有

$$\begin{aligned}\|\boldsymbol{W}-\boldsymbol{p}\| &= \sqrt{\sum_{i=1}^{R}(w_{1,i}-p_i)^2} \\ &= [(\boldsymbol{W}-\boldsymbol{p}^{\mathrm{T}})(\boldsymbol{W}-\boldsymbol{p}^{\mathrm{T}})^{\mathrm{T}}]^{1/2}\end{aligned} \tag{13-3}$$

称之为欧几里得距离。

径向基函数的图形和符号如图 13-2 所示。

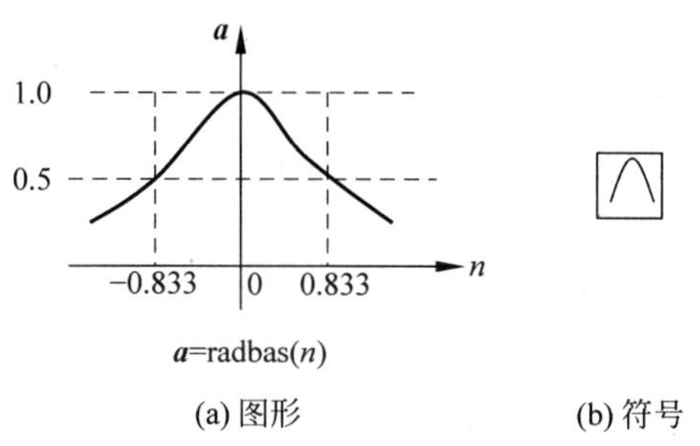

图 13-2　径向基函数的图形和符号

2. 径向基神经网络模型

径向基神经网络同样是一种前馈反向传播网络,它有两个网络层：隐层为径向基层；输出为一线性层,如图 13-3 所示。

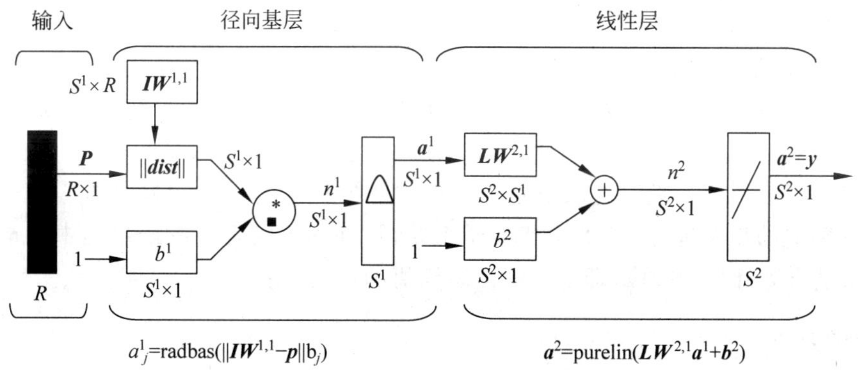

图 13-3　径向基神经网络的结构

网络的输出为

$$\boldsymbol{a}^2 = \text{purelin}(\boldsymbol{LW}^2\boldsymbol{a}^1 + \boldsymbol{b}^2)$$

$$\boldsymbol{a}^1 = \text{radbas}(n^1)$$

$$n^1 = \| \boldsymbol{IW} - \boldsymbol{P} \| .* \boldsymbol{b}^1$$

$$= (\text{diag}((\boldsymbol{IW} - \text{ones}(S^1,1) * P')(\boldsymbol{IW} - \text{ones}(S^1,1) * P')'))\ \hat{}\ 0.5.* \boldsymbol{b}^1$$

式中,diag(x)表示取矩阵向量主对角线上的元素组成的列向量；“.^”和“.＊”分别表示数量乘方和数量乘积(即矩阵中各对应元素的乘方和乘积)。

下面讨论径向基网络的工作特性。从图 13-2 所示的径向基传输函数可以看出,只有在距离为 0 时,其输出为 1；而在距离为 0.833 时,输出仅为 0.5。假如给定一个输入向量,径向基神经元将根据各输入向量与每个神经元权值的距离输出一个值,那些与神经元权值相差很远(距离大)的输入向量产生的输出值趋于 0,这些很小的输出值对线性神经元输出的影响可以忽略；相反,那些与神经元权值相差较小(距离小)的输入向量产生的输出值趋于 1,从而激活第二层线性神经元的输出权值。换句话说,径向基网络只对那些靠近(距离接近于0的中央位置)输入权值向量的输入产生影响。由于隐层对输入信号的响应,只在函数的中央位置产生较大的输出,即局部响应,所以该网络具有很好的局部逼近能力。

可以从两方面理解径向基网络的工作原理。

(1) 从函数逼近的观点看:若把网络看成是对未知函数的逼近,则任何函数都可以表示成一组基函数的加权和。在径向基网络中,相当于选择各隐层神经元的传输函数,使之构成一组基函数逼近未知函数。

(2) 从模式识别的观点看:总可以将低维空间非线性可分的问题映射到高维空间,使其在高维空间线性可分。在径向基网络中,隐层的神经元数目一般比标准BP网络的要多,构成高维的隐单元空间,同时,隐层神经元的传输函数为非线性函数,从而完成从输入空间到隐单元空间的非线性变换。只要隐层神经元的数目足够多,就可以使输入模式在隐层的高维输出空间线性可分。在径向基网络中,输出层为线性层,完成对隐层空间模式的线性分类,即提供从隐单元空间到输出空间的一种线性变换。

13.2 径向基网络的学习算法

RBF网络要学习的参数有三个:基函数的中心、方差以及隐含层与输出层间的权值。根据径向基函数中心选取方法的不同,RBF网络有多种学习方法,其中最常用的有四种学习方法:随机选取中心法、自组织选取中心法、有监督选取中心法和正交最小二乘法。这里将详细介绍自组织选取中心法。该方法的特点是中心和权值的确定可以分为两个相互独立的步骤进行:一是自组织学习阶段,即学习隐含层基函数的中心与方差的阶段;二是有监督学习阶段,即学习输出层权值的阶段。

1. 学习中心 $t_i(i=1,2,\cdots,I)$

自组织学习过程要用到聚类算法,常用的聚类算法是K-均值聚类算法。假设聚类中心有I个(I的值由先验知识决定),设$t_i(n)(i=1,2,\cdots,I)$,是第n次迭代时基函数的中心,K-均值聚类算法的具体步骤如下。

第一步:初始化聚类中心,即根据经验从训练样本集中随机选取I个不同的样本作为初始中心$t_i(0)(i=1,2,\cdots,I)$,设置迭代步数$n=0$。

第二步:随机输入训练样本$\boldsymbol{X}_k$。

第三步:寻找训练样本$\boldsymbol{X}_k$离哪个中心最近,即找到$i(\boldsymbol{X}_k)$,使其满足

$$i(\boldsymbol{X}_k)=\arg\min_i \|\boldsymbol{X}_k-t_i(n)\| \quad (i=1,2,\cdots,I) \tag{13-4}$$

式中,$t_i(n)$是第n次迭代时基函数的第i个中心。

第四步:调整中心,用式

$$t_i(n+1)=\begin{cases} t_i(n)+\eta[\boldsymbol{X}_k(n)-t_i(n)] & (i=i(\boldsymbol{X}_k)) \\ t_i(n) & (\text{其他}) \end{cases} \tag{13-5}$$

调整基函数的中心。η是学习步长且$0<\eta<1$。

第五步:判断是否学完所有的训练样本且中心的分布不再变化。是,则结束;否则,

$n=n+1$，转到第二步。

最后得到的 $t_i(i=1,2,\cdots,I)$，即为 RBF 网络最终的基函数的中心。

2. 方差 $\sigma_i(i=1,2,\cdots,I)$

中心一旦固定，接着要确定基函数的方差。当 RBF 选用高斯函数，即

$$\boldsymbol{G}(\|\boldsymbol{X}_k-\boldsymbol{t}_i\|)=\exp\left(-\frac{1}{2\sigma_i^2}\|\boldsymbol{X}_k-t_i\|^2\right)\quad(i=1,2,\cdots,I) \tag{13-6}$$

方差可用

$$\sigma_1=\sigma_2=\cdots=\sigma_I=\frac{d_{\max}}{\sqrt{2I}}$$

计算。式中，I 为隐单元的个数；$d_{\max}$为所选取中心之间的最大距离。

3. 学习权值 $w_{ij}(i=1,2,\cdots,I;\ j=1,2,\cdots,J)$

权值的学习可以用 LMS 方法。但是需要注意的是：

(1) LMS 算法的输入为 RBF 网络隐含层的输出。

(2) RBF 网络输出层的神经元只是对隐含层神经元的输出加权求和(这一点与单层感知器输出单元的功能不同)。因此 RBF 网络的实际输出为

$$\boldsymbol{Y}(n)=\boldsymbol{G}(n)\boldsymbol{W}(n) \tag{13-7}$$

式中

$$\boldsymbol{Y}(n)=\{y_{kj}(n)\},\quad(k=1,2,\cdots,N;j=1,2,\cdots,J) \tag{13-8}$$

权值的学习可以用 LMS 方法，也可以直接用伪逆的方法求解，即

$$\boldsymbol{W}=\boldsymbol{G}^{+}\boldsymbol{D} \tag{13-9}$$

式中，$\boldsymbol{D}=[d_1,\cdots,d_k,\cdots,d_N]^{\mathrm{T}}$，是期望响应；$\boldsymbol{G}^{+}$ 是矩阵 $\boldsymbol{G}$ 的伪逆。

$$\boldsymbol{G}^{+}=(\boldsymbol{G}^{\mathrm{T}}\boldsymbol{G})^{-1}\boldsymbol{G}^{\mathrm{T}} \tag{13-10}$$

矩阵 $\boldsymbol{G}$ 由下式确定：

$$g_{ki}=\exp\left(-\frac{I}{d_{\max}^2}\|\boldsymbol{X}_k-t_i\|^2\right)\quad(k=1,2,\cdots,N;i=1,2,\cdots,I) \tag{13-11}$$

权矩阵 $\boldsymbol{W}$ 为

$$\boldsymbol{W}=\{w_{ij}\}\quad(i=1,2,\cdots,I;j=1,2,\cdots,J) \tag{13-12}$$

$\boldsymbol{W}$ 即为所求。

以上介绍了自组织选取中心学习算法，对此须注意以下几点。

(1) K-均值聚类算法的终止条件是网络学完所有的训练样本且中心的分布不再变化。在实际应用中，只要前后两次中心的变化小于预先设定的值 ε，即 $|t_i(n+1)-t_i(n)|<\varepsilon(i=1,2,\cdots,I)$，就认为中心的分布不再变化了。

(2) “基函数”$\varphi(\boldsymbol{X},\boldsymbol{X}_i)$除了选用高斯函数

$$\varphi(r)=\exp\left(-\frac{r^2}{2\sigma^2}\right)\quad(\sigma>0;r\in\mathbf{R}) \tag{13-13}$$

也常使用多二次函数和逆多二次函数。它们都是对中心点径向对称的函数。

多二次函数：

$$\varphi(r)=(r^2+c^2)^{\frac{1}{2}}\quad(c>0;r\in\mathbf{R}) \tag{13-14}$$

逆多二次函数：

$$\varphi(r)=\frac{1}{(r^2+c^2)^{\frac{1}{2}}}\quad (c>0;r\in\mathbf{R}) \tag{13-15}$$

(3) 在介绍自组织选取中心法时，设所有基函数的方差都是相同的，并用式(13-7)计算。实际上，每个基函数都有自己的方差，需要在训练过程中根据自身的情况确定。

(4) K-均值聚类算法实际上是自组织映射竞争学习过程的特例。它的缺点是过分依赖初始中心的选择，容易陷入局部最优值。为克服此问题，Chen 于 1995 年提出了一种改进的 K-均值聚类算法。这种算法使聚类不依赖初始中心的位置，最终可以收敛于最优解或次优解。

RBF 网络较常用的另一种学习方法是有监督选取中心法。在这种方法中，RBF 的中心以及网络的其他自由参数都是通过有监督的学习来确定的。现以单输出的 RBF 网络为例，定义目标函数

$$E=\frac{1}{2}\sum_{k=1}^{N}e_k^2 \tag{13-16}$$

式中，N 是训练样本的个数；e_k 是误差信号，

$$e_k=d_k-\boldsymbol{Y}_k(\boldsymbol{X}_k)=d_k-\sum_{i=1}^{I}w_i\boldsymbol{G}(\|\boldsymbol{X}_k-t_i\|_{C_i}) \tag{13-17}$$

寻求网络的自由参数 $t_i,w_i,\sum_i^{-1}$ (与中心 $\boldsymbol{C}_i$ 有关)使目标函数 E 达到最小。当上述优化问题用梯度下降法实现时，可得如下网络自由参数优化计算的公式。

(1) 输出层权值 w_i

$$\frac{\partial E(n)}{\partial w_i(n)}=\sum_{k=1}^{N}e_k(n)\boldsymbol{G}(\|\boldsymbol{X}_k-t_i(n)\|_{C_i}) \tag{13-18}$$

$$w_i(n+1)=w_i(n)-\eta_1\frac{\partial E(n)}{\partial w_i(n)}\quad (i=1,2,\cdots,I) \tag{13-19}$$

(2) 隐含层 RBF 中心 t_i

$$\frac{\partial E(n)}{\partial t_i(n)}=2w_i(n)\sum_{k=1}^{N}e_k(n)\boldsymbol{G}'(\|\boldsymbol{X}_k-t_i(n)\|_{C_i})\sum_i^{-1}(\boldsymbol{X}_k-t_i(n)) \tag{13-20}$$

$$t_i(n+1)=t_i(n)-\eta_2\frac{\partial E(n)}{\partial t_i(n)}\quad (i=1,2,\cdots,I) \tag{13-21}$$

(3) 隐含层 RBF 的扩展 $\sum_i^{-1}$

$$\frac{\partial E(n)}{\partial \sum_i^{-1}(n)}=-w_i(n)\sum_{k=1}^{N}e_k(n)\boldsymbol{G}'(\|\boldsymbol{X}_k-t_i(n)\|_{C_i})\boldsymbol{Q}_{ki}(n) \tag{13-22}$$

式中，$\boldsymbol{G}'(\cdot)$是$\boldsymbol{G}(\cdot)$的导数

$$\boldsymbol{Q}_{ki}(n)(n)=(\boldsymbol{X}_k-t_i(n))(\boldsymbol{X}_k-t_i(n))^{\mathrm{T}} \tag{13-23}$$

$$\sum_i^{-1}(n+1)=\sum_i^{-1}(n)-\eta_3\frac{\partial E(n)}{\partial \sum_i^{-1}(n)} \tag{13-24}$$

采用这种监督选取中心法时需要注意的是：

(1) E 对 w_i 为凸函数，而对 t_i 和 $\sum_i^{-1}$ 是非凸的，所以对后两个参数存在局部极小问题。

(2) 注意对三个参数的学习步长 η_1, η_2, η_3 是不同的。

(3) 上述算法中没有误差的反向传播过程，与 BP 算法不同。

(4) 偏导$\dfrac{\partial E}{\partial t_i}$的作用与聚类的作用类似。

除了以上两种常用的学习方法外，RBF 网络还有一种最简单的学习方法，即随机选取中心法，当训练样本有典型性时才使用这种方法。这种方法与自组织选取中心法的区别是隐单元的中心是随机地在输入样本中选取，且中心固定。因此，这种方法要学习的参数只有方差和权值两个，这两个参数的学习可以借鉴自组织选取中心的方法。

RBF 网络的另一种重要的学习方法是正交最小二乘法(Orthogonal Least Square, OLS)，MATLAB 神经网络工具箱中的 solverb 函数就是根据此方法编写的。

13.3 广义回归神经网络

由于正则化网络的训练样本与“基函数”是一一对应的。当样本数 P 很大时，实现网络的计算量将大得惊人。此外，若 P 很大，则权值矩阵也很大，求解网络的权值时容易产生病态问题(Ill Conditioning)。为了解决这一问题，可减少隐节点的个数，即 $N<M<P$ (N 为样本维数，P 为样本个数)，从而得到广义 RBF 网络。

广义 RBF 网络的基本思想是：用径向基函数作为隐单元的“基”，构成隐含层空间。隐含层对输入向量进行变换，将低维空间的模式变换到高维空间内，使得在低维空间内的线性不可分问题在高维空间内线性可分。

图 13-4 所示为 $N-M-l$ 结构的 RBF 网，即网络具有 N 个输入节点、M 个隐节点、l 个输出节点，且 $M<P$。$\boldsymbol{X}=(x_1, x_2, \cdots, x_N)^{\mathrm{T}}$ 为网络输入向量；$\varphi_j(\boldsymbol{X})$，$(j=1, 2, \cdots, M)$为任一隐节点的激活函数，称为“基函数”，一般选用格林(Green)函数；$\boldsymbol{W}$ 为输出权矩阵，其中 w_{jk} $(j=1,2,\cdots,M;\ k=1,2,\cdots,l)$为隐层第 j 个节点与输出层第 k 个节点间的突触权值；$\boldsymbol{T}=(T_1, T_2, \cdots, T_l)^{\mathrm{T}}$ 为输出层阈值向量；$\boldsymbol{Y}=(y_1, y_2, \cdots, y_l)^{\mathrm{T}}$ 为网络输出；输出层神经元采用线性激活函数。

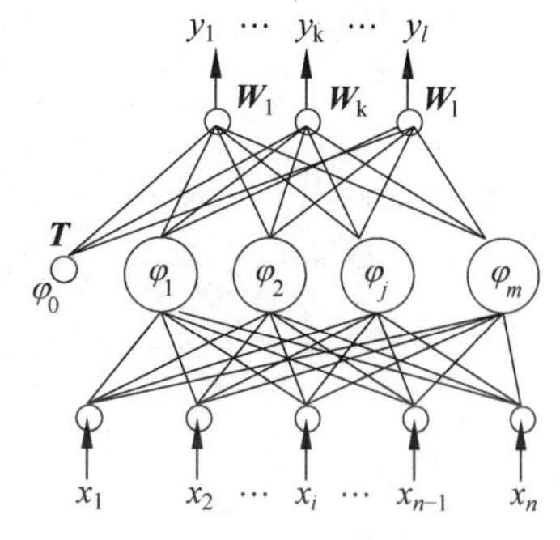

图 13-4 广义 RBF 网络

广义 RBF 网络与正则化 RBF 网络相比，有以下几点不同：

(1) 径向基函数的个数 M 与样本的个数 P 不相等，且 M 常常远小于 P；

(2) 径向基函数的中心不再限制在数据点上，而是由训练算法确定；

(3) 各径向基函数的扩展常数不再统一，其值由训练算法确定；

(4) 输出的线性函数中包含阈值参数，用于补偿基函数在样本集上的平均值与目标值的平均值之间的差别。

13.4 径向基网络的训练函数

MATLAB的神经网络工具箱为径向基网络提供了很多工具箱函数，它们对我们利用MATLAB进行径向基网络的设计、分析及实际应用有着不可替代的作用。

1. 神经网络创建函数

(1) newrb函数

功能：该函数可以用来设计一个径向基网络。其调用格式如下：

```
[net,tr] = newrb(P,T,goal,spread,MN,DF)
```

其中，P为Q组输入向量组成的 $R \times Q$ 维矩阵；T为Q组目标分类向量组成的 $S \times Q$ 维矩阵；goal为均方误差，默认为0；spread为径向基函数的扩展速度，默认为1；MN为神经元的最大数目，默认为Q；DF为两次显示之间所添加的神经元数目，默认为25；net为返回值，一个径向基网络；tr为返回值，训练记录。

注意：该函数设计的径向基网络net可用于函数逼近。径向基函数的扩展速度spread越大，函数的拟合就越平滑。但是，过大的spread意味着需要非常多的神经元以适应函数的快速变化。如果spread设定得过小，则意味着需要许多神经元来适应函数的缓慢变化，这样一来，设计的网络性能就不会很好。因此，在网络设计过程中，需要用不同的spread值进行尝试，以确定一个最优值。

【例13-1】 newrb函数用法示例。

在M文件编辑器中输入以下命令：

```
clear all;
P = [1 2 3];
T = [2.0 4.1 5.9];
net = newrb(P,T);
P = 1.5;
Y = sim(net,P)
```

运行程序，输出如下：

```
NEWRB, neurons = 0, MSE = 2.54
Y =
    2.6755
```

(2) newrbe函数

功能：该函数用于设计一个准确的径向基网络。其调用格式如下：

```
net = newrbe(P,T,spread)
```

各参数含义参见newrb。

一般来讲，newrbe和newrb一样，神经元数目越大，对函数的拟合就越平滑，但是，过多的神经元可能会导致计算困难。

注意：和newrb不同，newrbe能够基于设计向量快速地、无误差地设计一个径向基网络。

【例 13-2】 newrbe 函数应用示例。

在 M 文件编辑器中输入以下命令：

```
clear all;
P = [1 2 3];
T = [2.0 4.1 5.9];
net = newrbe(P,T);
P = 1.5;
Y = sim(net,P)
```

运行程序，输出如下：

```
Y =
    2.8054
```

(3) newpnn 函数

功能：该函数可用于创建概率神经网络。概率神经网络是一种适用于分类问题的径向基网络。其调用格式如下：

```
net = newpnn(P,T,spread)
```

各参数含义参见 newrb。

注意：如果 spread 值接近于 0，则创建的概率神经网络可以作为一个最近邻域分类器。随着 spread 值的增大，需要更多地考虑该网络附近的设计向量。

【例 13-3】 newpnn 函数应用示例。

在 M 文件编辑器中输入以下命令：

```
clear all;
P = [1 2 3];
T = [2.0 4.1 5.9];
net = newrbe(P,T);
P = 1.5;
Y = sim(net,P)
```

运行程序，输出如下：

```
Y =
    2.8054
```

在 M 文件编辑器中输入以下命令：

```
clear all;
P = [1 2 3 4 5 6 7];
Tc = [1 2 3 2 2 3 1];
T = ind2vec(Tc)
net = newpnn(P,T);
Y = sim(net,P)
Yc = vec2ind(Y)
```

运行程序，输出如下：

```
T =
```

```
   (1,1)        1
   (2,2)        1
   (3,3)        1
   (2,4)        1
   (2,5)        1
   (3,6)        1
   (1,7)        1
Y =
   (1,1)        1
   (2,2)        1
   (3,3)        1
   (2,4)        1
   (2,5)        1
   (3,6)        1
   (1,7)        1
Yc =
     1     2     3     2     2     3     1
```

(4) newgrnn 函数

功能：该函数可用于设计一个广义回归神经网络。广义回归神经网络是径向基网络的一种，通常用于函数逼近。其调用格式如下：

```
net = newgrnn(P,T,spread)
```

各参数含义参见 newrb。

注意：同 newrb 一样，spread 的值越大，由此设计的网络对函数的拟合就越平滑。为了更精确地对数据进行拟合，最好使 spread 的值小于输入向量之间的典型距离。

【例 13-4】 newgrnn 函数应用示例。

在 M 文件编辑器中输入以下命令：

```
clear all;
P = [1 2 3];
T = [2.0 4.1 5.9];
net = newgrnn(P,T);
P = 1.5;
Y = sim(net,P)
```

运行程序，输出如下：

```
Y =
    3.3667
```

2. 转换函数

(1) ind2vec 函数

功能：该函数用于将数据索引转换为向量组。其调用格式如下：

```
vec = ind2vec(ind)
```

其中，ind 为数据索引列向量；vec 为函数返回值，一个稀疏矩阵，每行只有一个 1，矩阵的行数等于数据索引的个数，列数等于数据索引中的最大值。

【例 13-5】 ind2vec 函数应用示例。

在 M 文件编辑器中输入以下命令：

```
ind = [1 3 2 3]
vec = ind2vec(ind)
```

上述代码的第一行定义了一个数据索引列向量，第二行将其转换为向量组。运行结果如下：

```
ind =
     1     3     2     3
vec =
   (1,1)        1
   (3,2)        1
   (2,3)        1
   (3,4)        1
```

可以看出，结果应该是一个 4×3 的矩阵，其中(x,y)是与数据索引列向量相对应的。x 为数据索引值，y 表示 x 在数据索引中的位置，由此组成了输出矩阵。矩阵中没有填满的部分需要用 0 补齐。

(2) vec2ind 函数

功能：该函数用于将向量转换为索引，与 ind2vec 互逆。

3. 传递函数

radbas 函数为径向基传递函数。其调用格式如下：

```
A = radbas(N,FP)
info = radbas(code)
```

其中，N 为输入(列)向量的 S×Q 维矩阵；FP 为结构功能参数；A 为函数返回矩阵，与 N 一一对应，即 N 中的每个元素通过径向基函数得到 A。

info = radbas(code)：根据 code 值的不同返回如下有关函数的不同信息。

- deriv——返回导函数的名称；
- name——返回函数全称；
- output——返回输出范围；
- active——返回可用输入范围。

【例 13-6】 绘制 radbas 的函数图。

在 M 文件编辑器中输入以下命令：

```
n = -5:0.1:5;
a = radbas(n);
plot(n,a)
```

运行程序，效果如图 13-5 所示。

【例 13-7】 RBF 网络特别适用于解决函数逼近问题。本例利用函数 newrb 创建一个 RBF 网络，并对一个非线性函数 y=sqrt(x)进行逼近。

newrb 创建 RBF 网络是一个不断尝试的过程，在创建过程中，不断增加中间层神经元的个数,直到网络的输出误差满足预先设定的值为止。

在 M 文件编辑器中输入以下命令:

```
x = 0:0.1:5;
y = sqrt(x);
net = newrb(x,y,0,0.5,20,15);
```

通过上述代码,创建了一个目标误差为 0,径向基函数分布密度为 0.5,中间层神经元个数最大值为 20,显示间隔为 5 的 RBF 网络。

运行程序,输出如下:

```
NEWRB, neurons = 0, MSE = 0.303225
NEWRB, neurons = 15, MSE = 3.60984e - 005
```

由此可见,当中间层神经元个数增至 15 时,网络输出的误差 SSE 已经非常小了,误差曲线如图 13-6 所示。

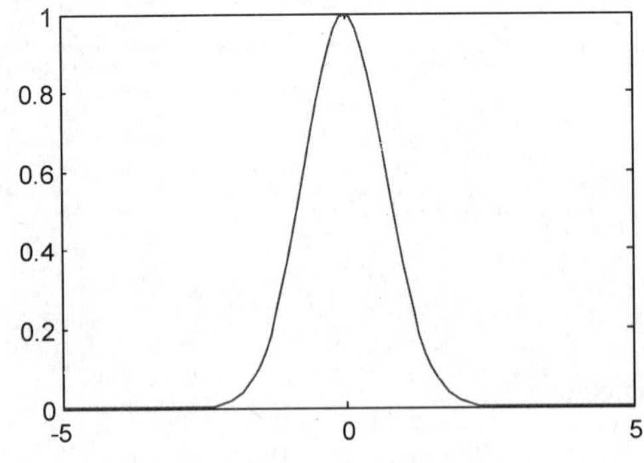

图 13-5　径向基传递函数 radbas

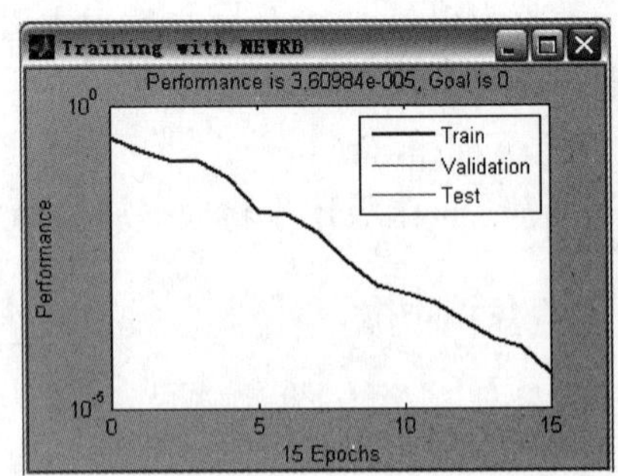

图 13-6　RBF 网络建立过程的误差曲线

利用以下代码得到网络的输出及网络的逼近误差曲线,如图 13-7 所示。

```
t = sim(net,x);
plot(x,y - t,'p - ');
```

接下来检验网络的外推性能。利用一组样本以外的数据,求网络的仿真输出,并绘制网络的误差曲线。

```
x1 = 5:0.1:9;
y1 = sqrt(x1);
t1 = sim(net,x1);
plot(x1,y1 - t1,'r +- ')
```

可见,网络的外推样本为 5～9 之间的采样点,采样周期为 0.1,网络的外推误差曲线如图 13-8 所示。

可以看出网络的外推误差比较高,这是因为训练样本相对比较集中,而外推样本和训练样本之间的距离比较大。仔细观察误差曲线,会发现 5～7.5 之间样本点的外推误差相对比较小。

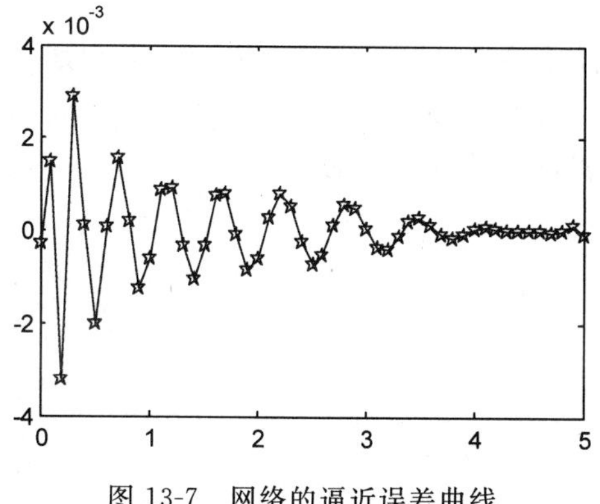

图 13-7 网络的逼近误差曲线

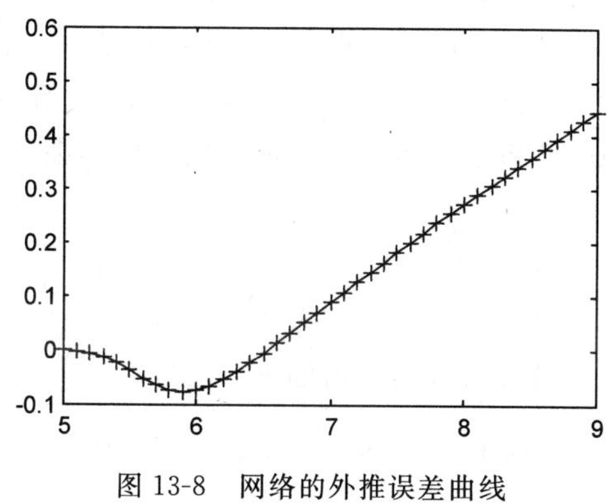

图 13-8 网络的外推误差曲线

13.5 径向基网络的实现

13.5.1 径向基函数网络在散布设计中的影响

在应用径向基函数网络进行函数逼近时，理论上对于任意输入/输出样本，网络都能够做到函数逼近。但是如果径向基神经元的散布常数选择不当，会造成网络设计中神经元数目过少或者过多，在函数逼近中就会造成过适性和不适性。下面通过两个例子来说明。

一般情况下，散布常数的选取取决于输入向量之间的距离，要求是大于最小距离、小于最大距离。

【例 13-8】 (实现欠交叠神经元)如果径向基神经元的散布常数过小，则网络设计中将需要更多的神经元数目。输入/输出样本仍然采用上面例题的输入向量和相应的期望值，输入向量为 P，相应的期望值为 T。

在 M 文件编辑器中输入以下命令：

```
P=-1:.1:1;
T=[-.9602 -.5770 -.0279 .3771 .6405 .6600 .4609 .1336 -.2013 -.4344
    -.5000 -.3930 -.1647 .0988 .3072 .3960 .3449 .1816 -0.0312 -.2189 -.3021];
```

以输入向量为横坐标，期望值为纵坐标，绘制训练用样本的数据点，如图 13-9 所示。

```
plot(P,T,'+');
title('训练样本');
xlabel('输入向量P')
ylabel('目标向量T')
```

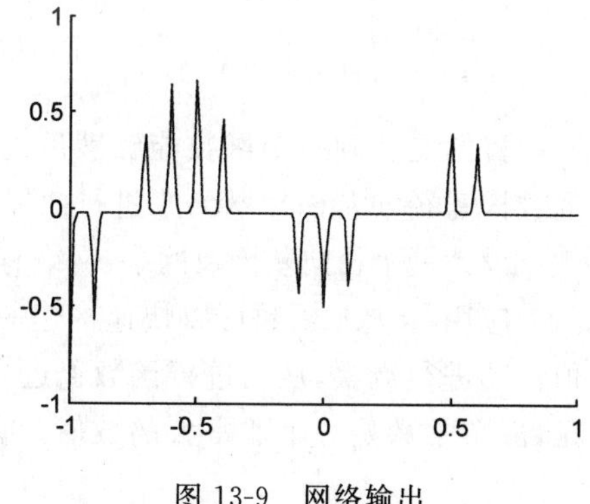

图 13-9 网络输出

目的是找到一个函数能够满足这 21 个数据点的输入/输出关系，其中一个方法就是通过构建径向基函数网络来进行曲线拟合。

设计一个径向基函数网络，网络有两层：隐层为径向基神经元；输出层为线性神经元。

应用 newrb 函数可以快速构建一个径向基函数网络，并且网络根据输入向量和期望值自动进行调整，从而进行函数逼近，预先设定均方差精度 eg 以及散布常数 sc。不同的是，散布常数是一个非常小的数值。在 M 文件编辑器中输入以下命令：

```
eg = 0.02;
sc = .01;
net = newrb(P,T,eg,sc);
```

运行程序，输出如下：

```
NEWRB,neurons = 0,MSE = 0.175512
```

将网络输出和期望值随着输入变化的曲线绘制在一张图上，就可以看出网络设计是否能够做到函数逼近，如图 13-9 所示。

```
X =- 1:.01:1;
Y = sim(net,X);
hold on;
plot(X,Y);
hold off;
```

其中"＋"点为样本数据点，从中可以看出，散布常数设置过小，网络进行函数逼近时，由于网络神经数目太多，出现了过适性。

【例 13-9】 （交叠神经元）如果径向基神经元的散布常数过大，则每个神经元都基本相同，那么应用 newrb 函数就无法进行网络设计。

输入/输出样本仍然采用上面例题的输入向量和相应的期望值，输入向量为 P，相应的期望值为 T。

在 M 文件编辑器中输入以下命令：

```
P =- 1:.1:1;
T = [ - .9602 - .5770 - .0279 .3771 .6405 .6600 .4609 .1336 - .2013 - .4344
    - .5000 - .3930 - .1647 .0988 .3072 .3960 .3449 .1816 - 0.0312 - .2189 - .3021];
```

以输入向量为横坐标，期望值为纵坐标，绘制训练用样本的数据点，如图 13-10 所示。

```
plot(P,T,'+');
title('训练样本');
xlabel('输入向量 P')
ylabel('目标向量 T')
```

目的是找到一个函数能够满足这 21 个数据点的输入/输出关系，其中一个方法就是通过构建径向基函数网络来进行曲线拟合。

设计一个径向基函数网络，网络有两层：隐层为径向基神经元；输出层为线性神经元。

应用 newrb 函数可以快速构建一个径向基函数网络，并且网络根据输入向量和期望值自动进行调整，从而进行函数逼近，预先设定均方差精度 eg 以及散布常数 sc。不同的是，散布常数是一个非常大的数值。在 M 文件编辑器中输入以下命令：

```
eg = 0.02;
```

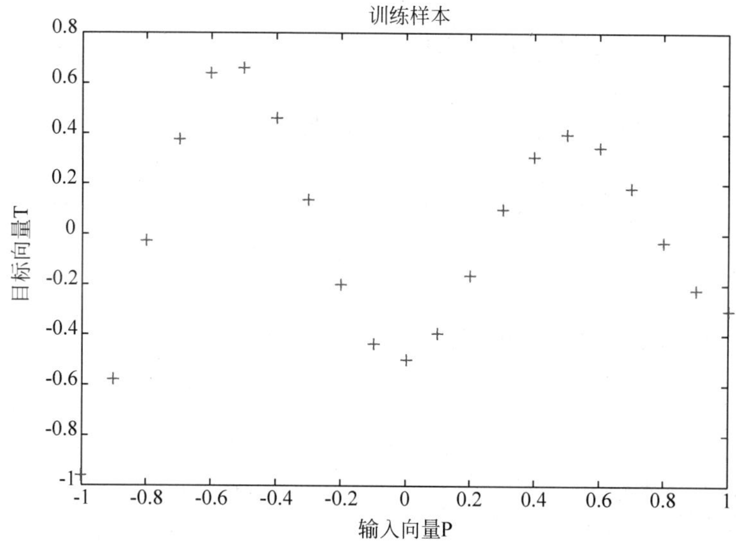

图 13-10 训练样本

```
sc = 100;
net = newrb(P,T,eg,sc);
```

运行程序，输出如下：

```
NEWRB,neurons = 0,MSE = 0.175512
```

对于径向基神经元输入区域有着很大的重叠性的情况，所有神经元的输出均为 1，这样就无法使网络产生不同的响应曲线，应用 newrb 函数根本无法进行网络设计。

将网络输出和期望值随输入变化的曲线绘制在一张图上，就可以看出网络设计是否能够做到函数逼近，如图 13-11 所示。

```
Y = sim(net,P);
hold on;
plot(P,Y);
hold off;
```

其中"＋"点为样本数据点。从图 13-11 中可以看出，散布常数设置过大，网络进行函数逼近时，出现了不适性。

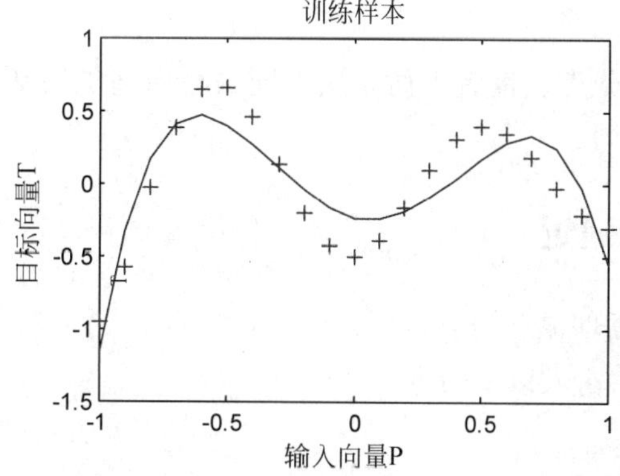

图 13-11 网络输出和目标值比较

13.5.2 用于模式分类的 RBF 网络

【例 13-10】 以 PNN 完成如图 13-12 所示两类模式的分类。

将正方形规定为第 1 类模式，三角形规定为第 2 类模式。以(p_1, p_2)代表各模式样本的位置，形成相应的输入向量。

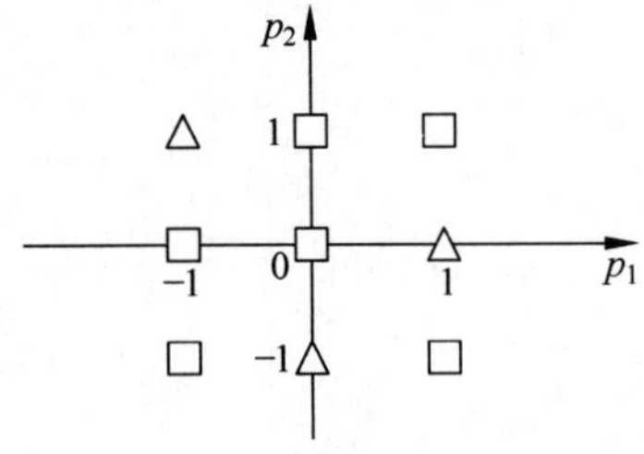

图 13-12 待分类模式

在 M 文件编辑器中输入以下命令：

```
clear all;
% 定义输入向量和目标向量
p=[0 0 0 1 1 1 -1 -1 -1;0 1 -1 0 1 -1 0 1 -1];
t=[1 1 2 2 1 1 1 2 1];
t=ind2vec(t);
% 设计 PNN
t1=clock;                              % 计时开始
net=newpnn(p,t,0.7);
datat=etime(clock,t1)                  % 计算设计网络所用的时间
% 存储训练好的神经网络
save li5_10 net;
```

运行程序，输出网络设计时间为

```
datat =
    0.4690
```

在 M 文件编辑器中输入以下命令，实现 PNN：

```
clear all;
% 定义待测试样本输入向量
p=[0 0 0 1 1 1 -1 -1 -1;0 1 -1 0 1 -1 0 1 -1];
% 加载训练好的神经网络
load li5_10 net;
% 神经网络仿真，对待测试样本进行分类
y=sim(net,p);
yc=vec2ind(y)
```

运行程序，输出如下：

```
yc =
     1     1     2     2     1     1     1     2     1
```

结果很好地完成了分类。读者不妨采用不同的径向基扩展常数 spread 设计该网络，看看分类结果有什么不同。

13.5.3 用于网络的逼近

【例 13-11】 实现高斯函数设计。

在 M 文件编辑器中输入以下命令：

```
clear all;
```

```
close all;
c = [ - 3  - 1.5 0 1.5 3];
M = 1;
if M == 1
    b = 0.50 * ones(5,1);
elseif N == 2
    b = 1.50 * ones(5,1);
end
h = [0 0 0 0 0]';
ts = 0.001;
for k = 1:1:2000
    time(k) = k * ts;
    % RBF 函数
    x(1) = 3 * sin(2 * pi * k * ts);
    for j = 1:1:5
        h(j) = exp( - norm(x - c(:,j))^2/(2 * b(j) * b(j)));
    end
    x1(k) = x(1);
    % 第一层基函数
    h1(k) = h(1);
    % 第二层基函数
    h2(k) = h(2);
    % 第三层基函数
    h3(k) = h(3);
    % 第四层基函数
    h4(k) = h(4);
    % 第五层基函数
    h5(k) = h(5);
end
figure(1);plot(x1,h1,'b:');
figure(2);plot(x1,h2,'g + ');
figure(3);plot(x1,h3,'r - ');
figure(4);plot(x1,h4,'cp');
figure(5);plot(x1,h5,'mo');
figure(6);plot(x1,h1,'b:');
hold on;plot(x1,h2,'g + ');
hold on;plot(x1,h3,'r - ');
hold on;plot(x1,h4,'cp');
hold on;plot(x1,h5,'mo');
xlabel('输入基函数值');ylabel('隶属度函数');
```

运行程序,效果如图 13-13 所示。

【例 13-12】 使用 RBF 网络逼近下列对象:

$$y(k) = u(k)^3 + \frac{y(k-1)}{1 + y(k-1)^2}$$

在 RBF 网络中,网络输入信号为 2 个,即 $u(k)$ 和 $y(k)$,网络初始值及高斯函数参数初始权值可取随机值,也可通过仿真测试后获得。

输入信号为正弦信号: $u(k)=0.5\sin(2\pi t)$,网络隐层神经元个数取 m=4,网络结构为 2-4-1,网络的初始权值取随机值,高斯函数的初始值取 $\boldsymbol{C}_j = \begin{bmatrix} 0.5 & 0.5 & 0.5 & 0.5 \\ 0.5 & 0.5 & 0.5 & 0.5 \end{bmatrix}^{\mathrm{T}}$, $\boldsymbol{B}=[1.5 \quad 1.5 \quad 1.5 \quad 1.5]^{\mathrm{T}}$。网络的学习参数取 $\alpha=0.05$, $\eta=0.5$。

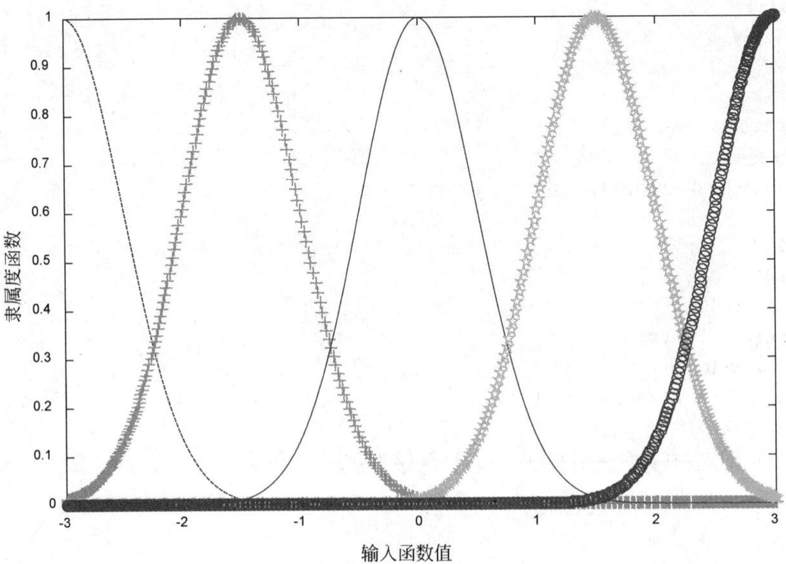

图 13-13　基于高斯基的 5 个隶属度函数

在 M 文件编辑器中输入以下命令：

```
%RBF 逼近
clear all;
close all;
alfa = 0.05;
xite = 0.5;
x = [0,0]';
%设计高斯函数参数
Mb = 1;
if Mb == 1
    b = 1.5 * ones(4,1);
elseif Mb == 2
    %高斯函数的近零设置
    b = 0.0005 * ones(4,1);
elseif Mb == 3
    b = 5000 * ones(4,1);
end
Mc = 1;
if Mc == 1
    c = 0.5 * ones(2,4);
elseif Mc == 2
    c = 0.4 * ones(2,4);
elseif Mc == 3
    c = 5 * ones(2,4);
elseif Mc == 4
    c =- 5 * ones(2,4);
end
w = rands(4,1);
w1 = w; w2 = w1;
y1 = 0;
ts = 0.001;
```

```
for k = 1:1:2000;
    time(k) = k * ts;
    u(k) = 0.50 * sin(1 * 2 * pi * k * ts);
    y(k) = u(k)^3 + y1/(1 + y1 ^2);
    x(1) = u(k);
    x(2) = y(k);
    for j = 1:1:4
        h(j) = exp( - norm(x - c(:,j))^2/(2 * b(j) * b(j)));
    end
    ym(k) = w' * h';
    em(k) = y(k) - ym(k);
    dw = xite * em(k) * h';
    w = w1 + dw + alfa * (w1 - w2);
    y1 = y(k);
    w2 = w1; w1 = w;
end
figure; plot(time,y,'r',time,ym,'b');
xlabel('time(s)');ylabel('y and ym');
```

运行程序,效果如图 13-14 所示。

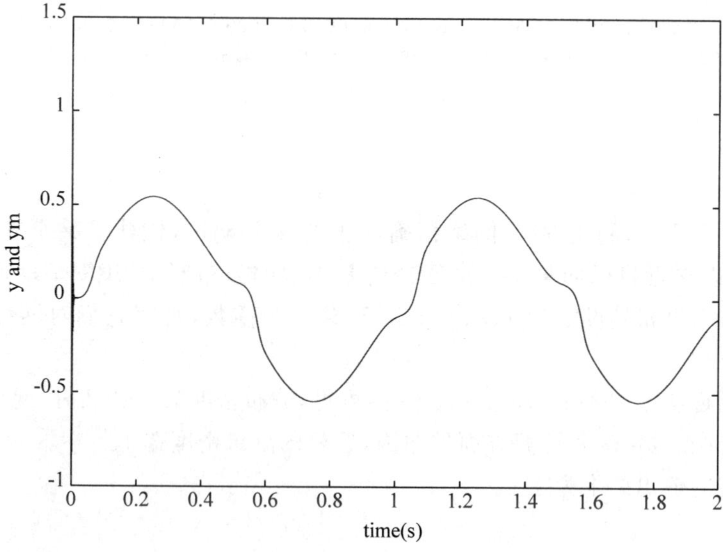

图 13-14 RBF 网络辨识结果

13.6 基于 RBF 网络的非线性滤波

1. 非线性滤波

早期的数字信号处理和数字图像处理主要以线性滤波器为主要处理手段。线性滤波器由于数学表达式比较简单并且具有其他一些比较理想的特性,所以,实现起来相对比较容易。然而,当信号中存在由系统非线性引起的噪声或非高斯叠加型噪声时,线性滤波器便不能很好地工作。目前,最优非线性滤波存在"实时"问题,即:①滤波器权系数的实时计算;②非线性滤波器的实时实现。描述系统的非线性差分方程为:

状态方程：　　　　　$x(n+1)=f(x(n))+v(n)$

观测方程：　　　　　$y(n+1)=h(x(n))+w(n)$

其中，f 和 h 都是非线性函数，$w(n)$ 和 $v(n)$ 为零均值的白噪声序列。

所谓最优滤波，就是解决从观测值 $y(n)$ 估计出状态 $\hat{x}(n)$，且使得 $\hat{x}(n)$ 可以最好地接近 $x(n)$ 的问题。RBF 网络具有唯一的最佳逼近特性，因此尝试将其应用于最优滤波，即利用已知的采样数据对非线性函数做最优逼近。由 RBF 网络的输入/输出表达式可得 h 的估计值：

$$\hat{h}=\sum_{i=1}^{N}w_iR_i(\cdot)=\boldsymbol{W}^{\mathrm{T}}\boldsymbol{r}(\cdot) \tag{13-25}$$

其中，$\boldsymbol{W}=[w_i]_{i=1}^{N}$，$\boldsymbol{r}=[R_i]_{i=1}^{N}$，$N$ 为训练次数。接下来，设计一个 RBF 网络，使得它可以在规定的精度内逼近 h。

2. 网络设计

在 M 文件编辑器中输入样本为 P，目标向量为 T，命令如下：

```
P = [ - 1:0.1:1];
T = [ - 0.9602 0.5770 0.0729 0.3771 0.6405 0.6600 0.4609 0.1336 - 0.2013 - 0.4344 - 0.5000
    - 0.3930 0.1647 0.0988 0.3072 0.3960 0.3449 0.1816 - 0.0312 - 0.2189 - 0.3201];
for i = 1:5
    net = newrbe(P,T,i);
    y(i,:) = sim(net,P);
end
```

在上面的代码中，利用 RBF 网络精确创建函数 newrbe，创建了一个准确的 RBF 网络，其已经可以逼近目标向量了。由于径向基函数的分布密度 SPREAD 可以影响网络的精度，因此，这里将其设定为 1、2、3、4 和 5，共 5 个整数，观察它们对网络预测性能的影响。

网络的逼近误差如图 13-15 所示。由图可见，分布密度为 1 和 2 时，网络的逼近误差比较小，考虑到收敛速度和计算方面的原因，这里的分布密度选 1。

此时网络的输出结果为

```
y(1,:) =
   - 0.9587   0.5671   0.1014   0.3379   0.6597   0.6715   0.4480 0.1319 - 0.1972   - 0.4463
   - 0.4964   - 0.3111   - 0.0089   0.2262   0.3166   0.3364   0.3448   0.2322 - 0.0725   - 0.2044
   - 0.3221
```

在 M 文件编辑器中输入以下命令：

```
P = [ - 1:0.1:1];
T = [ - 0.9602 0.5770 0.0729 0.3771 0.6405 0.6600 0.4609 0.1336 - 0.2013 - 0.4344 - 0.5000
    - 0.3930 0.1647 0.0988 0.3072 0.3960 0.3449 0.1816 - 0.0312 - 0.2189 - 0.3201];
%创建 5 个 RBF 网络,分布密度分别为 1、2、3、4、5
for i = 1:5
    net = newrbe(P,T,i);
    y(i,:) = sim(net,P);
end
%绘制误差曲线
```

```
plot(1:21,y(1,:) - T);
hold on;
plot(1:21,y(2,:) - T,'*');
hold on;
plot(1:21,y(3,:) - T,'b.');
hold on;
plot(1:21,y(4,:) - T,'r--');
hold on;
plot(1:21,y(5,:) - T,'g-.');
hold off;
```

运行程序,输出如图 13-15 所示。

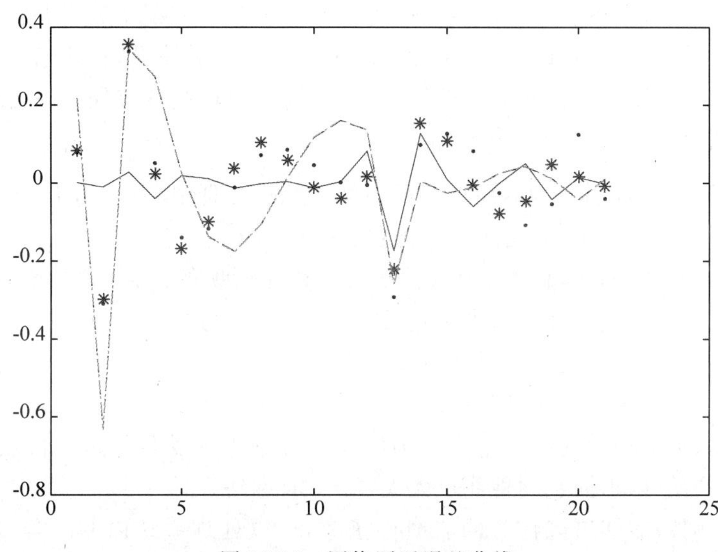

图 13-15　网络逼近误差曲线

13.7　RBF 网络与多层感知器的比较

RBF 网络与多层感知器都是非线性多层前向网络,它们都是通用逼近器。对于任一个多层感知器,总存在一个 RBF 网络可以代替它,反之亦然。但是,这两个网络也存在着很多不同点:

(1) RBF 网络只有一个隐含层,而多层感知器的隐含层可以是一层也可以是多层的。

(2) 多层感知器的隐含层和输出层其神经元模型是一样的。而 RBF 网络的隐含层神经元和输出层神经元不仅模型不同,而且在网络中起到的作用也不一样。

(3) RBF 网络的隐含层是非线性的,输出层是线性的。然而,当用多层感知器解决模式分类问题时,它的隐含层和输出层通常选为非线性的。当用多层感知器解决非线性回归问题时,通常选择线性输出层。

(4) RBF 网络的基函数计算的是输入向量和中心的欧氏距离,但多层感知器隐单元的激励函数计算的是输入单元和连接权值间的内积。

(5) 多层感知器是对非线性映射的全局逼近，而 RBF 网络使用局部指数衰减的非线性函数(如高斯函数)对非线性输入输出映射进行局部逼近。这也意味着，逼近非线性输入输出映射要达到相同的精度，RBF 网络所需要的参数要比多层感知器少得多。

我们知道，神经网络最初是模拟人类神经元对外界刺激反应方式而设计出来的，在 BP 网络中，这一点便是通过一个模拟神经元的反应门限值的阈值和非线性的 Sigmoid 函数 $f(x)=\dfrac{1}{1+\mathrm{e}^{-x}}$体现的。而对人脑的研究成果显示：人类大脑对外界刺激的反应形式是基于感受野的。亦即不同部分的脑细胞对外界刺激的反应强度是不同的，各个神经元的作用域都是一个局部的范围，只有当输入在一定的范围内(即感受野)时，该神经元才响应，否则不响应或响应很小。这一点在 BP 网络的神经元映射函数中并没有得到体现，与神经元的作用原理有一定的出入，致使 BP 网络的性能不是很好(易陷入局部极小，收敛速度慢等)。正是基于以上对人类神经元的认识，RBF 网络的神经元映射函数变为

$$f(x)=\mathrm{e}^{\frac{(x-c)^2}{\sigma^2}} \tag{13-26}$$

式中，c 是 RBF 网络的映射中心，用来表示各神经元感受野中心；σ 用来表示神经元对外界的作用敏感程度，它越小，对输入的变化越敏感。

显然，RBF 网络的神经元映射函数就是我们通常所说的高斯函数，该函数的最大特点是只有当输入与中心相等时，输出达到最大，随着输入与中心的渐渐偏离，输出也逐渐减小，并且很快趋近于零，这与实际神经元基于感受野这一特点很相似，只有当输入在中心附近的一定范围内时，输出响应较大，否则不响应或响应很小。因此，RBF 网络的神经元映射函数可以更加确切地描述出实际神经元响应基于感受野的这一特点，比 BP 网络有更深厚的理论基础，因而它的性能也大大优于 BP 网络。

由于 RBF 网络能够逼近任意的非线性函数，可以处理系统内在的难以解析的规律性，并且具有极快的学习收敛速度，因此 RBF 网络具有广泛的应用。目前 RBF 网络已被成功地应用于非线性函数逼近、时间序列分析、数据分类、模式识别、信息处理、图像处理、系统建模、控制和故障诊断等诸多领域。

第14章 MIMO-OFDM通信系统设计与实现

14.1 MIMO-OFDM 通信系统设计

OFDM 技术通过将频率选择性多径衰落信道在频域内转换为平坦信道，减小了多径衰落的影响。但用 OFDM 技术提高传输速率，就要增加带宽、发送功率和子载波数目，这对带宽和功率受限的无线通信系统是不现实的，子载波数目的增加也会使系统更为复杂。

MIMO 技术能够在空间中产生独立的并行信道来同时传输多路数据流，但对于频率选择性提高了系统的传输速率，即在不增加系统带宽的情况下提高频谱效率，但对于频率选择性深衰落，依然是无能为力的。

将 OFDM 和 MIMO 两种技术相结合，就能达到两种效果。一种是实现很高的传输速率，另一种是通过分集实现很强的可靠性，从而很好地解决了两种技术单独使用时所面临的问题。

14.2 MIMO 系统

多输入多输出技术(Multiple-Input Multiple-Output，MIMO)是指在发射端和接收端分别使用多个发射天线和接收天线，使信号通过发射端与接收端的多个天线传送和接收，从而改善通信质量。它能充分利用空间资源，通过多个天线实现多发多收，在不增加频谱资源和天线发射功率的情况下，可以成倍地提高系统信道容量，显示出明显的优势，被视为下一代移动通信的核心技术。

假定一个点对点的 MIMO 系统有 n_T 根发射天线、n_R 根接收天线，采用离散时间的复基带线性系统模型描述，系统框图如图 14-1 所示。用 $n_T\times 1$ 的列向量 $\boldsymbol{x}$ 表示每个符号周期内的发射信号，其中第 i 个元素 x_i 表示第 i 根天线上的发射信号。

对于高斯信道，按照信息论，发射信号的最佳分布也是高斯分布。因此，$\boldsymbol{x}$ 的元素是零均值独立同分布的高斯变量。发射信号的协方差

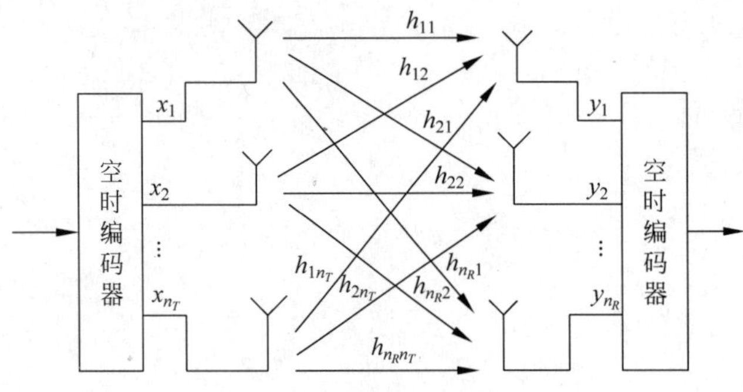

图 14-1　MIMO 系统框图

矩阵为

$$\boldsymbol{R}_{xx} = E\{\boldsymbol{x}\boldsymbol{x}^{\mathrm{H}}\}$$

其中，$E\{\}$为均值；$\boldsymbol{A}^{\mathrm{H}}$ 表示矩阵的厄米特(Hermitian)转置矩阵，即 $\boldsymbol{A}$ 的复共轭转置矩阵。不管发射天线数 n_T 为多少，总的发射功率限制为 P，可表示为

$$P = \mathrm{tr}(\boldsymbol{R}_{xx})$$

其中，$\mathrm{tr}(\boldsymbol{A})$代表矩阵 $\boldsymbol{A}$ 的迹，可以通过对 $\boldsymbol{A}$ 的对角元素求和得到。

如果信道状态信息(Channel State Information，CSI)在发射端未知，则假定从各个天线发射的信号都有相等的功率 P/n_T。发射信号的协方差矩阵为

$$\boldsymbol{R}_{xx} = \frac{P}{n_T}\boldsymbol{I}_{n_T}$$

其中，$\boldsymbol{I}_{n_T}$ 为 $n_T \times n_T$ 的单位矩阵。

用 $n_R \times n_T$ 的复矩阵 $\boldsymbol{H}$ 描述信道。h_{ij} 为矩阵 $\boldsymbol{H}$ 的第 $i \times j$ 个元素，代表从第 j 根发射天线到第 i 根接收天线之间的信道衰落系数。用 $n_R \times 1$ 的列向量描述接收端的噪声，表示为 $\boldsymbol{n}$。它的元素是统计独立的复高斯随机变量，零均值，具有独立的、方差相等的实部和虚部。接收噪声的协方差矩阵为

$$\boldsymbol{R}_{nn} = \sigma^2 \boldsymbol{I}_{n_R}$$

用 $n_R \times 1$ 的列向量描述接收信号，表示为 $\boldsymbol{y}$。使用线性模型，可接收矢量表示为

$$\boldsymbol{y} = \boldsymbol{H}\boldsymbol{x} + \boldsymbol{n}$$

接收信号的协方差矩阵定义为 $E\{\boldsymbol{y}\boldsymbol{y}^{\mathrm{H}}\}$，由上式可得出接收信号的协方差矩阵为

$$\boldsymbol{R}_{yy} = \boldsymbol{H}\boldsymbol{R}_{xx}\boldsymbol{H}^{\mathrm{H}} + \boldsymbol{R}_{nn}$$

而总接收信号功率可表示为 $\mathrm{tr}(\boldsymbol{R}_{yy})$。

14.3　OFDM 技术

OFDM(Orthogonal Frequency Division Multiplexing)即正交频分复用技术，实际上 OFDM 是 MCM(Multi Carrier Modulation)多载波调制的一种。OFDM 技术是多载波传输方案的实现方式之一，它的调制和解调是分别基于 IFFT 和 FFT 来实现的，是实现复杂度最低、应用最广的一种多载波传输方案。

在通信系统中，信道所能提供的带宽通常比传送一路信号所需的带宽要宽得多。如

果一个信道只传送一路信号是非常浪费的，为了能够充分利用信道的带宽，就可以采用频分复用的方法。

一个 OFDM 符号由多个经过调制的子载波信号合成，其中每个子载波可以采用相移键（Phase Shift Keying，PSK）或正交幅度调制（Quadrature Amplitude Modulation，QAM）符号的调制。如果 N 表示子载波的个数，T 表示 OFDM 符号的宽度，$d_i(i=0,1,\cdots,N-1)$是分配给每个子载波的数据符号，f_c 是第 0 个子载波的载波频率，$\mathrm{rect}(t)=1$，$|t|\leqslant T/2$，则从 $t=t_s$ 开始的 OFDM 符号可表示为

$$s(t)=\left\{\mathrm{Re}\left\{\sum_{i=0}^{N-1}d_i\mathrm{rect}\left(t-t_s-\frac{T}{2}\right)\exp\left[\mathrm{j}2\pi\left(f_c+\frac{i}{T}\right)(t-t_s)\right]\right\}\right\}\quad(t_s\leqslant t\leqslant t_s+T)$$

采用复等效基带信号来描述 OFDM 的输出信号，可表示为

$$s(t)=\begin{cases}\sum_{i=0}^{N-1}d_i\mathrm{rect}\left(t-t_s-\frac{T}{2}\right)\exp\left[\mathrm{j}2\pi\frac{i}{T}(t-t_s)\right] & (t_s\leqslant t\leqslant t_s+T)\\ 0 & (t<t_s\wedge t>t+t_s)\end{cases}\tag{14-1}$$

图 14-2 给出了 OFDM 系统基本模型框图，其中 $f_i=f_c+\frac{i}{T}$。

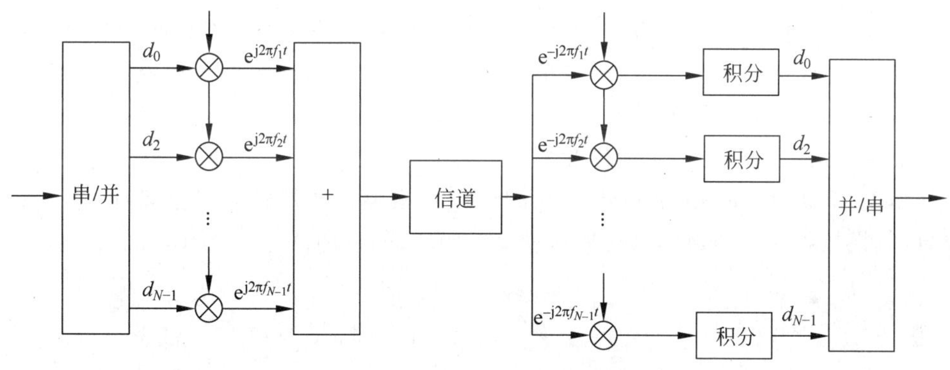

图 14-2　OFDM 系统基本模型图形

每个子载波在一个 OFDM 符号周期内都包含整数倍周期，而且各个相邻的子载波之间相差 1 个周期。这一特性可以用来解释子载波之间的正交性，即

$$\frac{1}{T}\int_0^T e^{\mathrm{j}\omega_n t}\cdot e^{-\mathrm{j}\omega_n t}\,\mathrm{d}t=\begin{cases}1 & (n=m)\\ 0 & (n\neq m)\end{cases}$$

对式(14-1)中的第 j 个子载波进行解调，然后在时间长度 T 内进行积分，有

$$\begin{aligned}\hat{d}_j&=\frac{1}{T}\int_{t_s}^{t_s+T}\exp\left(-\mathrm{j}2\pi\frac{i}{T}(t-t_s)\right)\sum_{i=0}^{N-1}d_i\exp\left(\mathrm{j}2\pi\frac{i}{T}(t-t_s)\right)\mathrm{d}t\\&=\frac{1}{T}\sum_{i=0}^{N-1}d_i\int_{t_s}^{t_s+T}\exp\left(\mathrm{j}2\pi\frac{i-j}{T}(t-t_s)\right)\mathrm{d}t=d_j\end{aligned}\tag{14-2}$$

由式(14-2)可看到，对第 j 个子载波进行解调可以恢复出期望符号。而对其他载波来说，由于在积分间隔内，频率相差$\frac{i-j}{T}$可产生整数倍个周期，所以积分结果为零。

当 N 很大时，需要大量的正弦波发生器、滤波器、调制器和解调器等设备，因此系统非常昂贵。为了降低 OFDM 系统的复杂度和成本，通常考虑用离散傅里叶变换

(Discrete Fourier Transform, DFT)和离散傅里叶逆变换(Inverse Discrete Fourier Transform, IDFT)来实现上述功能。对式(14-1)中等效复基带信号以$\frac{T}{N}$的速率进行抽样,即令 $t=\frac{kT}{N}(k=0,1,\cdots,N-1)$,则可得

$$s_k = s\frac{kT}{N} = \sum_{i=0}^{N-1} d_i \exp\left(\mathrm{j}2\pi\frac{ik}{N}\right) \quad (0 \leqslant k \leqslant N-1)$$

可见,s_k 即是对 d_i 进行 IDFT 运算,在接收端同样可以用 DFT 恢复原始的数据信号,在接收端对接收到的 s_k 进行 DFT 变换,有

$$d_i = \sum_{i=0}^{N-1} s_k \exp\left(-\mathrm{j}2\pi\frac{ik}{N}\right) \quad (0 \leqslant i \leqslant N-1)$$

在 OFDM 系统的实际运用中,可采用更加方便快捷的 IFFT/FFT。N 点 IDFT 运算需要实施 N^2 次的复数乘法,而 IFFT 可显著地降低运算的复杂度。

14.4 MIMO-OFDM 系统

利用 MIMO 技术和 OFDM 技术两者各自的特点结合形成的 MIMO-OFDM 系统,将空间分集、时间分集以及频率分集有机地结合起来,从而能够大大地提高无线通信系统的信道容量和传输速率,有效地抗信道衰落和抑制干扰,被业界认为是构建未来宽带无线通信系统最关键的物理层传输方案。

如图 14-3 所示,在 MIMO-OFDM 系统中,每根发射天线的通路上都有一个 OFDM 调制器,每根接收天线的通路上也都有一个 OFDM 的解调器。

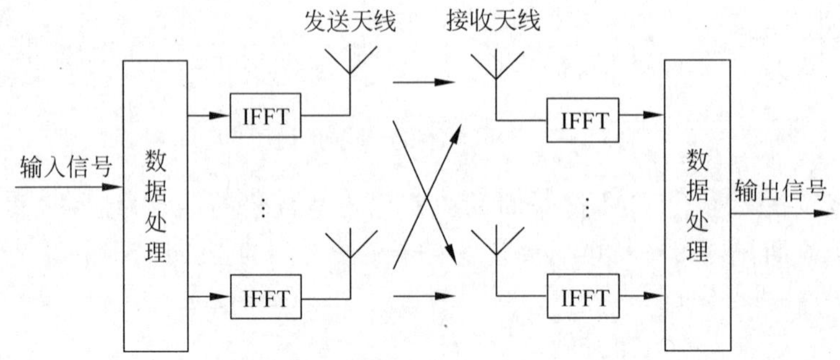

图 14-3 MIMO-OFDM 系统结构图

由于 OFDM 技术能够将频率选择性衰落信道转化为若干个平坦衰落的并行子信道,因此,MIMO-OFDM 系统中任意一个子载波上的输入输出关系相当于一个平坦衰落信道 MIMO 系统,可表示为

$$\boldsymbol{y}_k[t] = \boldsymbol{H}_k[t]\boldsymbol{x}_k[t] + \boldsymbol{n}_k[t]$$

其中,$\boldsymbol{y}_k[t]$为第 t 个时隙(此处一个时隙指一个 OFDM 符号),为第 k 个 OFDM 子载波上 $N_r \times 1$ 的接收符号向量; N_r 为接收天线数目; $\boldsymbol{x}_k[t]$为第 t 个时隙,第 k 个子载波上 $N_t \times 1$ 的发射符号向量; N_t 为发射天线数目; $\boldsymbol{H}_k[t]$表示第 t 个时隙,第 k 个子载波上 $N_t \times N_r$ 的 MIMO 复信道系数矩阵,在此假定信道系数在每个 OFDM 符号周期内保持

不变；$\boldsymbol{n}_k[t]$表示第 t 个时隙，第 k 个子载波上 $N_r \times 1$ 的接收天线上复高斯噪声向量，其每个元素的均值为 0，方差为 σ^2。这里，向量 $\boldsymbol{n}_k[t]$满足 $E\{\boldsymbol{n}_k[t]\boldsymbol{n}_k[t]^{\mathrm{H}}\}=\sigma^2 \boldsymbol{I}_{N_r}$，$\boldsymbol{I}_{N_r}$ 表示 $N_t \times N_r$ 的单位阵，$E\{\}$表示数学期望，$\boldsymbol{n}_k[t]^{\mathrm{H}}$ 表示 $\boldsymbol{n}_k[t]$的共轭转置。

14.5　空间分组编码

为了克服空时格栅译码过于复杂的缺陷，Alamouti 在 1998 年发明了使用两个天线发射的空时分组编码(STBC)。

简单的发送分集空时编码方案如图 14-4 所示。

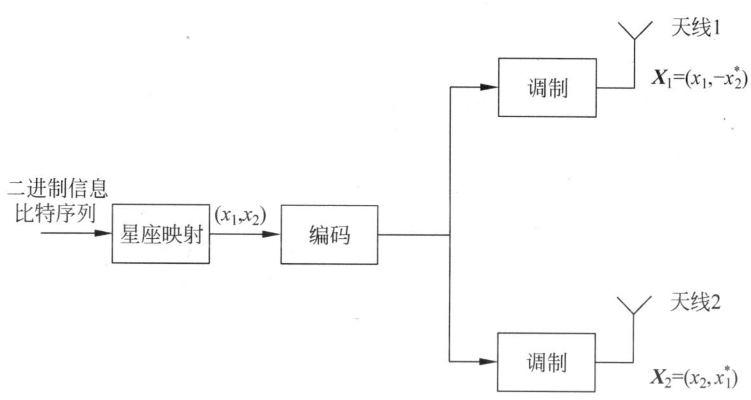

图 14-4　Alamouti 发送分集空时编码方案

信源发送的二进制信息比特首先进行调制(星座映射)。假设采用 M 进制的调制星座，有 $m=\log_2 M$。把从信源来的二进制信息比特每 m 个比特分一组，对连续的两组比特进行星座映射，得到两个调制符号 x_1, x_2。然后把这两个符号送入编码器，并按照以下方式编码：

$$\begin{bmatrix} x_1 & x_2 \\ -x_2^* & -x_1^* \end{bmatrix} \tag{14-3}$$

经过编码后的符号分别从两副天线上发送出去。在第一个发送时刻，符号 x_1 与 x_2 从发送天线 1 与发送天线 2 上同时发送出去；第二个发送时刻，符号 $-x_2^*$ 与 $-x_1^*$ 分别从发送天线 1 和发送天线 2 上同时发送出去，如图 14-4 所示。从编码过程可看出，由于在时间和空间域同时进行编码，因此命名为空时编码，从两副发送天线上发送信号批次存在着一定的关系，因此这种空时码是基于发送分集的。式(14-3)的编码矩阵满足：

$$\boldsymbol{X}\boldsymbol{X}^* = \begin{bmatrix} |x_1|^2+|x_2|^2 & 0 \\ 0 & |x_1|^2+|x_2|^2 \end{bmatrix} = (|x_1|^2+|x_2|^2)\boldsymbol{I}_2 \tag{14-4}$$

因此其是满足列正交的，即同一符号内，从两副发送天线上发送的信号满足正交性。记 $\boldsymbol{X}_1$ 和 $\boldsymbol{X}_2$ 分别为从发送天线 1 和发送天线 2 上发送的符号，则有

$$\begin{aligned} \boldsymbol{X}_1 &= (x_1, -x_2^*) \\ \boldsymbol{X}_2 &= (x_2, -x_1^*) \\ \boldsymbol{X}_1\boldsymbol{X}_2^* &= x_1 x_2^* - x_1 x_2^* = 0 \end{aligned} \tag{14-5}$$

空时分组码也正是由于满足式(14-4)和式(14-5)的正交性才使得译码相对简单，这一点可从后面的验证码方法中看出。

图 14-5 是在接收端有一副接收天线 Alamouti 空时码的接收机。假设在时刻 t 发送天线 1 和发送天线 2 到接收天线的信道误差系数分别为 $h_1(t)$ 和 $h_2(t)$，再考虑到快衰落信道假设，有

$$h_1(t) = h_1(t+T) = h_1 = |h_1| \mathrm{e}^{\mathrm{j}\theta}$$

$$h_2(t) = h_2(t+T) = h_2 = |h_2| \mathrm{e}^{\mathrm{j}\theta}$$

$|h_i|$ 和 $\theta_i(i=1,2)$ 为发送天线 i 到接收天线信道的幅度响应与相位偏转，T 表示符号间隔。设接收天线在时刻 t 与 $t+T$ 的接收信号分别为 r_1 和 r_2，有

$$r_1 = h_1 x_1 + h_2 x_2 + n_1$$

$$r_2 = -h_1 x_2^* + h_2 x_1^* + n_2$$

n_1 和 n_2 表示接收天线在时刻 t 与 $t+T$ 的独立复高斯白噪声，假设噪声的均值为 0，每维的方差为 $\frac{N_0}{2}$。

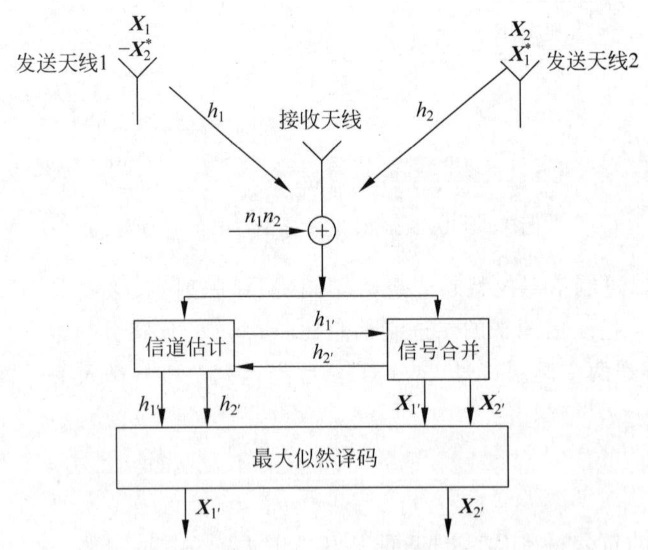

图 14-5　Alamouti 空时码的接收机

14.6　STBC 的 MIMO-OFDM 系统设计

下面着重讨论空时编码技术与 OFDM 技术的结合，对其性能进行详细分析，并给出基于 STBC 的 MIMO-OFDM 系统设计。

14.6.1　STBC 的 MIMO-OFDM 系统模型分析

有 N 副发射天线、M 副接收天线的 STBC-MIMO-OFDM 系统框图如图 14-6 所示。信号经过 MIMO 频率选择性衰落信道。设系统总带宽被划分为 K 个相互重叠的子信

道。每个空时码字包含 NK 个码符号，在一个 OFDM 码字在持续时间内同时发送，每个码符号用某一发射天线在某一 OFDM 的子载波上发送，假定衰落是准静态的，即在 OFDM 的一帧内衰落保持不变，且不同的发射天线和接收天线对之间的衰落是不相关的。

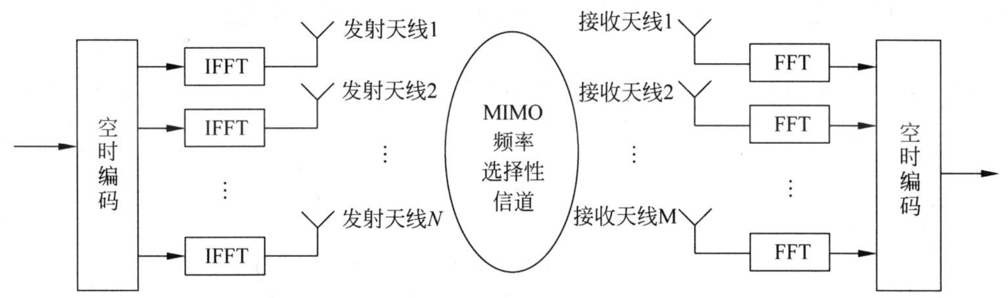

图 14-6　STBC-MIMO-OFDM 系统图

为了消除由于信道时延扩展而引起的发码间干扰 ISI，OFDM 系统中通常引入循环前缀，假定循环前缀长度大于信道最大时延扩展，且系统收发端完全同步，那么，接收天线 $j(j=1,2,\cdots,M)$上的接收信号经符号速率采样，去循环前缀及 FFT，解调后为

$$R_{jk}^{t}=\sum_{i=1}^{N}H_{ijk}^{t}c_{ik}^{t}+N_{jk}^{t}\quad(k=0,1,\cdots,K-1)\tag{14-6}$$

其中，H_{ijk}^{t}为 t 时刻从第 i 副发射天线到第 j 副接收天线之间的信道在第 k 个子载波频率处的频率响应，N_{jk}^{t}表示接收端噪声和干扰的复高斯随机变量。

14.6.2　STBC 的 MIMO-OFDM 系统性能分析

为分析简单起见，把接收信号式(14-6)表示为矩阵形式：

$$\boldsymbol{Y}[k]=\boldsymbol{H}[k]\boldsymbol{X}[k]+\boldsymbol{Z}[k]\quad(k=0,1,\cdots,K)\tag{14-7}$$

其中，$\boldsymbol{H}[k]\in\boldsymbol{C}^{M\times N}$为第 k 个子载波处的复信道频率响应矩阵，$\boldsymbol{X}[k]\in\boldsymbol{C}^{N}$ 和 $\boldsymbol{Y}[k]\in\boldsymbol{C}^{M}$ 分别为第 k 个子载波上的发射信号和接收信号，$\boldsymbol{Z}[k]\in\boldsymbol{C}^{M}$ 为加性噪声，设其为具有单位方差的复高斯随机变量。

第 j 副发射天线与第 i 副接收天线之间的信号响应，其时域脉冲响应用抽头延时线模拟(仅考虑非零抽头)可表示为

$$\boldsymbol{h}_{ij}(\tau;t)=\sum_{l=1}^{L}a_{ij}(l;t)\delta\left(\tau-\frac{n_l}{K\Delta f}\right)\tag{14-8}$$

其中，$\delta()$为冲激函数；L 为非零抽头的个数；$a_{ij}(l;t)$为第 l 个非零抽头的复幅值，其延时为$\frac{n_l}{K\Delta f}$，n_l 为一整数；Δf 为 OFDM 系统各子载波之间的频率间隔。由于已假设信道为准静态的，即在 OFDM 的一帧内衰落保持不变。

由式(14-8)第 j 副发射天线与 i 副接收天线之间的信道在第 k 个子载波处的频率响应，也就是式(14-7)中 $\boldsymbol{H}[k]$的第 i 行第 j 列的元素为

$$\boldsymbol{H}_{ij}[k]=\boldsymbol{H}_{ij}[k\Delta f]=\sum_{l=1}^{L}\boldsymbol{h}_{ij}(l)\mathrm{e}^{-\mathrm{j}2\pi kn_l/k}=\boldsymbol{h}_{ij}^{*}w_f(k)$$

其中，$\boldsymbol{h}_{ij}(l)=a_{ij}(l)$，$\boldsymbol{h}_{ij}(l)=[a_{ij}(1),a_{ij}(2),\cdots,a_{ij}(L)]^*$为包含所有非零抽头的时域频率响应的$L$维向量，$w_f(k)=[\mathrm{e}^{-\mathrm{j}2\pi kn_1/K},\mathrm{e}^{-\mathrm{j}2\pi kn_2/K},\cdots,\mathrm{e}^{-\mathrm{j}2\pi kn_L/K}]$则包含相应的离散傅里叶变换的系数。

14.7 STBC 的 MIMO-OFDM 系统 MATLAB 实现

下面列出基于 STBC 的 MIMO-OFDM 通信系统的 MATLAB 仿真程序代码，程序运行结果如图 14-7 所示。

```
>> clear all
i = sqrt( - 1);
IFFT_bin_length = 512;                  %傅立叶变换抽样点数目
carrier_count = 100;                    %子载波数目
symbols_per_carrier = 66;               %符号数/载波
cp_length = 10;                         %循环前缀长度
addprefix_length = IFFT_bin_length + cp_length;
M_psk = 4;
bits_per_symbol = log2(M_psk);          %位数/符号
O = [1  -2  -3;2 + j 1 + j 0;3 + j 0 1 + j;0  -3 + j 2 + j];
co_time = size(O,1);
Nt = size(O,2);                         %发射天线数目
Nr = 2;                                 %接收天线数目
num_X = 1;
for cc_ro = 1:co_time
    for cc_co = 1:Nt
        num_X = max(num_X,abs(real(O(cc_ro,cc_co))));
    end
end
co_x = zeros(num_X,1);
for con_ro = 1:co_time
    for con_co = 1:Nt                   %用于确定矩阵"O"中元素的位置、符号以及共轭情况
        if abs(real(O(con_ro,con_co)))~ = 0
            delta(con_ro,abs(real(O(con_ro,con_co)))) = sign(real(O(con_ro,con_co)));
            epsilon(con_ro,abs(real(O(con_ro,con_co)))) = con_co;
            co_x(abs(real(O(con_ro,con_co))),1) = co_x(abs(real(O(con_ro,con_co))),1) + 1;
            eta(abs(real(O(con_ro,con_co))),co_x(abs(real(O(con_ro,con_co))),1)) = con_ro;
            coj_mt(con_ro,abs(real(O(con_ro,con_co)))) = imag(O(con_ro,con_co));
        end
    end
end
eta = eta.';
eta = sort(eta);
eta = eta.';
carriers = (1: carrier_count) + (floor(IFFT_bin_length/4) - floor(carrier_count/2));
conjugate_carriers = IFFT_bin_length - carriers + 2;
tx_training_symbols = t_y(Nt,carrier_count);
baseband_out_length = carrier_count * symbols_per_carrier;
snr_min = 3;                                       %最小信噪比
snr_max = 15;                                      %最大信噪比
graph_inf_bit = zeros(snr_max - snr_min + 1,2,Nr); %绘图信息存储矩阵
graph_inf_sym = zeros(snr_max - snr_min + 1,2,Nr);
```

```
for SNR = snr_min:snr_max
  clc
  disp('Wait until SNR = ');disp(snr_max);
  SNR
  n_err_sym = zeros(1,Nr);
  n_err_bit = zeros(1,Nr);
  Perr_sym = zeros(1,Nr);
  Perr_bit = zeros(1,Nr);
  re_met_sym_buf = zeros(carrier_count,symbols_per_carrier,Nr);
  re_met_bit = zeros(baseband_out_length,bits_per_symbol,Nr);
  %生成随机数用于仿真
  baseband_out = round(rand(baseband_out_length,bits_per_symbol));
  %二进制向十进制转换
  de_data = bi2de(baseband_out);
  %PSK 调制
  data_buf = pskmod(de_data,M_psk,0);
  carrier_matrix = reshape(data_buf,carrier_count,symbols_per_carrier);
  %取数为空时编码做准备,此处每次取每个子载波上连续的两个数
  for tt = 1:Nt:symbols_per_carrier
     data = [];
     for ii = 1:Nt
     tx_buf_buf = carrier_matrix(:,tt + ii - 1);
     data = [data;tx_buf_buf];
     end
     XX = zeros(co_time * carrier_count,Nt);
     for con_r = 1:co_time                                %进行空时编码
        for con_c = 1:Nt
           if abs(real(O(con_r,con_c)))~ = 0
             if imag(O(con_r,con_c)) == 0
                XX((con_r - 1) * carrier_count + 1:con_r * carrier_count,con_c) = data
((abs(real(O(con_r,con_c))) - 1) * carrier_count + 1:abs(real(O(con_r,con_c)))...
                * carrier_count,1) * sign(real(O(con_r,con_c)));
             else
                XX((con_r - 1) * carrier_count + 1:con_r * carrier_count,con_c) = conj
(data((abs(real(O(con_r,con_c))) - 1) * carrier_count + 1:abs(real(O(con_r,con_c)))...
                * carrier_count,1)) * sign(real(O(con_r,con_c)));
             end
           end
        end
     end                                                  %空时编码结束
    XX = [tx_training_symbols;XX];                        %添加训练序列
    rx_buf = zeros(1,addprefix_length * (co_time + 1),Nr);
    for rev = 1:Nr
       for ii = 1:Nt
         tx_buf = reshape(XX(:,ii),carrier_count,co_time + 1);
         IFFT_tx_buf = zeros(IFFT_bin_length,co_time + 1);
         IFFT_tx_buf(carriers,:) = tx_buf(1:carrier_count,:);
         IFFT_tx_buf(conjugate_carriers,:) = conj(tx_buf(1:carrier_count,:));
         time_matrix = ifft(IFFT_tx_buf);
         time_matrix = [time_matrix((IFFT_bin_length - cp_length + 1):IFFT_bin_length,:);
time_matrix];
         tx = time_matrix(:)';
         %信道
         tx_tmp = tx;
```

```
        d = [4,5,6,2;4,5,6,2;4,5,6,2;4,5,6,2];
        a = [0.2,0.3,0.4,0.5;0.2,0.3,0.4,0.5;0.2,0.3,0.4,0.5;0.2,0.3,0.4,0.5];
        for jj = 1:size(d,2)
           copy = zeros(size(tx)) ;
           for kk  =  1  +  d(ii,jj): length(tx)
             copy(kk)  =  a(ii,jj) * tx(kk  -  d(ii,jj)) ;
           end
           tx_tmp = tx_tmp + copy;
        end
        txch = awgn(tx_tmp,SNR,'measured');          %添加高斯白噪声
        rx_buf(1,:,rev) = rx_buf(1,:,rev) + txch;
      end
    %接收机
    rx_spectrum = reshape(rx_buf(1,:,rev),addprefix_length,co_time + 1);
    rx_spectrum = rx_spectrum(cp_length + 1:addprefix_length,:);
    FFT_tx_buf = zeros(IFFT_bin_length,co_time + 1);
    FFT_tx_buf = fft(rx_spectrum);
    spectrum_matrix = FFT_tx_buf(carriers,:);
    Y_buf = (spectrum_matrix(:,2:co_time + 1));
    Y_buf = conj(Y_buf');
    spectrum_matrix1 = spectrum_matrix(:,1);
    Wk = exp(( - 2 * pi/carrier_count) * i);
    L = 10;
    p = zeros(L * Nt,1);
    for jj = 1:Nt
         for l = 0:L - 1
             for kk = 0:carrier_count - 1
                    p(l + (jj - 1) * L + 1,1) = p(l + (jj - 1) * L + 1,1) + spectrum_matrix1(kk + 1,
1) * conj(tx_training_symbols(kk + 1,jj)) * Wk ^ ( - (kk * l));
             end
         end
     end
    h = p/carrier_count;
    H_buf = zeros(carrier_count,Nt);
    for ii = 1:Nt
       for kk = 0:carrier_count - 1
          for l = 0:L - 1
              H_buf(kk + 1,ii) = H_buf(kk + 1,ii) + h(l + (ii - 1) * L + 1,1) * Wk ^ (kk * l);
          end
       end
    end
    H_buf = conj(H_buf');
    RRR = [];
    for kk = 1:carrier_count
        Y = Y_buf(:,kk);
        H = H_buf(:,kk);
        for co_ii = 1:num_X
             for co_tt = 1:size(eta,2)
                 if eta(co_ii,co_tt) ~ = 0
                     if coj_mt(eta(co_ii,co_tt),co_ii) == 0
                         r_til(eta(co_ii,co_tt),:,co_ii) = Y(eta(co_ii,co_tt),:);
                         a_til(eta(co_ii,co_tt),:,co_ii) = conj(H(epsilon(eta(co_ii,co_
tt),co_ii),:));
                     else
```

```
                r_til(eta(co_ii,co_tt),:,co_ii) = conj(Y(eta(co_ii,co_tt),:));
                a_til(eta(co_ii,co_tt),:,co_ii) = H(epsilon(eta(co_ii,co_tt),
co_ii),:);
              end
            end
          end
        end
        RR = zeros(num_X,1);
       for iii = 1:num_X                              %接收数据的判决统计
          for ttt = 1:size(eta,2)
            if eta(iii,ttt)~ = 0
              RR(iii,1) = RR(iii,1) + r_til(eta(iii,ttt),1,iii) * a_til(eta(iii,ttt),
1,iii) * delta(eta(iii,ttt),iii);
            end
          end
       end
       RRR = [RRR;conj(RR')];
     end
      r_sym = pskdemod(RRR,M_psk,0);
      re_met_sym_buf(:,tt:tt + Nt - 1,rev) = r_sym;
     end
   end
   re_met_sym = zeros(baseband_out_length,1,Nr);
   for rev = 1:Nr
     re_met_sym_buf_buf = re_met_sym_buf(:,:,rev);
     re_met_sym(:,1,rev) =  re_met_sym_buf_buf(:);
     re_met_bit(:,:,rev) = de2bi(re_met_sym(:,1,rev));
     for con_dec_ro = 1:baseband_out_length
        if re_met_sym(con_dec_ro,1,rev)~ = de_data(con_dec_ro,1)
          n_err_sym(1,rev) = n_err_sym(1,rev) + 1;
          for con_dec_co = 1:bits_per_symbol
            if re_met_bit(con_dec_ro,con_dec_co,rev)~ = baseband_out(con_dec_ro,con_
dec_co)
              n_err_bit(1,rev) = n_err_bit(1,rev) + 1;
            end
          end
        end
     end
     %误码率计算
     graph_inf_sym(SNR - snr_min + 1,1,rev) = SNR;
     graph_inf_bit(SNR - snr_min + 1,1,rev) = SNR;
     Perr_sym(1,rev) = n_err_sym(1,rev)/(baseband_out_length);
     graph_inf_sym(SNR - snr_min + 1,2,rev) = Perr_sym(1,rev);
     Perr_bit(1,rev) = n_err_bit(1,rev)/(baseband_out_length * bits_per_symbol);
     graph_inf_bit(SNR - snr_min + 1,2,rev) = Perr_bit(1,rev);
   end
end
%性能仿真图
for rev = 1:rev
 x_sym = graph_inf_sym(:,1,rev);
 y_sym = graph_inf_sym(:,2,rev);
 subplot(Nr,1,rev);
 semilogy(x_sym,y_sym,'b- * ');
 axis([2 16 0.0001 1]);
```

```
    xlabel('信噪比/dB');
    ylabel('误码率');
    grid on
end
```

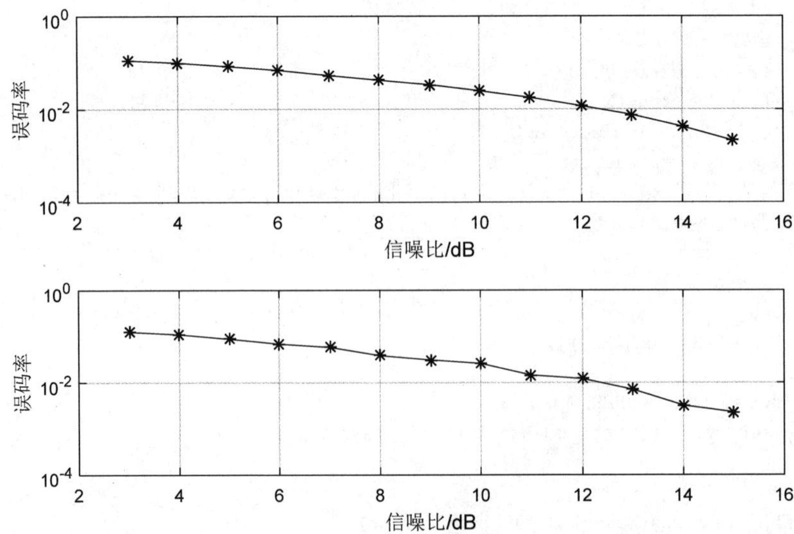

图 14-7　MIMO-OFDM 通信系统的 MATLAB 仿真效果图

第15章 图像分割算法的MATLAB实现

15.1 区域分割

阈值分割可以认为是将图像由大到小(即从上到下)进行拆分,而区域分割则相当于由小到大(从下到上)对像素进行合并。如果将上述两种方法结合起来对图像进行划分,就是分裂-合并算法。区域生长法、分裂-合并法是区域图像分割的重要方法。

15.1.1 区域生长法

1. 区域生长原理

区域生长也称为区域增长,它的基本思想是将具有相似性质的像素集合起来构成一个区域。实质就是将具有相似特性的像素元素连接成区域。这些区域是互不相交的,每一个区域都满足特定区域的一致性。具体实现时,先在每个分割的区域找一个种子像素作为生长的起始点,再将种子像素周围邻域中与种子像素有相同或相似性质的像素(根据某种事先确定的生长或相似准则来判定)合并到种子像素所在的区域中。将这些新像素当作新的种子像素继续进行上面的过程,直到再没有满足条件的像素可被包括进来,通过区域生长,一个区域就长成了。其过程如图 15-1 所示。

在实际应用区域生长法时需要解决三个问题:

(1) 选择或确定一组正确代表所需区域的种子像素。

(2) 确定在生长过程中能将相邻像素包括进来的准则。

(3) 制定生长过程停止的条件或规则。

种子像素的选取常可借助具体问题的特点进行。例如在军用红外图像中检测目标时,由于一般情况下目标辐射较大,所以可以选用图中最亮的像素作为种子像素。如果对具体问题没有先验知识,则常可借助生长所用准则对像素进行相应计算。如果计算结果呈现聚类

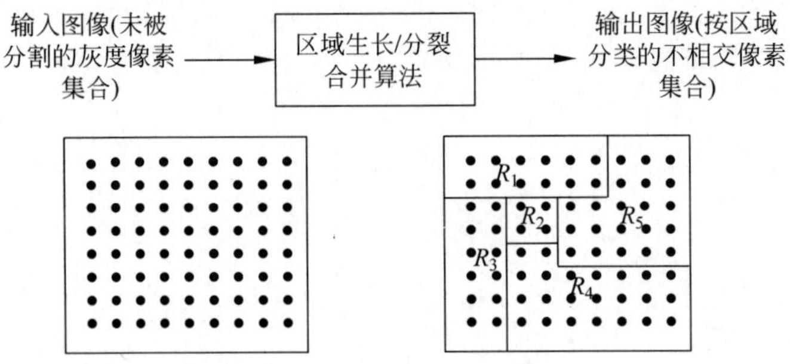

图 15-1　区域生长分割效果图

的情况，则接近聚类中心的像素可取为种子像素。

生长准则的选取不仅依赖于具体问题本身，也和所用图像数据的种类有关。例如当图像是彩色的时候，仅用单色的准则效果就会受到影响。另外还要考虑像素间的连通性和邻近性，否则有时会出现无意义的结果。

一般生长过程在进行到再没有满足生长准则的像素时停止，但常用的基于灰度、纹理、彩色的准则大都基于图像的局部性质，并没有充分考虑生长的“历史”。为增加区域生长的性能常须考虑一些与尺寸、形状等图像和目标的全局性质有关的准则。在这种情况下常须对分割结果建立一定的模型或辅以一定的先验知识。

2. 区域生长准则

区域生长的一个关键是选择合适的生长中相似准则，大部分区域生长准则使用图像的局部性质。生长准则可根据不同原则制定，而使用不同的生长准则会影响区域生长的过程，下面介绍三种基本的生长准则和方法。

(1) 基于区域灰度差。基于区域灰度差的方法主要有以下步骤。

① 对像素进行扫描，找出尚没有归属的像素。

② 以该像素为中心检查它的领域像素，即将领域中的像素逐个与它比较，如果灰度差小于预先确定的阈值，则将它们合并。

③ 以新合并的像素为中心，返回步骤②，检查新像素的领域，直到区域不能进一步扩张。

④ 返回步骤①，继续扫描，直到所有像素都归属，则结束整个生长过程。

采用上述方法得到的结果对区域生长起点的选择有较大的依赖性。为克服这个问题，可以将方法做以下改进：将灰度差的阈值设为零，这样具有相同灰度值的像素便合并到一起，然后比较所有相邻区域之间的平均灰度差，合并灰度差小于某一阈值的区域。这种改进仍然存在一个问题，即当图像中存在缓慢变化的区域时，有可能会将不同区域逐步合并而产生错误分割结果。一个比较好的做法是：在进行生长时，不用新像素的灰度值与领域像素的灰度值比较，而是用新像素所在区域平均灰度值与各领域像素的灰度值进行比较，将小于某一阈值的像素合并进来。

(2) 基于区域内灰度分布统计性质。这里考虑以灰度分布相似性作为生长准则来决定区域的合并，具体步骤如下。

① 把像素分成互不重叠的小区域。

② 比较邻接区域的累积灰度直方图,根据灰度分布的相似性进行区域合并。

③ 设定终止准则,通过反复进行步骤②中的操作将各个区依次合并,直到满足终止准则。

为了检测灰度分布情况的相似性,采用下面的方法。这里设 $h_1(X)$ 和 $h_2(X)$ 为相邻的两个区域的灰度直方图,X 为灰度值变量,从这个直方图求出累积灰度直方图 $H_1(X)$ 和 $H_2(X)$,根据以下两个准则:

① Kolomogorov-Smirnov 检测

$$\max_X |H_1(X)-H_2(X)| \tag{15-1}$$

② Smoothed-Difference 检测

$$\sum_X |H_1(X)-H_2(X)| \tag{15-2}$$

如果检测结果小于给定的阈值,就把两个区域合并。这里灰度直方图 $h(X)$ 的累积灰度直方图 $H(X)$ 被定义为

$$H(X)=\int_0^X h(x)\mathrm{d}x$$

在离散情况下

$$H(X)=\sum_{i=0}^{X} h(i) \quad (i=0,1,\cdots,X) \tag{15-3}$$

对上述两种方法有两点值得说明:

① 小区域的尺寸对结果影响较大,尺寸太小时检测可靠性降低,尺寸太大时则得到的区域形状不理想,小的目标可能漏掉。

② 式(15-4)比式(15-3)在检测直方图相似性方面较优,因为它考虑了所有灰度值。

(3) 基于区域形状。在决定对区域的合并时也可以利用对目标形状的检测结果,常用方法有:把图像分割成灰度固定的区域,设两相邻区域的周长 p_1 和 p_2,把两区域共同边界线两侧灰度差小于给定值的那部分设为 L,如果

$$\frac{L}{\min\{p_1,p_2\}}>T_2 \quad (T_2\text{ 为预定阈值}) \tag{15-4}$$

则合并两区域。

3. 区域生长法 MATLAB 实现

区域生长法的优点是计算简单,比较适合分割均匀的小结构。往往与其他分割方法联合使用,得到更精确的分割结果。区域生长法的缺点是对初始种子的依赖性,而且对噪声也比较敏感,使得分割出的区域出现空洞或分割过度。

【例 15-1】 利用区域生长法对图像进行分割。

其 MATLAB 编程代码如下:

```
>> clear all;
I = imread('peppers.png');
I = rgb2gray(I);                        %将灰度图像转换
I1 = double(I);                         %数据类型转换
s = 255;
t = 55;
```

```
if numel(s) == 1
    si = I1 == s;
    s1 = s;
else
    si = bwnorph(s,'shrink',Inf);
    j = find(si);
    s1 = I1(j);
end
ti = false(size(I1));
for k = 1:length(s1)
    sv = s1(k);
    s = abs(I1 - sv)<= t;
    ti = ti|s;
end
[g,nr] = bwlabel(imreconstruct(si,ti));     % 图像标记
subplot(121);imshow(I);
title('原始灰度图像');
subplot(122);imshow(g);
title ('区域生长法分割');
disp('No. of regions')
nr
```

运行程序,输出如下,效果如图 15-2 所示。

```
No. of regions
nr =
     2
```

图 15-2　区域生长法分割图像效果

15.1.2　分裂-合并法

分裂-合并分割方法是指从树的某一层开始,按照某种区域属性的一致性测量,对应该合并的相邻块加以合并,对应该进一步划分的块再进行划分的分割方法。分裂-合并分割方法差不多是区域生长法的逆过程,它从整个图像出发,不断分裂得到各个子区域,然后再把前景区域合并,实现目标提取。典型的分割技术是以图像四叉树或金字塔作为基本数据结构的分裂-合并法。

1. 四叉树结构

四叉要求输入图像 $f(x,y)$的大小为 2 的整数次幂。设 $N=2^n$,对于 $N\times N$ 大小的

输入图像 $f(x,y)$，可以连续进行四次等分，一直分到正方形的大小正好与像素的大小相等为止。换句话说，就是设 R 代表整个正方形图像区域，一个四叉树从最高 0 层开始，把 R 连续分成越来越小的 1/4 的正方形子区域 R_i，不断地将该子区域 R_i 进行四等分，并且最终使子区域 R_i 处于不可分状态。图像四叉树分裂与结构如图 15-3 所示。区域生长是先从单个生长点开始，通过不断接纳满足接收准则的新生长点，最后得到整个区域，其实是从树的叶子开始，由下到上最终到达树的根，最终完成图像的区域划分。无论由树的根开始，由上至下决定每个像元的区域类归属，还是由树的叶子开始，由下至上完成图像的区域划分，它们都要遍历整个树。

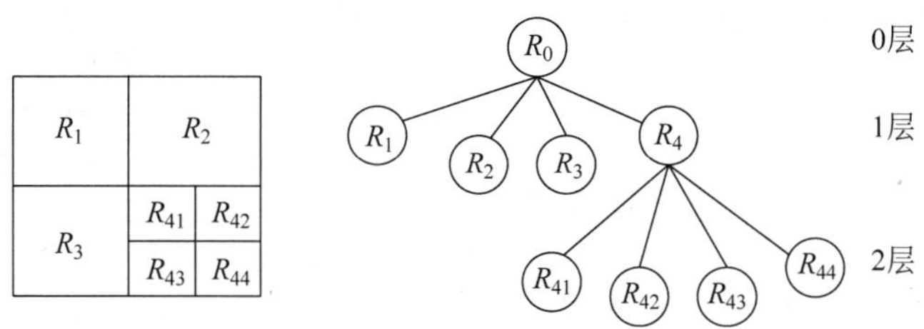

图 15-3　图像四叉树分裂与结构

2. 四叉树的实现

四像的四叉树分解指的是将一幅图像分解成一个个具有同样特性的子块。这一方法能揭示图像的结构信息。同时，它作为自适应压缩算法的第一步。实现四叉树分解可以使用 qtdecomp 函数。该函数首先将一幅方块图像分解成四个小方块图像，然后检测每一小块中像素值是否满足规定的同一性标准。如果满足就不再分解。如果不满足，则继续分解，重复迭代，直到每一小块达到同一性标准。这时小块之间进行合并，最后的结果是几个大小不等的块。

qtdecomp 函数的调用格式为

S=qtdecomp(I)：对灰度图像 I 执行四叉树分解，返回一个四叉树结构 S，S 为一个稀疏矩阵。如果 S(k,m)非零，那么像素点(k,m)为分解结构中一个子图像块的左上顶点，而这个图像块的大小由 S(k,m)给定。缺省情况下，qtecomp 函数分割图像块直到所有的图像块中的像素点符合一个阈值为止。

S=qtdecomp(I,threshold)：分割图像块直到块中的最大值和最小值不大于阈值 thresh。参数 thresh 定义值的范围为 0～1。如果 I 为 uint8 类型，则把阈值乘以 255 作为实际的阈值使用；如果 I 为 uint16 类型，则把阈值乘以 65 535 作为实际阈值使用。但注意如果定义其他的类型则有所不同。

S=qtdecomp(I,threshold,mindim)：将不产生小于 mindim 的图像块，以至结果图像块不满足阈值条件(一致性条件)。

S=qtdecomp(I,threshold,[mindim maxdim])：将不产生比 mindim 小的图像块或比 maxdim 大的图像块，以至结果图像块满足阈值条件。maxdim/mindim 必须为 2 的整数次幂。

S=qtdecomp(I,fun)：用 fun 函数确定是否分割图像块。qtdecomp 函数为 m×m×k 堆

栈所有当前 m×m 大小的块进行 fun 函数处理，这里 k 为 m×m 块的个数。fun 函数由@创建的，或者内联函数。

【例 15-2】 利用四叉树分割图像。

其 MATLAB 编程代码如下：

```
>> clear all;
I = imread('liftingbody.png');
S = qtdecomp(I,.27);                          % 四叉树分解,返回四叉树结构稀疏矩阵
blocks = repmat(uint8(0),size(S));
for dim = [512 256 128 64 32 16 8 4 2 1];    % 定义新区域显示分块
  numblocks = length(find(S == dim));         % 各分块的可能维数
  if (numblocks > 0)                          % 找出分块的现有维数
    values = repmat(uint8(1),[dim dim numblocks]);
    values(2:dim,2:dim,:) = 0;
    blocks = qtsetblk(blocks,S,dim,values);
  end
end
blocks(end,1:end) = 1;
blocks(1:end,end) = 1;
subplot(121);imshow(I);
subplot(122);imshow(blocks,[]);
title('四叉树分割图像');
```

运行程序，效果如图 15-4 所示。

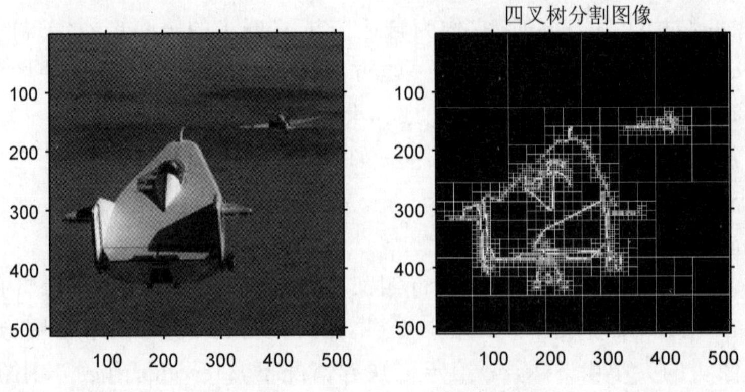

图 15-4　实现四叉树分割

15.2　边缘分割

数字图像的边缘检测是图像分割、目标区域识别、区域形状提取等图像分析领域十分重要的基础，也是图像识别中提取图像特征的一个重要属性。在进行图像理解和分析时，第一步往往就是边缘检测，目前它已成为机器视觉研究领域最活跃的课题之一，在工程应用中占有十分重要的地位。

物体边缘是以图像的局部特征不连续的形式出现的，即是指图像局部亮度变化最显著的部分，例如灰度值的突变、颜色的突变、纹理结构的突变等，同时物体的边缘也是不同区域的分界处。图像边缘具有方向和幅度两个特性，通常沿边缘的走向灰度变化平

缓，垂直于边缘走向的像素灰度变换剧烈。根据灰度变化的特点，可分为阶跃型、房顶型和凸缘型，如图 15-5 所示。

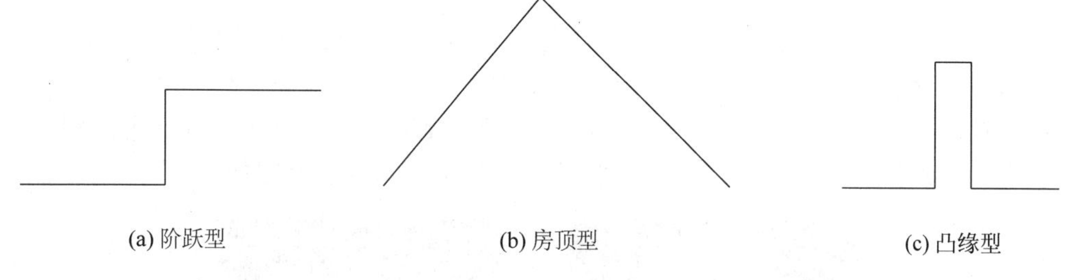

图 15-5　图像的边缘

边缘检测在实际应用中非常重要。首先，人眼通过追踪未知物体的轮廓（轮廓是由一段段的边缘片段组成的）而扫视一个未知物体。其次，如果能成功地得到图像的边缘，那么图像分析就会大大简化，图像识别就会容易得多。再次，很多图像并没有具体的物体，对这些图像的理解取决于它们的纹理性质，而提取这些性质与边缘检测有极其密切的关系。

边缘检测的实质是采用某种算法来提取出图像中对象与背景间的交界线。图像灰度的变化情况可以用图像灰度分布的梯度来反映，因此可以用局部图像微分技术来获得边缘检测算子。经典的边缘检测方法是对原始图像中像素的某小邻域来构造边缘检测算子。以下对几种经典的边缘检测算子进行理论分析，并对各自的性能特性作出比较和评价。

15.2.1　梯度算子

梯度算子是一阶导数算子。对于图像函数 $f(x,y)$，它的梯度定义为一个向量

$$\nabla \boldsymbol{f}(x,y)=\begin{bmatrix}\boldsymbol{G}_x\\ \boldsymbol{G}_y\end{bmatrix}=\begin{bmatrix}\dfrac{\partial f}{\partial x}\\ \dfrac{\partial f}{\partial y}\end{bmatrix}$$

这个向量的幅度值为

$$\operatorname{mag}(\boldsymbol{f})=(\boldsymbol{G}_x^2+\boldsymbol{G}_y^2)^{\frac{1}{2}}$$

为简化计算，幅度值也可用下边三式来近似表示：

$$\boldsymbol{M}_1=|\boldsymbol{G}_x|+|\boldsymbol{G}_y|$$

$$\boldsymbol{M}_2=\boldsymbol{G}_x^2+\boldsymbol{G}_y^2$$

$$\boldsymbol{M}_\infty=\max(\boldsymbol{G}_x,\boldsymbol{G}_y)$$

该向量的方向角表示为

$$\alpha(x,y)=\arctan\left(\frac{\boldsymbol{G}_y}{\boldsymbol{G}_x}\right)$$

由于数字图像是离散的，计算偏导数 $\boldsymbol{G}_x$ 与 $\boldsymbol{G}_y$ 时，常用差分来代替微分，为计算方便，常用小区域模板和图像卷积来近似计算梯度值。采用不同的模板计算 $\boldsymbol{G}_x$ 与 $\boldsymbol{G}_y$ 可产

生不同的边缘检测算子，最常见的有 Roberts，Sobel 和 Prewitt 算子，每一种方法都具有不同的优缺点。

【例 15-3】 对图 15-6(a)求梯度。

图 15-6(a)为二值图像，设二值图像黑色为 0，白色为 1，其任意行如图 15-6(a)标注的行，其像素可表示为 00000000011110000000111000000000，现对该行进行梯度运算就可得到 00000000100001000000100001000000000，即得到图 15-6(b)标注所对应的图像，如果对所有行逐行进行梯度运算就会得到如图 15-6(b)所示的边缘图像。

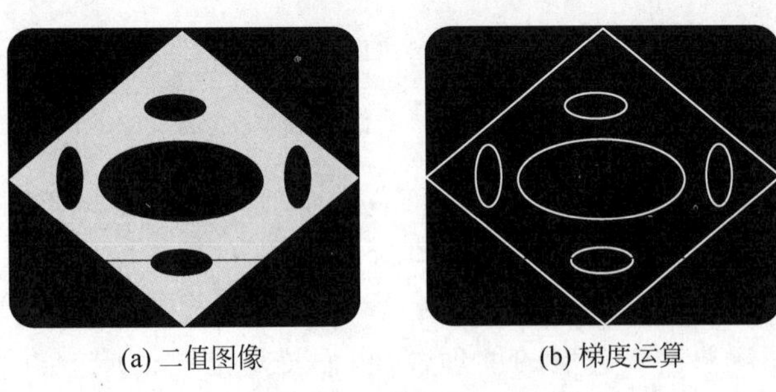

(a) 二值图像　　(b) 梯度运算

图 15-6　图像梯度运算效果

以梯度算子作为理论依据，人们提出了许多算法，其中比较常用的边缘检测方法有 Sobel 边缘检测算子、Roberts 边缘检测算子、Prewitt 边缘检测算子，它们是一阶微分算子，而 Canny 算子和 LOG 算子是二阶微分算子。

15.2.2　一阶微分算子

1. Roberts 边缘检测算子

罗伯特(Roberts)边缘检测算子是一种斜向偏差分的梯度计算方法，梯度的大小代表边缘的强度，梯度的方向与边缘走向垂直。两个卷积核分别为 $\boldsymbol{G}_x=\begin{bmatrix}1 & 0\\0 & -1\end{bmatrix}$，$\boldsymbol{G}_y=\begin{bmatrix}0 & 1\\-1 & 0\end{bmatrix}$，采用 1 范数衡量梯度的幅度：$|\boldsymbol{G}(x,y)|=|\boldsymbol{G}_x|+|\boldsymbol{G}_y|$。Roberts 算子对具有陡峭的低噪声的图像效果较好。

2. Sobel 算子

Sobel 算子不是简单求平均再差分，而是加强了中心像素上下左右四个方向像素的权重，运算结果是一幅边缘图像。该算子通常由下列计算公式表示：

$$\begin{aligned}f'_x(x,y) &= f(x-1,y+1)+2f(x,y+1)+f(x+1,y+1)-f(x-1,y-1)\\&\quad -2f(x,y-1)-f(x+1,y-1)\end{aligned}$$

$$\begin{aligned}f'_y(x,y) &= f(x-1,y-1)+2f(x-1,y)+f(x-1,y+1)-f(x+1,y-1)\\&\quad -2f(x+1,y)-f(x+1,y+1)\end{aligned}$$

$$\boldsymbol{G}[f(x,y)]=|f'_x(x,y)|+|f'_y(x,y)|$$

式中，$f'_x(x,y)$和 $f'_y(x,y)$分别表示 x 方向和 y 方向的一阶微分，$\boldsymbol{G}[f(x,y)]$为 Sobel 算子的梯度，$f(x,y)$是具有整数像素坐标的输入图像。求出梯度后，可设定一个常数 T，当 $\boldsymbol{G}[f(x,y)]>T$ 时，标出该点为边界点，其像素值设定为 0，其他的设定为 255，适当调整常数 T 的大小以达到最佳效果。

Sobel 算子通常对灰度渐变和噪声较多的图像处理得较好。

3. Prewitt 算子

Prwitt 边缘算子是一种边缘样板算子，利用像素点上下、左右邻点灰度差，在边缘处达到极值检测目的，对噪声具有平滑作用。由于边缘点像素的灰度值与其邻域点像素的灰度值有显著不同，在实际应用中通常采用微分算子和模板匹配方法检测图像的边缘。

Prewitt 算子的两个卷积计算核分别为 $\boldsymbol{G}_x=\begin{bmatrix}-1 & 0 & 1\\ -1 & 0 & 1\\ -1 & 0 & 1\end{bmatrix}$ 和 $\boldsymbol{G}_y=\begin{bmatrix}-1 & 1 & 1\\ 0 & 0 & 0\\ -1 & -1 & -1\end{bmatrix}$，与 Sobel 算子一样，采用∞范数作为输出。Prewitt 算子对灰度渐变和噪声较多的图像处理得较好。

4. MATLAB 实现

在 MATLAB 中，提供了 edge 函数用于实现一阶与二阶的算子边缘检测，而一阶微分算子的边缘检测调用格式为

BW=edge(I)：对灰度或二值图像 I 采用 Sobel 算子进行边缘检测，返回二值图像 BW，BW 与 I 的维数相同，BW 中 I 表示边缘，0 表示其他部分。

BW=edge(I,'sobel')：等价于 BW=edge(I)。

BW=edge(I,'sobel',thresh)：对灰度或二值图像 I 采用指定阈值的 Sobel 算子进行边缘检测。参数 thresh 表示阈值。

BW=edge(I,'sobel',thresh,direction)：对灰度或二值图像 I 采用 Sobel 算子进行边缘检测。direction 参数为指定算子的方向。

[BW,thresh]=edge(I,'sobel',…)：根据默认的阈值进行边缘检测，并由 thresh 返回函数自动选取的阈值。用户可以在观察边缘检测效果的同时，根据返回的阈值进行调整，直到满意为止。

BW=edge(I,'prewitt')：对灰度或二值图像 I 采用 Prewitt 算子进行边缘检测。

BW=edge(I,'prewitt',thresh)：对灰度或二值图像 I 采用指定阈值的 Prewitt 算子进行边缘检测，参数 thresh 为阈值。

BW=edge(I,'prewitt',thresh,direction)：对灰度或二值图像采用 Prewitt 算子进行边缘检测。字符串参数 direction 为指定检测算法的方向。

[BW,thresh]=edge(I,'prewitt',…)：对灰度或二值图像采用 Prewitt 算子进行边缘检测。返回的 thresh 表示 edge 使用的阈值。

BW=edge(I,'roberts')：对灰度或二值图像 I 采用 Roberts 算子进行边缘检测。

BW=edge(I,'roberts',thresh)：对灰度或二值图像 I 采用指定阈值的 Roberts 算子进行边缘检测。参数 thresh 表示阈值。

[BW,thresh]=edge(I,'roberts',…)：对灰度或二值图像 I 采用 Roberts 算子进行边缘检测。返回的 thresh 表示 edge 使用的阈值。

【例 15-4】 利用 edge 函数，分别采用 Sobel、Roberts、Prewitt 三种不同的边缘检测算子实现图像的分割。其 MATLAB 编程代码如下：

```
>> clear all;
I = imread('tire.tif');                    % 原始灰度图像
subplot(221);imshow(I);
title('原始图像');
BW1 = edge(I,'sobel',0.15);                % 用 Sobel 算子进行边缘检测,判别阈值为 0.15
subplot(222);imshow(BW1);
title('Sobel 算子边缘检测');
BW2 = edge(I,'Roberts',0.15);              % 用 Roberts 算子进行边缘检测,判别阈值为 0.15
subplot(223);imshow(BW2);
title('Roberts 算子边缘检测');
BW3 = edge(I,'Prewitt',0.15);              % 用 Prewitt 算子进行边缘检测,判别阈值为 0.15
subplot(224);imshow(BW2);
title('Prewitt 算子边缘检测');
```

运行程序，效果如图 15-7 所示。

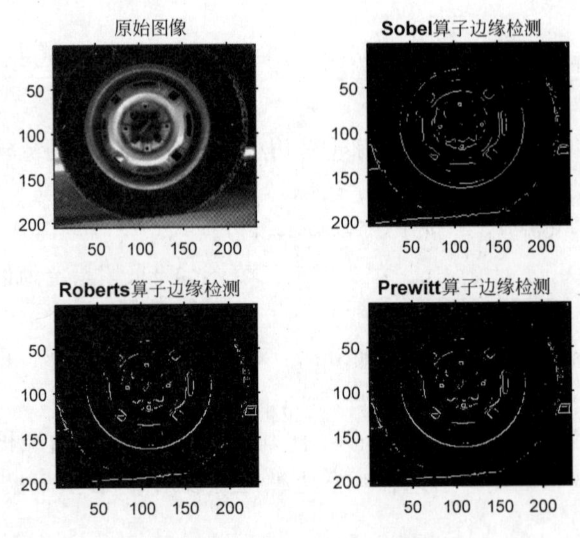

图 15-7 一阶微分算子检测

从图 15-7 可看出，在采用一阶微分算子进行边缘检测时，除了微分算子对边缘检测结果有影响外，阈值选择也对边缘检测有着重要的影响。比较几种算法的边缘检测结果，可看出 Sobel 算子提取边缘较其他两种算子完整。

15.2.3 二阶微分算子

1. Canny 算子边缘检测

Canny 算子边缘检测的基本原理是：采用二维高斯函数的任一方向上的一阶方向导

数为噪声滤波器，通过与图像 $f(x,y)$ 卷积进行滤波，然后对滤波后的图像寻找图像梯度的局部极大值，以确定图像边缘。

Canny 边缘检测算子是一种最优边缘检测算子。其实现检测图像边缘的步骤与方法如下。

（1）用高斯滤波器平滑图像。

（2）计算滤波后图像梯度的幅值和方向。

（3）对梯度幅值应用非极大值抑制，其过程为找出图像梯度中的局部极大值点，把其他非局部极大值置零以得到细化的边缘。

（4）再用双阈值算法检测和连接边缘。

具体的数学描述如下。

首先，取二维高斯函数：

$$\boldsymbol{G}(x,y)=\frac{1}{2\pi\sigma^2}\exp\left[\frac{-(x^2+y^2)}{2\sigma^2}\right]$$

然后，求高斯函数 $\boldsymbol{G}(x,y)$ 在某一方向 $\boldsymbol{n}$ 上的一阶方向导数为：

$$\boldsymbol{G}_n=\frac{\partial \boldsymbol{G}(x,y)}{\partial \boldsymbol{n}},\quad \boldsymbol{n}=\begin{bmatrix}\cos\theta\\ \sin\theta\end{bmatrix},\quad \nabla\boldsymbol{G}(x,y)=\begin{bmatrix}\dfrac{\partial \boldsymbol{G}}{\partial x}\\[2mm] \dfrac{\partial \boldsymbol{G}}{\partial y}\end{bmatrix}$$

式中，$\boldsymbol{n}$ 为方向矢量，$\nabla\boldsymbol{G}(x,y)$ 为梯度矢量。

Canny 算子是建立在二维 $\nabla\boldsymbol{G}(x,y)\times\boldsymbol{f}(x,y)$ 基础上，边缘强度由 $|\nabla\boldsymbol{G}(x,y)\times\boldsymbol{f}(x,y)|$ 和方向 $\boldsymbol{n}=\dfrac{\nabla\boldsymbol{G}(x,y)\times\boldsymbol{f}(x,y)}{|\nabla\boldsymbol{G}(x,y)\times\boldsymbol{f}(x,y)|}$ 来决定。为了提高 Canny 算子的运算速度，将 $\nabla\boldsymbol{G}(x,y)$ 的二维卷积模板分解为两个一维滤波器，则有

$$\frac{\partial \boldsymbol{G}(x,y)}{\partial x}=kx\cdot\exp\left[\frac{-x^2}{2\sigma^2}\right]\exp\left[\frac{-y^2}{2\sigma^2}\right]=h_1(x)h_2(y)$$

$$\frac{\partial \boldsymbol{G}(x,y)}{\partial y}=ky\cdot\exp\left[\frac{-y^2}{2\sigma^2}\right]\exp\left[\frac{-x^2}{2\sigma^2}\right]=h_1(y)h_2(x)$$

式中，k 为常数，其中

$$h_1(x)=\sqrt{k}x\cdot\exp\left[\frac{-x^2}{2\sigma^2}\right]\quad h_2(y)=\sqrt{k}x\cdot\exp\left[\frac{-y^2}{2\sigma^2}\right]$$

$$h_1(y)=\sqrt{k}x\cdot\exp\left[\frac{-y^2}{2\sigma^2}\right]\quad h_2(x)=\sqrt{k}x\cdot\exp\left[\frac{-x^2}{2\sigma^2}\right]$$

可见

$$h_1(x)=xh_2(x)$$

$$h_1(y)=yh_2(y)$$

然后将这两个模板分别与图像 $\boldsymbol{f}(x,y)$ 进行卷积，得到

$$\boldsymbol{E}_x=\frac{\partial \boldsymbol{G}(x,y)}{\partial x}\times\boldsymbol{f}(x,y)\quad \boldsymbol{E}_y=\frac{\partial \boldsymbol{G}(x,y)}{\partial y}\times\boldsymbol{f}(x,y)$$

令

$$\boldsymbol{A}(i,j)=\sqrt{\boldsymbol{E}_x^2(i,j)+\boldsymbol{E}_y^2(i,j)}\quad \alpha(i,j)=\arctan\frac{\boldsymbol{E}_y(x,y)}{\boldsymbol{E}_x(x,y)}$$

式中,$\boldsymbol{A}(i,j)$反映了图像上(i,j)点处的边缘强度;$\alpha(i,j)$为垂边缘的方向。

判断一个像素是否为边缘点有多种方法,如用双阈值法进行边缘判别。凡是边缘强度大于高阈值的一定是边缘点,凡是边缘强度小于低阈值的一定不是边缘点。如果边缘强度大于低阈值但双小于高阈值,则看这个像素的邻接像素中有没有超过高阈值的边缘点,如果有,它就是边缘点;如果没有,它就不是边缘点。

2. 拉普拉斯高斯算子(LoG)

基本思想:先用高斯函数对图像滤波,然后对滤波后的图像进行拉普拉斯运算,算得的值等于零的点认为是边界点。

LoG 运算:

$$h(x,y)=\nabla^2[g(x,y)]*f(x,y)$$

根据卷积求导法:

$$h(x,y)=[\nabla^2 g(x,y)]*f(x,y)$$

其中 $f(x,y)$为图像,$g(x,y)$为高斯函数,

$$g(x,y)=\frac{1}{2\pi\sigma^2}\exp\left[-\frac{x^2+y^2}{2\sigma^2}\right]$$

$$\nabla^2 g(x,y)=\left(\frac{x^2+y^2-2\sigma^2}{\sigma^4}\right)\mathrm{e}^{\frac{x^2+y^2}{2\sigma^2}}$$

$$\frac{\partial \boldsymbol{G}(x,y)}{\partial x}=\frac{\partial\,\dfrac{1}{2\pi\sigma^2}\exp\left[-\dfrac{x^2+y^2}{2\sigma^2}\right]}{\partial x}=\frac{1}{2\pi\sigma^2}\exp\left[-\frac{x^2+y^2}{2\sigma^2}\right]\left(-\frac{x}{\sigma^2}\right)$$

$$\begin{aligned}\frac{\partial^2 \boldsymbol{G}(x,y)}{\partial^2 x}&=\frac{1}{2\pi\sigma^2}\exp\left[-\frac{x^2+y^2}{2\sigma^2}\right]\left(-\frac{x^2}{\sigma^4}\right)+\frac{1}{2\pi\sigma^2}\exp\left[-\frac{x^2+y^2}{2\sigma^2}\right]\left(-\frac{1}{\sigma^2}\right)\\&=\frac{1}{2\pi\sigma^4}\exp\left[-\frac{x^2+y^2}{2\sigma^2}\right]\left(\frac{x^2}{\sigma^2}-1\right)\end{aligned}$$

同理:

$$\frac{\partial^2 \boldsymbol{G}(x,y)}{\partial^2 y}=\frac{1}{2\pi\sigma^4}\exp\left[-\frac{x^2+y^2}{2\sigma^2}\right]\left(\frac{y^2}{\sigma^2}-1\right)$$

故

$$\nabla^2 \boldsymbol{G}(x,y)=\frac{\partial^2 \boldsymbol{G}(x,y)}{\partial^2 x}+\frac{\partial^2 \boldsymbol{G}(x,y)}{\partial^2 y}=\frac{1}{2\pi\sigma^4}\left(\frac{x^2+y^2}{\sigma^2}-2\right)\exp\left[-\frac{x^2+y^2}{2\sigma^2}\right]$$

在实际使用中,常常对 LoG 算子进行简化,使用差分高斯函数(DoG)代替 LoG 算子。

$$\mathrm{DoG}(\sigma_1,\sigma_2)=\frac{1}{\sqrt{2\pi}\sigma_1}\exp\left[-\frac{x^2+y^2}{2\sigma_1^2}\right]-\frac{1}{\sqrt{2\pi}\sigma_2}\exp\left[-\frac{x^2+y^2}{2\sigma_2^2}\right]$$

研究表明,差分高斯算子比较符合人的视觉特性。根据二阶导数的性质,检测边界就是寻找$\nabla^2 * f$ 的过零点。有两种等效计算方法:

(1) 图像与高斯函数卷积,再求卷积的拉普拉斯微分。

(2) 求高斯函数的拉普拉斯微分,再与图像卷积。

LoG 算子能有效地检测边界,但存在两个问题:一是 LoG 算子会产生虚假边界,二是定位精度不高。在实际应用中,还应考虑以下因素:①σ 的选择;②模板尺寸 N 的确

定；③边界强度和方向；④提取边界的精度。其中高斯函数中方差参数 σ 的选择很关键，对图像边缘检测效果有很大的影响。高斯滤波器为低通滤波器，方差参数越大，通频带越窄，对较高频率的噪声的抑制作用越大，避免了虚假边缘的检测，同时信号的边缘也被平滑了，会造成某些边缘点的丢失。反之，通频带越宽，可以检测到图像更高频率的细节，但对噪声的抑制能力相对下降，容易出现虚假边缘。因此，应用 LoG 算子，为取得更佳的效果，对于不同图像选择不同参数。

在 LoG 算子中对边缘判断采用的技术是零交叉(Zero-crossing)检测，把零交叉检测推广一下，只要在检测前用指定的滤波器对图像进行滤波，然后再寻找零交叉点作为边缘。

【例 15-5】 用 MATLAB 编程得到二维 LoG 算子的图像与边缘提取。

```
>> clear all;
x =- 2:0.1:2;
y =- 2:0.1:2;
sigma = 0.5;
y = y';
for i = 1:(4/0.1 + 1)
    xx(i,:) = x;
    yy(:,i) = y;
end
r = 1/(pi * sigma ^4) * ((xx.^2 + yy.^2)/(2 * sigma ^2) - 1). * exp( - (xx.^2 + yy.^2)/(2 *
sigma ^2));
figure;
colormap(jet(16));
mesh(xx,yy,r);
```

运行程序，如图 15-8 所示。

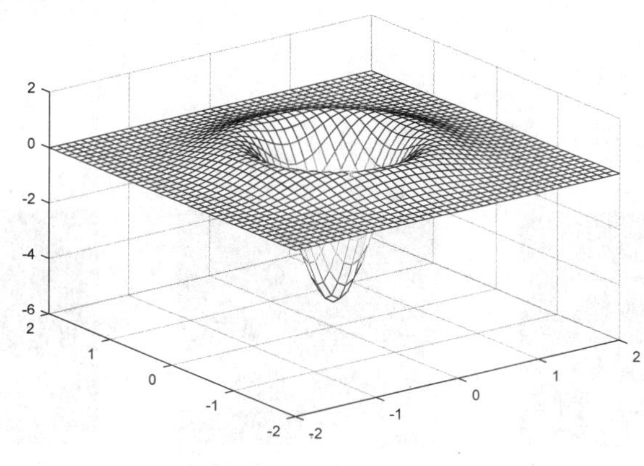

图 15-8 LoG 算子图像

LoG 滤波器在 (x,y) 空间中的图形，其形状与墨西哥草帽相似，因此又称为墨西哥草帽算子。

3. MATLAB 实现

edge 函数也可以进行二阶微分算子的边缘检测，其调用格式为

BW=edge(I,'canny')：用 Canny 算子自动选择阈值进行边缘检测。

BW=edge(I,'canny',thresh)：根据给定的敏感阈值 thresh 对图像进行 Canny 算

子边缘检测。参量 thresh 为一个二元向量，第一个元素为低阈值，第二个元素为高阈值。如果 thresh 为一元参量，则此值作为高阈值，0.4 * thresh 被用作低阈值。如果没有指定阈值 thresh 或为空[]，则函数自动选择参量值。

BW＝edge(I,'canny',thresh,sigma)：用指定的阈值和高斯滤波器的标准偏差 sigma。默认的 sigma 值为 1。滤波器的尺寸基于 sigma 自动选择。

[BW,threshold]＝edge(I,'canny',…)：返回二元阈值和图像 BW。

BW＝edge(I,'log')：对灰度或二值图像 I 采用 Laplacian of Gaussian(LoG)算子进行边缘检测。

BW＝edge(I,'log',thresh)：对灰度或二值图像 I 采用指定阈值的 LoG 算子进行边缘检测。thresh 指定阈值。

BW＝edge(I,'log',thresh,sigma)：对灰度或二值图像 I 采用指定阈值的 LoG 算子进行边缘检测；thresh 指定阈值；参数 sigma 指定高斯滤波器的标准差，默认值为 2。

[BW,threshold]＝edge(I,'log',…)：对灰度或二值图像 I 采用指定阈值的 LoG 算子进行边缘检测。返回的 threshold 表示 edge 使用的阈值。

【例 15-6】 利用二阶微分算子检测图像。

```
>> clear all;
I = imread('tire.tif');                          % 原始灰度图像
subplot(131);imshow(I);
title('原始图像');
BW1 = edge(I,'log',0.015);                       % 用 LoG 算子进行边缘检测,判别阈值为 0.015
subplot(132);imshow(BW1);
title('LOG 算子边缘检测');
BW2 = edge(I,'canny',0.15);                      % 用 Canny 算子进行边缘检测,判别阈值为 0.15
subplot(133);imshow(BW2);
title('Canny 算子边缘检测');
```

运行程序，效果如图 15-9 所示。

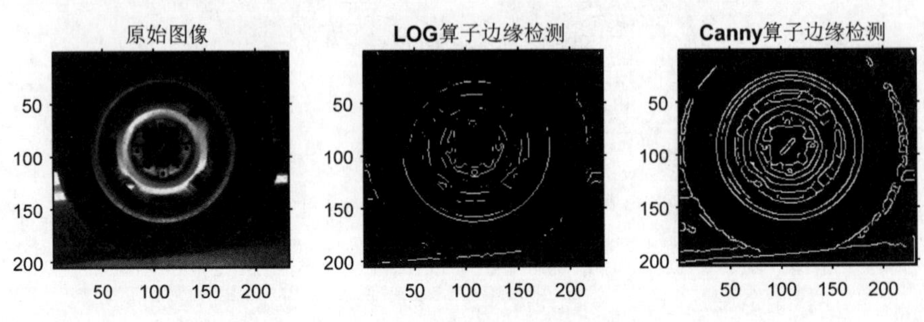

图 15-9 二阶微分算子边缘检测

15.3 彩色空间分割

以上介绍的图像分割方法是基于灰度图像的，对于彩色图像来说不一定都适用。本节介绍彩色图像的相关分割方法。

彩色图像分割是数字图像处理领域一类非常重要的图像分析技术，在对图像的研究和应用中，根据不同领域的不同需要，在某一领域往往仅对原始图像中的某些部分感兴趣。这些目标区域一般来说都具备自身特定的一些诸如颜色、纹理等性质，彩色图像的分割主要根据图像在各个区域的不同特性，而对其进行边界或区域上的分割，并从中提取出所关心的目标。

图像分割注重对图像中的目标进行检测与测量，这与在像素级对图像进行操作的图像处理技术，为改善图像视觉效果而强调在图像之间所进行的变换是有所区别的。通过对图像的分割、目标特征的提取，可将经初步图像处理的图像特征向量提取出来，并将原始的数字图像转化成为一种有利于目标表达的更抽象、更紧凑的表现形式，从而使高层的图像分析、图像理解以及计算机的模式自动识别成为可能。多年来，彩色图像分割技术在工业自动化控制、遥感遥测、微生物工程以及合成孔径雷达(SAR)成像等多种工程应用领域得到相当广泛的应用。

彩色图像分割是图像处理中的一个主要问题，也是计算机视觉领域低层次视觉中的主要问题。

总地来说，彩色图像分割的方法可以分为基于像元、区域、边缘的分割这三大类，前两类利用的是相似性，基于边缘的分割则是利用的不连续性。

15.3.1 基于像元的分割方法

基于像元的分割方法又可分为三类：直方图门限技术、色彩空间聚类法以及模糊聚类分割方法。其中直方图门限技术是最常用的，由于图像门限处理的直观性和易于实现的性质，使它在彩色图像分割应用中处于中心地位。

(1) 直方图门限技术。Tominaga 提出可将 RGB 色彩空间转换成 HVC 或其他色彩空间，如 HSI，再分别求 H、V、C(或 H、S、I)的一维直方图，寻找最明显的峰值，一般是选定两个作为门限。Holla 将 RGB 色彩空间转换成 RG、YB、I，再将这三个通道用带通滤波器平滑，滤波器中心频率过滤这三种色彩特征的比率是 I∶RG∶YB=4∶2∶1，然后在二维直方图 RG-YB 中寻找峰值点和基点，从而将像素点分成两个区域。但是该方法会在图像中留下捕捉不到的部分，因此可以再考虑其他的特征进去，如亮度或者像素的局部相连性，这样可以增强分割效果。Stein 的方法是对 Holl 的改进，算法中加入了领域的特征。当留下了一些没有被分配到的像素点时，就取它周围的 3×3 的模板，如果模板中有一个或者多个像素点被指派到区域 A，则该像素点也被指派到同样的区域 A 中去。如果该领域模板中的像素点也没被指派到任何区域或者被指派到了不同的区域，那么该像素点仍然不被指派。这样的话可能还是有残留点，但是比率要少得多。R. Ohtander 的方法是比较经典的，它采用九个色彩特征：R、G、B、H、S、V、Y、I、Q，对这九个特征分别计算直方图，再选择最好的峰值作为门限。Ohta 等提出的方法和前面的不同点在于它将 RGB 色彩空间转换为另外定义的 I1、I2、I3 特征，再分别对它们进行直方图化，以三个一维直方图上可以看到各自的峰值点，该算法给出的 I1、I2、I3 的表达式相当于动态 K-L 变换的结果，而且都是对 R、G、B 的线性变换，不存在奇异点，不同的图像对 I1、I2、I3 各自的峰值点分割的效果有差别，需要自动选取合适的门限。根据 I1、I2、I3 的直方图，有明显双峰的更适合该图像。

(2) 色彩空间聚类法。该方法也结合了直方图阈值选取技术。先将 RGB 色彩空间转换成 HLS 色彩空间(H、L、S 的表达式已给出),根据 L 的值将图像分为过亮区域和非过亮区域,在过亮区域里以 H 为主要特征,根据直方图取峰值进行分割,在非过亮区域里以 S 为主要特征,根据直方图取峰值进行分割,最后将分割的两副图像合并。Ferri 则是通过神经网络将像素分成几个区域,再利用编辑和压缩技术来减少分类的个数。Lauterbach 是在 LUV 色彩空间中进行分割的,首先求二维 UV 直方图的最高点,这个最高点是通过计算累计直方图的值和一个领域窗的均值之差得到的。然后添加色彩匹配线(acl),这条线是通过两个聚类中心的一根直线。像素值在 UV 空间的那两个聚类中心之间的 acl 的欧氏距离决定了像素点被分派到哪两个类中间去。最后再在两类中用最小距离准则找一类。但是,该方法没有考虑亮度,所以在某些情况下不太适用。

(3) 模糊聚类分割方法。基于门限和模糊 C-均值法是先粗糙地用标量空间分析的一维直方图分割。具体步骤:计算图像每一个色彩特征的直方图;标量分析直方图;定义合法的几个类 $V_2,V_2,\cdots,V_c$;对属于类别 V_i 的每一个像素点 p,用 i 标记 p;计算每一类 V_i 的重心;对没有被分类的像素值 $p(x,y)$,用模糊成员函数 U 计算,取最大的 $U(x,y)$(此时类别为 Vk),则将该像素 p 分派到 V_k。

【例 15-7】 基于 L∗a∗b∗空间的彩色分割。

基于 L∗a∗b∗空间的彩色分割,是根据图像中彩色空间不同的颜色来确定不同色彩所在的区域从而对图像进行划分。例如,一幅包含红色、蓝色、绿色、黄色 4 种颜色的图像可以分割成红色区域、蓝色区域、绿色区域和蓝色区域。

这种基于色彩的图像分割方法简单而且易于理解,并且在实际应用中颜色通常具有很明显的区域特征,因此这种方法在实际应用中也有很广泛的用途。

其 MATLAB 编程代码如下:

```
>> clear all;
fabric = imread('fabric.png');                         %读取图像
figure; subplot(121); imshow(fabric),                  %显示
title('原始图像');
load regioncoordinates;                                %下载颜色区域坐标到工作空间
nColors = 6;
sample_regions = false([size(fabric,1) size(fabric,2) nColors]);
for count = 1:nColors
  sample_regions(:,:,count) = roipoly(fabric,...
  region_coordinates(:,1,count), ...
  region_coordinates(:,2,count));                      %选择每一小块颜色的样本区域
end
subplot(122),
imshow(sample_regions(:,:,2));                         %显示红色区域的样本
title('红色区域的样本');
cform = makecform('srgb2lab');                         %rgb 空间转换成 L*a*b*空间结构
lab_fabric = applycform(fabric,cform);                 %rgb 空间转换成 L*a*b*空间
a = lab_fabric(:,:,2); b = lab_fabric(:,:,3);
color_markers = repmat(0, [nColors, 2]);               %初始化颜色均值
for count = 1:nColors
color_markers(count,1) = mean2(a(sample_regions(:,:,count)));  %a 均值
color_markers(count,2) = mean2(b(sample_regions(:,:,count)));  %b 均值
end
disp(sprintf('[%0.3f, %0.3f]',color_markers(2,1),...
```

```
    color_markers(2,2)));                                %显示红色分量样本的均值
color_labels = 0:nColors - 1;
a = double(a); b = double(b);
distance = repmat(0,[size(a), nColors]);                 %初始化距离矩阵
for count = 1:nColors
  distance(:,:,count) = ( (a - color_markers(count,1)).^2 + ...
     (b - color_markers(count,2)).^2 ).^0.5;             %计算到各种颜色的距离
end
[value, label] = min(distance,[],3);                     %求出最小距离的颜色
label = color_labels(label);
clear value distance;
rgb_label = repmat(label,[1 1 3]);
segmented_images = repmat(uint8(0),[size(fabric), nColors]);
for count = 1:nColors
  color = fabric;
  color(rgb_label ~= color_labels(count)) = 0;          %不是标号颜色的像素置0
  segmented_images(:,:,:,count) = color;
end
figure;
subplot(231);imshow(segmented_images(:,:,:,1)),         %显示背景
title('背景');
subplot(232);imshow(segmented_images(:,:,:,2)),         %显示红色目标
title('红色目标');
subplot(233);imshow(segmented_images(:,:,:,3)),         %显示绿色目标
title('绿色目标');
subplot(234);imshow(segmented_images(:,:,:,4)),         %显示紫色目标
title('紫色目标');
subplot(235);imshow(segmented_images(:,:,:,5)),         %显示红紫色目标
title('红紫色目标');
subplot(236);imshow(segmented_images(:,:,:,6)),         %显示黄色目标
title('黄色目标');
purple = [119/255 73/255 152/255];
plot_labels = {'k', 'r', 'g', purple, 'm', 'y'};
figure
for count = 1:nColors
plot(a(label == count - 1),b(label == count - 1),'.','MarkerEdgeColor', ...
    plot_labels{count});                                %显示各种颜色的散点图
hold on;
end
title('a*b*空间散点图');
xlabel("'a*" values'); ylabel("'b*" values');
```

运行程序,输出如下,效果如图 15-10～图 15-12 所示。

```
[198.183,149.722]
```

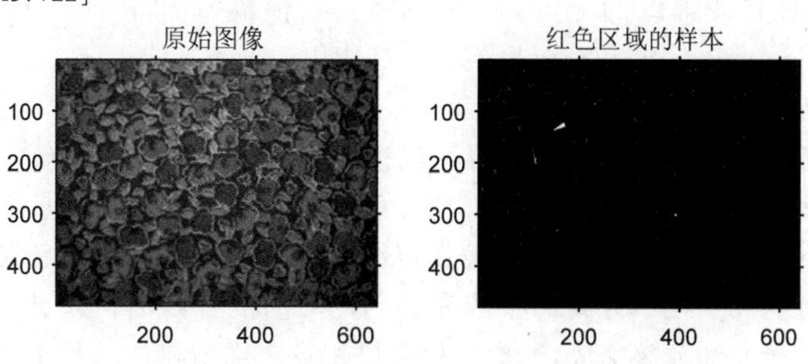

图 15-10　背景图与包含 6 种颜色的原始图像

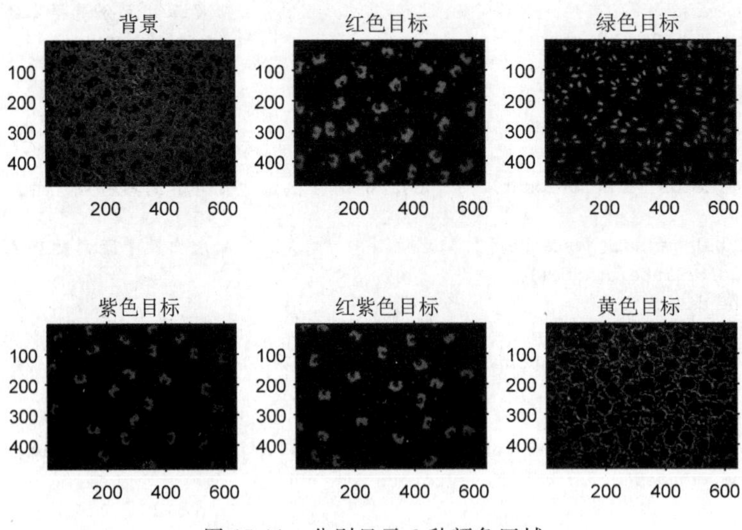

图 15-11　分别显示 6 种颜色区域

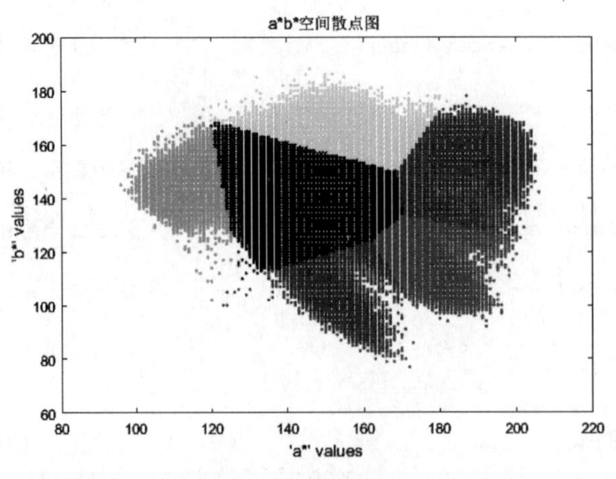

图 15-12　6 种彩色的散点图

15.3.2　聚类算法

聚类算法不需要训练样本，因此聚类是一种无监督的(Unsupervised)统计方法。因为没有训练样本集，聚类算法迭代地执行对图像分类和提取各类的特征值。从某种意义上说，聚类是一种自我训练的分类。其中，k-均值、模糊 C-均值(Fuzzy C-Means)、EM(Expectation-Maximization)和分层聚类方法是常用的聚类算法。

k-均值算法先对当前的每一类求均值，然后按新生的均值对象进行重新分类(将像素归入均值最近的类)，对新生成的类再迭代执行前面的步骤。模糊 C-均值算法从模糊集合理论的角度对 k-均值进行了推广。EM 算法把图像中每一个像素的灰度值看作是几个概率分布(一般用 Gaussian 分布)按一定比例的混合，通过优化基于最大后验概率的目标函数来估计这几个概率分布的参数和它们之间的混合比例。分层聚类方法通过一系列类别的连续合并和分裂完成，聚类过程可以用一个类似树的结构来表示。聚类分析不需要训练集，但是需要有一个初始分割提供初始参数，初始参数对最终分类结果影响较大。另一方面，聚类也没有考虑空间关联信息，因此也对噪声和灰度不均匀敏感。

【例 15-8】 基于色彩空间，使用 k-均值聚类算法对图像进行分割。目标是自动使用 L＊a＊b＊色彩空间和 k-均值聚类算法实现图像分割。

其 MATLAB 编程代码如下：

```
>> clear all;
I = imread('hestain.png');
subplot(2,3,1);imshow(I);
xlabel('(a)H&E 图像');
%将图像的色彩空间由 RGB 色彩空间转换到 L*a*b 色彩空间
cform = makecform('srgb2lab');                          %色彩空间转换
lab_I = applycform(I,cform);
%使用 k-均值聚类算法对 L*a*b 空间中的色彩进行分类
ab = double(lab_I(:,:,2:3));                            %数据类型转换
nrow = size(ab,1);                                      %求矩阵尺寸
ncol = size(ab,2);                                      %求矩阵尺寸
ab = reshape(ab,nrow*ncol,2);                           %矩阵形状变换
ncolors = 3;
%重复聚类 3 次,以避免局部最小值
[c_idx,c_center] = kmeans(ab,ncolors,'distance','sqEuclidean','Replicates',3);
%使用 k 均值聚类算法得到的结果对图像进行标记
pixel_labels = reshape(c_idx,nrow,ncol);                %矩阵形状改变
subplot(2,3,2);imshow(pixel_labels,[]);
xlabel('(b)使用簇索引对图像进行记');
s_image = cell(1,3);                                    %元胞型数组
rgb_label = repmat(pixel_labels,[1 1 3]);               %矩阵平铺
for k = 1:ncolors
    color = I;
    color(rgb_label~ = k) = 0;
    s_image{k} = color;
end
subplot(2,3,3);imshow(s_image{1});
xlabel('(c)簇 1 中的目标');
subplot(2,3,4);imshow(s_image{2});
xlabel('(d)簇 2 中的目标');
subplot(2,3,5);imshow(s_image{3});
xlabel('(e)簇 3 中的目标');
%分割细胞核到一个分离图像
mean_c_value = mean(c_center,2);
[tmp,idx] = sort(mean_c_value);
b_c_num = idx(1);
L = lab_I(:,:,1);
b_indx = find(pixel_labels == b_c_num);
L_blue = L(b_indx);
i_l_b = im2bw(L_blue,graythresh(L_blue));               %图像黑白转换
%使用亮蓝色标记属于蓝色细胞核的像素
n_labels = repmat(uint8(0),[nrow,ncol]);                %矩阵平铺
n_labels(b_indx(i_l_b == false)) = 1;
n_labels = repmat(i_l_b,[1,1,3]);                       %矩阵平铺
b_n = I;
b_n(n_labels~ = 1) = 1;
```

```
subplot(2,3,6);imshow(b_n);
xlabel('(f)使用簇索引对图像进行标记');
```

运行程序,效果如图 15-13 所示。

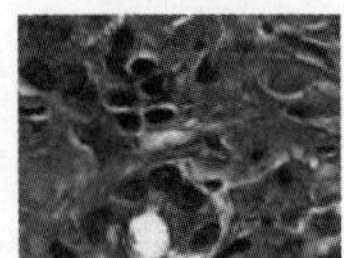

(a) H&E图像

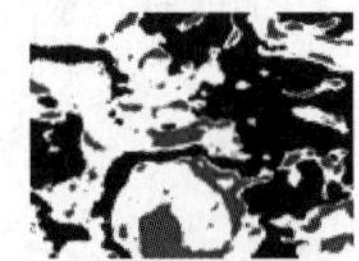

(b) 使用簇索引对图像进行标记

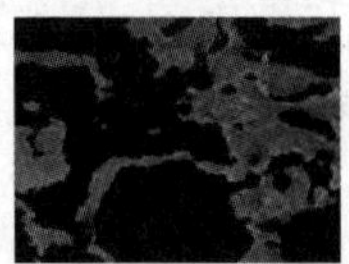

(c) 簇1中的目标

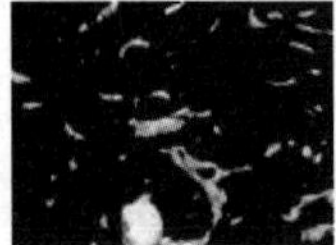

(d) 簇2中的目标

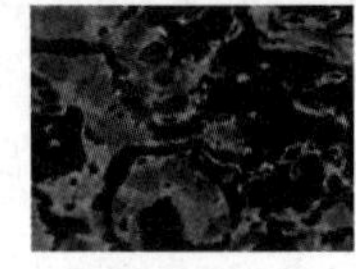

(e) 簇3中的目标

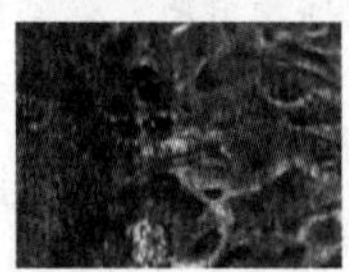

(f) 使用簇索引对图像进行标记

图 15-13　彩色图像的分割效果

第16章 雷达信号、语音的模拟与实现

16.1 雷达信号的产生

现代雷达的体制多种多样，根据雷达体制不同，可选用各种各样的信号形式。根据雷达信号形式的不同，对发射机的射频部分和调制器的要求也不同。对于常规雷达的简单脉冲波形而言，调制器主要须满足脉冲宽度、脉冲重复频率和脉冲波形（脉冲上升边、下降边和顶部的不稳定）的要求，一般困难不大，但是对于复杂调制、射频放大器和调制器往往要采用一些特殊的措施才能满足要求。

16.1.1 脉冲幅度调制

脉冲幅度调制或者脉冲调制（PAM）是指脉冲序列的幅度随信息信号线性变化的一种调制方式。类比于正弦波的调幅信号，脉冲幅度调制（PAM）信号可以表示成

$$s_{\mathrm{pam}}(t)=[A_0+f(t)]s_{\mathrm{p}}(t) \tag{16-1}$$

式中，A_0 为常数，代表直流电平；$f(t)$为信息信号，通常为正弦波；$s(t)$为脉冲序列，其波形可以是任意的，但在一般分析和实际应用中，多采用矩形波，且单极性更为广泛。实现脉冲幅度调制的方法比较简单，一般将信号$[A_0+f(t)]$与矩形脉冲序列 $s_{\mathrm{p}}(t)$直接相乘而得到的信号就是脉冲幅度调制（PAM）信号。

根据脉冲幅度调制的定义，可以写出产生脉冲幅度调制信号产生的源代码如下。

```
function sp = pam(t,fc,fp,fs,tao,pha)
%该程序是用来产生脉冲调制信号(PAM)的
%参数 t 是所要产生脉冲幅度调制信号的时间,单位为 s
%参数 Fc 为脉内信号的频率,单位为 Hz
%参数 Fp 为脉冲信号的频率,单位为 Hz
%参数 Fs 为采样时钟频率,单位为 Hz
%参数 tao 为脉冲信号的占空比,单位为 %
```

```
%参数 pha 为信号的初始相位,单位为 rad
if nargin <= 6;                    %如果不输入 tao 和 pha
    tao = 50;
    pha = 0;
end;
n = 0:1/fs:1/fp;
tn = 0:1/fs:t;
m = t/(1/fp);
spt = (square(2 * pi * fp * n) + 1)/2;
st = cos(2 * pi * fc * n);
sq1 = st. * spt;
sp = repmat(sq1,1,m);
```

【例 16-1】 调用以上函数产生以下参数要求的波形。

输入参数：

脉冲调制信号时间长度：$t=100\mu s$；

脉冲内正弦信号频率：$f_c=1MHz$；

脉冲重复频率：$f_p=100kHz$；

采样频率：$f_s=10MHz$；

脉冲占空比：$\tau=50\%$；

初始相位：$\theta=\pi/3$。

其实现的MATLAB程序代码如下：

```
>> clear all;
t = 0.000100;
fc = 1000000;
fp = 100000;
fs = 10000000;
pha = pi/3;
tao = 50;
sp = pam(t,fc,fp,fs,tao,pha);
plot(sp);
```

运行程序,效果如图16-1所示。

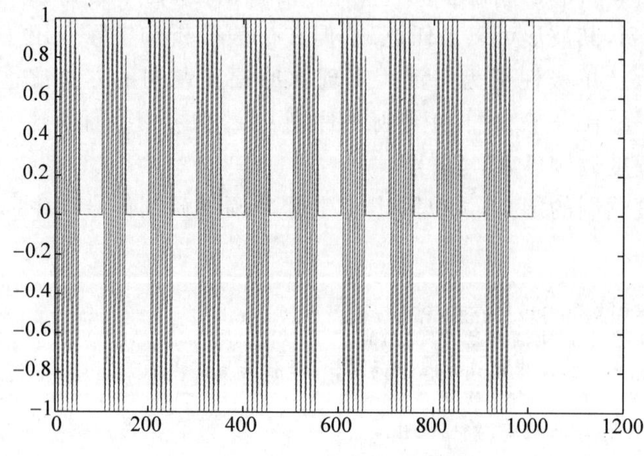

图16-1　脉冲调制信号效果

16.1.2 线性调频信号

频率调制是指载波信号的瞬时频率偏移调制信号 $f(t)$线性变化的调制，即

$$\omega(t) = \omega_0 + K_{FM} f(t) \tag{16-2}$$

式中，K_{FM}为调频器的灵敏度。

线性调频就是载波随时间线性变化的调制信号。

在 MATLAB 工具箱中提供了 modulate 函数，可以方便地产生线性调频信号。其调用格式如下：

```
y = modulate(x,fc,fs,'method')
y = modulate(x,fc,fs,'method',opt)
[y,t] = modulate(x,fc,fs)
```

参数 x 为调制信号序列；fc 为载波频率；fs 为采样频率；method 参数是用来决定进行何种调制；method 的选择形式如下。

- amdsb_sc 或者 am：抑制载波双边带幅度调制；
- amssb：载波传输单边带幅度调制；
- fm：调频；
- pm：调相；
- Ppm：脉内调制；
- pwm：脉宽调制；
- qam：正交幅度调制；
- amssb-tc：载波传输双边带幅度调制。

【例 16-2】 产生一个起始频率为 10MHz、调频脉宽为 2MHz、采样频率为 10MHz、脉宽为 10s 的线性调频信号。

其实现的 MATLAB 程序代码如下：

```
clear all;
t = 10e - 6;
fs = 100e6;
fc = 10e6;
B = 2e6;
ft = 0:1/fs:t - 1/fs;
N = length(ft);
k = B/fs * 2 * pi/max(ft);
y = modulate(ft,fc,fs,'fm',k);
y_fft_result = fft(y);
figure;
subplot(211);plot(ft,y);
xlabel('单位:秒');ylabel('单位:伏');
title('线性调频信号 y(t)');
subplot(212);plot((0:fs/N:fs/2 - fs/N),abs(y_fft_result(1:N/2)));
xlabel('频率 f(单位:Hz)');
title('线性调频信号 y(t)的频谱');
```

运行程序效果如图 16-2 所示。

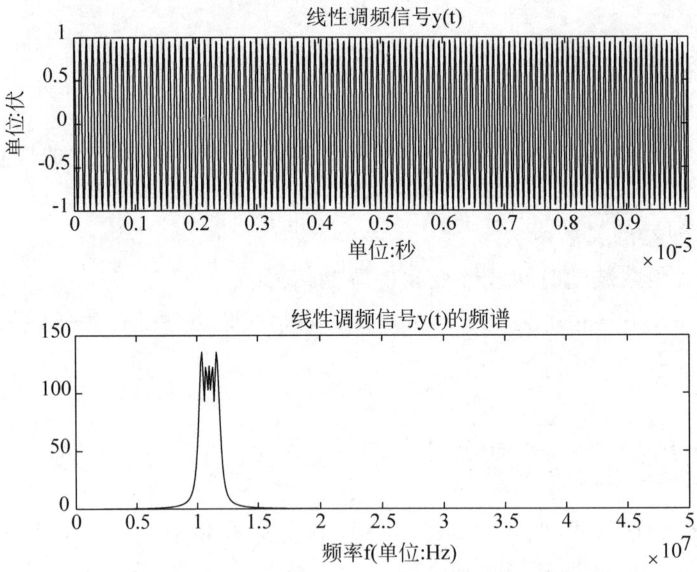

图 16-2　载波 10MHz,带宽 2MHz 的线性调频信号及其频谱

如果要产生初始相位不是 0 的线性调频信号,则不能调用 modulate 函数,因为 modulate 函数产生出来的线性调频信号的初始频率固定为 0 相位。

16.1.3　相位编码信号

线性调频信号、非线性调频信号的调制函数是连续的,属于“连续型”信号;而相位编码信号,其相位调制函数是离散的有限状态,属于“离散型”编码脉冲压缩信号。由于相位编码采用伪随机序列,因此这类信号也称为伪随机编码信号。

数字相位编码调制是利用载波相位的变化来表达数字信号信息的一种调制方法,也叫相移键控。常用的相位编码调制信号有二相码(2PSK)和四相码(4PSK)。

在二相码中,通常用两个相反的相位 0°或 180°来表示数字信息 0 或者 1。因此二相码(2PSK)可以表示为

$$S_{2PSK}(t) = A\cos(\omega_0 + \varphi) \tag{16-3}$$

式中的 φ 由数字码 1 或 0 来决定是 0°还是 180°,当然 φ 并不是说只能用 0°或 180°来表示,也可以用 90°或 270°表示。

四相码与二相码基本是一样的,只不过四相码采用的 4 个正交的相位来表示 4 个不同的数字信息。在雷达系统中,相位编码信号采用得比较多的是二相码,四相码在通信领域内应用得较多。常用的二相编码信号有 m 序列、L 序列、双素数序列、巴克码序列等。

【例 16-3】　产生 7 位巴克码编码的二相码,采样率 100MHz,载波 10MHz,码宽 0.5μs。

其实现的 MATLAB 程序代码如下:

```
clear all;close all;
co = [1 1 1 0 0 1 0];
ta = 0.5e - 6;
fc = 10e6;
fs = 100e6;
```

```
t_ta = 0:1/fs:ta - 1/fs;
n = length(co);
pha = 0;
t = 0:1/fs:7 * ta - 1/fs;
s = zeros(1,length(t));
for i = 1:n
    if co(i) == 1
        pha = 1;
    else
        pha = 0;
    end
    s(1,(i - 1) * length(t_ta) + 1:i * length(t_ta)) = cos(2 * pi * fc * t_ta + pha);
end
figure;plot(t,s);
xlabel('t(单位:秒)');title('二相码(7 位巴克码)');
```

运行程序,效果如图 16-3 所示。

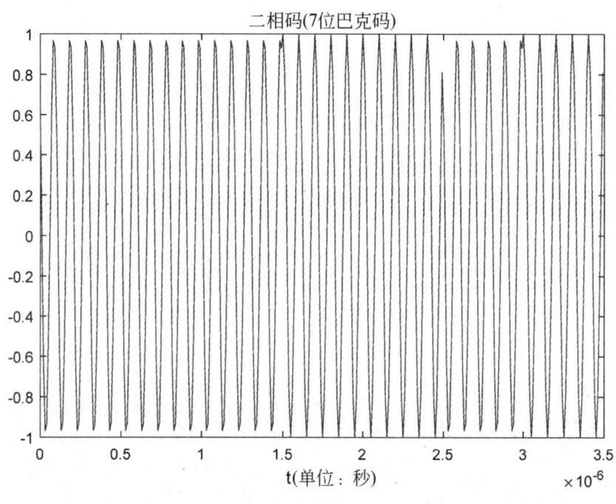

图 16-3　二相码(7 位巴克码)波形图

16.1.4　相位编码脉内线性调频混合调制信号

二相码编码信号对多普勒频率比较敏感,只适用于多普勒频率比较小的场合,但是由于其优越的抗截获性能,常常与线性调频信号组合起来,用于各种低频获雷达系统中。需要说明的是,纯粹的 13 位巴克码信号是没有实用意义的,只适合理论分析,在实际中可以用组合巴克码方式作为脉冲压缩信号。

混合信号是结合调频信号和相位编码信号的优点,把两种信号组合起来,在相位编码信号的每个码元内再进行线性调频信号调制而形成的一种适用于脉冲压缩雷达的新型信号。混合信号对多普勒信号基本不敏感,只是增益略有下降,也没有产生明显的峰值偏移现象,既具有相位编码和线性调频两种信号的优点,又能弥补两种信号各自的不足。

设线性调频信号的数字表达式为

$$u_{\mathrm{L}}(t)=\frac{1}{\sqrt{t}}\exp(\mathrm{j}\pi kt^{2})[\varepsilon(t)-\varepsilon(t-T)] \tag{16-4}$$

二相编码的脉冲函数为

$$u_{\mathrm{B}}(t)=\frac{1}{\sqrt{P}}\sum_{m=0}^{P-1}c_{m}\delta(t-mT) \tag{16-5}$$

式中,$\varepsilon(t)$为阶跃函数;$\delta(t)$为冲激函数;T为子脉冲宽度;P为码长;k为线性调频调制斜率;c_m为一随机序列,取$\{c_m=\pm1\}$;混合脉冲倍为线性调频与二相编码脉冲函数的卷积形式。

利用 MATLAB 产生混合调制信号的方法和产生二相码的方法基本相似,差别在于二相码是单片信号,而混合调制信号脉内是线性调频信号。

【例 16-4】 产生 7 位巴克码和线性调频的混合调制信号,码元宽度为 10μs,线性调频的起始频率为 500kHz,调频带宽为 1MHz。

其实现的 MATLAB 程序代码如下:

```
clear all;close all;
co = [1 1 1 0 1 0 1];
ta = 10e - 6;
fc = 0.5e6;
fs = 10e6;
t_ta = 0:1/fs:ta - 1/fs;
N = length(t_ta);
B = 1e6;
k = B/fs * 2 * pi/max(t_ta);
n = length(co);
pha = 0;
s = zeros(1,n * N);
for i = 1:n
    if co(i) == 1
        pha = 1;
    else
        pha = 0;
    end
    s(1,(i-1) * N + 1:i * N) = cos(2 * pi * fc * t_ta + k * cumsum(t_ta) + pha);
end
t = 0:1/fs:7 * ta - 1/fs;
figure;subplot(211);
plot(t,s);xlabel('t(单位:秒)');
title('混合调制信号(7 位巴克码 + 线性调频)');
y_fft_result = abs(fft(s(1:N)));
subplot(212);plot((0:fs/N:fs/2 - fs/N),abs(y_fft_result(1:N/2)));
xlabel('频率 f(单位:Hz)');title('码内信号频谱');
```

运行程序效果如图 16-4 所示。

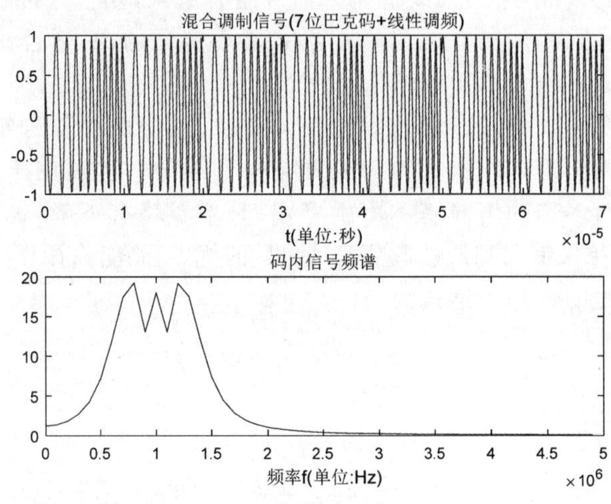

图 16-4 7 位巴克码和线性调频的混合调制信号及脉冲内信号的频谱

16.2 噪声和杂波的产生

在实际的雷达回波信号中，不仅仅有目标的反射信号，同时还有接收机的热噪声、地物杂波、气象杂波等各种噪声和杂波的叠加。由于噪声和杂波都不是确定信号，只能通过统计特性来分析。

16.2.1 随机热噪声

随机热噪声有多种，常见的有概率密度函数服从均匀分布、高斯分布、指数分布等的热噪声。

1. 服从均匀分布的热噪声

(a-b) 均匀分布的概率密度函数为

$$p(x)=\frac{1}{b-a} \tag{16-6}$$

根据(a-b)均匀分布的概率密度函数和(0-1)均匀分布的概率密度函数，可以推导出它们之间的关系为

$$u=\frac{\xi-a}{a-b} \quad \text{或} \quad \xi=(b-a)\times u+a \tag{16-7}$$

式中，u 为服从(0-1)单位均匀分布，ξ 为服从(a-b)均匀分布。

所以，根据式(16-7)，可以先产生一个服从(0-1)单位均匀分布的信号，然后再经过变换就可以得到一个服从(a-b)均匀分布的信号了。

MATLAB 自带了(0-1)单位均匀分布的内部函数 rand。其调用格式如下：

```
r = rand(n)
rand(m,n)
rand([m,n])
rand(m,n,p,...)
rand([m,n,p,...])
rand
rand(size(A))
r = rand(..., 'double')
r = rand(..., 'single')
```

【例 16-5】 利用 rand 函数产生服从(a-b)均匀分布的随机序列。

其实现的 MATLAB 程序代码如下：

```
clear all; close all;
a = 2;                                    %(a-b)均匀分布下限
b = 3;                                    %(a-b)均匀分布上限
fs = 1e7;                                 %采样率,单位:Hz
t = 1e-3;                                 %随机序列长度,单位:s
n = t * fs;
rand('state',0);                          %把均匀分布伪随机发生器置为0状态
```

```
u = rand(1,n);                    % 产生(0-1)单位均匀信号
x = (b-a) * u + a;                % 广义均匀分布与单位均匀分布之间的关系
subplot(211);plot(x);             % 输出信号图
title('均匀分布信号');
subplot(212);hist(x,a:0.02:b);    % 输出信号的直方图
title('均匀分布信号直方图');
```

运行程序,效果如图 16-5 所示。

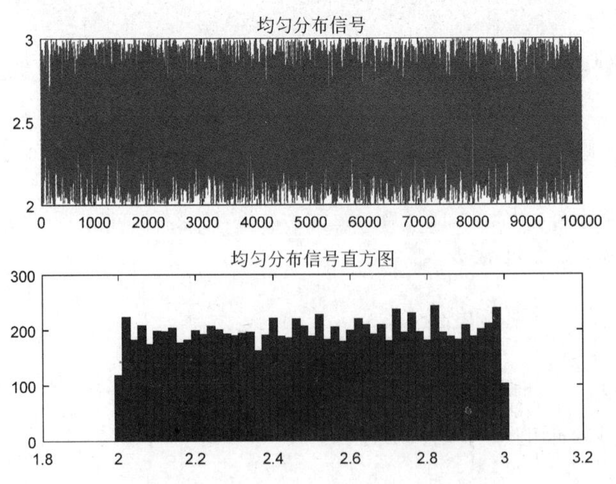

图 16-5　服从(a-b)均匀分布的随机序列及其直方图

2. 服从高斯分布的热噪声

均值为 x_0 的高斯分布的概率密度函数为

$$p(x)=\frac{1}{\sqrt{\pi}\sigma}\exp\left(-\frac{(x-x_0)^2}{2\sigma^2}\right) \tag{16-8}$$

MATLAB 本身也自带了标准高斯分布的内部函数 randn。其调用格式如下：

```
r = randn(n)
randn(m,n)
randn([m,n])
randn(m,n,p,...)
randn([m,n,p,...])
randn(size(A))
r = randn(..., 'double')
r = randn(..., 'single')
```

【例 16-6】 利用 randn 产生一个服从高斯分布的随机序列。

其实现的 MATLAB 程序代码如下：

```
>> clear all;
y = randn(1000);
figure;plot(y);
title('服从高斯分布的随机序列信号');
```

运行程序,效果如图 16-6 所示。

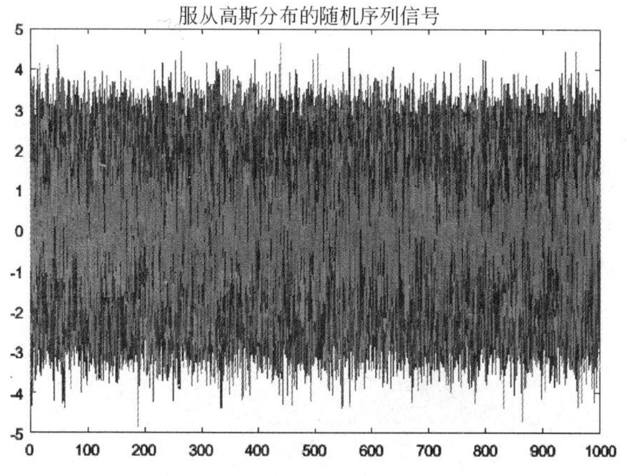

图 16-6 服从高斯分布的随机序列效果图

3. 服从瑞利分布的热噪声

瑞利(Rayleigh)分布的概率密度函数为

$$p(x)=\begin{cases}\dfrac{x}{\sigma^2}\mathrm{e}^{-\frac{x^2}{2\sigma^2}} & (x\geqslant 0)\\ 0 & (x<0)\end{cases} \tag{16-9}$$

根据瑞利分布的概率密度函数和(0-1)单位均匀分布的概率密度函数，可以推导出它们之间的关系为

$$\xi_i=\sigma\cdot\sqrt{2\times\ln\frac{1}{u_i}} \tag{16-10}$$

式中 u 服从(0-1)单位均匀分布，ξ 服从瑞利分布。

所以根据式(16-10)，可以先产生一个服从(0-1)分布的信号，然后再经过变换就可以得到一个服从瑞利分布的信号了。

【例 16-7】 产生瑞利分布的热噪声。

其实现的 MATLAB 程序代码如下：

```
clear all; close all;
sigma = 2;                              % 瑞利分布参数 sigma
fs = 1e7;                               % 采样率,单位:Hz
t = 1e - 3;                             % 随机序列长度,单位:s
t1 = 0:1/fs:t - 1/fs;
n = length(t1);
rand('state',0);                        % 把均匀分布伪随机发生器置为 0 状态
u = rand(1,n);                          % 产生(0 - 1)单位均匀信号
x = sqrt(2 * log2(1./u)) * sigma;       % 广义均匀分布与单位均匀分布之间的关系
subplot(211);plot(x);                   % 输出信号图
xlabel('t(单位:s)');
title('瑞利分布信号');
subplot(212);hist(x,0:0.2:20);          % 输出信号的直方图
title('瑞利分布信号直方图');
```

运行程序效果如图 16-7 所示。

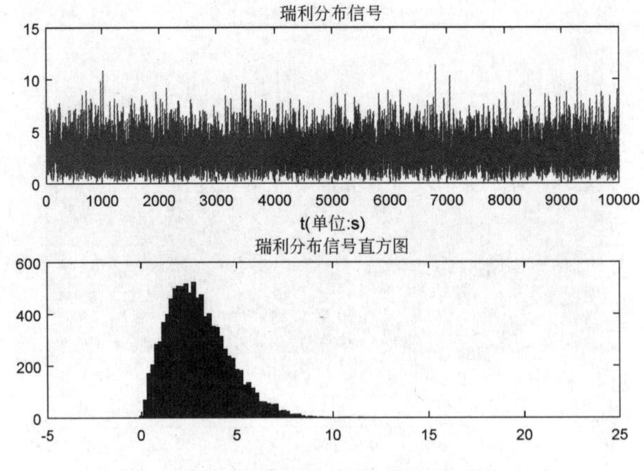

图 16-7　服从瑞利分布热噪声及其直方图

4. 服从指数分布的热噪声

参数为 λ 的指数分布的概率密度函数为

$$p(x)=\lambda e^{-\lambda x} \tag{16-11}$$

根据指数分布的概率密度函数和(0-1)单位均匀分布的概率密度函数,可以推导出它们之间的关系为

$$u=1-e^{-\lambda\xi} \quad 或 \quad \xi_i=-\frac{1}{\lambda}\ln(1-u_i) \tag{16-12}$$

由于 u_i 服从(0-1)单位均匀分布,所以 $(1-u_i)$ 仍然服从(0-1)单位均匀分布,所以式(16-12)可以简化为

$$\xi_i=-\frac{1}{\lambda}\ln u_i \tag{16-13}$$

其中 u 服从(0-1)单位均匀分布,ξ 服从参数为 λ 的指数分布。

根据式(16-13),可以先产生一个服从(0-1)单位分布的信号,然后再经过变换就可以得到一个服从参数为 λ 的指数分布的信号了。

【例 16-8】 服从指数分布的热噪声随机序列的实现。

其实现的 MATLAB 程序代码如下:

```
clear all; close all;
dba = 2.5;                              %指数分布参数
fs = 1e7;                               %采样率,单位:Hz
t = 1e-3;                               %随机序列长度,单位:s
n = t * fs;
rand('state',0);                        %把均匀分布伪随机发生器置为 0 状态
u = rand(1,n);                          %产生(0-1)单位均匀信号
x = log2(1-u)/(-dba);                   %广义均匀分布与单位均匀分布之间的关系
subplot(211);plot(0:1/fs:t-1/fs,x);     %输出信号图
xlabel('t(单位:s)');
title('指数分布信号');
subplot(212);hist(x,0:0.05:4);          %输出信号的直方图
title('指数分布信号直方图');
```

运行程序效果如图 16-8 所示。

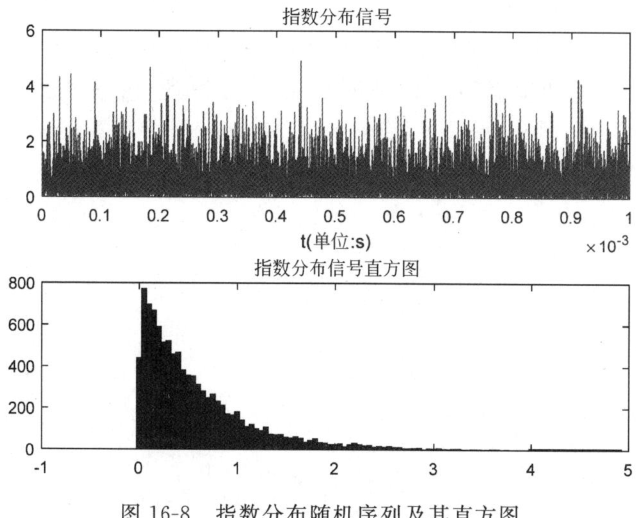

图 16-8 指数分布随机序列及其直方图

16.2.2 杂波的模拟与实现

雷达工作环境的杂波，如地面、海面及空中的云雨、干扰箔条等，对雷达性能影响很大。很显然，雷达工作环境的不同，雷达所接收的杂波就不同。

按照杂波背景的不同，通常人们把杂波分为地物杂波、海杂波和气象杂波等类型。不同的杂波类型具有不同的杂波特性。对于地物杂波，可采用幅度概率分布为端利分布、对数正态分布、Weibull 分布的模型来描述，功率谱为高斯谱、立方谱，常用的普型为高斯谱；海杂波可采用幅度为对数正态分布、K 分布的高斯谱杂波模型来表示；气象杂波可采用幅度分布为瑞利分布的高斯谱模型来描述。具体对应某种杂波，采用何种幅度分布及功率谱模型应根据实际的情况而定。

统计模型的杂波模拟就是产生同时具有特定概率密度和功率谱密度(或者相关函数)的随机序列。产生特定概率分布和任意功率函数的杂波序列的方法有很多，其中较为经典的两种方法是球形不变随机过程法(Spherically Invariant Random Process，SIRP)和广义维纳过程的零记忆非线性变换法(Zero Memory Nonlinearity，ZMNL)。

1. 瑞利分布杂波

瑞利分布杂波是雷达杂波中最常用的也是用得最早的一种统计模型。在雷达可分辨范围内，当散射体的数目非常多时，根据散射反射信号振幅和相位的随机特性，它们合成回波的包络振幅是服从瑞利分布的。如果采用 x 表示瑞利分布杂波回波的包络振幅，下面的概率密度函数可表示为

$$p(x)=\begin{cases}\dfrac{x}{\sigma^2}\mathrm{e}^{-\frac{x^2}{2\sigma^2}} & (x\geqslant 0)\\ 0 & (x<0)\end{cases}\tag{16-14}$$

式中，σ 是杂波的标准差。

【例 16-9】 杂波方差为 $\sigma_v=1.0\mathrm{m/s}$，波长为 5cm，由此 $\sigma_f=40\mathrm{Hz}$，雷达重复频率为 1000Hz，概率密度参数为 1.2。滤波器的设计采用傅里叶级数展开法，功率谱采用高斯谱模型。模拟的杂波的功率谱密度采用 Burg 法估计得到，概率密度函数的估计采用直方图估计法。

其实现的 MATLAB 程序代码如下：

```
>> clear all;
azi_num = 2000; fr = 1000;
lamda0 = 0.005; sigmav = 1.0;
sigmaf = 2 * sigmav/lamda0;
rand('state',sum(100 * clock));
d1 = rand(1,azi_num);
rand('state',7 * sum(100 * clock) + 3);
d2 = rand(1,azi_num);
xi = 2 * sqrt( - 2 * log(d1)). * cos(2 * pi * d2);
xq = 2 * sqrt( - 2 * log(d1)). * sin(2 * pi * d2);
coe_num = 12;
for n = 0:coe_num
    coeff(n + 1) = 2 * sigmaf * sqrt(pi) * exp( - 4 * sigmaf ^2 * pi ^2 * n ^2/fr ^2)/fr;
end
for n = 1:2 * coe_num + 1
    if n <= coe_num + 1
        b(n) = 1/2 * coeff(coe_num + 2 - n);
    else
        b(n) = 1/2 * coeff(n - coe_num);
    end
end
%生成高斯谱杂波
xxi = conv(b,xi);
xxq = conv(b,xq);
xxi = xxi(coe_num * 2 + 1:azi_num + coe_num * 2);
xxq = xxq(coe_num * 2 + 1:azi_num + coe_num * 2);
xisigmac = std(xxi);
ximuc = mean(xxi);
yyi = (xxi - ximuc)/xisigmac;
xqsigmac = std(xxq);
xqmuc = mean(xxq);
yyq = (xxq - xqmuc)/xqsigmac;
sigmac = 1.2;                              %杂波的标准差
yyi = sigmac * yyi;                        %使瑞利分布杂波
yyq = sigmac * yyq;
ydata = yyi + j * yyq;
figure;
subplot(2,1,1);plot(real(ydata));
title('瑞利杂波时域波形,实部');
subplot(2,1,2);plot(imag(ydata));
title('瑞利杂波时域波形,虚部');
num = 100;                                 %求概率密度函数的参数
maxdat = max(abs(ydata));
mindat = min(abs(ydata));
NN = hist(abs(ydata),num);
```

```
xpdf1 = num * NN/((sum(NN)) * (maxdat - mindat));
xaxis1 = mindat:(maxdat - mindat)/num:maxdat - (maxdat - mindat)/num;
th_val = (xaxis1./sigmac.^2). * exp( - xaxis1.^2./(2 * sigmac.^2));
figure;plot(xaxis1,xpdf1);
hold on; plot(xaxis1,th_val,'r:');
title('杂波幅度分布');
xlabel('幅度'); ylabel('概率密度');
signal = ydata;
signal = signal - mean(signal);
figure; M = 256;
psd_dat = pburg(real(signal),32,M,fr);
psd_dat = psd_dat/(max(psd_dat));
freqx = 0:0.5 * M;
freqx = freqx * fr/M;
plot(freqx,psd_dat); title('杂波频谱');
xlabel('频率/Hz'); ylabel('功率谱密度');
powerf = exp( - freqx.^2/(2 * sigmaf.^2));
hold on; plot(freqx,powerf,'r:');
```

运行程序,效果如图16-9～图16-11所示。

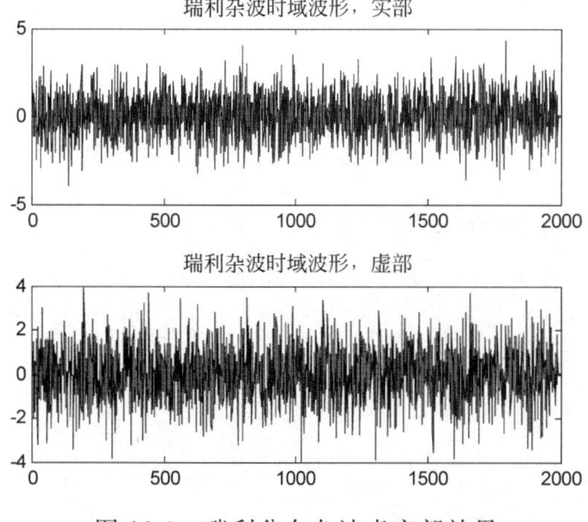

图16-9 瑞利分布杂波虚实部效果

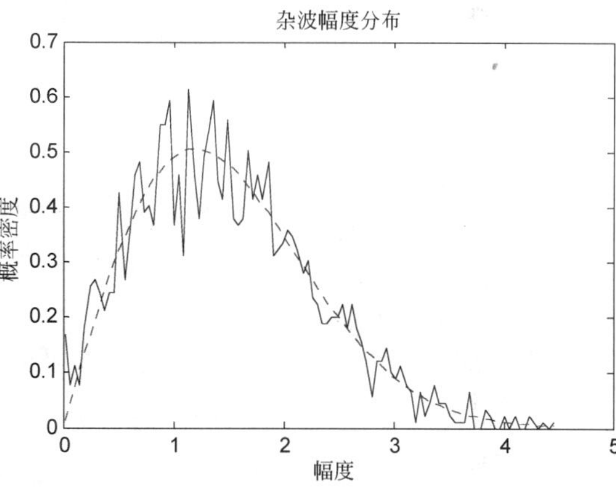

图16-10 瑞利杂波幅度效果

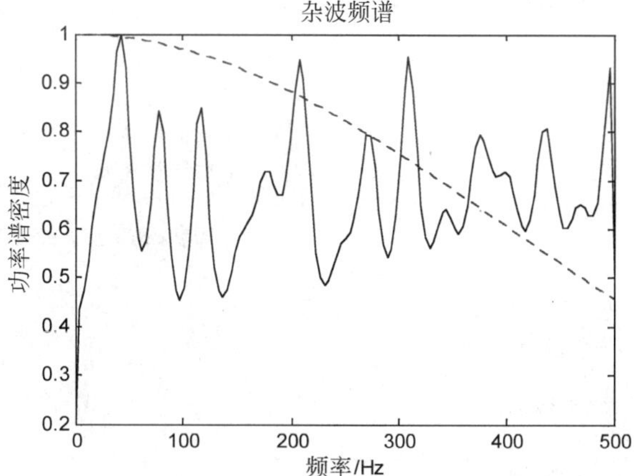

图16-11 瑞利分布频谱

2. 相关对数正态分布杂波

在高分辨率和低擦地角条件下，海面和地面的回波可以认为服从对数正态分布。对数正态分布的概率密度函数为

$$p(x)=\frac{1}{\sqrt{2\pi\sigma_c x}}\exp\left[-\ln^2\left(\frac{x}{\mu_c}/2\sigma_c^2\right)\right] \tag{16-15}$$

式中，μ_c 是尺度参数，表示分布的中位数；σ_c 是形状参数，表明分布的偏斜度。

【例 16-10】 概率密度参数 $\sigma_c=0.6$dB，尺度参数 $\mu_c=10$，谱型为高斯谱，其 σ_f 为 40Hz，滤波器的设计采用傅里叶级数展开法，模拟的杂波的功率谱密度采用 Burg 法估计得到，概率密度函数的估计采用直方图估计法。

其实现的 MATLAB 程序代码如下：

```
>> clear all;
azi_num = 2000; fr = 1000;
lamda0 = 0.05; sigmav = 1.0;
sigmaf = 2 * sigmav/lamda0;
rand('state',sum(100 * clock));                    % 产生服从 U(0 - 1)的随机序列
d1 = rand(1,azi_num);
rand('state',7 * sum(100 * clock) + 3);
d2 = rand(1,azi_num);
xi = 2 * sqrt( - 2 * log(d1)). * cos(2 * pi * d2);  % 正交且独立的高斯序列服从 N(0,1)
coe_num = 12;                                       % 求滤波器系数,用傅里叶级数展开法
for n = 0:coe_num
    coeff(n + 1) = 2 * sigmaf * sqrt(pi) * exp( - 4 * sigmaf ^ 2 * pi ^ 2 * n ^ 2/fr ^ 2)/fr;
end
for n = 1:2 * coe_num + 1
    if n <= coe_num + 1
        b(n) = 1/2 * coeff(coe_num + 2 - n);
    else
        b(n) = 1/2 * coeff(n - coe_num);
    end
end
% 生成高斯谱杂波
xxi = conv(b,xi);
xxi = xxi(coe_num * 2 + 1:azi_num + coe_num * 2);
xisigmac = std(xxi);
ximuc = mean(xxi);
yyi = (xxi - ximuc)/xisigmac;
muc = 10;                                           % 中位值
sigmac = 0.6;                                       % 形状参数
yyi = sigmac * yyi + log(muc);
xdata = exp(yyi);                                   % 参数正态分布的杂波序列
figure;
subplot(2,1,1);plot(xdata);
title('对数正态杂波时域波形');
num = 100;
maxdat = max(abs(xdata));
mindat = min(abs(xdata));
NN = hist(abs(xdata),num);
xpdf1 = num * NN/((sum(NN)) * (maxdat - mindat));   % 用直方图估计的概率密度函数
```

```
xaxis1 = mindat:(maxdat - mindat)/num:maxdat - (maxdat - mindat)/num;
th_val = lognpdf(xaxis1,log(muc),sigmac);
subplot(2,2,3);plot(xaxis1,xpdf1);
hold on; plot(xaxis1,th_val,'r:');
title('杂波幅度分布');
xlabel('幅度'); ylabel('概率密度');
signal = xdata;
signal = signal - mean(signal);                   %求功率谱密度,先去掉直流分量
M = 128;
psd_dat = pburg(real(signal),16,M,fr);
psd_dat = psd_dat/(max(psd_dat));                 %归一化
freqx = 0:0.5 * M;
freqx = freqx * fr/M;
subplot(2,2,4);plot(freqx,psd_dat);
title('杂波频谱');
xlabel('频率/Hz'); ylabel('功率谱密度');
powerf = exp( - freqx.^2/(2 * sigmaf.^2));
hold on; plot(freqx,powerf,'r:');
```

运行程序,效果如图16-12所示。

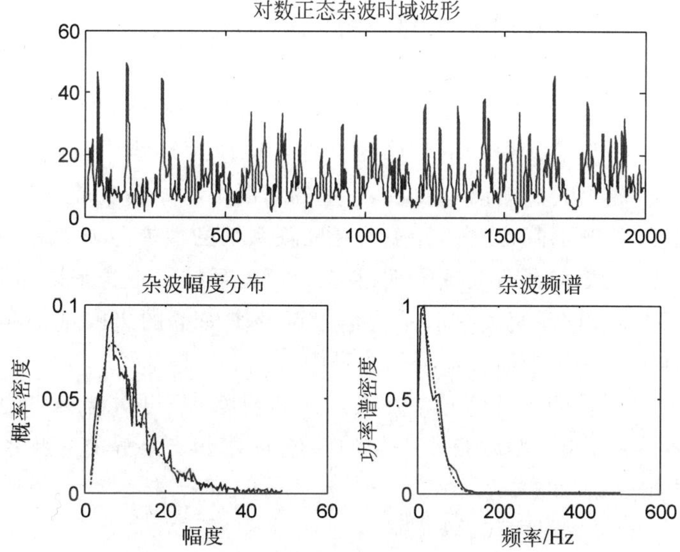

图16-12 相关对数正态分布杂波及其概率分布密度和频谱仿真结果

16.3 小波在语音信号处理中的应用

语音识别与合成技术是一种人机语言通信技术,属于计算机智能接口技术。计算机智能接口技术主要包括计算机听觉和视觉。多媒体技术也主要是利用计算机语音处理和图像处理的能力为人们提供一种更为方便的人机界面。使人与计算机之间、人与人之间的通信更加方便。

语音识别技术的应用,本质上是基于它能将人的语音转化为语言代码。语音是语言信息的载体,语音识别的基本任务是将输入的话音转化为相应的语言代码(如文字或词

语的代号）。这样，不仅在存储或传输这样的语言代码时数码率比起存储原来的语音信号来大幅度降低，还在于它把一种连续的语音信号变成了一种有限符号集中的符号（或代码），这样的符号容易被计算机（或专用信息处理单元）理解其含义，而且便于与人进行交流，因而可以进行十分广泛的应用。

语音合成的应用已经在许多方面推向了实际应用，例如：公共交通中的自动报站、各种场合的自动报时、自动告警、电话自动查询服务、文本校对中的语音提示等。

语音识别主要是在近 20 年中发展起来的，现在已在安全加密、银行信息电话查询服务等方面得到了应用，此外在公安机关破案和法庭取证方面也得到应用。

语种辨识在军事情报工作、国家安全事务中有重要应用。

语音编码技术的应用价值不须多说，它的根本作用是使语音通信数字化，而语音通信的数字化将使通信技术的水平提高一大步。目前正在蓬勃兴起的移动通信和个人通信，语音编码技术就是其中非常重要的支撑技术。

目前小波在语音信号处理中的应用非常广泛，例如在语音识别的信号预处理、语音端点检测、语音分析与合成、语音增强以及语音编码等领域都有非常广泛的应用。

16.3.1 小波在语音信号增加中的应用

语音增强目的是从带噪语音中提取尽可能纯净的原始语音，即在前端消除含噪语音信号中的噪声成分，提高输入信号的信噪比。在实际应用环境中，语音都会不同程度受到环境噪声的干扰，噪声会影响语音质量，严重的情况下将语音完全淹没在噪声中，无法分辨。同时，语音质量的下降也会使许多语音处理系统的性能急剧恶化。语音增强技术无论在日常生活中，还是在军事领域中，以及对语音处理技术本身来说都很有应用价值。

小波的多分辨分析特性使其在非平稳信号以及图像等的去噪中都得到了广泛的应用，因此小波同样可以应用于语音信号的去噪中。

【例 16-11】 在读入的语音信号中加入正态随机噪声，再对含噪声的语音信号进行小波分解，估计噪声的方差，然后获取去噪的阈值并对小波分解的高频系数进行阈值量化，得到去噪后的语音信号。

其实现的 MATLAB 程序代码如下：

```
>> clear all;
%在噪声环境下语音信号的增强
sound = wavread('Blip.wav');                              %语音信号的读入
cound = length(sound);
noise = 0.05 * randn(1,cound);
y = sound' + noise;
%用小波函数'db6'对信号进行 3 层分解
[C,L] = wavedec(y,3,'db6');
%估计尺度 1 的噪声标准偏差
sigma = wnoisest(C,L,1);
alpha = 2;
%获取消噪过程中的阈值
thr = wbmpen(C,L,sigma,alpha);
keepapp = 1;
```

```
% 对信号进行消噪
yd = wdencmp('gbl',C,L,'db6',3,thr,'s',keepapp);
subplot(1,2,1); plot(sound);
title('原始语音信号');
subplot(1,2,2);plot(yd);
title('去噪后的语音信号');
```

运行程序，效果如图 16-13 所示。

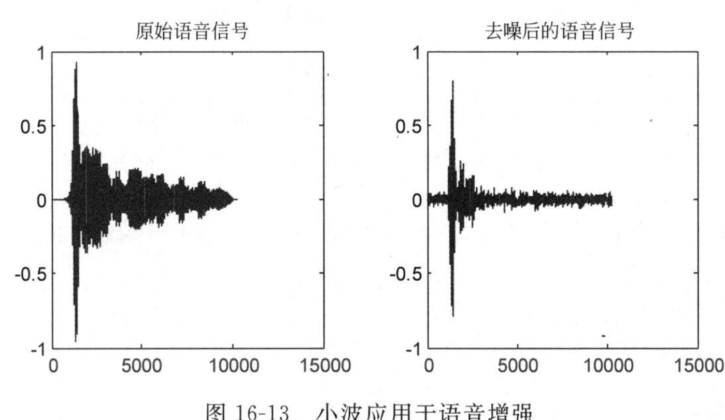

图 16-13　小波应用于语音增强

由结果可以看出，这种方法能有效地去除噪声，还原了原始语音信号。

【例 16-12】 将读入的语音信号加入正态随机噪声，然后对含噪声的语音信号进行小波分解，再获取去噪的阈值并对小波分解的高频系数进行阈值量化，得到去噪后的语音信号。

其实现的 MATLAB 程序代码如下：

```
>> clear all;
% 在噪声环境下语音信号的增强
sound = wavread('Blip.wav');                              % 语音信号的读入
cound = length(sound);
noise = 0.05 * randn(1,cound);
y = sound' + noise;
% 获取噪声的阈值
[thr,sorh,keepapp] = ddencmp('den','wv',y);
% 对信号进行消噪
yd = wdencmp('gbl',y,'db4',2,thr,sorh,keepapp);
subplot(1,2,1); plot(sound);
title('原始语音信号');
subplot(1,2,2);plot(yd);
title('去噪后的语音信号');
```

运行程序，效果如图 16-14 所示。

16.3.2　小波在语音信号压缩中的应用

小波在语音信号压缩中的主要应用是在编码前对信号进行小波变换并对系数进行处理。一般步骤是将信号进行小波分解，然后选择阈值对小波系数进行压缩，最后使用编码算法对处理后的小波系数进行编码实现信号的压缩编码。

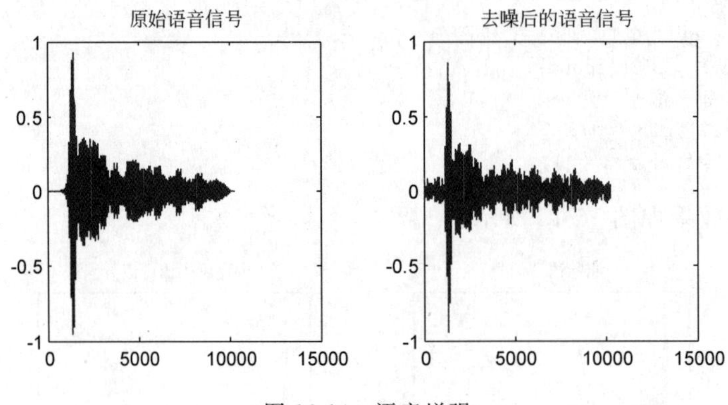

图 16-14　语音增强

【例 16-13】 对语音信号进行小波分解后获取语音信号压缩的阈值，最后利用 wdencmp 进行语音信号的压缩。

其实现的 MATLAB 程序代码如下：

```
>> clear all;
%语音信号的读入
sound = wavread('Blip.wav');
%用小波函数 haar 对信号进行 3 层分解
[C,L] = wavedec(sound,3,'haar');
alpha = 1.5;
%获取信号压缩的阈值
[thr,nkeep] = wdcbm(C,L,alpha);
%对信号进行压缩
[cp,cxd,lxd,per1,per2] = wdencmp('lvd',C,L,'haar',3,thr,'s');
subplot(1,2,1); plot(sound);
title('原始语音信号');
subplot(1,2,2);plot(cp);
title('压缩后的语音信号');
```

运行程序，效果如图 16-15 所示。

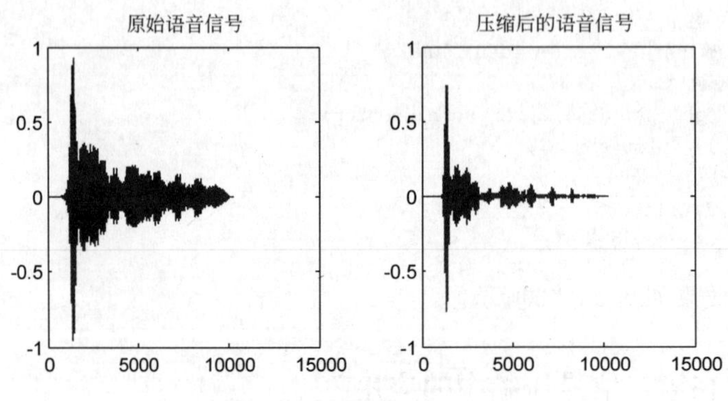

图 16-15　语音压缩信号效果

【例 16-14】 与前面的处理方法相同，除了使用 wdcbm 获取信号压缩的阈值外，也可以使用本例中的 ddencmp 函数获取压缩阈值。

其实现的 MATLAB 程序代码如下：

```
>> clear all;
%语音信号的读入
sound = wavread('Blip.wav');
%用小波函数 haar 对信号进行 5 层分解
[C,L] = wavedec(sound,5,'haar');
%获取信号压缩的阈值
[thr,nkeep] = ddencmp('cmp','wv',sound);
%对信号进行压缩
cp = wdencmp('gbl',C,L,'haar',5,thr,'s',1);
subplot(1,2,1); plot(sound);
title('原始语音信号');
subplot(1,2,2);plot(cp);
title('压缩后的语音信号');
```

运行程序,效果如图 16-16 所示。

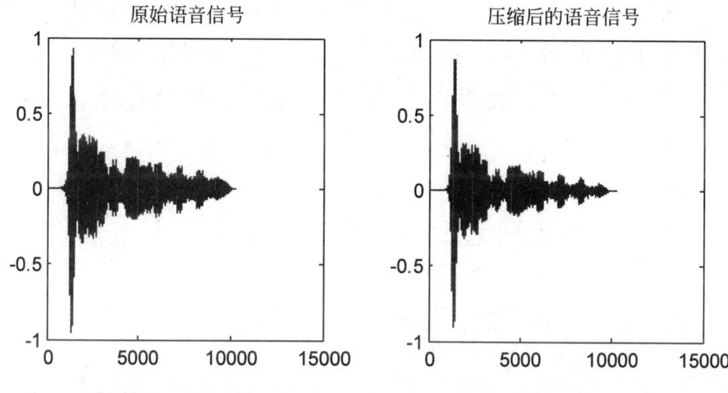

图 16-16　语音压缩效果

第17章 根轨迹分析与MATLAB函数实现

在控制系统中，为了避免直接求解高阶多项式的根时遇到困难，在实践中提出了一种图解求根法，即根轨迹法。所谓根轨迹是指当系统的某一个(或几个)参数从$-\infty\sim+\infty$变化时，闭环特征方程的根在复平面上描绘的一些曲线。应用这些曲线，可以根据某个参数确定相应的特征根。在根轨迹法中，一般取系统的开环放大倍数 K 作为可变参数。

17.1 根轨迹的概述

17.1.1 根轨迹法的基本概念

根轨迹法是分析和设计线性定常控制系统的一种图解方法，其使用十分简便。根轨迹简称根迹，是开环系统某一参数由$0\sim+\infty$变化时，闭环系统特征方程式的根在 s 平面上变化的轨迹。

根轨迹与系统性能之间存在着比较密切的联系。根轨迹图不仅可以直接给出闭环系统时间响应的全部信息，而且还可以指明开环零点和极点应该怎样变化才能满足给定闭环系统的性能指标要求。

17.1.2 根轨迹方程

设控制系统的典型结构图如图 17-1 所示，其开环传递函数可表示为

$$G(s)H(s)=K^*\frac{(s-z_1)(s-z_2)\cdots(s-z_m)}{(s-p_1)(s-p_2)\cdots(s-p_n)}=K^*\frac{\prod_{j=1}^{m}(s-z_j)}{\prod_{i=1}^{m}(s-p_i)} \tag{17-1}$$

其中，K^* 为开环系统的根轨迹增益，z_j 为系统的开环零点($j=1,2,\cdots,m$)；p_i 为系统的开环极点($i=1,2,\cdots,n$)。

由图 17-1 所示系统的闭环特征方程为

$$1+G(s)H(s)=0 \tag{17-2}$$

或

$$G(s)H(s)=-1 \tag{17-3}$$

即

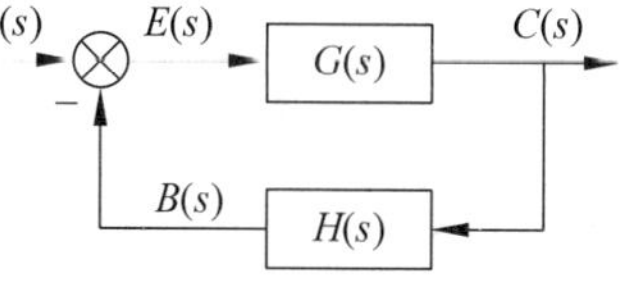

图 17-1 控制系统的典型结构图

$$K^*\frac{\prod_{j=1}^{m}(s-z_j)}{\prod_{i=1}^{n}(s-p_i)}=-1 \tag{17-4}$$

式(17-4)称为根轨迹方程。根据式(17-4),可以绘制出当 K 由 0 变化至 $+\infty$ 时系统的连续根轨迹。

17.1.3 绘制根轨迹的基本条件

将根轨迹方程(式(17-4))的幅值和相角分别表示为

$$\sum_{j=1}^{m}\angle(s-z_j)-\sum_{i=1}^{n}\angle(s-p_i)=(2k+1)\pi \quad (k=0,\pm1,\pm2,\cdots) \tag{17-5}$$

$$K=\frac{\prod_{i=1}^{n}|(s-p_i)|}{\prod_{j=1}^{m}|(s-z_j)|} \tag{17-6}$$

式(17-5)和式(17-6)是根轨迹上的点应同时满足的条件,前者称为相角条件,后者称为模值条件。根据这两个条件就可以完全确定 s 平面上的根轨迹和根轨迹上对应的 K 值。并且只有相角条件是确定 s 平面上根轨迹的充分必要条件。

值得指出的是,图 17-1 中的反馈形式为负反馈,相应地,式(17-5)中的相角条件满足 $180°+2k\pi$ 条件,称为 180°根轨迹。如果图 17-1 中为正反馈,则式(17-5)变化为

$$\sum_{j=1}^{m}\angle(s-z_j)-\sum_{i=1}^{n}\angle(s-p_i)=2k\pi \quad (k=0,\pm1,\pm2,\cdots) \tag{17-7}$$

式(17-7)的相角条件满足 $0°+2k\pi$ 条件,称为 0°根轨迹。一般情况下,若不加说明,只讨论 180°根轨迹的绘制方法。

17.2 二阶系统的根轨迹分析

假设开环系统的传递函数模型为

$$G_o(s)=\frac{\omega_n^2}{s(s+2\xi\omega_n)}$$

则闭环系统的特征多项式可写成

$$P(s)=s^2+2\xi\omega_n s+K\omega_n^2=0$$

式中,K 为系统的开环增益。

从上面的式子可以求出闭环系统的极点位置为

$$p_{1,2} = (-\xi \mp \sqrt{\xi^2 - K})\omega_n$$

对比不同的阻尼比取值 ξ=0.1,0.5,可以分别由下面的 MATLAB 语句绘制出系统的根轨迹：

```
>> clear all;
subplot(121);
wn = 1;
z = 0.1;
K = 0:0.005:0.2;
p1 = ( - z + sqrt(z ^ 2 - K)) * wn;
p2 = ( - z - sqrt(z ^ 2 - K)) * wn;
plot(real(p1),imag(p1),real(p2),imag(p2));
grid on;
gtext('\xi = 0.1');
xlabel('实轴');ylabel('虚轴');
subplot(122);
wn = 1;
z = 0.5;
K = 0:0.05:0.2;
p1 = ( - z + sqrt(z ^ 2 - K)) * wn;
p2 = ( - z - sqrt(z ^ 2 - K)) * wn;
plot(real(p1),imag(p1),real(p2),imag(p2));
grid on;
gtext('\xi = 0.5');
xlabel('实轴');ylabel('虚轴');
```

运行程序,效果如图 17-2 所示的系统根轨迹图。

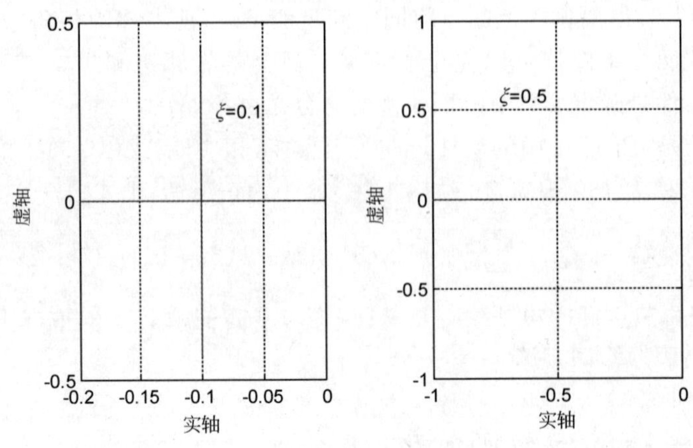

图 17-2　二阶系统的根轨迹

由图 17-2 可看出,对比阻尼比 ξ 的不同取值,系统的根轨迹是一致的。当阻尼比 ξ 增加时,根轨迹曲线有向左侧移动的趋势,其对应的时域曲线振荡的幅度也将减少。

现在考虑在开环模型中引入一个附加的极点 $s=-a$,由下面的 MATLAB 语句绘制出系统的根轨迹：

```
>> subplot(121);
wn = 1;
z = 0.1;
```

```
a = [0.1 0.2 0.5 1];
for i = 1:length(a)
    sys = tf(wn^2,conv([1 2*z*wn,0],[1 a(i)]));
    rlocus(sys)
    hold on;
end
xlabel('实轴');ylabel('虚轴');
gtext('a = 0.1');
gtext('a = 0.2');
gtext('a = 0.5');
gtext('a = 1');
grid on;
subplot(122);
wn = 1;
z = 0.1;
a = [-0.1 -0.2 -0.5 -1];
for i = 1:length(a)
    sys = tf(wn^2,conv([1 2*z*wn,0],[1,a(i)]));
    rlocus(sys);
    hold on;
end
xlabel('实轴');ylabel('虚轴');
gtext('a =- 0.1');
gtext('a =- 0.2');
gtext('a =- 0.5');
gtext('a =- 1');
grid on;
```

运行程序,效果如图 17-3 所示。

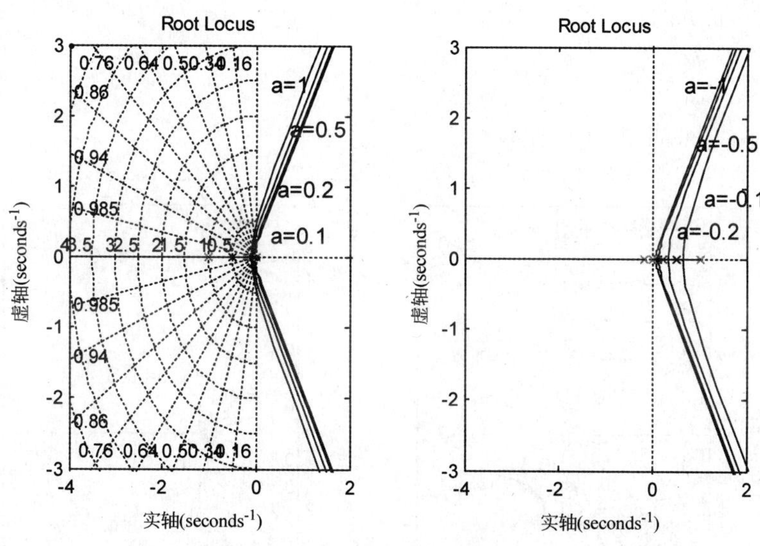

图 17-3　引入附加极点对根轨迹影响

由图 17-3 可看出,无论怎样设定 a 的值,闭环系统总是不稳定的,进一步,如果 a 绝对值增加,则系统根轨迹分支有远离虚轴的趋势。

如果在原来的开环系统模型中引入一个附加零点 $s=b_i$,则可以使用以下的 MATLAB

程序绘制根轨迹：

```
>> subplot(121);
wn = 1;
z = 0.1;
b = [0.1 0.2 0.5 1];
for i = 1:length(b)
    sys = tf(wn^2 * [1 b],[1 2 * z * wn,0]);
    rlocus(sys)
    hold on;
end
gtext('b>0');
gtext('b = 0.5');
gtext('b = 1');
grid on;
xlabel('实轴');ylabel('虚轴');
subplot(122);
wn = 1;
z = 0.1;
b = [ - 0.1  - 0.2  - 0.5  - 1];
for i = 1:length(b)
    sys = tf(wn^2 * [1 b],[1 2 * z * wn 0]);
    rlocus(sys);
    hold on;
end
xlabel('实轴');ylabel('虚轴');
gtext('b<0');
gtext('b =- 0.1');
gtext('b =- 0.2');
gtext('b =- 0.5');
gtext('b =- 1');
grid on;
```

运行程序，效果如图 17-4 所示。

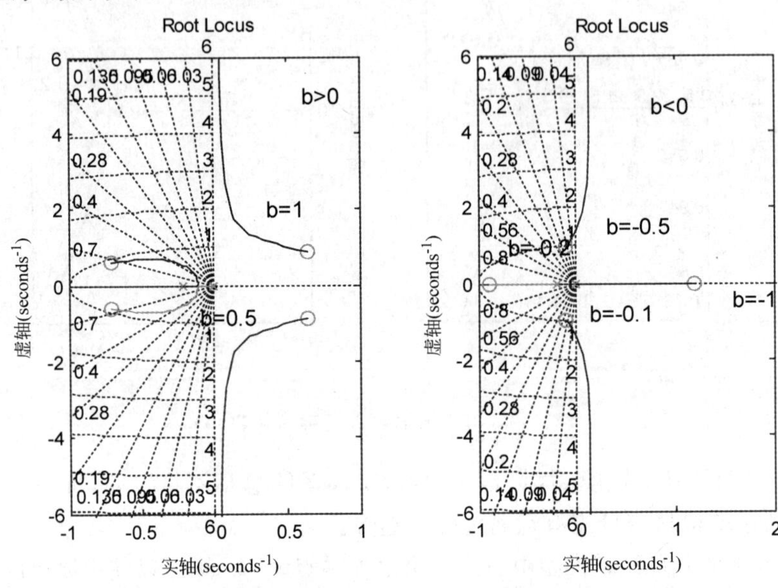

图 17-4　附加零点后根轨迹曲线

17.3 MATLAB 根轨迹相关函数

在 MATLAB 控制系统中，提供了相关函数用于直接绘制系统的根轨迹。还允许用户交互式地选取根轨迹上的值。下面给予介绍。

17.3.1 pzmap 函数

在 MATLAB 控制系统工具箱中，提供了 pzmap 函数用于绘制系统的零极点图。函数的调用格式为

pzmap(sys)：对单输入单输出系统，pzmap 函数可绘制出传递函数的零极点，并绘制零极点图，其中极点用"×"表示，零点用"o"表示。

pzmap(sys1,sys2,…,sysN)：对多输入多输出系统，pzmap 可绘制系统的特征向量和传递零点，并绘制零极点图，其中极点用"×"表示，零点用"o"表示。

[p,z] = pzmap(sys)：返回系统的极点列向量 p 和零点的列向量 z。

【例 17-1】 绘制控制系统的传递函数 $H(s)=\dfrac{2s^2+5s+1}{s^2+2s+3}$ 的零极点图。

其 MATLAB 编程代码如下：

```
>> clear all;
H = tf([2 5 1],[1 2 3]);
pzmap(H)
grid on
title('零极点图');
xlabel('实轴');ylabel('虚轴');
```

运行程序，效果如图 17-5 所示。

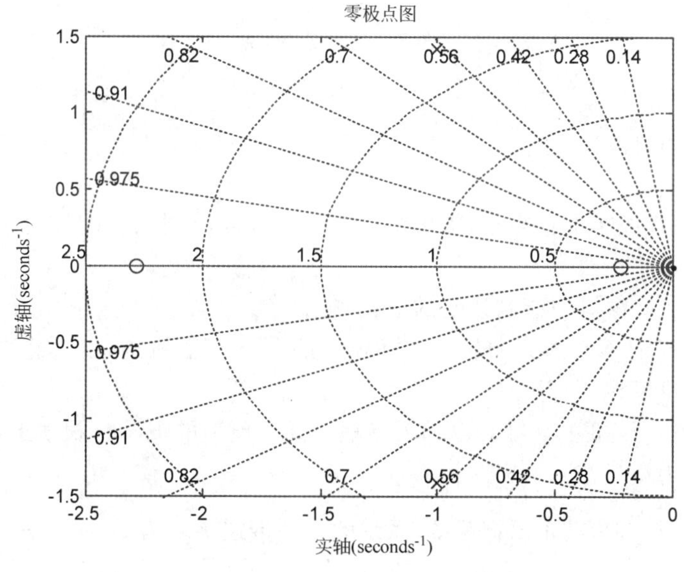

图 17-5 零极点图

【例 17-2】 已知一离散系统的闭环传递函数为

$$G(z)=\frac{z^3-1.3z^2+1.22z+0.51}{z^4+0.552z^3+0.4z^2+0.0086z-0.3915}$$

采样周期 $T=0.5\text{s}$,绘制其零极点图。

其 MATLAB 编程代码如下：

```
>> clear all;
num = [1 -1.3 1.22 0.51];
den = [1 0.552 0.4 0.008 - 0.3915];
G = tf(num,den);
pzmap(G)
grid on;
xlabel('实轴');ylabel('虚轴');
title('零极点图');
```

运行程序,效果如图 17-6 所示。

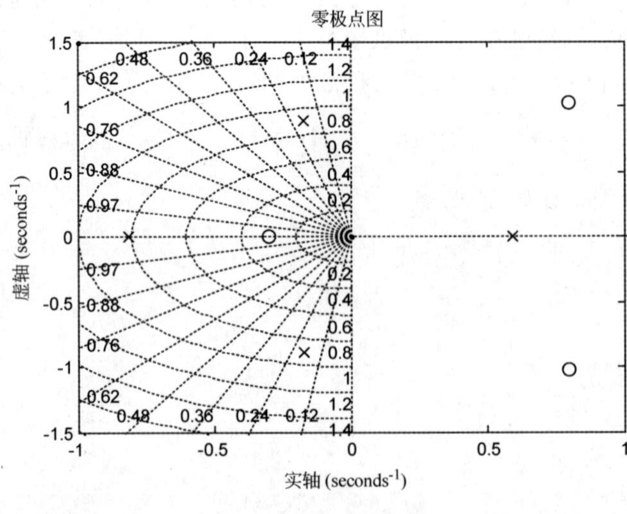

图 17-6 零极点图

17.3.2 rlocus 函数

在 MATLAB 控制工具箱中,提供了 rlocus 函数来绘制系统的根轨迹。函数的调用格式为

rlocus：在当前窗口中绘制系统的根轨迹图。

rlocus(sys)：计算单输入单输出开环模型的 Evans 根轨迹,根轨迹给出了闭环极点的轨迹(假定为负反馈)。

rlocus(sys1,sys2,…)：计算多输入多输出开环模型的 Evans 根轨迹,给出了闭环极点的轨迹(假定为负反馈)。

【例 17-3】 已知单位负反馈系统,系统的开环传递函数为 $G(s)=\frac{K(s+1)}{s(0.5s+1)(4s+1)}$,试使用 MATLAB 绘制系统的根轨迹。

其 MATLAB 编程代码如下：

```
>> clear all;
num = [1 1];
den = conv([1 0],conv([0.5 1],[4,1]));          % 传递函数分子、分母多项式系数
sys = tf(num,den);                               % 建立传递函数模型
rlocus(sys);                                     % 绘制根轨迹图
title('根轨迹图');
xlabel('实轴');ylabel('虚轴');
```

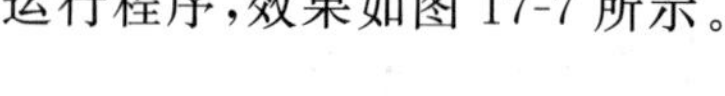

运行程序,效果如图 17-7 所示。

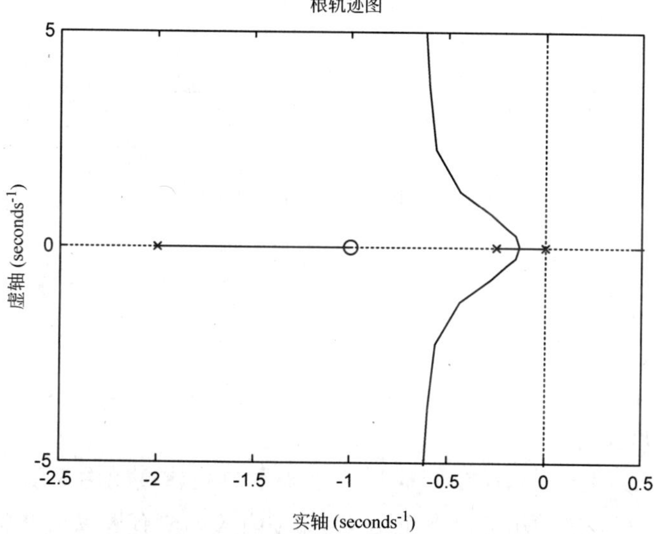

图 17-7　根轨迹图

【例 17-4】 考虑系统的对象模型 $G(s)=\frac{s+1}{s^2+s+10}$,实现根轨迹 $K=1$ 时闭环系统的阶跃响应曲线。其 MATLAB 编程代码如下：

```
>> clear all;
K = 1;
G = tf(K * [1 1],[1 1 10]);
G1 = feedback(G,1);
subplot(121);
rlocus(G,'r - ');
xlabel('实轴');ylabel('虚轴');title('根轨迹图');
grid on;
subplot(122);
step(G1,'r - ');
xlabel('实轴');ylabel('虚轴');title('根轨迹图');
grid on;
```

运行程序,效果如图 17-8 所示。

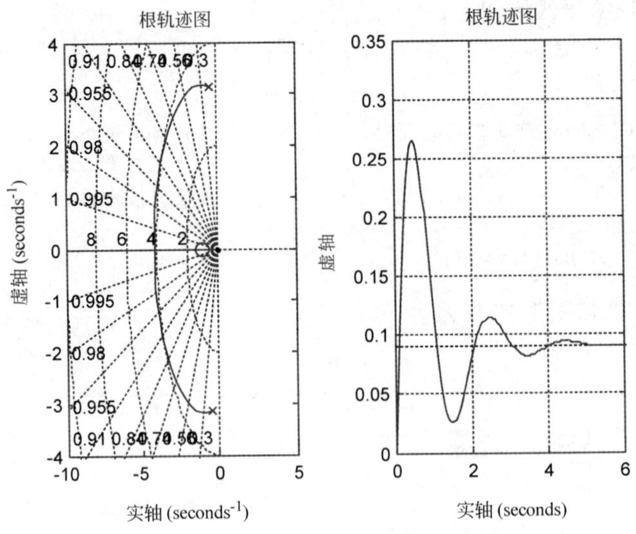

图 17-8　根轨迹曲线和阶跃曲线图

17.3.3　rlocfind 函数

在 MATLAB 统计工具箱中，提供了 rlocfind 函数用于计算给定一组根的根轨迹增益。函数的调用格式为

[K,poles]=rlocfind(A,B,C,D)：可在图形窗口根轨迹图中显示十字光标，当用户选择其中一点时，其对应的增益由 K 记录，与增益有关的所有极点记录在 poles 中。

[K,poles]=rlocfind(num,den)：在以传递函数表示的系统根轨迹图上选取轨迹。

[K,poles]=rlocfind(A,B,C,D,P)和[K,poles]=rlocfind(num,den,P)：可指定要得到增益的向量(闭环极点)P，并计算这些位置上的根轨迹增益。向量 K 的第 m 项是根据极点位置 P(m)计算的增益，矩阵 poles 的第 m 列是相应的闭环极点。

【例 17-5】 已知一个单位负反馈系统开环传递函数如下：

$$G(s)=\frac{k}{s(0.5s+3)(3s+2)}$$

试绘制系统闭环的轨迹图，并在根轨迹图上任选一点，计算该点的增益 k，以及所有的极点位置。

其 MATLAB 编程代码如下：

```
>> clear all;
n = 1;
d = conv([1 0],conv([0.5 3],[3 2]));
s = tf(n,d);
rlocus(s)
[k,poles] = rlocfind(s)
title('根轨迹图');xlabel('实轴');ylabel('虚轴');
```

运行程序，效果如图 17-9 所示。

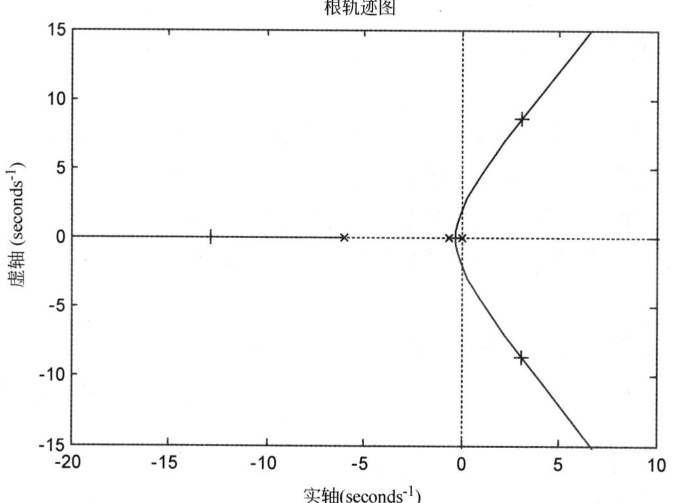

图 17-9 单位负反馈系统的根轨迹图

在根轨迹图窗口上显示十字形光标，当在复平面纵坐标与根反馈轨迹交点附近选择一点时，用鼠标单击该点，其相应的增益由变量 *k* 记录，与增益相关的所有极点记录在变量 poles 中。下面是运行程序数据。

```
Select a point in the graphics window
selected_point =
  - 12.8552 + 0.4706i
k =
    1.6172e + 03
poles =
  - 12.8675 + 0.0000i
    3.1004 + 8.6126i
    3.1004 - 8.6126i
```

由程序执行结果可知，在复平面纵坐标与根轨迹交点附近的某点，其相应的增益为 k＝1.6172e＋03；与所选择交点相应的两个极点分别是：p1＝(3.1004 ＋ 8.6126i)，p2＝(3.1004-8.6126i)。

根据函数命令 rlocfind(sys,p)，可对指定根计算对应的增益和根矢量 p。MATLAB 代码为

```
>> n1 = 1;
d1 = conv([1 0],conv([0.5 3],[3 2]));
s1 = tf(n1,d1);
[k,poles] = rlocfind(s1, 3.1004 + 8.6126i)
```

则可得到指定根为(3.1004 ＋ 8.6126i)的增益和极点：

```
k =
    1.6172e + 03
poles =
  - 12.8675 + 0.0000i
    3.1004 + 8.6126i
    3.1004 - 8.6126i
```

17.3.4 sgrid函数

在MATLAB中，提供了sgrid函数用于绘制连续时间系统根轨迹和零极点图中的阻尼系数和自然频率网格。函数的调用格式为

sgrid：用来在根轨迹平面上绘制阻尼比的固有频率网格。

sgrid(z,wn)：阻尼比z为0.1～1，间隔为0.1；固有频率wn为0～10rad/s，间隔为1rad/s。

【例17-6】 已知单位负反馈系统的开环传递函数为

$$G(s)=\frac{K}{s(s+4)(s^2+4)(s^2+4s+8)(s^2+8s+20)} \quad (K>0)$$

试绘制系统的根轨迹图。

其MATLAB代码如下：

```
>> clear all;
den1 = conv([1 0],[1 4]);
den2 = conv([1 0 4],[1 4 8]);
den = conv(den1,conv(den2,[1 8 20]));
num = [1];
G = tf(num,den);
rlocus(G);
sgrid
title('根轨迹图');
xlabel('实轴');ylabel('虚轴');
```

运行程序，效果如图17-10所示。

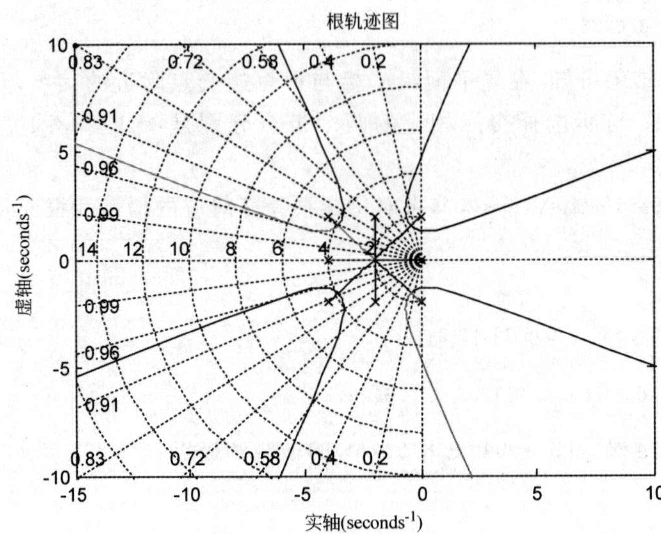

图17-10 系统根轨迹图

17.3.5 zgrid 函数

在 MATLAB 中，提供了 zgrid 函数用于绘制离散时间系统根轨迹和零极点图中的阻尼系数和自然频率网格。函数的调用格式为

zgrid：用来在根轨迹平面上绘制阻尼比的固有频率网格。

zgrid(z,wn)：阻尼比 z 为 0.1～1，间隔为 0.1；固有频率为 0～π，间隔为 1rad/s。

【例 17-7】 已知离散系统函数为 $H(z)=\dfrac{2z^2-3.4z+1.5}{z^2-1.6z+0.8}$，绘制系统的根轨迹图。

其 MATLAB 编程代码如下：

```
>> clear all;
H = tf([2 -3.4 1.5],[1 -1.6 0.8], -1);
rlocus(H)
zgrid
axis('square');
title('根轨迹图');
xlabel('实轴');ylabel('虚轴');
```

运行程序，效果如图 17-11 所示。

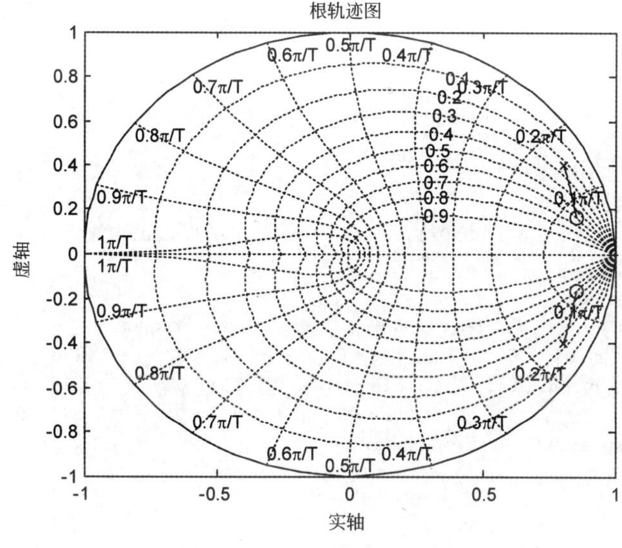

图 17-11 系统根轨迹图

17.3.6 damp 函数

在 MATLAB 控制系统工具箱，提供了 damp 函数用于计算系统的固有频率、阻尼比。函数的调用格式为

damp(sys)：默认计算系统的特征值、固有频率及阻尼比，并以复数形式显示结果。

[Wn,zeta] = damp(sys)：计算系统的固有频率 Wn 及阻尼比 zeta。

[Wn,zeta,P] = damp(sys)：同时返回包含两极的 sys 矢量 P。

【例 17-8】 用 damp 函数计算给定传递函数 $H(s)=\frac{2s^2+5s+1}{s^2+2s+3}$ 的固有频率及阻尼比。

其 MATLAB 编程代码如下：

```
>> clear all;
>> H = tf([2 5 1],[1 2 3]);
damp(H)                                     % 计算传递函数的特征值、阻尼比及固有频率
       Eigenvalue              Damping      Frequency
  -1.00e+00 + 1.41e+00i      5.77e-01       1.73e+00
  -1.00e+00 - 1.41e+00i      5.77e-01       1.73e+00
(Frequencies expressed in rad/seconds)      % 频率单位
>> [Wn,zeta] = damp(H)                      % 计算传递函数的固有频率及阻尼比
Wn =
    1.7321
    1.7321
zeta =
    0.5774
    0.5774
>> [Wn,zeta,P] = damp(H)                    % 同时计算两极点坐标
Wn =
    1.7321
    1.7321
zeta =
    0.5774
    0.5774
P =
  -1.0000 + 1.4142i
  -1.0000 - 1.4142i
>> H = tf([5 3 1],[1 6 4 4],0.01);          % 给定频率为 0.01
>> damp(H)

       Eigenvalue             Magnitude     Damping      Frequency
  -3.02e-01 + 8.06e-01i      8.61e-01      7.74e-02      1.93e+02
  -3.02e-01 - 8.06e-01i      8.61e-01      7.74e-02      1.93e+02
  -5.40e+00                  5.40e+00     -4.73e-01      3.57e+02
(Frequencies expressed in rad/seconds)
```

第18章 Hopfield网络算法与应用

1982年，J. Hopfield提出了可用作联想存储器的互联网络，这个网络称为Hopfield网络模型，也称为Hopfield模型。Hopfield神经网络模型是一种循环神经网络，从输出到输入有反馈连接。Hopfield网络有离散型和连续型两种。

由于反馈神经网络的输出端又反馈到其输入端，所以，Hopfield网络在输入的激励下，会产生不断的状态变化。当输入之后，可以求出Hopfield的输出，这个输出反馈到输入端从而产生新的输出，这个反馈过程一直反复进行。如果Hopfield网络是一个具有收敛的稳定网络，则这个反馈与迭代的计算过程所产生的变化越来越小，一旦到达了稳定平衡状态，Hopfield网络就会输出一个稳定的恒值。对于一个Hopfield网络来说，关键是在于确定它在稳定条件下的权系数。

应该指出：反馈网络有稳定的，也有不稳定的。对于Hopfield网络来说，还存在如何判别它是稳定的，或是不稳定的问题。而判别依据是什么，也是需要确定的。

18.1 离散Hopfield网络

Hopfield最早提出的网络是二值神经网络，神经元的输出只取1和0，所以，也称离散Hopfield神经网络(Discrete Hopfield Neural Network，DHNN)。在离散Hopfield网络中，所采用的神经元是二值神经元。因此，所输出的离散值1和0分别表示神经元处于激活和抑制状态。

1. 网络结构

DHNN是一种单层的、其输入/输出为二值的反馈网络。假设一个由三个神经元组成的离散Hopfield神经网络，其结构如图18-1所示。

在图18-1中，第0层仅仅是作为网络的输入，它不是实际神经元，所以无计算功能；第1层是神经元，故而执行对输入信息和权系数乘积求累加和，并经非线性函数f处理后产生输出信息。f是一个简

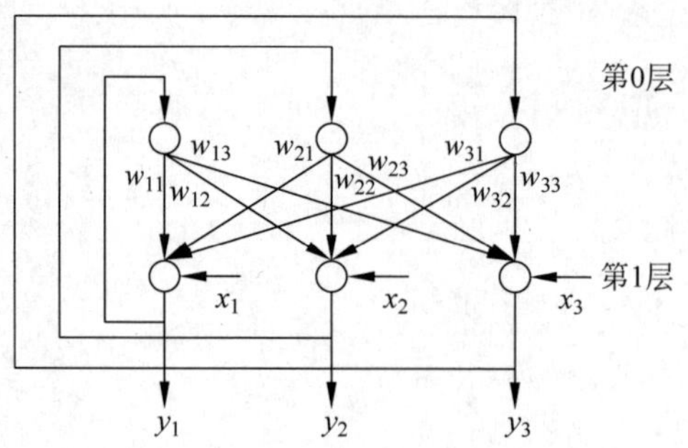

图 18-1　离散 Hopfield 网络图示

单的阈值函数,如果神经元的输出信息大于阈值 θ,那么,神经元的输出取值为 1;小于阈值 θ,则神经元的输出取值为 θ。

对于二值神经元,它的计算公式如下:

$$u_j = \sum_j w_{ij} y_i + x_j \tag{18-1}$$

其中,x_j 为外部输入。并且有

$$\begin{cases} y_i = 1 & (u_i \geqslant \theta_i) \\ y_i = 0 & (u_i < \theta_i) \end{cases} \tag{18-2}$$

一个 DHNN 的网络状态是输出神经元信息的集合。对于一个输出层是 n 个神经元的网络,其 t 时刻的状态为一个 n 维向量:

$$\boldsymbol{Y}(t) = [y_1(t), y_2(t), \cdots, y_n(t)]^{\mathrm{T}} \tag{18-3}$$

因为 $y_i(t)(i=1,2,\cdots,n)$可以取值为 1 或 0,故 n 维向量$\boldsymbol{Y}(t)$有 2^n 种状态,即网络有 2^n 种状态。

对于三个神经元的 DHNN,它的输出层就是三位二进制数;每一个三位二进制数就是一种网络状态,共有 8 个网络状态,这些网络状态如图 18-2 所示。在图中,立方体的每一个顶角表示一种网络状态。同理,对于 n 个神经元的输出层,它有 2^n 种网络状态,也和一个 n 维超立方体的顶角相对应。

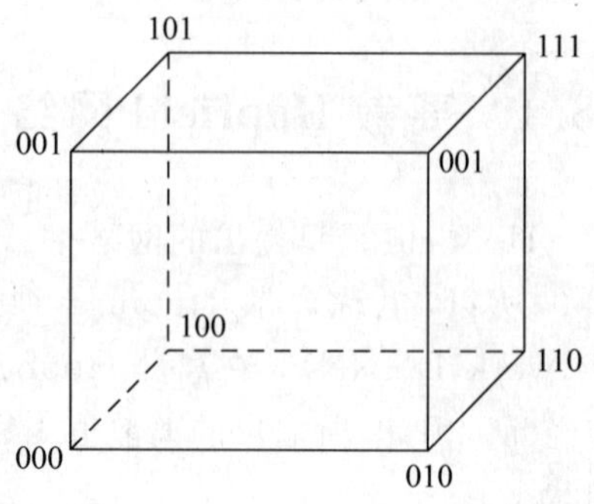

图 18-2　三个神经元 Hopfield 网络输出层的网络状态图

如果 Hopfield 网络是一个稳定网络,若在网络的输入端加入一个输入向量,则网络的状态会产生变化,即从超立方体的一个顶角转向另一个顶角,并且最终稳定于一个特定的顶角。

对于一个 n 个神经元组成的 DHNN,则有 $n \times n$ 权系数矩阵 $\boldsymbol{W}$:

$$\boldsymbol{W} = \{w_{ij}\} \quad (i = 1,2,\cdots,n; j = 1,2,\cdots,n) \tag{18-4}$$

同时,有 n 维阈值向量$\boldsymbol{\theta}$:

$$\boldsymbol{\theta} = [\theta_1, \theta_2, \cdots, \theta_n]^{\mathrm{T}} \tag{18-5}$$

一般而言,$\boldsymbol{W}$ 和$\boldsymbol{\theta}$ 可以确定一个唯一的 DHNN。对于如图 18-2 所示的三神经元组成的 Hopfield 网络，也可以改用如图 18-3 所示的图形表示，这两个图形的意义是一样的。

考虑 DHNN 的一般节点状态，用 $y_j(t)$ 表示第 j 个神经元，即节点 j 在时刻 t 的状态，则节点的下一个时刻 $(t+1)$ 的状态可以求得如下：

$$y_j(t+1) = f[u_j(t)] = \begin{cases} 1 & (u_j \geqslant 0) \\ 0 & (u_j < 0) \end{cases} \tag{18-6}$$

$$u_j(t) = \sum_{i=1}^{n} w_{ij} y_j(t) + x_j - \theta_j$$

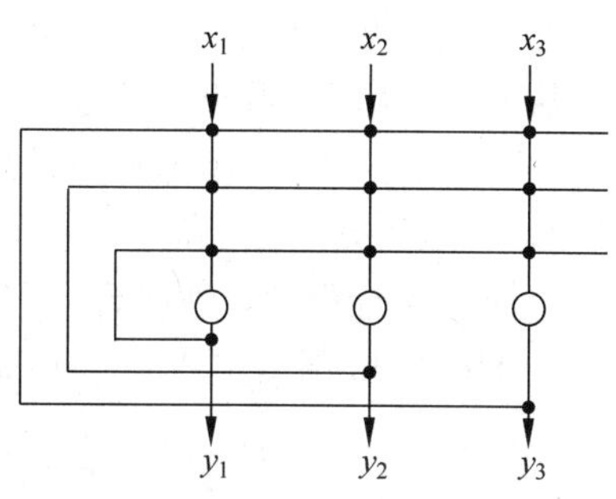

图 18-3　DHNN 的另外一种图示

如果 w_{ij} 在 $i=j$ 时等于 0，则说明一个神经元的输出并不会反馈到其输入端。这时，DHNN 称为无自反馈的网络；如果 w_{ij} 在 $i=j$ 时不等于 0，则说明一个神经元的输出会反馈到其输入端。这时，DHNN 称为自反馈的网络。

2. 网络工作方式

DHNN 有两种不同的工作方式。

(1) 串行(异步)方式

在时刻 t 时，只有某一个神经元 j 的状态产生变化，而其他 $n-1$ 个神经元的状态不变，这里称为串行工作方式。并且有

$$\begin{gathered} y_j(t+1) = f\left[\sum_{i=1}^{n} w_{ij} y_i(t) + x_j - \theta_j\right] \\ y_i(t+1) = y_j(t) \quad (i \neq j) \end{gathered} \tag{18-7}$$

在不考虑外部输入时，则有

$$y_j(t+1) = f\left[\sum_{i=1}^{n} w_{ij} y_i(t) - \theta_j\right] \tag{18-8}$$

(2) 并行(同步)方式

在任一时刻 t，所有的神经元的状态都产生了变化，则称并行工作方式。并且有

$$y_j(t+1) = f\left[\sum_{i=1}^{n} w_{ij} y_i(t) + x_j - \theta_j\right] \quad (j = 1,2,\cdots,n) \tag{18-9}$$

在不考虑外部输入时，则有

$$y_j(t+1) = f\left[\sum_{i=1}^{n} w_{ij} y_i(t) - \theta_j\right] \quad (j = 1,2,\cdots,n) \tag{18-10}$$

3. 网络的稳定性

对于一个反馈网络来说，稳定性是一个重大的性能指标。

假设一个 DHNN，其状态为 $\boldsymbol{Y}(t)$：

$$\boldsymbol{Y}(t) = [y_1(t), y_2(t), \cdots, y_n(t)]^{\mathrm{T}}$$

如果对于任何 $\Delta t > 0$，当神经网络从 $t=0$ 开始，有初始状态 $\boldsymbol{Y}(0)$。经过有限时刻 t，有

$$\boldsymbol{Y}(t+\Delta t) = \boldsymbol{Y}(t) \tag{18-11}$$

则认为网络是稳定的。在串行方式下的稳定性称之为串行稳定性；同理，在并行方式的

稳定性称之为并行稳定性；在神经网络稳定时，其状态称稳定状态。

从DHNN可以看出：它是一种多输入、含有阈值的二值非线性动态系统。在动态系统中，平衡稳定状态可以理解为系统某种形式的能量函数在系统运动过程中，其能量值不断减小，最后处于最小值。

下面具体解释稳定性的含义和系统工作过程。

对 Hopfield 网络引入一个 Lyapunov 函数，即所谓能量函数：

$$E=\left(-\frac{1}{2}\right)\sum_{i}\sum_{j}w_{ij}y_iy_j-\sum_{j}x_jy_j+\sum_{j}\theta_jy_j \tag{18-12}$$

即有

$$\begin{aligned}E&=\sum_{j=1}^{n}\left[\left(-\frac{1}{2}\right)\sum_{i=1}^{n}w_{ij}y_iy_j\right]-\sum_{j=1}^{n}x_jy_j+\sum_{j=1}^{n}\theta_jy_j\\&=\sum_{j=1}^{n}\left\{\left[\left(-\frac{1}{2}\right)\sum_{i=1}^{n}w_{ij}y_iy_j\right]-x_jy_j+\theta_jy_j\right\}\end{aligned} \tag{18-13}$$

对于神经元 j，其能量函数可表示为

$$E_j=\left(-\frac{1}{2}\right)\sum_{i=1}^{n}w_{ij}y_iy_j-x_jy_j+\theta_jy_j \tag{18-14}$$

即有

$$E=\sum_{j=1}^{n}E_j \tag{18-15}$$

神经元 j 的能量变化表示为 ΔE_j：

$$\begin{aligned}\Delta E_j&=\frac{\partial E}{\partial y_j}\Delta y_j=\frac{\partial E_j}{\partial y_j}\Delta y_j\\&=\left[\left(-\frac{1}{2}\right)\sum_{i=1}^{n}\left(w_{ij}y_i\frac{y_j}{\partial y_j}+w_{ij}\frac{y_i}{\partial y_j}y_j\right)-x_j\frac{y_j}{\partial y_j}+\theta_j\frac{y_j}{\partial y_j}\right]\Delta y_j\end{aligned} \tag{18-16}$$

如果存在条件：

$$\begin{aligned}&w_{ii}=0\quad(i=1,2,\cdots,n)\\&w_{ji}=w_{ij}\quad(i=1,2,\cdots,n;j=1,2,\cdots,n)\end{aligned} \tag{18-17}$$

则有

$$\Delta E_j=\left[-\sum_{\substack{i=1\\i\neq j}}^{n}w_{ij}y_i-x_j+\theta_j\right]\Delta y_j=-\left[\sum_{\substack{i=1\\i\neq j}}^{n}w_{ij}y_i+x_j-\theta_j\right]\Delta y_j \tag{18-18}$$

其中，E_j 为神经元 j 的能量；ΔE_j 为神经元 j 的能量变化；w_{ij} 为神经元 i 到神经元 j 的权系数；y_j 为神经元 j 的输出；x_j 为神经元 j 的输入；θ_j 为神经元 j 的阈值；Δy_j 为神经元 j 的输出变化。

如果令

$$u_j=\sum_{i}w_{ij}y_i+x_j \tag{18-19}$$

则 ΔE_j 可出现如下两种情况：

(1) 当 $u_j\geqslant\theta_j$ 时，即神经元 j 的输入结果值大于阈值，则 $u_j-\theta_j\geqslant 0$，从二值神经元的计算公式可知道：y_j 的值保持为 1，或者从 0 变到 1。这说明 y_j 的变化 Δy_j 只能是 0 或正值。这时很明显有

$$\Delta E_j \leqslant 0$$

这说明 Hopfield 网络神经元的能量减少或不变。

(2) 如果 $u_j \leqslant \theta_j$，即神经元 j 的输入结果小于阈值，则 $u_j - \theta_j \leqslant 0$，从二值神经元的计算公式知道：$y_j$ 的值保持为 0，或者从 1 变到 0。这说明 y_j 的变化 Δy_j 只能是 0 或负值。这时则有

$$\Delta E_j \leqslant 0$$

这也说明 Hopfield 网络神经元的能量减少。

Coben 和 Grossberg 在 1983 年给出了关于 Hopfield 网络稳定的充分条件，他们指出：如果 Hopfield 网络的权系数矩阵 $\boldsymbol{W}$ 是一个对称矩阵，并且对角线元素为 0，则这个网络是稳定的。即是说在权系数矩阵 $\boldsymbol{W}$ 中，如果

$$w_{ij} = \begin{cases} 0 & (i = j) \\ w_{ji} & (i \neq j) \end{cases} \tag{18-20}$$

则 Hopfield 网络是稳定的。

应该指出，这只是 Hopfield 网络稳定的充分条件，而不是必要条件。在实际中有很多稳定的 Hopfield 网络，但是它们并不满足权系数矩阵 $\boldsymbol{W}$ 是对称矩阵这一条件。

从上面的分析可知，无自反馈的权系数对称 Hopfield 网络是稳定的网络，如图 18-4 和图 18-5 所示。

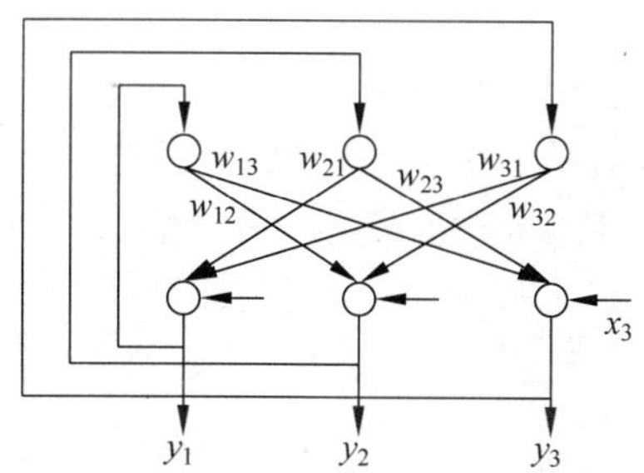

图 18-4 对角线权系数为 0 的对称 Hopfield 网络

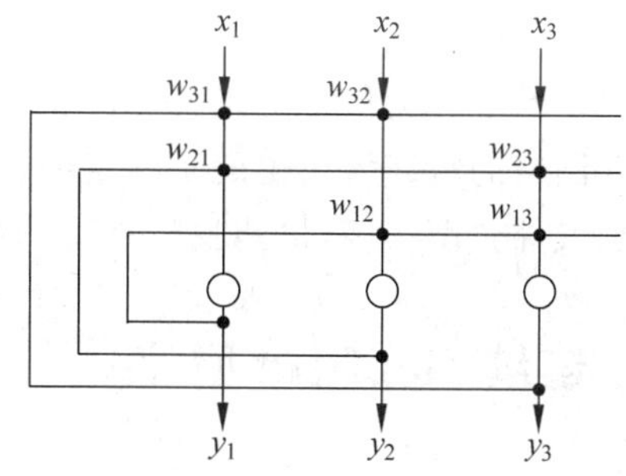

图 18-5 对角线权系数为 0 的对称 Hopfield 网络的另一种图示

4. 联想记忆功能

Hopfield 网络的一个重要功能是可用于联想记忆，即为联想存储器，这是人类的智能特点之一。人类的所谓“触景生情”，就是见到一些类同过去接触的景物，容易产生对过去情景的回味和思忆。对于 Hopfield 网络，用它作联想记忆时，首先通过一个学习训练过程确定网络中的权系数，使所记忆的信息在网络的 n 维超立方体的某一个顶角的能量最小。当网络的权系数确定之后，只要向网络给出输入向量，即使这个向量可能是局部数据，即不完全或部分不正确的数据，网络仍然会产生所记忆信息的完整输出。1984 年 Hopfield 开发了一种用 n 维 Hopfield 网络作联想存储器的结构。在这个网络中，权系数的赋值规则为存储向量的外积存储规则(Out Product Storage Prescription)，其原理如下。

设有 m 个样本存储向量 $\boldsymbol{x}_1, \boldsymbol{x}_2, \cdots, \boldsymbol{x}_m$：

$$\boldsymbol{x}_1 = \{x_{11}, x_{21}, \cdots, x_{m1}\}$$
$$\boldsymbol{x}_2 = \{x_{12}, x_{22}, \cdots, x_{m2}\}$$
$$\vdots$$
$$\boldsymbol{x}_m = \{x_{1m}, x_{2m}, \cdots, x_{mm}\}$$

把这 m 个样本向量存储入 Hopfield 网络中，则在网络中第 i,j 两个节点之间权系数的值为

$$w_{ij} = \begin{cases} \sum x_{ik} \cdot x_{jk} & (i \neq j) \\ 0 & (i = j) \end{cases} \tag{18-21}$$

其中，k 为样本向量 $\boldsymbol{x}_k$ 的下标，$k=1,2,\cdots,m$；i,j 分别是样本向量 $\boldsymbol{x}_k$ 的第 i,j 分量 x_i, x_j 的下标，$i,j=1,2,\cdots,n$。

对联想存储器的联想检索过程如下。

给定一个向量 $\boldsymbol{X}$，进行联想检索求取在网络中的存储内容。这时，把向量 $\boldsymbol{X}=\{x_1, x_2, \cdots, x_n\}$ 的各个分量 $x_1, x_2, \cdots, x_n$ 赋予相对应的节点（$j=1,2,\cdots,n$），则节点有相应的初始状态 $y_j(0)$，则有

$$y_j(0) = x_j \quad (j = 1,2,\cdots,n)$$

接着，在 Hopfield 网络中按动态系统原则进行计算，得

$$\boldsymbol{Y}_j(t+1) = f\left[\sum w_{ij} y_j(0) - \theta_j\right] \quad (i,j = 1,2,\cdots,n) \tag{18-22}$$

其中 f 是非线性函数，可取阶跃函数。

状态不断变化会稳定下来，最终的状态是和给定向量 $\boldsymbol{X}$ 最接近的样本向量。所以，Hopfield 网络的最终输出也就是给定向量联想检索结果。这个过程说明，即使给定向量并不完全或部分不正确，也能找到正确的结果。在本质上，它也具有滤波功能。

18.2 连续 Hopfield 网络

（1）网络结构

连续 Hopfield 网络（Continuous Hopfield Neural Network，CHNN）的拓扑结构与 DHNN 的结构相同。这种拓扑结构和生物神经系统中大量存在的神经反馈回路是一致的。

（2）网络稳定性

和 DHNN 一样，CHNN 稳定条件也要求 $w_{ij} = w_{ji}$。CHNN 和 DHNN 的不同之处在于其函数 g 不是阶跃函数，而是 S 形的连续函数。一般取

$$g(u) = \frac{1}{1+\mathrm{e}^u} \tag{18-23}$$

CHNN 在时间上是连续的，所以，网络中各神经元是处于同步方式工作的。对于一个神经细胞，即神经元 j，其内部膜电位状态用 U_j 表示，细胞膜输入电容为 C_j，细胞膜的传递电阻为 R_j，输出电压为 V_j，外部输入电流用 I_j 表示，则 CHNN 可用如图 18-6 所示的电路表示。

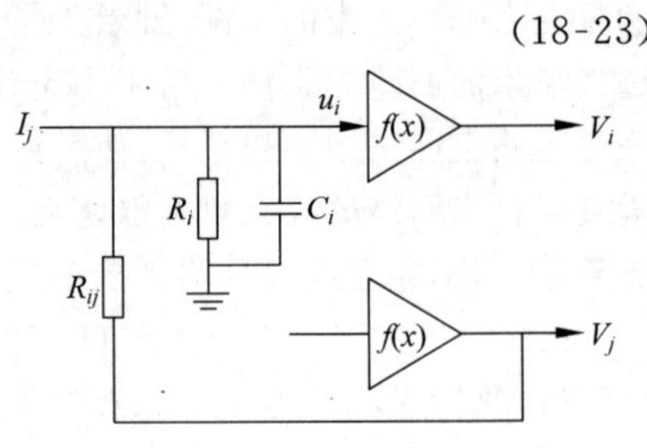

图 18-6　CHNN 的电路形式

$$\begin{cases} C_j \dfrac{\mathrm{d}U_j(t)}{\mathrm{d}t} = \sum_{i=1}^{n} w_{ij} V_i(t) - \dfrac{U_j(t)}{R_j} + I_j \\ V_j(t) = g_j(U_j(t)) \end{cases} \quad (j = 1,2,\cdots,n) \tag{18-24}$$

其中，n 是神经网络神经元的个数；$V_j(t)$为输出电位；$U_j(t)$为输入电位。

对于连续 Hopfield 网络，Hopfield 给出如下稳定性定理。

给出能量函数 $E(t)$

$$E(t) = -\frac{1}{2}\sum_{j=1}^{n}\sum_{i=1}^{n} w_{ij} V_i(t) V_j(t) - \sum_{j=1}^{n} V_j(t) I_j + \sum_{j=1}^{n} \frac{1}{R_j}\int_0^{V_j(t)} g^{-1}(V)\mathrm{d}V \tag{18-25}$$

其中，$g^{-1}(V)$是 $V_j(t)=g_j(U_j(t))$的反函数。

如果 CHNN 中神经元传递函数是单调增长的连续有界函数，并且 $w_{ij}=w_{ji}$，则有

$$\frac{\mathrm{d}E(t)}{\mathrm{d}t} \leqslant 0 \tag{18-26}$$

当且仅当$\dfrac{\mathrm{d}V_j(t)}{\mathrm{d}t}=0$ 时，有

$$\frac{\mathrm{d}E(t)}{\mathrm{d}t} = 0 \tag{18-27}$$

该定理的意义可解释为：当网络神经元的传递函数是 S 函数，并且网络权系数矩阵对称时，则随时间变化网络的能量会下降或不变，而且仅当输出电位随时间变化不变时，网络的能量才会不变。换言之，在上述条件下的网络是能量不变或下降的。

这个定理说明 Hopfield 网络的能量函数 $E(t)$是单调下降的，如果 $E(t)$有下界，即有确定的极小值，那么网络必定是稳定的。而且，可以知道稳定点对应于能量函数的下界，即极小值。

如果 Hopfield 网络的传递函数 g 是连续而且有界的，那么能量函数 $E(t)$是有界的，由此可知网络是稳定的。

最后，有如下结论：

当 Hopfield 网络的神经元传递函数 g 是连续且有界的(例如 Sigmoid 函数)，并且网络的权系数矩阵对称时，则这个连续 Hopfield 网络是稳定的。在实际应用中，任何一个系统，如果其优化问题可以用能量函数 $E(t)$作为目标函数，那么，总可以用连续 Hopfield 网络对其进行求解。由于引入能量函数 $E(t)$，Hopfield 神经网络和优化问题直接对应，这种工作是具开拓性的。利用神经网络进行优化计算，就是在神经网络这一动态系统给出初始的估计点，即初始条件，然后随网络在运动传递中找到相应极小点。这样，大量的优化问题都可以用连续的 Hopfield 网络来求解。这也是 Hopfield 网络用于神经计算的基本原因。

18.3 联想记忆

联想记忆(Associative Memory，AM)是神经网络理论的一个重要组成部分，也是神经网络用于智能控制、模式识别和人工智能等领域的一个重要功能。它主要利用神经网

络的良好容错性,能使不完整的、污损的、畸变的输入样本恢复完整的原型,适于识别、分类等用途。Hopfield 网络模拟了生物神经网络的记忆功能,也常常被称为联想记忆网络。

1. 联想记忆的概念

人类都具有联想的功能,可以从一种事物联系到其相关的事物或其他事物。人工神经网络是对生物神经网络的模拟,也具有联想的功能。人工神经网络的联想就是指系统在给定一组刺激信号的作用下,该系统能联系出与之相对应的信号。联想记忆的过程就是信息的存取过程。数字计算机的信息存取方式是按地址存取(Addressable Memory),即一组信息对应着一定的存储单元。神经网络信息的存取(或记忆与联想)是以基于内容的存取原理为基础的,记忆地址是通过记忆内容的部分描述来识别。即所谓的联想记忆也称为基于内容的存取(Content-addressed Memory),信息被分布于生物记忆的内容之中,而不是某个确定的地址。

联想记忆网络是通过神经元之间的权重学习规则来调整神经元间的权重的,从而得到各事物间的联系。各神经元间的权重共同表现为神经网络的联想记忆功能。因此,联想记忆的神经网络是由突触权重和连接结构来对信息进行记忆的。这种分布式能存储较多的模式,能够在一定的程度上恢复残缺不完整信息。因而,它可以应用在图像复原、模式识别等领域,并具有两个比较突出的优点:

① 信息的存储是按内容存储记忆(Content Addressable Memory,CAM)的,而传统的计算机是基于地址存储的。

② 信息的存储是分布的,而不是集中的。

1) 联想记忆的分类

从作用方式来看,联想记忆分为线性联想与非线性联想;从状态来看,又可以分为静态联想与动态联想。但在通常情况下,人们把联想记忆分为自联想与异联想。Hopfield 网络属于自联想。

(1) 自联想记忆(Auto-associative Memory)

自联想能将网络中输入模式映射到存储在网络中不同模式中的一种。联想记忆网络不仅能将输入模式映射为自己所存储的模式,而且还能对具有缺损或噪声的输入模式有一定的容错能力。

设在学习过程中给联想记忆网络存入 M 个样本:$(X^i)$$(i=1,2,\cdots,M)$。若给联想记忆网络加以输入 $X'=X^m+V$,其中 X^m 是 M 个学习样本之一,V 是偏差项(可代表噪声、缺损与畸变等),通过自联想记忆网络的输出为 X^m,即使之复原(例如:破损照片→完整照片)。

一般情况下,自联想的输入与输出模式具有相同的维数。

(2) 异联想记忆(Hetero-associative Memory)

最早的异联想网络模型是 Kosko 的双向联想记忆神经网络。异联想网络在受到具有一定噪声的输入模式激发时,能通过状态的演化联想到原来样本的模式对。

假定两组模式对之间有一定的对应关系,$X^i \to Y^i$(如:某人照片→某人姓名)$(i=1,2,\cdots,M)$。若给联想记忆网络加以输入 $X'=X^m+V$,例如 X'为某人的破损照片,通过异联想记忆网络的输出为 Y',即得到某人的姓名。

异联想的输入模式维数与输出模式一般不相等。异联想可以由自联想通过映射得到。

2）联想记忆的工作过程

联想记忆的工作过程分为两个阶段：一是记忆阶段，也称为存储阶段或学习阶段；二是联想阶段，也称为恢复阶段或回忆阶段。

（1）记忆阶段

在记忆阶段就是通过设计或学习网络的权值，使网络具有若干个稳定的平衡状态，这些稳定的平衡状态也称为吸引子（Attractor），吸引子有一定的吸引域（Basin of Attraction）。吸引子的吸引域就是能够稳定该吸引子的所有初始状态的集合，吸引域的大小用吸引半径来描述，吸引半径可定义为：吸引域中所含所有状态之间的最大距离或吸引子所能吸引状态的最大距离。

吸引子也就是联想记忆的网络能量函数的极值点；记忆过程就是将要记忆和存储的模式设计或训练成网络吸引子的过程。

（2）联想阶段

联想过程就是给定输入模式，联想记忆网络通过动力学的演化过程达到稳定状态，即收敛到吸引子，回忆起已存储模式的过程。

吸引子的数量代表着联想记忆网络的记忆容量（Memory Capacity）或存储容量（Storage Capacity），存储容量就是在一定的联想出错概率容限下，网络中存储互不干扰样本的最大数目。存储容量与联想记忆的允许误差、网络结构、学习方式以及网络的设计参数有关。简单来说，一定的网络其吸引子越多，则网络的存储容量就越大。吸引子具有一定的吸引域，吸引域是衡量网络容错性的指标：吸引域越大，网络的容错性能越好，或者说网络的联想能力就越强。

2. Hopfield 联想记忆网络

如前所述，Hopfield 网络是一个神经动力学系统，具有稳定的平衡状态，即存在着吸引子，因而 Hofield 网络具有联想记忆功能。将 Hopfield 网络作为联想记忆网络需要设计或训练网络的权值，使吸引子存储记忆模式。例如，如果要存储 m 个 n 维的记忆模式，即要设计网络的权值使这 m 个模式正好是网络能量函数的 m 个极小值。常用的设计或学习算法有：外积法（Outer Product Method）、投影学习法（Projection Learning Rule）、伪逆未能（Pseudo Inverse Method）以及特征结构法（Eigen Structure Method）等。

现在考虑离散 Hopfield 网络的联想记忆功能。设网络有 N 个神经元，每个神经元均取 1 或 −1 二值，则网络共有 2^N 个状态，这 2^N 个状态构成离散状态空间。设在网络中存储 m 个 n 的记忆模式（$m<n$）：

$$\boldsymbol{U}_k = [u_1^k, u_2^k, \cdots, u_i^k, \cdots, u_n^k]^{\mathrm{T}} \quad (k = 1,2,\cdots,m;\ i = 1,2,\cdots,n;\ u_i^k \in \{-1,1\}) \tag{18-28}$$

采用外积法设计网络的权值使这 m 个模式是网络 2^n 个状态空间中的 m 个稳定状态，即

$$w_{ij} = \frac{1}{N}\sum_{k=1}^{m} u_i^k u_j^k \quad (i,j = 1,2,\cdots,n) \tag{18-29}$$

式中，$1/N$ 为调节比例的常量，这里取 $n=N$。考虑到离散 Hopfield 网络的权值满足条件 $w_{ij}=w_{ji}$，$w_{ii}=0$，则有

$$w_{ij}=\begin{cases}\dfrac{1}{n}\sum\limits_{k=1}^{m}u_i^k u_j^k & (j\neq i)\\ 0 & (j=i)\end{cases}\tag{18-30}$$

将式(18-30)用矩阵形式表示，则有

$$\boldsymbol{W}=\frac{1}{n}\left(\sum_{k=1}^{m}\boldsymbol{U}_k\boldsymbol{U}_k^{\mathrm{T}}-m\boldsymbol{I}\right)\tag{18-31}$$

式中，$\boldsymbol{I}$ 为 $n\times n$ 的单位矩阵。

以上是离散 Hopfield 网络的存储记忆过程，下面再看其联想回忆过程。从所记忆的 m 个模式中任选一模式 $\boldsymbol{U}_l$，经过编码可使其元素取值为 1 和 -1。设离散 Hopfield 网络中神经元的偏差均为零。将模式 $\boldsymbol{U}_l$ 加到该离散 Hopfield 网络，假定记忆模式矢量彼此是正交的(这是个特例，容易检验)，则网络的状态为

$$\boldsymbol{U}_i^{\mathrm{T}}\boldsymbol{U}_j=\begin{cases}0 & (j\neq i)\\ n & (j=i)\end{cases},\quad (i,j=1,2,\cdots,m)\tag{18-32}$$

$$\boldsymbol{W}\boldsymbol{U}_l=\frac{1}{n}\left(\sum_{k=1}^{m}\boldsymbol{U}_l\boldsymbol{U}_k^{\mathrm{T}}-m\boldsymbol{I}\right)\ \boldsymbol{U}_l=(n-m)\boldsymbol{U}_l\tag{18-33}$$

状态的演化为：$\mathrm{Sgn}(\boldsymbol{W}\boldsymbol{U}_l)=\mathrm{Sgn}((n-m)\boldsymbol{U}_l)=\boldsymbol{U}_l$，可见网络稳定在模式 $\boldsymbol{U}_l$。

例如，对于两个记忆模式(1，-1，1)和(-1，1，-1)(这是一个记忆模式矢量非正交的例子)。按式(18-30)设计网络权值为

$$\boldsymbol{W}=\frac{1}{3}\begin{bmatrix}0 & -2 & 2\\ -2 & 0 & -2\\ 2 & -2 & 0\end{bmatrix}$$

可见该权值满足离散 Hopfield 网络的条件。现将(1，-1，1)作为网络的输入，则有

$$\boldsymbol{W}\boldsymbol{y}_1=\frac{1}{3}\begin{bmatrix}0 & -2 & 2\\ -2 & 0 & -2\\ 2 & -2 & 0\end{bmatrix}\begin{bmatrix}1\\ -1\\ 1\end{bmatrix}=\frac{1}{3}\begin{bmatrix}4\\ -4\\ 4\end{bmatrix}$$

$$\mathrm{Sgn}[\boldsymbol{W}\boldsymbol{y}_1]=\begin{bmatrix}1\\ -1\\ 1\end{bmatrix}=\boldsymbol{y}_1$$

可见状态(1，-1，1)为网络的稳定状态，即网络记住了该状态。同样，对状态向量(-1，1，-1)而言，有

$$\boldsymbol{W}\boldsymbol{y}_2=\frac{1}{3}\begin{bmatrix}0 & -2 & 2\\ -2 & 0 & -2\\ 2 & -2 & 0\end{bmatrix}\begin{bmatrix}-1\\ 1\\ -1\end{bmatrix}=\frac{1}{3}\begin{bmatrix}-4\\ 4\\ -4\end{bmatrix}$$

$$\mathrm{Sgn}[\boldsymbol{W}\boldsymbol{y}_2]=\begin{bmatrix}-1\\ 1\\ -1\end{bmatrix}=\boldsymbol{y}_2$$

可见状态(−1,1,−1)也为网络的稳定状态,即网络也记住了该状态。

18.4 Hopfield 网络结构

在 MATLAB 神经网络工具箱中,Hopfield 网络为单层网络模型,其模型结构如图 18-7 所示。

输入 $\boldsymbol{p}$ 为 Hopfield 网络的初始条件,其隐层神经元为饱和线性传递函数 satlins,如图 18-8 所示。

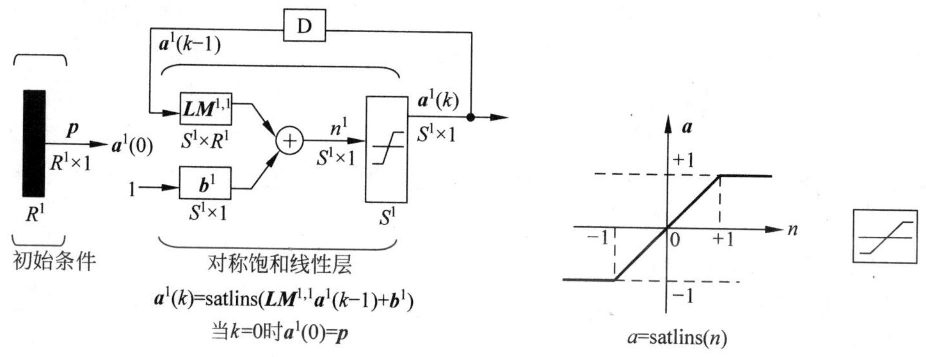

图 18-7 Hopfield 网络模型结构　　　　图 18-8 饱和线性传递函数

从图 18-8 中可以看出,当输入小于−1 时输出为−1;输入在−1 和+1 之间时,输出与输入值相等;输入大于+1 时输出为+1。

【例 18-1】 satlins 函数应用示例。

在 M 文件编辑器中输入以下命令:

```
p=[-2 -3 -0.1 0 0.1 2 3];
a=satlins(p)
```

运行程序,输出如下:

```
a =
   -1.0000   -1.0000   -0.1000         0    0.1000    1.0000    1.0000
```

18.5 Hopfield 网络模型学习过程

网络的学习过程实际上就是权值调整过程,Hopfield 网络的学习目的就是调整连接权值,以使得网络的稳定平衡状态就是所要求的状态。

Hopfield 网络常采用的学习算法是 Hebb 学习规则,即权值调整规则为:若第 i 个和第 j 个神经元同时处于兴奋状态,那么它们之间的连接应该增强,权值增大。

$$\Delta w_{ij} = a y_i y_j (a > 0) \tag{18-34}$$

假设要求网络有 p 个正交稳态 $\boldsymbol{V}^s=(\boldsymbol{V}_1^s,\boldsymbol{V}_2^s,\cdots,\boldsymbol{V}_n^s)(s=1,2,\cdots,p)$,则

$$w_{ij} = \sum_{s=1}^{p} \boldsymbol{V}_i^s \boldsymbol{V}_j^s \tag{18-35}$$

若增加新的稳态 $\boldsymbol{V}^{p+1}$，则

$$w'_{ij}=w_{ij}+\boldsymbol{V}_i^{p+1}\boldsymbol{V}_j^{p+1} \tag{18-36}$$

newhop 函数是设计 Hopfield 的一种方法。给出一系列平衡期望值矩阵 $\boldsymbol{T}$，newhop 函数的输出为反馈网络的权值和阈值，之前需要保证网络对应期望值向量具有稳定的平衡点，但是通常会存在一些伪平衡点，设计方法是使伪平衡点数量越少越好。

18.6 几个重要结论

(1) 联想记忆功能。由于网络可以收敛于稳定状态，因此可用于联想记忆。若将稳态视为一个记忆，则由初始状态向稳态收敛的过程就是寻找记忆的过程，初始可认为是给定的部分信息，收敛过程可认为是从部分信息找到了全部信息，则实现了联想记忆的功能。

(2) 优化计算。若将稳态视为某一优化问题目标函数的极小点，则由初始向稳态收敛的过程就是优化计算过程。

(3) 网络渐近稳定的前提是 $w_{ij}=w_{ji}$。

(4) 网络的应用。Hopfield 网络多用于在控制系统的设计中求解约束优化问题，另外在系统辨识中也有应用。

18.7 Hopfield 网络的应用

【例 18-2】 举例说明 Hopfiled 网络的设计过程。

设计一个三维空间中有着两个稳定平衡点的网络，期望值向量 $\boldsymbol{T}$。

在 M 文件编辑器中输入以下命令：

```
T=[-1 -1 1;1 -1 1]
T =
     -1     1
     -1    -1
      1     1
```

构建一个 Hopfield 网络：

```
net = newhop(T);
```

下面应用 sim 函数来检验一下，按照要求，所设计网络的输出均在这两个点上。在应用 sim 函数时，因为 Hopfield 网络没有输入，则对应矩阵符号设定 Q=2。

在 M 文件编辑器中输入以下命令：

```
Ai = T;
[Y,Pf,Af] = sim(net,2,[],Ai);
Y
Y =
     -1     1
     -1    -1
      1     1
```

可见网络设计确实能够做到设计点稳定，下面输入不同于设计点的其他初始值再来检验一下。

在M文件编辑器中输入以下命令：

```
Ai = {[ - 0.9; - 0.8;0.7]};
[Y,Pf,Af] = sim(net,{1 5},{},Ai);
Y
Y =
    [3x1 double]    [3x1 double]    [3x1 double]    [3x1 double]    [3x1 double]
Y{2}
ans =
    - 1
    - 1
      1
```

由于Hopfield神经网络受稳定性的制约，所以在设计过程中难免会出现伪平衡点。

【例18-3】 含有两个神经元的Hopfield网络的设计示例。

网络所要存储的目标平衡点为一个列矢量 ***T***：

```
T = [1  - 1;  - 1 1];
```

在二维平面内绘制出这两个稳定平衡点，如图18-9所示。原则上所设计的Hopfield网络的所有可能状态都应包含在图示所在的区间内，所以称为Hopfield网络状态空间。

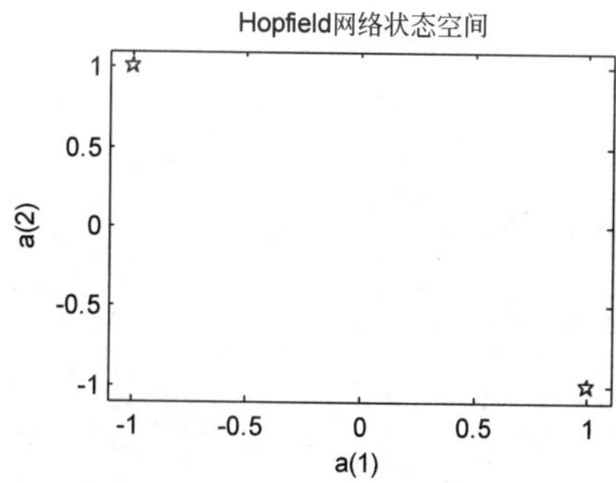

图18-9　Hopfield网络状态空间

在M文件编辑器中输入以下命令：

```
T = [1  - 1;  - 1 1]
plot(T(1,:),T(2,:),'rp');
axis([ - 1.1 1.1  - 1.1 1.1]);
title('Hopfield 网络状态空间');
xlabel('a(1)');ylabel('a(2)');
% 应用 newhop 函数设计一个 Hopfield 网络,满足期望值 T 的要求
net = newhop(T);
% 应用期望值作为初始输入,并应用 sim 函数进行检测
[Y,Pf,Af] = sim(net,2,[],T);
T
```

运行程序，输出如下：

```
T =
```

```
 1  -1
-1   1
```

可见，网络输出能够稳定到期望值。再随机选取初始点，然后应用 sim 函数进行仿真，其结果应该稳定到两个平衡点之一。

在 M 文件编辑器中输入以下命令：

```
a = {rands(2,1)};
[y,Pf,Af] = sim(net,{1 20},{},a);
%下面绘制出初始点向平衡点的逼近过程.
record = [cell2mat(a) cell2mat(y)];
start = cell2mat(a);
hold on;
plot(start(1,1),start(2,1),'bx',record(1,:),record(2,:))
```

运行程序，效果如图 18-10 所示。可见，随机选取的初始点最后稳定在左上角的平衡点。

下面再随机选取 25 个初始点进行测试。在 M 文件编辑器中输入以下命令：

```
color = 'rgbmy';
for i = 1:25
    a = {rands(2,1)};
    [y,Pf,Af] = sim(net,{1 20},{},a);
    record = [cell2mat(a) cell2mat(y)];
    start = cell2mat(a);
    plot(start(1,1),start(2,1),'kx',record(1,:),record(2,:),color(rem(i,5) + 1));
end
```

运行程序，效果如图 18-11 所示。

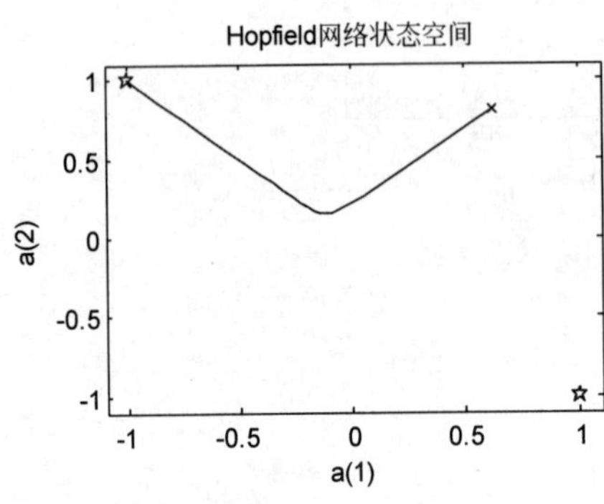

图 18-10　随机初始点测试

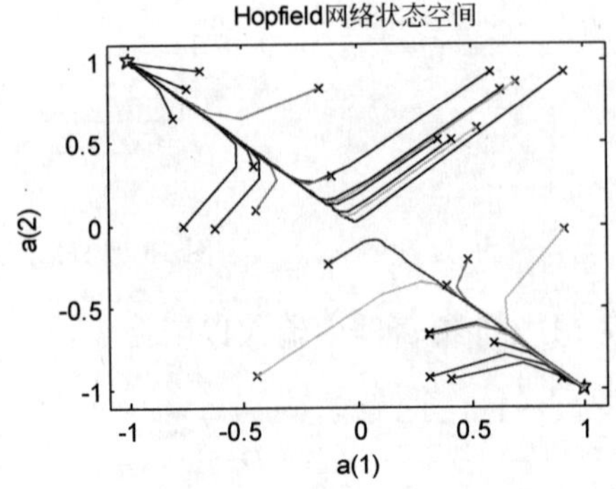

图 18-11　25 个随机初始点测试

从图 18-11 中可以看出，所有的点最后都收敛于两个平衡点，与左上角接近的点收敛于左上角，与右下角接近的点收敛于右下角。由此可见，Hopfield 神经网络具有联想记忆功能。

【例 18-4】 含有两个神经元的 Hopfield 网络的设计示例。

本例演示如何设计一个三神经元的 Hopfield 神经网络并进行仿真验证，它具有两个稳定平衡点。要求设计一个 Hopfield 网络，它具有如下两个期望的向量 T：

```
T = [1 1; - 1 1; - 1  - 1];
```

在三维空间绘制出这两个稳定平衡点。在 M 文件编辑器中输入以下命令：

```
T = [1 1; - 1 1; - 1  - 1];
axis([ - 1 1  - 1 1  - 1 1]);
set(gca,'box','on');
axis manual; hold on;
plot3(T(1,:),T(2,:),T(3,:),'rp');
title('含三个神经元的 Hopfield 网络状态空间');
xlabel('a(1)'); ylabel('a(2)');
zlabel('a(3)'); view([ - 36 30]);
```

运行程序，效果如图 18-12 所示。

应用 newhop 函数设计一个 Hopfield 网络，满足期望值 T 的要求。在 M 文件编辑器中输入以下命令：

```
net = newhop(T);
```

随机选取初始点，并应用 sim 函数进行仿真，其结果应该稳定到两个平衡点之一。在 M 文件编辑器中输入以下命令：

```
a = {rands(3,1)};
[y,Pf,Af] = sim(net,{1,10},{},a);
% 下面绘制出初始点向平衡点的逼近过程
record = [cell2mat(a) cell2mat(y)];
start = cell2mat(a);
hold on;
plot3(start(1,1),start(2,1),start(3,1),'bx',...
    record(1,:),record(2,:),record(3,:));
```

运行程序，效果如图 18-13 所示。

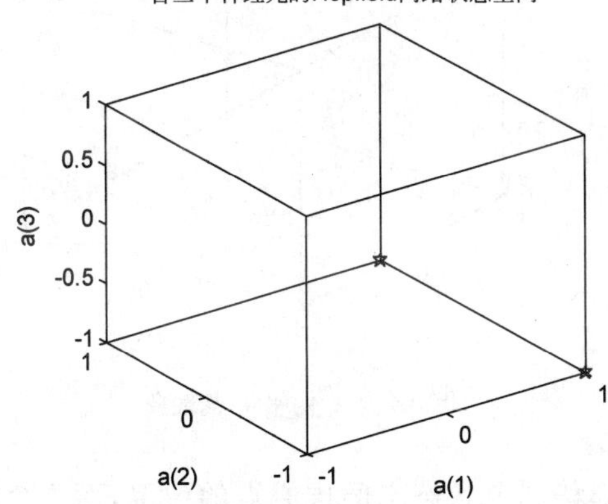

图 18-12　Hopfield 网络状态空间

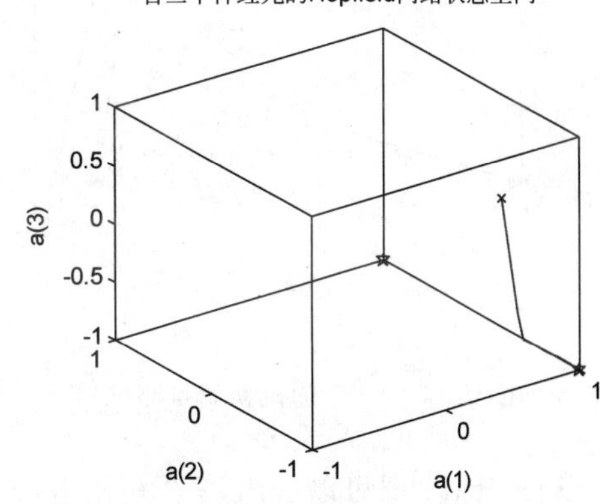

图 18-13　随机初始点测试

可见，随机选取的初始点最后稳定在其中一个平衡点。

在 M 文件编辑器中输入以下命令：

```
% 随机选取 25 个初始点进行赋值
```

```
color = 'rgbmy';
for i = 1:25
    a = {rands(3,1)};
    [y,Pf,Af] = sim(net,{1 10},{},a);
    record = [cell2mat(a) cell2mat(y)];
    start = cell2mat(a);
    plot3(start(1,1),start(2,1),start(3,1),'kx',record(1,:),...
        record(2,:),record(3,:),color(rem(i,5) + 1));
end
```

运行程序,效果如图 18-14 所示。

下面再选取一些点,这些点都恰恰位于两个平衡点正中的位置上,然后绘制出这些点的走向。在 M 文件编辑器中输入以下命令:

```
P = [1.0 -1.0 -0.5 1.0 1.0 0.1;0.0 0.0 0.0 0.0 0.0 -0.0;-1.0 1.0 0.5 -1.0 -1.0 0.0];
cla
plot3(T(1,:),T(2,:),T(3,:),'rp');
clor = 'rgbmy';
for i = 1:6
    a = {P(:,i)};
    [y,Pf,Af] = sim(net,{1 10},{},a);
    record = [cell2mat(a),cell2mat(y)];
    start = cell2mat(a);
    plot3(start(1,1),start(2,1),start(3,1),'kx',record(1,:),...
        record(2,:),record(3,:),color(rem(i,5) + 1));
end
```

运行程序,效果如图 18-15 所示。

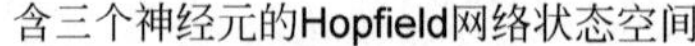

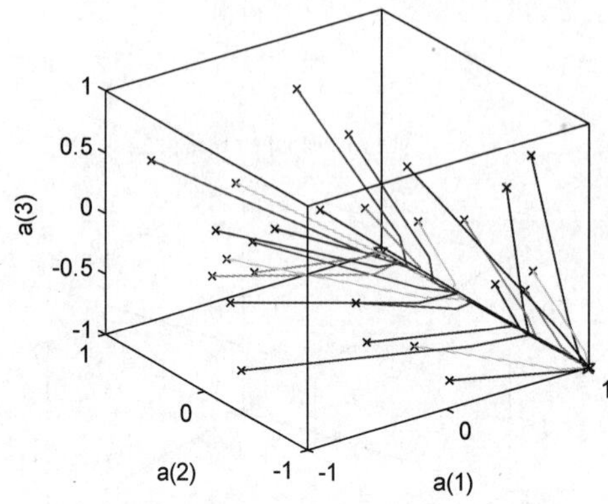

图 18-14　25 个随机初始点测试

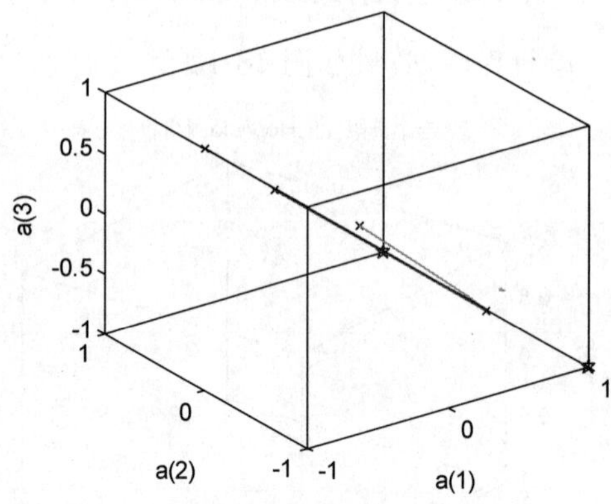

图 18-15　伪平衡点现象

从图 18-15 中可以看出,6 个初始点最后都移到了状态空间中心点的位置,而这个点不是网络设计之前所设定的平衡点。此时,状态空间中心点就是网络设计中不期望出现的伪平衡点。

【例 18-5】 设计一个 Hopfield 网络,使其具有联想记忆功能,能正确识别阿拉伯数字,当数字被噪声污染后仍可以正确地识别。

假设网络由 10 个初始稳态值 0～9 构成,即可以记忆 10 种数字。每个稳态由

10×10 的矩阵构成，该矩阵用于模拟阿拉伯数字点阵。所谓数字点阵，就是将数字划分成很多小方块，每一个小方块都对应着一部分数字。这里将数字划分成一个 10×10 方阵，其中每一个小方块都对应着一部分数字。这里将数字划分成一个 10×10 方阵，其中，有数字的方块用 1 表示，空白处用 −1 表示，如图 18-16 所示。

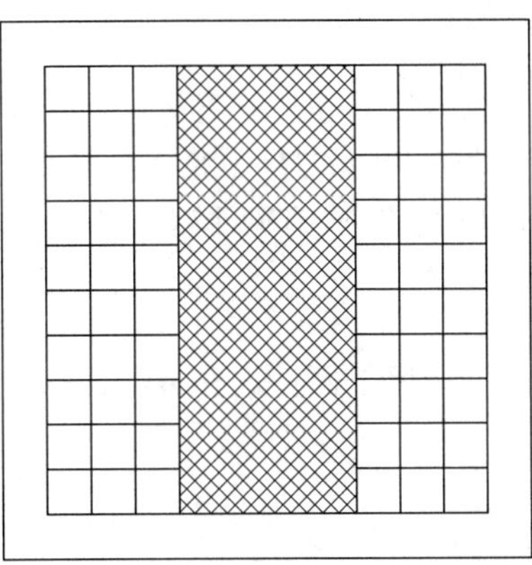

图 18-16　数字 1 的数字点阵

在 M 文件编辑器中输入以下命令：

```
one = [ -1 -1 -11111 -1 -1 -1 -1 -1 -11111 -1 -1 -1 -1 -1 -11111 -1 -1 -1...
      -1 -1 -11111 -1 -1 -1 -1 -1 -11111 -1 -1 -1 -1 -1 -11111 -1 -1 -1...
      -1 -1 -11111 -1 -1 -1 -1 -1 -11111 -1 -1 -1 -1 -1 -11111 -1 -1 -1...
      -1 -1 -11111 -1 -1 -1];
 two = [11111111 -1 -1111111111 -1 -1 -1 -1 -1 -1 -1 -111 -1 -1...
      -1 -1 -1 -1 -1 -111 -1 -1111111111 -1 -1111111111 -1 -1...
      -1 -1 -1 -1 -1 -111 -1 -1 -1 -1 -1 -1 -1 -111 -1 -111111111 -1 -1...
      11111111 -1 -1];
```

这里只列出 1 和 2 的点阵表示形式。利用这两个向量构成一个训练样本，并由此构建一个 Hopfield 网络。在 M 文件编辑器中输入以下命令：

```
T = [one;two];
net = newhop(T);
% 给出一个受到噪声污染的数字 2 的点阵 No2
No2 = {[111 -111 -11 -1 -111111111 -1 -1 -11 -11 -1 -111 -1 -1 -1 -11 -11...
      -111 -1 -11111111 -1 -111111111 -1 -111 -1 -1 -1 -1 -1 -1 -1 -111...
      -1 -1 -1 -1 -1 -1 -1 -1111 -11111 -1 -111 -111111 -1 -1]};
% 利用刚刚创建的 Hopfield 网络将受到噪声污染的数字 2 识别出来
tu2 = sim(net,{1,5},{},No2);
 tu2{3}'
```

运行程序，输出如下：

```
ans =
     1     1     1     1     1     1     1     1    -1    -1     1     1
     1     1     1     1     1     1    -1    -1    -1    -1    -1    -1
    -1    -1     1     1    -1    -1    -1    -1    -1    -1    -1    -1
     1     1    -1    -1     1     1     1     1     1     1     1     1
    -1    -1     1     1     1     1     1     1     1     1    -1    -1
```

```
  -1   -1   -1   -1   -1   -1    1    1   -1   -1   -1   -1
  -1   -1   -1   -1    1    1   -1   -1    1    1    1    1
   1    1    1    1   -1   -1    1    1    1    1    1    1
   1    1   -1   -1
```

结果和数字 2 的正常点阵是一致的,说明网络从受到污染的数字 2 的点阵中识别出了数字 2,此网络是有效的。

注意:所谓噪声,实际上就是数字点阵中的某些位由原来的 1 畸变为 0,或者相反。

【例 18-6】 演示 Hopfield 网络出现的伪平衡点的情况。

假定需要设计一个 Hopfield 网络,具有两个稳定平衡点,其期望值向量 T 如下:

```
T=[1 -1;-1 1];
```

在二维平面内绘制出这两个稳定平衡点。在 M 文件编辑器中输入以下命令:

```
plot(T(1,:),T(2,:),'rp');
axis([-1.1 1.1 -1.1 1.1]);
title('Hopfield 网络状态空间');
xlabel('a(1)'); ylabel('a(2)');
```

运行程序,效果如图 18-17 所示。

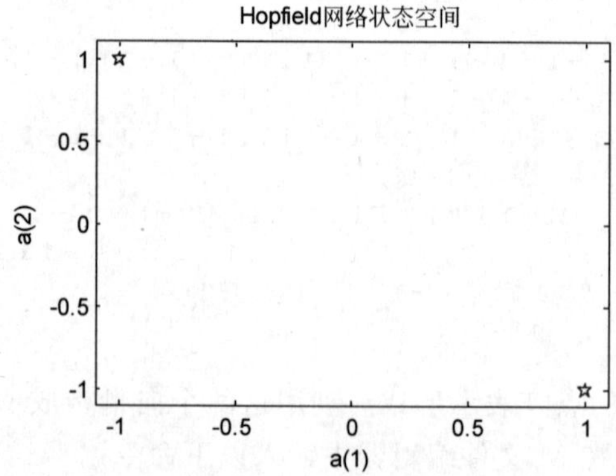

图 18-17 Hopfield 网络状态空间

应用 newhop 函数设计一个 Hopfield 网络,满足期望值 T 的要求。在 M 文件编辑器中输入以下命令:

```
net=newhop(T);
W=net.LW{1,1}                          %权值
b=net.b{1,1}                           %阈值
```

运行程序,得到权值和阈值如下:

```
W =
     0.6925   -0.4694
    -0.4694    0.6925
b =
     0
     0
```

将应用期望值作为初始输入，再应用 sim 函数进行检测。在 M 文件编辑器中输入以下命令：

```
Ai = T;
[Y,Pf,Af] = sim(net,2,[ ],Ai);
Y
Y =
     1   -1
    -1    1
```

可见，网络输出能够稳定到期望值。然后随机选取初始点，并应用 sim 函数进行仿真，其结果应该稳定到两个平衡点之一。

在 M 文件编辑器中输入以下命令：

```
a = {rands(2,1)};
[y,Pf,Af] = sim(net,{1,50},{},a);
%下面绘制出初始点向平衡点的逼近过程
record = [cell2mat(a) cell2mat(y)];
start = cell2mat(a);
hold on;
plot(start(1,1),start(2,1),'bx',record(1,:),record(2,:));
```

运行程序，效果如图 18-18 所示。

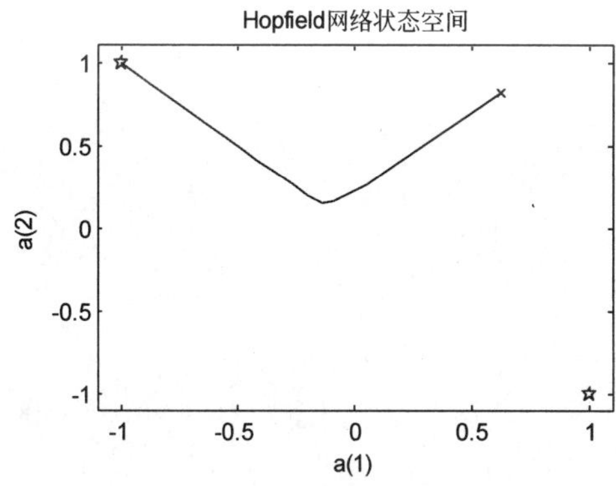

图 18-18 随机初始点测试

可见，随机选取的初始点最后稳定在左上角的平衡点。

下面另外选取 5 个初始点来说明伪平衡点的情况，5 个点在向量空间恰恰位于两个期望稳定点正中的位置上，同样也绘制出这 5 个点走趋。在 M 文件编辑器中输入以下命令：

```
plot(0,0,'ko');
P = [ -1.0  -0.5 0.0 0.5 1.0; -1.0  -0.5 0.0 0.5 1.0];
color = 'rgbmy';
for i = 1:5
    a = {P(:,i)};
    [y,Pf,Af] = sim(net,{1 50},{},a);
    record = [cell2mat(a) cell2mat(y)];
    start = cell2mat(a);
```

```
    plot(start(1,1),start(2,1),'kx',...
        record(1,:),record(2,:),color(rem(i,5) + 1));
end
```

运行程序,效果如图 18-19 所示。

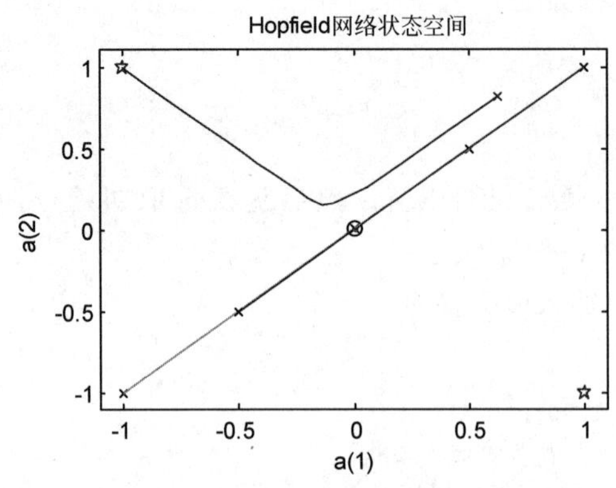

图 18-19　伪平衡点现象

从图 18-19 中可以看出,5 个初始点最后都移动到了状态空间中心的位置,而这个点不是网络设计之前所设定的平衡点。此时,状态空间中心点就是网络设计中不期望出现的伪平衡点。

第19章 图像统计分析与滤波分析的函数实现

19.1 图像的统计特性

在 MATLAB 中,灰度图像是二维矩阵,RGB 彩色图像是三维矩阵。图像作为矩阵,可以计算其平均值、方差和相关等统计特征。

19.1.1 图像均值

在 MATLAB 中,采用 mean2 函数计算矩阵的均值。对于灰度图像,图像数据是二维矩阵,可以通过函数 mean2 计算图像的平均灰度值。对于 RGB 彩色图像数据 I,mean2(I)得到所有颜色值的平均值。如果要计算 RGB 彩色图像每种颜色的平均值,例如红色的平均值,可以采用 mean2(I(:,:,I))。

【例 19-1】 通过 mean2 函数计算灰度和彩色图像的平均值。

其 MATLAB 编程代码如下:

```
>> clear all;
I = imread('onion.png');
J = rgb2gray(I);                        % RGB 转换为灰度图像
gray = mean2(J);                        % 灰度图像的均值
rgb = mean2(I);                         % RGB 图像的均值
r = mean2(I(:,:,1))                     % 红色
g = mean2(I(:,:,2))                     % 绿色
b = mean2(I(:,:,3))                     % 蓝色
subplot(121);imshow(uint8(I));
title('原始图像');
subplot(122);imshow(uint8(J));
title('灰度图像');
```

运行程序,输出如下,效果如图 19-1 所示。

```
r =
  137.3282
g =
   92.7850
```

```
b =
   45.2651
```

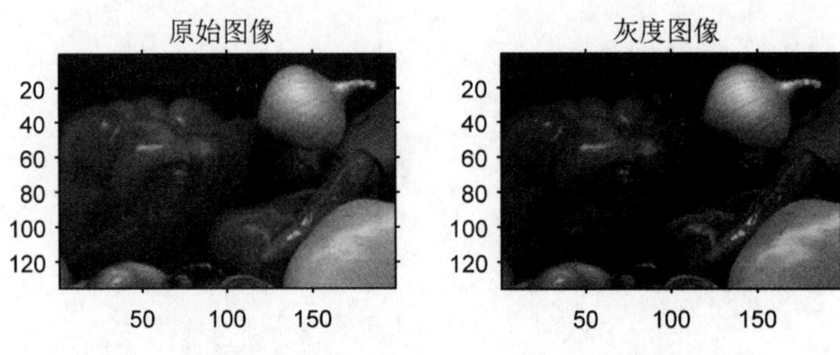

图 19-1　RGB 彩色图像和灰度图像的平均值

在彩色图像中，红色的平均值为 137.3282，绿色的平均值为 92.7850，蓝色的平均值为 45.2651，这些数据和实际的图像完全相符，红色和绿色成分比较多，蓝色成分比较少。

19.1.2　图像的标准差

对于向量 $\boldsymbol{x}_i$，其中 $i=1,2,\cdots,n$，其标准差为

$$s=\sqrt{\frac{1}{n-1}\sum_{i=1}^{n}(\boldsymbol{x}_i-\boldsymbol{x})^2}$$

其中 $\boldsymbol{x}=\frac{1}{n}\sum_{i=1}^{n}\boldsymbol{x}_i$，该向量的长度为 n。

在 MATLAB 中，提供了 std 函数计算向量的标准差，通过 std2 函数计算矩阵的标准差。灰度图像的像素为二维矩阵 A，则该图像的标准差为 std(A)。

【例 19-2】 计算灰度图像的标准差。

其 MATLAB 编程代码如下：

```
>> clear all;
I = imread('liftingbody.png');
s1 = std2(I)                                   %计算标准差
J = histeq(I);                                 %直方图均衡化
s2 = std2(J)                                   %计算直方图均衡化标准差
```

运行程序，输出如下：

```
s1 =
   31.6897
s2 =
   74.8417
```

19.1.3　图像的相关系数

灰度图像的像素为二维矩阵。两个大小相等的二维矩阵，可以计算其相关系数，其公式为

$$r=\frac{\sum_m\sum_n(\boldsymbol{A}_{mn}-\bar{\boldsymbol{A}})(\boldsymbol{B}_{mn}-\bar{\boldsymbol{B}})}{\sqrt{\left(\sum_m\sum_n(\boldsymbol{A}_{mn}-\bar{\boldsymbol{A}})^2\right)\left(\sum_m\sum_n(\boldsymbol{B}_{mn}-\bar{\boldsymbol{B}})^2\right)}}$$

其中，$\boldsymbol{A}_{mn}$和$\boldsymbol{B}_{mn}$的大小为m行n列的灰度图像，$\bar{\boldsymbol{A}}$为mean2(A)，$\bar{\boldsymbol{B}}$为mean2(B)。

在MATLAB中，提供了corr2函数计算两个灰度图像的相关系数。函数的调用格式为r = corr2(A,B)：A和B为大小相等的二维矩阵，r为两个矩阵的相关系数。

【例19-3】 计算两个灰度图像的相关系数。

其MATLAB编程代码如下：

```
>> clear all;
I = imread('pout.tif');
J = medfilt2(I);                          %中值滤波器
R = corr2(I,J)                            %计算相关系数
subplot(121);imshow(I);
title('原始图像');
subplot(122);imshow(J);
title('中值滤波');
```

运行程序，输出如下，效果如图19-2所示。

```
R =
    0.9959
```

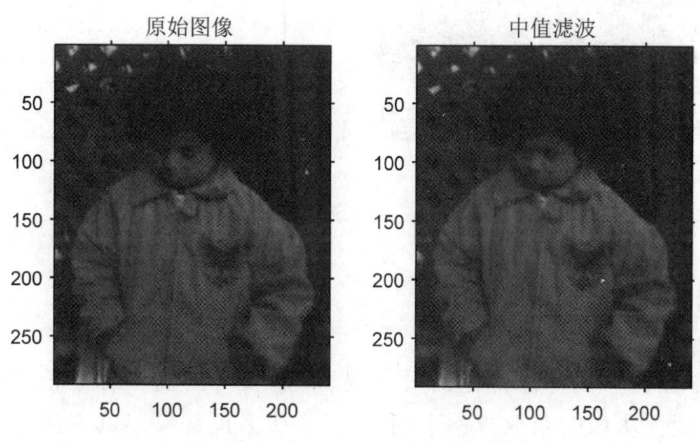

图19-2 计算两幅图像的相关系数

在图19-2中，左图为原始图像，右图为二维中值滤波后得到的图像。这两幅图像的相关系数为0.9959，相似度非常高。

19.1.4 图像的等高线

在MATLAB图像处理工具箱中提供了imcontour函数用来显示灰度图像中数据的轮廓图，imcontour函数能够自动设置坐标轴，使输出图像在其方向和纵横比上能够与显示的图像吻合。

imcontour(I)：提取灰度图像的轮廓图。

imcontour(I,n)：设置 n 为灰度级的个数。

imcontour(I,v)：绘制灰度图像的轮廓图，并指定 v 为一个向量值。

imcontour(x,y,…)：x,y 代表 X 和 Y 轴的取值。

imcontour(…,LineSpec)：设置灰度图像的轮廓图的颜色。

[C,handle]=imcontour(…)：除了返回灰度图像的轮廓图句柄值外，还返回其轮廓矩阵。

【例 19-4】 通过 imcontour 函数计算灰度图像的等高线。

其 MATLAB 编程代码如下：

```
>> clear all;
I = imread('onion.png');
J = rgb2gray(I);                              % RGB 转换为灰度图像
subplot(121);imshow(J);
title('原始图像');
subplot(122);imcontour(J,3);                  % 显示等高线
title('等高线');
```

运行程序，效果如图 19-3 所示。

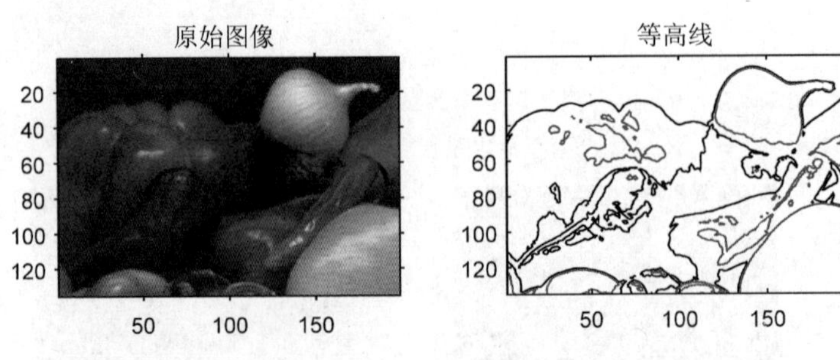

图 19-3　灰度图像的等高线

19.2　空间域滤波

数字图像中往往存在各种各样的噪声，噪声是获得的图像像素值，不能反映真实场景亮度的误差，根据图像的获取方法不同，有很多引入图像噪声的方法。

(1) 如果图像是通过扫描照片得到的，则照片上的灰尘是噪声源，另外，照片损坏和扫描的过程本身都会引入噪声。

(2) 如果图像直接由数字设备得到，则获取图像数据的设备会引入噪声。

(3) 图像数据的传输会引入噪声。

19.2.1　图像加入噪声

为了模拟不同方法的去噪效果，MATLAB 中提供了 imnoise 函数对一幅图像加入不同类型的噪声。下面通过一个例子来演示在图像中加入噪声。

【例 19-5】 在图像中加入不同的噪声。

其 MATLAB 编程代码如下：

```
>> clear all;
I = imread('eight.tif');
subplot(231);imshow(I);
title('原始图像');
J1 = imnoise(I,'gaussian',0.15);                   % 添加高斯噪声
subplot(232);imshow(J1);
title('添加 Gaussian 噪声');
J2 = imnoise(I,'salt & pepper',0.15);              % 添加椒盐噪声
subplot(233);imshow(J2);
title('添加 salt & pepper 噪声');
J3 = imnoise(I,'poisson');                         % 添加泊松噪声
subplot(234);imshow(J3);
title('添加 poission 噪声');
J4 = imnoise(I,'speckle',0.15);                    % 加入乘法噪声
subplot(235);imshow(J4);
title('添加 speckle 噪声')
```

运行程序，效果如图 19-4 所示。

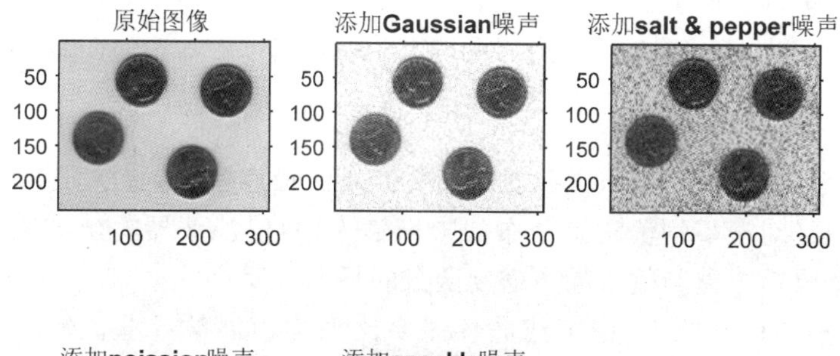

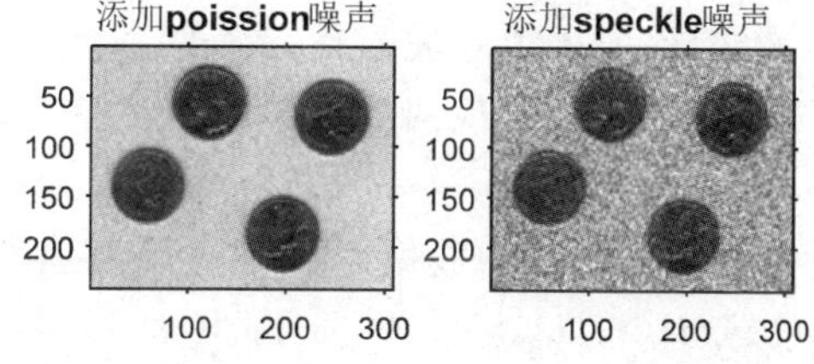

图 19-4 添加不同的噪声效果

19.2.2 中值滤波器

中值滤波器是一种去除噪声的非线性处理方法，是由 Turky 在 1971 年提出的。基本原理是把数字图像或数字序列中一点的值用该点的一个邻域中各点值的中值代替。中值的定义如下：一组数字 $x_1,x_2,\cdots,x_n$，把 n 个数按值的大小顺序排列于下：$x_{i1}\leqslant x_{i2}\leqslant\cdots\leqslant x_{in}$

$$y=\mathrm{Med}\{x_1,x_2,\cdots,x_n\}=\begin{cases}x_{i\left(\frac{n+1}{2}\right)} & (n\text{ 为奇数})\\ \dfrac{1}{2}\left[x_{i\left(\frac{n}{2}\right)}+x_{i\left(\frac{n}{2}+1\right)}\right] & (n\text{ 为偶数})\end{cases}$$

y 称为序列 $x_1, x_2, \cdots, x_n$ 的中值。把一个点的特定长度或形状的邻域称作窗口。在一维情形下，中值滤波器是一个含有奇数个像素的滑动窗口，窗口正中间那个像素的值用窗口内各像素值的中值代替。设输入序列为$\{x_i, i\in I\}$，I 为自然数集合或子集，窗口长度为 n，则滤波器输出为

$$y_i = \text{Med}\{x_i\} = \text{Med}\{x_{i-u}, \cdots, x_i, \cdots, x_{i+u}\}$$

其中，$i\in I, u=\dfrac{n-1}{2}$。

中值滤波器的概念很容易推广到二维，此时可以利用某种形式的二维窗口。设$\{x_{ij}, (i,j)\in I^2\}$表示数字图像各点的灰度值，滤波窗口为 A 的二维中值滤波可定义为

$$y_i = \text{Med}_A\{x_{ij}\} = \text{Med}\{x_{i+r,j+s}, (r,s)\in A, (i,j)\in I^2\}$$

二维中值滤波器可以取方形，也可以取近似圆形或十字形，如图 19-5 所示。

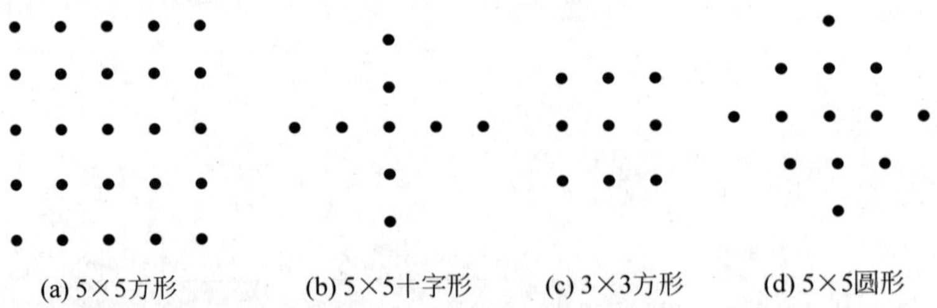
(a) 5×5方形　(b) 5×5十字形　(c) 3×3方形　(d) 5×5圆形

图 19-5　常用中值滤波器窗口

中值滤波器是非线性运算，因此对于随机性质的噪声输入，数学分析是相当复杂的。由大量实验可得，对于零均值正态分布的噪声输入，中值滤波器输出与输入噪声的密度分布有关，输出噪声方差与输入噪声密度函数的平方成反比。

对随机噪声的抑制能力，中值滤波性能要比平均值滤波差些。但对于脉冲干扰来讲，特别是脉冲宽度较小、相距较远的窄脉冲，中值滤波是很有效的。

在 MATLAB 中，提供了 medfilt2 函数用于实现图像的中值滤波处理。函数的调用格式为

B=medfilt2(A,[m n])：A 为待滤波的图像的数据矩阵，B 为滤波后的数据矩阵，参数[m n]为中值滤波的邻域块的大小，默认为 3×3。

B=medfilt2(A)：使用默认的邻域块对图像 A 进行中值滤波。

B=medfilt2(A,'indexed',…)：参数'indexed'表明操作对象为索引图像。

【例 19-6】 利用 medfilt2 函数对图像进行中值滤波操作。

其 MATLAB 编程代码如下：

```
>> clear all;
I = imread('eight.tif');
figure;
subplot(211);imshow(I);
title('原始图像');
J = imnoise(I,'salt & pepper',0.02);      %为图像添加椒盐噪声
K = medfilt2(J);                          %图像的中值滤波操作
subplot(212);imshowpair(J,K,'montage');
title('中值滤波效果');
```

运行程序，效果如图 19-6 所示。

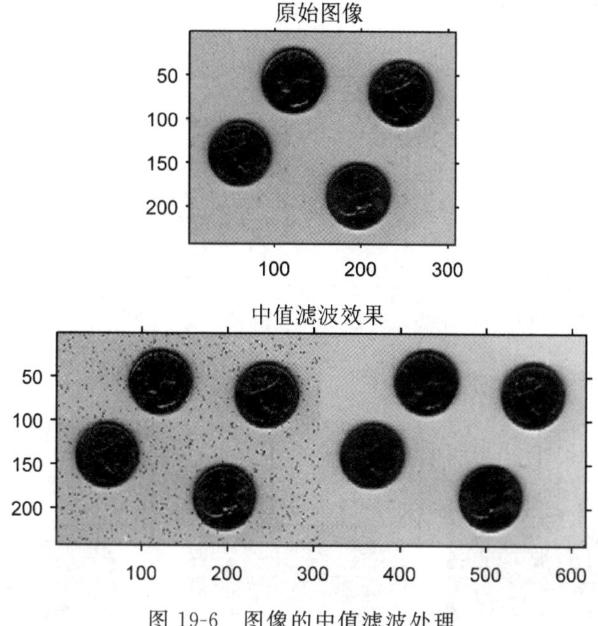

图 19-6　图像的中值滤波处理

19.2.3　自适应滤波器

在 MATLAB 中利用 wiener2 函数可以实现对图像噪声的自适应滤除。wiener2 函数根据图像的局部方差来调整滤波器的输出。当局部方差大时，滤波器的平滑效果较弱，滤波器的平滑效果较强。

wiener2 函数采用的算法是首先估计出像素的局部矩阵和方差：

$$\mu = \frac{1}{MN}\sum_{n_1,n_2\in\eta} a(n_1,n_2)$$

$$\sigma^2 = \frac{1}{MN}\sum_{n_1,n_2\in\eta} a^2(n_1,n_2) - \mu^2$$

η 是图像中每个像素的 $M\times N$ 的邻域。然后，对每一个像素利用 wiener2 滤波器估计出其灰度值：

$$b(n_1,n_2) = \mu + \frac{\sigma^2 - v^2}{\sigma^2}(a(n_1,n_2) - \mu)$$

这里 v^2 是图像中噪声的方差。

使用 wiener2 函数进行滤波会产生比线性滤波更好的效果，因为自适应滤波器保留了图像的边界和图像的高频成分，但花时间更多。函数的调用格式为

J=wiener2(I,[m n],noise)：使用自适应滤波对图像 I 进行滤降噪处理。参数 m 与 n 为标量，指定 m×m 邻域来估计图像均值与方差，默认区域大小为 3×3。参数 noise 为矩阵，表示指定噪声。

[J,noise]=wiener2(I,[m n])：使用自适应滤波对图像 I 进行降噪处理，并返回函

数的估计噪声 noise。

【例 19-7】 利用 winener2 函数对图像进行自适应滤波处理。

其 MATLAB 编程代码如下：

```
>> clear all;
RGB = imread('saturn.png');
subplot(131);imshow(RGB);
title('原始图像');
I = rgb2gray(RGB);                          %将彩色图像转换为灰度图像
J = imnoise(I,'gaussian',0,0.025);          %添加高斯噪声
subplot(132);imshow(J);
title('带高斯噪声的图像');
K = wiener2(J,[5 5]);
subplot(133), imshow(K);
title('自适应滤波');
```

运行程序，效果如图 19-7 所示。

图 19-7 图像的自适应滤波效果

19.2.4 排序滤波

线性滤波通过对邻域像素的线性组合得到输出图像的像素值，这是一种线性处理方法。而线性滤波在图像去噪方面具有局限性，要么牺牲图像的细节，换得信噪比的提高；要么以信噪比的下降为代价，而保护图像的边缘，这两者往往不能同时兼顾。在此将介绍的排序滤波是一种非线性处理方法，它在保护图像细节方面有很大的优势，而且信噪比损失不大，在图像处理中有广泛的应用。

排序滤波通过对邻域像素的升序排序，取第 r 个像素值作为输出图像的像素值。排序滤波也有对应的滤波窗口，滤波窗口超出图像边界时需要考虑边界的处理，可以用 0 填充或是最近邻边界填充等。在 MATLAB 中利用函数 ordfilt2 对图像作排序滤波，函数的调用格式为

B=ordfilt2(A,order,domain)：对图像 X 作顺序统计滤波，order 为滤波器输出的顺序值，domain 为滤波窗口。

B=ordfilt2(A,order,domain,S)：S 是与 domain 大小相同的矩阵，它是对应 domain 中非零值位置的输出偏置，这在图形形态学中是很有用的。例如：

- Y=ordfilt2(X,5,ones(3,3))，相当于 3×3 的中值滤波；

- Y＝ordfilt2(X,1,ones(3,3))，相当于 3×3 的最小值滤波；
- Y＝ordfilt2(X,9,ones(3,3))，相当于 3×3 的最大值滤波；
- Y＝ordfilt2(X,1,[0 1 0;1 0 1;0 1 0])，输出的是每个像素的东、西、南、北四个方向相邻像素灰度的最小值。

【例 19-8】 利用 ordfilt2 函数对图像进行排序滤波。

其 MATLAB 编程代码如下：

```
>> clear all;
I = imread('circuit.tif');
subplot(221);imshow(I);
title('原始图像');
B = ordfilt2(I,25,true(5));
subplot(222), imshow(B);
title('排序滤波');
J = imnoise(I,'gaussian',0,0.025);          %添加高斯噪声
subplot(223), imshow(J);
title('排序滤波');
C = ordfilt2(J,25,true(5));
subplot(224), imshow(C);
title('含噪排序滤波');
```

运行程序，效果如图 19-8 所示。

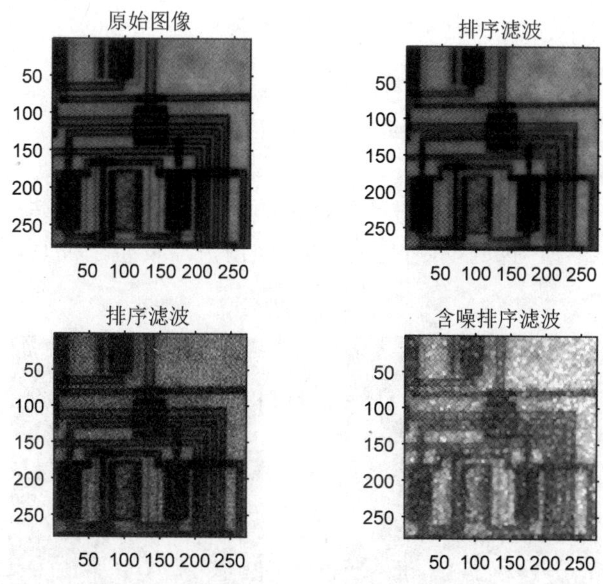

图 19-8　图像的排序滤波处理

19.2.5　锐化滤波

从数学上看，图像模糊的实质就是图像受到平均或积分运算的影响，因此对其进行逆运算即可以使图像清晰。

1. 线性锐化滤波

线性高通滤波器是最常用的线性锐化滤波器。这种滤波器必须满足滤波器的中心系数为正数，其他系数为负数。线性高通滤波器 3×3 模板的典型系数如图 19-9 所示。

−1	−1	−1
−1	−8	−1
−1	−1	−1

图 19-9　线性高通滤波器 3×3 模板

事实上这是拉普拉斯算子，所有系数的和为 0。当这样的模板放在图像中，灰度值是常数或变化很小的区域时，其输出为 0 或很小。有时会导致输出图像的灰度值为负数，而图像处理中一般仅考虑正灰度值，所以在这种情况下还要再进行灰度变换，使像素的灰度值保持在正整数范围内。

【例 19-9】 用线性锐化滤波对图像进行锐化滤波处理。

其 MATLAB 编程代码如下：

```
>> clear all;
%利用拉普拉斯算子对模糊图像进行增强
I = imread('lean.png');
subplot(1,2,1);imshow(I);
xlabel('(a)原始图像');
I = double(I);                          %转换数据类型为 double 双精度型
H = [0 1 0,1 -4 1,0 1 0];               %拉普拉斯算子
J = conv2(I,H,'same');                  %用拉普拉斯算子对图像进行二维卷积运算
%增强的图像为原始图像减去拉普拉斯算子滤波的图像
K = I - J;
subplot(1,2,2),imshow(K,[])
xlabel('(b)锐化滤波处理')
```

运行程序，效果如图 19-10 所示。

运行结果如图 19-10 所示。由图可见，图像模糊的部分得到了锐化，边缘部分得到了增强，边界更加明显。但图像显示清楚的地方，经滤波后发生了失真，这也是拉氏算子增强的一大缺点。

(a) 原始图像

(b) 锐化滤波处理

图 19-10　拉氏算子对模糊图像进行增强

下面介绍两种常用的图像锐化算子。

(1) 拉普拉斯算子

拉普拉斯(Laplacian)算子法比较适用于改善因为光线的漫反射造成的图像模糊。拉普拉斯算子法是常用的边缘增强处理算子，它是各向同性的二阶导数，一个连续的二

元函数 $f(x,y)$，它在位置 (x,y) 处的拉普拉斯运算定义为

$$\nabla^2 f(x,y) = \frac{\partial^2 f}{\partial x^2} + \frac{\partial^2 f}{\partial y^2} \tag{19-1}$$

式中，$\nabla^2 f(x,y)$ 称为拉普拉斯算子。对数字图像可写出图像 $f(i,j)$ 的一阶偏导为

$$\frac{\partial f(i,j)}{\partial x} = \Delta_x f(i,j), \quad \frac{\partial f(i,j)}{\partial y} = \Delta_y f(i,j) \tag{19-2}$$

二阶偏导为

$$\frac{\partial^2 f(i,j)}{\partial x^2} = \Delta_x f(i+1,j) - \Delta_x f(i,j) \tag{19-3}$$

$$\frac{\partial^2 f(i,j)}{\partial y^2} = \Delta_y f(i,j+1) - \Delta_y f(i,j) \tag{19-4}$$

式(19-1)经整理可得

$$\begin{aligned} g(i,j) = \nabla^2 f(i,j) &= \frac{\partial^2 f(i,j)}{\partial x^2} + \frac{\partial^2 f(i,j)}{\partial y^2} \\ &= f(i+1,j) + f(i-1,j) + f(i,j+1) + f(i,j-1) - 4f(i,j) \end{aligned} \tag{19-5}$$

对于式(19-5)也可由拉普拉斯算子模板来表示：

$$\boldsymbol{H}_1 = \begin{bmatrix} 0 & 1 & 0 \\ 1 & -4 & 1 \\ 0 & 1 & 0 \end{bmatrix} \quad \boldsymbol{H}_2 = \begin{bmatrix} 1 & 1 & 1 \\ 1 & -8 & 1 \\ 1 & 1 & 1 \end{bmatrix} \tag{19-6}$$

空间域锐化滤波用卷积形式表示为

$$g(i,j) = \nabla^2 f(x,y) = \sum_{r=-k}^{k} \sum_{s=-l}^{l} f(i-r,j-s)\boldsymbol{H}(r,s) \tag{19-7}$$

式中，$H(r,s)$ 除了可取式(19-6)的拉普拉斯算子模板外，只要适当地选择滤波因子(权函数)$\boldsymbol{H}(r,s)$，就可以组成不同性能的高通滤波器，从而使边缘锐化突出细节。

几种常用的归一化高通滤波的模板如下：

$$\boldsymbol{H}_1 = \begin{bmatrix} 0 & -1 & 0 \\ -1 & 5 & -1 \\ 0 & -1 & 0 \end{bmatrix}, \quad \boldsymbol{H}_2 = \begin{bmatrix} -1 & -1 & -1 \\ -1 & 9 & -1 \\ -1 & -1 & -1 \end{bmatrix}, \quad \boldsymbol{H}_3 = \begin{bmatrix} 1 & -2 & 1 \\ -2 & 5 & -2 \\ 1 & -2 & 1 \end{bmatrix}$$

这些已经归一化的模板可以避免处理后的图像出现亮度偏移。其中，H_1 等效于用 Laplacian 算子增强图像。如果要增强具有方向性的边缘和线条，则应采用方向滤波，这时模板算子可由方向模板组成。

【例 19-10】 对图像进行 Laplacian 算子锐化。

其 MATLAB 编程代码如下：

```
>> clear all;
I = imread('cristal.jpg');
h1 = [0 -1 0; -1 5 -1;0 -1 0];
h2 = [ -1 -1 -1; -1 9 -1; -1 -1 -1];
BW1 = imfilter(I,h1);
BW2 = imfilter(I,h2);
subplot(131);imshow(I);
title('原始图像');
subplot(132);imshow(uint8(BW1));
```

```
title('四邻域');
subplot(133);imshow(uint8(BW2));
title('八邻域');
```

运行程序,效果如图 19-11 所示。

图 19-11 Laplacian 算子图像锐化

从图 19-11 可看出,图像经过 Laplacian 算子运算后边界变得清晰了许多,而且八邻域模板的滤波效果明显要好于四邻域模板,图像的边界更加清晰了。

(2) Wallis 算子

Wallis 根据 Laplacian 算子的特点,提出了一种改进的 Laplacian 算子,这是一个自适应算子。设$[f(i,j)]_{M\times N}$为原始图像,它的局部均值和局部标准偏差分别记为$\bar{f}(i,j)$和$\sigma(i,j)$,即

$$\bar{f}(i,j)=\frac{1}{M}\sum_{(m,n)\in D_{ij}} f(m,n)$$

$$\sigma^2(i,j)=\frac{1}{M}\sum_{(m,n)\in D_{ij}} [f(m,n)-\bar{f}(i,j)]^2$$

式中,D_{ij}为像素(i,j)的邻域,M为D_{ij}的个数。增强后的图像$[g(i,j)]_{M\times N}$像素点(i,j)的灰度为

$$g(i,j)=[\alpha m_d+(1-\alpha)\bar{f}(i,j)]+[f(i,j)-\bar{f}(i,j)]\frac{A\sigma_d}{A\sigma(i,j)+\sigma_d}$$

式中,m_d和σ_d表示设计的平均值和标准偏差,A为增益系数,α为控制增强图像中边缘和背景组成的比例常数。

【例 19-11】 对图像进行 Wallis 算子锐化。

其 MATLAB 编程代码如下:

```
>> clear all;
I = imread('lean.jpg');
subplot(131);imshow(I);
title('原始图像');
I = im2double(I);
[height width R] = size(I);
for i = 2:height - 1
    for j = 2:width - 1 II(i,j) = log10(I(i,j) + 1) - 0.25 * (log10(I(i - 1,j) + 1) + log10(I(i +
1,j) + 1) + log10(I(i,j - 1) + 1) + log10(I(i,j + 1) + 1));
    end
end
min1 = min(II);
min2 = min(min1);
```

```
for i = 2:height - 1
   for j = 2:width - 1
      II(i,j) = 46 * II(i,j) - min2 + 0.4;
  end
end
subplot(132);imshow(II,[]);
title('四邻域');
for i = 1:height - 1
    for j = 1:width - 1
        if (II(i,j)< - 0.035)
           II(i,j) = 0;
        else II(i,j) = 1;
        end
    end
end
subplot(133);imshow(II,[]);
title('八邻域');
```

运行程序,效果如图 19-12 所示。

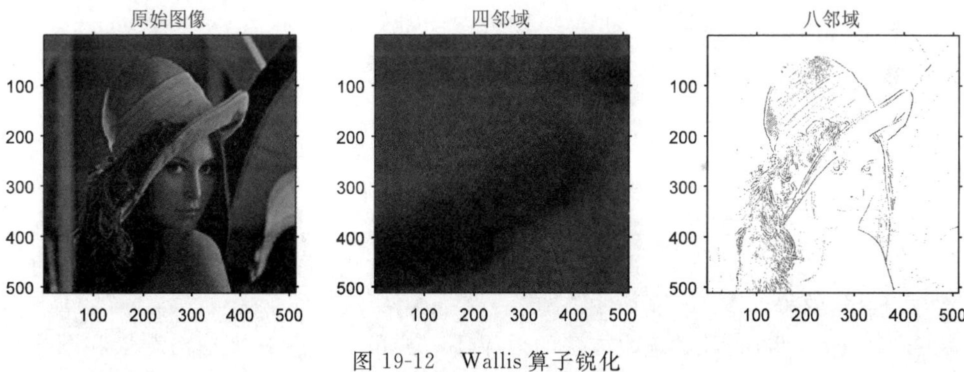

图 19-12　Wallis 算子锐化

2. 非线性锐化

邻域平均可以模糊图像,因为平均对应积分,所以可以利用微分来锐化图像。非线性锐化滤波器就是应用微分对图像进行处理的,其中最常用的就是利用梯度,即图像沿某个方向上的灰度变化率。对于一个连续函数 $f(x,y)$,梯度定义如下:

$$\text{grad}[f(x,y)] = \left[\frac{\partial f}{\partial x},\frac{\partial f}{\partial y}\right] \overset{\text{def}}{=} \Delta f$$

梯度是一个向量,需要用两个模板分别沿 x 和 y 方向计算。梯度的模(以 2 为模,对应欧氏距离)为

$$|\nabla f| = \left[\left(\frac{\partial f}{\partial x}\right)^2 + \left(\frac{\partial f}{\partial y}\right)^2\right]^{\frac{1}{2}}$$

$$|\nabla f| = [(\Delta_x f)^2 + (\Delta_y f)^2]^{\frac{1}{2}}$$

其中,

$$\Delta_x = \frac{\Delta f}{\Delta x} = f(x+1,y) - f(x,y)$$

$$\Delta_y = \frac{\Delta f}{\Delta y} = f(x,y+1) - f(x,y)$$

常用的空域非线性锐化滤波微分算子有 Sobel 算子、Prewitt 算子、LoG 算子(高斯-拉普拉斯算子)等。

【例 19-12】 梯度法锐化图像。

其 MATLAB 编程代码如下:

```
>> clear all;
[I,map] = imread('lean.png');
subplot(2,2,1);imshow(I);
xlabel('(a)原始图像');
I = double(I);                                  %数据类型转换
[IX,IY] = gradient(I);                          %梯度
gm = sqrt(IX. * IX + IY. * IY);
out1 = gm;
subplot(2,2,2);imshow(out1,map);
xlabel('(b)梯度值');
out2 = I;
J = find(gm >= 15);                             %阈值处理
out2(J) = gm(J);
subplot(2,2,3);imshow(out2,map);
xlabel('(c)加阈值梯度值');
out3 = I;
J = find(gm >= 20);                             %阈值黑白化
out3(J) = 255;                                  %设置为白色
K = find(gm < 20);                              %阈值黑白化
out3(K) = 0;                                    %设置为黑色
subplot(2,2,4);imshow(out3,map);                %二值化
xlabel('二值化')
```

运行程序,效果如图 19-13 所示。

由图 19-13 可看出,几种输出方法的效果不一样的。直接梯度输出背景和图像目标不是很清楚,阈值梯度输出可以消除背景的影响,而二值图像输出强化的是边缘的效果。

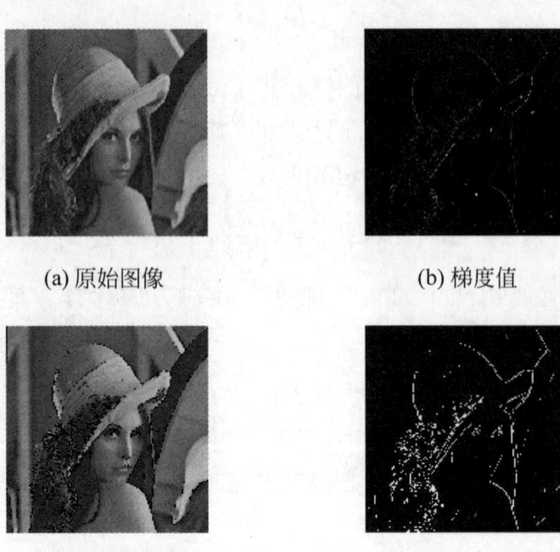

(a) 原始图像　(b) 梯度值

(c) 加阈值梯度值　(d) 二值化

图 19-13　梯度法图像锐化效果

第20章 自组织神经网络的设计与应用

采用有导师学习规则的神经网络要求对所学习的样本给出“正确答案”，以便网络据此判断输出的误差，根据误差的大小改进自身的权值，提高正确解决问题的能力。然而在很多情况下，人在认知过程中没有预知的正确模式，人获得大量知识常常是靠“无师自通”，即通过对客观事件的反复观察、分析与比较，自行提示其内在规律，并对具有共同特征的事物进行正确归类。对于人的这种学习方式，基于有导师学习策略的神经网络是无能为力的。自组织神经网络的无导师学习方式更类似于人类大脑中生物神经网络的学习，其最重要的特点是通过自动寻找样本中的内在规律和本质属性，自组织、自适应地改变网络参数与结构。这种学习方式大大拓宽了神经网络在模式识别与分类方面的应用。

自组织网络结构上属于层次型网络，有多种类型，其共同特点是都具有竞争层。最简单的网络结构具有一个输入层和一个竞争层，如图 20-1 所示。输入层负责接收外界信息并将输入模式向竞争层传递，起到“观察”作用；竞争层负责对该模式进行“分析比较”，找出规律以正确归类。这种功能是通过下面介绍的竞争机制实现的。

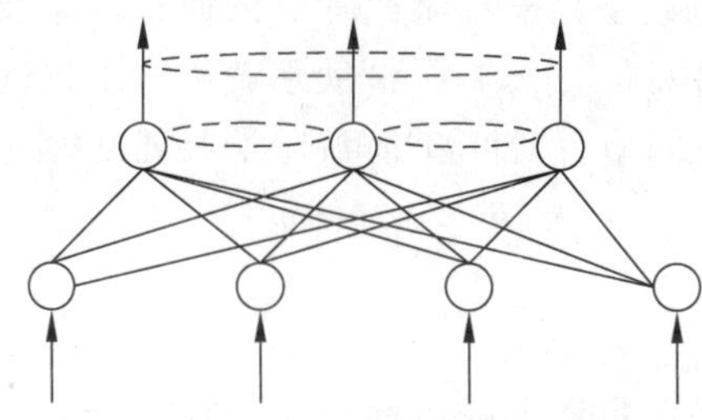

图 20-1 自组织网络的典型结构

20.1 常用的几种联想学习规则

格劳斯贝格(S. Grossberg)提出了两种类型的神经元模型：内星(Instar)与外星(Outstar)模型，用来解释人类及动物的学习现象。内星可以被训练识别向量，而外星可以被训练产生向量。

由 R 个输入构成的格劳斯贝格内星模型如图 20-2 所示。

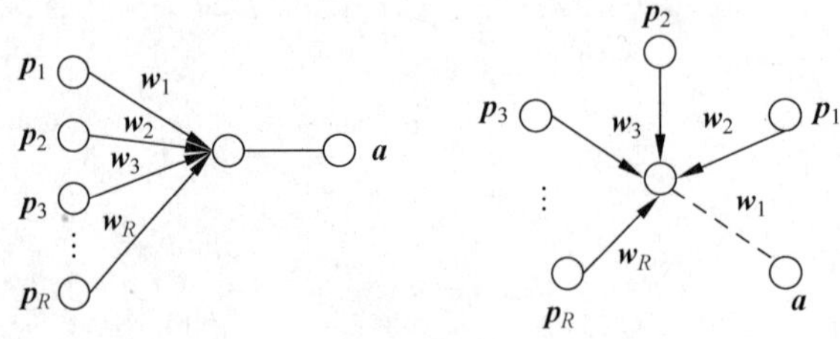

图 20-2　格劳斯贝格内星模型图

由 S 个输出构成的格劳斯贝格外星模型如图 20-3 所示。

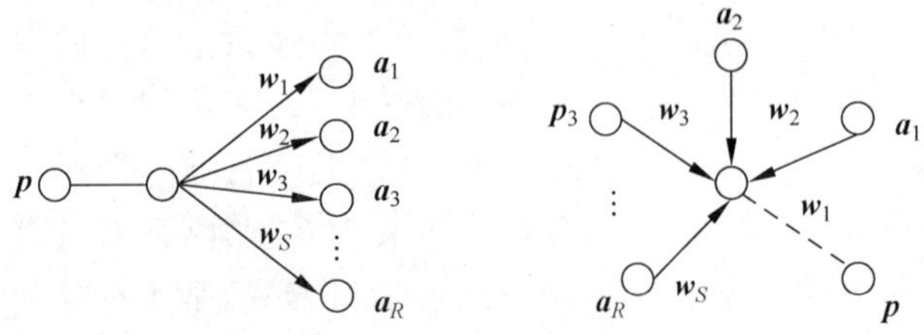

图 20-3　格劳斯贝格外星模型图

从图 20-2 和图 20-3 中可以清楚地看出，内星是通过连接权值向量接收一组输入信号 $\boldsymbol{p}$；而外星则是通过连接权值向量向外输出一组信号 $\boldsymbol{a}$。它们被称为内星和外星原因，主要是因为其网络的结构像星形，且内星的信号流向星的内部，外星的信号流向星的外部，下面分别详细讨论两种神经元模型的学习规则及其作用，同时简单介绍另外两种联想学习规则。

20.1.1　内星学习规则

实现内星输入与输出的传递函数是强限幅函数。可以通过内星及其学习规则来训练某一神经元节点只响应特定的输入向量 $\boldsymbol{p}$，其是借助于调解网络权值向量 $\boldsymbol{w}$ 近似于输入向量 $\boldsymbol{p}$ 来实现的。其对权值修正的格劳斯贝格 Lnstar 学习规则为

$$\Delta \boldsymbol{w}_{ij} = lr \cdot (\boldsymbol{p}_j - \boldsymbol{w}_{ij}) \cdot \boldsymbol{a}_i$$

其中，lr 为网络的学习速率。

由上式可见，$\Delta \boldsymbol{w}_{ij}$ 与输出成正比。如果 Instar 模型的输出向量 $\boldsymbol{a}$ 被某一外部方式维持高值时，那么通过不断反复地学习，权值能够逐渐趋近于输入向量 $\boldsymbol{p}_j$ 的值，并使 $\Delta \boldsymbol{w}_{ij}$ 逐渐减少，直到最终达到 $\boldsymbol{w}_{ij} = \boldsymbol{p}_j$，从而使 Instar 权值向量学习了输入向量 $\boldsymbol{p}$，实现了用 Instar 模型来识别一个向量的目的。另外，如果 Instar 模型的输出保持为低值时，网络权值向量被学习的可能性较小，甚至不能被学习。

对于一个已训练过的 Instar 模型，当输入端再次出现学习过的输入向量时，其产生数值为 1 的加权输入和；而若与学习过的向量不相同的输入出现时，所产生的加权输入和总是小于 1。由此可见，Instar 加权输入和公式中的权值 $\boldsymbol{w}$ 与输入向量 $\boldsymbol{p}$ 的点积，反映了输入向量与网络权值向量之间的相似度。当相似度接近于 1 时，表明输入向量 $\boldsymbol{p}$ 与权

值向量相似,并通过进一步学习,能够使权值向量对其输入向量具有更大的相似度,当多个相似输入向量输入 Instar 模型时,最终的训练结果是使网络的权值向量趋向于相似输入向量的平均值。

MATLAB 神经网络工具箱中 Instar 学习规则的执行函数是 learnis,其用法在前面已介绍过。

【例 20-1】 设计一个 Instar 网络进行以下向量的分类辨识。

在 M 文件编辑器中输入以下命令:

```
P=[0.1826 0.6325;0.3651 0.3162;0.5477 0.3162;0.7303 0.6325];
T=[1 0];
```

与感知器分类原理不同,Instar 根据期望值向量进行学习。本例是通过迫使网络在第一个输入向量出现时输出为 1,同时迫使网络在第二个向量出现时输出为 0,而使网络权值逼迫期望输出为 1 的第一个输入向量。

首先对网络进行初始化:

```
[R,Q]=size(P);
[S,Q]=size(T);
W=zeros(S,R);
max_epoch=10;
lp.lr=0.7;
```

下面进行 Instar 网络的训练:

```
for epoch=1:max_epoch
    for q=1:Q
        A=T(:,q);
        dW=learnis(W,P(:,q),[],[],A,[],[],[],[],[],lp,[]);
        W=W+dW;
    end
end
W
```

得到的权值向量为

```
W =
    0.1826    0.3651    0.5477    0.7303
```

改变学习速率:

```
lp.lr=0.3;
for epoch=1:max_epoch
    for q=1:Q
        A=T(:,q);
        dW=learnis(W,P(:,q),[],[],A,[],[],[],[],[],lp,[]);
        W=W+dW;
    end
end
W
```

训练后得到的权值向量为

```
W =
    0.1826    0.3651    0.5477    0.7303
```

由此可见，学习速率的降低，在相同循环次数限制下，其学习精度较低，而当输入向量较多时，较高的学习速率可能产生波动，所以要根据具体情况来确定参数值。

20.1.2 外星学习规则

Outstar 模型被训练用以在一层 S 个线性神经元的输出端产生一个向量 $\boldsymbol{a}$，其激活函数为线性函数，从而学习回忆一个向量。Outstar 模型连接权值的变化 $\Delta\boldsymbol{w}$ 是与输入向量 $\boldsymbol{p}$ 成正比的，权值修正的格劳斯贝格 Outstar 学习规则为

$$\Delta\boldsymbol{w}_{ij} = lr \cdot (\boldsymbol{a}_i - \boldsymbol{w}_{ij}) \cdot \boldsymbol{p}_j$$

其中，lr 为网络的学习速率。

由上式可见，$\Delta\boldsymbol{w}_{ij}$ 与输入成正比。如果 Outstar 模型的输入向量 $\boldsymbol{p}_j$ 保持较高的数值时，那么通过不断反复地学习，权值能够逐渐趋近于输出向量 $\boldsymbol{a}_i$ 的值，并使 $\Delta\boldsymbol{w}_{ij}$ 逐渐减少，直到最终达到 $\boldsymbol{w}_{ij}=\boldsymbol{a}_i$。若 $\boldsymbol{p}_j=1$，则外星使权值产生输出向量。当输入向量 $\boldsymbol{p}_j=0$ 时，网络权值得不到任何学习与修正。

当 R 个 Outstar 的输入节点被置为 1 时，与其相连的权值向量就会被训练成相应的线性神经元输出向量。

MATLAB 工具箱中实现外星学习与设计的函数为 learnos。其用法前面已经介绍过。

【例 20-2】 试设计一个外星网络实现有效的向量获取，外星没有偏差。

在 M 文件编辑器中输入以下命令：

```
%下面是二维输入向量以及与之相对应的期望输出矩阵
P=[1 0];
T=[0.1826 0.6325;0.3651 0.3162;0.5477 0.3162;0.7303 0.6325];
```

该网络的每个期望输出向量强迫为网络的输出，而输入只有 0 或 1。网络训练结果使其权值矩阵趋于所有对应输入为 1 时的期望输出向量。

首先网络初始化：

```
[R,Q]=size(P);
[S,Q]=size(T);
W=zeros(S,R);
max_epoch=10;
lp.lr=0.3;
```

下面根据外星学习规则进行训练：

```
[R,Q]=size(P);
[S,Q]=size(T);
W=zeros(S,R);
max_epoch=10;
lp.lr=0.3;
for epoch=1:max_epoch
```

```
    for q = 1:Q
        A = T(:,q);
        dW = learnos(W,P(:,q),[],[],A,[],[],[],[],[],lp,[]);
        W = W + dW;
    end
end
```

至此训练完成，当外星工作时，对设置输入为 1 的向量，将能够回忆起被记忆在网络中的第一个期望输出向量的近似值：

```
Ptest = [1];
A = purelin(W * Ptest)
A =
    0.1774
    0.3548
    0.5322
    0.7097
```

Instar 和 Outstar 之间的对称性是十分有用的，对一组输入/输出样本进行训练，应用 Instar 训练，就相当于将输入和期望输出相对换的 Outstar 训练。

20.1.3 科荷伦(Kohonen)学习规则

Kohonen 学习规则是由 Instar 规则发展而来的。当只对输出为 1 的 Instar 权值矩阵进行修正，即学习规则只应用于输出为 1 的 Instar 上时，将 Instar 学习规则中的 a_i 取值为 1，则导出 Kohonen 学习规则。

$$\Delta \boldsymbol{w}_{ij} = lr \cdot (\boldsymbol{a}_i - \boldsymbol{w}_{ij})$$

Kohonen 学习规则实际上是 Instar 学习规则一个特例，但它比采用 Instar 规则进行网络设计要节省资源，因而通常用来替代 Instar 学习规则。

在 MATLAB 工具箱中，Kohonen 学习规则函数为 learnk。其用法在前面已介绍过。

【例 20-3】 设计一个 Instar 网络进行以下向量的分类辨识。

在 M 文件编辑器中输入以下命令：

```
clear all;
P = [0.1826 0.6325;0.3651 0.3162;0.5477 0.3162;0.7303 0.6325];
T = [1 0];
```

与感知器分类原理不同，learnk 是根据期望输出值进行学习。本例是通过迫使网络在第一个输入向量出现时输出为 1，同时迫使网络在第二个向量出现时输出为 0，而使网络权值逼近期望输出为 1 的第一个输入向量。

首先对网络进行初始化：

```
[R,Q] = size(P);
[S,Q] = size(T);
W = zeros(S,R);
max_epoch = 10;
lp.lr = 0.7;
```

下面进行 Kohonen 网络的训练：

```
for epoch = 1:max_epoch
    for q = 1:Q
        A = T(:,q);
        dW = learnk(W,P(:,q),[],[],A,[],[],[],[],[],lp,[]);
        W = W + dW;
    end
end
W
```

最终得到的权值向量为

```
W =
    0.1826    0.3651    0.5477    0.7303
```

改变学习速率：

```
lp.lr = 0.3;
for epoch = 1:max_epoch
    for q = 1:Q
        A = T(:,q);
        dW = learnk(W,P(:,q),[],[],A,[],[],[],[],[],lp,[]);
        W = W + dW;
    end
 end
W
```

训练后得到的权值向量为

```
W =
    0.1826    0.3651    0.5477    0.7303
```

由此可见，学习速率的降低，在相同循环次数限制下，其学习精度较低，而当输入向量较多时，较高的学习速率可能产生波动，所以要根据具体情况来确定参数值。

20.1.4 阈值学习规则

竞争网络的一个局限性就是，一些神经元权值向量因为和任何输入向量都偏差过大，其无论经过训练的时间有多长，都不会赢得竞争，这样它们的权值就不会得到学习训练，这样的神经元，称为“死”神经元。

为了防止这种现象发生，可以应用阈值调节来实现神经元竞争成功，将正的阈值和负的距离量相加，这将会增加赢得竞争的机会。

首先保留神经元的输出均值，它应该等于输出为 1 的神经元在所有神经元中所占的百分比。在学习函数 learncon 中，此值用来修正阈值，从而使得经常活动的神经元阈值越来越小，而那些不经常活动的神经元阈值越来越大。

learncon 函数的学习速率一般与 learnk 函数是同等量级的或者更小一些，这样能够保证准确得到均值。

最后的结果是：那些活动频率不是很高的神经元阈值会超过经常活动的神经元阈

值，随着阈值的增加，输入空间也会增加，而一旦输入空间增加了，那些不经常活动的神经元就会产生响应，并且向更多的输入向量运动。这些神经元逐渐就和其他神经元一样活动频繁了。

这种阈值调节方式有两个好处：

(1) 解决了"死"神经元的问题。如果一个神经元的权值与输入向量相差很远，其就永远不会赢得竞争，而通过阈值学习规则，其阈值会逐渐增大，从而可能赢得竞争。当赢得竞争后，它就会移向一些输入向量组，当进入其中一个输入向量组时，就完全赢得了竞争，此时阈值降为0。

(2) 能够阻止每个神经元对具有相同百分比的输入向量进行粗鲁分类。如果输入区域与一个百分比较大的输入向量有关，那么区域密度越大，就会越吸引其他神经元，也会被分成更小的区域。

在MATLAB工具箱中，阈值学习规则函数是learncon。其调用格式如下：

```
[dB,LS] = learncon(B,P,Z,N,A,T,E,gW,gA,D,LP,LS)
info = learncon(code)
```

当遇到"死"神经元时，阈值就会逐渐增加，争取赢得竞争。而一旦赢得竞争，则阈值降为0，从而解决了"死"神经元的问题。

20.2 自组织竞争神经网络的结构

自组织竞争网络为单层神经元网络，其输入节点与输出节点之间为全互联接。因为网络在学习中的竞争特性表现在输出层上，所以在竞争网络中把输出层又称为竞争层，而与输入节点相连的权值及其输入合称为输入层。实际上，在竞争网络中，输入层和竞争层的加权输入共用同一个激活函数。

自组织竞争神经网络包含一个输入层和一个竞争层，如图20-4所示。

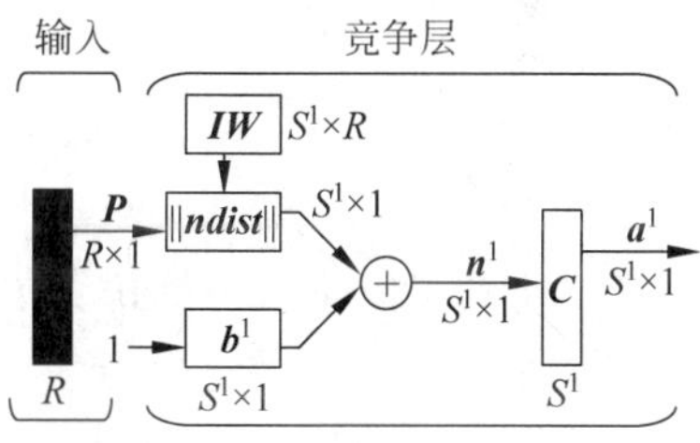

图20-4 竞争型神经网络模型

其中，‖ *ndist* ‖框图接受输入向量 $\boldsymbol{p}$ 和输入权值矩阵 $\boldsymbol{IW}^{1,1}$，产生 S^1 维向量，表示输入向量和输出权值行向量之间的距离负值。竞争层的网络输入 n^1 是前面的负距离向量和阈值的和。当输入向量 $\boldsymbol{p}$ 等于神经元权值向量时，则所有阈值均为0，竞争层神经元最大输入量为0。

对于竞争传递函数，当神经元"赢"时，网络输出是1，否则是0。如若所有的阈值为0，那么权值向量最接近输入向量的那个神经元具有最小的负值网络输入，从而赢得竞争，输出为1。

20.3 自组织竞争神经网络的设计

在MATLAB工具箱中，一个自组织竞争网络的设计需要经过初始化、学习训练、仿真输出的整个过程。

20.3.1 网络初始化

自组织竞争网络是单层神经元网络，其竞争层神经元的数目由可能划分的种类决定。网络初始创建函数为newc，其初始权值和阈值由midpoint和initcon确定。

【例20-4】 自组织竞争神经网络的设计示例。

在M文件编辑器中输入以下命令：

```
%将下列一组二维向量分成两类
p=[0.1 0.8 0.1 0.9;0.2 0.9 0.1 0.8]
p =
    0.1000    0.8000    0.1000    0.9000
    0.2000    0.9000    0.1000    0.8000
```

其中，两个向量接近原点(0,0)，两个向量接近(1,1)。

首先，创建一个具有二维输入的两个神经元层，其中第一个参数表示输入向量变化范围为[0 1;0 1]，第二个参数表示网络有两个神经元。

```
net=newc([0 1;0 1],2);
```

网络权值在默认的情况下由midpoint函数初始化，即选取变量变化范围的中间值。

```
ws=net.IW{1,1}
ws =
    0.5000    0.5000
    0.5000    0.5000
```

阈值默认初始化应用initcon函数：

```
bi=net.b{1}
bi =
    5.4366
    5.4366
```

接下来就可以进行训练仿真了。

值得注意的是，每个神经元的竞争都参照输入向量p，如果所有的阈值均为0，则权值向量最接近p的神经元，其竞争层网络输入就越大，从而赢得竞争，输出为1，而其他的神经元输出全部为0。可以通过训练来调整“赢”的神经元，使其权值更加接近输入。

20.3.2 网络学习规则

自组织竞争神经网络通常用来进行向量聚类分析，网络整个训练过程需要不断对权值和阈值进行调整，以使得每一个输入向量都能靠近其中一个向量群，输出各自归属的种类。

权值调整通常采用Kohonen学习规则，阈值调整选用阈值学习规则，这两种学习规则前面都有所介绍，这里不再介绍。

20.3.3 网络训练

自组织竞争网络训练的最终目的是对输入向量进行划分聚类，使得获胜节点与输入向量之间的权向量代表获胜输入向量。

只有与获胜节点相连的权值才能得到修正，且通过其学习法则修正后的权值更加接近其获胜输入向量。结果是，获胜的节点对将来再次出现的相似向量(能被阈值 ***b*** 所包容或在偏差范围以内的)更加容易赢得该节点的胜利。而对与一个不同的向量出现时，就更加不易取胜，但可能是其他某个节点获胜，归于另一类向量群中。随着输入向量的重复出现而不断地调整与获胜者相连的权向量，以使其更加接近于某一类输入向量。最终，如果有足够的神经元节点，每一组输入向量都能使某一节点的输出为 1 而聚为此类。通过重复训练，自组织竞争网络将所有输入向量进行了分类。

竞争网络的学习和训练过程，实际上是对输入向量的划分聚类过程。训练结束后，对于用于训练的模式 p，其网络输出向量中，其值为 1 的代表一个类型，而每类的典型模式值由该输出节点与输入节点相连的权向量表示。

竞争网络的输入层节点数目 R 是由已知输入向量决定的，但竞争层的神经元数 S 是由设计者确定的，它们代表输入向量可能被划分的种类数，其值若过小，则会出现有些输入向量无法被分类的不良结果。但若过大，竞争后可能有许多节点都空闲，而且在网络竞争过程中还占用了大量的设计量和时间，在一定程度上造成了浪费。所以一般情况下，可以根据输入向量的维数及其估计，再适当地增加数目来确定。

另外还需要事先确定的参数有：学习速率和最大循环次数。竞争网络的训练是在达到最大循环次数后停止，这个数值一般可取输入向量数组的 20 倍以上，也就是说每组输入向量能够在网络重复出现 20 次以上。

竞争网络的训练采用 Kohonen 学习规则。

【例 20-5】 采用例 20-4 中的数据，进行训练。

在 M 文件编辑器中输入以下命令：

```
%完成网络构建初始化以后，设置训练所用参数进行训练
net.trainParam.epochs = 500
net = train(net,p)
```

运行程序，输出训练如下，其记录如图 20-5 所示。

```
net =
    Neural Network object:
    architecture:
         numInputs: 1
         numLayers: 1
       biasConnect: [1]
      inputConnect: [1]
      layerConnect: [0]
     outputConnect: [1]
        numOutputs: 1  (read - only)
    numInputDelays: 0  (read - only)
```

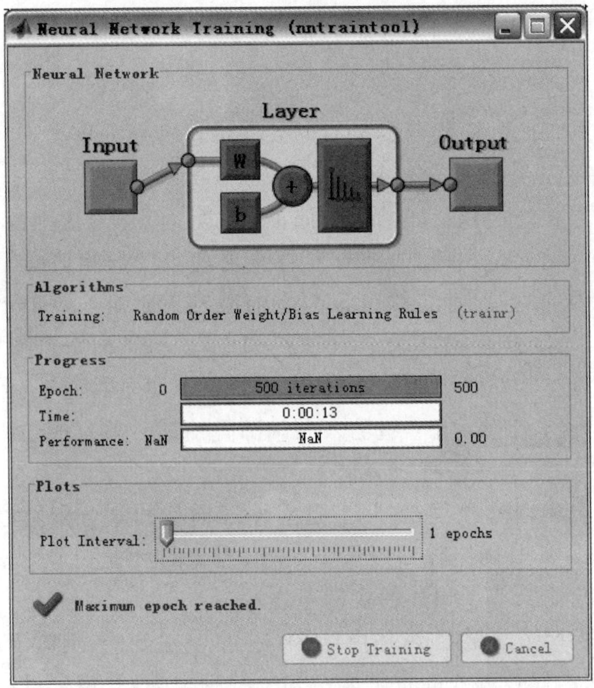

图 20-5 训练过程记录图

```
    numLayerDelays: 0  (read-only)
    subobject structures:
            inputs: {1x1 cell} of inputs
            layers: {1x1 cell} of layers
           outputs: {1x1 cell} containing 1 output
            biases: {1x1 cell} containing 1 bias
      inputWeights: {1x1 cell} containing 1 input weight
      layerWeights: {1x1 cell} containing no layer weights
functions:
          adaptFcn: 'trains'
         divideFcn: (none)
       gradientFcn: 'calcgrad'
           initFcn: 'initlay'
        performFcn: (none)
          plotFcns: {}
          trainFcn: 'trainr'
    parameters:
        adaptParam: .passes
       divideParam: (none)
     gradientParam: (none)
         initParam: (none)
      performParam: (none)
        trainParam: .show, .showWindow, .showCommandLine, .epochs,
                    .goal, .time
    weight and bias values:
                IW: {1x1 cell} containing 1 input weight matrix
                LW: {1x1 cell} containing no layer weight matrices
                 b: {1x1 cell} containing 1 bias vector
```

```
    other:
                  name: ''
              userdata: (user information)
```

在竞争网络训练中采用的训练函数为 trainr,可以通过下面语句进行验证:

```
net.trainFcn
ans =
      trainr
```

接下来,应用初始输入值进行仿真:

```
a = sim(net,p)
a =
    (1,1)         1
    (2,2)         1
    (1,3)         1
    (2,4)         1
ac = vec2ind(a)
ac =
     1     2     1     2
```

由此可见,训练后的网络将输入向量分为两类,接近原点的向量归 1 类,接近(1,1)点的归 2 类。

最终的权值和阈值为

```
ws = net.IW{1,1}
ws =
     0.1000     0.1481
     0.8518     0.8482
bi = net.b{1}
bi =
     5.3771
     5.4974
```

20.4 自组织竞争网络的应用

1. 竞争神经网络在数据分类中的应用

【例 20-6】 利用竞争层网络对样本数据进行分类。

本例中待分类的样本数据由 nngenc 函数随机产生,即

```
P = nngenc(rand,class,num,std);
```

其中,参数 class 表示样本数据的类别个数。然后利用 newc 函数建立竞争层网络:

```
net = newc(range,class,klr,clr);
```

其中,class 是数据类别个数,也是竞争层神经元的个数;klr 和 clr 分别是网络的权值学习速率和阈值学习速率。竞争层网络在训练时不需要目标输出,网络通过对数据分布特性的学习,自动地将数据划分为指定类别数。网络的训练语句如下(其中,默认的训练函

数为 train)：

```
net = train(net,P);
```

在对训练好的网络进行仿真时，网络的输出为单值矢量组，为了观察方便，一般要将单值矢量组转化为下标矩阵的形式：

```
Y = sim(net,P);
Y1 = vec2ind(Y);
```

在 M 文件编辑器中输入以下命令：

```
%产生样本数据 P,P 中包括三类共 30 个二维矢量
range = [ - 1 1; - 1 1];
class = 3;
num = 10;
std = 0.1;
P = nngenc(range,class,num,std);
%画出样本数据分布图
plot(P(1,:),P(2,:),' * ','markersize',6);axis([ - 1.5 1.5  - 1.5 1.5]);
%建立竞争层网络
klr = 0.1;
clr = 0.01;
net = newc(range,class,klr,clr);
%对网络进行训练
net.trainParam.epochs = 5;
net = train(net,P);
%画出竞争层神经元权值
w = net.iw{1};
hold on;
plot(w(:,1),w(:,2),'ob');
title('Input data & Weights');
%利用原始样本数据对网络进行仿真
Y = sim(net,P);
Y1 = vec2ind(Y)
%用不同符号标数据分类结果
figure;
for i = 1:30
    if Y1(i) == 1
        plot(P(1,i),P(2,i),' * ','markersize',6);
    elseif Y1(i) == 2
        plot(P(1,i),P(2,i),' + ','markersize',6);
    else
        plot(P(1,i),P(2,i),'x','markersize',6);
    end
    hold on;
end
axis([ - 1.5 1.5  - 1.5 1.5]);
title('class 1: *   class 2: +   class 3:x');
%利用一组新的输入数据检验网络性能
p = [ - 0.4  - 0.4; - 0.1 0.9];
```

```
y = sim(net,p);
y1 = vec2ind(y)
```

运行程序,输出如下,效果如图 20-6 和 20-7 所示。

```
TRAINR, Epoch 0/5
TRAINR, Epoch 5/5
TRAINR, Maximum epoch reached.
y1 =
     1     2
```

在图 20-6 中,待分类的样本数据用星号标注,网络训练完毕后的竞争层神经元权值由圆圈标注。在图 20-7 中,已经划分好的三类数据分别用星号、加号和"×"符号标注。

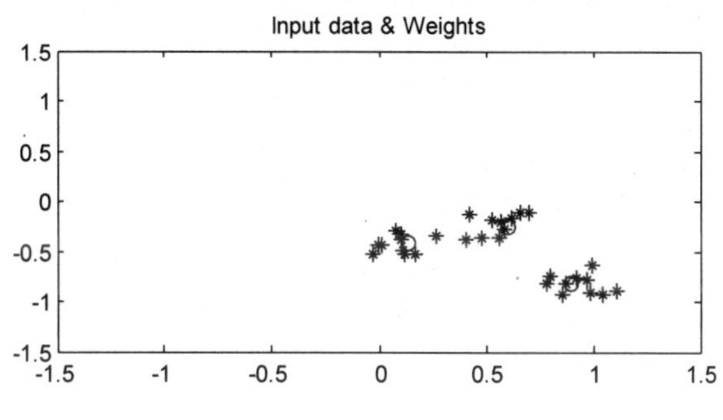

图 20-6　待分类的样本数据和权值

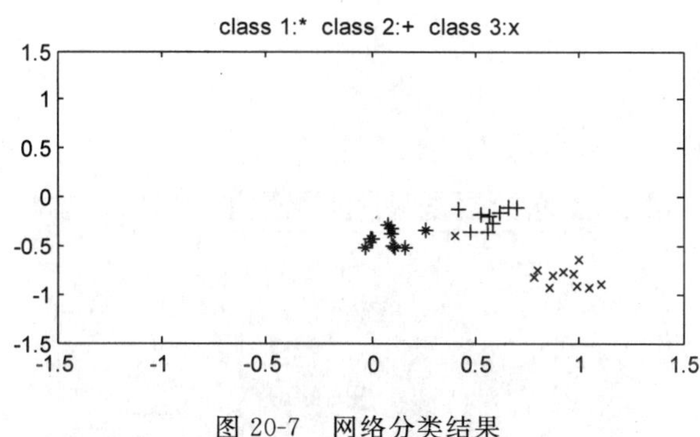

图 20-7　网络分类结果

2. 竞争神经网络识别岩性中的应用

【例 20-7】 采用自组织竞争网络,完成测井资料的岩性识别。神经网络通过对已知井段测井数据进行学习,来预测同一地区其他井段的岩性。

本例选择了某地区的资料进行研究。该地区属于碳酸盐地层,因此需要判断岩性有 3 种,即泥岩、砂岩和石灰岩。通过对历史资料的分析和现场试验可知,影响岩性的有 5 个重要的因子,即补偿中子空隙度 CNL、补偿密度曲线 DEN、声波时差 DTC、自然伽玛 GR 和微电阻率 RT。

通过对历史资料进行分析,获得了 100 组样本点,在此只列出其中的 6 组,如表 20-1 所示。接下来就利用这 6 组样本作为网络的训练样本。

表 20-1　岩性影响因子(数据已经归一化)

序号	CNL	DEN	DTC	GR	RT	岩性
1	0.4036	0.4365	0.4860	0.5161	0.3419	泥岩
2	0.4154	0.4711	0.4639	0.4981	0.3806	
3	0.5352	0.6408	0.6145	0.6299	0.7154	砂岩
4	0.5524	0.6528	0.6234	0.6715	0.7025	
5	0.7709	0.7812	0.8204	0.8425	0.8622	石灰岩
6	0.7589	0.7965	0.8125	0.8506	0.8709	

利用函数 newc 创建一个自组织竞争网络。由于需要区分的类别数目为 3,因此,神经元的数目也为 3。为了加快学习速度,将学习速率设置为 0.1。

在 M 文件编辑器中输入以下命令:

```
clear all;
P = [0.4036 0.4154 0.5352 0.5524 0.7709 0.7589;...
   0.4365 0.4711 0.6408 0.6528 0.7812 0.7965;...
   0.4860 0.4639 0.6145 0.6234 0.8204 0.8125;...
   0.5161 0.4981 0.6299 0.6715 0.8425 0.8506;...
   0.3419 0.3806 0.7154 0.7025 0.8622 0.8709];
net = newc(minmax(P),3,0.1);
```

网络创建结束后,接下来需要对网络进行训练。

```
net = init(net);
net.trainParam.epochs = 200;
net = train(net,P);
```

训练过程记录如图 20-8 所示。

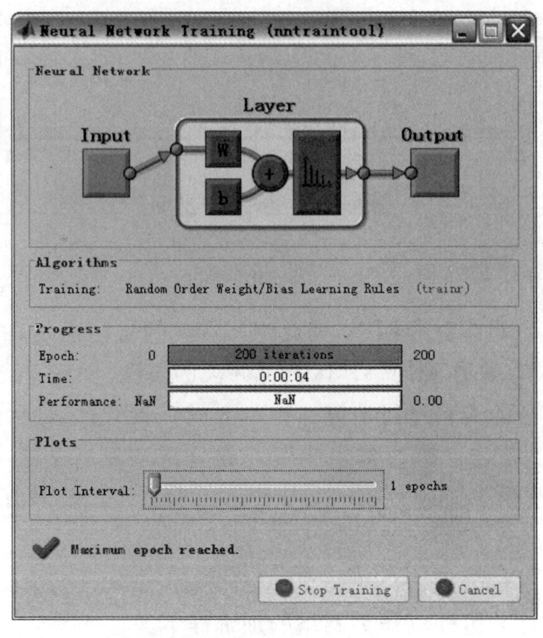

图 20-8　训练过程记录图

由此可见，当达到最大训练次数时，训练停止。此时为了检验网络的分类性能，需要对网络进行测试。利用仿真函数检验网络对上述岩性模式的分类：

```
Y = sim(net,P)
Y =
   (2,1)        1
   (2,2)        1
   (1,3)        1
   (1,4)        1
   (3,5)        1
   (3,6)        1
```

利用函数 vec2ind 将 Y 转换为串行数据：

```
Yc = vec2ind(Y)
Yc =
     2     2     1     1     3     3
```

由此可见，网络成功地对上述岩性模式进行了分类，其中 P 的前两组数据(列向量)为一类，中间两组数据为一类，最后两组数据为一类，这与表 20-1 中的数据吻合。

由此可知，采用训练样本以外的数据对网络进行测试，是一种最好的测试方案。现有一组石灰岩的影响因子，接下来利用该组数据对网络进行测试。看网络能否成功地对它进行识别。

```
P_test = [0.7601 0.8123 0.8079 0.8450 0.8792]';
Y_test = sim(net,P_test)
Y_test =
   (3,1)        1
Yc_test = vec2ind(Y_test)
Yc_test =
     3
```

结果表明该组数据属于第三类，即石灰岩。此可见，网络成功地识别了该组数据，因此可以说，网络的性能是不错的。

第21章 控制系统稳定性判定分析与实现

根据自动控制原理，线性定常系统闭环特征方程的全部根，不论实根还是复根，如果其实部均为负值，则闭环系统就是稳定的。由此可知，求解控制系统闭环特征方程的根并进而判断所有根的实部是否小于零，这种方法成为控制系统稳定性判别最基本的方法。这就是所谓的代数稳定判据。

21.1 方程特征根判定稳定性

系统稳定的必要充分条件是系统特征方程的全部根，或者系统闭环传递函数的全部极点都位于 s 左半平面。在 MATLAB 中，提供了 roots 函数用来求闭环特征方程的根。roots 函数的调用格式为

roots(P)：函数输入参数 P 是系统闭环特征多项式降幂排列多项式系数向量，输出即为求出的根，且存放在系统变量 ans 中。如果系统闭环特征方程所有根的实部都小于零，则系统闭环是稳定的，只要有一个根的实部不小于零，则系统闭环就是不稳定的。只要有一个根的实部为零，则控制系统临界稳定，实际工程将临界稳定视为不稳定。

【例 21-1】 设系统特征方程为 $s^6+2s^5+s^4+3s^3+4s^2+s+6=0$，试计算特征根并判别系统稳定性。

其 MATLAB 编程代码如下：

```
>> clear all;
P = [1 2 1 3 4 1 6];
roots(P)
```

运行程序，输出如下：

```
ans =
   - 1.7006 + 0.4310i
   - 1.7006 - 0.4310i
     0.7378 + 0.9689i
     0.7378 - 0.9689i
   - 0.0372 + 1.1459i
   - 0.0372 - 1.1459i
```

计算结果表明，6 个特征根中有两个的实部为正值，所以闭环系统

不稳定。

21.2 lienard-Chipard 判据判定系统稳定性

可以用另种判据——lienard-Chipard 稳定判据判定系统稳定性。其判据是：对于线性定常系统的特征方程 $D(s)=a_0s^n+a_1s^{n-1}+\cdots+a_{n-1}s+a_n=0(a_0>0)$，系统稳定的必要且充分条件是：特征方程的各项系数均大于 0，且 Hurwitz 行列式中奇数阶子行列式（即 $D_1,D_3,D_5,\cdots$）或偶数阶子行列式（即 $D_2,D_4,D_6,\cdots$）大于 0。

【例 21-2】 设控制系统的开环传递函数为 $G(s)H(s)=\dfrac{K(s+1)}{s(Ts+1)(2s+1)}$，试确定使闭环系统稳定的 K 与 T 的取值范围。

其 MATLAB 编程代码如下：

```
%先求系统闭环特征式
>> clear all;
syms s K T CH D n d phi;
GH = K * (s + 1)/(s * (T * s + 1) * (2 * s + 1));
phi = factor(GH/(1 + GH));
[n,d] = numden(phi);
D = d;
D = collect(D,s ^2)
D =
(T + 2) * s^2 + K + s + K * s + 2 * T * s^3
%用 Lienard - Chipard 稳定判据判定系统稳定性
>> clear all;
syms a1 a2 a3 a0 K T D2;
a0 = 2 * T;
a1 = 2 + T;
a2 = K + 1;
a3 = K;
A = [a1 a3;a0 a2];
D2 = det(A);                    %det 函数用于计算矩阵的行列式
D2 = collect(D2,K)
D2 =
(2 - T) * K + T + 2
```

系统要稳定，需要 $\boldsymbol{D}_2=\begin{bmatrix} a_1 & a_3 \\ a_0 & a_2 \end{bmatrix}=(2-T)K+2+T>0$，所以 $2+T>(T-2)K$，即 $0<K<\dfrac{T+2}{T-2}$，同时还要 $T>0$。

21.3 根轨迹法判定稳定性

根轨迹是开环系统中某个参数变动（$0\to\infty$）时闭环特征根在 s 平面上移动的轨迹。只要根轨迹在 s 平面纵坐标的左侧，对应的系统闭环就是稳定的。一旦根轨迹与 s 平面纵坐标相交或穿越纵坐标到其右端，对应系统闭环系统就不稳定。

先来复习一个绘制系统零极点图的函数 pzmap。pzmap 函数的调用格式为

[p,z]=pzmap(sys)：输入变量 sys 是 LTI 对象。当不带输出变量引用时，pzmap 函

数可在当前图形窗口中绘出系统的零点图。在图中，极点用“×”表示，零点用“o”表示。当带有输出变量引用函数时，可返回系统零极点位置的数据，而不直接绘制零极点图。零点数据保存在变量 z 中，极点保存在变量 p 中。如果需要可以用 pzmap(p,z)绘制零极点图。

值得说明的是，如果对象 sys 是系统开环传递函数，pzmap(p,z)绘制的就是系统开环的零极点图。如果对象 sys 是闭环传递函数，则 pzmap(p,z)绘制的就是闭环系统的零极点图。

另外，MATLAB 中提供了 rlocus 函数用来绘制根轨迹图，提供了 rlocfind 函数用于计算给定一组根的系统根轨迹增益与其相应的极点。

【例 21-3】 设一系统的开环传递函数为

$$G(s)H(s)=\frac{1}{s(1.2s+1)(0.8s+1)}$$

(1) 试绘制该系统闭环的零极点图，并对系统判稳。

(2) 当系统的开环传递函数为 $G(s)H(s)=\dfrac{K}{s(1.2s+1)(0.8s+1)}$时，试绘制该系统的常规根轨迹图，并对系统判稳。

(1) 绘制系统闭环零极点图并对系统判稳，其实现的 MATLAB 代码如下：

```
>> clear all;
n1 = [1];
d1 = conv(conv([1 0],[1.2 0]),[0.8 1]);
s1 = tf(n1,d1);
sys = feedback(s1,1);
P = sys.den{1};
p = roots(P)
G = zpk(sys);
pp = G.p{1}
pzmap(sys)
```

运行程序，输出如下：

```
p =
  - 1.6382
    0.1941 + 0.7734i
    0.1941 - 0.7734i
pp =
  - 1.6382
    0.1941 + 0.7734i
    0.1941 - 0.7734i
```

即系统闭环特征根或闭环极点为 $p_1=-1.6382$，$p_{2,3}=0.1941\pm0.7734\mathrm{i}$，绘制该系统闭环的零极点图，如图 21-1 所示，两者数据一致，即闭环极点都在 s 平面纵坐标的左侧，表明闭环系统是稳定的。

(2) 当系统的 $G(s)H(s)=\dfrac{K}{s(1.2s+1)(0.8s+1)}$，绘制该系统根轨迹图并对系统判稳。

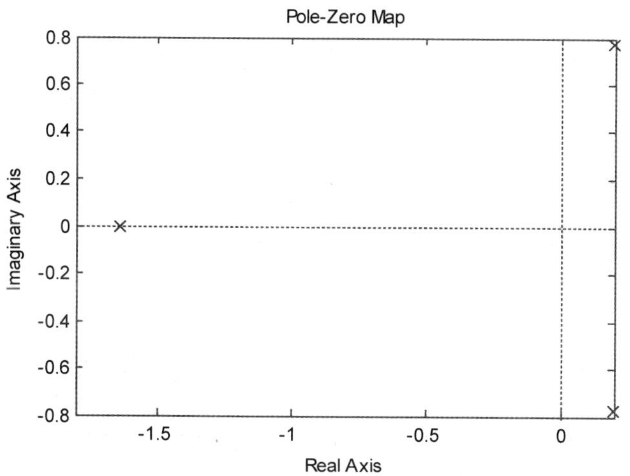

图 21-1 系统闭环的零极点图

其实现的 MATLAB 程序代码如下：

```
>> clear all;
n = [1];
d = conv([1 1.2 0],[0.8 1]);
sys = tf(n,d);
rlocus(sys);
[k,poles] = rlocfind(sys)
```

程序执行后，可在图形窗口根轨迹图（如图 21-2）中显示十字形光标，当选择根轨迹上某一点（即十字形光标指向根轨迹上该点）时，其相应的增益由变量 K 记录，与此增益相关的所有极点记录在变量 poles 中。当十字形光标指向根轨迹与纵坐标的交点时，对应的开环增益与极点为

```
Select a point in the graphics window
selected_point =
   - 0.7642 + 0.0136i
k =      0.1296
poles =
    - 1.5493
    - 0.7639
    - 0.1368
```

当参数 $K(0\to3)$变动时，根轨迹均在 s 平面纵坐标的左侧，对应的系统闭环是稳定的。一旦根轨迹穿越纵坐标到达其右侧，对应的 $K>3$，那么系统闭环就不稳定。

当在根轨迹实轴上的区段时，对应系统闭环阶跃响应无超调，系统闭环稳定。当不在根轨迹实轴上的区段时，系统闭环特征方程出现了共轭复根，意味着系统闭环阶跃响应有超调，但系统闭环还是稳定的。

(3) 当系统 $K=1.2$，$K=3$ 与 $K=4$ 时绘制系统闭环单位阶跃响应曲线。

其实现的 MATLAB 程序代码如下：

```
>> clear all;
t = 0:0.01:30;
```

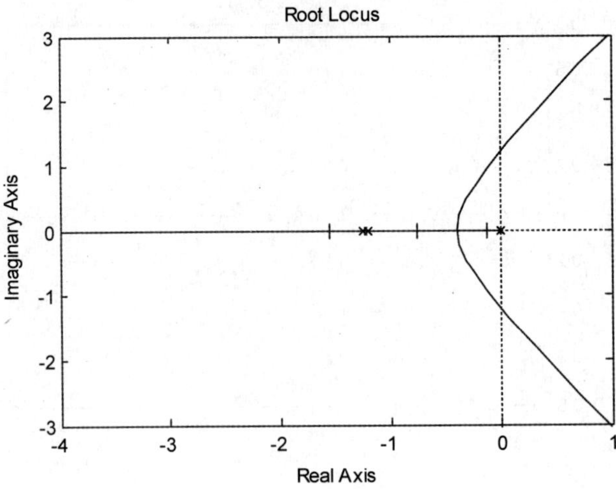

图 21-2　系统根轨迹图

```
n1 = [1];
d1 = conv(conv([1 0],[1.2 0]),[0.8 1]);
n = 1.2 * n1;s1 = tf(n,d1);
sys = feedback(s1,1);
figure(1);
step(sys,t);hold on;
n = 3 * n1;s1 = tf(n,d1);
sys = feedback(s1,1);
figure(2);
step(sys,t);hold on;
n = 4 * n1;s1 = tf(n,d1);
sys = feedback(s1,1);
figure(3);
step(sys,t);
```

运行程序，绘制系统 $K=1.2$，$K=3$ 与 $K=4$ 的单位阶跃响应，如图 21-3 所示。

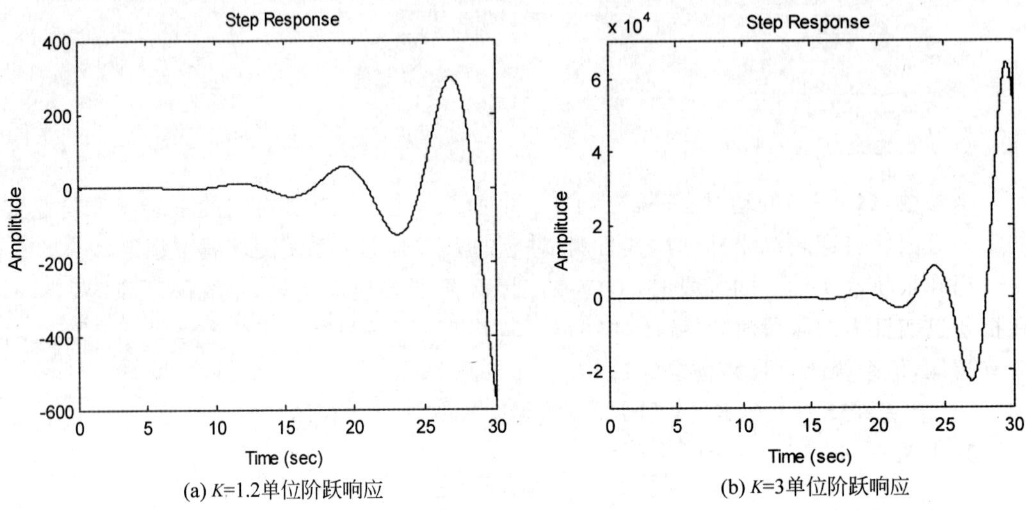

(a) K=1.2单位阶跃响应　　(b) K=3单位阶跃响应

图 21-3　系统单位阶跃响应曲线

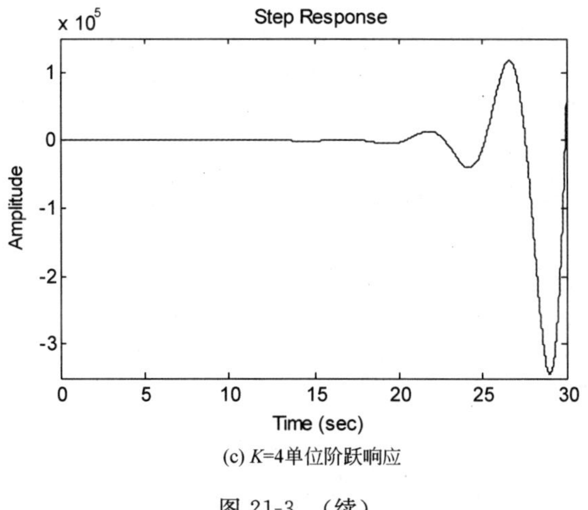

(c) K=4单位阶跃响应

图 21-3 （续）

由图 21-3(a)可见，当 $K=1.2$ 时，系统单位阶跃响应曲线为衰减的振荡；当 $K=3$ 时(即图 21-3(b))，系统单位阶跃响应曲线为等幅振荡，对应着系统临界稳定；$K=4$ 时(即图 21-3(c))，系统单位阶跃响应曲线为发散的振荡，对应着系统不稳定。这完全验证了以上运算的结论。

21.4 传递函数极点法判断系统稳定性

如果控制系统以传递函数形式给出，则可采用 MATLAB 提供的 tf2zp 及 pzmap 函数求取系统的零点极点：

```
[z,p,k] = tf2zp(num,den)
pzmap(z,p)
```

如果控制系统以状态方程的形式给出，则可采用 MATLAB 提供的 ss2zp 及 pzmap 函数求取系统的零极点：

```
[z,p,k] = ss2zp(A,B,C,D)
pzmap(z,p)
```

【例 21-4】 已知状态方程 $\begin{cases}\dot{\boldsymbol{x}}=\boldsymbol{Ax}+\boldsymbol{Bu}\\ \boldsymbol{y}=\boldsymbol{Cx}+\boldsymbol{Du}\end{cases}$，式中，$\boldsymbol{A}=\begin{bmatrix}1 & 2 & -2 & 3\\ 2 & 4 & 1 & 0\\ 5 & 2 & -4 & 5\\ -2 & 5 & -1 & 4\end{bmatrix}$，$\boldsymbol{B}=\begin{bmatrix}-1\\ 1\\ 2\\ 1\end{bmatrix}$，$\boldsymbol{C}=[1\quad 2\quad -1\quad 5]$，$\boldsymbol{D}=[0]$。

利用零极点分布图判断系统的稳定性。

其 MATLAB 编程代码如下：

```
>> clear all;
A = [1 2 - 2 3;2 4 1 0;5 2 - 4 5; - 2 5 - 1 4];
B = [ - 1 1 0 1]';
C = [1 2 - 1 5];
```

```
D = 0;
[z,p,k] = ss2zp(A,B,C,D);       % 求系统的零极点
pzmap(p,z);                     % 零极点分布图
title('零极点分布图');
xlabel('实轴');ylabel('虚轴');
```

运行程序,效果如图 21-4 所示。

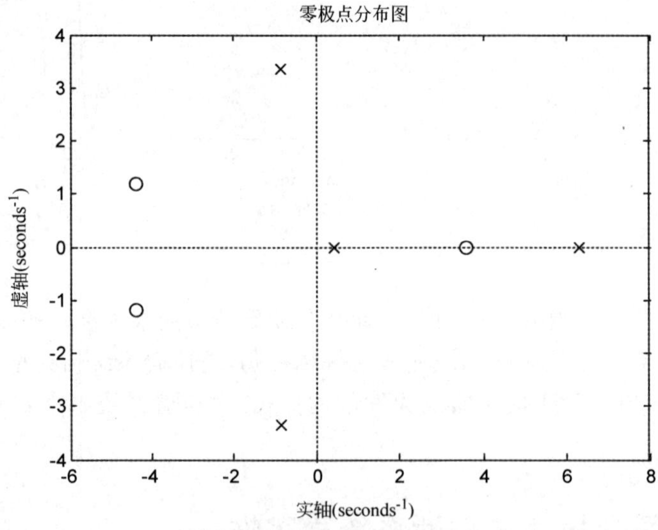

图 21-4　零极点分布图

由图 21-4 所示的零极点分布图可看出,有两个极点和一个零点位于右半 s 平面,因此,系统不稳定。

【例 21-5】　已知系统闭环传递函数为 $G(s)=\dfrac{s+1}{s^2+5s+2}$,试分析系统的稳定性。

其 MATLAB 编程代码如下:

```
>> clear all;
num = [1,1];
den = [1 5 2];
[z,p,k] = tf2zp(num,den);       % 求系统的零极点
ss = find(real(p)> 0);          % 检验极点的实部: 求取极点实部大于零的个数
n = length(ss);
disp(p)                         % 显示闭环极点
if(n > 0)                       % 判断系统是否稳定
    disp('系统不稳定!');
    disp('不稳定极点是: ')
    disp(p(ss));
else
    disp('系统稳定!');
end
```

运行程序,输出如下:

```
    - 4.5616
    - 0.4384
系统稳定!
```

21.5 李亚普诺夫第二法判定系统稳定性

线性定常连续系统$\dot{\boldsymbol{x}}=\boldsymbol{A}\boldsymbol{x}$，当$\boldsymbol{A}$非奇异时，系统有唯一的平衡状态$\boldsymbol{x}_e=0$。李亚普诺夫第二法指出，如果对任意给出的正定实对称矩阵$\boldsymbol{Q}$，都存在一个正定的实对称矩阵$\boldsymbol{P}$满足下面的方程：

$$\boldsymbol{A}^{\mathrm{T}}\boldsymbol{P}+\boldsymbol{P}\boldsymbol{A}= \quad \boldsymbol{Q}$$

那么，系统的平衡状态$\boldsymbol{x}_e=0$是渐近稳定的，并且标量函数$V(\boldsymbol{x})=\boldsymbol{x}^{\mathrm{T}}\boldsymbol{p}\boldsymbol{x}$就是系统的李亚普诺夫函数。通常取$\boldsymbol{Q}$为单位矩阵。MATLAB 提供了求解李亚普诺夫方程的函数 lyap。函数的调用格式为

```
X = lyap(A,Q)
```

【例 21-6】 已知系统状态方程$\dot{\boldsymbol{x}}=\begin{bmatrix}1 & 1 & -1\\ -5 & -1 & 2\\ 0 & -2 & 1\end{bmatrix}\boldsymbol{x}$，确定系统的平衡状态，并判断平衡状态的稳定性。

其 MATLAB 编程代码如下：

```
>> clear all;
A=[1 1 -1;-5 -1 2;0 -2 1];
[m,n]=size(A);                 %求取矩阵的维数
if (n~=m)
    disp('系统平衡状态不止一个')
    break;
else
    Q=eye(size(A));
    P=lyap(A,Q);
    for i=1:m
        detp(i)=det(P([1:i],[1:i]));   %求取P矩阵的顺序主子式的行列式的值,以判断是
                                       %否为正定矩阵
    end
    s=find(detp<=0);          %find为求取向量detp中小于等于零的数值,并将其依次放置在
                              %向量s中
    t=length(s);
    if(t>0)
        disp('系统平衡状态是不稳定的')
    else
        disp('P正定,系统在原点处平衡状态是稳定的')
    end
end
disp('P=')                     %显示求得正定实对称矩阵p
disp(P)
```

运行程序，输出如下：

```
系统平衡状态是不稳定的
P=
    0.0750    0.9750    1.5500
```

```
    0.9750   -1.0750    1.6500
    1.5500    1.6500    2.8000
```

【例 21-7】 试用李亚普诺夫第二法判断下列线性系统平衡状态的稳定性。

$$\dot{x}_1 = -x_1 + x_2$$

$$\dot{x}_2 = 2x_1 - 3x_2$$

由上述微分方程写出系统的状态方程为

$$\begin{bmatrix} \dot{x}_1 \\ \dot{x}_2 \end{bmatrix} = \begin{bmatrix} -1 & 1 \\ 2 & -3 \end{bmatrix} \begin{bmatrix} x_1 \\ x_2 \end{bmatrix}$$

用 MATLAB 代码判断系统的稳定性。

其 MATLAB 编程代码如下：

```
>> clear all;
A = [ - 1 1;2 - 3];
[m,n] = size(A);                  % 求取矩阵的维数
Q = eye(m);                       % 生成 m 维的单位阵
P = lyap(A,Q);                    % 求李亚普诺夫方程
for i = 1:m
    detp(i) = det(P([1:i],[1:i]));   % 求取 P 矩阵的顺序主子式的行列式的值,以判断是否为
                                     % 正定矩阵
end
s = find(detp <= 0); % find 为求取向量 detp 中小于等于零的数值,并将其依次放置在向量 s 中
t = length(s);
if(t > 0)
    disp('系统平衡状态是不稳定的');
else
    disp('P 正定,系统在原点处平衡状态是稳定的')
end
disp('P = ')                      % 显示求得的正定实对称矩阵 P
disp(P)
```

运行程序，输出如下：

```
P 正定,系统在原点处平衡状态是稳定的
P =
    1.3750    0.8750
    0.8750    0.7500
```

21.6 频率法判定系统稳定性

本章先用系统频域分析法对系统进行稳定性判定。控制系统的频域分析中有对数频率稳定判据与 Nyquist 稳定判据两个对系统判稳的法则，前者就是 Bode 图法，后者就是 Nyquist 曲线法。

21.6.1 Bode 图判定系统的稳定性

有了系统的 Bode 图，就可以计算频域性能指标。当计算出的相角稳定裕度 $\gamma > 0$ 时，系统闭环稳定，否则不稳定。

求系统模值裕度与相角裕度的 MATLAB 函数 margin，既可绘制系统 Bode 图，又能够计算频域性能指标。

margin 函数的调用格式为

[Gm,Pm,Wgm,Wpm]=margin(sys)：计算线性对象 sys 的增益和相位裕度。其中，Gm 对应系统的增益裕度，Wgm 对应其交叉频率；Pm 对应系统的相位裕度；Wpm 对应其交叉频率。

[Gm,Pm,Wgm,Wpm]=margin(mag,phase,w)：根据 Bode 图给出的数据 mag,phase 和 w，来计算系统的增益和相位裕度。mag,phase 和 w 分别为幅值、相位和频率向量。

margin(sys)：可从频率响应数据中计算出增益、相位裕度以及响应的交叉频率。增益和相位裕度是针对开环单输入单输出系统而言的，它可以显示系统闭环时的相对稳定性。当不带输出变量时，margin 则在当前窗口绘制出裕度的 Bode 图。

【例 21-8】 已知两个单位负反馈系统开环传函数分别为

$$G_1(s)=\frac{3.0}{s^3+5s^2+4s},\quad G_2(s)=\frac{3.0}{s^3+5s^2-4s}$$

用 Bode 图法判断系统闭环的稳定性。

(1) 对系统 $G_1(s)$ 执行以下程序：

```
>> clear all;
num = [0 0 0 2.7];
den = [1 5 4 0];
s = tf(num,den);
[Gm,Pm,Wcp,Wcg] = margin(s)
margin(s)
```

运行程序后，得第一个系统的 Bode 图，如图 21-5 所示，并计算出频域性能指标：

```
Gm  =  7.4074
Pm =  51.7321
Wcp =  2.0000
Wcg  =  0.5783
```

即

模值稳定裕度：$L_h=20\log_{10}7.4074=17.4\text{dB}$；

相角稳定裕度：$\gamma=51.7°$；

$-\pi$ 穿越频率：$\omega_g=2\text{rad/s}$；

剪切频率：$\omega_c=0.5783\text{rad/s}$；

这些频域性能指标数据说明系统闭环不仅稳定，而且有很大的稳定裕度。

(2) 对系统 $G_2(s)$ 执行以下 MATLAB 代码：

```
>> clear all;
num1 = [0 0 0 2.7];
den1 = [1 5  - 4 0];
s1 = tf(num1,den1);
[Gm,Pm,Wcp,Wcg] = margin(s1)
margin(s1)
```

运行程序，可得到系统 Bode 图，如图 21-6 所示。

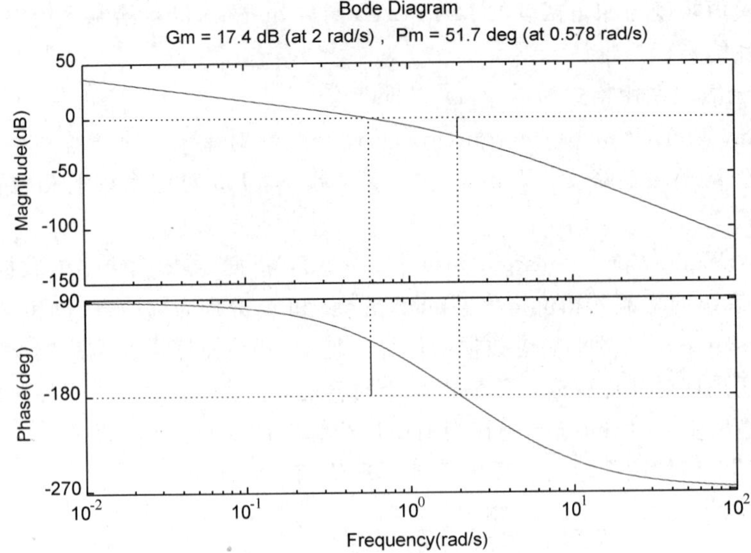

图 21-5　稳定闭环系统的 Bode 图

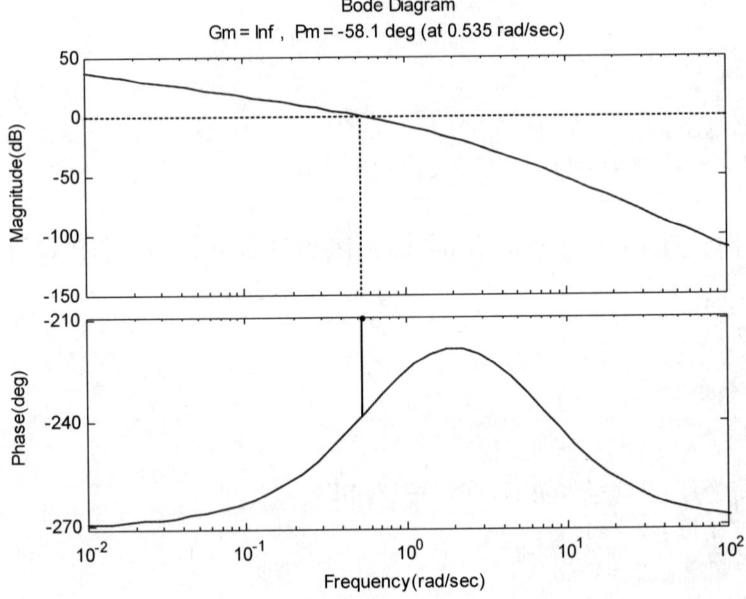

图 21-6　不稳定闭环系统的 Bode 图

并计算出频域性能指标：$P_m = -58.0504$，即相角稳定裕度：$\gamma = -58.0504° < 0$，说明系统闭环是不稳定的。

【例 21-9】　已知某系统开环传递函数 $G(s)H(s)=\dfrac{8}{0.5s(3s+1)(s^2+1.5s+1)}$，试用 Bode 图法判断闭环系统的稳定性，并用阶跃响应曲线验证。

(1) 用 Bode 图对闭环系统判稳的 MATLAB 代码为：

```
>> clear all;
```

```
num = [0 0 8];
den = conv(conv([0.5 0],[3 1]),[1 1.5 1]);
s = tf(num,den);
[Gm,Pm,Wcg,Wcp] = margin(s)
margin(s)
```

运行程序，输出如下：

```
Gm =      0.0449
Pm =    - 104.2351
Wcg =     0.4264
Wcp =     1.4557
```

即绘制出系统的 Bode 图，如图 21-7 所示，提示闭环系统不稳定的，并计算出频域性能指标：模值稳定裕度 $L_h = 20\log 0.0449\text{dB}$；相角稳定裕度 $\gamma = -104.2351°$；$-\pi$ 穿越频率 $\omega_g = 0.4264\text{rad/s}$；剪切频率 $\omega_c = 1.4557\text{rad/s}$。这指标相角稳定裕度为负值，数据说明系统闭环是不稳定的。

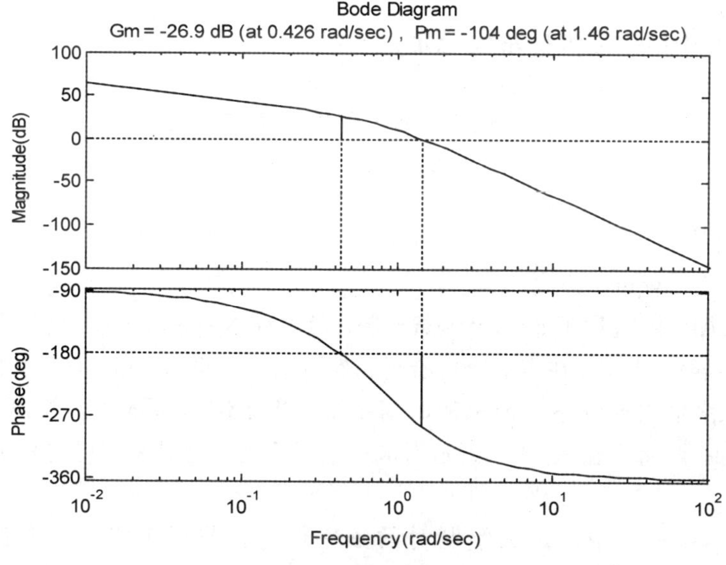

图 21-7 系统的 Bode 图

(2) 绘制系统单位阶跃响应曲线验证系统的稳定性：

```
>> clear all;
num = [0 0 8];
den = conv(conv([0.5 0],[3 1]),[1 1.5 1]);
s = tf(num,den);
sys = feedback(s,1);
t = 0:0.01:10;
step(sys,t)
```

运行程序，绘制出系统的单位阶跃响应曲线，如图 21-8 所示，闭环系统的单位阶跃响应是发散的振荡，表明系统不稳定，验证了用 Bode 图判定系统不稳定的结论。

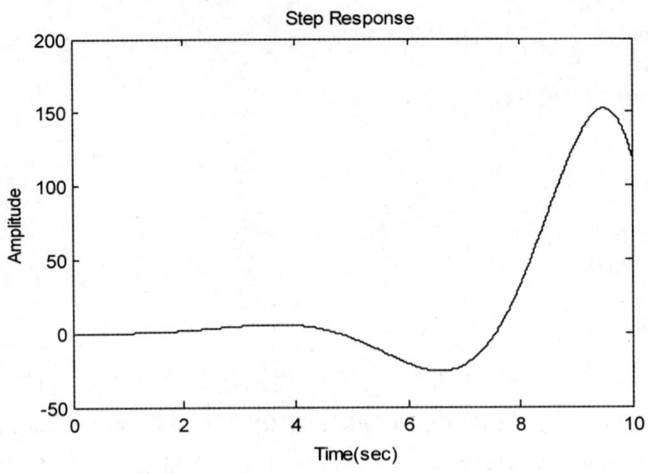

图 21-8　系统的单位阶跃响应曲线

21.6.2　Nyquist 曲线判断系统稳定性

根据自动控制原理,Nyquist 稳定判据是：当系统开环 $G(s)$ 的 Nyquist 曲线不穿过复平面(−1,j0)点且逆时针包围临界点(−1,j0)的圈数 R 等于系统开环传递函数的正实部极点数 P 时,则闭环系统 $\Phi(s)=\dfrac{G(s)}{1+G(s)}$ 稳定；否则,就不稳定。应用 Nyquist 稳定判据必须先绘制出 Nyquist 曲线。

在 MATLAB 中,提供了 nyquist 函数绘制连续系统 Nyquist 曲线。函数的调用格式为

nyquist(sys)：计算并在当前窗口绘制线性对象 sys 的 Nyquist 图,可用于单输入单输出或多输入多输出连续系统或离散时间系统。当系统为多输入多输出时,产生一组 Nyquist 频率曲线,每个输入/输出通道对应一个。绘制时的频率范围将根据系统的零极点决定。

nyquist(sys,w)：显示定义绘制时的频率点 w。若要定义频率范围 w,必须有[wmin,wmax]的格式；如果定义频率点,则 w 必须有频率点频率组成的向量。

nyquist(sys1,sys2,…,sysN),nyquist(sys1,sys2,…,sysN,w)：同时在一个窗口重复绘制多个线性对象 sys 的 Nyquist 图。这些系统必须具有同样的输入和输出数,但可以同时含有离散时间和连续时间系统。

值得注意的是,此时绘制的 Nyquist 曲线默认角频率 ω 范围为(−∞,+∞)。由自动控制理论可知,如果令点 $s=\mathrm{j}\omega$ 及 $-\infty\leqslant\omega\leqslant 0$,即当点 s 沿虚轴从 $-\mathrm{j}\infty$ 向 j0 运动时,求得轨线为

$$G(s)H(s)_{s=-\mathrm{j}\infty}=|G(\mathrm{j}\omega)H(\mathrm{j}\omega)|\mathrm{e}^{-\mathrm{j}\angle G(\mathrm{j}\omega)H(\mathrm{j}\omega)}$$

当点 $s=\mathrm{j}\omega$ 及 $0\leqslant\omega\leqslant+\infty$ 时,即当点 s 沿虚轴从 j0 向 $\mathrm{j}\infty$ 运动时,则得轨线为

$$G(s)H(s)_{s=\mathrm{j}\omega}=|G(\mathrm{j}\omega)H(\mathrm{j}\omega)|\mathrm{e}^{\mathrm{j}\angle G(\mathrm{j}\omega)H(\mathrm{j}\omega)}$$

为两部分轨线构成闭环系统在 $-\infty\leqslant\omega\leqslant+\infty$ 时的完整开环频率响应 $G(\mathrm{j}\omega)H(\mathrm{j}\omega)$,其中范围 $-\infty\leqslant\omega\leqslant 0$ 的 $G(-\mathrm{j}\omega)H(-\mathrm{j}\omega)$ 部分曲线与范围 $0\leqslant\omega\leqslant+\infty$ 的部分曲线

$G(j\omega)H(j\omega)$对称于$G(s)H(s)$复平面的实轴。

[re,im,w]=nyquist(sys)：返回系统的频率响应。其中 re 为系统响应的实部；im 为系统响应的虚部；w 为频率点。

【例 21-10】 已知某系统开环传递函数为$G(s)H(s)=\dfrac{600}{0.0005s^3+0.3s^2+15s+200}$，试用 Nyquist 稳定判据判断闭环系统的稳定性，并用阶跃响应曲线验证。

(1) 计算系统开环特征方程的根，其实现的 MATLAB 程序代码如下：

```
>> clear all;
K = [0.0005 0.3 15 200];
roots(K)
```

运行程序，输出如下：

```
ans =
  1.0e + 002 *
  - 5.4644
  - 0.2678 + 0.0385i
  - 0.2678 - 0.0385i
```

即 3 个根均有负实部，都为稳定根。故系统开环特征方程的不稳定根的个数 $p=0$。

(2) 绘制系统的开环 Nyquist 曲线并用来判断闭环系统的稳定性，其实现的 MATLAB 程序代码如下：

```
>> clear all;
n = 600;
d = [0.005 0.3 15 200];
Gh = tf(n,d);
nyquist(Gh);
```

运行程序后，绘制出系统的开环 Nyquist 曲线，如图 21-9 所示。由图可以看出，系统的 Nyquist 曲线不包围(−1,j0)点。而 $p=0$，根据 Nyquist 稳定判据，其闭环系统是稳定的。这还可以用系统的阶跃响应曲线来验证。

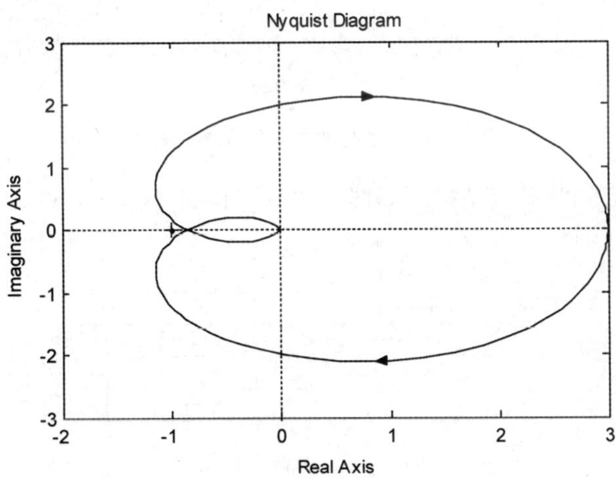

图 21-9 系统的开环 Nyquist 曲线

(3) 用阶跃响应曲线验证：

```
>> syms s Gh sys;
Gh = 600/(0.0005 * s^3 + 0.3 * s^2 + 15 * s + 200);
sys = factor(Gh/(1 + Gh))
```

运行程序，输出如下：

```
sys =
        1200000/(s^3 + 600 * s^2 + 30000 * s + 1600000)
```

即 $\Phi(s)=\dfrac{1\,200\,000}{s^3+600s^2+30\,000s+1\,600\,000}$。

还要用以下程序绘制系统单位阶跃响应曲线：

```
>> n = 1200000;
d = [1 600 30000 1600000];
sys = tf(n,d);
step(sys)
```

运行程序，绘制出系统单位阶跃响应曲线，如图 21-10 所示。由图可知，曲线略微超调后迅速衰减到响应终了值，对应的系统闭环不仅稳定，而且具有优良的性能指标，这就验证了 Nyquist 稳定判据判断结论的正确性。

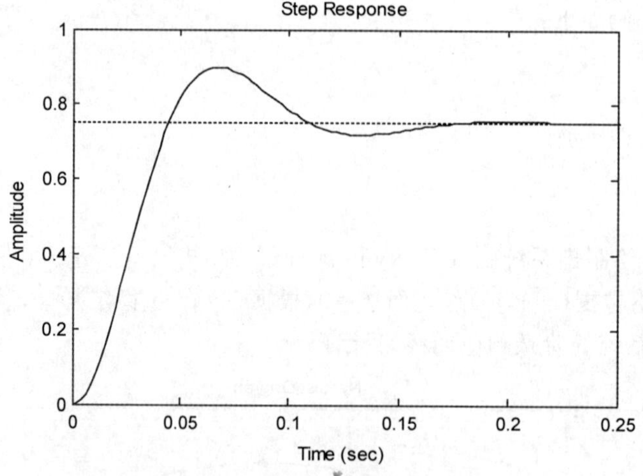

图 21-10　系统的单位阶跃响应曲线

【例 21-11】 已知某系统结构图如图 21-11 所示，用 Nyquist 稳定判据判断闭环系统的稳定性，并用阶跃响应曲线验证。

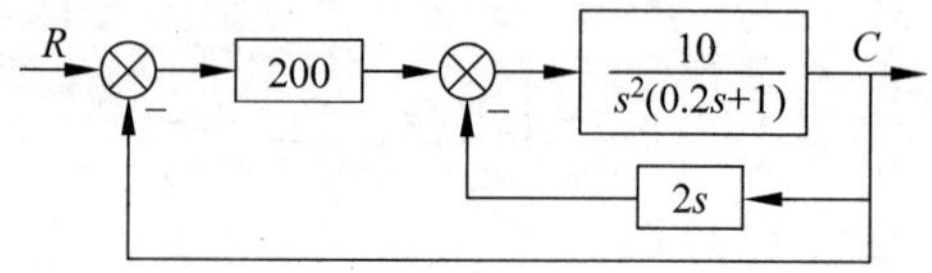

图 21-11　系统结构图

(1) 求系统的开环传递函数,其实现的 MATLAB 程序代码如下:

```
>> clear all;
syms s phil G1 H1 G2 CH;
G1 = 10/(s^2 * (0.2 * s + 1));
H1 = 2 * s;
phil = G1/(1 + G1 * H1);
G2 = 200;
GH = factor(G2 * phil);
[n,d] = numden(GH);
GH = n/d
```

运行程序,输出如下:

```
GH =
     10000/s/(s^2 + 5 * s + 100)
```

即 $G(s)H(s)=\dfrac{10000}{s(s^2+5s+100)}$。

(2) 计算系统开环特征方程的根:

其 MATLAB 程序代码如下:

```
>> K = [1 5 100 0];
roots(K)
```

运行程序,输出如下:

```
ans =
         0
  - 2.5000 + 9.6825i
  - 2.5000 - 9.6825i
```

即 3 个根均为稳定根,两个根有负实部。根据自动控制原理,零根当作稳定根,故系统开环特征方程的不稳定根的个数 $p=0$。

(3) 绘制系统的开环 Nyquist 曲线并用来判断闭环系统的稳定性:

其 MATLAB 程序代码如下:

```
>> clear all;
n = [10000];
d = [1 5 100 0];
GH = tf(n,d);
nyquist(GH)
```

运行程序,绘制出系统的开环 Nyquist 曲线,如图 21-12 所示。由图可以看出,系统的 Nyquist 曲线顺时针方向包围(−1,j0)点一圈即 -2π。而 $p=0$,根据 Nyquist 稳定判据,其闭环系统是不稳定的。这还可以用系统的阶跃响应曲线来验证。

(4) 用阶跃响应曲线验证,其实现的 MATLAB 程序代码如下:

```
>> clear all;
n = [10000];
d = [1 5 100 0];
GH = tf(n,d);
```

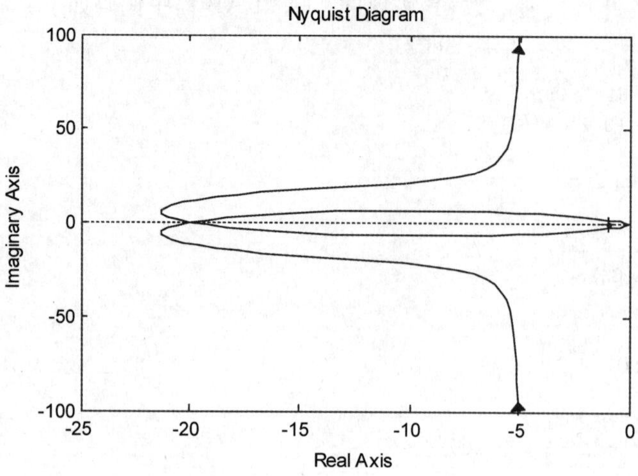

图 21-12 系统的开环 Nyquist 曲线

```
sys = tf([10000],[1 5 10 10000]);
t = 0:0.01:0.6;
step(sys,t)
```

运行程序,绘制出系统单位阶跃响应曲线,如图 21-13 所示。由图可知,曲线呈现为发散的振荡,对应系统闭环是不稳定的,这就验证了 Nyquist 稳定判据判断结论的正确性。

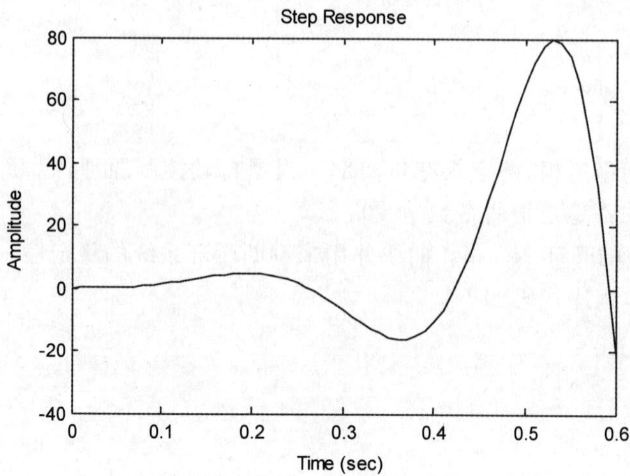

图 21-13 系统的单位阶跃响应曲线

第22章 线性神经网络算法分析与应用

线性神经网络是最简单的一种神经网络，可以由一个或者多个线性神经元组成。20 世纪 50 年代末由韦德罗(Widrow)和霍夫(Hoff)提出的自适应线性元(Adaptive Linear Element，Adaline)是线性神经网络最早的典型代表。线性神经网络与感知器神经网络不同的是：线性神经网络的神经元传递函数是线性函数，因此线性神经网络的输出可以取任意值，而感知器神经网络的输出只能是 0 或 1。同感知器网络一样，线性神经网络只可以解决线性分离的问题。

对于线性神经网络，需要一系列给定的输入向量和相应的期望输出向量，每个输入都有一个网络输出与之对应。参照输出量和期望输出的差别，调整网络权值和阈值，使得训练误差的平方和最小或者小于一定值。线性神经网络采用 Widrow-Hoff 学习规则，称为 LMS (Least Mean Square)算法。线性神经网络的学习算法与感知器网络的学习算法相比，在收敛速度和精度上面都有较大的提高。

22.1 线性神经网络的模型

1. 神经元模型

线性神经元模型如图 22-1 所示，其中 R 为输入向量元素的数目。

从网络结构上看，和感知器神经网络结构类似，不同的是神经元的传递函数是线性传递函数 purelin，如图 22-2 所示。

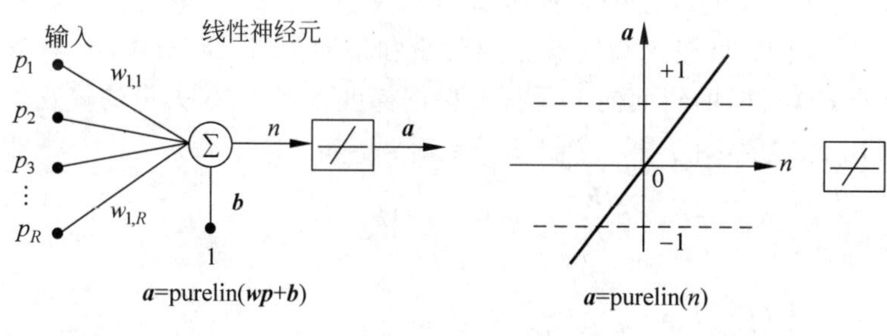

图 22-1　线性神经元模型

图 22-2　线性传递函数

由于线性神经网络中神经元的传递函数为线性函数，其输入/输出之间是简单的比例关系。单个线性神经元可以通过下式计算：

$$\boldsymbol{a} = \text{purelin}(\text{n}) = \text{purelin}(\boldsymbol{wp} + \boldsymbol{b}) = \boldsymbol{wp} + \boldsymbol{b}$$

2. 网络结构

图 22-3 中给出一个具有 R 个输出、S 个神经元的单层线性神经元网络的形式，输出向量数目和神经元数目相等，也是 S 个。权值矩阵为 $\boldsymbol{W}$，阈值为 $\boldsymbol{b}$，这种网络也称为 Madaline 网络。

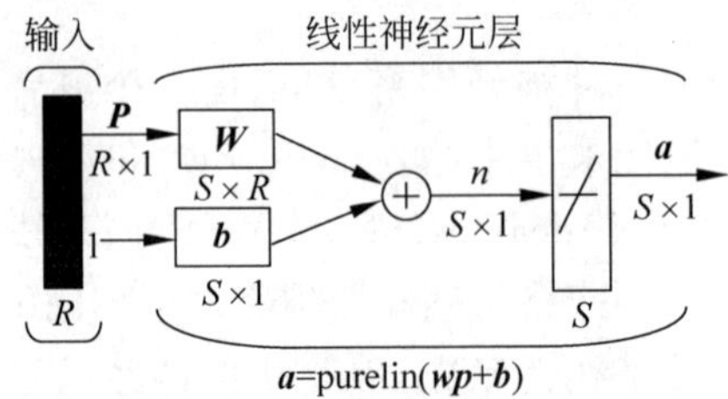

图 22-3　线性神经网络

这里介绍的单层线性神经网络结构，它和多层线性神经网络一样有用。因为对于每一个多层线性神经网络而言，都可以设计出一个性能相当的单层线性神经网络。

22.2　W-H 学习规则

W-H 学习规则是由威德罗和霍夫提出的用来修正权矢量的学习规则，所以用他们两人姓氏的第一个字母来命名。W-H 学习规则可以用来训练一层网络的权值和偏差，使之线性地逼近一个函数式而进行模式联想(Pattern Association)。

定义一个线性网络的输出误差函数为

$$\boldsymbol{E}(\boldsymbol{W},\boldsymbol{B}) = \frac{1}{2}[\boldsymbol{T} - \boldsymbol{A}]^2 = \frac{1}{2}[\boldsymbol{T} - \boldsymbol{WP} - \boldsymbol{B}]^2 \tag{22-1}$$

由式(22-1)可以看出：线性网络具有抛物线型误差函数所形成的误差表面，所以只有一个误差最小值。通过 W-H 学习规则来计算权值和偏差的变化，并使网络误差的平方和最小化，总能够训练一个网络的误差趋于这个最小值。另外，很显然，$\boldsymbol{E}(\boldsymbol{W},\boldsymbol{B})$只取决于网络的权值及目标矢量。我们的目的是通过调节权矢量，使 $\boldsymbol{E}(\boldsymbol{W},\boldsymbol{B})$达到最小值。所以在给定 $\boldsymbol{E}(\boldsymbol{W},\boldsymbol{B})$后，利用 W-H 学习规则修正权矢量和偏差矢量，使 $\boldsymbol{E}(\boldsymbol{W},\boldsymbol{B})$从误差空间的某一点开始，沿着 $\boldsymbol{E}(\boldsymbol{W},\boldsymbol{B})$的斜面向下滑行。根据梯度下降法，权矢量的修正值正比于当前位置上 $\boldsymbol{E}(\boldsymbol{W},\boldsymbol{B})$的梯度，对于第 i 个输出节点有：

$$\Delta w_{ij} = -\eta \frac{\partial \boldsymbol{E}}{\partial w_{ij}} = \eta(t_i - a_i)p_j \tag{22-2}$$

或表示为

$$\begin{aligned} \Delta w_{ij} &= \eta \delta_i p_j \\ \Delta b_i &= \eta \delta_i \end{aligned} \tag{22-3}$$

这里 δ_i 定义为第 i 个输出节点的误差：

$$\delta_i = t_i - a_i \tag{22-4}$$

式(22-3)称为 W-H 学习规则，又叫 δ 规则，或称为最小均方差算法(LMS)。W-H 学习规则的权值变化量正比于网络的输出误差及网络的输入矢量。它不需求导数，所以算法简单，又具有收敛速度快和精度高的优点。

式(22-3)中的 η 为学习速率。在一般的实际运用中，实践表明，η 通常取一接近 1 的数，或取值为

$$\eta = 0.99 * \frac{1}{\max[\det(\boldsymbol{P} * \boldsymbol{P}^{\mathrm{T}})]} \tag{22-5}$$

这样的选择可以达到既快速又正确的结果。

学习速率的这一取法在神经网络工具箱中用函数 maxlinlr 来实现。式(22-5)可实现为

lr = 0.99 * maxlinlr(P)

其中 lr 为学习速率。

W-H 学习规则的函数用 learnwh 来实现，另外，加上线性自适应网络输出函数 purelin，可以在 M 文件编辑器中输入以下命令来实现 W-H 学习规则的计算：

```
A = purelin(W * P + B);
E = T - A;
dW = learnwh([],P,[],[],[],[],E,[],[],[],lr,[]);
dB = learnwh(B,ones(1,Q),[],[],[],[],E,[],[],[],lr,[]);
W = W + dW;
B = B + dB
```

采用 W-H 规则训练自适应线性元件，使其能够得以收敛的必要条件是被训练的输入矢量必须是线性独立的，且应适当地选择学习速率以防止产生振荡现象。

W-H 学习规则的步骤如下。

第一步：设置变量和参量。

$\boldsymbol{X}(n)=[1,x_1(n),x_2(n),\cdots,x_m(n)]^{\mathrm{T}}$，为输入向量，或称训练样本；$\boldsymbol{W}(n)=[b(n),w_1(n),w_2(n),\cdots,w_m(n)]^{\mathrm{T}}$，为权值向量；$b(n)$为偏差；$y(n)$为实际输出；$d(n)$为期望输出；$\eta$ 为学习速率；n 为迭代次数。

第二步：初始化，赋给 $W_j(0)$一个较小的随机非零值，$n=0$。

第三步：对于一组输入样本 $\boldsymbol{X}(n)=[1,x_1(n),x_2(n),\cdots,x_m(n)]^{\mathrm{T}}$ 和对应的期望输出 d，计算

$$e(n) = d(n) - \boldsymbol{X}^{\mathrm{T}}(n)\boldsymbol{W}(n)$$

$$\boldsymbol{W}(n+1) = \boldsymbol{W}(n) + \eta\boldsymbol{X}^{\mathrm{T}}(n)e(n)$$

第四步：判断是否满足条件，若满足，算法结束；若不满足，将 n 值增加 1，转到第三步重新执行。

注意：在以上学习算法的第四步需要判断是否满足条件，这里的条件可以是误差小于我们设定的值 ε，即$|e(n)|<\varepsilon$；或者是权值的变化已很小，即$|w(n+1)-w(n)|<\varepsilon$。另外，在实现过程中还应设定最大的迭代次数，以防止算法万一不收敛时程序进入死循环。

22.3 线性网络的训练函数

MATLAB的神经网络工具箱为线性网络提供了大量的函数，它们可分别用于线性网络的设计、创建、分析、训练及仿真等。下面对这些函数的功能、调用格式和应注意的问题等进行简单介绍。

1. newlin 函数

功能：该函数可以创建一个线性层。

所谓线性层是一个单独的层次，它的权函数为 dotprod，输入函数为 netsum，传递函数为 purelin。线性层一般用作信号处理和预测中的自适应滤波器。此函数的调用格式如下：

```
net = newlin(P,S,ID,LR)
```

其中，P是由R个输入元素的最大值和最小值组成的R×2维矩阵；S为输出向量的数目；ID为输入延迟向量，默认为[0]；LR为学习速率，默认为0.01；net为函数返回值，一个新的线性层。

注意：如果用0代替参数ID，用输入向量的矩阵P代替参数LR，那么函数newlin(P,S,0,P)返回的线性层的稳定学习速率对于P来说是最大的。

【例22-1】 newlin函数用法。

在M文件编辑器中输入以下命令：

```
net = newlin([-1 1],1,[0 1],0.01);
P1 = {0 -1 1 1 0 -1 1 0 0 1};
Y = sim(net,P1)
```

运行程序，输出如下：

```
Y =
    [0]    [0]    [0]    [0]    [0]    [0]    [0]    [0]    [0]    [0]
```

2. newlind 函数

功能：可以设计一个线性层，它通过输入向量和目标向量来计算线性层的权值和阈值。其调用格式如下。

```
net = newlind(P,T,Pi)
```

其中，P为Q组输入向量组成的R×Q维矩阵；T为Q组目标分类向量组成的S×Q维矩阵；Pi为初始输入延迟状态的ID个单元阵列，每个元素Pi{i,k}都是一个Ri×Q维的矩阵，默认为空；net为函数返回值，一个线性层，它的输出误差平方和对于输入P来说具有最小值。

【例22-2】 newlind函数示例。

在M文件编辑器中输入以下命令：

```
clear all;
```

```
P1 = {1 2 1 3 3 2}; Pi1 = {1 3 0};
P2 = {1 2 1 1 2 1}; Pi2 = {2 1 2};
T1 = {5.0 6.1 4.0 6.0 6.9 8.0};
T2 = {11.0 12.1 10.1 10.9 13.0 13.0};
net = newlind([P1; P2],[T1; T2],[Pi1; Pi2]);
Y = sim(net,[P1; P2],[Pi1; Pi2]);
Y1 = Y(1,:)
Y2 = Y(2,:)
```

运行程序,输出如下:

```
Y1 =
    [5.0000]    [6.1000]    [4]    [6]    [6.9000]    [8.0000]
Y2 =
    [11.0000]    [12.1000]    [10.1000]    [10.9000]    [13.0000]    [13]
```

3. learnwh 函数

功能:该函数为 W-H 学习函数,也称为 Delta 准则或最小方差准则学习函数。它可以修改神经元的权值和阈值,使输出误差的平方和最小。它沿着误差平方和的下降最快方向连续调整网络的权值和阈值,由于线性网络的误差性能表面是抛物面,仅有一个最小值,因此可以保证网络是收敛的,前提是学习率不超出由函数 maxlinlr 计算得到的最大值。其调用格式如下:

```
[dW,LS] = learnwh(W,P,Z,N,A,T,E,gW,gA,D,LP,LS)
[db,LS] = learnwh(b,ones(1,Q),Z,N,A,T,E,gW,gA,D,LP,LS)
info = learnwh(code)
```

其中,W 为 S×R 维的加权矩阵(或为 S×1 的阈值矩阵);P 为 Q 个 R 维的输入向量(或为 Q 个单值输入);Z 为 Q 组 S 维的加权输入向量;N 为 Q 组 S 维的网络输入向量;A 为 Q 组 S 维的输出向量;T 为 Q 组 S 维的目标向量;E 为 Q 组 S 维的误差向量;gW 为 S×R 维的性能参数的梯度;gA 为 Q 组 S 维的性能参数的输出梯度;LP 为学习参数,若没有则为空;LS 为学习状态,初始值为空;dW 为 S×R 维权值(或阈值)的变化矩阵;LS 为新的学习状态。

info=learnwh(code):针对不同的 code 返回如下相应的有用信息。

- panmes——返回学习参数的名称;
- pdefaults——返回默认的学习参数;
- needg——如果函数使用了 gW 或 gA,则返回 1。

注意:函数的学习参数 LP 可以自行设定,如设定学习速率 LP. lr=0.01,这就是其默认值。

【例 22-3】 learnwh 函数示例。

在 M 文件编辑器中输入以下命令:

```
p = rand(2,1);
e = rand(3,1);
lp.lr = 0.5;
dW = learnwh([],p,[],[],[],[],e,[],[],[],lp,[])
```

运行程序,输出如下:

```
dW =
    0.0517    0.0575
    0.3721    0.4137
    0.2576    0.2864
```

4. maxlinlr 函数

功能:该函数为分析函数,用于计算线性层的最大学习速率。其调用格式如下:

```
lr = maxlinlr(P)
lr = maxlinlr(P,'bias')
```

其中,P 为输入向量的 R×Q 维矩阵。

lr=maxlinlr(P):针对不带阈值的线性层得到一个所需要的最大学习速率。

lr=maxlinlr(P,'bias'):针对带有阈值的线性层得到一个所需要的最大学习速率。

【例 22-4】 下面一组代码可在给定输入 P 的情况下,分“带阈值”和“不带阈值”两种情况求得该线性层所需的最大学习速率。

在 M 文件编辑器中输入以下命令:

```
P = [1 2 -4 7; 0.1 3 10 6];
lr1 = maxlinlr(P)
lr2 = maxlinlr(P,'bias')
```

运行程序,输出如下:

```
lr1 =
    0.0069
lr2 =
    0.0067
```

注意:一般来说,学习速率越大,所需的训练时间就越少。但是,如果学习速率过大,则容易造成学习过程的不稳定。

22.4 线性神经网络的构建

1. 生成线性神经元

构造一个如图 22-4 所示的具有两个输入端的单线性神经元网络。其权值矩阵 $\boldsymbol{w}$ 是一个行向量,网络输出为

$$\boldsymbol{a} = \text{purelin}(\boldsymbol{n}) = \text{purelin}(\boldsymbol{wp} + \boldsymbol{b}) = \boldsymbol{wp} + \boldsymbol{b}$$

或者

$$\boldsymbol{a} = w_{1,1}p_1 + w_{1,2}p_2 + \boldsymbol{b}$$

和感知器网络一样,线性神经网络也具有一个分界线,由输入向量决定,即 $n=0$ 时,方程 $\boldsymbol{wp}+\boldsymbol{b}=0$,其分类示意如图 22-5 所示。

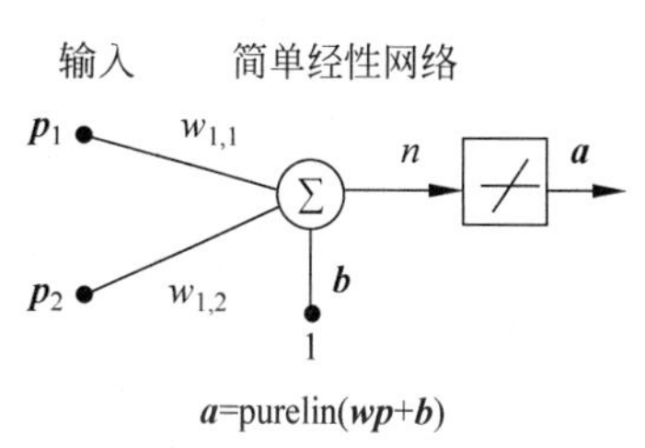
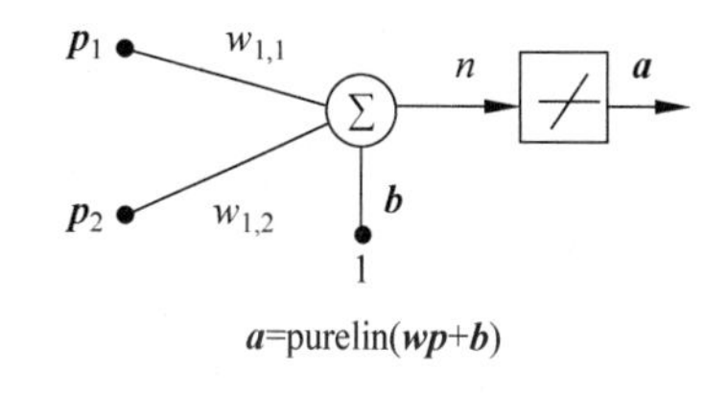

图 22-4　两个输入单神经元线性网络结构

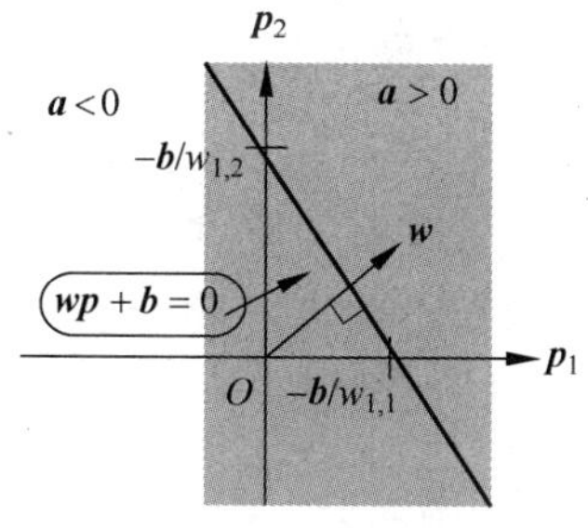

图 22-5　两个输入线性神经网络分类示意图

输入向量在分界线右上部时，输出大于 0；输入向量在左下部时，输出则小于 0。这样，线性神经网络就可以用来研究分类问题。然而应用线性神经网络进行分类的前提是：进行分类的问题是线性可分的，这方面和感知器网络的局限性是相同的。

【例 22-5】 应用 newlin 函数设计一个双输入单输出线性神经网络，输入向量范围是[-1 1；-1 1]，学习速率为 1。

在 M 文件编辑器中输入以下命令：

```
net = newlin([ - 1 1; - 1 1],1);
```

此时网络权值和阈值默认为 0，

```
W = net.IW{1,1}
W =
     0     0
b = net.b{1}
b =
     0
```

当然，可以给权值和阈值赋值，如：

```
net.IW{1,1} = [2 3];
W = net.IW{1,1}
W =
     2     3
net.b{1} = [ - 4];
b = net.b{1}
b =
    - 4
```

下面，对于输入向量 $\boldsymbol{p}$ 应用函数 sim 进行仿真计算，计算出相应的函数输出 $\boldsymbol{a}$。

```
p = [5;6];
a = sim(net,p)
a =
    24
```

可见，应用 newlin 函数可以构建一个线性神经网络并随意调整权值和阈值，还可以利用 sim 函数进行仿真。

2. 线性滤波器

首先需要了解一下应用于线性神经网络中的触发延迟线,如图 22-6 所示。

从左端接入输入向量,通过 TDL,发生($N-1$)延迟。TDL 的输出是一个 N 维向量,相当于当前输入向量的前一时刻的输入信号。

若在线性神经网络中应用了触发延迟线,则将产生如图 22-7 所示的线性滤波器。

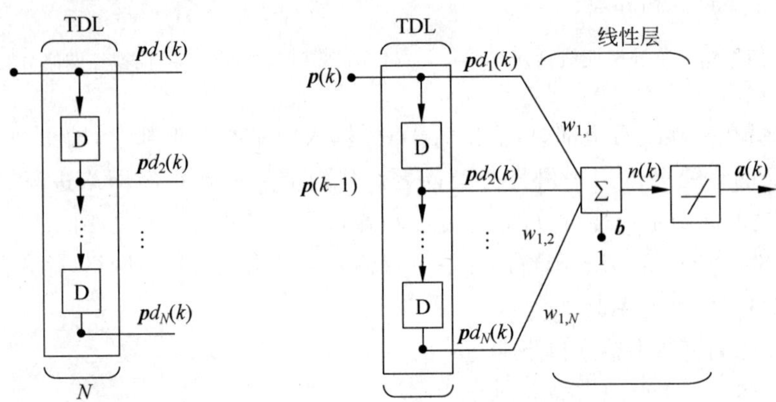

图 22-6　触发延迟线　　　　图 22-7　线性滤波器

滤波器的输出如下:

$$\boldsymbol{a}(k)=\text{purelin}(\boldsymbol{wp}+\boldsymbol{b})=\sum_{i=1}^{R}w_{1,i}\boldsymbol{a}(k-i+1)+\boldsymbol{b} \tag{22-6}$$

这样的网络可以应用于信号处理滤波,下面举例说明。

【例 22-6】 假设输入向量 $\boldsymbol{P}$,期望输出向量 $\boldsymbol{T}$,以及初始输入延迟 $\boldsymbol{P}_1$。

在 M 文件编辑器中输入以下命令:

```
P = {1 2 1 3 3 2};
P1 = {1 3};
T = {5 6 4 20 7 8};
% 应用 newlind 函数构造一个网络以满足上面的输入/输出关系和延迟条件
net = newlind(P,T,P1);
Y = sim(net,P,P1)                    % 验证网络的输出
```

运行程序,输出如下:

```
Y =
    Columns 1 through 5
      [2.7297]    [10.5405]    [5.0090]    [14.9550]    [10.7838]
    Column 6
      [5.9820]
```

由此可见,网络输出和期望输出有一定差距,但它们是合理的。任何情况下,均方误差都是最小的。

22.5 网络训练

自适应线性元件的网络训练过程可以归纳为以下三个步骤：

(1) 表达：计算训练的输出矢量 $\boldsymbol{a}=\boldsymbol{w}*\boldsymbol{p}+\boldsymbol{b}$,以及与期望输出之间的误差 $\boldsymbol{e}=\boldsymbol{t}-\boldsymbol{a}$;

(2) 检查：将网络输出误差的平方和与期望误差相比较,如果其值小于期望误差,或训练已经达到事先设定的最大训练次数,则停止训练,否则继续;

(3) 学习：采用 W-H 学习规则计算新的权值和偏差,并返回到(1)。

每进行一次上述三个步骤,被认为是完成一个训练循环次数。

如果网络训练获得成功,那么当一个不在训练中的输入矢量输入到网络中时,网络趋于产生一个与其相联想的输出矢量。这个特性被称为泛化,这在函数逼近以及输入矢量分类的应用中是非常有用的。

如果经过训练,网络仍不能达到期望目标,可以有两种选择：一是检查一下所要解决的问题是否适用于线性网络；二是对网络进行进一步的训练。

虽然只适用于线性网络,W-H 学习规则仍然是重要的,因为它要展现梯度下降法是如何来训练一个网络的,此概念后来发展成反射传播法,使之可以训练多层非线性网络。

采用 MATLAB 进行自适应线性元件网络的训练如下。

在 M 文件编辑器中输入以下命令：

```
a = purelin(w * p + b);
e = t - a;
sse = sumsqr(e);                                          %求误差平方和
for epoch = 1:max_epoch                                   %循环训练
    if sse < err_goal                                     %比较误差
        epoch = epoch - 1;
        break;                                            %若满足期望误差要求,结束训练
    end
    dW = learnwh([],p,[],[],[],[],e,[],[],[],lr,[]);      %修正权值
    dB = learnwh(b,ones(1,q),[],[],[],[],e,[],[],[],lr,[]);
    w = w + dW;
    b = b + dW;
    a = purelin(w * p + b);                               %网络输出
    e = t - a;
    sse = sumsqr(e);                                      %计算网络误差平方和
end
```

同样,利用创建线性网络函数 newlin,再利用工具箱中的 train 函数可以替代上述整个训练过程。创建线性网络函数的调用为：net＝newlin(minmax(p),s,[0],lr),调用此函数时已默认其权值的学习法则为 W-H 算法。

如果用输入空间作图法来说明自适应线性元件网络的功能,则它仍然可以说明为与感知器相同的线性分类；如果用输入/输出空间作图法来说明,则自适应线性元件网络可以说明为用 w＊p＋b＝a 的界面通过给出的输入/输出对组成的点、线、平面或超平面,或线性地逼近这些输入/输出矢量对。

【例 22-7】 现在考虑一个较大的神经元网络的模式联想的设计问题。输入矢量和目标矢量分别为：

```
P=[1 1.5 1.2 -0.3; -1 2 3 -0.5; 2 1 -1.6 0.9];
T=[0.5 3 -2.2 1.4;1.1 -1.2 1.7 -0.4; 3 0.2 -1.8 -0.4;-1 0.4 -1.0 0.6];
```

这个问题的求解同样可以采用线性方程组来求出，即对每一个输出节点写出输入和输出之间的关系等式。对于网络每一个输出神经元，都有 4 个变量（三个权值加一个偏差），有 4 个限制方程（每组输入对应 4 个输出值）。这样由 4 个输出节点，共产生 16 个方程，方程数目与权值数目相等。所以只要输入矢量是线性独立的，则同时满足这 16 个方程的权值存在且唯一。对应到网络上来说，则存在零误差的精确权值。

实际上要求出这 16 个方程的解是需要花费一定的时间的，甚至是不太容易的。对于一些实际问题，常常并不需要求出其完美的零误差时的解，也就是说允许存在一定的误差。在这种情况下，采用自适应线性网络求解就显示出它的优越性；因为它可以很快地训练出满足一定要求的网络权值。对于有完美解的网络设计，通过对期望误差平方和的选定，也能通过增加训练次数来获得。

在 M 文件编辑器中输入以下命令：

```
clear all;
P=[1 1.5 1.2 -0.3; -1 2 3 -0.5; 2 1 -1.6 0.9];
T=[0.5 3 -2.2 1.4;1.1 -1.2 1.7 -0.4; 3 0.2 -1.8 -0.4;-1 0.4 -1.0 0.6];
[S,Q]=size(T);
max_epoch=400;
err_goal=100;
err_goal=0.001;
lr=0.9*maxlinlr(P);
%初始权值
W0=[1.9978 -0.5959 -0.3517;1.5543 0.05331 1.3660;...
    1.0672 0.3645 -0.9227; -0.7747 1.3839 -0.3384];
B0=[0.0746; -0.0642; -0.4256; -0.6433];
net=newlin(minmax(P),S,[0],lr);                         %创建线性网络
net.IW{1,1}=W0;
net.b{1}=B0;
a=sim(net,P);
e=T-a;                                                  %求训练前网络的误差
sse=(sumsqr(e))/(S*Q);                                  %求误差平方和的平均值
fprintf('Before training, sum squrared error = %g.\n',sse);  %显示训练前网络的均方差
net.trainParam.epochs=400;                              %最大循环次数
net.trainParam.goal=0.001;                              %期望误差(均方差)
[net,tr]=train(net,P,T);
W=net.iw{1,1}                                           %显示最终权值
B=net.b{1}
```

运行程序，其网络训练过程记录如图 22-8 所示，输出结果如下：

```
Before training, sum squrared error = 8.52937.
W =
   -2.3673    2.2142    3.0852
    2.1417   -1.7773   -2.0258
    2.0735   -1.2540    0.0541
```

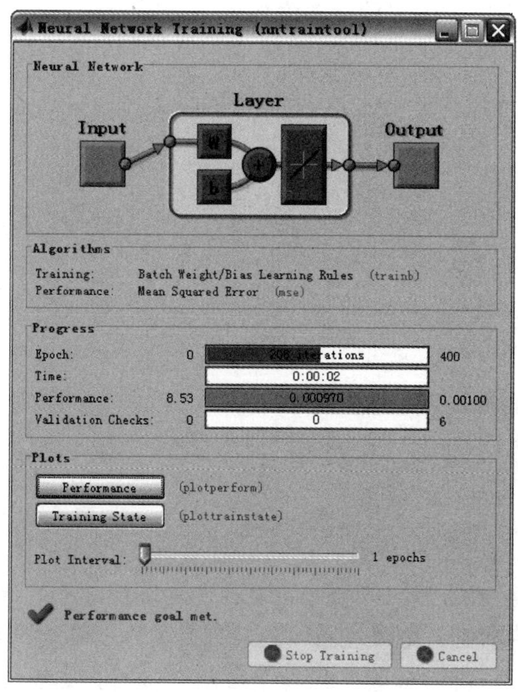

图 22-8 网络训练过程中的记录

```
    -1.7676    1.1443    1.1746
B =
    -1.0215
     1.1982
    -0.4468
    -0.4237
```

对于存在零误差的精确权值网络，若用函数 newlind 来求解，则更加简单，在 M 文件编辑器中输入以下命令：

```
clear all;
P=[1 1.5 1.2 -0.3; -1 2 3 -0.5; 2 1 -1.6 0.9];
T=[0.5 3 -2.2 1.4;1.1 -1.2 1.7 -0.4; 3 0.2 -1.8 -0.4;-1 0.4 -1.0 0.6];
[S,Q]=size(T);
b=[];
w=[];
a=[];
for i=1:S
    net=newlind(P,T(i,:));              %设计一个具有一个行向量的线性网络
    w=[w;net.iw{1,1}];                  %将每次产生的行向量权值合写成一个矩阵
    b=[b;net.b{1}];                     %将每次的行向量偏差合写成一个矩阵
    a=[a;sim(net,P)];

end
w                                       %输出完整的偏差和权值
b
a                                       %显示网络的最终输出
```

运行程序,得到零误差的唯一精确解为

```
w =
    -2.4914    2.3068    3.1747
     2.2049   -1.8247   -2.0716
     2.0938   -1.2691    0.0395
    -1.7926    1.1630    1.1926
b =
    -1.0512
     1.2136
    -0.4420
    -0.4296
a =
     0.5000    3.0000   -2.2000    1.4000
     1.1000   -1.2000    1.7000   -0.4000
     3.0000    0.2000   -1.8000   -0.4000
    -1.0000    0.4000   -1.0000    0.6000
```

因为函数 newlind 是按(行)向量的序列的方式来构造和设计一个线性网络的,所以对于具有多输出神经网络的设计,需要经过多次循环来获得最终结果。

通常可以直接地判断出一个线性网络是否有完美的零误差的解;如果每个神经元所具有的自由度(即权值与阈值数)等于或大于限制数(即输入/输出矢量对),那么线性网络则可以零误差地解决问题。不过这一事实在输入矢量线性相关或没有阈值时不成立。

22.6 线性网络的实现

线性神经网络在模式识别、信号滤波和预测、函数逼近等方面有广泛的用途,下面以应用示例来说明线性神经网络的 MATLAB 仿真程序设计。

1. 线性神经网络在模式分类中的应用

【例 22-8】 以单层线性网络模拟与函数,其函数真值表如表 22-1 所示。

表 22-1　与函数真值表

输入 $p_1 p_2$	输出 a
0 0	0
1 0	0
0 1	0
1 1	1

若把与函数看成 p_1-p_2 平面上的点,则点 $A0(0,0)$,$A1(0,1)$和 $A2(1,0)$表示输出为 0 的 3 个点,$B0(1,1)$表示输出为 1 的一个点,如图 22-9 所示。

可以看出,与函数是一个简单的线性划分问题,用一个线性神经元构成的网络就可以实现,如图 22-10 所示。

根据以上分析,按本题要求设计的线性神经网络的基本结构为

- 网络有 1 个输入向量,包括 2 个元素,输入元素的取值范围为[0 1];

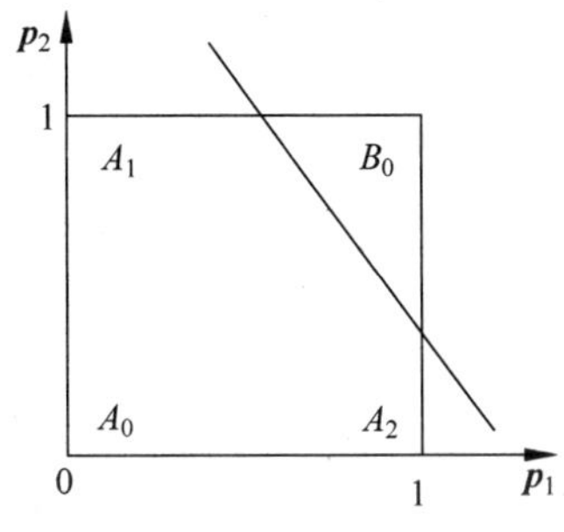

图 22-9 与函数的图形表示

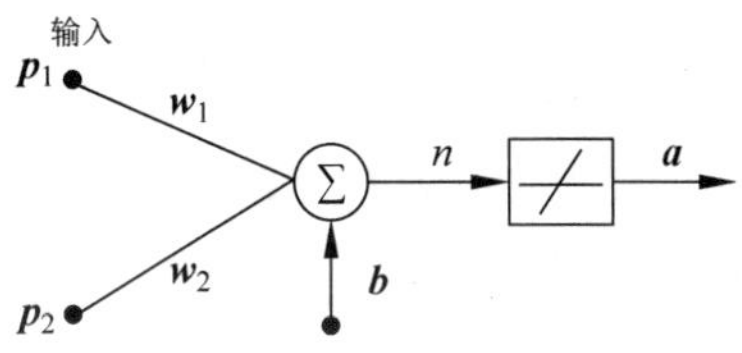

图 22-10 线性神经网络结构示意图

- 输出向量有一个元素，为二值变量 0 或 1。

在 M 文件编辑器中输入以下命令：

```
clear all;                              %清除所有内存变量
%设计线性神经网络
p=[0 0;0 1;1 0;1 1]';                   %输入向量
t=[0 0 0 1];                            %目标向量
net=newlind(p,t);                       %设计线性神经网络
w=net.IW{1};                            %输出训练后的权值
b=net.b{1}                              %输出训练后的阈值
%线性神经网络的仿真
a=sim(net,p)                            %输出仿真结果
y=a>0.5                                 %将模拟仿真结果转换为数字量
```

运行程序，输出如下：

```
b =
   -0.2500
a =
   -0.2500    0.2500    0.2500    0.7500
y =
     0     0     0     1
```

2. 线性神经网络在噪声对消中的应用

【例 22-9】 (以自适应线性网络实现噪声对消)对于一个最优的滤波器，希望通过滤波将信号中的噪声去掉，这对一般的滤波器很难完全做到。利用自适应线性网络实现噪声对消的原理框如图 22-11 所示。

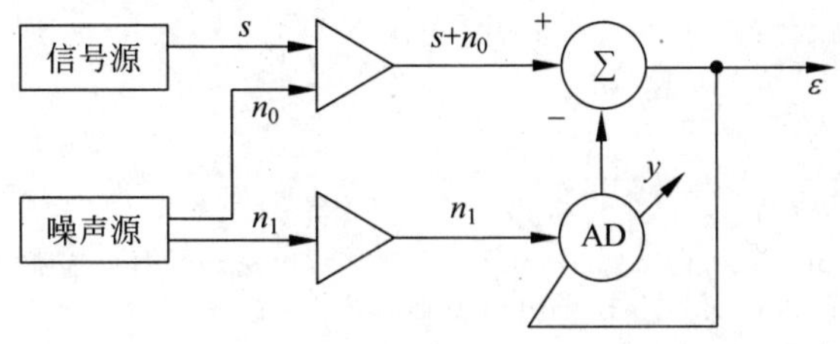

图 22-11 噪声对消原理框图

图中 s 为原始输入信号，假设为平稳的零均值随机信号；n_0 为与 s 不相关的随机噪声；n_1 为与 n_0 相关的信号；系统输出为 ε；$s+n_0$ 为 ADALINE 神经元的预期输出，y 为 ADALINE 神经元的输出。则

$$\varepsilon = s + n_0 - y$$

$$\begin{aligned} E[\varepsilon^2] &= E[(s+n_0-y)^2] = E[s^2] + 2E[s\cdot(n_0-y)] + E[(n_0-y)^2] \\ &= E[\varepsilon^2] + E[(n_0-y)^2] \end{aligned}$$

通过 ADALINE 调节，得到

$$E_{\min}[s^2] = E_{\min}[s^2] + E_{\min}[(n_0-y)^2]$$

上式中，当 $E_{\min}[(n_0-y)^2]\to 0$ 时，$y\to n_0$，其输出 ε 为 s，则噪声被抵消。

采用这种系统来完成对胎儿心率的检测，可以得到十分满意的结果。由于测量胎儿的心率一定会受到母体心率的干扰，而且母亲心率很强，但与胎儿心率是相互独立的，所以可将母体心率作为噪声源 n_1 输入 ADALINE 中，混有噪声的胎儿心率信号为目标响应，通过对消后，系统就可以得到清晰的胎儿心率。

这种系统还可以应用于电话中的回音对消。在电话通话的过程中，如果没有回音对消措施，那么，我们自身的声音会与来自对方的声音一起传到听筒中，而且自身的声音更强，影响通话的质量。可将自身的声音作为噪声源 n_1 输入 ADALINE 中，混有对方声音的信号作为目标响应，通过对消后，系统就可以得到清晰的来自对方的声音信号。

这里，假设传输信号为正弦波信号，噪声为随机噪声，进行自适应线性神经网络设计。

根据以上分析，ADALINE 自适应线性神经元的输入向量为随机噪声 n_l；正弦波信号与随机噪声之和为 ADALINE 神经元的目标向量；输出信号为网络调整过程中的误差信号。

在 M 文件编辑器中输入以下命令：

```
clear all;
%定义输入向量和目标向量
time = 0.01:0.01:10;                          %时间变量
noise = (rand(1,1000) - 0.5) * 4;             %随机噪声
input = sin(time);                            %信号
p = noise;                                    %将噪声作为 ADALINE 的输入向量
t = input + noise;                            %将噪声 + 信号作为目标向量
%创建线性神经网络
net = newlin([ - 1 1],1,0,0.0005);
%线性神经网络的自适应调整(训练)
net.adaptParam.passes = 70;
[net,y,output] = adapt(net,p,t);              %输出信号 output 为网络调整过程中的误差
%绘制信号,迭加随机噪声的信号,输出信号的波形
hold on;
%绘制信号的波形
subplot(3,1,1);plot(time,input,'r');
title('信号波形 sin(t)');
subplot(3,1,2);plot(time,t,'m');              %绘制迭加随机噪声信号的波形
xlabel('t');title('随机噪声波形 sin(t) + noise(t)');
%绘制输出信号的波形
subplot(3,1,3);plot(time,output,'b');
xlabel('t');title('输出信号波形 y(t)');
```

运行程序，效果如图 22-12 所示。

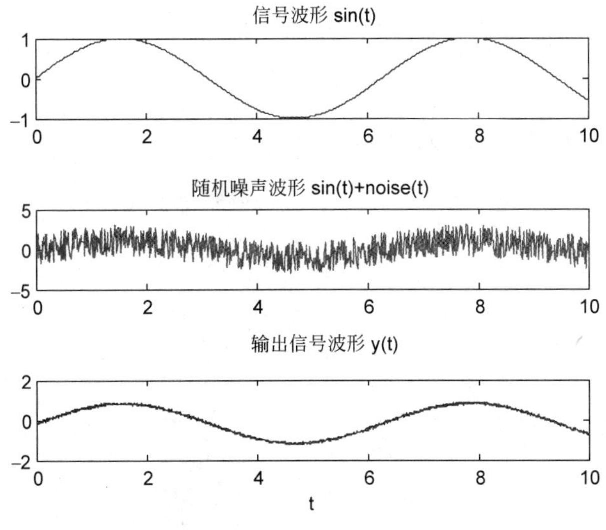

图 22-12　对消噪声的效果图

从图中可以看出，输出信号除了含有一定直流分量外，其波形与输入信号波形基本一致，消除了迭加的随机噪声。

3. 线性神经网络在信号预测中的应用

【例 22-10】 （实现自适应预测的线性网络）设自适应滤波器如图 22-13 所示，该滤波器的目的是要从输入信号前两个时刻的值预测当前时刻的值。

图中 D 为延迟单元，多个延迟单元可以构成抽头延迟线，如图 22-14 所示。

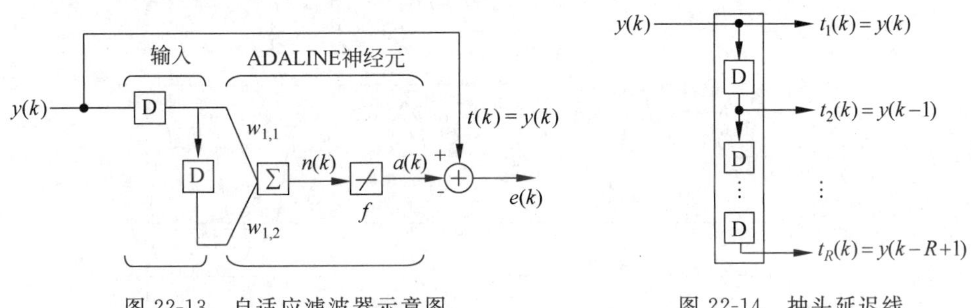

图 22-13　自适应滤波器示意图　　　　图 22-14　抽头延迟线

设输入信号为一随机序列，试编写 MATLAB 程序，画出上述自适应滤波器的输入输出波形。

在 M 文件编辑器中输入以下命令：

```
clear all;
%定义输入向量和目标向量
time = 0.5:0.5:20;                          %时间变量
y = (rand(1,40) - 0.5) * 4;                 %定义随机输入信号
p = con2seq(y);                             %将随机输入向量转换为串行向量
delays = [1 2];                             %定义 ADALINE 神经元输入延迟量
```

```
t = p;                                        %定义 ADALINE 神经元的数目向量
%创建线性神经网络
net = newlin(minmax(y),1,delays,0.0005);
%线性神经网络的自适应调整(训练)
net.adaptParam.passes = 70;
[net,a,output] = adapt(net,p,t);              %输出信号 output 为网络调整过程中的误差
%绘制随机输入信号\输出信号的波形
hold on;
subplot(3,1,1);plot(time,y,'r * - ');         %输出信号 output 为网络调整过程中的误差
xlabel('t','position',[20.5, - 1.8]);
ylabel('随机输入信号 s(t)');
axis([0 20 - 2 2]);
subplot(3,1,2);
output = seq2con(output);
plot(time,output{1},'ko - ');                 %绘制预测输出信号的波形
xlabel('t','position',[20.5, - 1.8]);
ylabel('预测输出信号 y(t)');
axis([0 20 - 2 2]);
subplot(3,1,3);
e = output{1} - y;
plot(time,e,'k - ');                          %绘制误差曲线
xlabel('t','position',[20.5, - 1.8]);
ylabel('误差曲线 e(t)');
axis([0 20 - 2 2]);
hold off;
```

运行程序,效果如图 22-15 所示。

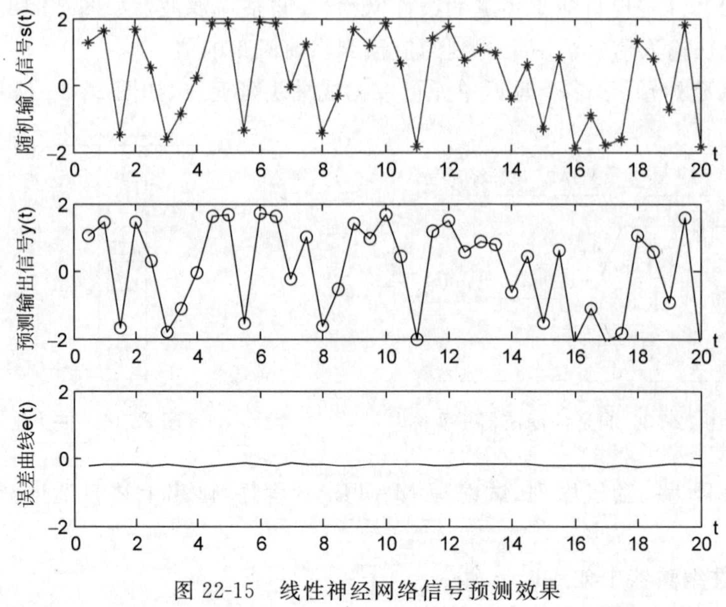

图 22-15　线性神经网络信号预测效果

从图中可以看出,输出信号波形与输入信号波形基本一致,误差较小,输出波形较好地预测了输入波形。

值得一提的是,在程序设计中,需要注意学习速率与训练步长的选择。如果学习速率过大,即学习的过程将不稳定,且误差会更大;反之如果学习速率过小,学习的过程将

变慢,需要的训练步长数将加大。选择不当,将得不到满意的结果。

就线性神经网络本身来说,其与感知器一样,只能解决线性可分的模式分类,但 LMS 算法比感知器的 δ 学习算法更有效,因为它使均方误差最小,可以使各分类模式远离判决边界,从而使网络具有更好的抗噪性能。另一方面,ADALINE 网络至今仍然广泛应用于各种实际系统中,特别是在自适应滤波方面,用途更为广泛。

22.7 线性网络的局限性

线性神经网络只能反映输入和输出样本矢量间的线性映射关系,与感知器神经网络一样,其也只能解决线性可分问题。由于线性神经网络的误差曲面为一个多维抛物面,所以在学习速率足够小的情况下,对于基于最小二乘梯度下降原理进行训练的线性神经网络总可以找到一个最优解。但是,即使如此,对线性神经网络的训练并不一定总能达到零误差。线性神经网络的训练性能要受网络规则和训练样本集大小的限制。如果线性神经网络的自由度(即神经网络所有权值和阈值的个数总和)小于训练样本集中“输入—目标”矢量的对数,而且各样本矢量线性无关,则网络训练不可能达到零误差,只能得到一个使网络误差最小的解;反之,如果网络自由度大于样本集的个数,即会得到无穷多个使网络训练误差为零的解。此外,值得注意的是,线性神经网络的训练和性能要受到学习速率参数的影响,过大的学习速率可能会导致网络发散性。

1. 学习速率过大

在网络设计中,学习速率的选取是影响收敛速度以及训练结果的一个很重要的因素。在学习速率足够小的时候,依据 Widrow-Hoff 学习规则总能够训练网络满足精度要求;但是当学习速率较大时,则可能导致训练过程的不稳定。MATLAB 工具箱给出了一个正确求解学习速率的函数 maxlinlr。下面举例说明学习速率过大对网络训练的影响。

【例 22-11】 选择两个一维输入以及相应的期望输出向量。

在 M 文件编辑器中输入以下命令:

```
P=[+1.0 -1.2];
T=[+0.5 +1.0];
```

给出权值和阈值范围,并绘制误差曲面以及误差等高线,如图 22-16 所示。

```
w_range=-2:0.4:2;
b_range=-2:0.4:2;
ES=errsurf(P,T,w_range,b_range,'purelin');
plotes(w_range,b_range,ES);
```

maxlinlr 是最快稳定学习速率自动选择函数。把学习速率增加为原值的 225%,然后应用 newlin 函数生成一个线性网络,并设置最大训练次数。

```
maxlr=maxlinlr(P,'bias');
net=newlin([-2 2],1,[0],maxlr*2.25);
net.trainParam.epochs=20;
```

设定训练参数，应用 train 函数对网络进行训练，并绘制出误差曲面及等高线，如图 22-17 所示。默认学习规则为 Widrow-Hoff 规则，也可以在训练参数中修改。

```
net.trainParam.epochs = 1;
net.trainParam.show = NaN;
h = plotep(net.IW{1},net.b{1},mse(T - sim(net,P)));
[net,tr] = train(net,P,T);
r = tr;
epoch = 1;
while epoch < 20
    epoch = epoch + 1;
    [net,tr] = train(net,P,T);
    if length(tr.epoch)> 1
        h = plotep(net.IW{1,1},net.b{1},tr.perf(2),h);
        r.epoch = [r.epoch epoch];
        r.perf = [r.perf tr.perf(2)];
        v.vperf = [r.vperf NaN];
        r.tperf = [r.tperf NaN];
    else
        break
    end
end
tr = r;
%训练并未成功
solvednet = newlind(P,T);
hold on;
plot(solvednet.IW{1},solvednet.b{1},'ro')
hold off;
%训练误差非常大.应用函数 sim 求出给定输入向量的输出向量,并对网络进行验证
subplot(1,2,2);
plotperf(tr,net.trainParam.goal);
p =- 1.2;
a = sim(net,p)
```

输出如下：

```
a =
  - 59.6532
```

输入量 p=1.2 的期望值为 t=0.1，而网络输出为 a=-59.6532，相差甚远。由此可见学习速率选取较大时，误差越来越大，网络训练无法达到精度。因此学习率的选取是非常关键的，应该选取较小的学习率以保证网络的收敛。

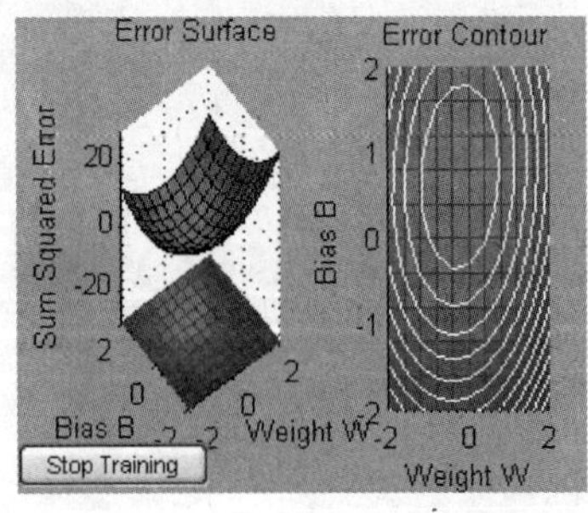

图 22-16　误差曲面及等高线

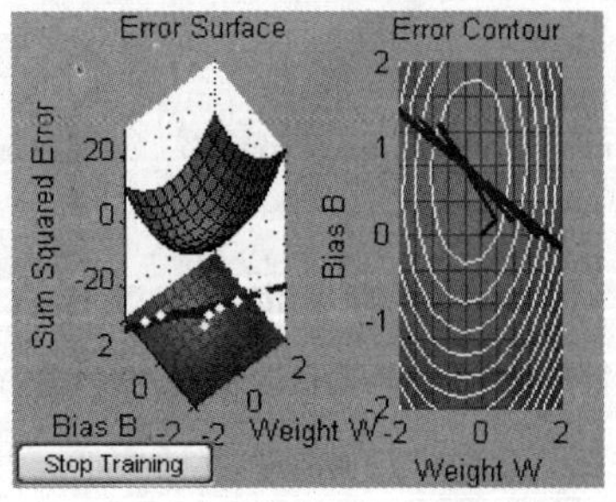

图 22-17　训练后的误差曲面及等高线

2. 线性相关向量

在应用线性神经网络解决问题前，首先必须判断该问题是否能应用线性网络来解决。通常情况下，线性网络的自由度（权值和阈值总和 $S\times R+S$）至少要等于约束的数目（输入/输出样本数 Q），这样才可以应用。但是当输入样本线性相关或者没有阈值的时候，这种要求就可能不成立。如果线性相关的输入量与期望输出向量之间并不匹配，则此问题是一个非线性问题，而且这个问题得不到零误差解。

【例 22-12】 假设输入向量和期望输出如下。

在 M 文件编辑器中输入以下命令：

```
P = [1.0 2.0 3.0;4.0 5.0 6.0];
T = [0.5 1.0 -1.0];
```

由此可见，输入向量具有相关性，而期望输出向量并不具备这种相关性，即输入/输出不匹配。应用 maxlinlr 寻找训练用最快速稳定的学习速率，然后应用 newlin 函数生成一个线性神经元，并设置训练次数、训练精度、显示情况等进行训练，其训练误差响应记录如图 22-18 所示。

```
maxlr = maxlinlr(P,'bias');
net = newlin([0 10;0 10],1,[0],maxlr);
net.trainParam.show = 50;
net.trainParam.epochs = 500;
net.trainParam.goal = 0.001;
[net,tr] = train(net,P,T);
```

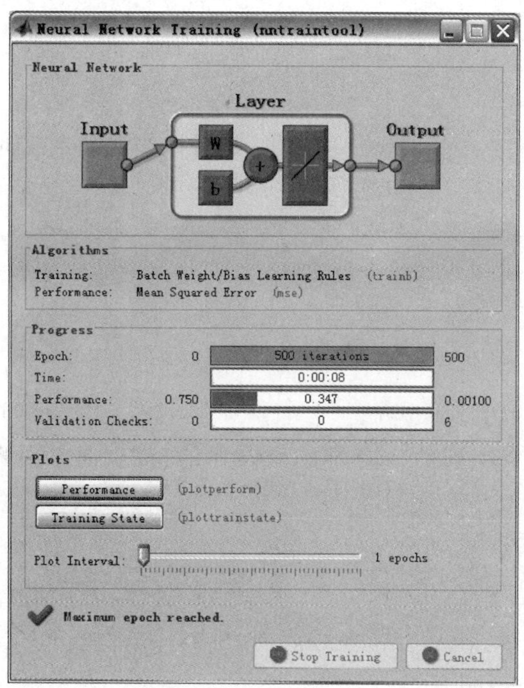

图 22-18 训练误差响应记录

达到最大训练次数后，仿真停止，但是训练精度并未达到。应用函数 sim 求出给定输入向量的输出向量，对网络进行验证。

```
p=[1.0;4];
a=sim(net,p)
a =
    0.8971
```

仿真结果表明，网络输出值不等于期望输出值，且相关较大。由此可以得出结论：线性网络不能适应输入向量之间具有线性相关性的非线性问题。

22.8 系统辨识

1. 白噪声与有色噪声

(1) 白噪声(White Noise)

系统辨识中所用到的数据通常都含有噪声。从工程实际出发，这种噪声通常可以视为具有有理谱密度的平稳随机过程。白噪声是一种最简单的随机过程，其是由一系列不相关的随机变量组成的理想化随机过程。白噪声的数学描述如下：如果随机过程 $\xi(t)$ 均值为 0，自相关函数为 $\sigma^2\delta(\tau)$，即

$$R_\xi(\tau)=\sigma^2\delta(\tau)$$

式中，$\delta(\tau)$ 为单位脉冲函数(亦换为 Dirac 函数)，即

$$\delta(\tau)=\begin{cases}\infty & (\tau=0)\\ 0 & (\tau\neq 0)\end{cases} \quad 且 \quad \int_{-\infty}^{\infty}\delta(\tau)\mathrm{d}\tau=1$$

则称该随机过程为白噪声。

(2) 白噪声序列

白噪声序列是白噪声过程的一种离散形式，可以描述如下：如果随机序列 $\{\xi(k)\}$ 均值为 0，且两两不相关，对应的自相关函数为

$$R_\xi(k)=\sigma^2\delta(\tau)\quad(k=0,\pm1,\pm2,\cdots)$$

式中，$\delta(k)$ 为 Kronecker 函数，即

$$\delta(k)=\begin{cases}1 & (k=0)\\ 0 & (k\neq 0)\end{cases}$$

则称随机序列 $\{\xi(k)\}$ 为白噪声序列。

可以将标量白噪声序列的概念推广到向量的情况，向量白噪声序列 $\{\boldsymbol{\xi}(k)\}$ 定义如下：

$$\begin{cases}\boldsymbol{E}\{\boldsymbol{\xi}(k)\}=0\\ \mathrm{Cov}\{\boldsymbol{\xi}(k),\boldsymbol{\xi}(k+l)=\boldsymbol{E}\{\boldsymbol{\xi}(k)\boldsymbol{\xi}^{\mathrm{T}}(k+l)\}=\boldsymbol{R}\boldsymbol{\delta}(l)\end{cases}$$

式中，$\boldsymbol{R}$ 为正定常数矩阵，$\boldsymbol{\delta}(l)$ 为 Kronecker 函数。

(3) 有色噪声(Colored Noise)

从上述定义可知，理想白噪声只是一种理论上的抽象，在物理上是不能实现的，现实

中并不存在这样的噪声。因而,工程实际中测量数据所包含的噪声往往是有色噪声。所谓有色噪声(或相关噪声)是指噪声序列中每一时刻的噪声和另一时刻的噪声相关。“表示定理”表明,有色噪声序列可以看成由白噪声序列驱动的线性环节的输出,如图 22-19 所示。

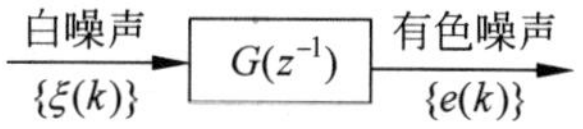

白噪声 $\{\xi(k)\}$ → $G(z^{-1})$ → 有色噪声 $\{e(k)\}$

图 22-19 有色噪声

图 22-19 中,$G(z^{-1})$为线性传递函数,也称为成形滤波器,可写成

$$G(z^{-1})=\frac{C(z^{-1})}{D(z^{-1})}$$

式中

$$\begin{cases}C(z^{-1})=1+c_1z^{-1}+c_2z^{-2}+\cdots+c_{n_c}z^{-n_c}\\D(z^{-1})=1+d_1z^{-1}+d_2z^{-2}+\cdots+d_{n_d}z^{-n_d}\end{cases}$$

且 $C(z^{-1})$、$D(z^{-1})$均为稳定多项式,即其根均在 z 平面的单位圆内。

【例 22-13】 设有色噪声序列$\{e(k)\}$为

$$e(k)=\frac{C(z^{-1})}{D(z^{-1})}\xi(k)=\frac{1+0.5z^{-1}+0.2z^{-2}}{1-1.5z^{-1}+0.7z^{-2}+0.1z^{-3}}\xi(k)$$

式中,$\xi(k)$为方差为 1 的白噪声。

在 M 文件编辑器中输入以下命令:

```
clear all;
%白噪声序列的产生
L = 500;                                   %仿真长度
d = [1 -1.5 0.7 0.1]; c = [1 0.5 0.2];     %d,c 多项式的系数(可用 roots 函数求其根)
nd = length(d) - 1; nc = length(c) - 1;    %nd,nc 为 d,c 的阶次
xik = zeros(nc,1);                         %白噪声初值
ek = zeros(nd,1);                          %有色噪声序列
xi = randn(L,1);                           %randn 产生均值为 0,方差为 1 的高斯随机
for k = 1:L
    e(k) =- d(2:nd + 1) * ek + c * [xi(k);xik]; %产生有色噪声
    %数据更新
    for i = nd: - 1:2
        ek(i) = ek(i - 1);
    end
    ek(1) = e(k);
    for i = nc: - 1:2
        xik(i) = xik(i - 1);
    end
    xik(1) = xi(k);
end
subplot(2,1,1);plot(xi);
xlabel('k'); ylabel('噪声幅值');
title('白噪声序列');
subplot(2,1,2);plot(e);
xlabel('k');ylabel('噪声幅值');
title('有色噪声序列');
```

运行程序,效果如图 22-20 所示。

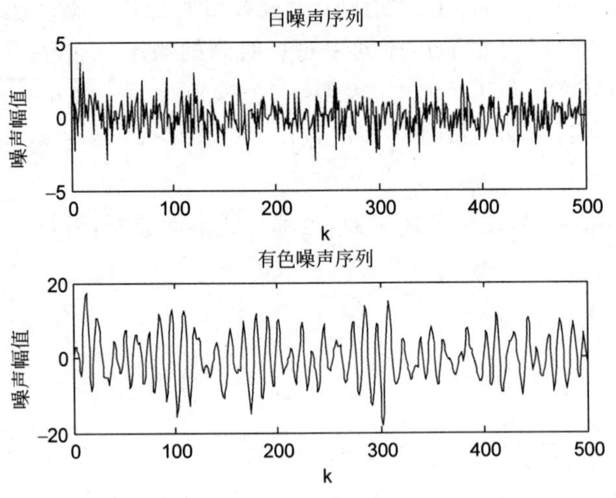

图 22-20　白噪声序列与有色噪声序列

2. M 序列与逆 M 序列

建立系统的数学模型时，如果模型结构选择正确，则模型参数辨识的精度将直接依赖于输入信号，因此合理选用辨识的输入信号是保证能否获得理想的辨识结果的关键之一。理论分析表明，选用白噪声作为辨识输入信号可以保证获得较好的辨识效果，但这在工程上不容易实现，因为工业设备不可能按白噪声的变化规律运动。在此将介绍最长线性移位寄存器序列(简称 M 序列)，其是一种很好的辨识输入信号，具有近似白噪声的性质，可保证良好的辨识精度，而且在工程上也容易实现。

(1) M 序列

设有一无限长的二元序列 $x_1, x_2, \cdots, x_{P+1}, \cdots$，各元素间存在下列关系：

$$x_i = a_1 x_{i-1} \oplus a_2 x_{i-2} \oplus \cdots \oplus a_P x_{i-P}$$

式中，$i=P+1, P+2, \cdots$；系数 $a_1, a_2, \cdots, a_{P-1}$ 取值为 0 或 1；系数 a_P 总为 1；$\oplus$为异或运算符。

只要适当选择系数 $a_1, a_2, \cdots, a_{P-1}$ 就可以使序列以(2^P-1)bit 的最长周期循环，这种具有最长循环周期的二元序列称为 M 序列。

(2) 逆 M 序列

谱分析表明，M 序列含有直流成分，将造成对辨识系统的“净扰动”，这通常不是所希望的。而逆 M 序列将克服这一缺点，是一种比 M 序列更为理想的伪随机码序列。

设 $M(k)$是周期为 $N_P$bit、元素取值为 0 或 1 的 M 序列，$S(k)$是周期为 2bit、元素依次取值为 0 或 1 的方波序列，将这两个序列按位进行异或运算，得到的复合序列就是周期为 $2N_P$bit、元素取值为 0 或 1 的逆 M 序列，记作$\{IM(k)\}$，即有

$$\{IM(k)\} = \{M(k)\} \oplus \{S(k)\}$$

将上述逆 M 序列的逻辑值 0 或 1 分别变换为−1 或 1，此时逆 M 序列均值为 0。

虽然逆 M 序列只是 M 序列与方波序列简单复合的结果，但其性质却优于 M 序列，使其在辨识领域中有着更为广泛的应用。

【例 22-14】 设 M 序列由如下 4 位移位寄存器产生：

$$x_i = x_{i-3} \oplus x_{i-4}$$

实现其 M 序列及其 M 逆序列。

在 M 文件编辑器中输入以下命令：

```
clear all;
%序列及逆 M 序列的产生
L = 60;                                         %M 序列长度
x1 = 1; x2 = 1; x3 = 1; x4 = 0;                 %移位寄存器初值
S = 1;                                          %方波初值
for k = 1:L
    IM = xor(S,x4);                             %进行异或运算,产生逆 M 序列
    if IM == 0
        u(k) =- 1;
    else
        u(k) = 1;
    end
    S = not(S);                                 %产生方波
    M(k) = xor(x3,x4);                          %进行异或运算,产生 M 序列
    x4 = x3;x3 = x2;x2 = x1;x1 = M(k);          %寄存器移位
end
subplot(2,1,1);stairs(M);
grid on;
axis([0 L/2 - 0.5 1.5]);
xlabel('k'); ylabel('M 序列幅值');title('M 序列');
subplot(2,1,2);stairs(u);
grid on;
axis([0 L - 1.5 1.5]);
xlabel('k'); ylabel('逆 M 序列幅值');title('逆 M 序列');
```

运行程序,效果如图 22-21 所示。

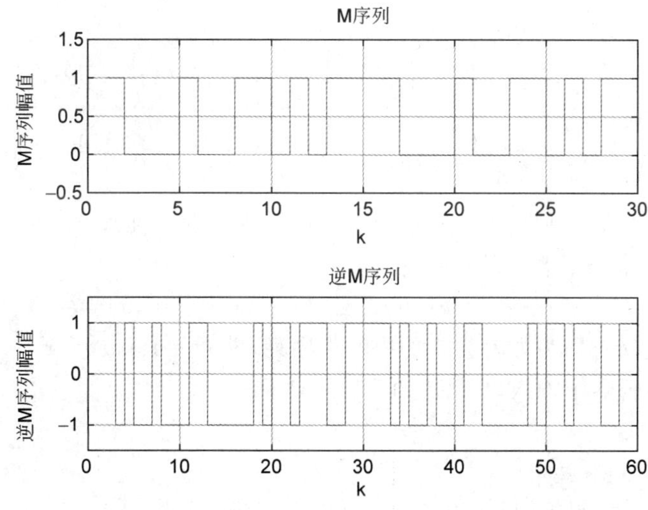

图 22-21　M 序列与逆 M 序列效果

从图 22-21 可以看出,M 序列以 15bit 为循环周期,逆 M 序列以 30bit 为循环周期。

3. 噪信比

噪信比是人们在系统仿真研究中衡量噪声水平的一个十分重要的指标，其大小可以说明仿真算法的抗干扰能力。噪信比是指系统输出中噪声的均方差与不含噪声输出信号的均方差的比。其计算方法之一是数量统计法，即用计算机产生了上千个噪声随机数和系统输出信号随机数，然后分别计算它们的均方差。但是，这种方法比较麻烦。这里将介绍一种 SISO 系统和 MIMO 系统的噪信比的计算方法。

(1) SISO 系统的噪信比

用传递函数描述 SISO 系统的噪信比如下：

$$\begin{cases} y(k) = x(k) + e(k) \\ x(k) = G(z^{-1})u(k) \\ e(k) = H(z^{-1})\xi(k) \end{cases} \tag{22-7}$$

式中，$u(k)$、$y(k)$和$\xi(k)$分别为系统的输入、输出和白噪声；$x(k)$为系统的无噪声输出(不可测)；$e(k)$为噪声的输出(不可测)；$G(z^{-1})$和$H(z^{-1})$分别为系统模型和噪声模型的传递函数。

① SISO 系统噪信比的定义

SISO 系统的噪信比δ_{ns}定义为：当系统输入为零时，噪声作用于系统的输出的均方差，与噪声为零时，系统输入作用于系统的输出的均方差之比，用数学关系式可表示为

$$\delta_{ns} = \sqrt{\frac{D[y(k)]\mid_{u(k)=0}}{D[y(k)]\mid_{e(k)=0}}} = \sqrt{\frac{D[e(k)]}{D[x(k)]}} = \frac{\delta_e}{\delta_x} \tag{22-8}$$

② SISO 系统噪信比的计算

设输入$\{u(k)\}$和$\{\xi(k)\}$分别为方差δ_u^2和δ_ξ^2白噪声序列，则系统(22-7)噪信比的计算公式为

$$\begin{cases} \delta_{ns} = \dfrac{\delta_e}{\delta_x} \\ \delta_e^2 = D[H(z^{-1})\xi(k)] = \dfrac{\delta_\xi^2}{2\pi \mathrm{j}}\oint_c H(z^{-1})H(z)\dfrac{\mathrm{d}z}{z} \\ \delta_x^2 = D[G(z^{-1})u(k)] = \dfrac{\delta_u^2}{2\pi \mathrm{j}}\oint_c G(z^{-1})G(z)\dfrac{\mathrm{d}z}{z} \end{cases} \tag{22-9}$$

式中，$\mathrm{j}=\sqrt{-1}$，c为沿z平面单位圆逆时针方向一周的封闭曲线。

【例 22-15】 求如下系统的噪信比：

$$(1-0.4z^{-1})y(k) = z^{-1}u(k) + (1 =- 0.3z^{-1})\xi(k)$$

式中，$\{u(k)\}$和$\{\xi(k)\}$均为方差为 1 的白噪声序列，即$\delta_u^2=1$和$\delta_\xi^2=1$。

在 M 文件编辑器中输入以下命令：

```
clear all;
%SISO 系统噪信比的计算
a = [1 -0.4]; b = [1];c = [1 -0.3];             %对象参数 A,B,C
%各项阶次
na = length(a) - 1; nb = length(b) - 1; nc = length(c) - 1;
n = max(max(na,nb),nc);
%高次项补 0
```

```
a0 = [a zeros(1,n - na)]; b0 = [b zeros(1,n - nb)];c0 = [c,zeros(1,n - nc)];
deltau2 = 1; deltav2 = 1;                    % 输入白噪声的方差
for i = 1:n + 1                              % 计算 p,q 的初值
    p(i,n + 1) = a0(i);
    qg(i,n + 1) = b0(i);                     % 对应传递函数 G 的 q 值
    qh(i,n + 1) = c0(i);                     % 对应传递函数 H 的 q 值
end
for k = n: - 1:1                             % 计算 p,q
    for i = 1:k
        p(i,k) = (p(1,k + 1) * p(i,k + 1) - p(k + 1,k + 1) * p(k + 2 - i,k + 1))/p(1,k + 1);
        qg(i,k) = (p(1,k + 1) * qg(i,k + 1) - qg(k + 1,k + 1) * p(k + 2 - i,k + 1))/p(1,k + 1);
        qh(i,k) = (p(1,k + 1) * qh(i,k + 1) - qh(k + 1,k + 1) * p(k + 2 - i,k + 1))/p(1,k + 1);
    end
end
deltax2 = 0; deltae2 = 0;
for k = 1:n + 1                              % 求输入响应 x,噪声响应 e 的方差
    deltax2 = deltax2 * qg(k,k)^2/p(1,k);
    deltae2 = deltae2 + qh(k,k)^2/p(1,k);
end
deltax2 = deltax2 * deltau2/a(1)             % D[x(k)]
deltae2 = deltae2 * deltav2/a(1)             % D[e(k)]
ns = sqrt(deltae2/deltax2)                   % 信噪比
```

运行程序，输出如下：

```
deltax2 =      0
deltae2 =    1.0119
ns =    Inf
```

(2) MIMO 系统的噪信比

MIMO 用传递函数矩阵描述如下：

$$\begin{cases} \boldsymbol{y}(k)=\boldsymbol{x}(k)+\boldsymbol{e}(k) \\ \boldsymbol{x}(k)=\boldsymbol{G}(z^{-1})\boldsymbol{u}(k) \\ \boldsymbol{e}(k)=\boldsymbol{H}(z^{-1})\boldsymbol{\xi}(k) \end{cases} \tag{22-10}$$

式中，

$\boldsymbol{y}(k)=[y_1(k),y_2(k),\cdots,y_m(k)]^{\mathrm{T}}\in R^{m\times 1}$，为系统的输出向量；

$\boldsymbol{x}(k)=[x_1(k),x_2(k),\cdots,x_m(k)]^{\mathrm{T}}\in R^{m\times 1}$，为系统的无噪输出向量(不可测)；

$\boldsymbol{e}(k)=[e_1(k),e_2(k),\cdots,e_m(k)]^{\mathrm{T}}\in R^{m\times 1}$，为噪声模型的输出向量(不可测)；

$\boldsymbol{u}(k)=[u_1(k),u_2(k),\cdots,u_r(k)]^{\mathrm{T}}\in R^{r\times 1}$，为系统的输入向量；

$\boldsymbol{\xi}(k)=[\xi_1(k),\xi_2(k),\cdots,\xi_P(k)]^{\mathrm{T}}\in R^{P\times 1}$，为随机噪声向量(不可测)；

$\boldsymbol{G}(z^{-1})=[g_{ij}(z^{-1})]=\left[\dfrac{b_{ij}(z^{-1})}{a_{ij}(z^{-1})}\right]\in R^{m\times r}$，为系统模型的传递函数矩阵；

$\boldsymbol{H}(z^{-1})=[h_{ij}(z^{-1})]=\left[\dfrac{c_{ij}(z^{-1})}{d_{ij}(z^{-1})}\right]\in R^{m\times P}$，为噪声模型的传递函数矩阵。

① MIMO 系统噪声的定义

MIMO 系统的第 i 个输出 $y_i(k)$ 的噪信比 $\delta_{ns}(i)$ 定义为 $e_i(k)$ 的方差 $D[e_i(k)]\delta_{e_i}^2$ 与 $x_i(k)$ 的方差 $D[x_i(k)]\delta_{x_i}^2$ 之比的平方根，即

$$\delta_{ns}(i)=\sqrt{\frac{D[e_i(k)]}{D[x_i(k)]}}=\frac{\delta_{e_i}}{\delta_{x_i}} \tag{22-11}$$

② MIMO 系统噪信比的计算

假设输入$\{u(k)\}$为方差为$\{\delta_u^2(1),\delta_u^2(2),\cdots,\delta_u^2(r)\}$的白噪声序列，即

$$\begin{cases}E[u_i(k)]=0\\ D[u_i(k)]=\delta_u^2(i)\quad (i=1,2,\cdots,r)\\ E[u_i(k)u_j(l)]=0\quad (i\neq j,k\neq l)\end{cases} \tag{22-12}$$

$\{\xi(k)\}$为方差为$\{\delta_\xi^2(1),\delta_\xi^2(2),\cdots,\delta_\xi^2(P)\}$的白噪声序列，且$\{u(k)\}$和$\{\xi(k)\}$不相关，则系统式(22-10)噪信比的计算公式为

$$\begin{cases}\delta_{ns}(i)=\dfrac{\delta_{e_i}}{\delta_{x_i}}\\ \delta_{e_i}^2=D[e_i(k)]=D\left[\sum\limits_{l=1}^{P}h_{il}(z^{-1})\xi_l(k)\right]\\ \quad=\sum\limits_{l=1}^{P}D[h_{il}(z^{-1})\xi_l(k)]=\sum\limits_{l=1}^{P}\dfrac{\delta_\xi^2(l)}{2\pi\mathrm{j}}\oint_c h_{il}(z^{-1})h_{il}(z)\dfrac{\mathrm{d}z}{z}\\ \delta_{x_i}^2=D[x_i(k)]=D\left[\sum\limits_{l=1}^{r}g_{il}(z^{-1})u_l(k)\right]\\ \quad=\sum\limits_{l=1}^{r}D[g_{il}(z^{-1})u_l(k)]=\sum\limits_{l=1}^{r}\dfrac{\delta_u^2(l)}{2\pi\mathrm{j}}\oint_c g_{il}(z^{-1})g_{il}(z)\dfrac{\mathrm{d}z}{z}\end{cases} \tag{22-13}$$

【例 22-16】 考虑如下双输入双输出系统，其传递函数矩阵为

$$\begin{bmatrix}y_1(k)\\ y_2(k)\end{bmatrix}=\frac{1}{A(z^{-1})}\begin{bmatrix}B_{11}(z^{-1}) & B_{12}(z^{-1})\\ B_{21}(z^{-1}) & B_{22}(z^{-1})\end{bmatrix}\begin{bmatrix}u_1(k)\\ u_2(k)\end{bmatrix}+\begin{bmatrix}\xi_1(k)\\ \xi_2(k)\end{bmatrix}$$

式中

$$\begin{cases}A(z^{-1})=1-0.8z^{-1}-0.2z^{-2}+0.6z^{-3}\\ B_{11}(z^{-1})=3z^{-1}-3.5z^{-2}-1.5z^{-3}\\ B_{12}(z^{-1})=z^{-1}-0.2z^{-2}-0.5z^{-3}\\ B_{21}(z^{-1})=-4z^{-1}-2z^{-2}-z^{-3}\\ B_{22}(z^{-1})=z^{-1}-1.5z^{-2}+0.5z^{-3}+0.2z^{-4}\end{cases}$$

输入量$u_1(k)$和$u_2(k)$均为方差为1的互不相关白噪声；测量噪声$\xi_1(k)$和$\xi_2(k)$采用方差为0.1的互不相关白噪声。

在M文件编辑器中输入以下命令：

```
clear all;
%MIMO 系统噪信比的计算
a = [1 -0.8 -0.2 0.6]';                          %多项式 a
b(:,1,1) = [0 3 -3.5 -1.5 0];                    %B11
b(:,1,2) = [0 1 -0.2 -0.5 0];                    %B12
b(:,2,1) = [0 0 -4 -2 -1];                       %B21
b(:,2,2) = [0 1 -1.5 0.5 0.2];                   %B22(Bij 的维数一致)
%na, nb 为 A,B 阶次
na = length(a) - 1; sz = size(b);nb = sz(1) - 1;
m = sz(2); r = sz(3);                            %m,r 为系统输出输入维数
```

```
n = max(na,nb);
a0 = [a;zeros(n - na,1)];                          % 高次项补 0
for j = 1:r
    b0(:,:,j) = [b(:,:,j);zeros(n - nb,m)];
end
% 输入白噪声方差
deltau2 = [1;1]; deltav2 = 0.1 * [1;1];
for i = 1:n + 1                                    % 计算 p,q 的初值
    p(i,n + 1) = a0(i);
    ii = 0;
    for j = 1:m
        for k = 1:r
            ii = ii + 1;
            q(i,n + 1,ii) = b0(i,j,k);
        end
    end
end
for k = n: - 1:1                                   % 计算 p,q
    for i = 1:k
        p(i,k) = (p(1,k + 1) * p(i,k + 1) - p(k + 1,k + 1) * p(k + 2 - i,k + 1))/p(1,k + 1);
        for j = 1:m * r
            q(i,k,j) = (p(1,k + 1) * q(i,k + 1,j) - q(k + 1,k + 1,j) * p(k + 2 - i,k + 1))/p(1,
k + 1);
        end
    end
end
deltax2 = zeros(m,1);
ii = 0;
for i = 1:m                                        % 求输入响应 x 的方差
    for j = 1:r
        ii = ii + 1;
        for k = 1:n + 1
            deltax2(i) = deltax2(i) + q(k,k,ii)^2 * deltau2(j)/p(1,k);
        end
    end
end
deltax2 = deltax2/a(1);
deltae2 = deltav2;
ns = sqrt(deltae2./deltax2)                        % 噪信比
```

运行程序,输出如下:

```
ns =
    0.0419
    0.0245
```

第23章 信源编译码MATLAB模块实现

23.1 信源编译码

信源编码是用量化的方式将一个源信号转化为一个数字信号，所得信号的符号为某一有限范围内的非负整数。信源译码就是从信源编码的信号恢复到原来的信号。

23.1.1 信源编码

信源编码也称为量化或信号格式化，它一般是为了减少冗余或为后续的处理做准备而进行的数据处理。在 Simulink 中，提供了 A 律编码、Mu 律编码、差分编码和量化编码等模块，下面给予介绍。

1. A 律编码模块

模拟信号的量化有两种方式：均匀量化和非均匀量化。均匀量化把输入信号的取值范围等距离地分割成若干个量化区间，无论抽样值大小怎样，量化噪声的均值均方根固定不变，因此实际过程中大多采用非均匀量化。比较常用的两种非均匀量化的方法是 A 律压缩和 Mu 律压缩。

如果输入信号为 x，输出信号为 y，则 A 律压缩满足，

$$y=\begin{cases}\dfrac{A\mid x\mid}{1+\log A}\operatorname{sgn}(x) & \left(0\leqslant x\leqslant\dfrac{V}{A}\right)\\ \dfrac{V(1+\log(A\mid x\mid/V))}{1+\log A}\operatorname{sgn}(x) & \left(\dfrac{V}{A}\leqslant x\leqslant V\right)\end{cases}$$

式中，A 为 A 律压缩参数，最常采用的 A 值为 87.6；V 为输入信号的峰值；log 为自然对数；sgn 函数当输入为正时，输出 1，当输入为负时，输出 0。

模块的输入并无限制。如果输入为向量，则向量中的每一个分量将会被单独处理。A 律压缩编码模块及其参数设置对话框如图 23-1 所示。

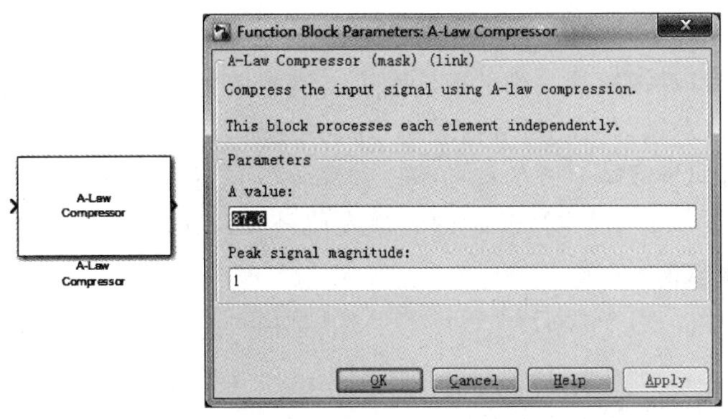

图 23-1　A 律压缩编码模块及其参数设置对话框

A 律压缩编码模块参数设置对话框中包含两个参数，下面分别对其进行简单说明。

- A value：用于指定压缩参数 A 的值。
- Peak signal magnitude：用于指定能输入信号的峰值 V。

2. Mu 律编码模块

和 A 律压缩编码类似，在 Mu 律压缩编码中如果输入信号为 x，输出信号为 y，则 Mu 律压缩满足

$$y=\frac{V\log(1+Mu\mid x\mid/V)}{\log(1+Mu)}\mathrm{sgn}(x)$$

式中，Mu 为 Mu 律压缩参数；V 为输入信号的峰值；log 为自然对数；sgn 函数当输入为正时，输出 1，当输入为负时，输出 0。

模块的输入并无限制，如果输入为向量，则向量中的每一个分量将会被单独处理。Mu 律压缩编码模块及其参数设置对话框如图 23-2 所示。

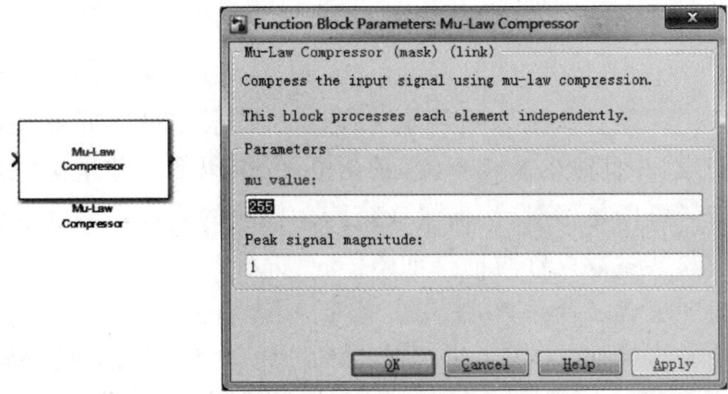

图 23-2　Mu 律压缩编码模块及其参数设置对话框

Mu 律压缩编码模块参数对话框的参数含义为

- mu value：用于指定 Mu 律压缩参数 Mu 的值。
- Peak signal magnitude：用于指定能输入信号的峰值 V，也是输出信号的峰值。

3. 差分编码模块

差分编码又称为增量编码，它用一个二进制数来表示前后两个抽样信号之间的大小

关系。在 MATLAB 中,差分编码器根据当前时刻之前的所有输入信息计算输出信号,这样,在接收端即可只按照接收到的前后两个二进制信号恢复出原来的信息序列。

差分编码模块对输入的二进制信号进行差分编码,输出二进制的数据流。输入的信号可以是标量、流向量或帧格式的行向量。如果输入信号为 $m(t)$,输出信号为 $d(t)$,那么 t_k 时刻的输出 $d(t_k)$不仅与当前时刻的输入信号 $m(t_k)$有关,而且与前一时刻的输出 $d(t_{k-1})$有关,如下式所示:

$$\begin{cases} d(t_0) = [m(t_0) + 1]\text{mod}2 \\ d(t_k) = [m(t_{k-1}) + m(t_k) + 1]\text{mod}2 \end{cases}$$

即输出信号 y 取决于当前时刻以及当前时刻之前所有的输入信号的数值。

差分编码模块及其参数设置对话框如图 23-3 所示。

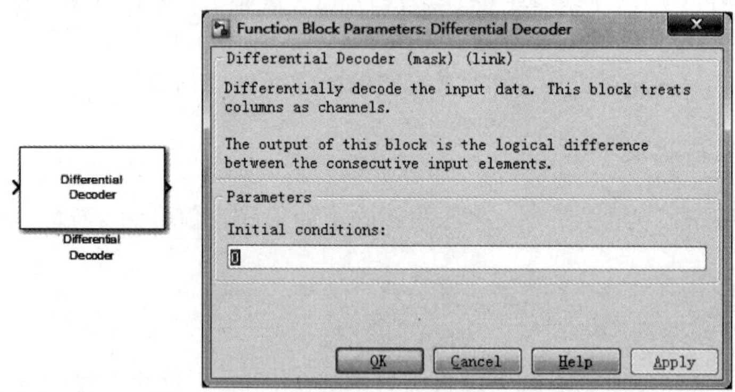

图 23-3　差分编码模块及其参数设置对话框

差分编码模块中包含一个参数,含义为

Initial conditions:用于指定信号符号之间的间隔。

4. 量化编码

量化编码模块用标量量化法来量化输入信号。它根据量化间隔和量化码本把输入信号转换成数字信号,并且输出量化指标、量化电平、编码信号和量化均方误差。

模块的输入信号可以是标量、流向量或矩阵。模块的输入输出信号长度相同。

量化编码模块及其参数设置对话框如图 23-4 所示。

量化编码模块中包含三个参数,主要含义为

- Quantization partition:用于指定量化区,为一个长度为 n 的向量(n 为码元素)。该向量分量要严格按照升序排列。如果设该参量为 p,那么模块的输出 y 与输入 x 之间的关系满足

$$y = \begin{cases} 0 & (x \leqslant p(1)) \\ m & (p(m) < x \leqslant p(m+1)) \\ n & (p(n) \leqslant x) \end{cases}$$

- Quantization codebook:表示量化区间的量化值,是一个长度为 $n+1$ 的向量。
- Index output data type:索引输出数据类型。

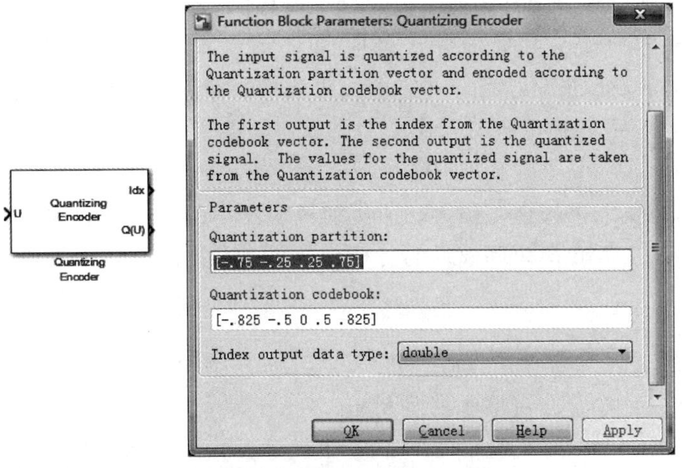

图 23-4　量化编码模块及其参数设置对话框

23.1.2　信源译码

在 Simulink 中也提供了对应的模块实现译码。

1. A 律译码模块

A 律译码模块用来恢复被 A 律压缩模块压缩的信号。它的过程与 A 律压缩编码模块正好相反。A 律译码模块的特征函数是 A 律压缩编码模块特征函数的反函数，如下式所示：

$$x=\begin{cases}\dfrac{y(1+\log A)}{A} & \left(0\leqslant|y|\leqslant\dfrac{V}{1+\log A}\right)\\[2ex] \exp(|y|(1+\log A)/V-1)\dfrac{V}{A}\operatorname{sgn}(y) & \left(\dfrac{V}{1+\log A}\leqslant|y|\leqslant V\right)\end{cases}$$

A 律译码模块及其参数设置对话框如图 23-5 所示。

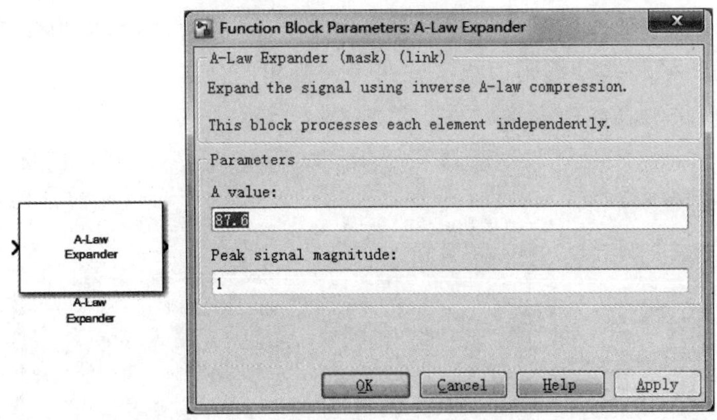

图 23-5　A 律译码模块及其参数设置对话框

A 律译码模块参数设置对话框中包含两个参数，其含义为

- A value：用于指定压缩参数 A 的值。
- Peak signal magnitude：用于指定能输入信号的峰值 V，同时也是输出信号的峰值。

2. Mu 律译码模块

Mu 律译码模块用来作恢复被 Mu 律压缩模块压缩的信号。它的过程与 Mu 律压缩编码模块正好相反。Mu 律译码模块的特征函数是 Mu 律压缩编码模块特征函数的反函数，如下式所示：

$$x=\frac{V}{Mu}(\mathrm{e}^{|y|\log(1+Mu)/V}-1)\mathrm{sgn}(y)$$

Mu 律译码模块及其参数设置对话框如图 23-6 所示。

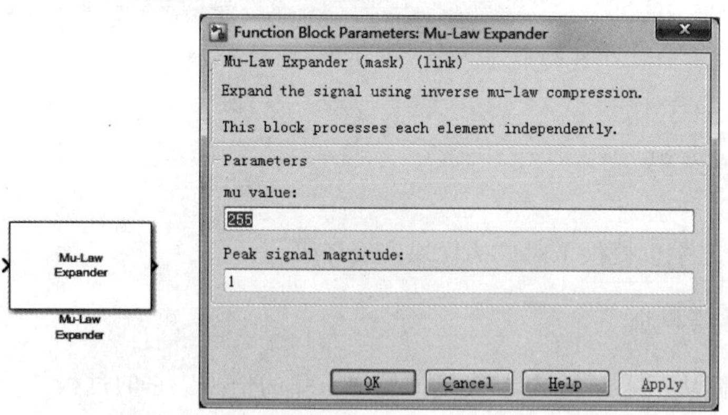

图 23-6　Mu 律译码模块及其参数设置对话框

Mu 律译码模块参数设置对话框中包含两个参数，含义为

- mu value：用于指定 Mu 律压缩参数 Mu 的值。
- Peak signal magnitude：用于指定能输入信号的峰值 V，也是输出信号的峰值。

3. 差分译码模块

差分译码模块对输入信号进行差分译码。模块的输入、输出均为二进制信号，且输入、输出之间的关系和差分编码模块中的两者关系相同。

差分译码模块及其参数设置对话框如图 23-7 所示。

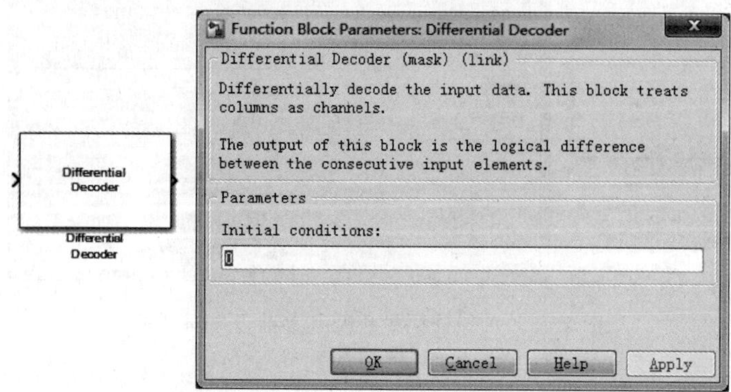

图 23-7　差分译码模块及参数设置对话框

差分译码模块参数设置对话框包含一个参数，含义为

Initial conditions：用于指定信号符号之间的间隔。

4. 量化译码模块

量化译码模块用于从量化信号中恢复出消息，它执行的是量化编码模块的逆过程。模块的输入信号是量化的区间号，可以是标量、流向量或矩阵。如果输入为向量，那么向量的每一个分量将被分别单独处理。量化译码模块中的输入、输出信号的长度相同。

量化译码模块及其参数设置对话框如图 23-8 所示。

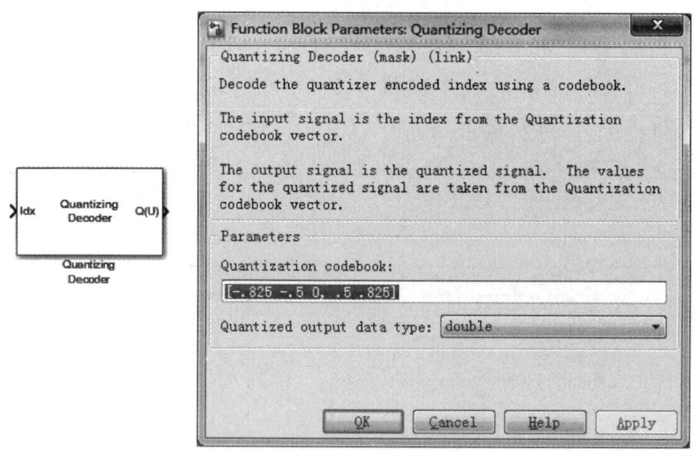

图 23-8 量化译码模块及其参数设置对话框

量化译码模块中包含两个参数，含义为

- Quantization codebook：表示每一个非负整数输入所对应的输出实向量。
- Quantized output data type：索引输出数据类型。

23.2 MATLAB-Simulink 通信系统仿真实例

前面简单介绍了利用 MATLAB 及 Simulink 实现信源产生、信道产生，本节将通过具体实例进行演示。

23.2.1 MATLAB 编码实例

信源编码可分为两类：无失真编码和限失真编码。目前已有各种无失真编码算法，例如 Huffman 编码和 Lempel-Ziv 编码。这里介绍无失真编码中的最佳变长编码——Huffman 码。Huffman 编码的基本原理就是为概率较小的信源输出分配较长的码字，而对那些出现可能性较大的信源输出分配较短的码字。

Huffman 编码算法及步骤如下：

(1) 将信源消息按照概率大小顺序排列。

(2) 按照一定的规则，从最小概率的两个消息开始编码。例如：将较长的码字分配

给较小概率的消息,把较短的码字分配给概率较大的消息。

(3) 将经过编码的两个消息的概率合并,并重新按照概率大小排序,重复步骤(2)。

(4) 重复上面的步骤(3),一直到合并的概率达到1时停止。这样便可以得到编码树状图。

(5) 按照从上到下编码的方式编程,即从数的根部开始,将0和1分别放到合并成同一节点的任意两个支路上,这样就产生了这组Huffman码。

Huffman码的效率为

$$\eta = \frac{\text{信息熵}}{\text{平均码长}} = \frac{H(X)}{\bar{L}}$$

【例23-1】 利用Huffman编码算法实现对某一信源的无失真编码。该信源的字符集为 $\boldsymbol{X}=\{x_1,x_2,\cdots,x_6\}$,相应的概率向量为 $\boldsymbol{P}=\{0.30,0.10,0.21,0.09,0.05,0.25\}$。

首先将概率向量 $\boldsymbol{P}$ 中的元素进行排序,$\boldsymbol{P}=\{0.30,0.25,0.21,0.10,0.09,0.05\}$。然后根据Huffman编码算法得到Huffman树状图,如图23-9所示,编码之后的树状如图23-10所示。

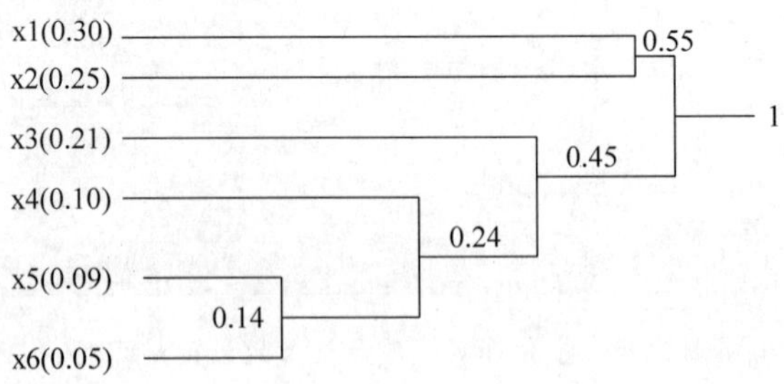

图23-9　Huffman树状图

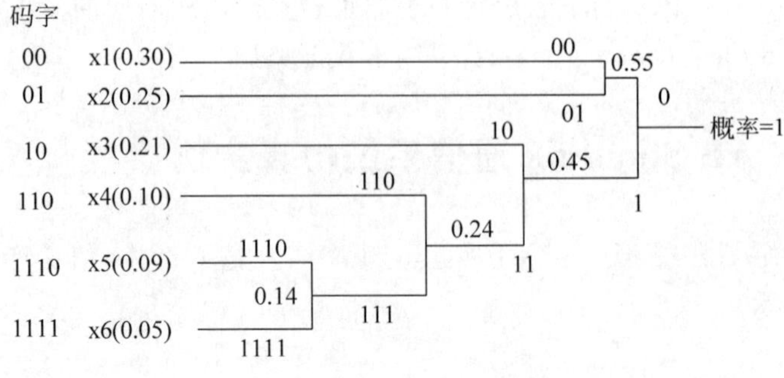

图23-10　Huffman编码树

由图23-10可知 x_1,x_2,x_3,x_4,x_5,x_6 的码字依次分别为00,01,10,110,1110,1111。平均码长:

$$\bar{L}=2\times(0.30+0.25+0.21)+3\times0.10+4\times(0.09+0.05)=2.38\text{b}$$

信源的熵为

$$H(X) = -\sum_{i=1}^{6} p_i \log_2 p_i = 2.3549\text{b}$$

所以Huffman码的效率为 $\eta=H(X)/\bar{L}=0.9895$。

因此,可以利用MATLAB将Huffman编码算法编写成函数文件huffman_code,实

现对具有概率向量 $\boldsymbol{P}$ 的离散无失真信源的 Huffman 编码，并得到其码字和平均码长。

在 M 文件编辑器中输入以下 huffman_code.m 函数代码。

```
function [h,e] = huffman_code(p)
%Huffman代码如下
if length(find(p<0))~=0,
    error('Not a prob.vector');                 %判断是否符合概率分布的条件
end
if abs(sum(p)-1)>10e-10,
    error('Not a prob.vector');
end
n = length(p);
for i = 1:n-1,                                  %对输入的概率进行从大到小排序
    for j = i:n
        if p(i)<=p(j)
            P = p(i);
            p(i) = p(j);
            p(j) = P;
        end
    end
end
disp('概率分布');
p                                               %显示排序结构
q = p;
m = zeros(n-1,n);
for i = 1:n-1,
    [q,e] = sort(q);
    m(i,:) = [e(1:n-i+1),zeros(1,i-1)];
    q = [q(1)+q(2)+q(3:n),e];
end
for i = 1:n-1,
    c(i,:) = blanks(n*n);
end
%以下计算各个元素码字
c(n-1,n) = '0';
c(n-2,2*n) = '1';
for i = 2:n-1
    c(n-i,1:n-1) = c(n-i+1,n*(find(m(n-i+1,:)==1))-(n-2):n*(find(m(n-i+
1,:)==1)));
    c(n-i,n) = '0';
    c(n-i,n+1:2*n-1) = c(n-i,1:n-1);
    c(n-i,2*n) = '1';
    for j = 1:i-1
        c(n-i,(j+1)*n+1:(j+2)*n) = c(n-i+1,n*(find(m(n-i+1,:)==j+1)-
1)+...
            1:n*find(m(n-i+1,:)==j+1));
    end
end
for i = 1:n
    h(i,1:m) = c(1,n*(find(m(1,:)==i)-1)+1:find(m(1,:)==i)*n);
    e(i) = length(find(abs(h(i,:))~=32));
end
e = sum(p.*e);                                  %计算平均码长
```

在命令窗口中,只需调用函数文件 huffman_code,计算如下:

```
>> p = [0.30 0.10 0.21 0.09 0.05 0.25];
>> [h,e] = huffman_code(p)
```

输出结果为:

```
概率分布
p =
    0.3000     0.2500     0.2100     0.1000     0.0900     0.0500
h =                                                  %输出各个元素码字
   11
   10
   00
   010
   0111
   0110
e = 2.3800                                           %输出平均码长
```

【例 23-2】 若输入 A 律 PCM 编码器的正弦信号为 $x(t)=\sin(1600\pi t)$,抽样序列为 $x(n)=\sin(0.2\pi n)(n=0,1,2,\cdots,10)$,将其进行 PCM 编码,给出编码器的输出码组序列 $y(n)$。

其实现的 MATLAB 程序代码如下:

```
>> clear all;
x = [0:0.001:1];                                     %定义幅度序列
y1 = apcm(x,1);                                      %参数为 1 的 A 律曲线
y2 = apcm(x,10);                                     %参数为 10 的 A 律曲线
y3 = apcm(x,87.65);                                  %参数为 87.65 的 A 律曲线
plot(x,y1,':',x,y2,'-',x,y3,'-.');
legend('A = 1','A = 10','A = 87.65')
```

运行程序,得到效果如图 23-11 效果图。

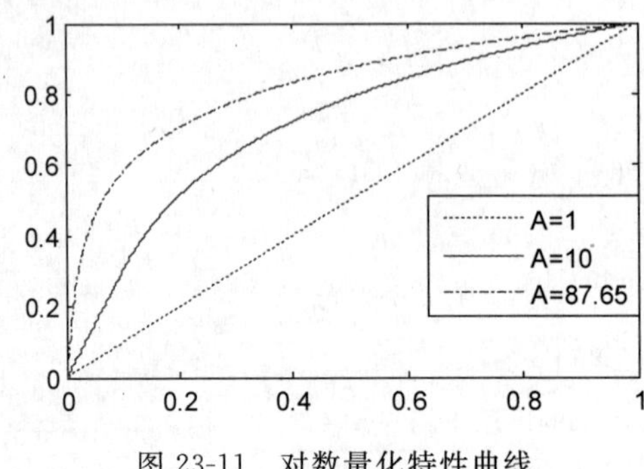

图 23-11 对数量化特性曲线

在运行程序过程中,调用自定义编写的 apcm.m 函数,其源代码如下:

```
function y = apcm(x,a)
%本函数实现将输入的序列 x 进行参数为 A 的对数计算
%A 律量化将得到的结果存在序列 y 中
%x 为一个序列,值在 0~1 之间
%a 为一个正实数,大于 1
```

```
t = 1/a;
for i = 1:length(x)
    if (x(i)>= 0),                                    % 判断该输入序列值是否大于 0
        if (x(i)<= t),
            y(i) = (a * x(i))/(1 + log(a));           % 若值小于 1/a,则采用此计算法
        else
            y(i) = (1 + log(a * x(i)))/(1 + log(a));  % 若值大于 1/A,则采用另一计算法
        end
    else
        if (x(i)>=- t),                               % 若值小于 0,则算法有所不同
            y(i) =- (a * - x(i))/(1 + log(a));
        else
            y(i) =- (1 + log(a * - x(i)))/(1 + log(a));
        end                                           % 内层条件判断结束
    end                                               % 外层条件判断结束
end
%运用上面的压缩特性来解本例
>> x = 0:1:10;
y = sin(0.2 * pi * x);
z = apcm(y,87.5)                                      % 求 sin0 到 sin10 的量化值
z =
    0    0.9029    0.9908    0.9908    0.9029    0.0000    - 0.9029    - 0.9908
   - 0.9908    - 0.9029    - 0.0000
```

【例 23-3】 使用 MATLAB 编程方法实现对 HDB3 码的编码/解码。

HDB3 码规定,每当出现 4 个连 0 时,用以下两种取代节代替这 4 个连续 0,规则如下。

- 令 V 表示违反极性交替规则的传号脉冲,B 表示符合极性交替规则的传号脉冲,当相邻两个 V 脉冲之间的传号脉冲数为奇数时,以 000V 作为取代节;
- 当相邻两个 V 脉冲之间的传号脉冲数为偶数时,以 B00V 作为取代节。

这样,就能始终保持相邻 V 脉冲之间的 B 脉冲数为奇数,使得 V 脉冲序列自身也满足极性交替规则。

对 HDB3 码解码很容易,根据 V 脉冲极性破坏规则,只要发现当前脉冲极性与上一个脉冲极性相同,就可判断当前脉冲为 V 脉冲,从而将 V 脉冲连同之前的 3 个传输时隙均置为 0,即可清除取代节,然后取绝对值即可恢复归零二进制序列。

实现的 MATLAB 代码为

```
>> clear all;
xn = [1 0 1 1 0 0 0 0 0 0 0 1 1 0 0 0 0 0 0 1 0];   % 输入单极性码
yn = xn;                                             % 输出 yn 初始化
num = 0;                                             % 计算器初始化
for k = 1:length(xn)
    if xn(k) == 1
        num = num + 1;                               % 1 计数器
        if num/2 == fix(num/2)                       % 奇数个 1 时输出 - 1,进行极性交替
            yn(k) = 1;
        else
            yn(k) =- 1;
        end
    end
end
% HDB3 编码
```

```
num = 0;                                   %连0计数器初始化
yh = yn;                                   %输出初始化
sign = 0;                                  %极性标志初始化为0
V = zeros(1,length(yn));                   %V脉冲位置记录变量
B = zeros(1,length(yn));                   %B脉冲位置记录变量
for k = 1:length(yn)
    if yn(k) == 0
        num = num + 1;                     %连0个数计数
        if num == 4
            num = 0;                       %如果连0个数为4,则计数器清零
            yh(k) = 1 * yh(k - 4);
            %让0000的最后一个0改变为与前一个非零符号相同极性的符号
            V(k) = yh(k);                  %V脉冲位置记录
            if yh(k) == sign               %如果当前V符号与前一个V符号极性相同
                yh(k) =- 1 * yh(k);
                %让当前V符号极性反转,以满足V符号间相互极性反转要求
                yh(k - 3) = yh(k);         %添加B符号,与V符号同极性
                B(k - 3) = yh(k);          %B脉冲位置记录
                V(k) = yh(k);              %V脉冲位置记录
                yh(k + 1:length(yn)) =- 1 * yh(k + 1:length(yn));
                %让后面的非零符号从V开始再交替变化
            end
            sign = yh(k);                  %记录前一个V符号的极性
        end
    else
        num = 0;                           %当前输入为1,则连0计数器清零
    end
end                                        %完成编码
re = [xn',yn',yh',V',B']                   %结果输出
%HDB3解码
input = yh;
decode = input;                            %输出初始化
sign = 0;                                  %极性标志初始化
for k = 1:length(yh)
    if input(k) ~= 0
        if sign == yh(k)                   %如果当前码与前一个非零码的极性相同
            decode(k - 3:k) = [0 0 0 0];   %该码判为V码并将*00V清零
        end
        sign = input(k);                   %极性标志
    end
end
decode = abs(decode);                      %整流
error = sum([xn' - decode']);              %解码的正确性检验
%作图
subplot(311);stairs([0:length(xn) - 1],xn);axis([0 length(xn) - 2 2]);
subplot(312);stairs([0:length(xn) - 1],yh);axis([0 length(xn) - 2 2]);
subplot(313);stairs([0:length(xn) - 1],decode);axis([0 length(xn) - 2 2]);
```

运行程序,输出如下,效果如图23-12所示。

```
re =
     1    -1    -1     0     0
     0     0     0     0     0
     1     1     1     0     0
     1    -1    -1     0     0
     0     0     0     0     0
     0     0     0     0     0
```

```
0     0     0     0     0
0     0    -1    -1     0
0     0     0     0     0
0     0     0     0     0
0     0     0     0     0
1     1     1     0     0
1    -1    -1     0     0
0     0     1     0     1
0     0     0     0     0
0     0     0     0     0
0     0     1     1     0
0     0     0     0     0
0     0     0     0     0
1     1    -1     0     0
0     0     0     0     0
```

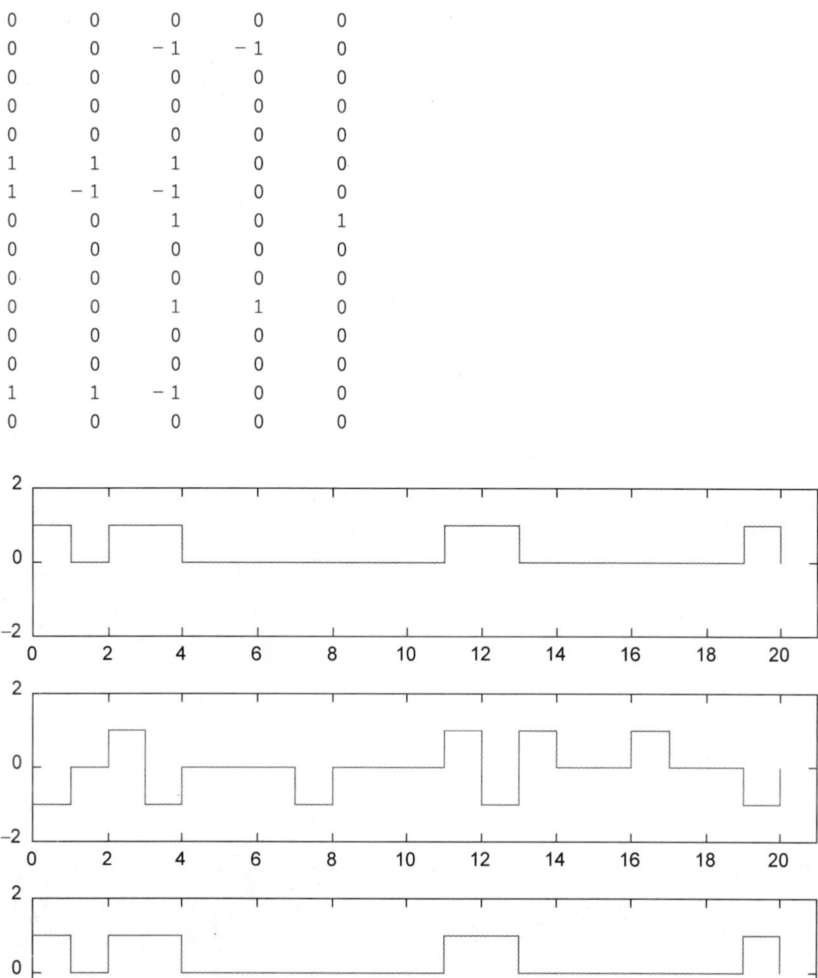

图 23-12　HDB3 码编码/解码仿真图

23.2.2　Simulink 信道实例

下面利用 Simulink 提供的模块实现信道。

【例 23-4】　设某二进制数字通信系统的码元传输速率为 100bps，仿真模型的系统采样速率为 1000Hz。用示波器观察并比较信号经过高斯白噪声信道前后的不同。

其具体实现步骤如下。

(1) 根据题意，建立如图 23-13 所示的通信系统模型。

(2) 设置模块参数。

双击图 23-13 中的 Bernoulli Binary Generator 模块，设置产生零的概率为 0.5，初始种子随意设置，采样时间为 0.01 以产生 100bps 的二进制随机信号，如图 23-14 所示。

双击图 23-13 中的 Rate Transition 模块，设置输出端口的采样时间为 0.001，这样系

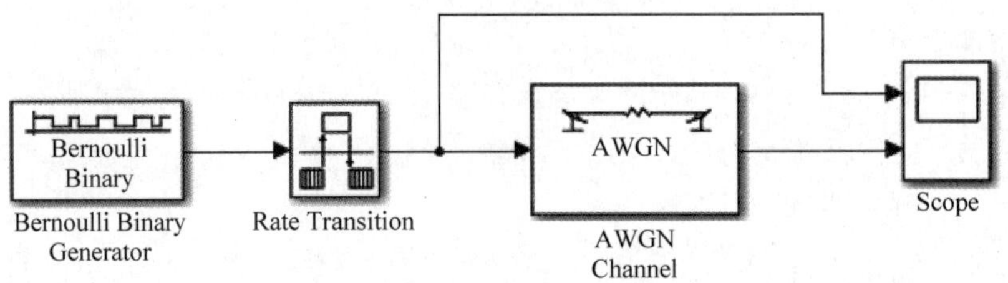

图 23-13　建立的通信系统模型

统采样速率即为 1000Hz,如图 23-15 所示。

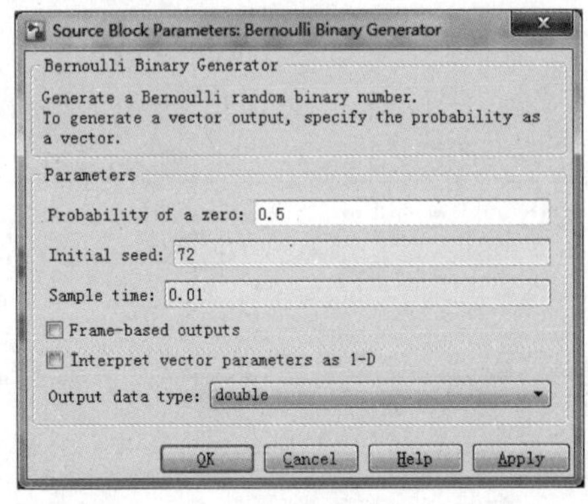

图 23-14　Bernoulli Binary Generator 模块参数设置

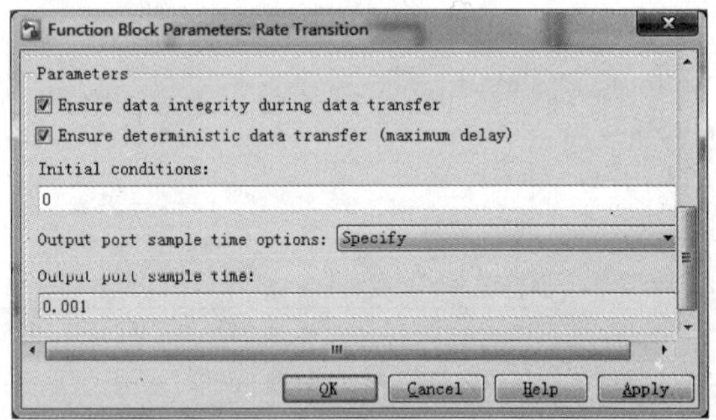

图 23-15　Rate Transition 模块参数设置

双击图 23-13 中的 AWGN Channel 模块,初始种子随意设置,信道模式设为 Signal to noise ratio(Eb/No),Eb/No 设为 25dB,输入信号功率为 1W,输入符号周期为 0.01,如图 23-16 所示。

双击图 23-13 中的 Scope 模块,在弹出的示波器窗口中,单击界面中的 按钮,在弹出参数设置窗口的 General 选项中,将 Number of axes 设置为 2,即可有两个输入,效果如图 23-17 所示。

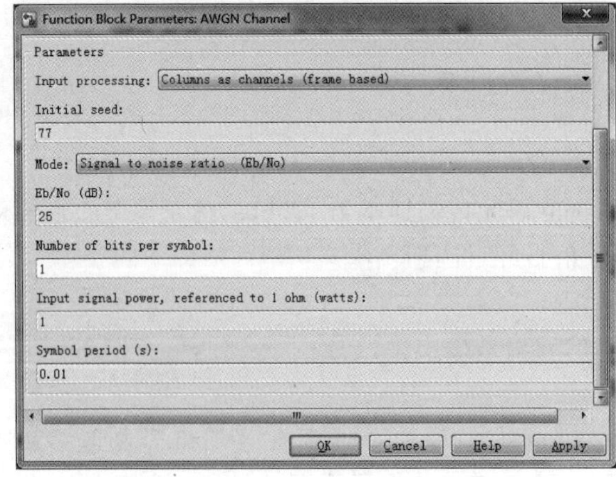

图 23-16　AWGN Channel 模块参数设置

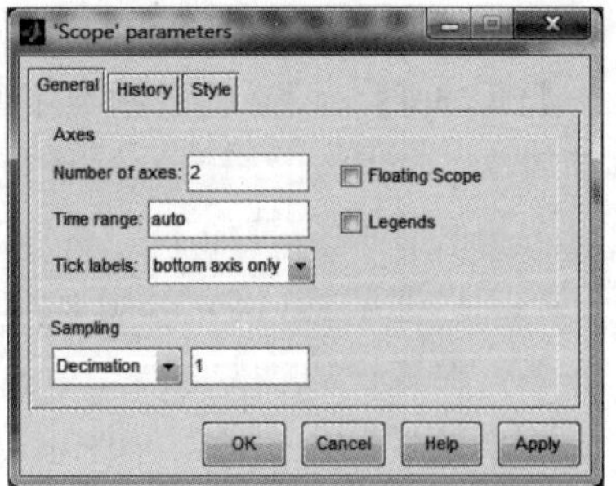

图 23-17　示波器模块参数设置

(3) 设置仿真参数。

将仿真时间设置为 0～10s,固定步长求解器,步长为 0.001,效果如图 23-18 所示。

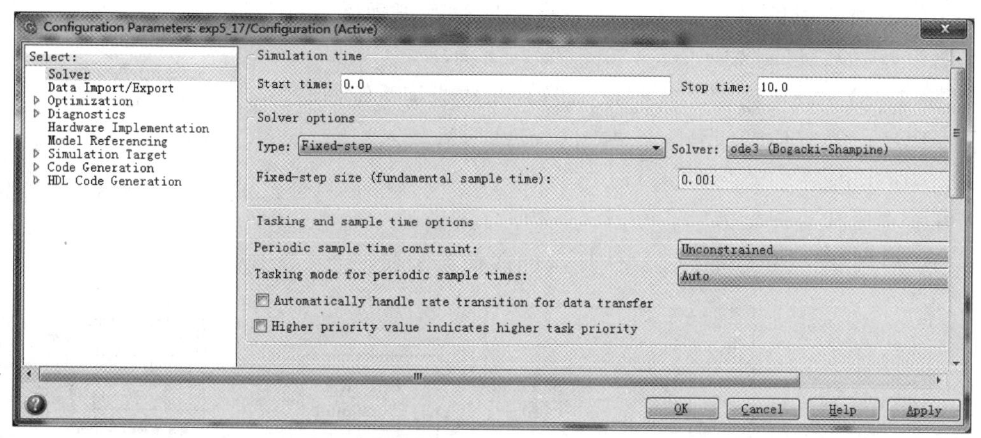

图 23-18 仿真参数设置

(4) 运行仿真,仿真效果如图 23-19 所示。上面一个为输入信号进入信道前的波形,下面一个为输入信号进入信道后的波形。

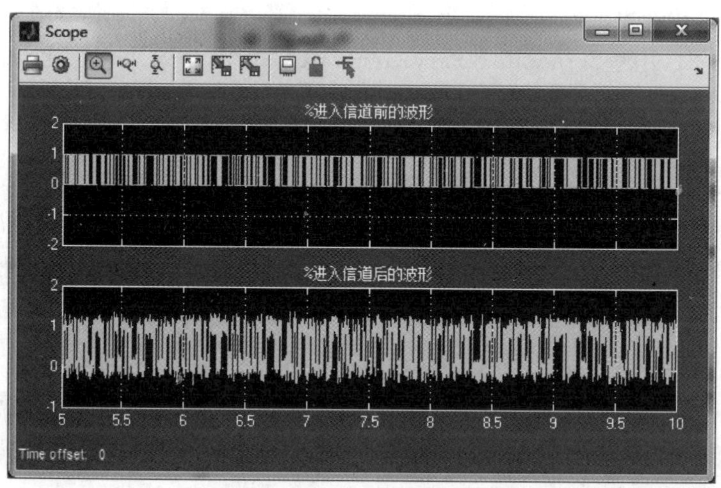

图 23-19 仿真结果

设信道输入符号集合为 $\chi=\{x_1,x_2,\cdots,x_j,\cdots,x_N\}$,并设信道输出的符号集合为 $\gamma=\{y_1,y_2,\cdots,y_i,\cdots,y_M\}$,在发送符号 x_j 的条件下,相应接收符号为 y_i 的概率记为 $\boldsymbol{P}(y_i|x_j)$,称之为信道转移概率。由信道转移概率构成信道转移概率矩阵,记为

$$\boldsymbol{P}=[\boldsymbol{P}(y_i \mid x_j)]=\begin{bmatrix} \boldsymbol{P}(y_1 \mid x_1) & \cdots & \boldsymbol{P}(y_1 \mid x_N) \\ \vdots & \ddots & \vdots \\ \boldsymbol{P}(y_M \mid x_1) & \cdots & \boldsymbol{P}(y_M \mid x_N) \end{bmatrix}$$

二进制对称信道(BSC)是离散无记忆信道的一个特例,其输入、输出符号集合分别为 $\chi=\{0,1\}$,$\gamma=\{0,1\}$,传输中由 0 错为 1 的概率与由 1 错为 0 的概率相等,设为 p。那么,二进制对称信道(BSC)的信道转换概率矩阵为

$$\boldsymbol{P}=\begin{bmatrix}1-p & p\\ p & 1-p\end{bmatrix}$$

人们也经常用信道概率转换图来等价地表示离散无记忆信道，例如二进制对称信道，如图 23-20 所示。

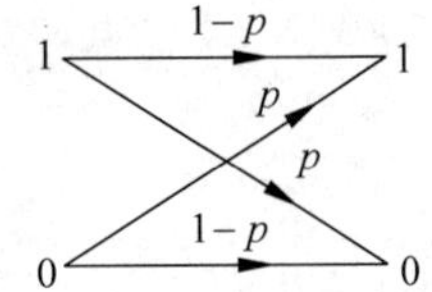

图 23-20　二进制对称信道模型

【例 23-5】 设传输错误概率为 0.013，构建通信系统，统计误码率。要求传输信号为二进制单极性信号，传输比特率为 1000bps。

其实现具体步骤如下。

(1) 根据题意，建立如图 23-21 所示的通信系统模型。

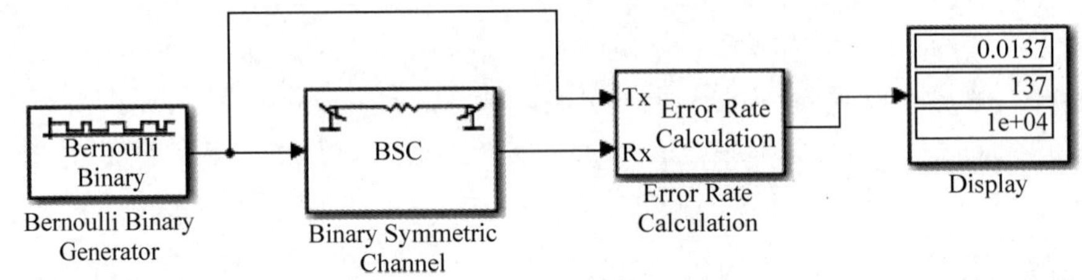

图 23-21　建立的通信系统模型

(2) 模块参数设置。

双击图 23-21 中的 Bernoulli Binary Generator 模块，该模块产生比特率为 1000bps 的二进制单极性信号，因此，设置产生零的概率为 0.5，初始种子随意设置，采样时间为 0.001。

双击图 23-21 中的 Binary Symmetric Channel 模块，设置误码率为 0.013，初始种子随意设置，如图 23-22 所示。

双击图 23-21 中的 Error Rate Calculation 模块，用来计算误码率。接收延时和计算延时均设为 0，计算模式设为 Entire frame 全帧计算模式，数据输出设为 Port 端口输出(也可以设为 Workspace，输出到 MATLAB 工作空间)，如图 23-23 所示。

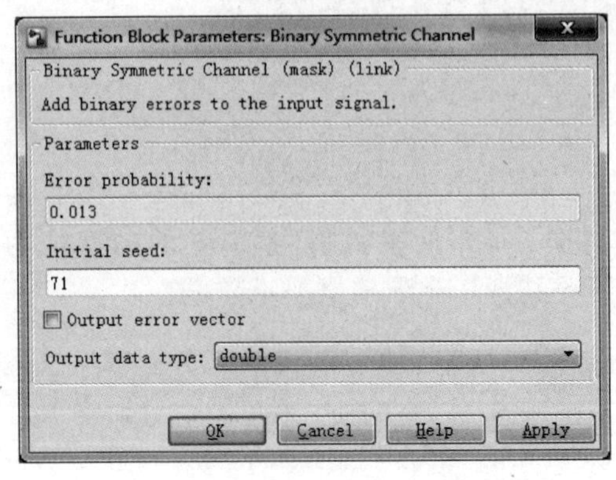

图 23-22　Binary Symmetric Channel 模块参数设置

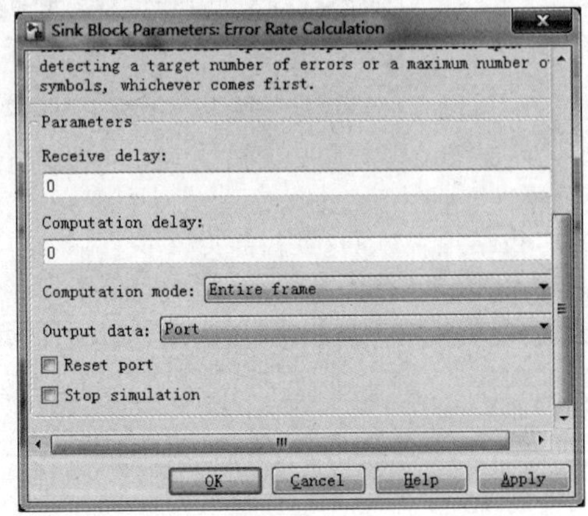

图 23-23　Error Rate Calculation 模块参数设置

(3) 设置仿真参数。

将仿真时间设置为0～10s,即固定步长求解器,步长为0.001。

(4) 运行仿真。

仿真结果显示在Display模块上,如图23-21所示。Display模块上显示结果有三个,分别代表误码率、总误码数目以及总统计码字数目。从图23-21中可看出,Bernoulli Binary Generator模块输出误码率为0.0137,总误码数为137,总统计码字数为1e+04。

注意:一般地,当误码数达到100以下时,就可以认为统计误码率是足够精确的。

【例23-6】 对A律压缩扩张模块和均匀量化器实现非均匀量化过程的仿真,观察量化前后的波形。

其实现具体步骤如下。

(1) 建立模型

根据题意,建立如图23-24所示非均匀量化的测试模型。

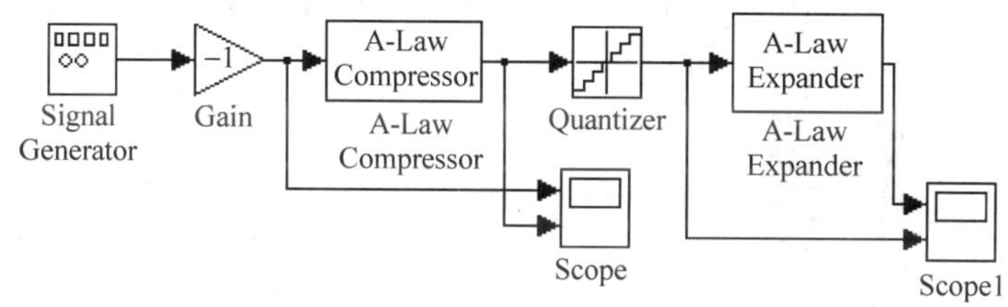

图23-24 A律压缩和均匀量化实现非均匀量化的测试模型

(2) 模块参数设置

分别双击图23-24中的A-Law Compressor模块及A-Law Expander模块,设量化器的量化级为8,A律压缩系数为87.6。

双击图23-24中的Signal Generator模块,设置信号为0.5Hz的锯齿波,幅度为1。

(3) 仿真参数

设置仿真时间为0～10s,步长采用默认值。

(4) 运行仿真

设置完成后,对模型进行运行仿真,得到仿真效果如图23-25所示。

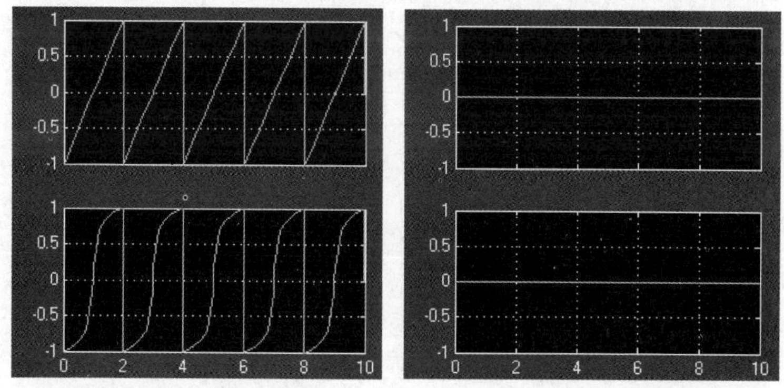

图23-25 A律压缩和均匀量化实现非均匀量化的仿真结果

23.2.3 MATLAB-Simulink信道实例

【例 23-7】 设计一个 13 折线近似的 PCM 编码模型，使它能够对取值在[-1,1]内的归一化信号样值进行编码。

其具体实现步骤如下。

(1) 建立仿真模型

测试模型和仿真结果如图 23-26 所示，其中 PCM 编码子系统就是图 23-26 中虚线所围部分。PCM 解码器中首先分离并行数据中的最高位(极性码)和 7 位数据，然后将 7 位数据转换为整数值，再进行归一化，扩张后与双极性的极性码相乘得出解码值。可以将该模型中虚线所围部分封装为一个 PCM 解码子系统备用。

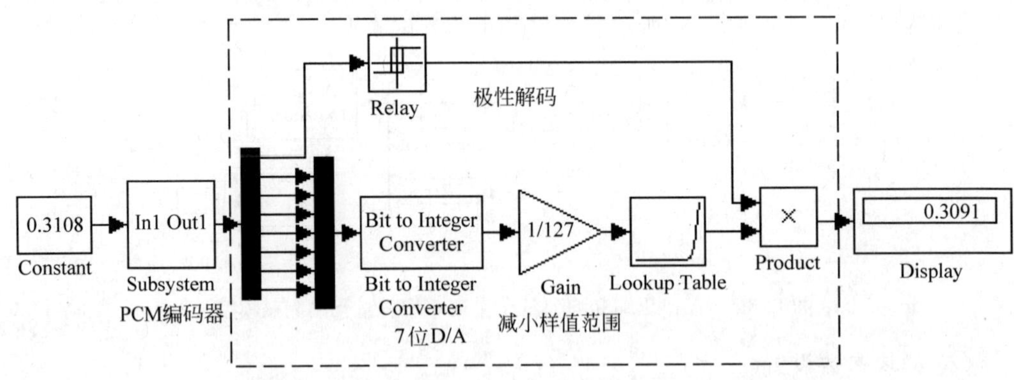

图 23-26 13 折线近似的 PCM 解码器测试模型和仿真结果

(2) 量化值的编码

量化以后得到的是可以进行线性量化的值，国际标准 PCM 对数 A 律量化表(正值)如表 23-1 所示。

表 23-1 国际标准 PCM 对数 A 律量化表

线段编号	间隔数×量化间隔	线段终点值	分层电平编号	分层电平值	编码器输出	量化电平值	量化电平号
	16×128	4096	(128)	(4069)	1 1 1 1 1 1 1 1	4032	128
		…	127	3968	1 1 1 1 1 1 1 0	…	…
7		…	…	…	…	…	…
		2048	112	2048	1 1 1 1 0 0 0 0	2112	113
	16×64	…	…	…	…	…	
6		…	97	1088	1 1 1 0 0 0 0 1	…	…
		1024	96	1024	1 1 1 0 0 0 0 0	1056	97
	16×32	…	…	…	…	…	…
5		…	81	544	1 1 0 1 0 0 0 1	…	…
		512	80	512	1 1 0 1 0 0 0 0	528	81
	16×16	…	…	…	…	…	…
4		…	65	272	1 1 0 0 0 0 0 1	…	…
		256	64	256	1 1 0 0 0 0 0	264	65

续表

线段编号	间隔数×量化间隔	线段终点值	分层电平编号	分层电平值	编码器输出	量化电平值	量化电平号
3	16×8	…	…	…	…	…	…
		…	49	136	1 0 1 1 0 0 0 1	…	…
		128	48	128	1 0 1 1 0 0 0 0	132	49
2	16×4	…	…	…	…	…	…
		…	33	68	1 0 1 0 0 0 0 1	…	…
		64	32	64	1 0 1 0 0 0 0 0	66	33
1	32×2	…	…	…	…	…	…
		…	2	2	1 0 0 0 0 0 0 1	…	…
		0	0	0	1 0 0 0 0 0 0 0	1	1

从表23-1可以得出对应量化值的编码，在本例中，用 $x(i)$来表示抽样值，$y(i)$来表示将抽样值 $x(i)$进行对数压缩后的值，这样 $x(i)$对应表中的分层电平值和量化电平值，而 $y(i)$对应表中的分层电平值编号和量化电平编号。MATLAB程序为

```
>> x = 0:1:10;
>> y = sin(0.2 * pi * x);
>> z = zhe13(y);
>> pcmcode(z);
```

输出结果为

```
f =
     1     0     0     0     0     0     0     0  - 128  - 115     0
     0     1     1     1     0     0     1     1     0      0     0
     0     1     1     1     1     1     1     1     0      0     0
     0     1     1     1     1     1     1     1     0      0     0
     0     1     1     1     0     0     1     1     0      0     0
     0     0     0     0     0     0     0     0     0      0     0
     1     1     1     1     0     0     1     1     0      0     0
     1     1     1     1     1     1     1     1     0      0     0
     1     1     1     1     1     1     1     1     0      0     0
     1     1     1     1     0     0     1     1     0      0     0
     1     0     0     0     0     0     0     0     0      0     0
```

对数压缩特性得到的编码：

```
>> z = apcm(y,90.88);
>> f = pcmcode(z);
```

输出结果为

```
f =
     1     0     0     0     0     0     0     0  - 126  - 115     0
     0     1     1     1     0     0     1     1     0      0     0
     0     1     1     1     1     1     1     0     0      0     0
     0     1     1     1     1     1     1     0     0      0     0
     0     1     1     1     0     0     1     1     0      0     0
     0     0     0     0     0     0     0     0     0      0     0
```

```
    1     1     1     1     0     0     1     1     0     0     0
    1     1     1     1     1     1     1     0     0     0     0
    1     1     1     1     1     1     1     0     0     0     0
    1     1     1     1     0     0     1     1     0     0     0
    1     0     0     0     0     0     0     0     0     0     0
```

可以看出对两种量化得到的编码是一样的，13 折线近似效果是相当好的。

在运行程序过程中，调用到用户自定义编写的 zhe13. m 函数和 pcmcode. m 函数，它们的源代码分别如下：

```
function y = zhe13(x)
%本函数实现国际通用的 PCM 量化 A 律 13 折线特性近似
%x 为输入的序列，变换后的值赋给序列 y
x = x/max(x);                                           %求出序列的最大值，并同时归一化
z = sign(x);                                            %求每一序列值的符号
x = abs(x);                                             %取序列的绝对值
for i = 1:length(x),                                    %直接将序列的绝对值量化
    if ((x(i)>= 0)&(x(i)< 1/64)),                       %序列值位于第 1 和第 2 折线
        y(i) = 16 * x(i);
    else
        if(x(i)>= 1/64 & x(i)< 1/32),                   %序列值位于第 3 折线
            y(i) = 8 * x(i) + 1/8;
        else
            if(x(i)>= 1/32 & x(i)< 1/16),               %若序列值位于第 4 折线
                y(i) = 4 * x(i) + 2/8;
            else
                if(x(i)>= 1/16 & x(i)< 1/8),            %若序列值位于第 5 折线
                    y(i) = 2 * x(i) + 3/8;
                else
                    if(x(i)>= 1/8 & x(i)< 1/4),         %若序列值位于第 6 折线
                        y(i) = x(i) + 4/8;
                    else if (x(i)>= 1/4 & x(i)<= 1/2),  %若序列值位于第 7 折线
                            y(i) = 1/2 * x(i) + 5/8;
                        else if(x(i)>= 1/2 & x(i)<= 1), %若序列值位于第 8 折线
                                y(i) = 1/4 * x(i) + 6/8;
                            end
                        end
                    end
                end
            end
        end
    end
end
y = z. * y;                               %重新将符号代回序列中   %循环结束
function f = pcmcode(y)

%本函数实现将输入的值(已量化好)编码输入，y 为量化后的序列
%其值应该在 0～1 之间
%定义一个二维数组，第一行的 8 位代表了对应的输入值的编码(8 位)
f = zeros(length(y),8);
z = sign(y);                              %得到输入序列的符号，确定编码的首位
y = y * 128;                              %将序列值扩展到 0～128 之间，便于编码
f = fix(y);                               %将计算取整
```

```
y = abs(y);                        % 只计算绝对值的编码
for i = 1:length(y),
    if (y(i) == 128),              % 如果输入为 1,则得到 128,以避免出现编码位为 2 的错误
        y(i) = 127.999;            % 将其值近似为 127.999
    end
end
for i = 1:length(y),               % 下面一段循环将十进制转化为二进制数
    for j = 6: - 1:0               % 分别计算序列,指除以从 64~1 的数的商
        f(i,8 - j) = fix(y(i)/(2 ^ j));
        y(i) = mod(y(i),(2 ^ j));
    end
end
for i = 1:length(y),
    if (z(i) == 1),                % 输入值是负数
        f(i,1) = 0;                % 首位取 0
    else
        f(i,1) = 1;                % 输入是正数,首位取 1
    end
end
f                                  % 显示编码结果
```

注意:负值的量化与正值几乎完全相同,区别在于将编码的首位由 1 改为 0。

第24章 数字基带调制解调Simulink模块实现

数字信号在信号处理、传输、再生、交换、加密、信号质量等众多方面有着模拟信号无法比拟的优越性，因此在许多领域都取代了模拟通信。数字调制又可分成基带调制和频带调制。把频谱从零开始而未经调制的数字信号所占有的频率范围叫作基带频率，简称基带。利用基带信号直接传输的方式称为基带传输。

在 Simulink 中提供了相关模块实现数字基带调制解调。

24.1 数字幅度调制解调

24.1.1 数字幅度调制模块

Simulink 对数字幅度调制提供了 General QAM Modulator Baseband、M-PAM Modulator Baseband、Rectangular QAM Modulator Baseband 等多个模块。下面以 M-PAM Modulator Baseband 模块进行介绍。

M-PAM Modulator Baseband 称为 M 相基带幅度调制模块，该模块用于基带 M 元脉冲的幅度调制。模块的输出为基带形式的已调制的信号。模块中，M-ary number 项的参数 M 为信号星座图的点数，而且必须是偶数。

模块使用默认的星座图映射方式，将位于 0～(M－1)的整数 X 映射为复数值[2X－M＋1]。模块的输入和输出都是离散信号，参数项 Input type 将会决定模块是接收 0～(M－1)的整数，还是接收二进制形式表示的整数。

如果 Input type 设置为 Integer，那么模块接收整数，输入可以是标量，也可以是 int8、uint8、int16、uint16、int32、uint32、single 或 double 类型的基于帧的列向量。

如果 Input type 设置为 Bit，那么模块接收 K 比特的数组，称为二进制字。输入可以是长度为 K 的向量，也可以是长度为 K 的整数倍的基于帧的列向量。在这种情况下，模块可以接收 int8、uint8、int16、uint16、int32、uint32、boolean、single 或 double 类型的数据。

参数 Constellation ordering 决定模块怎样将二进制字分配到信号星座图的点。如果此项设为 Binary，那么模块使用自然二进制编码星座图。如果此项设置为 Gray，那么模块使用格雷码星座图。

M-PAM 调制模块及参数设置对话框如图 24-1 所示。

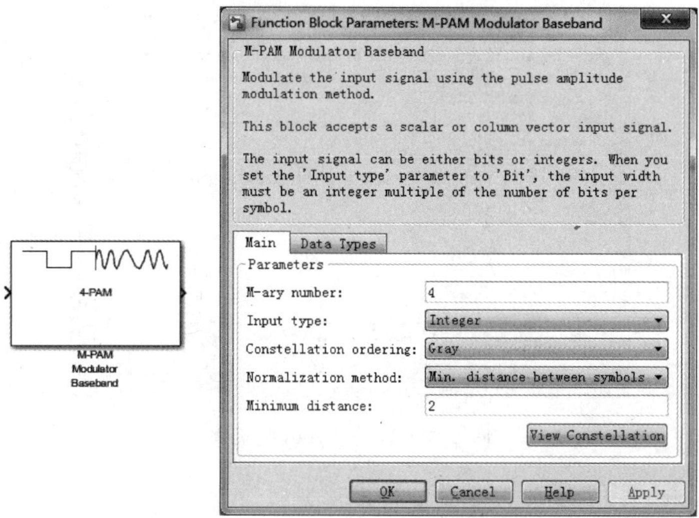

图 24-1 M-PAM 调制模块及参数设置对话框

由图 24-1 可知，M-PAM 调制模块参数设置对话框中包含 Main 和 Data Types 两类，默认为 Main 类。

(1) Main 类

Main 类页面如图 24-1 所示，其包含几个参数选项，含义为

M-ary number：表示信号星座图的点数，该项必须设为一个偶数。

Input type：表示输入是由整数(Integer)还是比特组(Bit)组成。如果该项设为 Bit，那么 M-ary number 项必须为 2^K，其中 K 为正整数。

Constellation ordering：该项决定怎样将输入的比特组映射成相应的整数。

Normalization method：该项决定怎样测量信号的星座图，有 Min. distance between symbols、Average Power 和 Peak Power 等可选项。

Minimum distance：表示星座图中两个距离最近点间的距离。该项只有当 Normalization method 项选为 Min. distance between symbols 时有效。

Average power(watts)：星座图中符号的平均功率，该项只有当 Normalization method 项选为 Average Power 时有效。

Peak power(watts)：星座图中符号的最大功率，该项只有当 Normalization method 项选为 Peak Power 时有效。

(2) Data Types 类

Data Types 类参数设置对话框如图 24-2 所示。

Data Types 类参数设置对话框中，根据选择不同内容，即有对应的参数项，主要为

Output data type：设定输出数据类型。可以设为 double、single、Fixed-point、User-

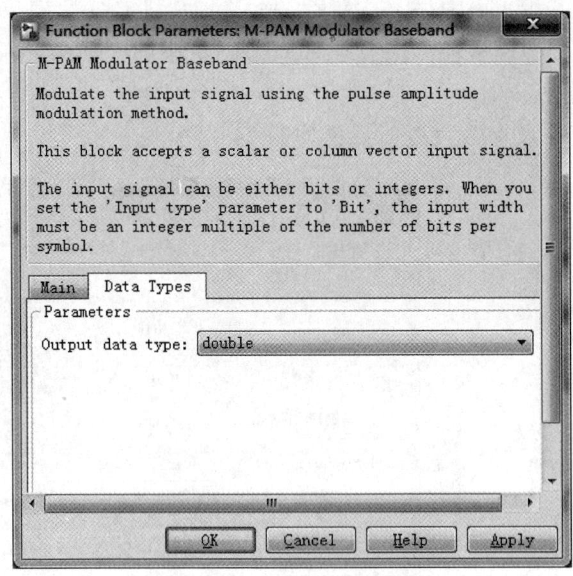

图 24-2　Data Types 类页面

defined 或 Inherit via back propagation 等多种类型。

Output word length：设定 Fixed-point 输出类型的输出字长。该项只有当 Output data type 设为 Fixed-point 时有效并可见。

User-defined data type：设定带符号的或定点数据类型。该项只有当 Output data type 设为 User-defined 时有效并可见。

Set output fraction length to：设定固定点输出比例。该项只有当 Output data type 设为 Fixed-point 或 User-defined 时有效并可见。

Output fraction length：设定固定点输出数据的分数位数。

24.1.2　数字幅度解调模块

Simulink 中对数字幅度解调提供了 General QAM Demodulator Baseband、M-PAM Demodulator Baseband、Rectangular QAM Demodulator Baseband 等多个模块。下面以 M-PAM Demodulator Baseband 模块进行介绍。

M-PAM Demodulator Baseband 称为 M 相基带幅度解调模块，该模块用于基带 M 元脉冲幅度调制的解调。模块的输入为基带形式的已调制信号。

Output type 参数项将会决定模块是产生整数，还是二进制形式表示的整数。如果 Output type 设置为 Integer，那么模块输出整数。如果 Output type 设置为 Bit，那么模块输出 K 比特的组，称为二进制字。参数 Constellation ordering 决定模块怎样将二进制字分配到信号星座图的点。

M-PAM 解调模块及参数设置对话框如图 24-3 所示。

M-PAM 解调模块参数设置对话框中包含 Main 和 Data Types 两类，默认为 Main 类，如图 24-3 所示。

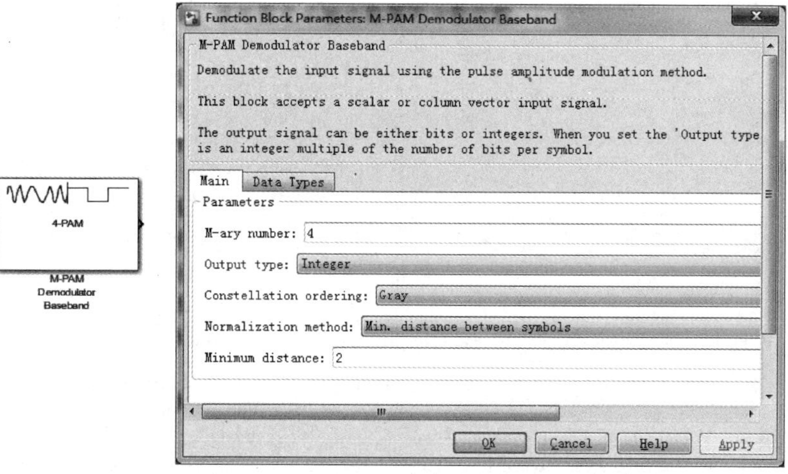

图 24-3　M-PAM 解调模块及参数设置对话框

(1) Main 类

Main 类包含以下几个参数，其含义为

M-ary number：表示信号星座图的点数，该项必须设为一个偶数。

Output type：表示输出是由整数(Integer)还是比特组(Bit)组成。如果该项设为 Bit，那么 M-ary number 项必须为 2^K，其中 K 为正整数。

Constellation ordering：该项决定怎样将输出的比特组映射成相应的整数。该项只有在 Output type 设定为 Bit 时有效。

Normalization method：该项决定怎样测量信号的星座图，有 Min. distance between symbols、Average Power 和 Peak Power 等可选项。

Minimum distance：表示星座图中两个距离最近点间的距离。该项只有当 Normalization method 项选为 Min. distance between symbols 时有效。

Average power(watts)：星座图中符号的平均功率，该项只有当 Normalization method 项选为 Average Power 时有效。

Peak power(watts)：星座图中符号的最大功率，该项只有当 Normalization method 项选为 Peak Power 时有效。

(2) Data Types 类

Data Types 类参数设置对话框如图 24-4 所示。

Data Types 类参数设置对话框中包含若干参数项，含义为

Output：输出设定项。当参数设定为 Inherit via internal rule(默认)时，模块的输出数据类型由输入端决定。当输入数据为 single 或 double 类型时，输出与输入类型相同。否则输出数据类型将会和该项设定为 Smallest unsigned integer 情况相同。

当参数设定为 Smallest unsigned integer 时，输出数据的类型由模型中结构参数对话框中的 Hardware Implementation 项决定。如果 Hardware Implementation 项选为 ASIC/FPGA，则输出为满足期望最小长度的最小字长无符号整数。

Denormalization factor：可以选定为 Same word length as input 或 Specify word

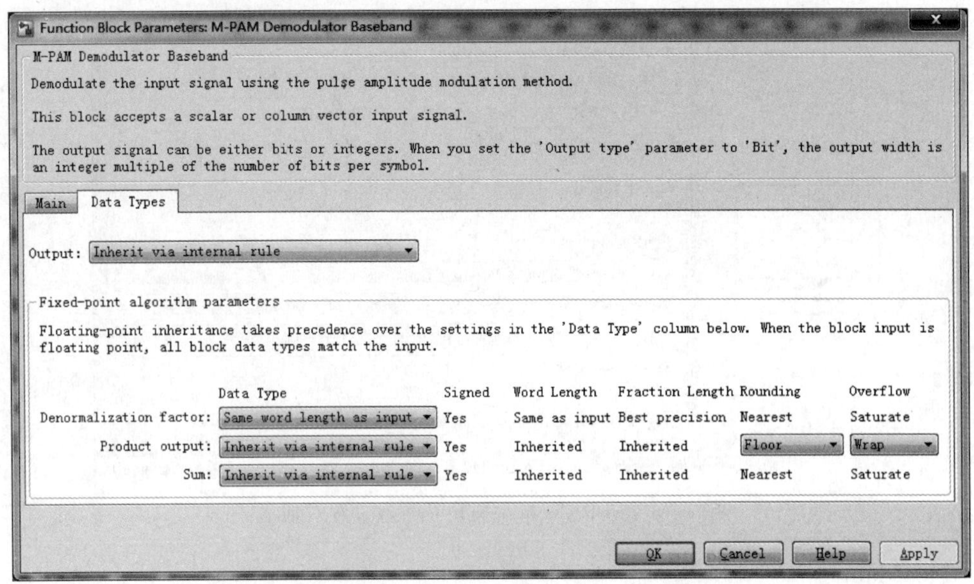

图 24-4　Data Types 类参数设置对话框

length，选定后将会出现一个输入框。

Product output：可以选定为 Inherit via internal rule 或 Specify word length，选定后将会出现一个输入框。

Sum：可以选定为 Inherit via internal rule、Same as product output 或 Specify word length，选定后将会出现一个输入框。

24.2　数字频率调制解调

24.2.1　数字频率调制模块

Simulink 中提供了 M-FSK Modulator Baseband 模块用于基带 M 元频移键控调制。

M-ary number 项参数 M 为已调信号频率。参数 Frequency separation 为已调信号连续频率之间的间隔。

模块的输入和输出为离散信号。Input type 项决定模块是接收 0～M−1 之间的整数，还是二进制形式的整数。

如果 Input type 项选为 Integer，那么模块接收整数输入。输入可以是标量，也可以是基于帧的列向量。如果 Input type 项选为 Bit，那么模块接收 K 比特的组，称为二进制字。输入可以是长度为 K 的向量或基于帧的列向量(长度为 K 的整数倍)。

M-FSK 调制模块及参数设置对话框如图 24-5 所示。

M-FSK 调制模块设置对话框中包含以下几个参数项，含义为

M-ary number：表示信号星座图的点数，M 必须为一个偶数。

Input type：表示输入由整数组成还是由比特组成。如果该项设为 Bit，那么参数 M-ary number 必须为 2^K，K 为正整数。

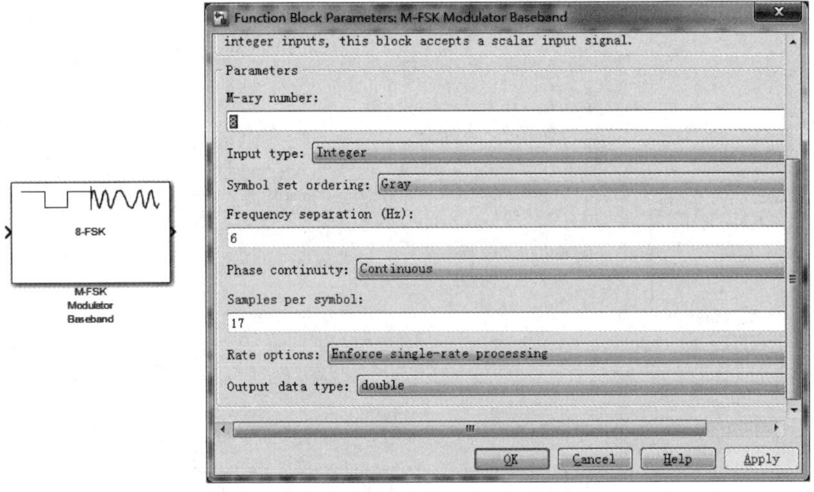

图 24-5　M-FSK 调制模块及参数设置对话框

Symbol set ordering：设定模块怎样将每一个输入比特组映射到相应的整数。

Frequency separation(Hz)：表示已调信号中相邻频率之间的间隔。

Phase continuity：决定已调制信号的相位是连续的还是非连续的。如果该项设为Continuous，那么即使频率发生变化，调制信号的相位依然维持不变。如果该项设为Discontinuous，那么调制信号由不同频率的 M 正弦曲线部分构成，这样如果输入值发生变化，那么调制信号的相位也会发生变化。

Samples per symbol：对应于每个输入的整数或二进制字模块输出的采样个数。

Output data type：设定模块的输出数据类型，可为 double 或 single。默认为 double 类型。

24.2.2　数字频率解调模块

对应 M-FSK Modulator Baseband 模块，Simulink 提供了 M-FSK Demodulator Baseband 模块用于基带 M 元频移键控的解调。模块的输入为基带形式的已调制信号。模块的输入和输出均为离散信号。输入可以是标量或基于采样的向量。

M-ary number 项参数 M 为已调信号频率。参数 Frequency separation 为已调信号连续频率之间的间隔。

如果 Output type 项选为 Integer，那么模块输出 0～M－1 范围的整数。如果 Output type 项设为 Bit，那么 M-ary number 项具有 2^K 的形式，K 为正整数。模块输出 0～M－1 之间的二进制形式整数。

M-FSK 解调模块及参数设置对话框如图 24-6 所示。

M-FSK 解调模块参数设置对话框包含以下几个参数项，含义为

M-ary number：表示信号星座图的点数，M 必须为一个偶数。

Output type：表示输出数据由整数组成还是由比特组成。如果该项设为 Bit，那么参数 M-ary number 必须为 2^K，K 为正整数。

Symbol set ordering：设定模块怎样将每一个输出比特组映射到相应的整数。

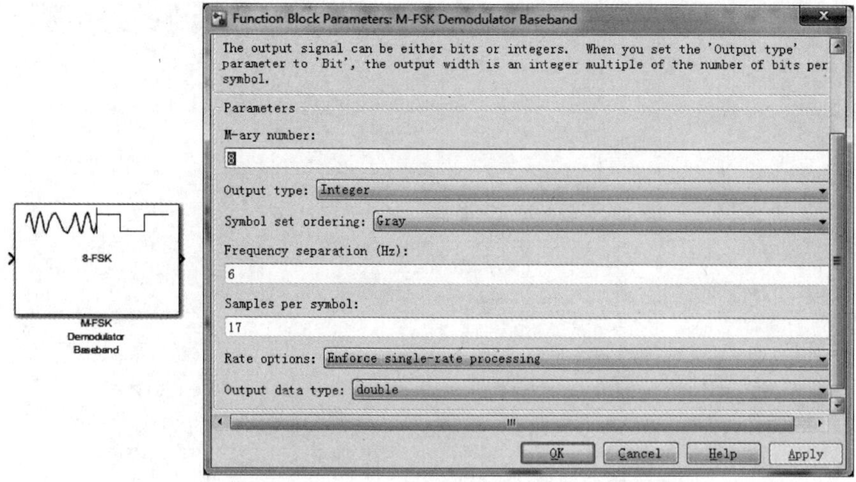

图 24-6　M-FSK 解调模块及参数设置对话框

Frequency separation(Hz)：表示已调信号中相邻频率之间的间隔。

Samples per symbol：对应于每个输入的整数或二进制字模块输出的采样个数。

Output data type：设定模块的输出数据类型，可为 boolean、int8、uint8、int16、uint16、int32、uint32 或 double。默认为 double 类型。

24.3　数字相位调制解调

24.3.1　数字相位调制模块

Simulink 中提供了众多的相位调制解调模块，此处以 M-PSK Modulator Baseband 模块为例，介绍基带数字相位调制。

M-PSK 调制模块进行基带 M 元相移键控调制，输出为基带形式的已调信号。M-ary number 项参数 M 表示信号星座图的点数。

M-PSK 调制模块及参数设置对话框如图 24-7 所示。

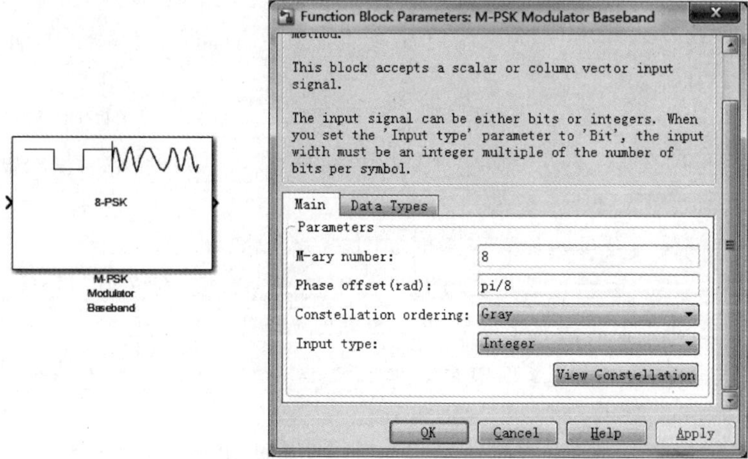

图 24-7　M-PSK 调制模块及其参数设置对话框

由图 24-7 可知，M-PSK 调制模块参数设置对话框中包含 Main 和 Data Types 两类，默认为 Main 类。

(1) Main 类

Main 类页面如图 24-7 所示，其包含几个参数选项，含义为

M-ary number：表示信号星座图的点数，该项必须设为一个偶数。

Input type：表示输入是由整数还是比特组组成。如果该项设为 Bit，那么 M-ary number 项必须为 2^K，其中 K 为正整数。此时模块的输入信号是一个长度为 K 的二进制向量，且有 $K=\log_2 M$。如果该项为 Integer，那么模块接收范围在[0，M−1]的整数输入。输入可以是标量，也可以是基于帧的列向量。

Constellation ordering：星座图编码方式。如果该项设为 Binary，则 MATLAB 把输入的 K 个二进制符号当作一个自然二进制序列；如果该项设为 Gray，则 MATLAB 把输入的 K 个二进制符号当作一个 Gray 码。

Constellation mapping：该项只有当 Constellation ordering 项设定为 User-defined 时有效。该项可以是大小为 M 的行或列向量。其中向量的第一个元素对应图中 0＋Phase offset 角，后面的元素按照逆时针旋转，最后一个元素对应星座图的点为－pi/M＋Phase offset。

Phase offset：表示信号星座图中的零点相位。

(2) Data Types 类

Data Types 类参数设置对话框如图 24-8 所示。

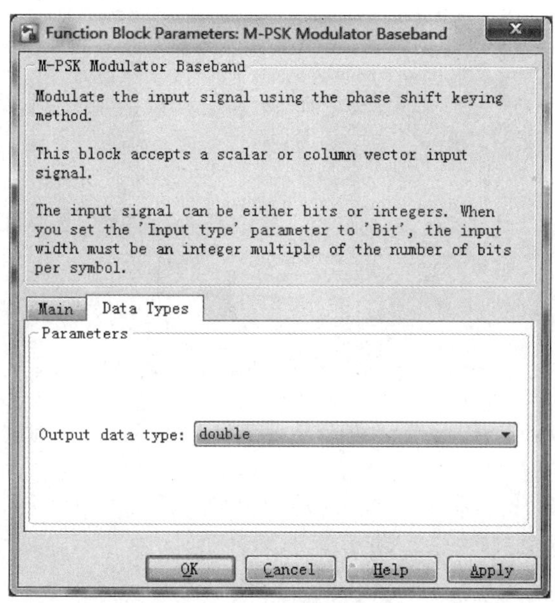

图 24-8 Data Types 类参数设置对话框

Data Types 类参数设置对话框中，根据选择不同内容，即有对应的参数项，主要为

Output data type：设定输出数据类型。可以设为 double、single、Fixed-point、User-defined 或 Inherit via back propagation 等多种类型。

Output word length：设定 Fixed-point 输出类型的输出字长。该项只有当 Output

data type 设为 Fixed-point 时有效并可见。

User-defined data type：设定带符号的或定点数据类型。该项只有当 Output data type 设为 User-defined 时有效并可见。

Set output fraction length to：设定固定点输出比例。该项只有当 Output data type 设为 Fixed-point 或 User-defined 时有效并可见。

Output fraction length：设定固定点输出数据的分数位数。

24.3.2 数字相位解调模块

对应 M-PSK Modulator Baseband 模块，Simulink 提供了 M-PSK Demodulator Baseband 模块，用于基带 M 元相移键控调制的解调。输入为基带形式的已调信号。模块的输入和输出都是离散的时间信号。输入可以是标量也可以是基于帧的列向量。参数 M-ary number 表示信号星座图的点数。

M-PSK Demodulator Baseband 模块及参数设置对话框如图 24-9 所示。

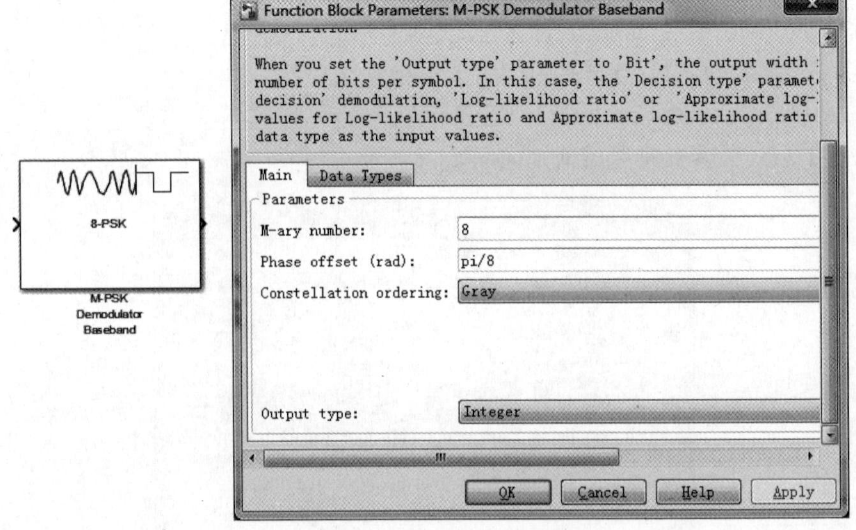

图 24-9 M-PSK 解调模块及其参数设置对话框

如图 24-9 所示，M-PSK 解调模块参数设定框中包含 Main 和 Data Types 两类，默认为 Main 类。

(1) Main 类

Main 类主要包含以下选项参数，含义为

M-ary number：表示信号星座图的点数，M 必须为一个偶数。

Phase offset：表示信号星座图中零点的相位。

Constellation ordering：星座图编码方式。决定模块怎样将符号映射成输出比特或整数。

Constellation mapping：该项只有当 Constellation ordering 项设定为 User-defined 时有效。该项可以是大小为 M 的行或列向量。其中向量的第一个元素对应图中 0°角，

后面的元素按照逆时针旋转，最后一个元素对应星座图的点－pi/M。

Output type：表示输出数据由整数组成还是由比特组成。如果该项设为 Bit，那么参数 M-ary number 必须为 2^K，K 为正整数。

Decision type：当 Output type 选为 Bit 时出现本项，用于设定输出为 bitwise hard decision、LLR 或 approximate LLR 形式。

Noise variance source：只有当 Decision type 选定为 Approximate log-likelihood ratio 或 Log-likelihood ratio 时显示该项。如果选择 Dialog，则在 Noise variance 中输入噪声变化。如果选择 Port，则模块中显示用于设定噪声变化的端口。

Noise variance：当 Noise variance source 设定为 Dialog 时显示该项，用于设定噪声变化。

(2) Data Types 类

Data Types 类参数项如图 24-10 所示。

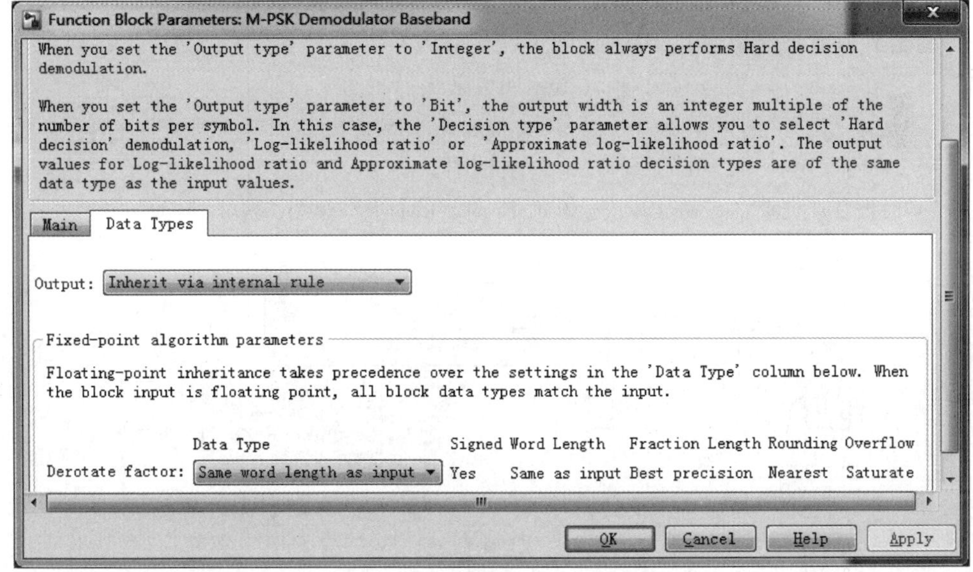

图 24-10 Data Types 类参数项

Data Types 类包含以下参数项，含义为

Output：设定输出。对于比特输出，当 Decision type 设置为 Hard decision 时，输出数据类型可以为 Inherit via internal rule、Smallest unsigned integer、double、single、int8、uint8、int16、uint16、int32、uint32、boolean 等类型。对于整数输出，输出数据类型可以是 Inherit via internal rule、Smallest unsigned integer、double、single、int8、uint8、int16、uint16、int32、uint32 类型。

如果该项设定为 Inherit via internal rule(默认项)，那么数据的输出类型由输入端决定。如果输入端的输入为 floating-point type 型数据，则输出数据类型相同。如果该项设定为 fixed-point，那么输出数据类型将会和该项设定为 Smallest unsigned integer 时相同。如果该项设定为 Smallest unsigned integer，那么输出数据的类型由模型中结构参数对话框中的 Hardware Implementation 项决定。如果 Hardware Implementation 项选为

ASIC/FPGA，并且 Output type 为 Bit，那么输出数据类型为 ideal minimum one-bit size。如果 Hardware Implementation 项选为 ASIC/FPGA，并且 Output type 为 Integer，那么输出数据类型为 ideal minimum size。

Denormalization factor：该项只适用于 M-ary number 项设为 2，4，8，输入为 fixed-point 类型同时，Phase offset 项为非平凡（即该项当 M＝2 时为 π/2 的整数倍；当 M＝4 时为 π/4 的奇数倍；当 M＝8 时为任意值）的情况。该项有两个可选项：Same word length as input 和 Specify word length。选定后出现设定框。在输出为比特的情况下如果 Decision type 设定为 Log-liklihood ratio 或 Approximate log-likelihood ratio 类型时，输出与输入的数据类型相同。

24.4 调制与解调的 Simulink 应用

在 Simulink 仿真中，每一时刻所有的功能模型均同时在执行；而在 MATLAB 仿真中，功能函数是数据流依次执行的，即数据流处理是一级一级传递的。因此，在绝大多数情况下，通信系统仿真均是利用 Simulink 环境来进行的。

下面通过几个实例来演示 Simulink 实现通信系统仿真。

【例 24-1】 用 Simulink 仿真 FSK 调制框图。

(1) 根据需要，建立 Simulink 仿真 FSK 调制的框图，如图 24-11 所示。

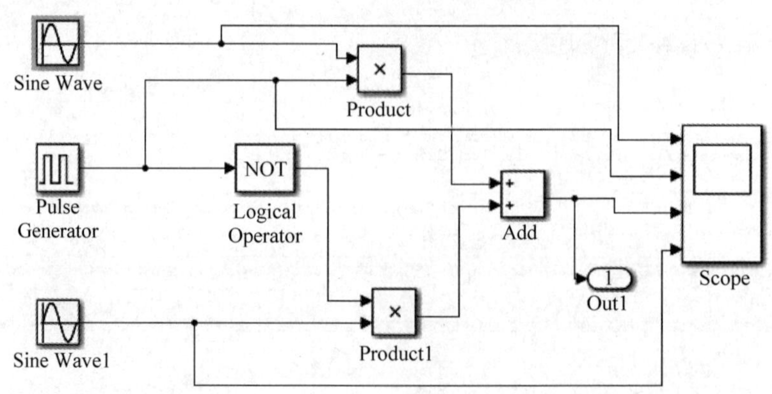

图 24-11　Simulink 仿真 FSK 调制框图

其中，Sine Wave 和 Sine Wave1 是两个频率分别为 f1 和 f2 的载波，Pulse Generator 模块为信号源，NOT 实现方波的反相，最后经过相乘器和相加器生成 2FSK 信号。

(2) 参数设置

双击图 24-11 中的 Sine Wave 模块，设置载波 f1 的参数：幅度为 1，f1＝20Hz，采样时间为 0.002s，效果如图 24-12 所示。

双击图 24-11 中的 Sine Wave1 模块，设置载波 f2 的参数：幅度为 1，f1＝120Hz，采样时间为 0.002s，效果如图 24-13 所示。

信号源 s(t) 选择了基于采样的 Pulse Generator 信号模块，双击图 24-11 中的 Pulse Generator 模块，设置方波是幅度为 1、周期为 3、占比为 33％的基于采样的信号，效果如图 24-14 所示。

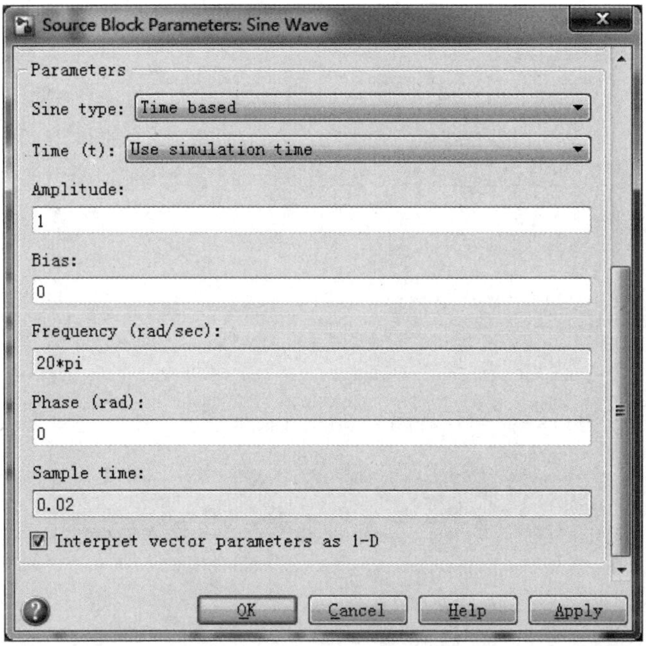

Source Block Parameters: Sine Wave

Parameters

Sine type: Time based

Time (t): Use simulation time

Amplitude:

1

Bias:

0

Frequency (rad/sec):

20*pi

Phase (rad):

0

Sample time:

0.02

☑ Interpret vector parameters as 1-D

OK Cancel Help Apply

图 24-12 载波 f1 的参数设置

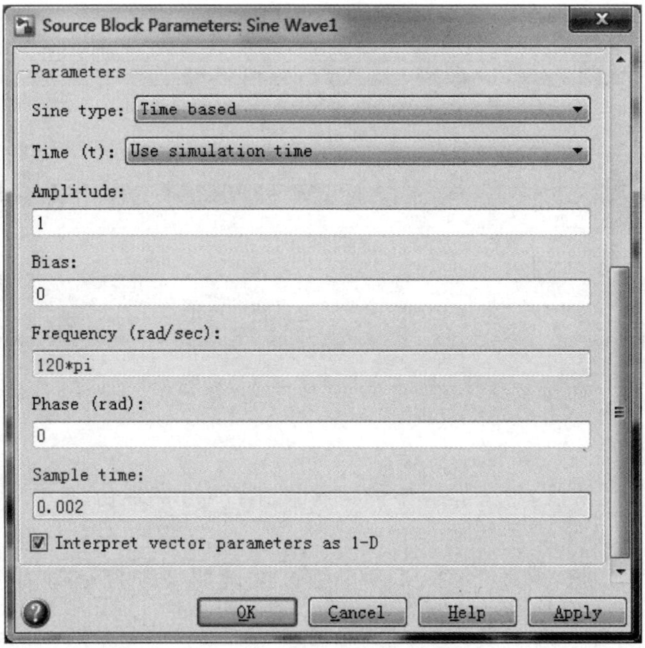

Source Block Parameters: Sine Wave1

Parameters

Sine type: Time based

Time (t): Use simulation time

Amplitude:

1

Bias:

0

Frequency (rad/sec):

120*pi

Phase (rad):

0

Sample time:

0.002

☑ Interpret vector parameters as 1-D

OK Cancel Help Apply

图 24-13 载波 f2 的参数设置

双击图 24-11 中的 Logical Operator 模块，在 Operator 选择框中选择 NOT，效果如图 24-15 所示。

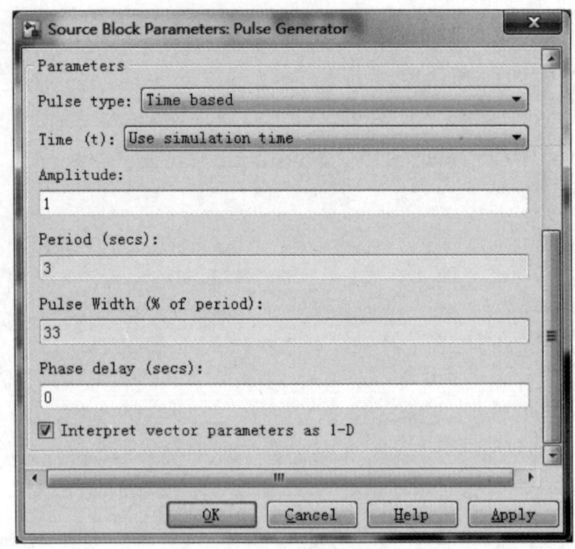

图 24-14　信号源 s(t)的参数设置

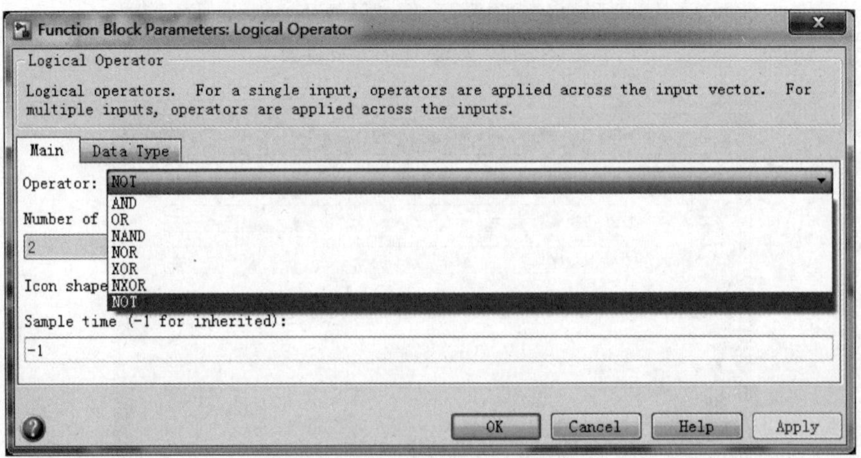

图 24-15　方波反相模块设置

(3) 运行仿真

其他参数采用默认值，单击界面中的运行按钮，即可实现仿真，仿真效果如图 24-16 所示。

由图 24-16 可看出，经过 f1 和 f2 两个载波的调制，2FSK 信号有明显的频率上的差别。

另外，用参数 f1=10 和 f2=20 再次运行仿真，波形如图 24-17 所示，2FSK 信号有明显的频率上的差别。

【例 24-2】 FSK 频移键控是一种标准的调制技术，它将数字信号加载到不同频率的正弦载波上。试建立一个用于基带信号的频移键控仿真模型。

(1) 根据需要，建立如图 24-18 所示的频移键控仿真模型。

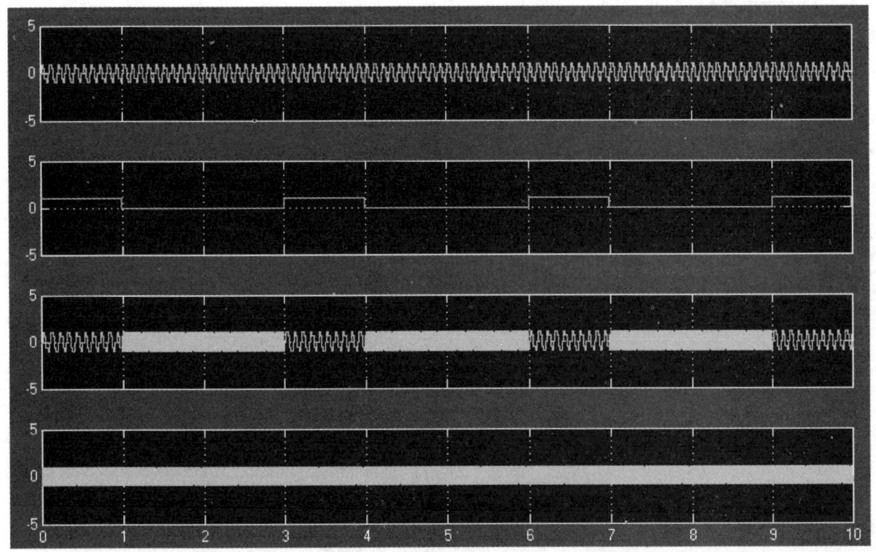

图 24-16 2FSK 信号调制各点的时间波形(默认值)

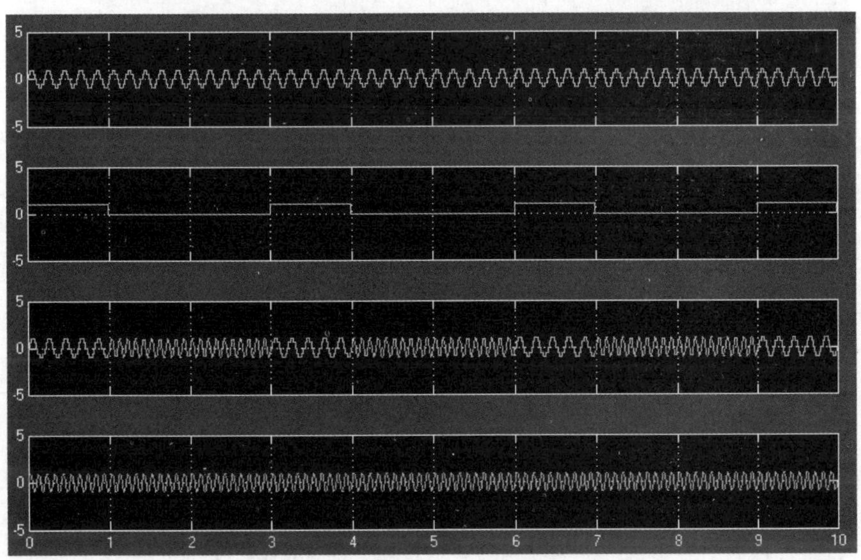

图 24-17 2FSK 信号调制各点的时间波形(f1=10 和 f2=20)

(2) 参数设置。

双击图 24-18 中的 Bernoulli Binary Generator 伯努利二进制信号发生器模块,将采样时间设置为 1/1200。

双击图 24-18 中的 M-FSK Modulator Baseband 模块,参数 M-ary number 设为 2,Frequency separation 设为 1000Hz,Samples per symbol 设为 1200,效果如图 24-19 所示。

双击图 24-18 中的 M-FSK Demodulator Baseband 模块,参数设置如图 24-20 所示。

双击图 24-18 中的 AWGN Channel 高斯白噪声信道模块,设置其 Es/No 为 10dB,Symbol period(s)为 1/1200,效果如图 24-21 所示。

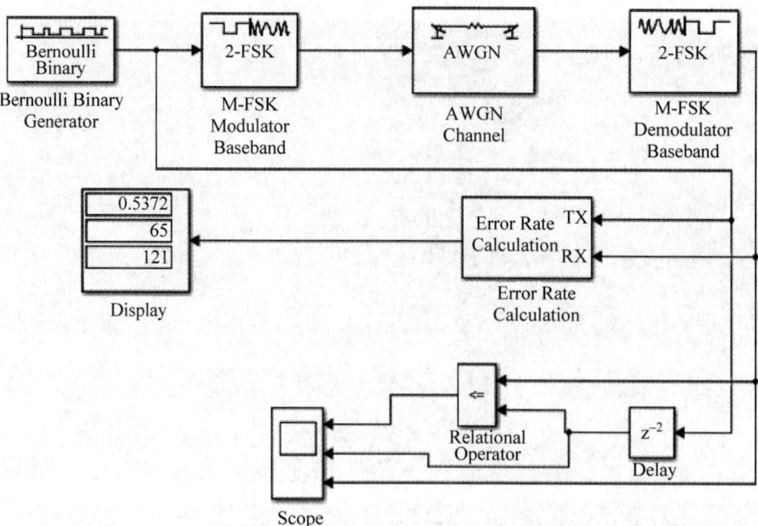

图 24-18　频移键控仿真模型

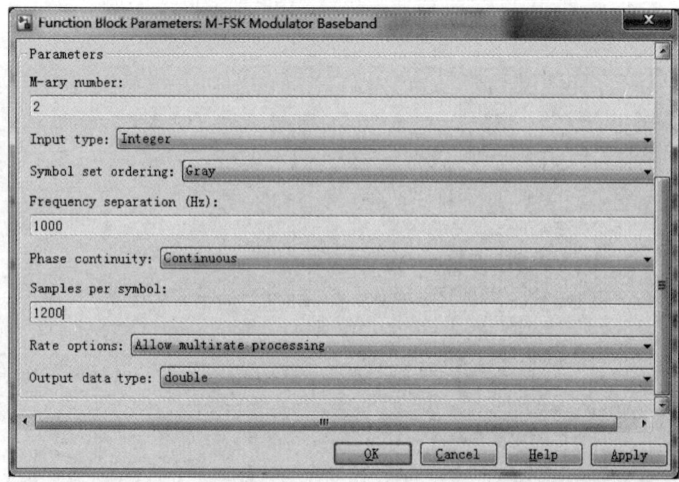

Function Block Parameters: M-FSK Modulator Baseband

Parameters

M-ary number:

2

Input type: Integer

Symbol set ordering: Gray

Frequency separation (Hz):

1000

Phase continuity: Continuous

Samples per symbol:

1200

Rate options: Allow multirate processing

Output data type: double

OK　Cancel　Help　Apply

图 24-19　M-FSK Modulator Baseband 模块参数设置

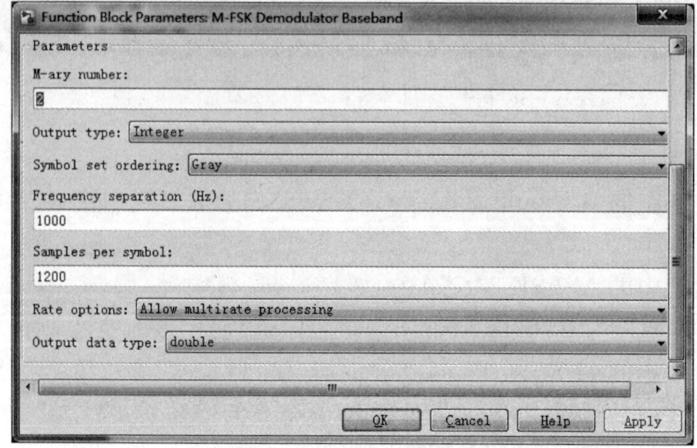

Function Block Parameters: M-FSK Demodulator Baseband

Parameters

M-ary number:

2

Output type: Integer

Symbol set ordering: Gray

Frequency separation (Hz):

1000

Samples per symbol:

1200

Rate options: Allow multirate processing

Output data type: double

OK　Cancel　Help　Apply

图 24-20　M-FSK Demodulator Baseband 模块参数设置

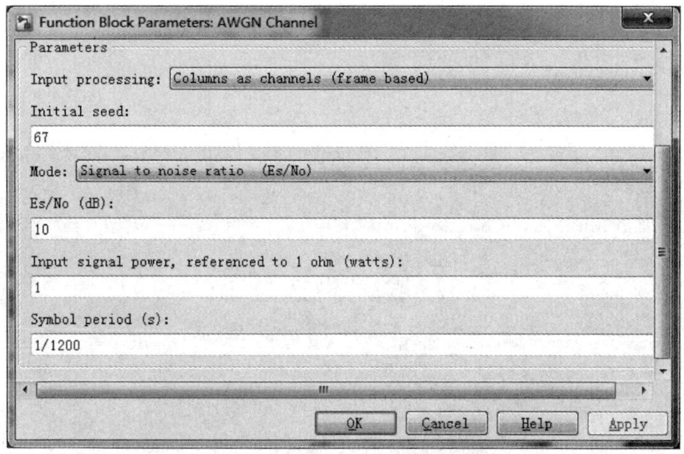

图 24-21 AWGN Channel 模块参数设置

双击图 24-18 中的 Error Rate Calculation 误码计算模块，设置 Output data 输出数据至 port 端口，效果如图 24-22 所示。

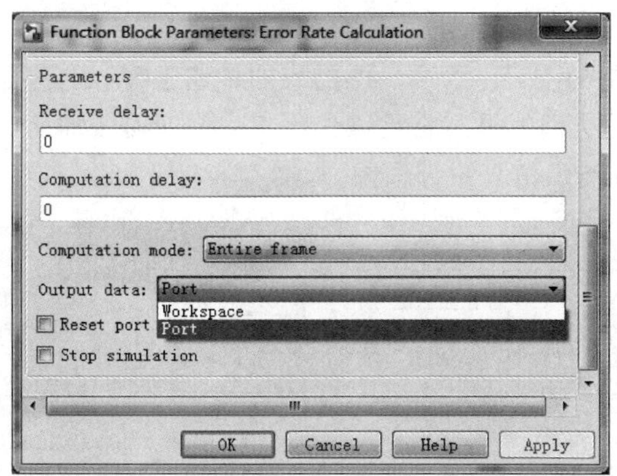

图 24-22 Error Rate Calculation 模块参数设置

双击图 24-18 中的 Delay 模块，参数设置如图 24-23 所示。

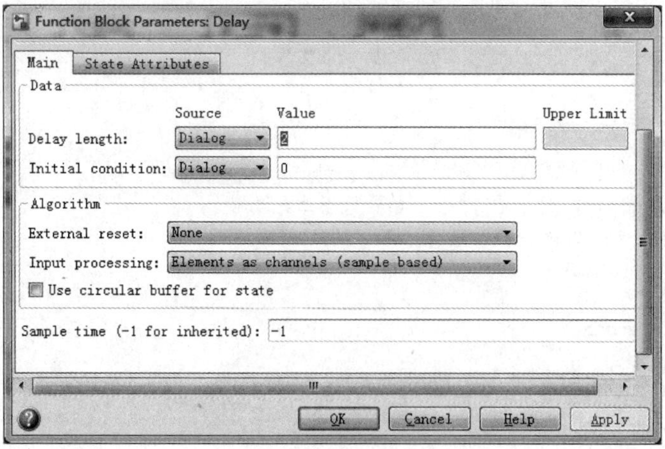

图 24-23 Delay 模块参数设置

(3) 运行仿真。

设置仿真时间为0.1s,运行仿真模型,可看到Display模块显示了如图24-18所示的数据,即误码率为0.5372,误码数为65,总码数为121。仿真效果如图24-24所示。

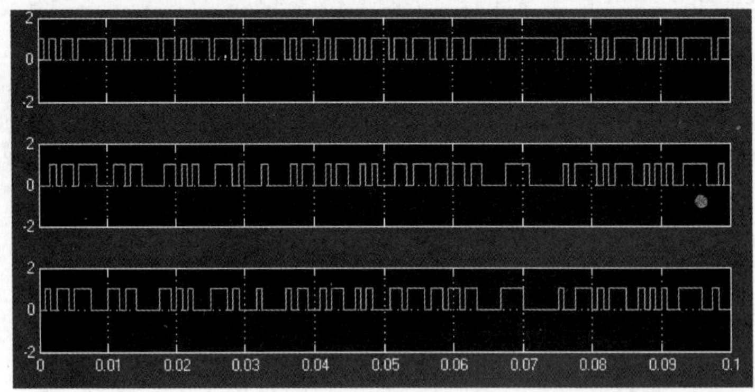

图24-24 仿真效果

在图24-24中,第一个为接收信号与经延迟后的源信号的比较结果,第二个为经延迟后的源信号波形,第三个为接收到的信号波形。

【例24-3】 多进制的PSK,能够获得更快的传输速率,但是其之间的相关也将随之降低,这同时说明了,其速率的提高将是以误码率的增加而增加的。试仿真说明。

根据需要,建立MPSK仿真系统框图,如图24-25所示。

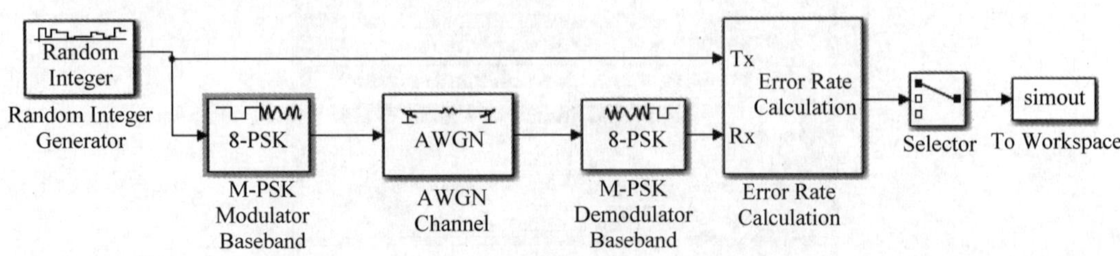

图24-25 MPSK仿真系统框图

实现的MPSK仿真程序代码为

```
>> clc;                                  %清屏
x = - 6:15;                              %表示信噪比
BitRate = 10000;                         %信源产生信号的 bit 率等于 10kbps
SimulationTime = 2;                      %仿真时间
hold off;
M1 = [2 4 8];                            %设定 FSK 进制数 M1 向量
y = zeros(length(x),length(M1));         %初始化二维向量
%产生在信噪比 x 下的误差率向量 y 的 for 循环
for j = 1:length(M1)
    M = M1(j);
    for i = 1:length(x)
        SNR = x(i);
        sim('ex24_16');
        y(i,j) = mean(simout);
    end
```

```
end
semilogy(x,y);                          % x,y 的画出图形
axis([ - 6 16 0.00001 1]);              % 限定图形的坐标系的范围
grid on;
title('M 进制移频键控 MPSK 抗噪声性能曲线');
xlabel('SNR(dB)');
ylabel('比特误码率(Pe)');
legend('进制数 M = 2','进制数 M = 4','进制数 M = 8');
```

运行程序,得到仿真效果如图 24-26 所示。

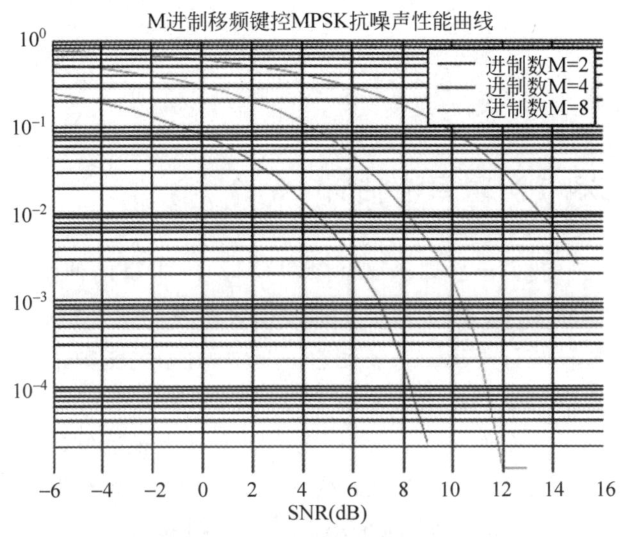

图 24-26　MPSK 仿真图

由图 24-26 可看出,进制数 M 分别采用了 2,4,8 三种进制作了比较,如图中显示,在其他参数不改变的情况下,随着进制的增大,调制解调系统的抗噪声性能随之减弱。

第25章 功率谱估计方法分析与设计实现

25.1 功率谱估计

我们已经知道一个随机信号,它本身的傅里叶变换是不存在的,因此无法像确定性信号那样用数学表达式来精确地描述它,而只能用各种统计平均量来表征它。其中,自相关函数最能完整地表征它的特定统计平均量值。而一个随机信号的功率谱密度正是自相关函数的傅里叶变换,我们可以用功率谱密度来表征它的统计平均谱特性。所以,要在统计意义下描述一个随机信号,就需要估计它的功率谱密度(Power Spectral Density,PSD)。功率谱估计在其他应用中也有十分重要的作用,如设计最优线性滤波器、测量噪声频谱、检测埋没在宽带噪声中的窄带信号,以及用噪声激励法估计线性系统的参数等。因此,随机信号的谱估计是当前信号处理中一个重要的研究方向。

功能谱估计有多种方法,一般可以分为参数化方法和非参数化方法。非参数化方法中较为常用的是 Welch 方法,它属于经典谱估计的一类——周期图法。此外,MATLAB 信号处理工具箱还提供了其他一些现代的非参数化方法,包括 Multiaper 方法、MUSIC(multiple signal classification)或特征向量方法,这些方法非常适合线谱的估计。相比非参数化方法,参数化方法则主要围绕 ARMA(自回归滑动平均)模型的参数估计问题来计算信号的功率谱,属于现代谱估计方法,其频率分辨性能要优于经典谱估计,MATLAB 提供的主要方法有 Yule-Walker 自回归方法、基于线性预测误差最小的 Burg 方法,以及协方差方法与改进的协方差方法。

25.1.1 经典功率谱估计法

平稳随机信号的功率谱密度(PSD)是相关序列的离散傅里叶变换:

$$P_{xx}(\omega) = \sum_{m=-\infty}^{\infty} r_{xx}(m)\mathrm{e}^{-\mathrm{j}\omega m} \tag{25-1}$$

它实际上是互功率谱密度(CSD)函数的特殊情况,互谱密度定义为:

$$P_{xy}(\omega) = \sum_{m=-\infty}^{\infty} r_{xy}(m)\mathrm{e}^{-\mathrm{j}\omega m} \tag{25-2}$$

功率谱密度的单位一般为 dBw/Hz 或 dBm/Hz。

谱估计方法分为两大类:非参数化方法和参数化方法。经典谱估计法属于非参数化方法。它又可以分为用随机序列求谱的自相关法和将序列直接用 FFT 求谱的直接法。经典谱估计法对所得到的数据序列只进行线性运算,因而又称为线性谱分析法。

1. 直接法

直接法,即周期图法,于 1989 年由舒斯特提出,直接由傅里叶变换得到:将随机信号 $x(n)$的 N 点样本值 $x_N(n)$看作能量有限信号,取其傅里叶变换,得到 $x_N(\mathrm{e}^{\mathrm{j}\omega})$;再取其幅值的平方,并除以 N 作为 $x(n)$的真实功率谱 $P(\mathrm{e}^{\mathrm{j}\omega})$的估计,即

$$\hat{P}(\mathrm{e}^{\mathrm{j}\omega}) = \frac{1}{N}\mid X_N(\omega)\mid^2 \tag{25-3}$$

在 MATLAB 信号处理工具箱中提供了 periodogram 函数实现直接功率谱估计,其调用格式如下:

```
[Pxx,w] = periodogram(x)
[Pxx,w] = periodogram(x,window)
[Pxx,w] = periodogram(x,window,nfft)
[Pxx,w] = periodogram(x,window,w)
[Pxx,f] = periodogram(x,window,nfft,fs)
[Pxx,f] = periodogram(x,window,f,fs)
[Pxx,f] = periodogram(x,window,nfft,fs,'range')
[Pxx,w] = periodogram(x,window,nfft,'range')
periodogram(...)
```

【例 25-1】 采用 periodogram 函数来计算功率谱。

其实现的 MATLAB 程序代码如下:

```
>> clear all;
randn('state',0);
Fs = 1000;
t = 0:1/Fs:.3;
x = cos(2*pi*t*200) + 0.1*randn(size(t));
periodogram(x,[],'twosided',512,Fs);
xlabel('频率/kHz');
ylabel('相对功率谱密度(dB/Hz)');
title('直接法');
```

运行程序,效果如图 25-1 所示。

【例 25-2】 用 Fourier 变换算法求信号 $x=\sin(2\pi f_1 t)+2\sin(2\pi f_2 t)+\omega(t)$的功率谱。其中,$f_1=50\mathrm{Hz}$,$f_2=120\mathrm{Hz}$,$\omega(t)$为白噪声,采样频率 $F_s=1000\mathrm{Hz}$。①信号长度 $N=256$;②信号长度 $N=1024$。

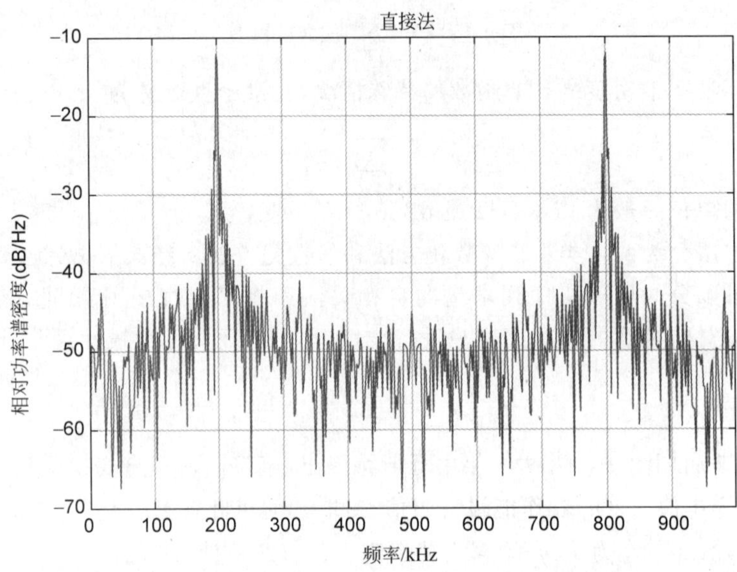

图 25-1 采用 periodogram 函数来计算功率谱

其实现的 MATLAB 程序代码如下：

```
clear all;
Fs = 1000;
%第一种情况:N = 256
N = 256;Nfft = 256;                                          %数据长度和 FFT 所用的数据长度
n = 0:N - 1;t = n/Fs;                                        %采用的时间序列
xn = sin(2 * pi * 50 * t) + 2 * sin(2 * pi * 120 * t) + randn(1,N);   %带有白噪声的信号
Pxx = 10 * log10(abs(fft(xn,Nfft).^2)/N);
%Fourier 振幅谱平方的平均值,并转换为 dB
f = (0:length(Pxx) - 1) * Fs/length(Pxx);                    %给出频率序列
subplot(211);plot(f,Pxx);                                    %绘制功率谱曲线
xlabel('频率/Hz');ylabel('功率谱/dB');
title('周期图 N = 256');
grid on;
%第二种情况:N = 1024
Fs = 1000;
N = 1024;Nfft = 1024;                                        %数据长度和 FFT 所用的数据长度
n = 0:N - 1;t = n/Fs;                                        %采用的时间序列
%带有白噪声的信号
xn = sin(2 * pi * 50 * t) + 2 * sin(2 * pi * 120 * t) + randn(1,N);
Pxx = 10 * log10(abs(fft(xn,Nfft).^2)/N);
%Fourier 振幅谱平方的平均值,并转换为 dB
f = (0:length(Pxx) - 1) * Fs/length(Pxx);                    %给出频率序列
subplot(212);plot(f,Pxx);                                    %绘制功率谱曲线
xlabel('频率/Hz');ylabel('功率谱/dB');
title('周期图 N = 1024');
grid on;
```

运行程序,效果如图 25-2 所示。

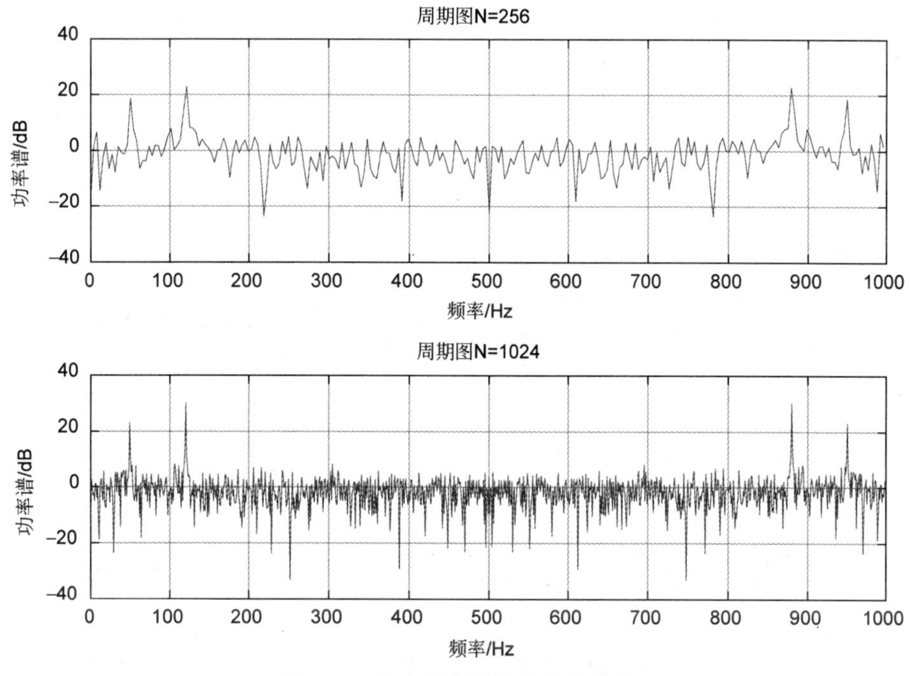

图 25-2 含有噪声的信号的功率谱

2. 间接法

间接法,又称为自相关法或 BT 法,在 1958 年由布莱拉克曼与图基首先开拓。间接法的理论基础是维纳——辛钦定理。它是由随机信号的 N 个观察值(0),$x(1)$,…,$x(N-1)$,估计出自相关函数 $R_N(m)$,然后再求 $R_N(m)$的傅里叶变换作为功率谱的估计:

$$\hat{S}(e^{j\omega}) = \sum_{m=-M}^{N} R_N(m)e^{-j\omega m} \quad (|M| \leqslant N-1) \tag{25-4}$$

【例 25-3】 利用间接法重新计算例 25-1 中噪声信号的功率谱。

其实现的 MATLAB 程序代码如下:

```
>> clear all;
randn('state',0);
Fs = 1000;
NFFT = 1024;
n = 0:1/Fs:1;
t = 0:1/Fs:.3;
x = cos(2 * pi * t * 200) + 0.1 * randn(size(t));
Cx = xcorr(x,'unbiased');                         %计算序列的自相关函数
Cxk = fft(Cx,NFFT);                               %求解 PSD
pxx = abs(Cxk);
t = 0:round(NFFT/2 - 1);
k = t * Fs/NFFT;                                  %横坐标为频率,单位为 Hz
P = 10 * log(pxx(t + 1));                         %纵坐标为相对功率谱密度,单位为 dB/Hz
plot(k,P);
xlabel('频率/kHz');
ylabel('相对功率谱密度(dB/Hz)');
title('间接法');
grid on;
```

运行程序，效果如图 25-3 所示。

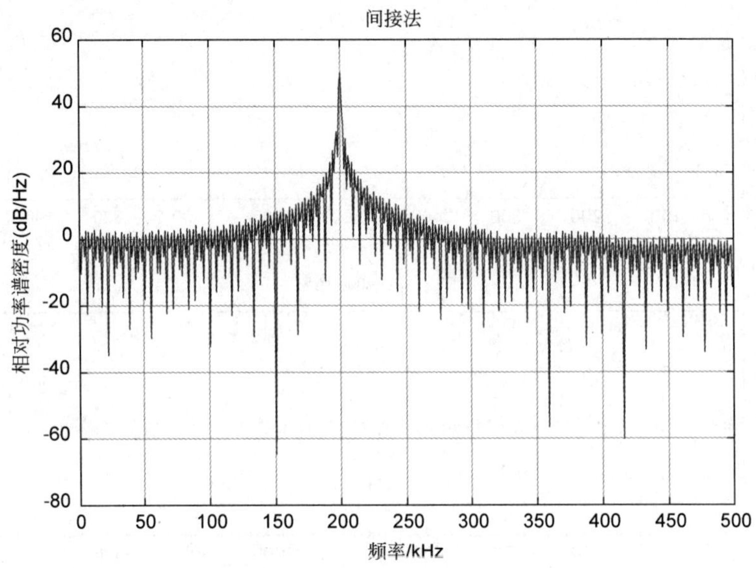

图 25-3　利用间接法重新计算例 25-1 中噪声信号的功率谱

3. 基于经典谱估计的系统辨识

非参数化的系统辨识，是经典谱估计的一个很有用的方法。假定需要辨识的线性系统为 H，输入信号为 $x(n)$，输出信号为 $y(n)$。则计算输入信号和输出信号的互相关系数，可得

$$R_{xy}(m)=E\{X(n)Y(n+m)\}=R_x(m)*H(m) \tag{25-5}$$

将等式两边做傅里叶变换，得

$$P_{xy}(\omega)=P_x(\omega)H(\omega) \tag{25-6}$$

估计出互谱密度 $P_{xy}(\omega)$和功率谱密度 $P_x(\omega)$，就可以得到 $H(\omega)$的辨识结果：

$$\hat{H}(\omega)=\frac{\hat{P}_{xy}(\omega)}{\hat{P}_x(\omega)} \tag{25-7}$$

在 MATLAB 信号处理工具箱中，提供了 tfe 函数实现基于经典谱估计的系统辨识。其调用格式如下：

```
Txy = tfe (x,y)
Txy = tfe (x,y,window)
Txy = tfe (x,y,window,noverlap)
[Txy,W] = tfe (x,y,window,noverlap,nfft)
[Txy,F] = tfee(x,y,window,noverlap,nfft,fs)
[...] = tfe (x,y, ··· ,'whole')
tfe (...)
```

【例 25-4】 采用 tfe 函数来进行系统的辨识，并与理想结果进行比较。

其实现的 MATLAB 程序代码如下：

```
>> clear all;
```

```
Fs = 2000;
NFFT = 256;
n = 0:1/Fs:1;
x = randn(size(n));
b = ones(1,5)/5;
y = filter(b,1,x);
[h,f] = tfe(x,y,NFFT,Fs,256,128,'none');
h0 = freqz(b,1,f,Fs);
subplot(2,1,1);plot(f,abs(h0));
grid on;
title('理想传递函数的幅度');
xlabel('频率/Hz');
subplot(2,1,2);plot(f,abs(h));
title('估计的传递函数幅度');
xlabel('频率/Hz')
grid on;
```

运行程序,效果如图 25-4 所示。

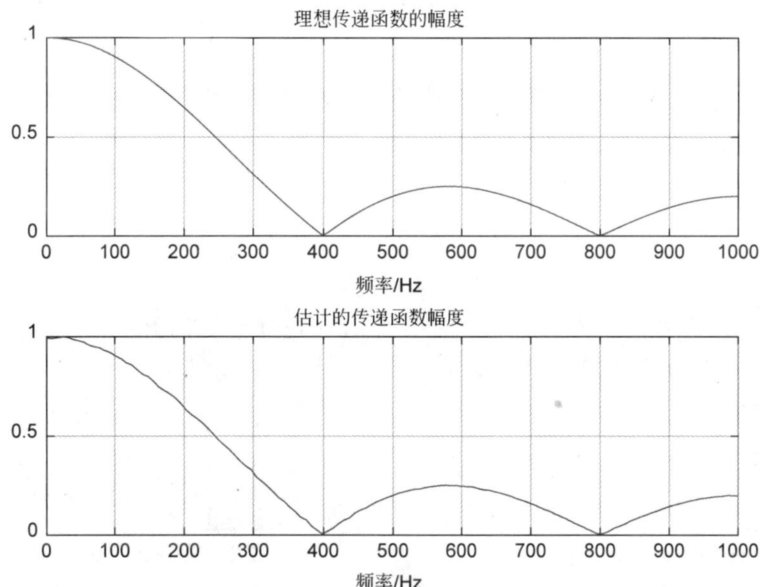

图 25-4 采用 tfe 函数来进行系统的辨识,并与理想结果进行比较

25.1.2 改进的直接法估计

直接法和间接法的方差性能很差,而且当数据长度太大时,谱曲线起伏加剧;若数据长度太小,则谱的分辨率又不好,所以需要改进。改进的直接谱估计方法主要有 Bartlett 法和 Welch 法。

1. Bartlett 法

Bartlett 法是通过多个重叠数据段周期图的平均来改进周期方法的性能的。把数据序列 $x(n)(0\leqslant n\leqslant N-1)$ 分为 K 段,每段有 M 个样本,$N=KM$。形成如下序列段:

$$x^{(i)}(n)=x(n+iM-N) \quad (0\leqslant n\leqslant M-1,1\leqslant i\leqslant K) \tag{25-8}$$

计算如下 K 个周期图，得

$$I_M^{(i)}(\omega)=\frac{1}{M}\left|\sum_{n=0}^{M-1}x^{(i)}(n)\mathrm{e}^{-\mathrm{j}\omega}\right| \quad (1\leqslant i\leqslant K) \tag{25-9}$$

如果 $m\geqslant M$ 时，$R_x(m)$很小，那么就可以假设各周期图 $I_M^{(i)}(\omega)$彼此独立。于是由这 K 个单独的周期图，可以定义一平均周期图 $B_x(\omega)$：

$$B_x(\omega)=\frac{1}{K}\sum_{i=1}^{K}I_M^{(i)}(\omega) \tag{25-10}$$

这种求谱估计的方法，就是 Bartlett 谱估计方法。用 FFT 实现这种估计最方便，可以调用任何点数来计算 $x^{(i)}(n)$的周期图，当点数大于数据段长度 M 时，可以填充零值补满。虽然周期图取平均值的方法方差比较小，但是它仍然是一种有偏渐近一致估计。

在 MATLAB 工具箱中，函数 psd 用来实现 Bartlett 平均周期图方法的功率谱估计，而函数 csd 用来实现信号间的互功率谱估计。

(1) psd 函数

功能：实现 Bartlett 平均周期图方法的功率谱估计。其调用格式如下：

```
pxx = psd(x, NFFT, Fs, window)
[pxx, f] = psd(x, NFFT, Fs, window, noverlap)
[pxx, pxxc, f] = psd(x, NFFT, Fs, window, noverlap, p)
psd(x, …, dflag)
psd(…)
```

【例 25-5】 在置信度为 0.95 的区间上估计有色噪声 x 的 PSD。

其实现的 MATLAB 程序代码如下：

```
>> clear all;
Fs = 1000;
NFFT = 256;
p = 0.95;                                   %置信区间
[b,a] = ellip(6,2,50,0.2);                  %设计 6 阶椭圆形滤波器
r = randn(4096,1);
x = filter(b,a,r);                          %对白噪声滤波得到信号 x
psd(x,NFFT,Fs,[],0,p);                      %PSD 估计
xlabel('频率/Hz');ylabel('相对功率谱密度(dB/Hz)');
```

运行程序，效果如图 25-5 所示。

(2) csd 函数

功能：信号间的互功率谱估计。其调用格式如下：

```
pxy = csd(x, y, NFFT, Fs, window)
[pxy, f] = csd(x, y, NFFT, Fs, window, noverlap)
[pxy, pxyc, f] = csd(x, y, NFFT, Fs, window, noverlap)
csd(x, y, …, dflag)
csd(…)
```

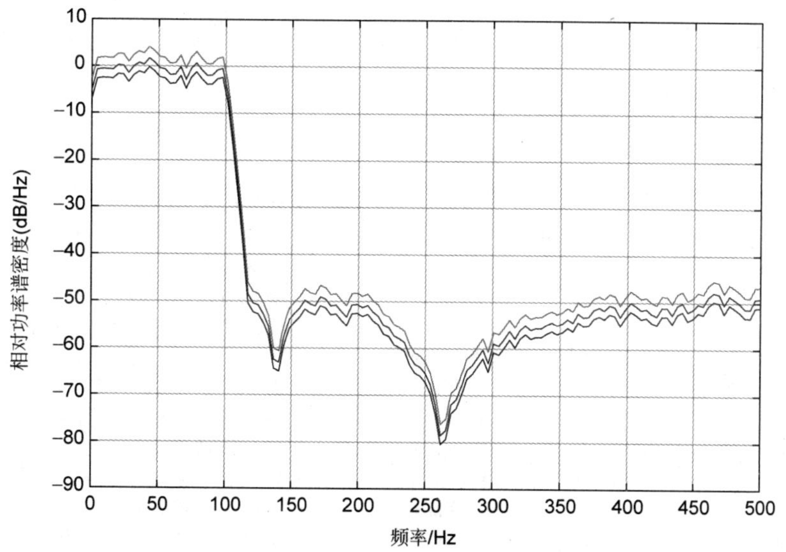

图 25-5　置信度 0.95 区间上估计有色噪声 x 的 PSD

【例 25-6】 在置信度为 0.95 区间上估计两个有色噪声 x,y 之间的 CSD。

其实现的 MATLAB 程序代码如下：

```
>> clear all;
Fs = 1000;
NFFT = 1024;
p = 0.95;                                        %置信区间
H = fir1(40,0.5,boxcar(41));
h = ones(1,10)/sqrt(10);
r = randn(4096,1);
x = filter(h,1,r);
y = filter(H,1,x);
csd(x,y,NFFT,Fs,triang(500),0,p);
xlabel('频率/Hz');ylabel('相对互功率谱密度(dB/Hz)');
```

运行程序，效果如图 25-6 所示。

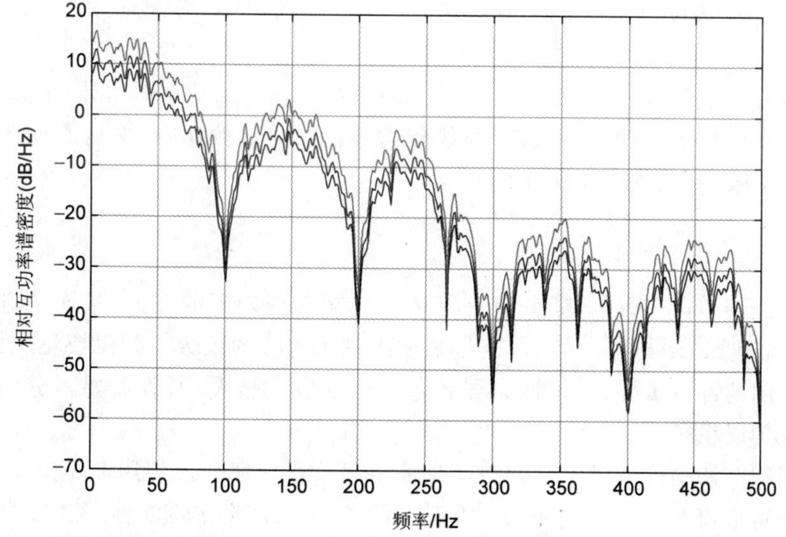

图 25-6　置信度 0.95 区间上估计两个有色噪声 x,y 之间的 CSD

【例 25-7】 对例 25-2 中的信号序列，用两种平均周期图法求信号的功率谱密度估计。

其实现的 MATLAB 程序代码如下：

```
clear all;
Fs = 1000;                                              %数据的采样点
%运用信号不重叠分段估计功率谱
N = 1024;N1 = 256;                                      %数据点数
n = 0:N - 1;t = n/Fs;                                   %分段间隔，时间序列
randn('state',0);                                       %设置产生随机数的初始状态
xn = sin(2 * pi * 50 * t) + 2 * sin(2 * pi * 120 * t) + randn(1,N);
%带噪声的原始信号
Pxx1 = abs(fft(xn(1:256),N1).^2)/N1;                    %第一段功率谱
Pxx2 = abs(fft(xn(257:512),N1).^2)/N1;                  %第二段功率谱
Pxx3 = abs(fft(xn(513:768),N1).^2)/N1;                  %第三段功率谱
Pxx4 = abs(fft(xn(769:1024),N1).^2)/N1;                 %第四段功率谱
Pxx = 10 * log10((Pxx1 + Pxx2 + Pxx3 + Pxx4)/4);        %平均得到整个序列功率谱
f = (0:length(Pxx) - 1) * Fs/length(Pxx);               %给出功率谱对应的频率
subplot(211);plot(f(1:N1/2),Pxx(1:N1/2));               %绘制功率谱曲线
xlabel('频率/Hz');ylabel('功率谱/dB');
title('平均周期图(无重叠)N = 4 * 256');
grid on;
%运用信号重叠分段估计功率谱
Pxx1 = abs(fft(xn(1:256),N1).^2)/N1;                    %第一段功率谱
Pxx2 = abs(fft(xn(129:384),N1).^2)/N1;                  %第二段功率谱
Pxx3 = abs(fft(xn(257:512),N1).^2)/N1;                  %第三段功率谱
Pxx4 = abs(fft(xn(385:640),N1).^2)/N1;                  %第四段功率谱
Pxx5 = abs(fft(xn(513:768),N1).^2)/N1;                  %第五段功率谱
Pxx6 = abs(fft(xn(641:896),N1).^2)/N1;                  %第六段功率谱
Pxx7 = abs(fft(xn(769:1024),N1).^2)/N1;                 %第七段功率谱
%平均得到整个序列功率谱
Pxx = 10 * log10((Pxx1 + Pxx2 + Pxx3 + Pxx4 + Pxx5 + Pxx6 + Pxx7)/7);   f = (0:length(Pxx) - 1)
 * Fs/length(Pxx);                                      %给出功率谱对应的频率
subplot(212);plot(f(1:N1/2),Pxx(1:N1/2));               %绘制功率谱曲线
xlabel('频率/Hz');ylabel('功率谱/dB');
title('平均周期图(重叠一半)N = 1024');
grid on;
```

程序运行结果如图 25-7 所示，上图采用不重叠分段法的功率谱估计，下图为 2∶1 重叠分段的功率谱估计，可见后者估计曲线较为平滑。与上例比较，平均周期图法功率谱估计具有明显效果(涨落曲线靠近 0dB)。

2. Welch 法

前面已经知道，把采样数据分段进行估计能减少周期图的方差，从而改进功率谱估计的直接法，即 Bartlett 法。但是，信号长度限制了可分的段数。如果要增加段数，可以使数据段之间的部分重叠，但这样会导致每一段的方差增大，所以需要再分的段数和重叠率之间要加以平衡。

提高周期图法估计的另一种方法就是采用对采样数据分段使用非矩形窗，即 Welch 法。由于非矩形窗在边沿趋近于零，从而降低了分段对重叠的依赖。选择合适的窗函

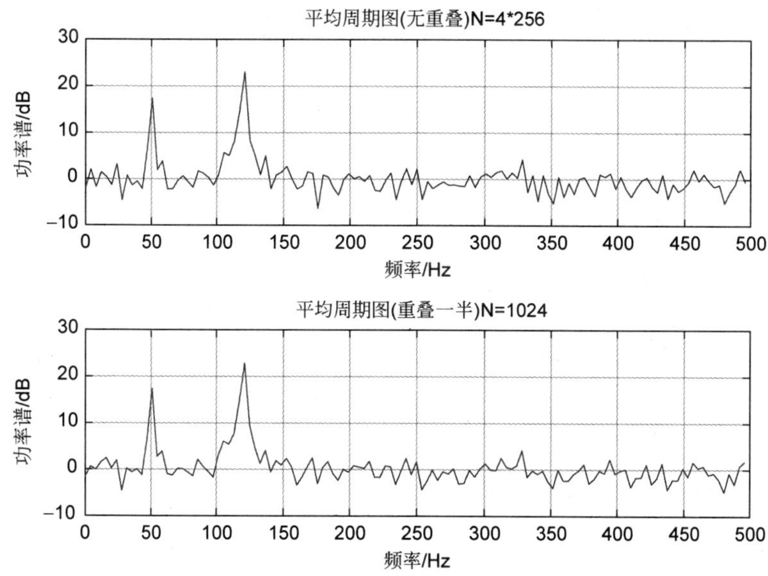

图 25-7　重叠和不重叠分段计算的功率谱比较

数，采用每段一半的重叠率能大大降低谱估计的方法。在这种方法中，记录数据仍分成 $K=\frac{N}{M}$ 段，即

$$x^{(i)}(n)=x(n+iM-N)\quad(0\leqslant n\leqslant M-1,1\leqslant i\leqslant K)\tag{25-11}$$

每段 M 个取样。数据窗 $w(n)$ 在计算周期图之前就与数据段相乘，于是可定义 K 个修正周期图

$$J_M^{(i)}=\frac{1}{MU}\left|\sum_{n=0}^{M-1}x^{(i)}(n)w(n)\mathrm{e}^{-\mathrm{j}\omega n}\right|^2\quad(i=1,2,\cdots,K)\tag{25-12}$$

U 是窗口序列函数的平均能量

$$U=\frac{1}{M}\sum_{n=0}^{M-1}w^2(n)\tag{25-13}$$

则定义谱估计为

$$B_x^w(\omega)=\frac{1}{K}\sum_{i=1}^{K}J_M^{(i)}(\omega)\tag{25-14}$$

【例 25-8】 用程序实现 Welch 方法的功率谱估计。

其实现的 MATLAB 程序代码如下：

```
>> clear all;
Fs = 1000;                                      %采样频率
NFFT = 256;
t = 0:1/Fs:1;                                   %采样时间
x = sin(2 * pi * 100 * t) + sin(2 * pi * 200 * t) + sin(2 * pi * 400 * t) + randn(size(t));
w = hanning(NFFT)';                             %256 个点的海宁窗，注意取转置
pxx = (abs(fft(w. * x(1:NFFT))).^2 + ...
    abs(fft(w. * x(NFFT * 1/2 + 1:NFFT * 3/2))).^2 + ...
    abs(fft(w. * x(NFFT * 2/2 + 1:NFFT * 4/2))).^2 + ...
    abs(fft(w. * x(NFFT * 3/2 + 1:NFFT * 5/2))).^2 + ...
```

```
    abs(fft(w. * x(NFFT * 4/2 + 1:NFFT * 6/2))).^2 + ...
    abs(fft(w. * x(NFFT * 5/2 + 1:NFFT * 7/2))).^2)/(norm(w)^2 * 6);
f = (0:(NFFT - 1))./NFFT * Fs;                          %横坐标变换
PXX = 10 * log10(pxx);                                  %纵坐标变换
figure
plot(f,PXX);
xlabel('频率/Hz');ylabel('相对功率谱密度(dB/Hz)');
grid on;
```

运行程序,效果如图 25-8 所示。

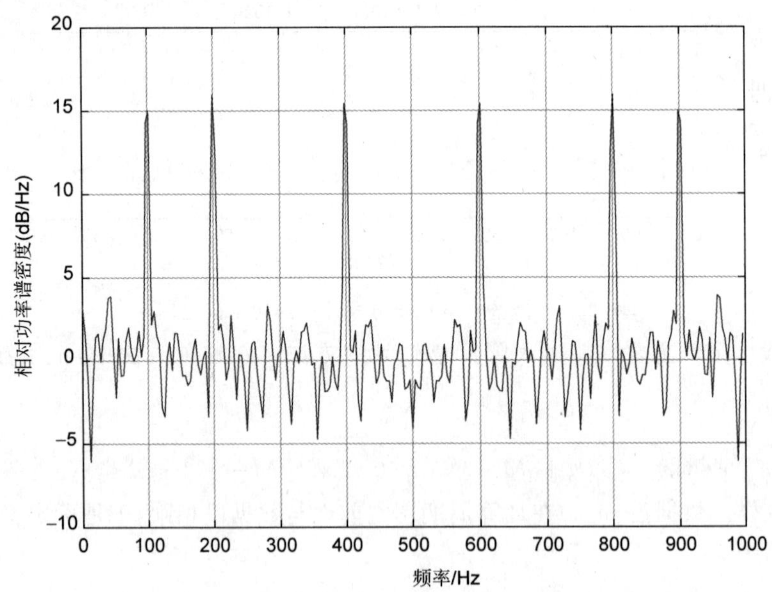

图 25-8　Welch 方法的功率谱估计

在 MATLAB 信号处理工具箱中,函数 psd 与 pwelch 都可以实现 Welch 法的功率谱估计。关于 psd 函数,前面已经介绍了,下面只对 pwelch 函数进行介绍。

功能:实现 Welch 法的功率谱估计。其调用格式如下。

```
[Pxx,w] = pwelch(x)
[Pxx,w] = pwelch(x,window)
[Pxx,w] = pwelch(x,window,noverlap)
[Pxx,w] = pwelch(x,window,noverlap,nfft)
[Pxx,w] = pwelch(x,window,noverlap,w)
[Pxx,f] = pwelch(x,window,noverlap,nfft,fs)
[Pxx,f] = pwelch(x,window,noverlap,f,fs)
[...] = pwelch(x,window,noverlap,…,'range')
pwelch(x,...)
```

【例 25-9】 用 pwelch 函数实现 Welch 法的功率谱估计。

其实现的 MATLAB 程序代码如下:

```
>> clear all;
randn('state',0 );                                      %设置噪声的初始状态
Fs = 1000;                                              %采样频率
t = 0:1/Fs:.3;                                          %时间序列
```

```
%输入信号
x = cos(2*pi*t*200) + randn(size(t));
pwelch(x,33,32,[],Fs,'twosided');
xlabel('频率/Hz');
title('利用 pwelch 函数实现功率谱估计');
```

运行程序,效果如图 25-9 所示。

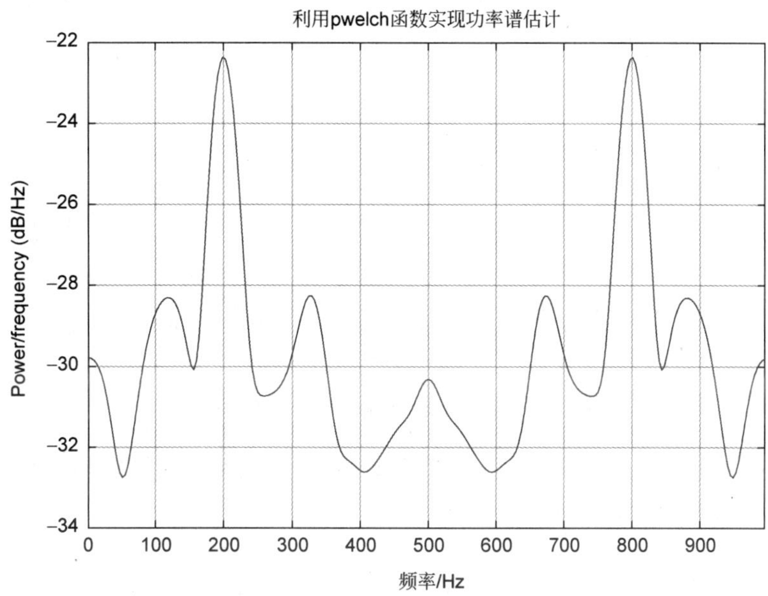

图 25-9　pwelch 函数实现功率谱估计

【例 25-10】 对例 25-2 中的信号序列,用函数 psd 绘制自功率谱密度估计曲线。

其实现的 MATLAB 程序代码如下:

```
clear all;
Fs = 1000;                                   %采样频率
N = 1024;Nfft = 256;                         %数据长度
n = 0:N-1;t = n/Fs;                          %时间序列
window = hanning(256);                       %选择的窗口
noverlap = 128;                              %分段序列重叠的采样点数(长度)
dflag = 'none';                              %不做趋势处理
randn('state',0);                            %设置产生随机数的初始状态
%带噪声的原始信号
xn = sin(2*pi*50*t) + 2*sin(2*pi*120*t) + randn(1,N);
Pxx = psd(xn,Nfft,Fs,window,noverlap,dflag); %功率谱估计
f = (0:Nfft/2)*Fs/Nfft;                      %求得对应的频率向量
plot(f,10*log10(Pxx));                       %绘制功率谱
xlabel('频率/Hz');ylabel('功率谱/dB');
title('PSD-Welch 方法');
grid on;
```

运行程序效果如图 25-10 所示。可以看到,采用 Welch 法求得的功率谱与前面所述方法相比较效果最好。使信号得以突出,而抑制了噪声。

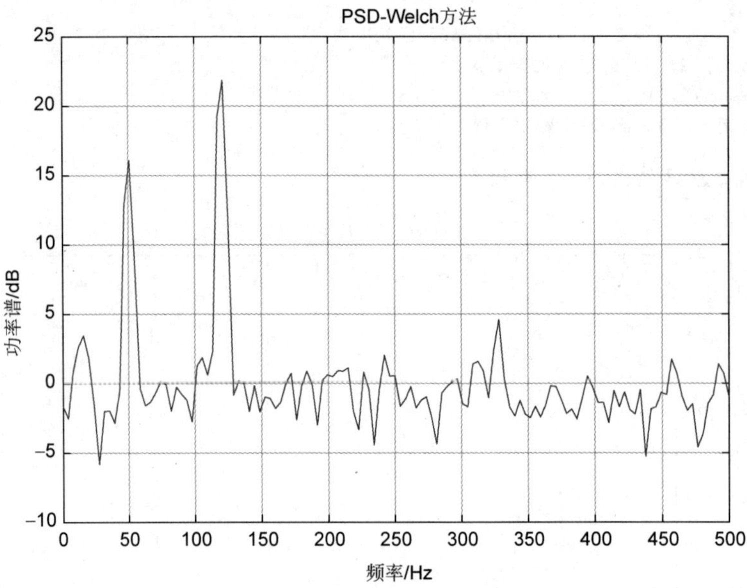

图 25-10　psd 实现 Welch 法的功率谱估计

【例 25-11】　用 Welch 方法进行 PSD 估计，并比较当采用不同窗函数时的结果。其实现的 MATLAB 程序代码如下：

```
>> clear all;
Fs = 1000;                                                  % 采样频率
NFFT = 1024;
t = 0:1/Fs:1;                                               % 时间序列
x = sin(2 * pi * 100 * t) + sin(2 * pi * 200 * t) + sin(2 * pi * 400 * t) + randn(size(t)); % 信号
window1 = boxcar(100);
window2 = hamming(100);
window3 = blackman(100);
window4 = hanning(100);
noverlap = 20;                                              % 指定段与段之间重叠的样本数
[pxx1,f1] = pwelch(x,window1,noverlap,NFFT,Fs);
[pxx2,f2] = pwelch(x,window2,noverlap,NFFT,Fs);
[pxx3,f3] = pwelch(x,window3,noverlap,NFFT,Fs);
[pxx4,f4] = pwelch(x,window4,noverlap,NFFT,Fs);
pxx1 = 10 * log10(pxx1);
pxx2 = 10 * log10(pxx2);
pxx3 = 10 * log10(pxx3);
pxx4 = 10 * log10(pxx4);
subplot(2,2,1);plot(f1,pxx1);
title('矩形窗');
subplot(2,2,2);plot(f2,pxx2);
title('海明窗');
subplot(2,2,3);plot(f3,pxx3);
title('布莱克曼窗');
subplot(2,2,4);plot(f4,pxx4);
title('汉宁窗');
```

运行程序，效果如图 25-11 所示。

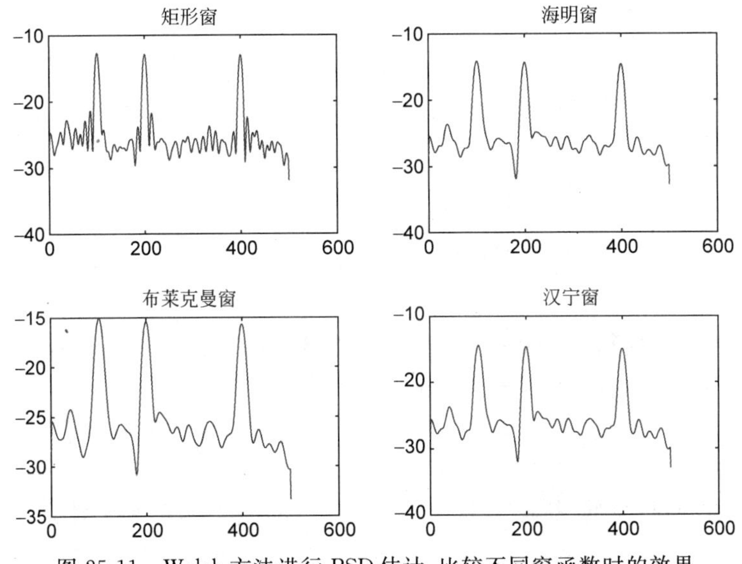

图 25-11　Welch 方法进行 PSD 估计，比较不同窗函数时的效果

25.1.3　AR 模型功率谱估计

传统的功率谱估计方法是利用加窗的数据或加窗的相关函数估计值的傅里叶变换来计算的，具有一定的优势，如计算效率高、估计值正比于正弦波信号的功率等。但是同时也存在许多缺点，主要缺点就是方差性能较差、谱分辨率低。而参数模型法可以大大提高功率谱估计的分辨率，是现在谱估计的主要研究内容，在语音分析、数据压缩以及通信等邻域有着广泛的应用。

按照模型化进行功率谱估计，其主要思路如下：

(1) 选择模型；

(2) 从给出的数据样本估计假设模型的参数；

(3) 将估计出的模型参数代入模型的理论功率谱密度公式，得出一个较好的谱估计值。

下面对 AR 模型进行说明。

假设产生随机序列 $x(n)$的系统模型为一个线性差分方程，即

$$x(n) = \sum_{i=0}^{q} b_i w(n-i) - \sum_{j=0}^{q} a_j x(n-j) \tag{25-15}$$

式中，$w(n)$表示白噪声序列，对上式进行 Z 变换，可得

$$\sum_{j=0}^{q} a_j X(z) z^{-j} = \sum_{i=0}^{q} b_i W(z) z^{-i} \tag{25-16}$$

所以，系统的传递函数为

$$H(z) = \frac{X(z)}{W(z)} = \frac{B(z)}{A(z)} \tag{25-17}$$

式中，

$$A(z) = \sum_{j=0}^{q} a_j z^{-j} \tag{25-18}$$

$$B(z)=\sum_{i=0}^{q}b_i z^{-i} \tag{25-19}$$

假定输入白噪声功率谱密度为 $P_w(z)=\sigma_w^2$，那么输出功率谱密度为

$$P_x(z)=\sigma_w^2\frac{B(z)B(z^{-1})}{A(z)A(z^{-1})} \tag{25-20}$$

又根据 $z=\mathrm{e}^{\mathrm{j}\omega}$，所以得

$$P_w(z)=\sigma_w^2\left|\frac{B(\mathrm{e}^{\mathrm{j}\omega})}{A(\mathrm{e}^{\mathrm{j}\omega})}\right|^2 \tag{25-21}$$

这样，当确定了系数 a_j，b_i 和 σ_w^2 后，就可以求解得到随机信号的功率谱密度 $P_x(\omega)$ 了，通过式(25-21)可知，当 $i>0$，$b_i=0$ 时，系统的差分方程可变为

$$x(n)=-\sum_{j=1}^{q}a_j x(n-j)+w(n) \tag{25-22}$$

式(25-22)即为自回归模型，简称 AR(Auto-Regressive)模型，再对该式进行 Z 变换，得

$$H(z)=\frac{X(z)}{W(z)}=\frac{1}{A(z)}=\frac{1}{1+\sum_{j=1}^{q}a_j z^{-j}} \tag{25-23}$$

所以，AR 模型又称为全极点模型。AR 模型的输出功率谱为

$$P_x(\omega)=\frac{\sigma_w^2}{|A(\mathrm{e}^{\mathrm{j}\omega})|^2}=\frac{\sigma_w^2}{1+\left|\sum_{k=1}^{q}a_k\mathrm{e}^{-\mathrm{j}\omega k}\right|^2} \tag{25-24}$$

显然，计算 σ_w^2 和 a_k 后，就可以求解得到随机信号的功率谱密度 $P_x(\omega)$。同样，根据系数实际情况的不同，还可以得到 MA(Moving Average)模型和 ARMA 模型。

下面介绍围绕 AR 模型的几种谱估计方法。

1. Yule-Walker 法估计

通过模型分析法来进行功率谱估计，关键是要解决模型的参数估计问题。Yule-Walker 法，又称为自相关法，其核心是从随机信号序列的自相关序列中计算出指定阶数的 AR 模型的参数，以得到该随机信号序列的功率谱估计。这种方法是用自相关法求解 AR 模型的参数。Yule-Walker 法估计通过如下的方程求解获得。Yule-Walker 方程求解可以用递推算法 Levinson-Durbin 实现。

$$\begin{bmatrix} r(1) & r^*(2) & \cdots & r^*(n) \\ r(2) & r(1) & \cdots & r^*(n-1) \\ \vdots & \vdots & \ddots & \vdots \\ r(n) & r(n-1) & \cdots & r(1) \end{bmatrix}\begin{bmatrix} a(2) \\ a(3) \\ \vdots \\ a(n+1) \end{bmatrix}=\begin{bmatrix} -r(2) \\ -r(3) \\ \vdots \\ -r(n+1) \end{bmatrix} \tag{25-25}$$

式中，$a(2),\cdots,a(n+1)$是自回归系数，$r(1),r(2),\cdots,r(n+1)$为相关系数。

Yule-Walker 法 PSD 估计的公式为

$$\hat{P}_{\mathrm{Yulear}}=\frac{1}{|\boldsymbol{a}^{\mathrm{H}}e(f)|^2} \tag{25-26}$$

式中 $e(f)$为复数正弦曲线。

在 MATLAB 信号处理工具箱中，函数 pyulear 用来实现 Yule-Walker AR 法的功率

谱估计。其调用格式如下：

```
Pxx = pyulear(x,p)
Pxx = pyulear(x,p,nfft)
[Pxx,w] = pyulear(...)
[Pxx,w] = pyulear(x,p,w)
Pxx = pyulear(x,p,nfft,fs)
Pxx = pyulear(x,p,f,fs)
[Pxx,f] = pyulear(x,p,nfft,fs)
[Pxx,f] = pyulear(x,p,f,fs)
[Pxx,f] = pyulear(x,p,nfft,fs,'range')
[Pxx,w] = pyulear(x,p,nfft,'range')
pyulear(...)
```

【例 25-12】 用 Yule-Walker AR 法进行 PSD 估计。

其实现的 MATLAB 程序代码如下：

```
>> clear all;
a = [1 -2.2137 2.9403 -2.1697 0.9606];          % AR 模型
% AR 模型频率响应
figure;freqz(1,a)
title('AR 系统频率响应');
randn('state',1);
x = filter(1,a,randn(256,1));                    % 输出 AR 模型
figure;pyulear(x,4) ;
xlabel('频率/Hz');ylabel('相对功率谱密度(dB/Hz)');
title('用 Yule-Walker AR 法进行谱估计');
grid on
```

运行程序，效果如图 25-12 及图 25-13 所示。

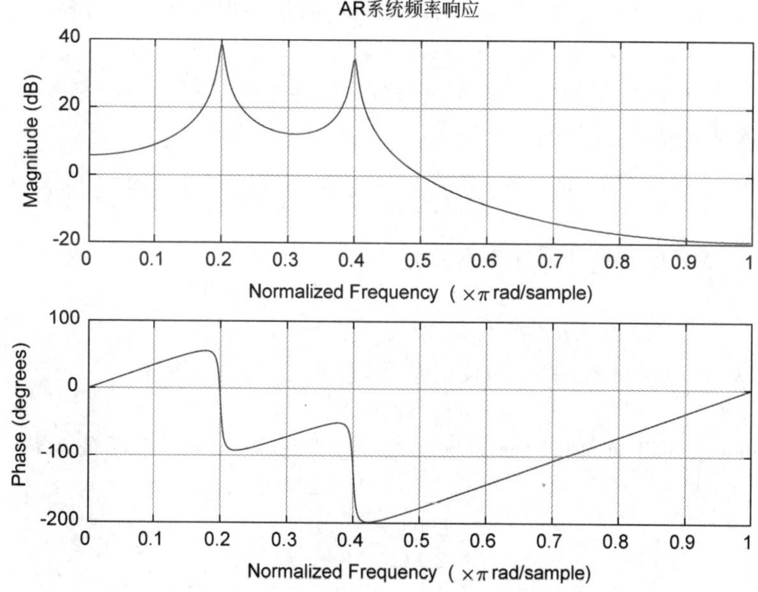

图 25-12　频率效果

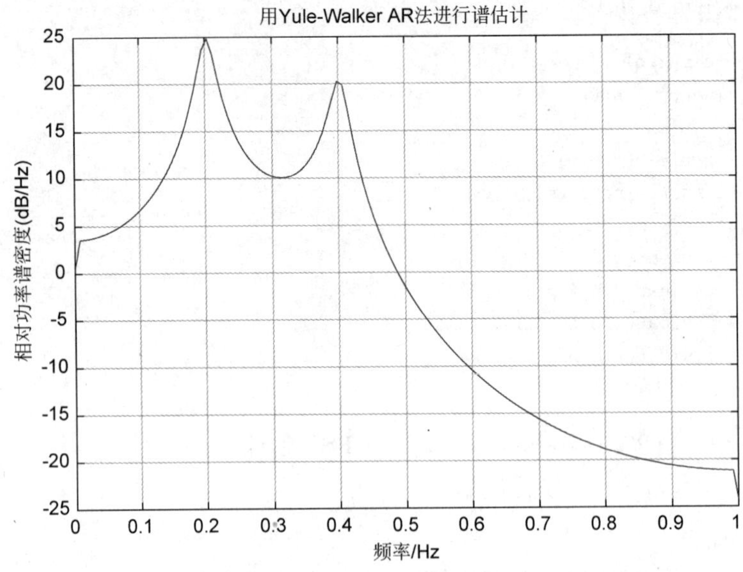

图 25-13 用 Yule-Walker AR 法进行谱估计

2. Burg 法估计

Burg 法是一种在 Levison-Durbin 递归约束的前提下，使前向和后向预测误差能量之和为最小的自回归功率谱估计的方法。Burg 方法避开了自相关函数的计算，它能够在低噪声的信号中分辨出非常接近的正弦信号，并且可以用较少的数据记录来进行估计，估计的结果非常接近真实值。而且，用 Burg 法得到的预测误差很小。但是，当用 Burg 法处理高阶模型、长数据记录时，结果的精度不是很高，并且有可能会出现谱线偏移和谱线分裂现象。

假定线性预测 AR 模型的前向预测误差和后向预测误差为 $f_p(n)$和 $b_p(n)$：

$$f_p(n) = x(n) + a_{p1}x(n-1) + \cdots + a_{pp}(n-p) \tag{25-27}$$

$$b_p(n) = x(n-p) + a_{p1}x(n-p+1) + \cdots + a_{pp}x(n) \tag{25-28}$$

前后预测误差的功率之和为

$$P_{fb} = \frac{1}{2}[P_f + P_b] = \frac{1}{N-p}\sum_{n=p}^{N-1} | f_p(n) |^2 + \frac{1}{N-p}\sum_{n=p}^{N-1} | b_p(n) |^2 \tag{25-29}$$

$f_p(n)$和 $b_p(n)$存在下面的递推关系：

$$\begin{aligned} f_s(n) &= f_{s-1}(n) + h_s b_{s-1}(n-1) \\ b_s(n) &= b_{s-1}(n) + h_s f_{s-1}(n-1) \end{aligned} \tag{25-30}$$

式中，s 为阶次，$s=1,2,\cdots,p$；h_s 为反射系数，且有 $h_s=a_{ss}$。而且

$$f_0(n) = b_0(n) = x(n) \tag{25-31}$$

根据 Burg 法使得前向和后向预测误差能量之和相对于反射系数为最小，可求得 h_s 的估计公式：

$$\hat{h}_s = \frac{-2\sum_{n=s}^{N-1} f_{s-1}(n) b_{s-1}(n-1)}{\sum_{n=s}^{N-1} | f_s(n) |^2 + \sum_{n=s}^{N-1} | b_{s-1}(n-1) |^2} \tag{25-32}$$

然后，便可以由 Levinson-Durbin 递推算法求出 s 阶次的 AR 模型的参数：

$$\begin{cases} a_{s,i} = a_{s-1,i} + \hat{h}_s a_{s-1,s-i} \\ a_{ss} = \hat{h}_s \\ \sigma_s^2 = (1-|h_s|^2)\sigma_{s-1}^2, \quad \sigma_0^2 = \hat{R}_x(0) = \dfrac{1}{N}\sum_{n=0}^{N-1}|x(n)|^2 \end{cases} \tag{25-33}$$

在 MATLAB 信号处理工具箱中，函数 arburg 用上述的 Burg 算法计算 AR 模型的参数。而 pburg 用来实现 Burg AR 法的功率谱估计。

(1) arburg 函数

功能：利用 Burg 算法计算 AR 模型参数。其调用格式如下：

```
a = arburg(x,p)
[a,e] = arburg(x,p)
[a,e,k] = arburg(x,p)
```

【例 25-13】 用 Burg 算法计算 AR 模型的参数。

其实现的 MATLAB 程序代码如下：

```
>> clear all;
randn('seed',0);
a=[1 0.1 0.2 0.3 0.4 0.5 0.6];
x=impz(1,a,20)+randn(20,1)/20;
[A,E,K]=arburg(x,5)
```

运行程序，输出如下：

```
A =
    1.0000   -0.2505    0.1053    0.2217    0.2361    0.4025
E =
    0.0633
K =
   -0.5574
    0.3562
    0.4531
    0.4021
    0.4025
```

(2) pburg 函数

功能：实现 Burg AR 的功率谱估计。其调用格式如下：

```
Pxx = pburg(x,p)
Pxx = pburg(x,p,nfft)
[Pxx,w] = pburg(...)
[Pxx,w] = pburg(x,p,w)
Pxx = pburg(x,p,nfft,fs)
Pxx = pburg(x,p,f,fs)
[Pxx,f] = pburg(x,p,nfft,fs)
[Pxx,f] = pburg(x,p,f,fs)
[Pxx,f] = pburg(x,p,nfft,fs,'range')
[Pxx,w] = pburg(x,p,nfft,'range')
pburg(...)
```

【例 25-14】 用 Burg 法进行 PSD 估计。

其实现的 MATLAB 程序代码如下：

```
>> clear all;
a = [1 -2.2137 2.9403 -2.1697 0.9606];                    %定义 AR 模型
[H,w] = freqz(1,a,256);                                   %AR 模型的频率响应
Hp = plot(w/pi,20*log10(2*abs(H)/(2*pi)),'r');
hold on;
randn('state',1);
x = filter(1,a,randn(256,1));                             %AR 模型输出
pburg(x,4,511);
xlabel('频率/Hz')
ylabel('相对功率谱密度(dB/Hz)');
title('Burg 法 PSD 估计');
legend('PSD 模型输出','PSD 谱估计');
grid on;
```

运行程序，效果如图 25-14 所示。

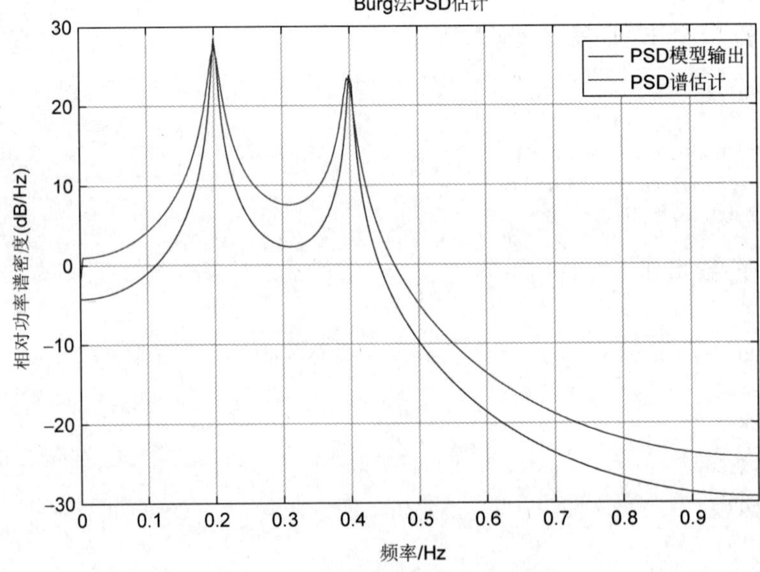

图 25-14 用 Burg 法进行 PSD 估计

3. 协方差法估计

自回归功率谱估计的协方差法，是一种基于使前向预测误差最小的技术，而改进的协方差方法则是同时使前向和后向预测误差均最小的技术。在 MATLAB 信号处理工具箱中，函数 pcov 用来实现自回归功率谱估计的协方差方法，而函数 pmcov 用来实现自回归功率谱估计的改进的协方差方法。

这两个函数的具体调用格式，与前述的 pyulear 函数和 pburg 函数大致相同，不再给出其调用格式。

【例 25-15】 比较协方差方法与改进的协方差方法在噪声信号的功率谱估计中的效果。

其实现的 MATLAB 程序代码如下：

```
>> clear all;
```

```
fs = 1000;                                          %采样频率
h = fir1(20,0.3);
r = randn(1024,1);                                  %加入的噪声
x = filter(h,1,r);
[pxx1,f] = pcov(x,20,[],fs);
[pxx2,f] = pmcov(x,20,[],fs);
pxx1 = 10 * log10(pxx1);
pxx2 = 10 * log10(pxx2);
plot(f,pxx1,'r:',f,pxx2,'s');
ylabel('相对幅度/dB');xlabel('功率谱估计');
title('协方差估计法');
legend('协方差法','改进的协方差法');
```

运行程序,效果如图 25-15 所示。

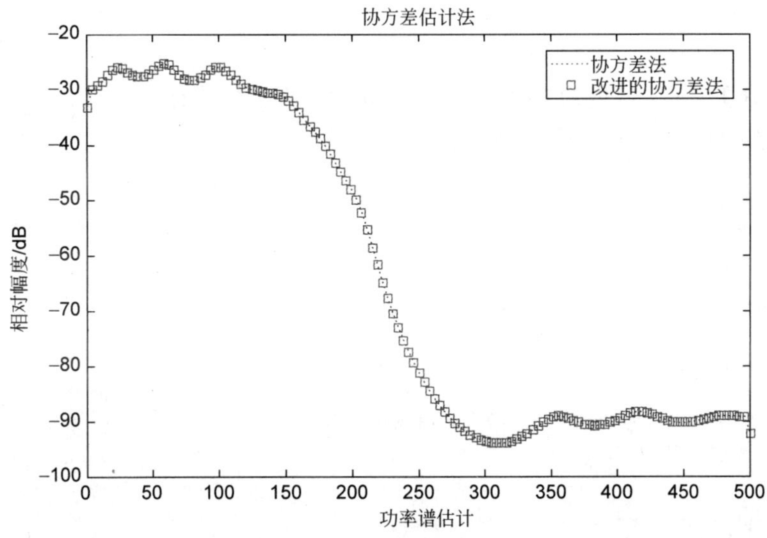

图 25-15　协方差法改进前后在噪声信号功率谱估计中的效果

25.1.4　部分现代谱估计的非参数方法

在功率谱的现代谱估计方法中,除了前面所讲的参数模型功率谱估计以外,还有一类方法,这就是现代谱估计中的非参数方法。

1. MTM(Multitaper Method)估计法

MTM 法使用正交的窗口来截取获得相互独立的功率谱估计,然后再把这些估计结果合到最终的估计。MTM 法最重要的参数是时间与带宽的乘积——NW。此参数直接影响到谱估计的窗的个数,其中窗的个数为 $2*NW-1$ 个。因此,随着 NW 的增大,窗的个数增多,会有更多的谱估计,从而谱估计的方差得到减小。但是,同时会带来谱泄漏的增大,而且正的谱估计的结果将会有更大的偏差。因此,在使用本方法估计功率谱的时候,就存在一个 NW 的选择问题,应尽量保证在偏差和方差之间取得最大的平衡。

MTM 估计法显示了更多的自由度,并且比较容易给出估计期望值偏差与方差间权衡的定量算法。而且,在 MTM 法中,增加的窗可以用于复原一些丢失的信息。

在MATLAB信号处理工具箱中提供了pmtm函数实现Multitaper法的功率谱估计。其调用格式如下：

```
[Pxx,w] = pmtm(x,nw)
[Pxx,w] = pmtm(x,nw,nfft)
[Pxx,w] = pmtm(x,nw,w)
[Pxx,f] = pmtm(x,nw,nfft,fs)
[Pxx,w] = pmtm(x,nw,f,fs)
[Pxx,Pxxc,f] = pmtm(x,nw,nfft,fs)
[Pxx,Pxxc,f] = pmtm(x,nw,nfft,fs,p)
[Pxx,Pxxc,f] = pmtm(x,e,v,nfft,fs,p)
[Pxx,Pxxc,f] = pmtm(x,dpss_params,nfft,fs,p)
[...] = pmtm(...,'DropLastTaper',dropflag)
[...] = pmtm(...,'method')
[...] = pmtm(...,'range')
pmtm(...)
```

【例 25-16】 在置信度为99%区间上利用MTM法估计有色噪声。

其实现的MATLAB程序代码如下：

```
>> clear all;
randn('state',0);
fs = 1000;
t = 0:1/fs:0.3;
x = cos(2*pi*t*200) + 0.1*randn(size(t));
[Pxx,Pxxc,f] = pmtm(x,3.5,512,fs,0.99);
hpsd = dspdata.psd([Pxx Pxxc],'Fs',fs);
plot(hpsd)
xlabel('频率/Hz');ylabel('相对功率谱密度(dB/Hz)');
title('MTM法估计');
grid on;
```

运行程序，效果如图25-16所示。

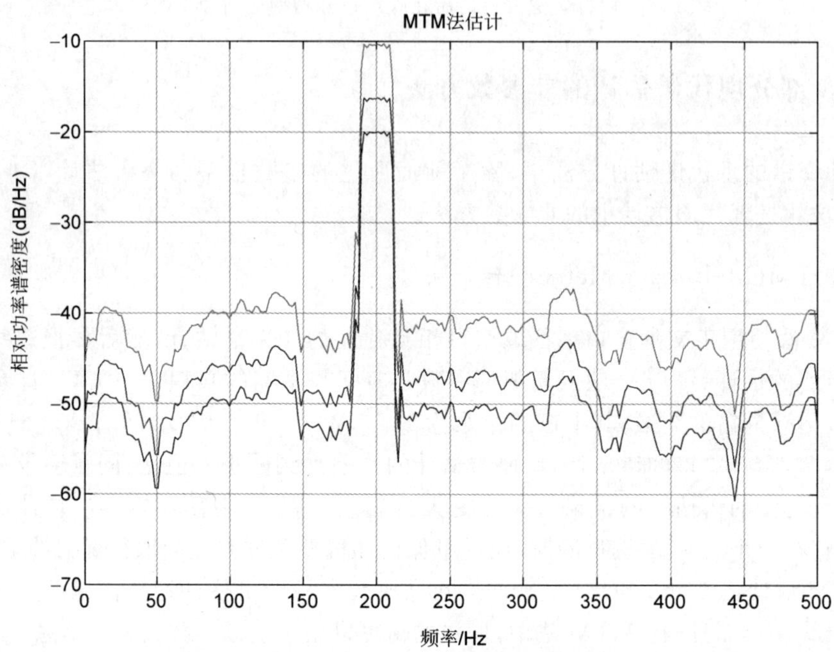

图 25-16　MTM法估计频谱

【例 25-17】 用多窗口法(MTM),分别采用 $NW=4$ 和 $NW=2$,估计例 25-2 的含有噪声和 50Hz、120Hz 周期信号的功率谱密度。

其实现的 MATLAB 程序代码如下:

```
clear all;
Fs = 1000;                                         % 采样频率
N = 1024;Nfft = 256;                               % 数据长度
n = 0:N - 1;t = n/Fs;                              % 分段数据长度,时间序列
randn('state',0);                                  % 设置产生随机数的初始状态
% 带噪声的原始信号
xn = sin(2 * pi * 50 * t) + 2 * sin(2 * pi * 120 * t) + randn(1,N);
[Pxx1,f] = pmtm(xn,4,Nfft,Fs);                     % 用多窗口法(NW = 4)估计功率谱
subplot(211);plot(f,10 * log10(Pxx1));             % 绘制功率谱
xlabel('频率/Hz');ylabel('功率谱/dB');
title('多窗口法(MTM) NW = 4');
grid on;
[Pxx2,f] = pmtm(xn,2,Nfft,Fs);                     % 用多窗口法(NW = 2)估计功率谱
subplot(212);plot(f,10 * log10(Pxx2));             % 绘制功率谱
xlabel('频率/Hz');ylabel('功率谱/dB');
title('多窗口法(MTM) NW = 2');
grid on;
```

运行程序,效果如图 25-17 所示。

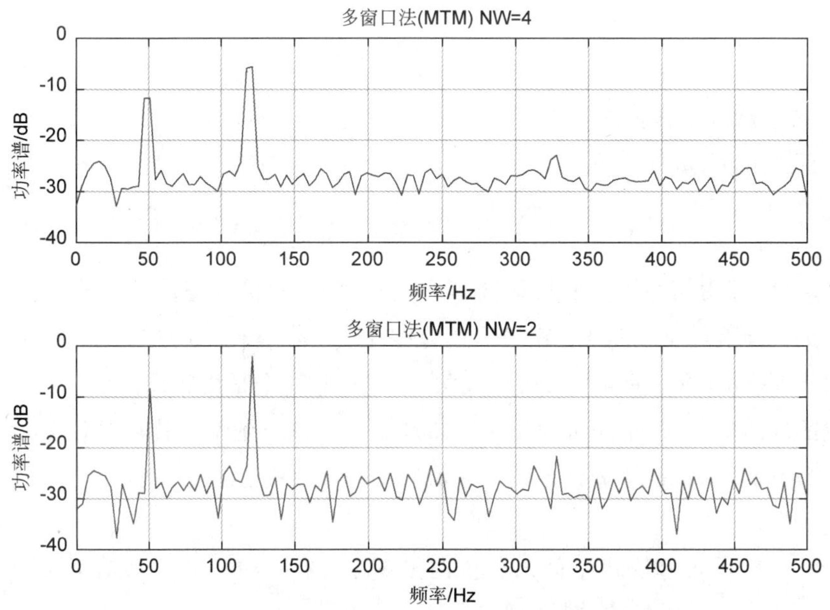

图 25-17 MTM 显示频谱效果

由图 25-17 可以看到,$NW=4$ 和 2 均得到了比较好的功率谱估计,图 25-17 中上图为 $NW=4$ 估计的功率谱,采用较多的窗口,使得每个窗口的数据点数减少,因此使得频率域分辨率降低,故上图功率谱的波动较少。下图为 NW=2 的情况,采用较少的窗口,每个窗口的数据点增多,使得频率域的分辨率提高,但噪声的分辨率也随之增高,使得功率谱具有相对较大的波动。

2. 特征向量(AV)法估计

定义信号向量 $\boldsymbol{e}_i=[1,\exp(\mathrm{j}\omega_i),\cdots,\exp(\mathrm{j}\omega_i p)]^{\mathrm{T}}(i=1,2,\cdots,M)$,则

$$\boldsymbol{R}_{p+1}=\sum_{i=1}^{M}\boldsymbol{A}_i\boldsymbol{e}_i\boldsymbol{e}_i^{\mathrm{H}}+\sigma^2\boldsymbol{I}_{p+1} \tag{25-34}$$

令 $\boldsymbol{S}_{p+1}=\sum_{i=1}^{M}\boldsymbol{A}_i\boldsymbol{e}_i\boldsymbol{e}_i^{\mathrm{H}}$,将 $\boldsymbol{S}_{p+1}$ 作特征分解,得

$$\boldsymbol{S}_{p+1}=\sum_{i=1}^{p+1}\lambda_i\boldsymbol{V}_i\boldsymbol{V}_i^{\mathrm{H}} \tag{25-35}$$

$\boldsymbol{V}_i$ 是对应于特征值 λ_i 的特征向量,且它们之间是相互正交的,即

$$\boldsymbol{V}_i\boldsymbol{V}_i^{\mathrm{H}}=\begin{cases}1 & (i=j)\\ 0 & (i\neq j)\end{cases}\quad(i,j=1,2,\cdots,M) \tag{25-36}$$

单位矩阵 $\boldsymbol{I}_{p+1}$ 也可用特征向量 $\boldsymbol{V}_i$ 表示为

$$\boldsymbol{I}_{p+1}=\sum_{i=1}^{p+1}\boldsymbol{V}_i\boldsymbol{V}_i^{\mathrm{H}} \tag{25-37}$$

可以证明,$\boldsymbol{S}_{p+1}$ 的秩最大为 M,若 M 小于 $p+1$,那么 $\boldsymbol{S}_{p+1}$ 将有 $(p+1-M)$ 个零特征值,若将特征值按大小次序排列,则 S_{p+1} 的特征分解可写为

$$\boldsymbol{S}_{p+1}=\sum_{i=1}^{M}\lambda_i\boldsymbol{V}_i\boldsymbol{V}_i^{\mathrm{H}} \tag{25-38}$$

$V_1,V_2,\cdots,V_M$ 称为主特征向量。

由上面的分析,得到

$$\boldsymbol{R}_{p+1}=\sum_{i=1}^{M}(\lambda_i+\sigma^2)\boldsymbol{V}_i\boldsymbol{V}_i^{\mathrm{H}}+\sum_{i=M+1}^{p+1}\sigma^2\boldsymbol{V}_i\boldsymbol{V}_i^{\mathrm{H}} \tag{25-39}$$

式(25-39)即为相关矩阵的特征分解。显然,$\boldsymbol{R}_{p+1}$ 和信号矩阵 $\boldsymbol{S}_{p+1}$ 有着相同的特征向量。它们的所有特征向量 $\boldsymbol{V}_1,\boldsymbol{V}_2,\cdots,\boldsymbol{V}_{p+1}$ 形成了一个 $p+1$ 维的向量空间,且它们是相互正交的。进一步,该向量空间又可分成两个子空间,一个是由特征向量 $\boldsymbol{V}_{M+1},\boldsymbol{V}_{M+2},\cdots,\boldsymbol{V}_{p+1}$ 形成的噪声空间,每个向量的特征值都是 σ^2;另一个是由主特征向量 $\boldsymbol{V}_1,\boldsymbol{V}_2,\cdots,\boldsymbol{V}_M$ 形成的信号空间,其特征值分别是 $(\lambda_1+\sigma^2),(\lambda_2+\sigma^2),\cdots,(\lambda_M+\sigma^2)$,$\sigma^2$ 在此反映了噪声对信号空间的影响。

由于信号向量 $\boldsymbol{e}_i$ 和噪声空间的各个向量 $\boldsymbol{V}_{M+1},\boldsymbol{V}_{M+2},\cdots,\boldsymbol{V}_{p+1}$ 都是正交的,因此,和它们的线性组合也是正交的,即

$$\boldsymbol{e}_i^{\mathrm{H}}\left(\sum_{i=M+1}^{p+1}a_k\boldsymbol{V}_k\right)=0\quad(i=1,2,\cdots,M) \tag{25-40}$$

令 $\boldsymbol{e}(\omega)=[1,\exp(\mathrm{j}\omega),\cdots,\exp(\mathrm{j}\omega p)]^{\mathrm{T}}$,则有

$$\boldsymbol{e}^{\mathrm{H}}(\omega)\left(\sum_{i=M+1}^{p+1}a_k\boldsymbol{V}_k\boldsymbol{V}_k^{\mathrm{H}}\right)\boldsymbol{e}(\omega)=\sum_{i=M+1}^{p+1}a_k\mid\boldsymbol{e}^{\mathrm{H}}(\omega)\boldsymbol{V}_k\mid^2 \tag{25-41}$$

当 $\omega=\omega_i$ 时,应为零,那么

$$\hat{P}_x(\omega) = \frac{1}{\sum_{i=M+1}^{p+1} a_k \mid \boldsymbol{e}^{\mathrm{H}}(\omega)\boldsymbol{V}_k \mid^2} \tag{25-42}$$

在 $\omega=\omega_i$ 处，应是无穷大，但由于 $\boldsymbol{V}_k$ 是由相关矩阵分解而得，而相关矩阵是估计出的，因此必有误差，所以 $\hat{P}_x(\omega_i)$ 为有限值，但呈现尖的峰值，其峰值对应的频率即是正弦信号的频率，由此也可得到序列的功率谱估计。其功率谱的分辨率要好于 AR 模型。

(1) 若令 $a_k=1(k=M+1,\cdots,p+1)$，所得到估计即为 MUSIC 估计，即

$$\hat{P}_{\mathrm{MUSIC}}(\omega) = \frac{1}{\boldsymbol{e}^{\mathrm{H}}(\omega)\left(\sum_{i=M+1}^{p+1} \boldsymbol{V}_k\boldsymbol{V}_k^{\mathrm{H}}\right)\boldsymbol{e}(\omega)} \tag{25-43}$$

(2) 若令 $a_k=1/\lambda_k(k=M+1,\cdots,p+1)$，所得功率谱称为特征向量估计，即

$$\hat{P}_{\mathrm{EV}}(\omega) = \frac{1}{\boldsymbol{e}^{\mathrm{H}}(\omega)\left(\sum_{i=M+1}^{p+1} \frac{1}{\lambda_k}\boldsymbol{V}_k\boldsymbol{V}_k^{\mathrm{H}}\right)\boldsymbol{e}(\omega)} \tag{25-44}$$

在 MATLAB 信号处理工具箱中提供了 peig 函数实现特征向量法的功率谱估计。其调用格式如下：

```
[S,w] = peig(x,p)
[S,w] = peig(x,p,w)
[S,w] = peig(…,nfft)
[S,f] = peig(x,p,nfft,fs)
[S,f] = peig(x,p,f,fs)
[S,f] = peig(…,'corr')
[S,f] = peig(x,p,nfft,fs,nwin,noverlap)
[...] = peig(…,'range')
[...,v,e] = peig(...)
peig(...)
```

【例 25-18】 用特征向量法进行 PSD 估计。

其实现的 MATLAB 程序代码如下：

```
>> clear all;
randn('state',1);
n = 0:99;
s = exp(i * pi/2 * n) + 2 * exp(i * pi/4 * n) + exp(i * pi/3 * n) + randn(1,100);
X = corrmtx(s,12,'mod');
peig(X,3,'whole');
grid on;
xlabel('归一化频率/Hz');ylabel('相对功率谱密度(dB/Hz)');
title('特征向量法进行 PSD 估计');
```

运行程序，效果如图 25-18 所示。

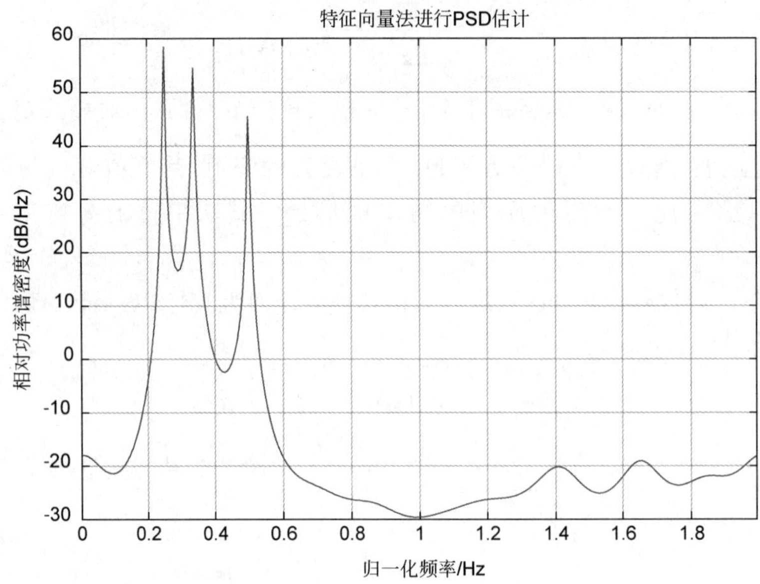

图 25-18　用特征向量法进行 PSD 估计效果

25.2　MUSIC 法功率谱估计

由 $\boldsymbol{P}(\omega)=\dfrac{1}{\boldsymbol{a}^{\mathrm{H}}(\omega)\boldsymbol{G}\boldsymbol{G}^{\mathrm{H}}\ \boldsymbol{\alpha}(\omega)}$定义的函数 $P(\omega)$描述了空间参数(即波达方向)的分布,故称之为空间谱。由于它能对多个空间信号进行识别,所以此方法也称为多信号分类,简称 MUSIC(Multiple Signal Classification)方法。

MATLAB 信号处理工具箱还提供另一种功率谱估计函数 pmusic。该矩阵执行多信号分类法(Multiple signal classfication,Music)。将数据自相关矩阵看成由信号自相关矩阵和噪声自相关矩阵两部分组成,即数据自相关矩阵 $\boldsymbol{R}$ 包含有两个子空间信息:信号子空间和噪声子空间。这样,矩阵特征值向量(Eigen Vector)也可分为两个子空间:信号子空间和噪声子空间。为了求得功率谱估计,用函数 pmusic 计算信号子空间和噪声子空间的特征值向量函数,使得在周期信号频率处函数值最大,功率谱估计出现峰值,而在其他频率处函数最小。其调用格式为

```
[S,w] = pmusic(x,p)
[S,w] = pmusic(x,p,w)
[S,w] = pmusic(…,nfft)
[S,f] = pmusic(x,p,nfft,fs)
[S,f] = pmusic(x,p,f,fs)
[S,f] = pmusic(...,'corr')
[S,f] = pmusic(x,p,nfft,fs,nwin,noverlap)
[...] = pmusic(…,'range')
[…,v,e] = pmusic(...)
pmusic(...)
```

【例 25-19】 用多信号分类法，采用 7 个窗口，估计例 25-2 含有噪声和 50Hz、120Hz 周期信号的功率谱密度。

其实现的 MATLAB 程序代码如下：

```
clear all;
Fs = 1000;                                    % 采样频率
N = 1024;Nfft = 256;                          % 数据长度
n = 0:N - 1;t = n/Fs;                         % 时间序列
randn('state',0);                             % 设置产生随机数的初始状态
% 带噪声的原始信号
xn = sin(2 * pi * 50 * t) + 2 * sin(2 * pi * 120 * t) + randn(1,N);
pmusic(xn,[7,1.1],Nfft,Fs,32,16);             % 采用多信号分类法估计功率谱
xlabel('频率/Hz');ylabel('功率谱/dB');
title('通过 MUSIC 法估计的伪谱');
grid on;
```

运行程序效果如图 25-19 所示。可见图形较为清楚地识别出信号中所含的频率成分，并且具有较高的分辨率。但要注意，函数 pmusic 参数的选择对估计的功率谱影响较大。

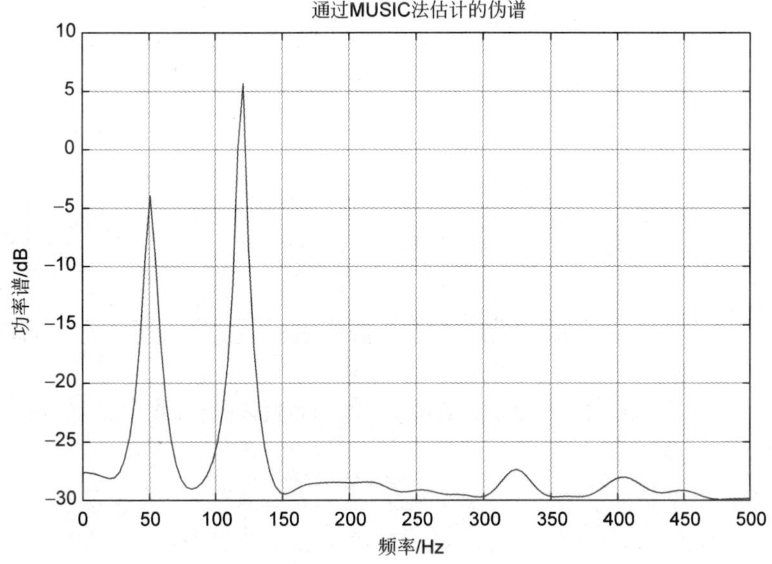

图 25-19 多信号分类法估计的功率谱

【例 25-20】 设序列 x 有两个正弦信号组成，其频率分别为 $f_1=200\text{Hz}$，$f_2=202\text{Hz}$，采样频率为 $F_s=1000\text{Hz}$，并有含一定的白噪声。通过 peig 函数和 pmusic 函数进行谱估计。

其实现的 MATLAB 程序代码如下：

```
>> clear all;
Fs = 1000;                                    % 频率
t = 0:1/Fs:1 - 1/Fs;                          % 时间序列
x = 5 * cos(2 * pi * 200 * t) + 5 * cos(2 * pi * 202 * t) + randn(1,length(t));
NFFT = 1024;
```

```
p = 40;
pxx = pmusic(x,p,NFFT,Fs);                              % MUSIC 估计
k = 0:floor(NFFT/2 - 1);
figure;
subplot(2,1,1);plot(k * Fs/NFFT,10 * log10(pxx(k + 1)));
xlabel('频率/Hz');ylabel('相对功率谱密度(dB/Hz)');
title('MUSIC 法谱估计');
pxx1 = peig(x,p,NFFT,Fs);                               % 特征向量估计
k = 0:floor(NFFT/2 - 1);
subplot(2,1,2);plot(k * Fs/NFFT,10 * log10(pxx1(k + 1)));
xlabel('频率/Hz');ylabel('相对功率谱密度(dB/Hz)');
title('特征向量法谱估计');
```

运行程序,效果如图 25-20 所示。

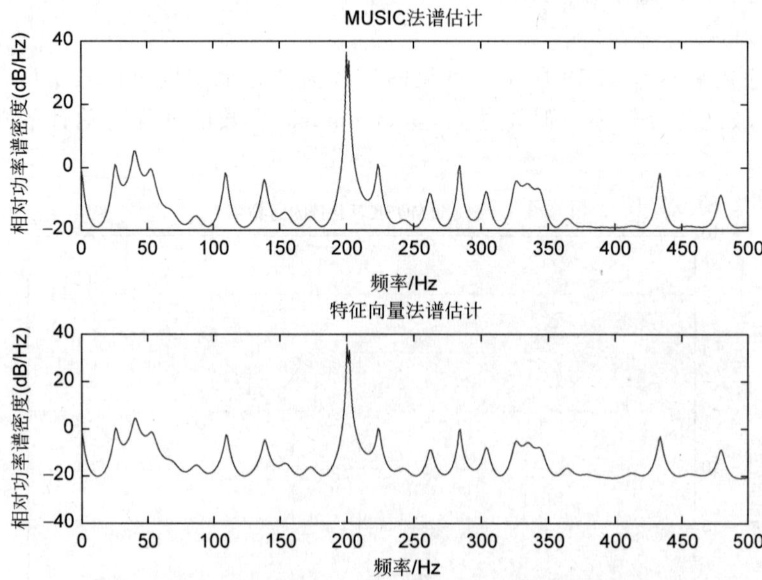

图 25-20　peig 函数和 pmusic 函数谱估计效果图

附录 A MATLAB R2016a 安装说明

首先下载好 MATLAB R2016a 及其破解文件，将下载好的 MATLAB R2016a 及其破解文件解压放到文件夹中。图 A-1 是 MATLAB R2016a 启动界面。

图 A-1　MATLAB R2016a 启动界面

(1) 下载软件，得到 Matlab_R2016a_win64. iso 和 Matlab_R2016a_破解文档. RAR 两个文件。

(2) 解压 Matlab_R2016a_win64. iso 和 Matlab_R2016a_破解文档. RAR 两个文件，得到 Matlab_R2016a_win64 和 Matlab_R2016a_破解文档两个文件夹，并运行 Matlab_R2016a_win64 文件夹中的 setup. exe 开始安装，安装方法选择“使用文件安装密钥，不需要 Internet 连接”，如图 A-2 所示，单击“下一步”按钮。

(3) 在“许可协议”对话框中“是否接受许可协议的条款?”后选择“是”，接受许可协议，如图 A-3 所示。

(4) 在“文件安装密钥”对话框中“提供文件安装密钥”下选择“我已有我的许可证的文件安装密钥”，并输入 09806-07443-53955-64350-21751-41297，如图 A-4 所示，单击“下一步”按钮。

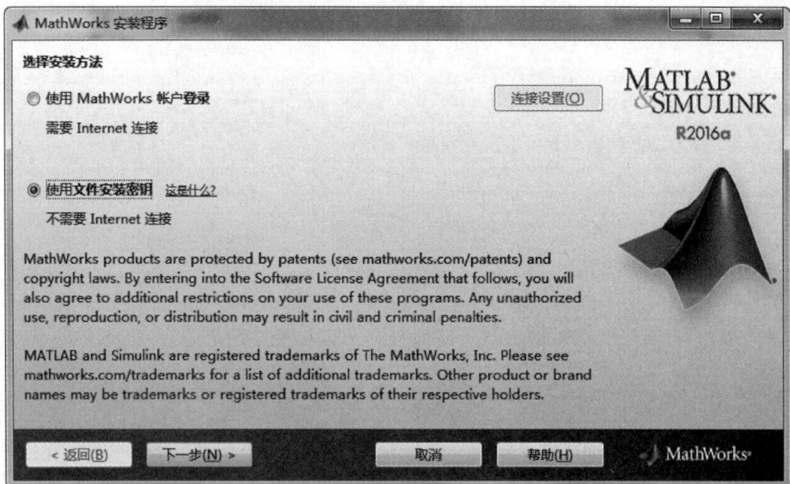

图 A-2 选择安装方法

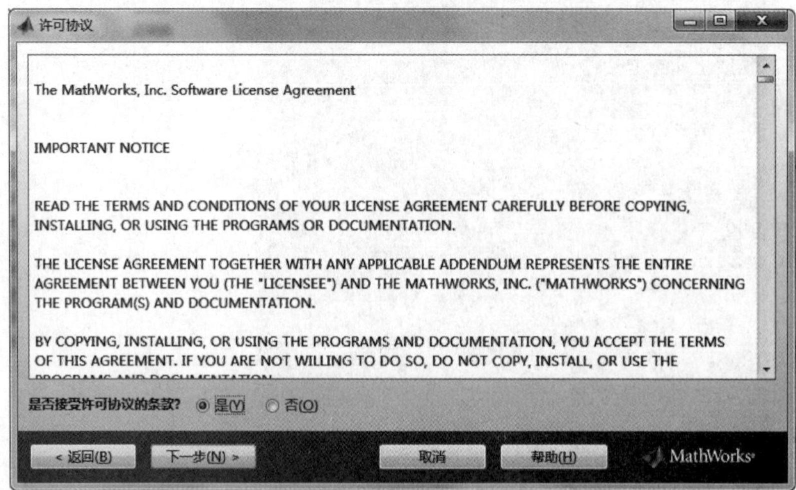

图 A-3 许可协议的条款

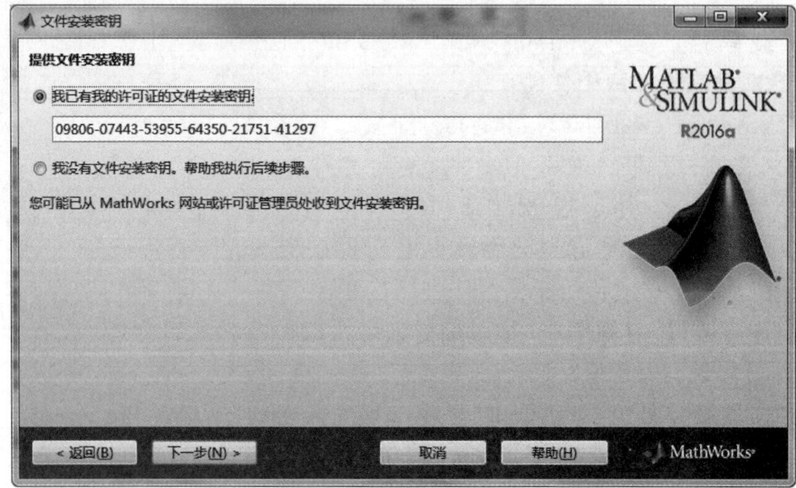

图 A-4 提供文件安装密钥

(5) 默认安装路径为 C:\Program Files\MATLAB\R2016a，如图 A-5 所示，单击“下一步”按钮。

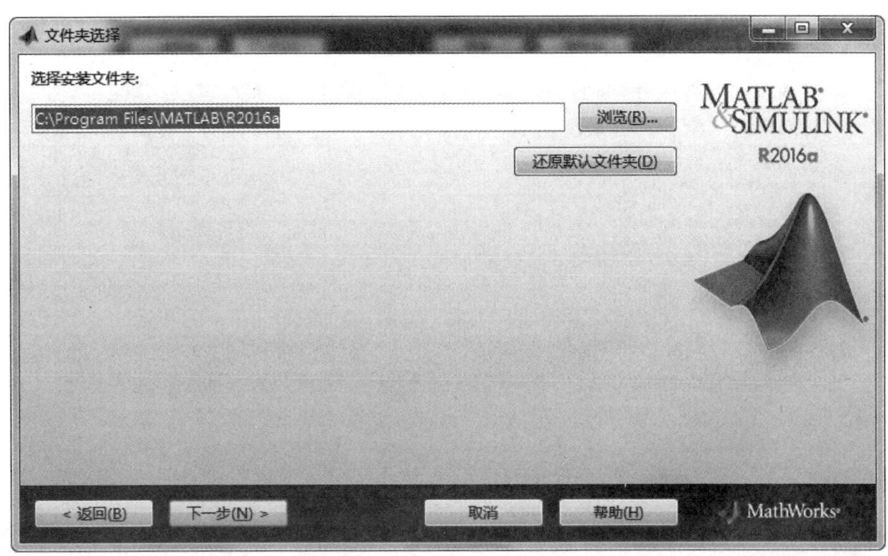

图 A-5　选择安装文件

(6) 在“产品选择”对话框中选择要安装的产品，如图 A-6 所示，可全部勾选，单击“下一步”按钮。

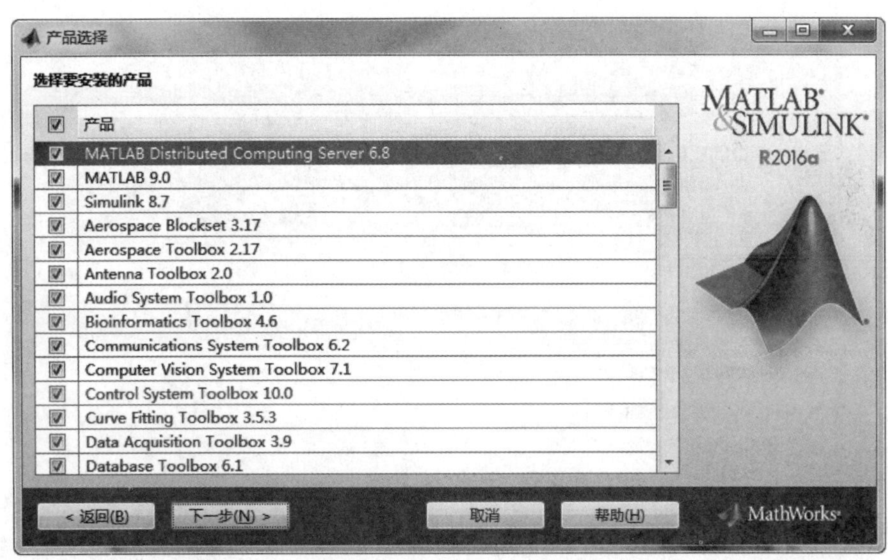

图 A-6　选择要安装的产品

(7) 单击“安装”按钮进行安装，如图 A-7 所示。

(8) 弹出正在安装进度条，如图 A-8 所示，安装时间根据机器配置不同而不同，需要一段时间。

(9) 安装完成，弹出“产品配置说明”对话框，如图 A-9 所示，单击“下一步”按钮。

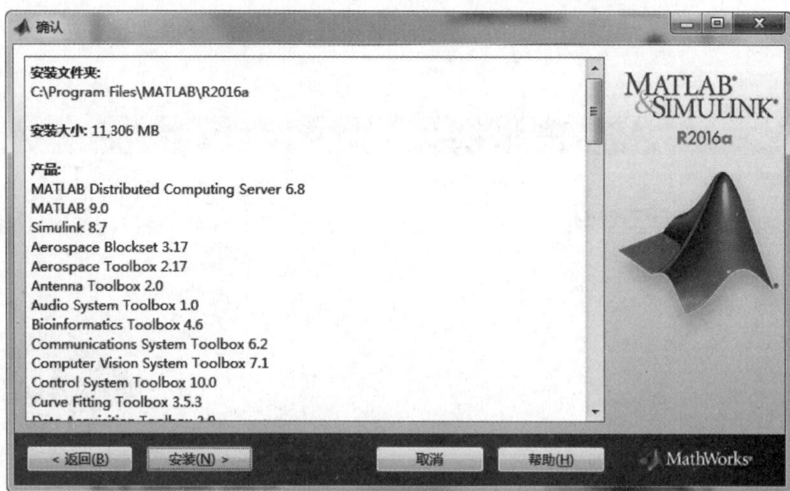

图 A-7　安装的产品

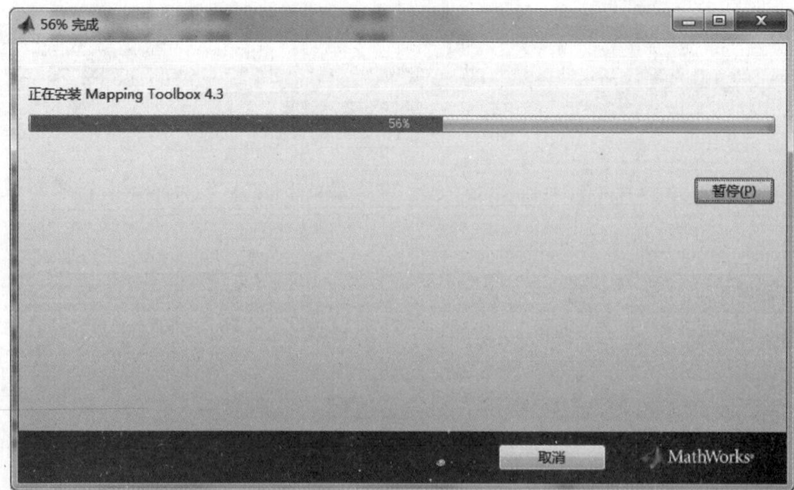

图 A-8　安装进度显示

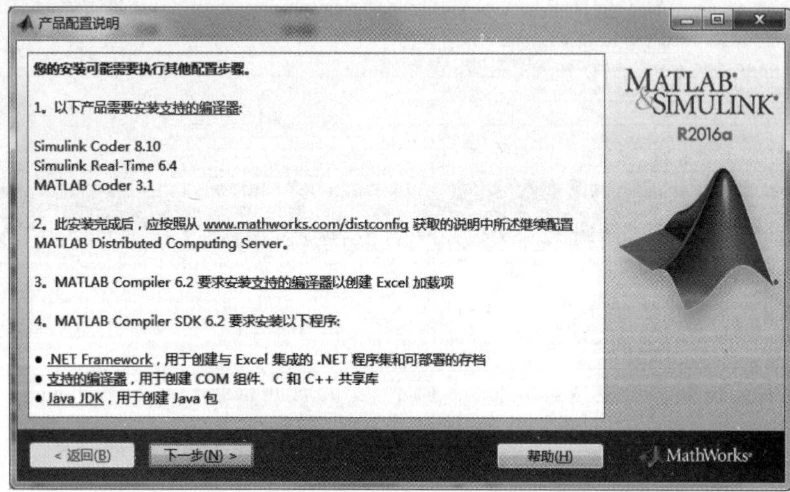

图 A-9　产品配置说明

(10) 安装完成,如图 A-10 所示。

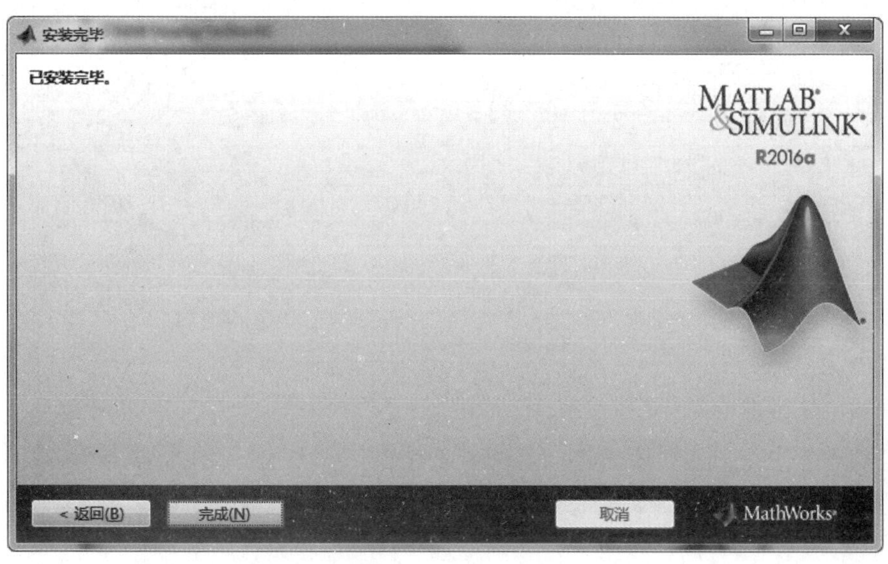

图 A-10　安装完毕画面

(11) 安装完成后,打开 C:\Program Files\MATLAB\R2016a\bin,单击 matlab. exe 进行激活,选择"在不使用 Internet 的情况下手动激活",如图 A-11 所示,单击"下一步"按钮。

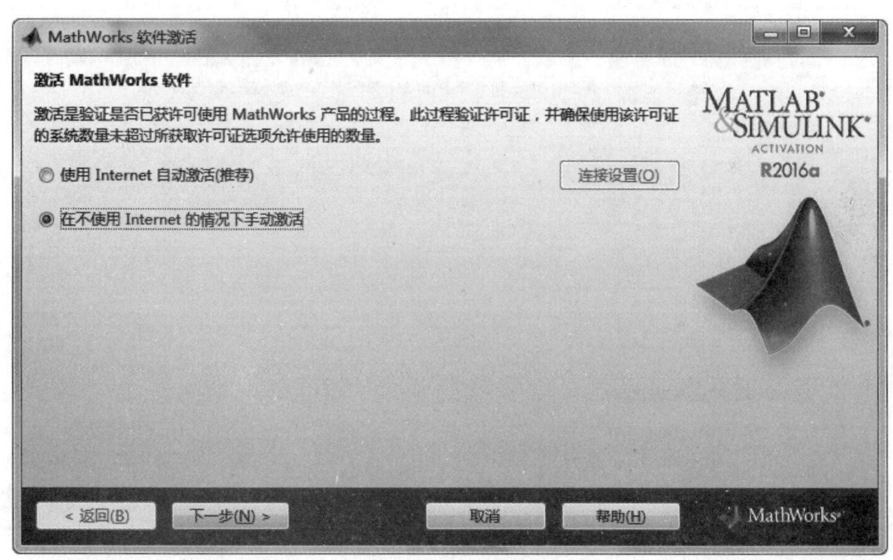

图 A-11　选择激活方法

(12) 浏览找到"Matlab_R2016a_破解文档"文件夹下的 license_standalone. lic 文件,如图 A-12 所示。单击"下一步"按钮,完成激活。

(13) 下面的操作是成功运行 MATLAB R2016a 很重要的一步。如果"Matlab_R2016a_破解文档"文件夹存放在 D 区,那么要复制 D:\MATLAB2016a\Matlab_R2016a_破解文档\R2016a 下的两个文件夹 bin 和 toolbox 覆盖 C:\Program Files\MATLAB\

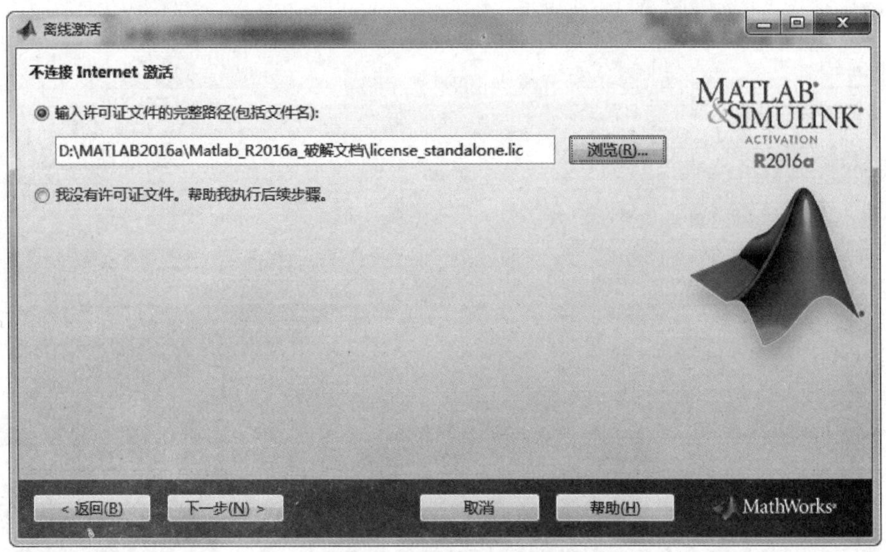

图 A-12　选择激活文件

R2016a 下的两个文件夹 bin 和 toolbox。此时才可正常运行 C:\Program Files\MATLAB\R2016a\bin 下的 matlab.exe 文件，如图 A-13 所示。

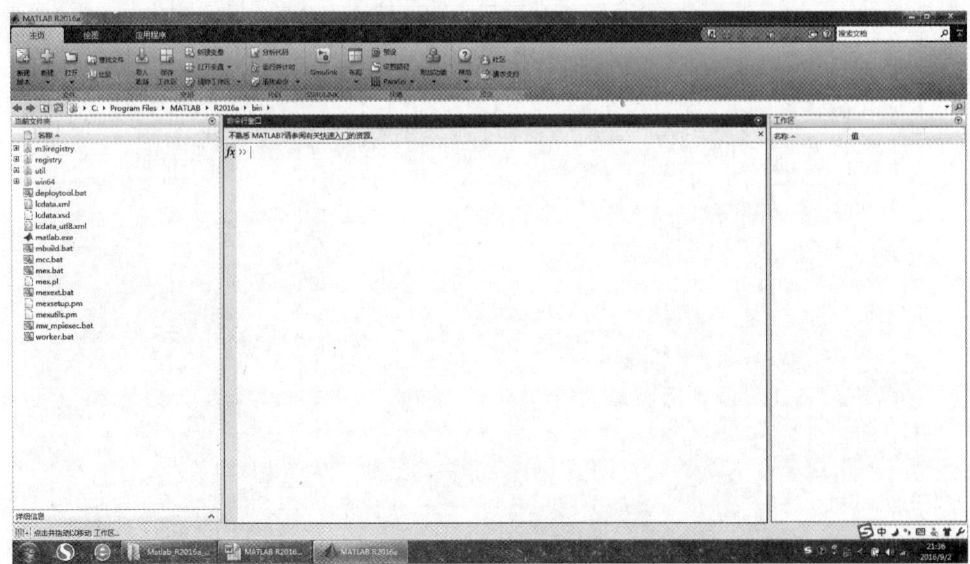

图 A-13　MATLAB R2016a 工作界面

至此安装完毕，可以使用新版 MATLAB R2016a。

参考文献

[1] 赵振宇，徐用懋. 模糊理论和神经网络的基础与应用[M]. 北京：清华大学出版社，1997.

[2] 高隽. 人工神经网络原理及仿真实例[M]. 2 版. 北京：机械工业出版社，2006.

[3] 李士勇. 模糊控制、神经控制和智能控制论[M]. 哈尔滨：哈尔滨工业大学出版社，1996.

[4] 阎平凡，张长水. 人工神经网络与模拟进化计算[M]. 2 版. 北京：清华大学出版社，2005.

[5] 魏海坤. 神经网络结构设计的理论与方法[M]. 北京：国防工业出版社，2005.

[6] Haykin S. 神经网络的综合理论基础[M]. 2 版. 北京：清华大学出版社，2001.

[7] 聂春燕，张猛，张万里. MATLAB 和 LabVIEW 仿真技术及应用实例[M]. 北京：清华大学出版社，2008.

[8] 陈怀琛，吴大正，高西全. MATLAB 及其在电子信息课程中的应用[M]. 3 版. 北京：电子工业出版社，2006.

[9] 黄忠霖. MATLAB 计算及仿真[M]. 北京：国防工业出版社，2001.

[10] 张森，张正亮. MATLAB 仿真技术与实例应用教程[M]. 北京：机械工业出版社，2004.

[11] 何强，何英. MATLAB 扩展编程[M]. 北京：清华大学出版社，2002.

[12] 张铮，等. MATLAB 程序设计与实例应用[M]. 北京：中国铁道出版社，2003.

[13] 姚峻，马松辉. Simulink 建模与仿真[M]. 西安：西安电子科技大学出版社，2002.

[14] 韩力群. 人工神经网络教程[M]. 北京：北京邮电大学出版社，2006.

[15] 徐宗本，等. 计算智能中的仿生学：理论与算法[M]. 北京：科学出版社，2003.

[16] 飞思科科技产品研发中心. 神经网络理论与 MATLAB 实现[M]. 北京：电子工业出版社，2005.

[17] 从爽. 面向 MATLAB 工具箱的神经网络理论与应用[M]. 3 版. 北京：中国科学技术大学出版社，2009.

[18] 周开利，康耀红. 神经网络模型及其 MATLAB 仿真程序设计[M]. 北京：清华大学出版社，2004.

[19] 谢仕宏. MATLAB R2008 控制系统动态仿真实例教程[M]. 北京：化学工业出版社，2008

[20] 于浩洋，初红霞，王希凤. MATLAB 实例教程——控制系统仿真与应用[M]. 北京：化学工业出版社，2009.

[21] 葛哲学，孙志强. 神经网络理论与 MATLAB R2007 实现[M]. 北京：电子工业出版社，2007.

[22] 庞中华，崔红. 系统辨识与自适应控制 MATLAB 仿真[M]. 北京：北京航空航天大学出版社，2009.

[23] 刘金琨. 先进 PID 控制及其 MATLAB 仿真[M]. 重庆：重庆大学出版社，2003.

[24] 于浩洋，初红霞，王希凤. MATLAB 实用教程——控制系统仿真与应用[M]. 北京：化学工业出版社，2009.

[25] 刘金琨. 机器人控制系统的设计与 MATLAB 仿真[M]. 北京：清华大学出版社，2008.

[26] 丁伟雄. MATLAB R2015a 数字图像处理[M]. 北京：清华大学出版社，2016.

[27] 张德丰. 详解 MATLAB 数字信号处理[M]. 北京：电子工业出版社，2010.

[28] 张德丰. MATLAB 神经网络编程[M]. 北京：化学工业出版社，2011.

[29] 杨发权. MATLAB 通信系统建模与仿真[M]. 北京：清华大学出版社，2015.

[30] 张德丰. MATLAB 控制系统设计与仿真[M]. 北京：清华大学出版社，2014.

图书资源支持

感谢您一直以来对清华版图书的支持和爱护。为了配合本书的使用，本书提供配套的素材，有需求的用户请到清华大学出版社主页（http://www.tup.com.cn）上查询和下载，也可以拨打电话或发送电子邮件咨询。

如果您在使用本书的过程中遇到了什么问题，或者有相关图书出版计划，也请您发邮件告诉我们，以便我们更好地为您服务。

我们的联系方式：

地　　址：北京海淀区双清路学研大厦 A 座 707

邮　　编：100084

电　　话：010－62770175－4604

资源下载：http://www.tup.com.cn

电子邮件：weijj@tup.tsinghua.edu.cn

QQ：883604（请写明您的单位和姓名）

扫一扫

资源下载、样书申请

新书推荐、技术交流

用微信扫一扫右边的二维码，即可关注清华大学出版社公众号"书圈"。